Berthold Auerbach

Berthold Auerbachs: Sämtliche schwarzwälder Dorfgeschichten

Berthold Auerbach

Berthold Auerbachs: Sämtliche schwarzwälder Dorfgeschichten

ISBN/EAN: 9783742893581

Hergestellt in Europa, USA, Kanada, Australien, Japan

Cover: Foto ©ninafisch / pixelio.de

Manufactured and distributed by brebook publishing software
(www.brebook.com)

Berthold Auerbach

Berthold Auerbachs: Sämtliche schwarzwälder Dorfgeschichten

Berthold Auerbachs

Sämtliche

Schwarzwälder Dorfgeschichten.

Volksausgabe in zehn Bänden.

Neunter Band.

Stuttgart.

Verlag der J. G. Cotta'schen Buchhandlung.

1884.

Inhalt.

Nach dreißig Jahren.

Auerbach, Dorfgeschichten. IX.

Das Dorf an der Eisenbahn

könnte ich vorliegende und ferner sich anschließende Erzählungen betiteln.

Es ist ein Menschenalter verflossen, seit ich begonnen habe, das intime Leben meiner Heimatgenossen dichterisch zu fassen.

Die Thäler und Berge meiner Heimat sind nun von der Eisenbahn durchzogen, durch unwegsame Höhen, bald in den Bergstock sich bohrend, bald wieder zu Tage kommend, braust der Dampfzug dahin.

Eisenbahn und Freizügigkeit haben Grundformen des wirtschaftlichen und socialen Dorflebens umgestaltet.

Das Deutsche Reich ist erstanden!

Es ist keine Hütte so abgeschieden, in der nicht das Lied vom Vaterlande erklingt.

Im Kampf um Freiheit und Reinheit des humanen Gedankens bildet sich nun die allgemeine geistige Wehrpflicht. Es ist keine Seele so in sich verschlossen, daß nicht das Aufgebot zu ihr dränge.

Keine Dichterphantasie hätte Gestaltungen zu erfinden vermocht, wie sie der Genius der Zeitgeschichte vor Augen stellt.

Es war hier zunächst nicht meine Aufgabe, diese großen Thatsachen als Motive dichterischer Bildungen zu fassen; aber in jedem Charakter der Gegenwart zeigen sich ihre Wirkungen.

In den vorliegenden Erzählungen erscheinen alte Gestalten und neue Fortbildungen.

Wohl ist es anmutend, am Baume die rotwangigen Aepfel zu schauen, deren Blüten wir gesehen.

Anders ist das Menschenleben.

Eine Jugendgestalt im Alter wiedersehen, erweckt verschiedenartige Empfindungen.

Es haben sich Züge und Formen herausgearbeitet, deren

Vorhandenſein früher nicht ſo auffällig war. Bald aber mag das Anfremdende auch wieder zum Anheimelnden werden.

Sei dies den nachfolgenden Bildern beſchieden!

Wenn wieder nach einem Menſchenalter ein Dichter das Dorfleben meiner Heimat neu erfaſſen wird, was mag er finden?

Die Blumen blühen allezeit aus der deutſchen Erde, und die Schönheit wird allezeit neu erblühen aus dem deutſchen Gemüt.

Im Hochſommer 1876.

Des Jorles Reinhard.

Erstes Kapitel.

Da bist du wieder.

„Einsteigen! Der Zug geht gleich weiter!" rief der Schaffner laut; zu einem Manne von hoher Gestalt gewendet, setzte er hinzu: „Steigen Sie gefälligst ein, Haltepunkt Weißenbach ist erst beim nächsten Dorf."

„Ich will von hier an zu Fuß wandern. Geben Sie diese drei Stück Handgepäck dort ab."

„Können sich drauf verlassen. Danke vielmal," sagte der Schaffner, die Hand schließend und an die Mütze greifend. „Wissen Sie den Weg? Er führt durch den Wald da drüben."

„Ich weiß."

Der Zug brauste davon und der Mann ging über die Schienen hinweg nach dem Bergwald. In den Wiesen zirpten die Grillen, die Heuschrecken hüpften klappernd hin und her, im wogenden Weizenfelde schlug die Wachtel und hoch in den Lüften sang die Lerche.

Erst am Waldesrande, im Schatten einer Weißtanne, hielt der Wanderer an, brach einen Zweig mit dem frischen Jahres=schosse ab, that den spitzen, breitkrempigen und schleierumwundenen Hut vom Kopfe, steckte aber den Zweig nicht auf den Hut, den er weiterschreitend nur in der Hand hielt.

Wer je diesen charaktervollen Kopf gesehen, vergißt ihn nicht wieder.

Es sind dreißig Jahre, seitdem der Maler Reinhard mit seinem Freunde, dem Kollaborator Reißenmeyer, hier durch diesen Wald gewandelt ist; das Haupthaar ist noch so voll wie damals, nur grau geworden, und an der Stirn aufrecht stehend in dichten Locken gibt es dem Antlitze ein majestätisches Ansehen, wie die ganze Erscheinung etwas Gebietendes hat. Damals schien die Stirn noch nicht so gewölbt und stark ausgearbeitet, und gewiß fehlte damals die tiefe Falte zwischen den Augen, die von schweren Erlebnissen, vielleicht auch von Leidenschaften zeugen mag; aber der Glanz der blauen Augen ist noch so leuchtend wie damals und die Bewegungen des Körpers haben nichts von ihrer Behendigkeit und Biegsamkeit eingebüßt.

Reinhard schaute manchmal zur Seite, als wäre er noch im Geleite des Genossen, sonst aber schritt er rüstig vorwärts und hielt erst an, als er auf der Anhöhe aus dem Walde trat und das Dorf drunten vor ihm lag.

Da stehen die Häuser am Ufer des blinkenden Baches, dort oben die alte Kirche und dort inmitten des Dorfes die neue.

Nahe der Kirche steht ein altersgebräuntes Haus mit geschlossenen grünen Fensterläden und daneben eine alte Linde mit breitem Geäst. Jetzt läutet es vom Kirchturm zu Mittag; Reinhard, der den Atem angehalten, seufzte tief auf und fast laut sagte er: „Das ist der Glockenton, der zu meiner Trauung, der zu ihrem Tode erklang. Wieviel tausendmal hat er dir, du arme Seele, deine Lebensstunden gekündet, und ich, ich war . . .“

Wie abwehrend schüttelte er den Kopf, da sah er eine Bank am Waldesrand unter einer Buche; er setzte sich und mit dem Wanderstabe schrieb er in den Sand den Namen Lorle. Das sprach all sein Denken und Sinnen aus; er verwischte den Namen wieder, aber sein Denken und Sinnen konnte er nicht so verwischen.

Der Pfiff der Lokomotive weckte ihn; durch das Thal bewegte sich ein Bahnzug wie eine schuppige Schlange und der Dampf flatterte darüber hin. Jetzt hielt der Bahnzug wie verschnaufend am Dorfe, dann ging es weiter, pfiff mächtig vor einer schwarzen Tunnelöffnung, und verschwunden war alles; man hörte nichts mehr als das Zirpen der Grillen im Grase und drüber hin den schrillen Schrei eines Habichts, der über dem Thale im Kreise sich wiegte.

Reinhard erhob sich und setzte sich schnell wieder, er war schwer müde. Da kam der Waldhüter des Weges und sagte soldatisch grüßend: „Grüß' Gott! Nicht wahr, da ruht sich's gut?“

Reinhard nickte still und der Waldhüter fuhr fort:

„Ihr wollet gewiß auch nach Weißenbach. Da ist gute

Herberg im Gasthof zum grünen Baum, dort nahe beim Bahnhof."

„So? Gibt es sonst kein Wirtshaus?"

„Nein. Früher war eins neben der Kirche. Der Sohn vom alten Lindenwirt hat das neue gebaut, es ist ein braves Haus, ein Ehrenhaus, aber eben anders wie vorzeiten, wo der Lindenwirt — man hat ihn auch den Wadeleswirt geheißen — drin im Dorf gewirtet hat. Das war ein fester Mann, der hätte hundert Jahr alt werden können, aber er hat eben auch Kummer gehabt, besonders von einem Kind. Ist's erlaubt, daß ich mich zu Euch setze?"

„Setzt Euch nur." Reinhard bot dem Manne eine Cigarre dar und steckte sich selber eine frische an. Der Waldhüter fuhr fort: „Ihr seid gewiß fremd in der Gegend, sonst wüßtet Ihr, was da geschehen ist."

„Wollt Ihr's nicht erzählen?"

„Gern. Ich bin freilich nicht aus dem Dorf gebürtig, bin aber seit sieben Jahren hier stationiert und weiß alles. Ich bin gut bekannt mit einem Mädchen, das die verlassene Frau auferzogen hat."

„Nun?"

„Ja, die Geschichte ist so. Der Wadeleswirt — man hat ihn wegen seiner dicken Waden so geheißen — war im Wohl= stand und hatte nur zwei Kinder, einen Sohn und eine Tochter; ja die Tochter! Der Farbenschmierer hat selber einmal gesagt, sie wär' unter den Bauernmädle was ein Kanarienvogel unter den Spatzen. Freilich, lustig ist der nichtsnutzige Kerl gewesen und hat alles untereinander bringen können; er hat's aus= trommeln lassen, wenn er ins Dorf kommen ist; das war lang vor der Eisenbahn, ich hab' ihn auch einmal gesehen, bei der Einweihung der Kirche, ich war damals noch ein kleiner Bub'. Eure Cigarre ist Euch ausgegangen, wollt Ihr anzünden?"

„Nein, erzählt nur weiter."

„Es war ein schöner, großer Mann, um einen halben Kopf größer als Ihr und breiter in der Brust, und singen hat er können oben 'raus und mit jedermann ist er freundlich und vertraulich gewesen; man hätt's nie geglaubt, daß er so falsch und nichtsnutzig und hoffärtig sein kann."

„Was hat er denn gethan?"

„Man soll einem Toten nichts Böses nachsagen, aber was wahr ist, ist wahr. Er hat das Lorle abgemalt als heilige Mutter; das Bild hat in der neuen Kirche gehangen, viele Menschen sind kommen, um es zu sehen und die einen sagen, das Lorle hab's veranſtaltet, die andern ſagen, der Pfarrer, und wieder andere ſagen, der König ſei von ſelber drauf kommen; kurzum, der König hat das Bild in ſein Schloß ge= nommen und ein anderes dafür geſtiftet, es iſt größer, aber ſie ſagen, es ſei nicht ſo ſchön, ſo kunſtmäßig wie das vom Reinhard."

„Was hat er denn ſo Böſes gethan?"

„Er iſt tot, aber wahr bleibt's. Er hat das Lorle ge= heiratet, und wie er ſie gehabt hat, hat er ſich ihrer geſchämt, weil ſie ein Bauernmädle geweſen iſt, und daneben hat er noch eine andere gern gehabt, eine Gräfin, und er hat das Lorle arg mißhandelt. Er ſoll ſonſt ein geſcheiter Menſch geweſen ſein, aber darin war er kreuzbumm, daß er die brave Frau nicht zu nehmen gewußt hat; heißt das, ich mein', genommen hat er ſie, aber eben nicht gehalten; und da iſt er einmal heim= kommen ſelbander, die einen ſagen, mit einem Rauſch, die an= dern ſagen, mit der Gräfin, und wieder andere ſagen, mit beiden miteinander. Das weiß man nicht genau. Und da iſt eben das Lorle ſtill wieder heim ins Dorf und er iſt nach Italien und iſt dort geſtorben, und vergangenes Frühjahr iſt das Lorle auch geſtorben. Jetzt ſind ſie beide in der andern Welt, aber er in einer andern als ſie. Die gute Seele hat treu an ihm gehangen, die Bank, worauf Ihr ſitzet, hat ſie geſtiftet, und des Wendelins Malva hat erzählt, die Frau Profeſſorin habe geſagt, von dem Platz da ſei der Reinhard damals ins Dorf kommen und habe geſchoſſen, und ſie hat dran feſtgehalten, daß ſie noch einmal mit ihm da ſitzen werde. Sie hat oft allein da geſeſſen. Was iſt? Nicht wahr, ich ſchwätz' zu viel? Was ſehet Ihr mich ſo an?"

Reinhard antwortete nicht. Nach einer Weile fragte er:

„Seit wann weiß man denn, daß der Reinhard geſtorben iſt?"

„Es hat einmal in der Zeitung geſtanden. Bei Lebzeiten Lorles wäre ihm nichts geſchehen, aber wenn er jetzt wieder= käme, das ganze Dorf thät' ihn mit Steinen totwerfen."

Reinhard ſtand auf und ging thalab. Der Waldhüter ſchaute ihm nach und ſagte vor ſich hin:

„Wenn der Reinhard nicht tot wäre, könnte das der Rein= hard ſein." Er ſah eine wilde Taube und ſchoß ſie herab, der Wanderer brunten erſchrak ins Herz hinein.

Und wie hatte er ſeine eigene Lebensgeſchichte ſagenhaft verunſtaltet nun gehört aus dem Munde des Volkes! Die Welt kennt nur die augenfälligen Thatſachen und verändert ſie noch im Laufe der Ueberlieferung.

Reinhard hielt still. Wie lange ist es her, daß er in Rom die Landschaft, die Menschen hier wie eine Traumerinnerung auftauchen sah? Kaum wenige Monate.

Zweites Kapitel.

Von Rom ins Dorf.

Ist es nur ein Traum? Und doch steht alles so klar und fest vor der Erinnerung. —

Es war eine milde Frühlingsnacht in Rom. Reinhard war auf der Villa der berühmten Sängerin Angela, um deren Gunst er viel beneidet wurde. Er stand mit ihr an der offenen Thür des Balkons und schaute über die blühenden Orangen hinweg hinaus in die Siebenhügelstadt, er hörte die Glocke vom Petersturm; aber ihm war's, als läutete die Glocke vom Dorf im Schwarzwaldthale und als säße er im Wirtshaus zur Linde und hielte still die Hand Lorles; denn er hatte eben zum erstenmal erzählt, welche namenlose Glückseligkeiten er in der Liebe zu Lorle empfunden und welche unergründliche Schmerzen ihm dann und jetzt noch die Seele zermarterten.

Angela hatte still zugehört, endlich aber sagte sie:

„Du übertreibst die Tragik deines Schicksals. Ein Modell geheiratet! Kostüm-Illusion! Sie hatte gewiß ein bezaubernd naives Gesichtchen, aber rote Hände und breite Füße. War tausendmal und wird noch tausendmal sein. Wir Künstler spielen mit dem Leben und das Leben spielt mit uns."

Angela hatte das alles scherzhaft, aber auch mit einer gewissen graziösen Innigkeit gesagt, und doch fühlte sich Reinhard im Innersten abgestoßen. Er verließ Angela, und erst am dritten Abend, als die Dämmerung bereits eintrat, zog er wieder nach der Villa.

Da hörte er vor einer Osteria deutsche Laute, er hielt an und vernahm aus einer Gruppe heraus im heimischen Dialekt: „Ich kann in Weißenbach noch genug schlafen, in Rom will ich wach sein, so lang es geht."

„Der Kaspar will für sein Geld eine große Portion Rom haben!" rief ein junger Geistlicher, und alles lachte.

„Heut darf man nicht lachen," nahm Kaspar wieder auf; „morgen lasse ich für das Lorle eine Totenmesse lesen. Vor drei Tagen ist sie gestorben. Die Malva ist also doch nicht

Erbin geworden. Der Schullehrer ſchreibt, daß Lorle iſt ſo
ſanft eingeſchlafen und in ſeinem Teſtament hat es zwei Plätze
als Erbbegräbnis beſtellt; der Reinhard ſoll neben ihm begraben
ſein, wenn er wiederkommt. Still! habt ihr's nicht gehört?
Ich mein', es hat jemand gejammert, vielleicht iſt's die Seele
von Lorle."

Es war ihre Seele, die in den Gedanken des Lauſchenden
aufjammerte. Reinhard hatte das Geſpräch vernommen und er
ſank faſt in die Kniee. Im Schatten der Häuſer huſchte er
dahin, von droben tönte der Geſang Angelas. —

Es erregte großes Aufſehen, als in der Zeitung L'Artista
angekündigt wurde, die ſämtlichen Gemälde Reinhards, ſeine
Skizzen, Studien, Vaſen und Teppiche würden durch einen öffentlichen Notar verſteigert.

Reinhard hatte Rom verlaſſen, ohne jemand das Ziel ſeiner
Reiſe anzugeben.

„Büßen, Sühnen," das waren die Worte, die er auf der
langen Reiſe oft vor ſich hinſprach.

Jetzt war er da, wie wenn ein fremder Wille, wie wenn
ein Zauber ihn herverſetzt hätte. Er ſah in die Wieſen, wo
die Menſchen Heu zuſammenrechten und aufluden, und dort
ſchnitt die Senſe ins Gras; alles erſchien ihm wie unwirklich.

Ein mächtiger Peitſchenknall weckte ihn. „Aufgepaßt! Es
kommt ein Heuwagen!" rief ein Burſch in roter Weſte, der die
Pferde an einer Fuhre Heu lenkte; oben auf dem Wagen ſaß
ein junges Mädchen, es hatte wilde Roſen in der Hand und
warf ſie auf den Aufgeſchreckten nieder.

Reinhard trat beiſeite und ſtürzte faſt in den Weggraben.
Wie ein Blitz im Aufblicken war's: das iſt ja der Hirtenknabe
Wendelin mit dem gekrauſten kupferroten Haar, den du damals
am Tage nach der Verlobung mit Lorle gezeichnet. Er kann's
nicht· ſelber ſein, aber ſein Kind iſt's ſicher. Reinhard that ſeinen
Hut ab, eine wilde Roſe lag noch drauf; der Wagen fuhr weiter
und das Mädchen oben ſang das Lied mit der wunderſamen Weiſe:

Schön Schätzichen, wach' auf —

Das tönte fort und fort, bis es verklang. Reinhard richtete
ſich ſtraff auf und ging hinein ins Dorf, geradeswegs zur Linde;
in all ſein ſchweres Denken und Sinnen hinein tönte es:

Schön Schätzichen, wach' auf
Und laß mich zu dir ein.

Drittes Kapitel.

Wo bist du?

Das ist das alte Wirtshaus zur Linde, es ist verschlossen, öde. Den Baum da zur Seite haben sie doch müssen stehen lassen; die Bank, die den Baum umschloß, ist nicht mehr da, zerbrochene Pflüge, reifenlose Räder lehnen an dem Stamme, dessen Wurzeln sich aus dem Boden emporgehoben. Ein leiser Windhauch zieht jetzt durch das Gezweige mit den hellgrünen Blättern und den noch geschlossenen Blütenknospen.

„In dem Haus wird nicht mehr gewirtet!" rief eine alte Frau aus dem Erdgeschoß des Nachbarhauses dem Dreinstarrenden zu; „das Wirtshaus ist jetzt draußen beim Bahnhof, da an der Gartenhecke steht der Wegweiser, da könnet Ihr nicht fehlgehen."

Reinhard ging zwischen den Gartenzäunen, stand bald vor einem weißangestrichenen Hause mit grünen Schattenläden und einem Balkon in der Mitte, auf dessen Brüstung in goldenen Buchstaben zu lesen war: Restauration und Gasthof zum grünen Baum.

Reinhard schauderte, als er näher trat. Auf der Schwelle saß eine Menschengestalt, wie ein Gespenst am hellen Tage; ein Trottel fletschte die Zähne gegen Reinhard und murmelte wirre Laute zu einem weißen Hahn, der auf der Treppe stand.

Reinhard eilte an dem unförmlichen Mannsbilde vorüber die Treppe hinan. Er trat in die Stube, niemand war da; er setzte sich ermattet an einen Tisch. Der weiße Hahn kam durch die offene Thür herein, schaute Reinhard an und schüttelte den roten Kamm und starrte auf die an den Wänden befestigten, aus Pappe bereiteten Reh- und Hirschköpfe mit Geweihen. Da kam endlich, noch unter der Thür den Rock anziehend, der Wirt und jagte den Hahn hinaus. Reinhard sah den Bruder Lorles stumm an; dieser aber schien nichts von dem verwunderten Blicke zu bemerken, denn er fragte in geläufigem Tone wie auswendig gelernt: „Mit was kann man aufwarten? — Ein Literle alten, neuen, roten, weißen; fünfzig Pfennig, achtzig Pfennig, eine Mark? Zu essen gibt's auch bald was. Parlezvous français? Boire ou manger? Broni," rief er nach der Küche, „rufe die Mablon, es ist ein Franzos da! La fille viendra tout de suite," sagte er, sich den Schweiß von der Stirn trocknend, da der Fremde ihn so anstarrte.

Reinhard konnte noch immer kein Wort hervorbringen. Das ſind die Augen Lorles, ihre Augen ſind auf ewig ge= ſchloſſen, und dieſe hier blicken nicht ſo treuherzig und der Mund hat etwas Verkniffenes. Endlich ſagte Reinhard:

„Hab' ich mich denn ſo ganz und gar verändert? Stephan, iſt denn gar nichts mehr an mir zu erkennen?“

„Herr Gott, die Stimme! Wa— Was? Nein.“

„Doch. Ja. Es iſt der Reinhard. Grüß' Gott, Schwager.“

„Was? Der Reinhard? Frau! Broni! Komm! Hurtig! Tapfer! Ich komm' gleich wieder,“ wendete er ſich ſchnell und verließ die Stube.

Reinhard ſaß ſtill, ihm war, als könnte er ſich nicht mehr aufrichten und dumpf dröhnte es ihm im Gehirn.

Draußen ſtand Stephan bei ſeiner Frau und ſagte: „Haſt gehört, der Reinhard iſt da? des Lorles Reinhard. Was will er? Er wird doch nicht kommen ſein, um zu erben? Ich laſſe es auf einen Prozeß ankommen. Er hat kein Recht. Ein Kind iſt nicht da, und ſie haben nach Landesgeſetz geheiratet.“

„Wie ſieht er denn aus? Abgeriſſen?“

„Ich kann's nicht ſagen, ich hab' ihn nicht einmal recht angeſehen und er iſt ſitzen blieben. Von Gepäck hab' ich nichts geſehen.“

„Jetzt laß ihn nicht ſo lang allein. Geh hinein und vor= derhand ſei freundlich. Ich komme bald nach.“

„Soll ich ‚du‘ zu ihm ſagen?“

„Gewiß.“

Stephan ging in die Stube und ſagte: „Du mußt ver= zeihen, daß ich ſo erſchrocken bin. Mir liegt ja noch der Kummer um ihren Tod in allen Gliedern, und warum haſt du auch nicht ein Wort vorher geſchrieben? Ich wär' dir entgegenkommen und wir hätten alles in Güte und Freundſchaft miteinander beſprochen. Sie hat, ſolang ſie gelebt hat, kein böſes Wort über dich ge= ſagt und vor meinen Ohren hat auch keines ein böſes über dich ſagen dürfen. Du ſiehſt noch ganz beſtanden aus; ich hab' gar nicht mehr gewußt, daß du ſo große blaue Augen haſt. Ja, deine Augen! Die haben dich auch groß gemacht, du haſt einen großen Namen. Vor ein paar Jahren hat's geheißen, du ſeieſt geſtorben, ſie hat aber nichts davon erfahren, es hat's ihr niemand ſagen dürfen, ich hab' ſie behütet wie meinen Aug= apfel, und ſie wird mir's vom Himmel herunter bezeugen, daß wir in Frieden miteinander gelebt haben.“

Reinhard hatte nicht Zeit, über dieſe Redſeligkeit und ihre Abſichten nachzudenken. Bald kam Broni, ſie war eine breite,

behäbige Wirtin geworden, und in ihrem Blicke lag der Aus=
druck voller Gutmütigkeit; sie hieß Reinhard herzlich willkommen,
und Mablon, die Lothringerin, die hier Deutsch lernen sollte,
stellte Wein und einen Imbiß auf den Tisch.

Der Wirt schenkte drei Gläser ein und sagte: „Stoß' an,
auf guten Willkomm und gute Freundschaft, und was vorbei ist,
ist vorbei."

Der Schwager sprach so freundliche Worte und doch hatte
Reinhard plötzlich das Gefühl, daß es sehr schlimm wäre, mit
diesem Manne in Feindschaft zu geraten, und er sah es fast
deutlich vor sich, daß sie feind miteinander. Sich sammelnd er=
widerte er stotternd:

„Ich danke, ich kann jetzt nicht trinken, ich will vor allem
auf das Grab von Lorle."

Kaum hatte er das Wort gesprochen, als ein markerschüt=
terndes Geschrei und Gezeter entstand; der Trottel, der unver=
sehens in die Stube gekommen war, stieß es aus.

„Wer ist das?" fragte Reinhard.

„Das ist leider Gottes unser ältestes Kind. Es muß jeder=
mann seine Portion Elend haben."

„Und warum hat er geschrieen?"

„Das thut er immer, wenn man Lorle sagt; er kann's
nicht verstehen, daß sie tot ist, und sie hat ihn gepflegt wie ein
Engel, und ihr allein hat er gefolgt."

Reinhard sah den Armen, der vom aufgestellten Backwerk
gestohlen und den Mund so voll hatte, daß er kaum kauen konnte.

Sich erhebend und wie aus schwerem Traume erwachend,
sagte Reinhard: „Stephan, ich hab' dir doch was sagen wollen.
Ja, jetzt besinne ich mich. Bitte, verwahre mir das Geld da
sicher."

„Wieviel ist es?"

„Es sind sechzig englische Banknoten, je zu hundert Pfund.
Du mußt mir's später hier anlegen, ich bekomme noch einiges dazu."

„Soll ich dir was Schriftliches geben?"

„Ist unter uns nicht nötig. Sag' aber niemand davon."

„Soll ich dich nicht auf den Kirchhof begleiten?"

„Nein, laß mich allein gehen."

Hinter Reinhard drein sagte Stephan zu Vroni: „Der will
keinen Prozeß wegen der Erbschaft. Frau, da schau! So viel
englisch Geld ist noch nie hier über Nacht gewesen. Rechne
einmal, wieviel das in Mark ist. Laß ihm das Balkonzimmer
schön herrichten. Stell' ihm einen Blumenstrauß hinein und
mach' ihm ein gutes Essen zurecht."

Und um seiner Freude rechten Ausdruck zu geben, ging er hinab in den Hof, fing den weißen Hahn und schnitt ihm den Hals ab.

Vroni war außer sich, als Stephan den geschlachteten Hahn in die Küche brachte, und noch dazu kam jetzt wie rasend der Trottel, dem sein Spielkamerad getötet war; er warf Töpfe und Pfannen durcheinander und heulte und lachte.

Es gelang, ihn endlich zu beruhigen, aber Vroni schien nicht zu beruhigen, denn das war ja der weiße Hahn, den Fabian — so hieß der Trottel — nach Lorles Tod aus deren Hause heim= gebracht hatte.

„Vielleicht ist's aber gut, daß das geschehen," beschwichtigte sich endlich Vroni; „ich will kein Wort weiter sagen, wenn du mir jetzt etwas versprichst."

„Was?"

„Da gib mir die Hand, daß du dem Reinhard das vom Fabian nie berichtest oder auf sonst eine Art zu wissen thun läſſeſt."

„Wie werde ich so dumm sein? Dann bliebe er ja keine Stunde mehr hier und käme nicht wieder."

„Also du versprichst es?"

„Soll ich dir versprechen, daß ich mein Geld nicht aus der Brusttasche und meinen Verstand nicht aus dem Kopfe ver= lieren will?"

„Gib mir die Hand darauf."

„Da hast du sie, und jetzt genug."

Viertes Kapitel.

Eine Nelke vom Grabe.

Dreifach in breitem Schwall quillt das Wasser aus dem Röhrbrunnen am Rathause und das ganze Dorf ist stolz auf die eiserne Säule und den eisernen Trog, da kann jeder gleich sehen, daß wir nun an der Eisenbahn liegen.

Die Frauen und Mädchen, die am Brunnen stehen, Wasser holen und Salat putzen, haben heute viel zu reden.

„Hast schon gehört?" wurde einer eben herzukommenden alten Frau zugerufen, „hast schon gehört? des Lorles Reinhard ist wiedergekommen."

„O, du lieber Gott im grundgütigen Himmel droben, warum haft du sie das nicht erleben lassen? Wie sieht er denn aus?"

„Er hat einen weißgrauen langen Bart, es hat ihn niemand erkannt, er hat sich selber müssen zu erkennen geben."

Ein kleines runzeliges, klug dreinschauendes Weibchen, das Tänzerle genannt, weil es immer so kleine, zierliche Schrittchen machte, sagte fröhlich: „Ich hätt' ihn gewiß erkannt, ich hab' mit ihm getanzt; ja lachet nur, man ist damals lustiger gewesen wie jetzt, und wie der Herr Reinhard, so kann kein zweiter Mensch auf der Welt tanzen; man hat gemeint, man fliegt und man schwimmt und . . ."

„Still! dort kommt er; er schaut gar nicht auf. Wohin er nur gehen mag? Guck! Er geht auf den Kirchhof. Ja, armes Lorle, jetzt kommt er, aber an dein Grab. Wendelin!" wurde ein Bauer angerufen, der mit der Peitsche auf der Schulter den Kühen am Pflug weit vorausgegangen war, „Wendelin! weißt schon, wer kommen ist?"

„Wer denn?"

„Des Lorles Reinhard."

„O was? So? Hat er nach mir gefragt?"

„Nein."

„Hü!" rief der Bauer den Kühen zu, die wie er stehen geblieben waren; „hü, Bläß! hot, Strom!"

Wendelin steckte den Daumen unter seinen Hosenträger und bog ab nach seinem Hause.

Der Dorfschütz kam am Brunnen vorbei. „Martin," wurde ihm zugerufen, „zieh' ein frisch Bandelier und einen scharfen Säbel an!"

„Warum? Was gibt's?"

„Des Lorles Reinhard ist ankommen, du mußt seine Leibwache sein, denn die Burschen haben ja geschworen, daß sie ihn totschlagen, wenn er wiederkommt."

„Hat keine Gefahr. Aber wo ist er?"

„Wer?" fragte ein herzutretendes Mädchen mit roten Zöpfen, das in einer durchlöcherten Blechschüssel grünen Salat trug.

„Malva, dich geht er am meisten an," wurde erwidert; „der Mann von deiner Pflegmutter, des Lorles Reinhard, ist ja ankommen, er ist jetzt auf dem Kirchhof."

Malva kehrte schnell wieder um, eilte mit der Blechschüssel heimwärts und dann nach dem Kirchhof. Dort am Zaun, wo die wilden Rosen blühten, sah sie ihn am Grabe stehen; es war mit dichtverbuschten Nelken ringsum eingerahmt und in der Mitte

blühte der Rosmarin. Die Luft war so still, daß man die Bienen
summen hörte, die dort Honig holten.

Der Mann stand entblößten Hauptes, unbewegt, nun bückte
er sich und brach eine Nelke ab. Er hielt die Nelke an die Lippen
und Malva betete schnell vor sich hin; denn es ist ja bekannt,
daß man bald sterben muß, wenn man an einer Blume von
einem Grabe riecht.

Jetzt wendete sich der Mann. Hat er geweint oder sind
seine Augen immer so hellblau und so strahlend?

Unter der Kirchhofthür trat ihm Malva in den Weg und
sagte: „Grüß' Gott, Herr Reinhard. Schenket mir die Blume,
ich bitt'."

„Warum?"

„Es ist die erste Nelke von diesem Jahr und eine Blume
vom Grab bringt Todesgefahr."

„Ich hab' keinen Aberglauben. Habe ich dich heute schon
gesehen?"

„Ja, ich hab' nicht gewußt, wer Ihr seid, aber die Selige
hat's gewiß so eingerichtet, daß ich zuerst Euch sehe."

„So? Wie heißest du?"

„Eigentlich heiße ich Malvina Katharina, aber die Selige
hat mich immer Malva gerufen, und jetzt heiße ich im ganzen
Dorf so."

„Wie heißt dein Vater?"

„Wendelin."

„Also doch? Ich habe deinen Vater gekannt, als er noch
nicht so alt war wie du jetzt. Lebt er noch?"

„Ja, und er wartet daheim aufs Essen und wird schimpfen;
aber Ihr geht jetzt allem vor. Das Lorle, die Frau Professorin,
ich bin in ihrer letzten Stunde bei ihr gewesen, hat mir lang
vorher gesagt, grüß' mir meinen Reinhard, wenn er wiederkommt,
und noch viel, viel hat sie mir für Euch gegeben."

„So erzähle."

„Ich kann jetzt nicht, mein Vater schimpft, er hat heut den
ganzen Morgen Kartoffel gehäufelt und ist hungrig."

„Sag' mir nur schnell, wer hat den schönen Grabstein
gesetzt?"

„Der Herr Reihenmeyer, er ist auch beim Begräbnis gewesen und hat da gleich alles angeordnet. Aber verzeihet, ich
muß heim, der Vater ist gar arg, wenn er aufs Essen warten
muß. Ihr bleibet doch wenigstens heut hier?"

„Gewiß."

„Gut, so kommet in einer Stunde in unser Haus, dort

das Haus, wo die abgezweigte Tanne ist, das ist unser Haus. Unterdes kann ich mich auch besser besinnen. Gebt mir die Nelke."

„Nein."

„Nun, so behüt' Euch Gott, ich muß fort."

Reinhard kehrte durchs Dorf zurück. Wie zittern die Sonnen= strahlen an den weißen Wänden der Häuser auf und ab, wie flimmert das Wasser aus den Brunnenröhren so seltsam, als wär's flüssiges Metall, und die Linde schauert in sich zusammen und kein Menschenkind zeigt sich . . .

In der hellen Mittagssonne erschien ihm das Dorf, als wäre es aus nächtiger Versunkenheit wieder emporgetaucht, und er selber war sich ein Versunkener, der wieder ans Licht kommt. Die Augen brannten ihm, er hätte sie gern geschlossen, für immer. Er kannte das Grab seiner Mutter nicht, er hatte kein Grab auf der Erde, jetzt hatte er eins und er hatte die Stelle gesehen, wo er ruhen sollte.

Fünftes Kapitel.

Beim Schwager.

„Du mußt einen Wolfshunger haben. Man sieht dir's an. Ich hab' mit dem Essen auf dich gewartet, damit du nicht so allein bist. Soll ich Champagner aufsetzen lassen? Ich hab' echten im Keller. Ich bin im Krieg mit meinem Fuhrwerk auch drei Wochen in der Champagne gewesen."

So wurde Reinhard vom Schwager begrüßt, als er wieder in das Wirtshaus kam. Reinhard setzte sich und der Schwager, der ihm ansah, daß er etwas fragen wollte, fiel ein:

„Red' jetzt gar nichts und laß dir's schmecken. Weißt, wie mein Vater immer gesagt hat? Mit Essen und Trinken im Magen hat man eine andere Seel! Nach dem Essen kannst du fragen, was du willst."

Sie aßen still und Reinhard fragte endlich: „Warum bist du nicht im alten Haus verblieben?"

„Ja schau, es ist eben eine neue Welt. Sobald es ge= wiß gewesen ist, daß wir die Eisenbahn bekommen und den Bahnhof daher, hab' ich zu meinem Acker noch den Baumgarten vom Wendelin gekauft, ich hab' ihn gut bezahlt, aber der Rot= haarige schimpft — die Menschen schimpfen eben auf jeden, der sein Sach versteht, es wird bei euch im Malergeschäft auch so

sein — und da hab' ich hergebaut und die Ingenieure haben
bei mir gewohnt und zweimal auch der Minister."

„Und das alte Haus, in dem wir so vieles erlebt haben,
ist dir gar nichts mehr wert?"

„O, wert schon," erwiderte der Schwager, es blitzte schelmisch
in seinem Gesichte, „die Maler malen's alle ab und photogra=
phiert ist's auch, und das Lorle ist darin verblieben, sie ist nicht
mit herausgezogen. Schau, du siehst wieder gleich so aus, ich
kann nicht sagen wie. Es geht doch nicht anders, ich muß doch
von ihr reden, es ist mein einzig Geschwister auf der Welt ge=
wesen." Er machte ein Gesicht, wie ein Fuchs machen müßte,
wenn er weinen wollte, und dabei zerknackte er mit seinen schar=
fen Zähnen einen Knochen vom Hahnenbraten und schlürfte das
Mark mit Behagen aus. Reinhard sagte:

„Ich bitte im Gegenteil, erzähl' mir nur recht viel von ihr.
Des Wendelins Tochter hat mir auch schon von ihr erzählt."

„So? hat der Rotkopf dir schon den Weg verlegt? Ja,
die Malva hat's dem Lorle angethan, hat sich viel von ihr
schenken lassen, wer weiß, was sie hat. Sie ist ein lustig Ding,
und das hat das Lorle gern gehabt."

„So? Sie hat gern heitere Menschen um sich gehabt?"

„Ja freilich, sie ist gern heiter gewesen, darüber brauchst
dir keine Vorwürfe zu machen. Ich mach' dir auch keine und
ich wäre doch der einzige, der das dürfte. Die gute Seele hat
aber auch unser blödsinniges Kind zu sich genommen gehabt.
Sei nur ruhig. Ich hab' schon gemerkt, daß du so was nicht
um dich sehen kannst, der Fabian kommt nicht mehr in die Stube."

„Kann ich nicht im alten Haus wohnen?"

„Freilich, kannst's ganz haben. Weißt was? Kauf mir's
ab. Ich geb' dir's, was es unter Brüdern wert ist; für zwei=
hundert von deinen Pfund sollst's haben mitsamt dem Garten.
Sag' aber niemand, daß ich dir's so billig angeboten habe."

„Was soll ich allein in einem so großen Haus?"

„Wenn dir's allein zu einsam ist, so geb' ich dir ein Kind;
unsere zweite Tochter, die Ida, ist gut geschult und unterhalt=
sam; sie ist jetzt im Lothringischen und lernt dort Lebensart
und Französisch und dafür hab' ich die Tochter von dort und
die lernt bei uns kochen und Deutsch. Hätt' mein Vater das
Lorle noch vorher wohin geschickt, wer weiß, wie es jetzt wär'.
Weißt noch? Er hat gewollt, du sollst sie noch ein Jahr zu den
englischen Fräulein thun lassen. Aber reden wir nicht von Ver=
gangenem. Wenn du die Ida an Kindesstatt annehmen willst,
bir geben wir sie, oder auch unser Enkelchen, ein Prachtbub, er

heißt wie du und du bist sein Großonkel. Das Lorle hat immer auch ein Kind annehmen wollen, aber es hat sich nicht machen lassen, kannst dir denken warum, und sie hat ihr Erbgut auch aufgezehrt. Also du kaufst die alte Linde?"

„Ich will mich noch besinnen."

„Das gefällt mir von dir, daß du so besonnen bist und nicht gleich einschlägst. Da sieht man den erfahrenen, bedacht=samen Mann. So ist's recht. Du kannst das Haus von einem Baumeister untersuchen und schätzen lassen."

Broni kam herein, sie war nun sorgfältiger gekleidet, man sah aber nichts mehr von der alten Bauerntracht. Broni war eine stattliche behäbige Frau geworden, aus ihrem runden, breiten Gesichte leuchtete es wie wahrhaftes Wohlwollen. Sie setzte sich nun mit zum Nachtisch, aber ihr Mann ließ sie lange nicht zu Worte kommen, denn er sagte: „So ist's recht. Wir lassen dich nicht mehr fort. Du mußt bei uns bleiben. Du kannst hier leben wie in der Stadt. Wir haben alle Tag frisch Fleisch und zum nächsten Winter lege ich einen Eiskeller an, und was man sonst will, bringen die Schaffner von der Eisenbahn in einigen Stun=den, und unsere älteste Tochter hat die Bahnhof=Restauration in der Hauptstadt und alles bei der Hand. Du bist uns eine Ehre und ein Stolz. Nicht wahr, Broni?"

„Gewiß, gewiß," konnte Broni endlich einfügen und sie sagte: „Der Herr Schwager sollt' auch meinen Vater besuchen."

„So? Lebt dein Vater noch?"

„Ja, er ist hoch in den achtzig, aber noch ganz bei Weg und unser Enkelchen ist bei ihm. Er ist viel beim Lorle gewesen und sie bei ihm, ihr letzter Ausgang war zu ihm; er weiß noch nicht, daß sie gestorben ist. Und er hat nie zugegeben, daß eines ein böses Wort über den Herr Reinhard sagt."

Der Wirt sah seine Frau grimmig an, das letzte war nicht nötig. Um es zu verwischen, berichtete er Reinhard von seiner Familie.

Der älteste Sohn, der mit im Feldzuge gegen Frankreich gewesen war, ist Oberkellner in Baden, die älteste Tochter ist Wirtin auf dem Bahnhofe der Residenz und die zweite, die jetzt in Lothringen ist, ist soviel als verlobt mit einem Ingenieur, der hier gewohnt hat und nun am Gotthard=Tunnel baut. „Er kann auch malen," schloß Stephan, „und er ist stolz darauf, daß der berühmte Maler Reinhard der Onkel seiner Braut ist."

Der Dorfschütz trat ein in seinem Sonntagsstaat mit frisch=ladiertem Bandelier; Reinhard erkannte ihn nicht und er mußte sich selber zu erkennen geben als der lange Martin, der Sohn

der Bärbel, die Lorle in die Hauptſtadt gefolgt und dort ge=
ſtorben war. Martin ließ ſich den dargereichten Trunk wohl
munden, aber troß Zuredens ſeßte er ſich nicht mit an den Tiſch,
ſondern an einen entfernten.

Von Martin und dem Schwager geleitet, ging Reinhard
ins Dorf nach der alten Linde. Das Haus wurde aufgeſchloſſen,
ein kalter Luftſtrom drang daraus hervor.

Sechſtes Kapitel.

Es geht ein Geiſt um.

Reinhard redete kein Wort, dafür war der Schwager um
ſo wortreicher.

„Es denkt mir noch, wie du da allemal drei Stufen auf
einmal genommen haſt; jeßt mußt halt auch eine nach der andern
nehmen. Laß den Martin voraus. Martin, mach' die Läden und
Fenſter auf! Seit dem Tag nach ihrem Begräbnis iſt alles zu;
es iſt, wie wenn alles auf dich gewartet hätte. Ja, das muß
dein ſein und niemand anderm auf der Welt. Da iſt unſer
Lorle dreißig Jahr auf und ab gangen.“ Er ſagte leßteres mit
weinendem Tone und jeßt weinte er wirklich und rief: „O meine
einzige Schweſter! Meine liebe Schweſter! Warum haſt du ſterben
müſſen? Verzeih' mir, Bruder, daß ich dir das Herz ſo ſchwer
mache. Aber wir ſind ja Brüder, wir ſind Brüder.“

Er warf ſich an die Bruſt Reinhards und ſchluchzte.

Reinhard ſuchte den Schwager zu beruhigen und ward da=
mit ſeiner eigenen Herzbewegung Meiſter. Es war ihm, wie wenn
alles redete, jede Treppenſtufe, das Geländer, die Küchenthüre,
die große Bank.

Stephan öffnete die große Stube, die nach dem Baumgarten
liegt. Das volle Mittagslicht ſtrömte herein und er ſagte jeßt
mit gefaßterem Tone: „Da hat ſie gewohnt, da haſt du ſie ge=
malt und da habt ihr euch verlobt; ſie hat nicht auf die Straß'
gehen wollen, ſie hat immer geſagt, was geht mich das an? Sie
hat gelebt wie eine Kloſterfrau, aber nicht traurig, das nicht.
Sie hat geſagt, den Nußbaum da, den habeſt du im erſten Jahr,
wie du hier geweſen, gepflanzt. Schau, wie groß er iſt und wie
voll er ſteht. Siehſt du dort den Brunnen? Der iſt neu. Weißt,
es war immer ein naſſer Fleck dort, da hat unſer Lorle nach=

graben laſſen, und jetzt iſt das der beſte Brunnen im Dorf.
Der Doktor ſagt, es ſei ein Stahlſäuerling, beſonders gut unterm
Wein. Das Recht mußt du mir laſſen, daß ich da an deinem
Haus Sauerwaſſer hol' für meine Gäſte. Schau, da in der
Kammer hat ihr Bett geſtanden, ſie hat's der Malva vermacht,
ich hätte Einſprache thun können, aber ich will keinen Prozeß,
nur keinen Prozeß! Jetzt halt! ich muß dir was ſagen: da in
ihrer Stube, da nehm' ich mein Wort zurück. Ich ſetze dir gar
keinen Preis fürs Haus, es iſt dein für jeden Preis, den du
ſagſt; es bleibt alles brüderlich unter Brüdern. Jetzt verzeih'!
Ich hab' Leut im Feld, ich muß Heu einthun. Mach dir dein
Herz nicht ſchwer und denk', daß du daheim biſt bei den Deinigen.
Behüt' dich Gott.“

Reinhard war allein, er ſetzte ſich ans Fenſter, wo der
Nußbaum ſeine Aeſte heranſchickte, und jetzt brach's hervor, ein
Thränenſtrom, ſo ſchwer, ſo voll.

Lorle! Lorle! war das einzige, was er rufen konnte, er
legte den Kopf auf das Fenſterſims, wo ihre Hand ſo oft ge=
ruht. Als er endlich aufſchaute, ſtand Martin unter der Thür
und ſagte: „Ich hab' mich noch gar nicht bedankt, daß der Herr
Reinhard meiner Mutter ſelig, der Bärbel, ein ſteinern Kreuz
hat ſetzen laſſen. Ja, wenn die am Leben blieben wär', wär'
alles nicht ſo geworden. Hundertmal hat die Profeſſorin mir
geſagt, Martin, hat ſie geſagt, deine Mutter, die Bärbel, iſt
meine zweite Mutter geweſen. Meinem Sohn, dem Kammer=
ſänger, hat die Frau Profeſſorin, wie er allbereits ein kleiner
Bub' war, eine Geig' gekauft, er kann gut geigen, erſt ſpäter
iſt er Sänger geworden.“

Reinhard ging feſten Schrittes allein durch das ganze Haus.
Plötzlich war's ihm, als hätte ſich Lorle nur neckiſch verſteckt
wie damals in der Brautzeit. Alle die Jahr waren nicht ver=
gangen, die beiden Liebenden lebten noch jung und friſch . . .

Auf einer alten Truhe am Giebelfenſter, dort wo Lorle da=
mals dem Geſange Reinhards unter der Linde gelauſcht, dort
ſaß er lange und preßte die zitternden Hände ineinander. „Tot!
Alles tot!“ ſtöhnte er endlich vor ſich hin.

Er ging hinab, Martin wartete auf der Treppe, und als
er endlich wieder auf der Straße ſtand, verſchloß Martin das Haus.

Reinhard reichte ihm ſtill die Abſchiedshand, aber Martin
ſagte, er wolle ihn begleiten, hinter ihm drein gehen, wenn er's
wünſche.

„Ah ſo!“ entgegnete Reinhard, „du fürchteſt, daß ſie die
Drohung wahr machen und mich tot ſchlagen?“

„Wer hat das dem Herrn Reinhard hinterbracht?"

„Ein Waldknecht."

„Gewiß der Maurus. Es ist aber nicht wahr, es ist bloß Geschwätz, und hernach bin doch allbereits ich da. Im Gegenteil, Herr Reinhard, Ihr müsset Euch auch hier anbauen, Ihr könnt hier so alt werden wie der Hohlmüller, der ist bald neunzig. Dort neben meinem Sohn, dem königlichen Kammersänger, müßt Ihr Euch anbauen."

Er zeigte Reinhard ein wohlgebautes Haus auf der Anhöhe und erzählte, daß dort sein Sohn die Sommerferien zubringe. Er wiederholte, daß der Sohn sein Glück der Bärbel und dem Lorle verdanke; von der Mutter, die viel mit Lorle gesungen, habe er die schöne Stimme, und Lorle habe ihn Musik lernen lassen. Der Sohn käme in der nächsten Zeit mit Frau und Kindern; die Frau sei auch Sängerin und eine Adlige, aber gar nicht stolz.

„Er kommt nächsten Sonntag," sagte Martin mit Behagen, „er richtet's immer so ein, daß er am Sonntag kommt; da ist's lustig, lustiger als die Kirchweih. Mein Ulrich hat's gescheit gemacht. Wir heißen mit dem Geschlechtsnamen Flohberger, da hat er den Floh springen lassen und er heißt jetzt nur Berger."

Siebentes Kapitel.

Wie Lorle lebte und starb.

Es gelang Reinhard nur schwer, den Martin Flohberger von sich loszumachen. Auf Umwegen ging Reinhard nach dem Hause Wendelins, er klopfte, Malva öffnete und that ein Tuch von der Stirn ab; sie berichtete leise, sie habe sich krank stellen müssen, um daheim bleiben zu dürfen, sie habe sich aber auch still besonnen, um Reinhard alles genau zu berichten.

„Ich habe nur vorher eine Bitte," sagte sie.

„Was denn?"

„Meine Stiefmutter will Euch sehen. Sie liegt da in der Kammer. Kommet nur auf ein paar Minuten."

Reinhard folgte in die Kammer. Eine abgehärmte Gestalt betrachtete ihn mit großen dunklen Augen und rief:

„So sieht also der Herr Reinhard aus? So groß? Und wenn er den grauen Bart abthäte, wär' er noch ein schöner junger Mann. Wenn Ihr Eurem Lorle was zu berichten habt, so saget mir's, ich komm bald zu ihr."

Reinhard ging mit Malva nach dem Garten, wo man die Kranke hören konnte, wenn sie rief. Sie setzte sich auf die Bank und Reinhard sagte:

„Nun, so erzähle."

„Ja, wo anfangen?"

„Wie lang warst du bei ihr?"

„Das ist recht, da will ich anfangen."

„Vierzehn Monate bin ich alt gewesen, wie sie mich zu sich genommen hat. Mein Vater hat wieder geheiratet, und ich habe erst am Morgen, als mich die Frau Professorin in die Schule brachte, von ihr erfahren, daß sie nicht meine leibliche Mutter ist."

„Hat sie dich nicht an Kindesstatt annehmen wollen?"

„Freilich. Ich hab' aber nie Mutter zu ihr sagen dürfen; sie hat mich nur manchmal ihr Schwesterchen geheißen. Ich hab' später davon gehört, daß sie mich gerichtlich nach ihrem Tod hat an Kindesstatt einsetzen wollen, aber weil man nicht gewußt hat, wo der Herr Reinhard lebt, haben die Gerichte das nicht zugegeben. Ich glaub', sie hat ein Testament hinterlassen, aber man hat's nicht gefunden. Ich will gegen niemand was sagen, er ist ihr Bruder. Das Bett habe ich bekommen, weil sie das einmal der Bärbel Martin gesagt hat, daß es mein ist. Ich glaub', sie hat auch dem Martin etwas vermacht."

„Gut, ich werde dem nachforschen. Erzähle weiter."

„Ja, lieber Gott, ich weiß nicht mehr, wo anfangen."

„Wie du zum erstenmal in die Schule gegangen bist."

„Ja, sie hat alle Schulaufgaben mit mir gemacht und mein Lesebuch hat sie ganz auswendig gewußt, und oft und oft hat sie gesagt: wären zu meiner Zeit die Schulen so gut gewesen und ich hätt' so ein schönes Bilderbuch gehabt, so wäre ich nicht zu unwissend gewesen für meinen Reinhard. Greift's Euch an, wenn ich so erzähle!"

„Erzähl' nur weiter."

„Sie hat sich auch ein Buch angeschafft mit einer Beschreibung von Rom, und da hat sie alle Straßen und alle Häuser gekannt und oft gesagt: da geht jetzt mein Reinhard."

Reinhard schloß die Augen, die Lider zuckten, während Malva fortfuhr:

„Nie ist ein böses Wort über den Herrn Reinhard über ihre Lippen gekommen und auch dem Stephan hat sie's verboten, daß er schimpft. Das ist das einzigmal, wo ich sie grimmzornig gesehen hab'. Ich glaub', sie hat jede Nacht ein Gebet für den Herrn Reinhard gesagt."

„Ist sie lange krank gewesen?"

„Höchstens drei Wochen und die letzten elf Tage im Bett. Sie hat sich gar arg verkältet, wie sie das letzte Mal beim Hohl=müller gewesen ist, und von da an hat sie Tag und Nacht ge=hustet. Der Doktor hat gleich gesagt, da ist nicht mehr zu helfen."

„Hat sie dir nie gesagt, warum sie mich verlassen hat?"

„So? Sie hat den Herrn Reinhard verlassen? Ich hab' immer anders gemeint. Viel gejammert hat sie, weil sie kein Kind gehabt, aber sie hat den Aberglauben gehabt, daß sie sich versündigt habe, weil der Herr Reinhard sie als heilige Jungfrau abgebildet hat."

„Ist sie viel in die Kirche gegangen?"

„Nicht eben mehr als der Brauch, und wie das Bild aus der Kirche fort gewesen ist, ist's ihr doch nicht recht gewesen. Einmal hat sie mich gerufen und hat mir gesagt: Merk' dir's! Es kann keine böse Ehe geben, wenn eines von den Eheleuten ganz rechtschaffen ist. Ich hab' angesehen sein wollen für meine Liebe, meine Gutheit, und das ist nicht das rechte. Ich wäre gern seine Magd gewesen und hab' doch den Stolz gehabt; ich bin darin auch nicht ganz brav gewesen, aber die kurze Zeit, die ich mit ihm glücklich gewesen bin, ist mir mehr wert als siebenmal leben. Und einmal hat sie geweint am Morgen, weil sie nicht mehr von Herrn Reinhard träumt."

Malva hielt wieder inne und endlich sagte sie: „Nicht wahr, ich mach' Euch das Herz schwer? Aber sie hat hundert=mal gesagt, wenn ich's ihm nur sagen könnt, daß ich ihn lieb hab', so lieb ... und ihm verzeihe, und er soll mir auch ver=zeihen. — Einmal ist sie vom Hohlmüller heimkommen, sie hat ihm immer die Zeitung vorgelesen. Ich hab' schon geschlafen, und da hat sie mich geweckt und hat ganz glückselig gesagt: Malva! Von meinem Reinhard steht in der Zeitung. Er ist ein weltberühmter Mann!"

Reinhard griff mit der Hand ins Leere und schloß die Faust krampfhaft.

Welch eine Liebe ist das, die, um das volle Herz zu er=leichtern, das schlafende Kind weckt und ihm den Ruhm des Geliebten, Ungetreuen verkündet.

„Hätt' ich das nicht erzählen sollen?" fragte Malva.

„Du sollst alles erzählen. Alles. Hat sie auch von dem Gerücht gehört, daß ich gestorben sei?"

„Nein."

„Wie hat sie den Krieg erlebt?"

„Sie hat sich gar nicht gefürchtet. Sie hat in der großen Stube drei Betten hergerichtet für Verwundete. Wir haben aber keine bekommen."

„Ist sie bei Besinnung gestorben?"

„Freilich! Sie ist nicht gern gestorben. Am letzten Tag hat sie gemeint, der Herr Reinhard ist da und da hat sie gerufen: Wein' nicht zu arg, ich hab's gewußt, daß du kommst. Lieber Gott! Laß mich nur noch einen Tag leben, nur noch einen halben Tag und ich will mit meinem Reinhard über die Wiese gehen. Ja, das Zittergras ist schön! wunderschön! . . . Und da hat sie gerufen: Nicht sterben! jetzt erst recht leben! und da war sie tot . . . ."

Lange war es still im Garten, man hörte nichts als das Zwitschern der Schwalben vor dem Fenster und von dem Kirch= hof in der Nähe schmetterte ein Fink seinen hellen Sang.

Reinhard erhob sich endlich, reichte Malva still die Hand und ging davon.

Achtes Kapitel.

Ein Freund übers Grab.

Spät in der Nacht schrieb Reinhard einen Brief an Doktor Adalbert Reihenmeyer:

„Du bist ein Freund übers Grab und Du bist der einzige noch Lebende, den ich begrüßen will. Ich bin hier und habe das schauerliche Behagen, als ein Gestorbener wieder erschienen zu sein. Während ich hier in stiller Nacht sitze, singen die Burschen durchs Dorf. Es ist mir wie ein Wunder, daß die Lieder noch die alten Töne haben. Die Welt wird immer wieder jung. Ich aber bin alt und müde und ein fester Platz wartet auf mich. Mir wirbelt's im Kopfe von all den Erinne= rungen, die mir heute erweckt wurden. Willst Du Dich meiner noch erinnern, so komm.

Woldemar Reinhard.

(Nachschrift.) Es ist so still, ich höre jenen zitternden Klang, jenes flüsternde Knistern, jenes leise Summen in der Luft, das Du einmal den Flügelschlag der Schleiereule Vergänglichkeit und ein andermal ein Austönen von der Bewegung unseres Planeten nanntest . . . . Ach was ist alles! Quacksalberei und endlich

Tod. Ich habe mein Leben verfehlt, ich möchte den Rest noch rein abthun. Was ist alle Kunst, alle Selbstbefriedigung, was ist Ehre und Ruhm, wenn das Leben nicht rein? Aber nenne mir einen Künstler, der sein Dasein rein ausgelebt. Vielleicht ist alle Kunst nur Quacksalberei, um den Bruch und Schmerz des Daseins zu vergessen. ... Ich habe mit grauen Haaren die Studentenkrankheit der Skepsis bekommen, die ist in solchem Alter unheilbar. Ich bin müde und möchte schlafen auf immer. Ich habe nichts mehr von der Welt zu erwarten, nichts mehr in ihr zu suchen.

Du hast ihr ein Grabdenkmal gesetzt. Vor mir liegt eine Nelke, die aus ihrem Grabe entsprossen, und jetzt scheinen die Sterne über dem Hügel. Ich stand auf dem Fleck Erde, den sie für mich bereit gehalten. Wenn Du kannst und willst, so komm zu mir. Ich bedarf keines Menschen, ich bedarf auch Deiner nicht, ich will nichts als ruhig und still einschlafen, sterben. Wenn Du noch der Alte bist, so darf und muß man Dir auch dies alles sagen. Uebelnehmen kennst Du nicht.

Ich werde am Sonntag Dein Waldheiligtum aufsuchen, wo Du damals an unsrem ersten Dorfsonntag so glückselig träumtest und den großen Schmetterling Traumglück aufspießtest.

Wann war das doch?

Ich meine, in Urweltzeiten.

(Letzte Nachschrift.) Eigentlich wollte ich Dir alles, was da steht, nicht schreiben, sondern nur das: Komm' zu mir, bleib' bei mir, denn es will Abend werden. Komm' — schilt mich, aber bleib' bei mir. Ich habe einen Plan für unser beider letztes Leben, aber den will ich erst vor Deinen treuen Augen auslegen. Komm' zu mir. Ich kann und will nicht nach der Stadt. Komm' zu mir.

Du bist der einzige Mensch, der über mich richten darf.

Ich war undankbar gegen Dich.

Ich gedenke jenes Tages, als Du um meinetwillen die Kleidung des Waisenknaben anzogst. Ich kann nicht mehr schreiben. Viva voce will ich Dir alles sagen. Komm' zu mir."

Reinhard starrte lange in das Licht, dann schloß er den Brief, ohne ihn durchzulesen. Er stand auf, verließ das Haus und ging nach dem Bahnhofe, um den Brief in den Schalter zu werfen; dort brannte noch eine Lampe, und der Hund des Bahnwärters knurrte nur verschlafen. Reinhard wanderte noch ruhelos im Felde umher, dann kehrte er ins Dorf zurück, aber nicht durch die Dorfstraße, er ging zwischen den Gartenhecken draußen, und unversehens stand er vor dem Kirchhof. Er schauderte, aber was ist die Nacht anders als der Tag? Was soll der alte kindische Aberglaube? Warum jetzt nicht auf ihr Grab?

Er ging hinter dem Hause Wendelins vorüber, da brannte Licht in der hintern Stube des Erdgeschosses. Er näherte sich dem Fenster, ein dürrer Zweig auf dem Boden knackte unter seinen Füßen. „Wer ist da?" rief eine Frauenstimme. Er antwortete nicht und wollte still davon schleichen, aber schon öffnete sich ein Schiebfensterchen, ein Mädchenkopf erschien darin, und Malva rief: „Der Herr Reinhard!"

„Warum wachst Du noch?"

„Ich hab' gar so schwer denken müssen. Es ist mir, wie wenn die Frau Professorin es in der andern Welt nicht aushalten könnte und jetzt wiederkommen müßte."

„Du bist ein seltsames Kind. Gut Nacht. Gib mir eine Hand."

„Ich kann jetzt nicht. Ihr seid doch nicht in der Nacht auf dem Kirchhof gewesen?"

„Nein."

„Gottlob. Schlafet gut."

Er fuhr Malva unwillkürlich mit der Hand über das Gesicht, sie küßte seine Hand, er erbebte.

Das Schiebfensterchen wurde geschlossen, das Licht gelöscht. Reinhard ging am Kirchhof vorbei heim in das Wirtshaus zum grünen Baum . . . .

Sensendengeln weckte ihn, als es schon lange Tag war.

Er mußte sich besinnen, wo er war. Was hatte sich alles in dem gestrigen Tag zusammengedrängt! Bald nahm er ein in grau Leinen gebundenes Skizzenbuch heraus, er blätterte darin flüchtig, er schien die Bilder nicht sehen zu wollen.

Das sei das letzte! sagte er vor sich hin und strich mit der Hand über ein leeres Blatt.

Und so ist die Künstlernatur und die Gewöhnung, das Leben im Bilde zu fassen. Reinhard zeichnete einen Mann, der, dem Beschauer abgewendet, vor einem Grabe steht und eine Blume in der Hand hält; so weit das Gesicht sich zeigte, war er selbst unverkennbar. Im Hintergrunde hinter einer Hecke von wilden Rosen sah ein Mädchenkopf lauschend hervor. Jetzt wurde noch mit schnellem Stift ein Flug Raben gezeichnet, der über dem Haupte des Mannes dahinschwebte. Nun noch ein letzter Blick, Datum und Stunde wird an den Rand geschrieben, das Buch fest verschnürt und bei Seite gelegt. —

Aus Erlebnis, aus äußerer und innerer Wahrnehmung schafft die Künstlerphantasie ein Gebilde, das unverändert die Geisteszüge des Schöpfers trägt.

Anders wird es, wie er ſeine Seele auf ein lebendes
Weſen wirken läßt, in welchem das Empfangene fort und fort
waltet.

Reinhard hatte das Herz Lorle's erweckt, es wachte nur
in ihm.

Muß es ihn nun hinabziehen in den Tod?

Er hieß den Tod willkommen, wenn er nur raſch kommt....

Neuntes Kapitel.

Im grünen Klee.

In der erſten Morgenfrühe ging Malva mit dem Gras=
tuche unterm Arme und der Senſe auf der Schulter nach dem
Kleefeld am Berge. Sie dachte, wie Reinhard die erſte Nacht
im Dorfe verbracht haben mochte, ſie ſchritt aber dabei rüſtig
vorwärts, denn die Kühe daheim warteten auf ihr Futter. Die
Senſe mähte den tauglänzenden Klee nieder, da rief der Wald=
hüter Maurus: „Schneidet's gut?"

Malva hielt ſtill und erwiderte:

„So? Du biſt's? haſt du heut' noch keine alte Frau
geſehen?"

„Warum?"

„Weil ihr Jäger ja das für einen Aberglauben haltet,"
lachte Malva und das gurrte ſo lange nach, wie die Waldtaube
dort im Walde.

„Du biſt luſtig!"

„Warum nicht? Es iſt ja wieder Tag. Ich hab' geſtern
viel Elend durchgemacht, aber wenn's wieder Morgen iſt, da
fang' ich allemal friſch zu leben an."

„Was haſt denn geſtern gehabt?"

Malva erzählte, daß Reinhard bei ihr geweſen und daß
ſie ihm von der Toten berichtet habe.

„Was ſiehſt mich ſo an? Warum ſagſt du kein Wort?"
ſchloß ſie.

Der Waldhüter entgegnete, daß er geſtern dem Manne be=
gegnet ſei, von dem er nachher gehört habe, daß er der Rein=
hard ſelber ſei. Er hütete ſich indes wohl, zu berichten, was er
dem Unkannten erzählt hatte.

„Ich kann mir's jetzt denken," begann Malva wieder, „daß
dem ein Mädle folgt von allem weg und nach gar nichts fragt."

„Wie es scheint, gefällt er dir arg."

„Von Gefallen ist da kein Red'. Wenn der Herr Rein=
hard sagen thät', ich soll seine Magd sein, mit Freude ging'
ich zu ihm, und wenn er sagen thät', geh' mit mir in die weite
Welt, ich ging' mit ihm wie dein Hund mit dir geht."

„So? Und mich könntest du so für nichts und wieder nichts
aufgeben?"

„Das ist anders. Wenn das Lorle noch lebte und es thät'
sagen, pfleg' meinen Reinhard und sei ihm unterthan, ich müßt's
thun; aber davon ist keine Red'. So ein Herr braucht mich
nicht."

Sie schien nicht weiter reden zu können, sie nahm ihren
Wetzstein und wetzte die Sense, daß es hell klang. Plötzlich
aber sagte sie: „Ich hab' genug geschnitten," und den Klee in
das Tuch sammelnd und zusammenschnürend sagte sie: „Hilf
mir auf."

Der Waldhüter hob den Kleebündel auf und wollte ihn
eben dem Mädchen auf den Kopf legen, da hörten sie einen
grellen Pfiff und von ferne her den Ruf: „Malva! Maurus!
Wartet! Ich komm'."

„Was will der Schütz?" fragte Malva den Kleebündel
wieder abwerfend, denn Martin war es, der ihnen gerufen hatte.
Er kam atemlos herbei und sagte: „Gut, daß ich euch bei
einander treffe, es geht euch beide an."

Heftig fuhr er den Waldhüter an, der dem Reinhard gesagt
habe, das ganze Dorf wolle ihn steinigen.

„Ja, sie haben's ja alle gesagt," erwiderte der Waldschütz,
„wenn sie gelogen haben und jetzt feig sind, was geht's mich an?"

„Und du hast auch gesagt," nahm der Schütz wieder auf,
„die Malva weiß von seinen grausamen Thaten."

„Ja wohl, das hab' ich auch gesagt. Ist's nicht wahr?"

„Nein. Du mit deinem halben Verstand hast das nicht
verstanden," rief Malva, „und wenn ich was gesagt hätte, wie
darfst du so ungetreu an mir sein?"

„Freilich, das darfst nur du. Du darfst allein ungetreu
sein, die Rothaarigen dürfen das allein."

„So ist's recht. Ich dank' dir, daß du das gesagt hast.
Gottlob, jetzt ist es aus. Du bist der Kamerad von meinem
Bruder gewesen und da hab' ich was auf dich gehalten. Da
der Anhenker," sagte sie, und deutete auf eine silberne Kapsel,
die um ihren Hals hing, „den hast du mir machen lassen, er
hat drei Gulden gekostet, ich zahle sie, kannst sie beim Martin
da holen. Mit uns zwei ist's aus, auf immer und ewig. So

gewiß der abgemähte Klee da nimmer wieder auf die Stoppel wächst, ebenso auf immer auseinander ist's mit uns. Gott Lob und Dank, du kannst dich nicht berühmen, einen Kuß von mir zu haben."

„Das wär' auch was."

Malva stürzte mit geballten Fäusten auf den Spötter zu, ihr Auge flammte und ihre Lippen bebten, aber vor ihm stehend, sagte sie sich selbst bezwingend: „Halt! Nicht so. Ich dank' dir für jedes von deinen Worten tausendmal." Sie wendete sich zum Schütz und sagte:

„Martin, hilf mir auf."

Das geschah, und mit dem Kleebündel auf dem Kopfe ging Malva nach dem Dorfe zurück. Sonst hörte man sie immer singen, heute sang sie nicht. Martin, der sie bald wieder ein= holte, sagte: „Schau, dort geht der Herr Reinhard, er geht gewiß nach der Hohlmühle zum alten Müller."

„Wenn er nur dem nicht verratet, daß das Lorle gestorben ist," sagte Malva, „der alte Müller weiß es noch nicht und er war ihr bester Freund."

Zehntes Kapitel.

Alte und neue Gletse.

Singen die Lerchen nur in der deutschen Heimat so wonnig? Duftet nur hier das Heu so würzig und ist die Luft voll kühlen= den Taues?

So fragte sich's in der Seele Reinhards, als er zwischen den Gartenhecken und durch die Wiesen dahinschritt.

Die Tiefe eines Elends vollkommen kennen, ist auch Be= freiung. Reinhard kannte nun ganz, was er verwüstet und ver= loren; er wollte still tragen und seinem neuen Grundsatze treu bleiben.

Am Hügel blinkte eine Sense, Reinhard ahnte nicht, daß dort Malva war, die ihm so Schweres berichtet hatte und mit jedem Atemzuge an ihn und die Verstorbene gedachte.

Er schritt weiter, jeder Baum, jede Hecke sprach mit ihm, sie erzählten von vergangenen Tagen, sie schauten ihn an mit dem Blicke jenes Auges, das nun geschlossen war.

War es immer so, daß sich um diese Jahreszeit so die

Sommerfaden ins Gesicht legen? Reinhard fuhr sich oft mit der Hand über das Gesicht und wischte sie ab.

Das ist doch der rechte Weg nach der Hohlmühle, den sind wir damals miteinander gegangen, und ihr Vater und der Kollaborator war dabei. Aber der Wald ist weiter zurückgewichen, da, wo er sich noch in die Thalsohle erstreckte, ist er in Wiese verwandelt und nur einzelne Tannen am Mühlbache zeigen, daß hier ehemals Wald gestanden.

> „Ich bin so grau, ich bin so alt,
> Sah den Berg sechsmal als Wiese und sechsmal als Wald."

Dieser Spruch eines alten Berggeistes tauchte in der Erinnerung Reinhards auf.

Ein neues Wehr braust dort an der Sägmühle, und ein Schienenstrang ist bis dahin gezogen.

Dort wo die schöne Ahorngruppe gestanden hatte, die Reinhard in verschiedenem Lichte und von verschiedenen Seiten aufgenommen und zum Hintergrund von manchen Bildern verwendet hatte, dort stand jetzt ein helles nach dem Muster des Bahnhofes gebautes Häuschen mit einem Gärtchen voll Gemüse und Blumen.

Eine stattliche junge Frau, die mit einem Kinde auf dem Arme am Zaune stand, grüßte und brach ihm eine volle Rose ab.

„Wer seid Ihr?"

„Eine Enkelin von des Lorle's Bärbel, des Martins Tochter."

„Ich dank' Euch. Auf Wiedersehen."

Auf einem Baumstumpf an einer Lichtung des Waldes saß Reinhard und schaute in die Landschaft hinein; er sah die hellen Wiesen mit dem leuchtenden Grün und die tiefblauen Schatten der Schluchten und Waldeinschnitte. Das ist nicht das helle Licht Italiens mit seinem strahlenden Glanze, nicht die leichte wellenförmige Gebirgskette der Campagna, aber der Sommertag stufte die Uebergänge sanft ab, der Horizont war durchsichtig, die Ferne klar.

Wenn du noch malen würdest, du würdest den Landschaftscharakter der Heimat neu erfassen.

Weiter schritt er. Es stehen nur noch wenig alte Stämme, aber wie ist der Jungwald so frisch gediehen, ja die Natur ist stetig, aber wer weiß, wie viel Kämpfe auch der Pflanze beschieden sind, und wie auch eine der andern ihr Wachstum verkümmert, ihr Licht und Luft verschränkt, so daß sie verkommt.

Wie vor seinen eigenen Gedanken fliehend, beschleunigte Reinhard seine Schritte und schon von ferne rief er dem Alten,

der mit einem kleinen Knaben im Schatten des Felsens vor der
Mühle ſaß, laut entgegen:

„Grüß Gott, Hohlmüller!“

„Herr Reinhard! Herr Reinhard!“ rief es ihm entgegen,
„hab' ſchon gehört, daß Ihr kommen ſeid. Iſt brav, daß Ihr
mich gleich aufſuchet. Aber allein? Wo iſt die Frau? Wo
iſt das Lorle? Iſt ſie noch krank? Freilich jetzt, der Schreck!
Aber ſie wird ſchon wieder geſund werden, ſie hat das zähe
Leben von ihrem Vater.“·

Reinhard konnte nur ſtumm die Hände des Alten faſſen,
der nun ſagte:

„Ihr ſehet noch ganz aus wie vor Zeiten. Ja, Ihr ſeid
weit in der Welt herumgekommen, und ich bin da wie die Fels=
wand, hier am ſelben Fleck zu finden. Da laufen Wagen,
auf denen ſteht Paris, Wien, Berlin, Zürich — die ganze Welt
rennt da auf der Eiſenbahn an mir vorüber und ich halte ſtill.
Der Nußbaum, wo Ihr Euren Namen eingeſchnitten habt, der
iſt nimmer da; die Eiſenbahn hat ihn weggenommen, aber der
ſchön geſchnitzte Schrank und der Tiſch in Eurem Haus, den
hat das Lorle aus dem Stamm machen laſſen.

„Das iſt mein Urenkelchen, das Lorle hat Gevatter bei ihm
geſtanden und er heißt wie Ihr, Woldemar. Woldemar! gib
dem Herrn die Hand, das iſt dein Gevatter und Großonkel.
So, jetzt geh, ich hab' mit dem Herrn zu reden. Setzet Euch
zu mir.“

Der Knabe ging, und Reinhard ſaß bei dem Alten.

Nachdem der Alte von ſeinen Leiden erzählt und wie die
Doktoren alle nichts verſtehen, fragte er Reinhard, ob er glaube,
daß der Kaiſer über den Papſt Meiſter werde.

Reinhard ſchaute verwundert drein, wie weit die politiſche
und kirchliche Bewegung gedrungen, aber er war der Antwort
überhoben, denn der Hohlmüller fragte und wartete keine Ant=
wort ab; er erklärte vielmehr, daß er die Aufhebung aller Klöſter
noch zu erleben hoffe, und daß dann auch ſeines Bruders Tochter
wieder käme, die ſtatt zu heiraten mit ihrem großen Beſitztum
ins Kloſter gegangen ſei.

„Ihr müſſet Euch noch des verſtorbenen Pfarrers erinnern,
der ſchon damals immer dran geweſen iſt, ein Kloſter zu er=
richten. Er hat's richtig fertig gebracht. Der Wald da droben,
dort von der Buche an bis zu dem Tobel, der gehört jetzt dem
Kloſter in Weyhern drüben,“ ſagte er mit geballter Fauſt hin=
weiſend.

Er ſetzte hinzu, Lorle ſolle ſich bald wieder geſund machen

und Reinhard müsse schon zugeben, daß sie ihm wieder die Zeitung vorlese, sie lege alles so gut aus.

"Es ist freilich spät, daß der Herr Reinhard wiederkommen ist," sagte er, "aber noch nicht zu spät. Daß er wieder zu seiner Frau kommen ist, ist brav und rechtschaffen, und daß er seine alten Tage bei uns bleibt, ist gescheit. Die Menschen sind gut. Wisset Ihr, worin sich das zeigt?"

"Was meint Ihr?"

"Wenn sie einen alten Mann nicht links liegen lassen. Es vergeht kein Tag, wo nicht eins zu mir kommt. Das ist's eben. Man muß mit denen alt sein, mit denen man jung gewesen ist."

Reinhard sah verwirrt drein, da der Mann fortwährend so sprach, als ob Lorle noch lebte. Es legte sich wie ein Schleier vor seine Augen und ringsum war Nacht.

Elftes Kapitel.

Die bitterste Leidensstation.

"Nicht wahr, unser Dorf hat sich arg verändert?" nahm der Hohlmüller wieder auf. "Ja die Eisenbahn! Sie geht da unter unserm Wald durch. Und die Geistlichen! So stark sind sie noch nie gewesen. Ihr müßt Euch ja auch noch an des Jockels Kaspar erinnern, der ist mit einer großen Wallfahrt, die der Pfarrer von Renzlingen anführt, nach Rom und Jerusalem, sie müssen bald wiederkommen."

Reinhard erzählte, daß er die Wallfahrer in Rom getroffen und die Stimme des Jockelskaspar erkannt habe. Er war nahe daran, zu berichten, daß er da den Tod Lorles erfahren, aber er hielt noch zeitig zurück.

"Es sind auch vornehme Frauen bei der Wallfahrt, eine Schwester von der Gräfin Felseneck, die das Lorle einmal besucht hat. Lasset Euch das von ihr erzählen. Mein Schwiegersohn — er ist Euer Schwager und ich darf frei zu Euch reden — der hält's auch halb und halb mit den Geistlichen und hat auch zu der Wallfahrt beigesteuert, er ist eben ein Wirt und arg vorteilhaft (auf seinen Vorteil bedacht). Seit ich gehört hab', daß Ihr kommen seid, muß ich immer an das Lied denken:

Willewillewitt mein Mann ist kommen,
Willewillewitt hat abgestellt,
Willewillewitt ein Sack voll Geld.

„Herr Reinhard! Habt Ihr die Geschichte vom langen Lukas gehört?"

„Nein."

„Sie ist fast so wie Eure. Also der lange Lukas, der Zimmermann und seine Frau, sie ist eine Schwestertochter vom Wendelin, haben auch nicht gut miteinander gehaust und zuletzt ist er gar noch eifersüchtig worden auf den Schlosser Wenzel. Und da ist der lang Lukas fort nach Amerika und hat die Frau allein zurück gelassen. Kinder haben sie auch nicht gehabt, und sieben Jahr ist der lang Lukas fort geblieben und hat nichts von sich hören lassen. Eines Morgens im Hochsommer, kurz vor Tag, klopft jemand an bei der Frau, sie wacht auf und fragt: Wer ist da? und da kriegt sie zur Antwort: Der Wenzel! Mach' auf, lieber Schatz. Was, Schatz? sagt die Frau, ich bin eine rechtschaffene, verheiratete Frau. Geh' zum Teufel oder besser zu seiner Großmutter, die paßt für dich."

Reinhard mußte wider Willen lachen und der Hohlmüller fuhr fort: „Ja, die lang Lukassin hat ein scharf Mundstück und das war eigentlich die Hauptsach von dem Unfrieden. Sie hat mir den ganzen Hergang nachmals erzählt, und er auch. Also wie die Frau das gesagt hat, hört sie nichts davon, daß der Mann fortgeht, im Gegenteil, sie hört ein unterdrücktes Lachen. So ist's, denkt sie, halt! das ist nicht der Wenzel; das ist er. Sie bleibt lang still, natürlich, es hat ihr doch den Hals zusammengezogen und endlich sagt sie: Warum scherst dich nicht fort, du Nichtsnutz? Geh' fort oder ich schrei zum Fenster hinaus Feuerjo!

Thu's nicht, sagt der draußen, sei nicht dumm, dein Mann hat auch eine andere.

Jetzt hat die Frau seine Stimme ganz deutlich erkannt und sie lobt ihren Mann — sie hat ihn immer gelobt, das muß ich sagen, — sie rühmt ihn und gibt ihm in vielem recht, und da hat er sich zu erkennen gegeben. Das ganze Dorf hat sich verwundert, wie die beiden am Tag miteinander gehen in neuer Liebe und Herzlichkeit, und sie sind miteinander in Friede und Einigkeit in das Amerika. Nicht wahr, das ist gerade wie Eure Geschichte? Aber Eure ist noch besser und schöner. Ihr bleibet da beisammen und wir haben noch Freude an Euch beisammen."

Reinhard konnte nichts antworten. Der Alte fuhr fort, ihm zu erklären, wie man in der Ferne und Getrenntheit einsehe, was man eigentlich aneinander habe und wie viel Liebe im Herzen.

Reinhard hatte Thränen in den Augen und der Alte sagte:

„Verzeihet mir, daß ich Euch das Herz betrübe. Wozu auch? Es ist ja jetzt alles gut und gottlob nicht zu spät. Darf ich Euch was raten?"

„Gewiß."

„Schenket und verleihet in den ersten drei Monaten keinen Kreuzer. Was Ihr nachher thun wollt, da hab' ich Euch nichts zu raten."

Reinhard erzählte, daß er das alte Haus von seinem Schwager kaufen wolle.

„Es gehört ja dein, es gehört ja dem Lorle, sie hat ja den Anteil am Wald dafür hergegeben," entgegnete der Hohl= müller.

Reinhard schwieg, er konnte ja nicht sagen, daß das Lorle tot ist.

Der Alte fuhr fort: „Die Malva müsset Ihr behalten, bis sie heiratet; ich weiß nicht, ob der Waldhüter für sie paßt, aber die Malva ist gar brav und gewitzigt, unter dem roten Haar steckt ein grundgescheiter Kopf, und ein Mäulchen hat sie, scharf wie ein Schermesser; aber gut ist sie auch, herzensgut. Wie hat sie deine Frau gepflegt, wie sie krank gewesen ist. Der Doktor hat gesagt, ohne die treue Pflege wäre sie gestorben. Der Malva müsset Ihr eine gute Aussteuer geben, sie hat's treulich verdient."

Reinhard versprach's, und der Alte verstieg sich bald wieder in die große Politik, über welche Reinhard keine Auskunft geben konnte. Er empfand zum erstenmal, daß er die große Wand= lung im Vaterlande nicht mit erlebt, und diese Empfindung er= neuerte sich ihm, als der Hohlmüller ihn in seine Stube führte und ihm die Wandbilder zeigte, die Helden unserer Tage.

Vroni kam und begrüßte den Vater; sie freute sich seines Wohlbefindens und erzählte, daß morgen am Sonntag des Bärbelmartins Sohn, der Sänger, käme, der auch immer manche gute Stunde beim Hohlmüller zubrachte. Sie ging mit Rein= hard bald davon, und der Hohlmüller rief ihr noch nach: „Ja du, du laufst immer so schnell davon. Herr Reinhard! Schicket mir das Lorle bald, die ist eine Ruhebringerin und ist gedul= diger mit mir als meine eigene Tochter."

Reinhard ging mit Vroni heimwärts, sie sprachen lange nichts. Endlich sagte Reinhard: „Also sie war viel hier im Hause?"

„Natürlich! Die ersten sieben Wochen war sie ganz da und ist nicht ins Dorf gegangen, und von da stammt die so nahe Freundschaft mit meinem Vater."

„Was meinst du mit den ersten sieben Wochen?"

„Soll ich alles erzählen? Es wird aber den Herrn Rein=
hard angreifen."

„Erzähle mir nur alles, ich will ihr nachwandern die
Leidensstationen."

„Leidensstationen! Dasselbe Wort hat sie gesagt. Bittere
Leidensstation! Also es war so. Wie sie damals fort ist von
der Hauptstadt, heim, ist sie nicht heim, sie hat da drunten im
Thal gewartet bis Nacht ist, und ist hierher auf die Hohlmühle
zu meinem Vater. Erst am zweiten Abend hat sie es uns sagen
lassen, daß sie da sei. Wie ich zu ihr in die Stub' gekommen
bin und wie sie mir um den Hals gefallen ist, das kann ich
nicht erzählen. O, wie werde ich gestraft, hat sie gesagt, ich
bin so stolz gewesen, so stolz auf ihn und jetzt muß ich mir
vom Aermsten Mitleid schenken lassen. Es kann doch nicht sein;
er kann mich nicht allein lassen, er hat mich doch so lieb ge=
habt ... Sie ist sieben Wochen lang nicht über die Schwelle
gekommen, und mein Vater hat sie so lieb bekommen, daß er
mehr an ihr gehangen hat, als an einem von uns Kindern.
Drum haben wir ihm auch ihren Tod verhehlt, und jetzt ist's
doch bös, der Schlag kann ihn treffen, wenn er's unversehens
erfährt. Sie hat ihm in den letzten Jahren täglich die Zeitung
vorgelesen, die freisinnige, und über alles, was in der Welt vor=
geht, mit ihm gesprochen, und wie sie damals endlich mit mir
heim ist, war's in später Nacht, ich hab' sie an der Hand ge=
führt, und sie hat gesagt: ich mein', ich hab' Ketten an den
Füßen, wie die Sträflinge. Da, wo jetzt die neue Sägmühle
ist, da ist sie zusammengesunken. Es hat mich arg angegriffen,
besonders in dem Stand, in dem ich damals gewesen bin, aber
davon ist das Unglück doch nicht. Es hat mich drei Tage vor=
her ein anderes ärger mitgenommen. Da hab' ich's gespürt.
Aber was rede ich jetzt von mir? Da an dem Erlenbaum hat
das Lorle gelegen und hat an allen Gliedern gezuckt, und wie
ich sie aufrichte, sagt sie: Ich breche unter meinem Kreuz zu=
sammen, aber ich will's jetzt schon geduldig tragen. Und sie
hat Wort gehalten."

Broni hielt inne, und die beiden gingen geraume Zeit
wortlos dahin.

„Hat sie nie geglaubt," fragte Reinhard, „daß ich wieder=
komme und sie hole?"

„Ich weiß nicht, gesagt hat sie's nie deutlich, aber wer
weiß, was ein Frauenherz denkt. Sie hat nicht gern von sich
gesprochen. Nur einmal hat sie gesagt: Ich bin zu grob für

die Stadt und zu fein fürs Dorf. Sie ist ein Engel gewesen,
mein Friedensengel; ja, ich hab' mit meinem Mann auch mein
Teil auszustehen gehabt. Ich hab's nicht gewußt und vielleicht
der Herr Reinhard auch nicht, wie gescheit sie gewesen ist,
grundgescheit, sie hat so ruhige Gedanken gehabt. Hundertmal
hat sie gesagt, man muß den Menschen nicht den Gefallen thun,
unglücklich zu sein; sie sind schnell bei der Hand mit dem Mitleid, aber in der andern Faust haben sie Schadenfreude. Es
ist fast so, wie wenn man den Leuten klagt: ich bin bestohlen
worden. Ei, ei! sagen dann die Leute: was denn alles? Das
ist zu hart! Daneben aber denken sie: du Tralle, geschieht dir
recht, warum hast's nicht besser verwahrt, da bin ich vorsichtiger.
Sie greifen in die Tasche und freuen sich, ihre Schlüssel bei
sich zu haben. Lern' von mir, hat sie einmal gesagt, der Reinhard und ich wir haben gemeint, mit dem Liebhaben allein
bringt man alles fertig und keins hat vom andern ertragen
wollen, da soll alles lauter Lob und Liebe sein. Er hat recht
gehabt und ich auch; aber die Geduld, das ist erst die rechte
Liebe."

Reinhard atmete tief auf.

„Ist's denn wahr, daß das ganze Dorf so gegen mich
ist?" fragte er.

„Du solltest doch jetzt die Welt kennen," entgegnete Vroni.

„Verzeih', daß ich du zu dir sage."

„Bleib' dabei, es gehört dir mehr als deinem Mann. Also
sag' mir nur gradaus, wie war's?"

„Anfangs war alles gegen dich und hätte dich gern tot-
geschlagen. Jedes hat einen Schimpf drin gesehen, den du
jedem angethan, daß das Lorle wieder heim gemußt hat. Nachher haben die Männer alle auf Seite vom Lorle und die Weiber
auf deiner Seite gestanden. Du weißt ja, wie es ist. Sie ist
zu hoffärtig und eigenwillig gewesen, haben die Weiber gesagt.
O lieber Gott, eigenwillig! Da war sie ja zu wenig, sie hat
gar keinen Willen gehabt, sie ist von dir fort, weil sie das für
einen Befehl von dir gehalten hat."

„Für einen Befehl von mir?"

„Du mußt so was gesagt haben. Aber jetzt genug vom
Vergangenen. Ich sehe dir's an und dein Kommen zeigt's ja,
du büßest hart."

„Ich danke dir, nun weiß ich alles, nun kann ich nichts
mehr erfahren."

„Halt! Ich hab' dir aber doch noch was zu sagen," rief
Vroni. „Ja, das ist's. Ich bin dir eigentlich nur nachge-

gangen, weil ich dir etwas sagen will, wenn mein Mann nicht dabei ist. Kauf' das alte Haus nicht, und überhaupt, bleib' bei uns im Haus, ich will für dich sorgen wie eine Schwester."

„Ich möchte aber das Haus besitzen."

„Dann gibst du nur die Hälfte von dem, was er verlangt hat, es ist damit bezahlt. Auch gegen den Wendelin laß dich nicht aufstiften, und wenn du was Gutes thun willst, so versorge die Malva, sie verdient's. Der einfältige Wendelin glaubt, es sei ein Testament unterschlagen, das Lorle gemacht habe; sie hat aber keins gemacht. Die Malva aber war brav am Lorle und hat sie gepflegt und gehoben und getragen in ihrer Krankheit, kein Kind kann's besser. Herr Gott! Da läuten sie schon den Sonntag ein, und wir haben morgen Gäste," schloß Vroni und eilte nach Hause.

Reinhard saß im Walde, in dem das Glockengeläute widertönte. Aus allem Schmerze heraus empfand er doch ein Heimatsgefühl, da der Hohlmüller und Vroni so getreu zu ihm hielten. Hier am Orte war er des Lorles Reinhard und das Wort des Hohlmüllers erneuerte sich: Man muß mit denen alt sein, mit denen man jung war.

Zwölftes Kapitel.

Der lebhaftige Sonntag.

Der volle Morgentau lag noch auf Wiese und Wald, von der Kapelle auf dem Berge läutete das helle Glöckchen, als Reinhard still und gedankenvoll dahin wanderte. Ueber alles Schwere hinüber haftete die Erinnerung, daß der Hohlmüller und Vroni so gut von Malva gesprochen und deren Versorgung ihm ans Herz gelegt. Meinte er nur, das früher gedacht zu haben, oder fiel's ihm erst ein, da er jetzt die helle Gestalt vom Kapellenberge herabkommen sah? Es war Malva. Sie stutzte, da sie ihn sah, hielt an und schritt dann rasch bergab. Reinhard sah die Gestalt in ihren frischen Formen und in ihren festen Bewegungen, sie hatte die alte Volkstracht nicht mehr, vielmehr ein eng anliegendes, einfaches blaues Kattunkleid, nur der Hut, den sie am Arme trug, war noch der aus der alten Zeit, und die mächtigen roten Zöpfe, die am Werktag den Rücken hinab hingen, waren zum Sonntag aufgesteckt und umkränzten die weiße Stirn.

Reinhard griff an die Brusttasche, als wollte er sein Skizzen=
buch herausnehmen, aber er verwarf nicht nur die alte Künstler=
neigung, sondern vielleicht noch etwas anderes.

Malva kam näher und rief: „Guten Morgen, Herr Rein=
hard. Das ist ein echter Sonntag."

„Und du siehst aus wie der leibhaftige Sonntag," erwiderte
er, „und jetzt eben wird mir's deutlich, dich versteh' ich jedes
Wort, sonst bin ich nicht mehr an die hiesige Sprache gewöhnt.
Ich verstehe meinen Schwager und den Bärbelmartin nur halb
und den Hohlmüller noch viel weniger."

Er sagte das, während sich sein Blick mit künstlerischem
Wohlgefallen in diese Erscheinung versenkte; dieses reine Eben=
maß der Glieder, die bläulichen Schatten um Schläfe und Hals,
diese schön geschwungenen, dichten dunkelroten Brauen über den
hellbraunen Augen. „Du siehst aus wie der leibhaftige Sonn=
tag," wiederholte er.

„Der Sonntag, dem ich gleichen soll, der ist aber rot an=
gestrichen," entgegnete Malva und lachte hell auf.

„Wenn ich noch malen würde, dich würde ich abmalen,"
sagte er, indem er dachte, wie diese Gestalt sich in braunem
Samt oder roter Seide ausnehmen würde.

„Wegen meiner roten Haare?"

„Just deswegen."

Malva lachte; eine mutige, ja übermütige Seele lachte ihr
aus den Augen und sie rief:

„Jetzt ist's gut. Ich hab' immer denken müssen, wenn
nur der Herr Reinhard sich das Herz nicht zu schwer macht.
Jetzt ist's aber gut. Ihr sehet so heiter aus und ich — das
Lorle hat mir oft gesagt: du stammst aus der lustigen Armutei.
Das Kleid, was ich da anhab', ist noch das letzte, was sie mir
geschenkt hat und sie hat's selber genäht."

„Hast du auch die silberne Kapsel, die da an deinem Hals
hängt, von ihr?"

„Nein, die ist von meinem Schatz."

„So? Du hast einen Schatz?"

„Ja, aber schon wieder keinen mehr."

„Wer war es denn?"

„Ein Kamerad von meinem Bruder, der hier Waldhüter
geworden ist."

„Ist noch jemand in der Kapsel?"

„Freilich."

„Und da drin im Herzen auch?"

„Natürlich."

„Wie heißt er?“

„Joſeph.“

„Wo iſt er?“

„Beim Lorle.“ Sie that das Halsband ab, öffnete die Kapſel und zeigte eine kleine Photographie. „Das iſt mein Bruder, der bei Champigny vor Paris gefallen iſt. Sein Name ſteht mit goldenen Buchſtaben auf der Tafel an der Kirch’. Nicht wahr, ein ſchöner Menſch? Und er iſt noch braver ge= weſen als ſchön. Es war mein einziger rechter Bruder; einen Stiefbruder habe ich noch.“

Reinhard gab die Kapſel mit dem Bilde zurück; er fühlte wiederum, wie bis in die weiteſten Kreiſe hinein der Kampf ums Vaterland gegriffen hatte, derweil er in der Fremde war.

„Darf ich mit dir gehen?“

„Warum nicht? Es wird mir eine große Ehre ſein.“

„Woher kommſt du ſchon ſo früh?“

„Aus der Frühmeſſe. Ich muß zur Kirche nachher daheim bleiben, der Vater geht und die Stiefmutter iſt bettlägerig. Der Doktor ſagt, ſie ſteht nimmer auf, und ſie iſt gar wunderlich. Aber ich will Euch den ſchönen Sonntag Morgen nicht mit meinen Geſchichten verderben. Darf ich den Herrn Reinhard an etwas mahnen?“

„Gewiß.“

„So beſuchet jetzt meinen Vater, er ſitzt im Garten bei den Bienen, es kränkt ihn, Ihr ſeid geſtern zum Hohlmüller hinaus, ich hab’ Euch auch geſehen von da drüben, wo ich Klee geholt habe. Mein Vater meint ſonſt, Euer Schwager, der Stephan, hab’ Euch gegen ihn aufgeſtiftet, und der Vater iſt am Sonntag immer beſonders verdrießlich; er hat ſich’s ver= ſchworen, dem Stephan je ins Haus zu gehen, und das iſt doch das einzige rechte Wirtshaus, und da weiß er nicht, wo er ſich hinthun ſoll. Gehet voraus, ich will da beim Bäck Weißbrot mitnehmen.“

Sie ging behend davon. Reinhard ſchaute ihr noch nach und ging zu Wendelin. Er erinnerte ihn an die Zeit, wo er ihn als Hirtenknaben abgemalt hatte.

„Jetzt iſt nichts mehr an mir abzumalen als ein Häuflein Elend,“ klagte Wendelin. „Mein beſtes Kind hat mir der Franzos totgeſchoſſen.“

„Iſt denn die Malva nicht auch brav?“

„Wohl! wohl! aber ſie iſt eben doch nur ein Mädle. Ja, wenn die ein Bub wäre, die könnte der Welt was aufzuraten geben; ſie iſt ſchneidig und ſcharf wie der Tag. Ein lindes

Herz hat sie, das haben meine Kinder alle, sie haben's nicht gestohlen."

„In drei Monaten will ich Euch was sagen," erwiderte Reinhard; er dachte daran, daß er dem Gebote des Hohlmüllers gemäß erst später Wendelin mit einer Summe aufhelfen wolle.

„In drei Monaten!" wiederholte Wendelin und that die Pfeife aus dem Munde. „In drei Monaten kann man sich viel besinnen." Es blitzte etwas auf in seinen verfallenen Zügen. Als Reinhard eben weggehen wollte, kam ein kräftiger junger Mann in der Uniform des Bahnwärters; er war unverkennbar der Bruder Wendelins.

„Mich kennt der Herr Reinhard natürlich nicht mehr," sagte der Mann, „und er hat mich doch viel angesehen. Ja, ich bin das Kind gewesen, das Euer Lorle damals auf dem Schoß gehabt hat. Es hat mir gottlob nichts geschadet, ich hab' ja nicht gewußt, was man mit mir thut. Sie heißen mich im Dorf das Christkindle. Der Pfarrer hat's verboten, sie sagen's aber doch," schloß der starke Mann lachend.

Reinhard ließ sich berichten: der Mann war Bahnwärter und wohnte in jenem Häuschen am Wege zum Hohlmüller; jetzt am Sonntag konnte er zwischen dem Güterzug thalauf und dem Personenzug thalab in die Kirche gehen und den älteren Bruder abholen. Der Mann hatte bereits zwei Kinder, seine Frau war eine Tochter Martins, eine Enkelin der Bärbel.

Reinhard ging bald davon, er wollte nach dem Walde, dort, wo der Kollaborator damals am Sonntag bei seinem sogenannten Waldheiligtum geruht hatte.

Dreizehntes Kapitel.

Einsam und gemeinsam.

Im Dorfe, wo dich jeder kennt, kannst du nicht still in Gedanken dahin wandeln.

Auf den Bänken vor den Häusern, auf dem Bauholz beim neuen Spritzenhaus saßen die Männer, sie zeigten sich in sonntäglich frischgewaschenen Hembärmeln und rauchten und plauderten. Reinhard vermutete nicht mit Unrecht, daß er Gegenstand ihres Gespräches war. Man hatte in der Woche, zumal in der Heuet, nicht Zeit, über ihn zu denken, oder gar sich gemeinsam auszusprechen; jetzt am Sonntag war's um so willkommener, über seine Rückkehr zu reden, und da und dort, wo er grüßend vorüberging, verstummte plötzlich das laute Gespräch. Manche standen auf und zogen die Mützen ab, andere blieben sitzen, und im Weitergehn vernahm Reinhard hinter sich drein helles Lachen. Was hatten sie über ihn zu lachen? Wer weiß!

Das erste Zeichen zum Kirchgang läutete, Reinhard ging dem Menschenstrom entgegen. Da waren junge Männer, die eine Kriegsdenkmünze trugen, sie hatten eine selbstbewußte Haltung, und Reinhard empfand wiederholt, wie anders jedes Dorf geworden; ein Regenstrom von Ehre war über alle deutschen Lande ausgegossen, und was im entlegensten Thale lebt, ist erquickt im Selbstgefühl. Das muß auch weiter wirken, denn wer dessen teilhaftig geworden, muß sich über Roheit und Niedrigkeit erhoben halten.

Reinhard grüßte die jungen Männer zuvorkommend, er wollte ihnen kundgeben, daß er ihre Teilnahme an dem Großen erkenne; sie antworteten lässig.

Um so redseliger waren die Frauen, die des Weges kamen, sie umringten ihn, und jede wollte erkannt sein.

„Ich bin des Schmalzjockels Kathrein."

„Mein Mann ist der Küfer Märte."

„Ich bin die Bach-Marie."

„Ich die Schackerlies'!"

„Ich bin die Theres', die beim Wabeleswirt gedient hat."

„Und ich bin des Rechenmachers Gundel, sie heißen mich das Tänzerle."

So geht es hin und her. Alte, verschrumpfte, zahnlose Frauen geben sich als Altersgenossinnen Lorles und als ihre Schulkameradinnen zu erkennen und jede hat was besonders Gutes zu erzählen aus ihrer Kindheit, wie aus ihrem spätern Leben, und alle jammern, daß sie vor seiner Heimkehr habe sterben müssen.

Das Tänzerle mit seinen Eidechsenäuglein fand zuerst wieder eine freundliche Wendung, indem es auf dem Kirchgang die gottlose Rede vorbrachte, Reinhard solle sich jetzt nicht das Herz abkränken; man lebe nur einmal.

Reinhard sprach leutselig mit jeder, denn in ihm regte sich der Gedanke: Was ist der Unterschied zwischen diesen Frauen und hochfrisierten Salondamen? Vielleicht nur das, daß diese hier eingestehen, daß sie alt sind und alt aussehen.

„Der Herr Reinhard geht gewiß nicht in die Kirche, weil das Bild nicht mehr da ist," hieß es zuletzt, und er ließ es dabei. Er machte sich los und ging nach dem Bergwalde.

Im Weitergehen sagten die Frauen zu einander: „Ich mein', er ist noch größer geworden ... Und er geht so schön kerzengrad ... Und wie fein kommt er daher ... Das sind einmal schöne Kleider ... Und seine Schönheit macht die Kleider schöner, als sie sind ... Der kann wieder heiraten ... Du bist ja Witfrau, probier's ... Schämt euch!"

Die verschiedenen Glocken läuteten zusammen, nicht minder aber das Gerede der Frauen bis an die Kirchenthür.

Wie ist das Dorf so anders geworden! mußte Reinhard bei jedem Schritte denken. Er kam am Hause des Sängers vorüber, die frischgeharkten Wege im Garten glänzten von zermürbtem Schwerspat; die Thüre war bekränzt. Ein gut gehaltener Weg führte nach dem Waldheiligtum, das der Kollaborator damals zuerst entdeckt zu haben glaubte. Ein Steg aus hellen Birkenstämmchen war über den Bach gebaut und die Tafel daran sagte, daß Ulrich Berger ihn hergerichtet habe.

Die kleine Tanne, die damals auf dem Felsen gestanden hatte, war zum hohen Baume erwachsen, aber wie vorzeiten rauschten die Wellen über die Felsentrümmer und sammelten sich in dem Becken.

Reinhard streckte sich am Berghange auf dem Moose aus; seit Jahrzehnten zum erstenmal empfand er wieder, was es heißt, im deutschen Tannenwald ruhen. Nur noch wenig Vögel sangen, der Fink war bereits verstummt, aber Schwarzamsel und Goldammer pfiffen noch lustig und der Specht hämmerte an den Stämmen.

Das Wasser da drunten rauscht, ob wir leben oder sterben, es ist dieselbe Flut und immer neu die Welle, und das wird fließen und quellen, wenn du drunten im Grabe ruhst. Sterben! Eine grausame, unsichtbare Macht hat den Menschen allein gelehrt, daß er sterben muß. Sieh, dort schwebt ein frühverwelktes Buchenblatt im leisen Winde, es weiß nicht, wohin es fällt. Das ist das Menschenleben, das ist dein Leben ...

Reinhard sprang auf: „Der Ort ist verhext mit den Gedanken des Kollaborators!"

Lange wanderte er umher, Mittag war vorüber, als er ins Dorf zurückkehrte. Im Wirtshause waren viele sonntägliche Stadtgäste; Reinhard beschloß, baldmöglichst das Wirtshaus zu verlassen.

„Komm mit auf den Bahnhof," sagte der in sein Zimmer eintretende Schwager. „Bleib' nicht so allein. Komm mit. Der Sänger Ulrich kommt mit dem nächsten Zug. Das ganze Dorf ist drunten."

Sie kamen gerade, als der Zug anhielt. Im Vaterstolze stand der Bärbel=Martin stramm und grüßte soldatisch. Ein schöner, junger Mann, hochgewachsen und bartlosen Antlißes stieg aus, ihm nach eine Frau und zwei Kinder.

„Grüß Gott, Ulrich!" rief alles, und drängte sich herzu, und jeder war glücklich, der ihm und den Seinen etwas vom Gepäcke tragen konnte.

„Da bin ich wieder!" sagte Ulrich, seinem Vater die Hand reichend, und so hin und her den Altersgenossen allen, jeden beim Namen nennend. Eine hochschwangere Frau umarmte den Sänger, und dieser sagte lachend und seine schönen Zähne zeigend:

„Schwester! Wenn's ein Sohn ist, dann stehe ich mit meiner Frau zu Gevatter."

Die stattliche Frau errötete bis in die Stirnhaare hinein.

Der Vater mußte Ulrich etwas gesagt haben, denn dieser ging nun geradeswegs auf Reinhard zu, zog den Hut ab, ihn ehrerbietig in der Hand haltend, und stellte sich als Enkel der Bärbel vor:

„Wissen die hohen Herrschaften bereits, daß Sie hier sind? Der Hof ist bereits nach der Sommerresidenz übergesiedelt. Die Fürstlichkeiten werden sich freuen, den hochberühmten Herrn Professor zu empfangen."

Reinhard bat den Sänger, den Hut aufzusetzen und ließ sich der Frau vorstellen, die sich sehr ceremoniell verbeugte.

„Singen Sie noch?" fragte Ulrich.

„Nicht mehr."

„Man hat mir viel erzählt, wie Sie vorzeiten neue Lieder brachten und zur Zither sangen. Das Lied von der Sennerin hab' ich auch gelernt."

Plötzlich erschrak Reinhard. Fabian, der Blödsinnige, stand vor ihm und drängte sich zu Ulrich. Dieser reichte dem Armen die Hand; und zum Zeichen, daß er wisse, wer Ulrich sei, suchte der Blödsinnige zu singen, aber es klang, wie wenn ein heiserer Hahn kräht.

Der Schwager bemerkte die Betroffenheit Reinhards und schickte Fabian mit einem Knechte heim. Der Blödsinnige wollte nicht gehen, er stemmte sich, offenbar mit nicht geringer Kraft, er mußte gewaltsam geschoben werden, er schaute grimmig gegen Reinhard zurück; man hatte ihm offenbar eingeschärft, daß er sich von Reinhard fern halten müsse. Madlon die Lothringerin, die vielleicht gehofft hatte, auf dem Bahnhof besonders beachtet zu werden und mit Modehut und Sonnenschirm erschienen war, ging verdrossen hinter dem Blödsinnigen drein.

Abseits, Arm in Arm mit einer ganzen Reihe Mädchen, stand Malva. Ulrich rief sie an und sagte:

„Malva, singst du noch fleißig und lernst die Noten?"

Bevor sie antworten konnte, sagte er, zu Reinhard gewendet: „Sie hat eine mächtige Altstimme, sie könnte Künstlerin werden, wenn sie wollte."

Die Freundinnen ließen lachend Malva los und rannten davon, und Malva wußte auch nichts andres zu thun, als ihnen nachzueilen.

Der Sänger wendete sich wieder zu Reinhard und sagte:

„Ich verdanke mein Lebensglück Ihrer . . . ," der redefeste junge Mann stockte und setzte endlich hinzu: „Alles verdanke ich Ihrer Familie."

„Es freut mich, daß meine Frau Schönes bewirken und Dank ernten konnte."

„Ich habe ihr oft vorgesungen. Sie liebte die italienischen Lieder; sie sagte, solche hört jetzt auch der Herr Reinhard."

Im Aerger, daß er eigentlich Unpassendes vorbrachte, rettete er sich mit dem Ausspruch des neuen Gedankens, daß Kunst und Natur zwei große Dinge im Leben seien.

„Erzeigen Sie uns die Ehre Ihres Besuches," bat er schließlich, „es ist schön, daß Sie nun wieder im Dorf bleiben wollen."

Reinhard sah gedankenvoll dem Sänger nach, der mit seiner Familie, von ehemaligen Kameraden geleitet, den Berg hinan zu seiner schönen Behausung ging.

„Du solltest doch auch den Pfarrer besuchen," sagte der Schwager, „es schickt sich. Wenn du ihn nicht treffen willst, geh' jetzt, nach der Mittagskirch' geht er allemal nach Weiler."

Reinhard entgegnete, daß er es müde sei, so umher zu wandern und sich von jeglichem wegen Lorle verzeihen oder auch nicht verzeihen zu lassen. Dennoch ging er bald nach dem Pfarrhause. Hatte der Schwager sich geirrt oder ihn getäuscht? Der Pfarrer saß im Gartenhaus und las im Brevier. Den Finger zwischen dem Buch haltend, fragte er Reinhard nach den Zuständen in Rom, war aber nicht erbaut davon, daß Reinhard von kirchlichen Dingen gar nichts wußte; er hoffte mehr zu erfahren, wenn in den nächsten Tagen Kaspar, der Wallfahrer, zurückkam.

Reinhard fragte den Pfarrer, wie das Madonnenbild vordem wieder ins Dorf gekommen sei. Der Pfarrer erwiderte, daß sich das unter seinem Vorgänger ereignet hatte: Der Engländer, der in Erfahrung brachte, daß das Bild in die Kirche bestimmt gewesen, habe in Gewissenhaftigkeit seines wiedergewonnenen Glaubens das Bild geschickt mit dem Auftrage, es dem Künstler zur Verfügung für die Kirche zu übergeben. Die Schwester der Gräfin Felseneck, eine wahrhaft gläubige Dame, die jetzt auf der Wallfahrt nach Jerusalem sei, habe im Auftrage des Fürsten das jetzt in der Kirche befindliche Bild gestiftet, und die Madonna, zu welcher „die verstorbene Frau Gemahlin" Modell gesessen, sei nunmehr in der Gemälde-Galerie der Hauptstadt.

Auf dem Heimwege traf Reinhard den Wendelin, er wollte ihn mit ins Wirtshaus nehmen, aber Wendelin lehnte ab.

„Nicht wahr, Ihr seid Zimmermann?" fragte Reinhard.

„Freilich. Ich hab' dem Ulrich sein Haus gerichtet. Gelt, das darf sich sehen lassen? Wollet Ihr auch bauen?"

„Nein."

Er erklärte, daß er die alte Linde kaufen wolle, und Wendelin solle den Bau untersuchen und abschätzen. Sofort wurden die Schlüssel geholt und alles vom Keller bis zum Speicher untersucht. Am Abend noch schloß Reinhard den Kauf ab, und Wendelin mußte mit beim üblichen Trunke, dem soge- nannten Weinkauf, sitzen und sich mit dem Schwager aussöhnen. Er konnte es freilich nicht lassen, seinen alten Obstgarten zu betrachten und von Stephan eine Nachzahlung zu wünschen, aber er ließ sich doch beruhigen.

„Du machst alles wieder friedlich und gemeinsam," sagte Vroni zu Reinhard.

Vierzehntes Kapitel.

Der neue Bürger.

Tag um Tag, Woche um Woche verging, der einzige Mensch, nach dem Reinhard ein Verlangen trug, ließ nichts von sich hören. Reinhard wollte sich auch gegen den Kollaborator eine Gleichgültigkeit einreden, ja er fragte sich, ob dies Freund- schaftsverhältnis nicht auch eine Illusion war; aber gerade in dem Bestreben, zu dieser Stimmung zu gelangen, wurde ihm der Kollaborator immer wichtiger, und er kam zu dem Gefühl, daß er nicht leben könne ohne Ausgleich mit dem Freunde, der von allen noch Lebenden das meiste Recht hatte, ihm Vorwürfe zu machen und ihm zu zürnen über seine Vergangenheit. Ver- gebens kämpfte Reinhard gegen diese Abhängigkeit und er war ärgerlich auf sich, da er erkannte, daß sein Selbstgefühl nicht ausreichte.

Unruhig wanderte er hin und her und am Sonntag beneidete er die Bauern, die mit den Händen auf dem Rücken da und dort draußen im Felde standen und das wogende reife Getreide betrachteten, das nun andern Tages unter der Sichel fallen sollte.

Wo ist deine Ernte? Er schien ganz zu vergessen, daß er einstmals und oft auch mit ähnlicher Empfindung vor vollendeten Arbeiten gestanden.

Man kann, solange die Seele arbeitet, sich nicht an längst Vollbrachtem genügen, und doch hielt Reinhard an seinem Vorsatze fest, seinem Kunstberufe auf immer zu entsagen. Nur das Haus, das er erworben, sollte ein volles Musterwerk der heimischen ländlichen Baukunst sein. Er hatte Zeichnungen zu dessen Ausbau entworfen, er kaufte alte gebräunte Stämme aus einem verfallenen Holzbau und Wendelin war ihm mit Geschick und Verständnis immer zur Hand.

Beim Abnehmen einiger alten Bretter an der Stirnseite des Hauses gewahrte man, daß hier ehedem ein Gemälde gewesen, wohl ein Heiligenbild, aber es war nichts mehr zu erkennen als einige Farbenkleckse.

Reinhard trug sich mit dem Plane, noch ein einzigmal seine Kunst aufzunehmen und sein eigen Haus mit einem Bilde zu schmücken. Verschiedene Entwürfe schwebten vor seiner Phantasie, und einer haftete am längsten; er wollte Lorle malen, in ganzer Gestalt in ihrer Landestracht, und sie streckte zum Willkomm beide Hände grüßend aus zu den Daherkommenden.

Was wird der Freund dazu sagen? schwirrte ihm durch den Gedanken und er ließ den Plan einstweilen dahingestellt.

Der Schwager und der Sänger, ja auch der alte Hohlmüller, den Reinhard oft besuchte — so schmerzlich es ihm auch war, von dem lebenden Lorle reden zu müssen — sie alle fanden, daß Reinhard immer trauriger und trauriger dreinsah, und sie glaubten, er habe sich doch zu viel zugemutet, wieder im Dorfe und an den Stätten seiner Jugendfreuden zu leben.

Nur Malva sah ihn nicht traurig, denn sein Gesicht erheiterte sich, wenn er ihr begegnete. Sie war ihm voll Dankes, da er dem Vater so guten Verdienst gab und ihn mit dem Baumwirt wieder versöhnt hatte. Sie durfte jetzt auch Broni wieder besuchen, aber sie hatte nicht Zeit dazu, denn neben der Arbeit im eigenen Hause hatte sie sich eine freiwillige gemacht. Die Zimmer, worin Lorle gewohnt hatte, sollten möglichst im alten Stande verbleiben; und als Reinhard eines Tages in das Haus kam, traf er Malva auf der Treppe knieend, sie hatte das ganze Haus frisch aufgescheuert.

„Das könnte ein anderes thun," sagte Reinhard.

„Nein, das ist für mich," entgegnete Malva mit wundersamem Blick vom Boden aufschauend. „Ich hab' mit meiner Kamerädin, mit des Martins Annelise, in einer Nacht die ganze Kirche aufgewaschen, den Boden und alle Stühle, und mir ist das Haus da auch heilig, ich wasch' es so gern auf wie die Kirche. Und sobald ich kann, richte ich den Garten her, er ist arg verwildert."

Während sie noch so sprachen, kam ein Kind und rief: „Malva, sollst schnell heimkommen. Dein' Mutter liegt im Sterben."

Sie eilte davon. Reinhard blieb im Hause und sah hinaus nach dem Nußbaum, in dem ein Häherpaar hin und her huschte.

Horch! Jetzt läutet die Totenglocke! Solch ein Schreck und noch viel mehr ging durchs Dorf, als Lorle im Sterben lag . . . .

Es war Nacht, als Reinhard das Haus verließ, er ging nach dem Hause Wendelins. Malva saß mit dem Vater vor demselben auf der Bank. Er setzte sich still zu ihnen und Malva sagte:

„Ja, wenn eines tot ist, da bereut man's, daß man doch nicht mehr Geduld mit ihm gehabt hat. Du lieber Gott! wer gesund ist, der sollte die Krittlichkeiten eines Kranken still aushalten. So daliegen und auf ein gut Wort, eine gute Handreichung warten und dann Verdrossenheit sehen. Sie hat so schweres Blut gehabt. Wenn die Sonne geschienen oder wenn's geregnet hat, wenn man gelacht hat oder wenn man traurig gewesen ist, aus allem hat sie Unglück prophezeit, sie hat eben schwarzes Blut gehabt. Ich habe an ihr gelernt, daß ich nicht allein eigenwillig bin, andere sind's auch, und haben ebensoviel Recht dazu, und da muß man sich eben miteinander abfinden. Mich tröstet nur, daß sie mir in der letzten Stunde die Hand gegeben, und mir gedankt hat."

„Dir wird's gut gehen, du hast Gutes an ihr gethan," tröstete der Vater.

Reinhard war still, er sah auf den Herzensgrund eines redlichen Gemütes, das sich in der Hingebung nicht genugthun konnte.

Reinhard ging mit zum Begräbnis von Wendelins Frau. Er wollte sich damit auch als Angehöriger des Dorfes erweisen, und hatte nicht das ganze Dorf Lorle das Geleit gegeben?

Als das Grabgefolge den Kirchhof verlassen hatte, stand Reinhard am Grabe Lorles.

Wohlthätig und befreiend ist die Macht der Phantasie, sie bringt die Ferne nahe, macht Vergangenheit zur Gegenwart; jetzt aber überwältigte sie Reinhard und ließ ihn in Tod und Verwesung der Geliebten schauen.

Er sank neben dem Hügel auf die Stelle nieder, die ihm zur Ruhe bestimmt war: „Lorle, lieb Lorle, nimm mich zu dir, erlöse mich ..." rief es in ihm. Da richtete er plötzlich den Kopf in die Höhe, er hörte Stimmen draußen vor dem Kirchhof.

„Wir wollen nichts von ihm!"

„Er soll fort."

„Den Totschlag verdient er."

„Aber wir thun ihm nichts," so rief es durcheinander. Eine beschwichtigende Stimme redete drein, es war die Stimme Stephans.

Reinhard erbebte. Werden sie nun kommen und ihn wegreißen vom Grabe? Wird es hier an dieser Stätte zu wüstem Lärm kommen?

Er erhob sich rasch, sein Mut erwachte, er will den Leuten zeigen, was er doch noch ist.

Noch einmal wendete er den Blick zurück, wo ihr Grab und einst das seine, dann schritt er hoch aufgerichtet durch das Thor des Kirchhofes. Da standen in der That die Männer aus dem Dorfe, unter ihnen Stephan, und der Schultheiß kam auf Reinhard zu und hieß ihn im Namen des Gemeinderats willkommen als neuen Bürger mit dem Hinzufügen, daß man stolz auf ihn sei.

Die Leute ahnten nicht, warum Reinhard so totenbleich aussah und kein Wort des Dankes hervorbringen konnte, sondern still dem Schultheiß die Hand reichend davon ging.

Fünfzehntes Kapitel.

Der Waisenknabe.

Tag für Tag erwartete Reinhard Nachricht vom Kollaborator, aber vergebens. Die tiefste Jugenderinnerung tauchte in Reinhard auf.

Nicht weit von dem Residenzschlosse steht ein großes, in

sich abgeschlossenes Gebäude von altertümlicher aber schmuckloser
Bauart, das jedem Vorübergehenden sich als eine Wohlthätig=
keitsanstalt zu erkennen gibt; es ist das große Waisenhaus. Es
war ein menschenfreundlicher Gedanke des Stifters, das Waisen=
haus in der Nähe des Schlosses errichten zu lassen; der Fürst
wollte seiner Pflichten eingedenk sein und er besuchte das Haus
in der That nicht nur zu vorbereiteten Schaustellungen, sondern
öfters unerwartet und verweilte lange bei den Lehrern und den
Kindern. Mit der Zeit wurde das Haus auch eine Wohlthat
für das Land; aus ihm gingen die besten Schullehrer, auch
brave Handwerker, bisweilen auch Musiker für die Kapelle her=
vor; sonst waren nur wenig hervorragende Zöglinge da, aber
in allen lebte eine mit Vertraulichkeit versetzte Schwärmerei für
den Fürsten. In der großen Zahl der Knaben, die durch Jahr=
zehnte im Waisenhause erzogen wurden, lebte aber auch die
Erinnerung an den Direktor wie an die Erscheinung eines Heiligen.
    Das war der Vater Adalbert Reihenmeyers. Er hütete
sich wohl, einen Knaben vorzuziehen, aber er konnte sich doch
nicht enthalten, den schönen Knaben Woldemar Reinhard, der
aus seinen blauen Augen so kühn dreinschaute und den schön=
geformten Kopf so stolz trug, manchmal mit einem besonders
freundlichen Wort oder Blick zu begrüßen.
    Es war zum fünfundzwanzigjährigen Dienstjubiläum des
Direktors, Woldemar war damals acht Jahre alt, da war ein
großes Fest im Waisenhause. Feierlicher Gottesdienst wurde ge=
halten, und nach demselben überreichte der Minister mit einer
lobenden Rede dem Direktor ein großes Ordenskreuz.
    Bei dem freien Spiele, das am Nachmittage den Kindern
gegeben wurde, hieß es, der Direktor heiße nun von Reihen=
meyer und seine Kinder seien auch Adlige. Adalbert, der Sohn
des Direktors, hatte auch an den Spielen teilgenommen, da
fragte ihn Woldemar leise: „Du, ist es wahr, daß du nun auch
adlig bist?"
    „O nein, ich möchte das auch nicht. Ich bin ebenso wie
du und bleibe es."
    Reinhard drückte dem Adalbert die Hand, daß dieser schrie:
„Du thust mir weh."
    „Ich hab' dir nicht weh thun wollen. Sei nicht so
zimperlich."
    „Ja, ich will so stark werden wie du."
    Von jenem Tage an waren die beiden Knaben unzertrenn=
liche Genossen, und Woldemar wurde, soviel es die allgemeine
Ordnung erlaubte, in die Familie des Direktors gezogen.

Wenn die Waisenknaben spazieren geführt wurden, ging Adalbert mit, und da sie paarweise einherschritten, ging Adalbert immer an der Seite Woldemars.

„Ich möcht' deine Kleider haben," sagte Woldemar.

„Und wenn's der Vater erlaubt, trag' ich solche wie du," entgegnete Adalbert.

Woldemar hatte einen Abscheu vor der Uniform der Waisen= knaben, die in gelblichem Tuch mit blauen Aufschlägen bestand, und auch das ständige Leben in der Herde widerstrebte ihm schon früh. Wenn die Knaben in die naturgeschichtlichen Museen, in die Kunsthallen, ja auch in Reiterbuden und Theater geführt wurden, war Woldemar immer unwillig, und der gute Adalbert vermochte ihn nicht zu beruhigen, denn der Kamerad hatte etwas Herrschendes und Eigenwilliges.

Es gab einmal eine harte Strafe, da Woldemar in den Kleidern seines Freundes einen ganzen Tag außer der Anstalt verbrachte, aber Woldemar gestand nicht, wo er den Tag ver= lebt; denn er war in der Bildergalerie gewesen, von der die Knaben oft gehört hatten, an der sie oft vorübergeführt wurden, in welche sie aber wegen der Nuditäten, für die der alte Fürst besondere Neigung hatte, nie eingelassen wurden.

Von jenem Tage an war das Auge Woldemars noch glän= zender und unruhiger. Sein Zeichentalent zeigte sich entschieden und der alte Direktor erlebte noch die Freude, seinen besondern Liebling in die Kunstschule zu bringen. Das Jahr darauf, wäh= rend Adalbert auf der Universität war, starb der Direktor und hinterließ die beiden Kinder in dürftigen Umständen. „Jetzt bin ich auch ein Waise," rief damals Adalbert, sich an die Brust Woldemars werfend. . . .

Das alles und was das spätere Leben hinzufügte, ging jetzt in der Erinnerung Reinhards neu auf.

Sechzehntes Kapitel.

Steinalt.

Endlich am dritten Sonntag erhielt Reinhard einen Brief. Schon die Aufschrift war seltsam anfremdend: „Seiner Hoch= wohlgeboren, Herrn Woldemar von Reinhard, Professor a. D., Ritter hoher Orden in Weißenbach." Der Brief aber lautete:

„Vom schwarzen See. Aus der Pfahlbaute.

Wenn mir der prähistorische Pfahlbauer erschienen wäre,
er hätte mich nicht mehr überraschen können als dein Brief.
Ueberraschungen, das könntest du noch wissen, machen mich fast
krank. Da saß ich auf einem jener halbvermorschten Stämme,
draus unsere vorgeschichtlichen Ahnen ihre Wohnstätten errichtet
hatten. Wir haben bald die ganze Puppenstube beisammen, in
der das Menschheitskind sich tummelte. Um mich her lagen
plumpe Speerspitzen, Hämmer und Sägen, aus Feuerstein bearbeitet, Knochen von Höhlenbären und vom Renntier der Polar-
zone, die einstmals bei uns daheim gewesen und — da kam
dein Brief. Ich muß dir sagen, er ist mir rätselhafter als
die Artefakte der ältesten Steinzeit. Dich aber kann ich fragen
und werde es thun, sobald ich mit der neuentdeckten Fundstätte
vom Hausrat meines anonymen Urahnen etwas in Ordnung
bin. Ich glaube, daß unser Familienname schon in der ältesten
Steinzeit sich irgendwo eingegraben finden sollte, einstweilen bin
ich der alte und heiße sogar Direktor des historischen Museums

Adalbert Reihenmeyer.

(Auch eine Nachschrift.) Ich lasse dir von meinem Ver-
leger meine letzte Schrift „Die Reliquien der Menschwerdung"
schicken. Man hat mir den Titel sehr übelgenommen. Sieh
einmal in einer leeren Stunde dich nach deinem Urahn um.
Vor dreißig Jahren habe ich die Versteinerungen im Moralien-
kabinett zu ordnen gesucht, ich hatte einen Schuß ins Schwarze
gewagt; es war ein Flintenschuß gegen die wohlbewehrte Festung
der Theologie. Wir ackern jetzt mit dem weltgeschichtlichen Unter-
grundspflug. Die alten und die neuen Propheten und Gottes-
gelehrten wußten nichts von unseren Urahnen, und es ist unser
demokratischer Ahnenstolz, daß wir von Viertelsmenschen abstam-
men und immer mehr werden als unsere Vorfahren. Die Ent-
wickelungsfähigkeit des Menschengeistes ist unbegrenzt und läßt
sich nicht in ein Dogma verkapseln. Die Menschheitsgeschichte
ist die Geschichte der Arbeit oder vielmehr die Geschichte der
Werkzeuge, von Steinart und Kieselmesser bis zur Dampf-
maschine. Nach Millennien wird man über unsere einfachen
elektrischen Telegraphen lächeln. Und wie erst, wenn einmal
unser Planet neu geknetet wird. Was thut's? Wir haben das
große Gesetz von der Erhaltung der Kraft. Laß dir das vor-
läufig auch gesagt sein.

Ich sehe indes, du bist noch jung und stark, denn du
wütest gegen dich selber, und das thut nur die Jugend. Schreib'

aber nie mehr im Zorn solche Gotteslästerung gegen die Kunst, die das erste und letzte Göttliche im Menschen ist; denn mit den ersten Finger- und Nagelmalen, mit den ersten Linien, die der Pfahlbauer seinem Thongefäß eindrückte, begann das Werden von Phidias und Raphael und aller, die jetzt und nach jetzt.

Ich schreibe dir aus einer anderen Welt, aber ich kann nicht anders."

Allerdings schien Reinhard dieser Brief wie aus einer anderen Welt zu kommen, er sah nachdenklich drein, als er gelesen hatte. Ist der alte Kamerad in der That so befangen von seinen Studien, daß er nichts anderes kennen will, oder ist das nur Maske, um neue freundschaftliche Annäherung abzulehnen?

Er hatte nicht Zeit, lange darüber zu denken, denn der Schwager fragte:

„Ist der Brief nicht vom Herrn Reihenmeyer?"

„Ja wohl. Wie ist er denn geworden?"

„Er ist geblieben wie immer, er ist freilich grimmzornig auf unser Dorf, weil sein guter Freund in der Reichstagswahl bei uns durchgefallen ist; er hat geglaubt, durch die Schullehrer Meister über uns zu werden. Wir haben ihm aber den Meister gezeigt. Sonst aber ist er seelensgut, dem thut's leid, daß die Fliege, die ihm ins Aug' geflogen ist, hat sterben müssen."

Stephan lachte selbst über seinen Vergleich.

Nach einer Weile fragte Reinhard:

„Warum hast du allen Leuten von meinem Geld erzählt?"

„Warum?" lachte Stephan. „Nimm mir's nicht übel. In solchen Sachen bin ich gescheiter. Von dem Augenblick an hast du keinen Feind im Dorf mehr gehabt, im Gegenteil, sie haben Respekt vor dir."

Am Mittag las Reinhard die Schrift Reihenmeyers über die Pfahlbautenzeit, er wollte sich mit den Gedanken des Freundes und der Sphäre, in der er lebte, vertraut machen; aber in die Zeilen hinein, die von vorgeschichtlichen Zuständen erzählten, sprang eine lebendige Figur mit rötlichem Haar und hellen, warmblickenden Augen, und ließ sich nicht verscheuchen.

Da kam der Schwager und rief:

„Komm nur wieder mit! Der Pfarrer ist da und eine ganze Wallfahrt; mit dem nächsten Zug kommt der Kaspar aus Jerusalem. Er ist auch in Rom gewesen."

Reinhard erinnerte sich dessen wohl, hatte er ja durch die Wallfahrer den Tod Lorles erfahren.

Er ging aber nicht mit, er saß auf seinem Zimmer und

hielt das Buch des Kollaborators in der Hand, während vor
dem Hause eine große Schar Menschen vorüberzog, die eine
Litanei beteten.

Am Abend war der heimgekehrte Kaspar selbstverständlich
allgemeines Gespräch im Wirtshause; ein hier übernachtender
Lokomotivführer hielt der Lobpreisung Widerstand. Seine Aeuße=
rung stimmte mit einem Worte des Kollaborators zusammen,
denn er sagte: „Was, nach Jerusalem! Wenn ich so viel Geld
aufzuwenden hätte, ich ginge nächstes Jahr zur Weltausstellung
nach Philadelphia. In der Neuen Welt kann man Neues kennen
lernen. Ich glaube, alle Apostel miteinander haben nichts von
Amerika gewußt.“

Siebzehntes Kapitel.

Verfahren.

Der erste, der Reinhard zum Hauskauf Glück wünschte, war
der Sänger, der etwas phantastisch bäuerlich gekleidet war; in
den Kniehosen und Wadenstrümpfen kam sein schönes Bein zur
vollen Geltung. Er bot Reinhard einen großen eichenen Schrank
mit guten Schnitzereien an, den er bei der Versteigerung nach
dem Tode Lorles gekauft hatte; er hatte seinen Vater darauf
unterrichtet, ihm gelegentlich allerlei alte Sachen zu erwerben.

Reinhard betrachtete den Mann staunend, denn er hatte
noch niemand gesagt, daß er das alte Haus vollkommen im
landschaftlichen Stil herstellen und den Hausrat demgemäß
halten wolle.

Noch während der Sänger da war, kam ein Telegramm
vom Kollaborator an den Lindenwirt, worin er anfragte, ob
Herr Professor Ritter von Reinhard noch da sei; wenn nicht
verneinende Antwort käme, werde er am anderen Mittag ein=
treffen.

Reinhard begleitete den Sänger in seine Behausung und
unterwegs erklärte der Sänger mit Behagen, daß er es als ein
Glück für seine Kinder betrachte, ihnen eine feste Heimat und
ländliche Erinnerungen aus der Jugendzeit zu geben.

Zur gesetzten Zeit ging Reinhard im Geleite des Schwagers
nach dem Bahnhof, aber wenn etwas mißlich werden soll, so
legt auch der Zufall einen Grund dazu. Der Zug hatte sich
verspätet, noch war kein Signal da.

„Das muß beim Herr Reißenmeyer so sein," lachte der Schwager, „wo der auf dem Zug ist, da verfährt sich die Eisenbahn."

Nachdem man lange gewartet hatte, kam der Zug und Reinhard hätte in dem hagern Manne mit dem grauen Voll-bart, den hinter das Ohr gestrichenen schlichten langen Haaren und der blauen Brille den Kollaborator kaum erkannt. Dieser aber reichte die Hand, wendete sich indes schnell in den Waggon zurück und sagte noch etwas zu einem Reisegefährten; dann fragte er den Stationsmeister, wann heut' abend der letzte Zug landauf gehe.

Zu Reinhard gewendet, sagte er:

„Ich glaubte, du wärest schon wieder fort."

Reinhard antwortete nicht, der Kollaborator aber setzte hinzu: „Ich bleibe nur bis heut' abend."

„Ich rede nie jemand zu," entgegnete Reinhard; es schnürte ihm die Kehle zu. War das ein Wiedersehen nach dreißig Jahren?

Die Freunde betrachteten einander.

„Du siehst stattlich aus," sagte der Kollaborator, „du hast Aehnlichkeit mit dem Holbeinschen Porträt des Moret, nur ist dein Bart weißer. Nicht wahr, ich habe mich sehr verändert?"

Reinhard nickte stumm.

Unter der Thür stand Stephan und suchte den Fabian fort-zuschaffen.

„So seid ihr habsüchtigen Bauern," schalt der Kollaborator, „warum hast du das arme Geschöpf noch nicht in eine Anstalt gegeben? Heimlich mit dem armen Geschöpf zu einem Pfarrer zu reisen, der Teufel austreiben kann, das war dir nicht zu viel. Und nicht wahr, um das Wohl dieses Unglücklichen hat sich dein Pfarrer hier nicht zu kümmern? Er hat nur dafür zu sorgen, daß keine liberale Zeitung in deiner Wirtsstube aufliegt."

„Zum Winter geb' ich den Fabian fort," entgegnete Stephan verlegen und ging, Fabian an der Hand zerrend, nach dem Hinterhause.

Vroni stand unter der Küchenthüre und begrüßte den „Herrn Direktor" herzlich. Der Kollaborator freute sich der Nachricht, daß ihr Vater noch lebe. „Er ist noch wie ein alter Kernstamm im Walde," sagte er, „sonst ist die Mehrheit des Dorfes so schwarz, nicht wert, daß ihnen die Sonne scheint," setzte er laut hinzu.

„Bleibst du noch lange hier?" fragte er Reinhard, als sie in die Stube eingetreten waren.

„Hoffentlich nicht mehr lange, aber doch ſolang ich lebe," entgegnete Reinhard in ſchmerzlichem Tone.

Der Kollaborator that die blaue Brille ab und betrachtete den Sprechenden, er wollte offenbar ausführlicher antworten, aber da jetzt das Eſſen aufgetragen wurde, ſagte er: „Nach Tiſch reden wir weiter davon. Du erlaubſt mir doch noch, meine Meinung gradaus zu ſagen?"

„Gewiß. Ich bin dankbar für jedes getreue Wort."

Ein verwunderter Blick des Kollaborators ſtreifte Reinhard.

Während des Eſſens wurde wenig geſprochen, die beiden Freunde ſchienen den rechten Ton nicht finden zu können. Um die peinliche Stille zu unterbrechen, fragte Reinhard nach Jugend= genoſſen. Der Kollaborator erklärte, daß er ganz einſam lebe; wer nicht geſtorben ſei, habe höheren Rang erreicht, und zwei Genoſſen aus der Bierſtube, „zur Schachtel" genannt, ſeien ſogar Excellenzen geworden.

„Der Döbele, der Kultusminiſter geworden," fügte er hinzu, „hat mir ſogar mein Folio im ſchwarzen Buche gezeigt, zu wel= chem damals der hieſige Pfarrer den erſten Poſten lieferte. Und unſer Freund Merkwürdig iſt Oberſtudienrat. Du weißt doch, wen ich meine? Du erinnerſt dich doch des Fritz Fiſcher, der zu allem, was man ihm vorbrachte, Merkwürdig! ausrief, und das hat ihn beliebt gemacht und wohlgefällig bei Frackmännern und Schleppenweibern. Ich habe unterwegs ein Motiv zu einem Bilde für dich gefunden," ſagte der Kollaborator, wieder ab= ſchweifend, „ich ſah einen Alten, der die Senſe dengelte, und da dachte ich: das ſollteſt du malen, wie über dem Dengelnden der Tod mit geſchwungener Senſe ſchwebt· oder auch, du· könnteſt den Tod ſelber als Senſendengler malen."

„Ich male nichts mehr, und wenn ich auch noch malte, du ſollteſt wiſſen, wir Künſtler können uns in keiner Weiſe ein Motiv geben laſſen, in keiner Weiſe; wir müſſen unſere Motive ſelbſt finden, wenn ein Gemäßes draus werden ſoll."

Der Kollaborator war von dem maßhaltenden und doch entſchiedenen Tone des Freundes überraſcht.

Achtzehntes Kapitel.

Bist du ein Sohn des Vaterlandes?

„Laß uns nach dem Walde gehen," sagte der Kollaborator aufstehend.

„Ich war schon bei deinem Waldheiligtum."

„Will's nicht mehr sehen, der Flohberger hat den Platz geschminkt und frisiert. Ich bin überhaupt ungern ins Dorf gekommen, ich mag den Menschen nicht begegnen, die reichsfeindlich gewählt haben; ich sage ihnen nicht gern guten Tag, weil ich ihnen in Wahrheit keinen guten Tag wünsche."

„Wohin sollen wir?" lenkte Reinhard ab.

„Nach dem Kapellenwald, so daß wir schließlich zum Hohlmüller kommen."

Reinhard hatte ein Gefühl, daß er mit einem beleidigten Freunde gehe, mit dem er sich im Walde duellieren müsse, und seltsamerweise sagte jetzt der Kollaborator:

„Ich habe dir's nicht vergessen, daß du dich einmal wegen meiner duelliertest."

„Ich? Ich erinnere mich nicht."

„Du mußt viel erlebt haben, daß du das vergessen. Damals, als ich wegen meiner Schrift gegen die Schwarzen abgesetzt wurde, wagtest du dein Leben gegen die Spötter."

Die Erinnerung tauchte in Reinhard auf, wie Lorle damals voll Verzweiflung war, weil er sein Leben, das ihr gehörte, dem Tode ausgesetzt hatte.

Der Tag war heiß, und der Kollaborator sagte:

„Das Schönste ist doch solch ein gerechter heißer Sommertag. Ein Frühlingstag ist unruhiges Werden, ein Herbsttag gelassenes Sterben."

Reinhard legte die Hand auf die Schulter des Freundes; der ist noch der alte, Feindseligkeit hat keine Stätte in seiner Seele.

Dort, wo die Freunde vor Jahrzehnten zum erstenmal des Dorfes ansichtig wurden, dort auf der von Lorle gestifteten Bank saßen sie und den Blick zu Boden geheftet, fragte Reinhard in mildem Tone:

„Ich habe noch nicht einmal gefragt, wie du dich fühlst?"

„Ich? Ich habe Jahre verloren in dem edeln Bestreben ein Menschenverächter zu werden. Ich hatte die alberne Gewohnheit, das Leben anderer, zumal meiner Freunde, ständig in der Seele zu hegen; ich trug ihnen im Geiste immer und überallhin Mäntel und Ueberzieher nach, sie aber hatten sich's bequem gemacht und lachten, wenn sie mich gewahr wurden, oder sahen mich gar nicht. Da wollte ich denn Egoist, noch besser, ich wollte Menschenfeind werden."

„Dazu hast du kein Talent."

„Das habe ich endlich auch eingesehen. Vor allem fehlt mir die dazu nötige Gabe, mich für eine eximierte Hoheit zu halten. Ich lasse mich indes nicht mehr so vom einzelnen durch= schüttern, ich bin stumpf geworden gegen Tod und Abfall, man erlebt deren so viel, wenn man alt wird. Jetzt bin ich ge= borgen, mein Atom Kraft steht im Dienste des Universums. Ich bin auch mit meiner Portion unsterblichen Namens zufrieden."

„Durch deine Schriften?"

„O noch durch ganz anderes. Ich habe eine neue Varietät Neſſel beſtimmt und ſie wird Lamium Reihenmeyerianum heißen. Was will der Menſch mehr? Non omnis moriar kann ich von mir ſagen. Dazu war ich im Kriege glorreiches Mit= glied des Erfriſchungskomitees, habe Freund und Feind manchen Labetrunk gereicht und auch manchen verſchüttet, und du weißt ja, bei mir iſt alles wirklich und zugleich ſymboliſch."

„Ich verſtehe. Du wollteſt keine höhere Stellung?"

„Wollte? Niemand kann es ernſter und beſſer meinen als ich, und niemand iſt mehr lächerlich und ſogar auch ungut er= ſchienen als ich. Mir fehlt der Nerv, den die Phyſiologen nicht bezeichnen können, ich meine den Imponierungsnerv. Menſchen, die moraliſch und intellektuell weit unter mir ſtehen, thun ſehr gnädig gegen mich. Meine Schweſter, die ſehr ſtolz auf meine Hoheit war, hat mir das immer mitgeteilt. Seit ihrem Tode erfahre ich ſelten mehr davon. Du weißt doch, daß ſie infolge der Anſtrengungen in den Kriegslazaretten geſtorben iſt?"

Der Kollaborator wurde inne, daß er nur von ſich redete und, plötzlich überſpringend, ſagte er:

„Aber nun erzähle mir vor allem: wie haſt du unſere große Zeit erlebt und biſt du nicht auch gekommen, um dich des ge= einten ſtarken Vaterlandes zu erfreuen?"

„Muß das unſer Erſtes ſein?" fragte Reinhard.

„Gewiß. Wer mein Vaterland nicht liebt, ſich nicht an ſeiner Schönheit und Größe freut, an den verſchwende ich keinen Atemzug."

„Du ſagteſt ja, daß du dich nicht mehr um den einzelnen kümmerſt!"

„Du biſt kein einzelner. Ich geſtehe dir offen, ich war in

der Welt ohne dich, du warst tot, jetzt bist du wieder da und . . ."

Er stockte, und Reinhard fiel ein: „Und da wird es dir schwer, mit mir noch einmal anzufangen? Erinnere dich, daß du mir einmal sagtest, ich als Künstler denke nur in Farben. So erlaß mir anderes, und wir haben ganz anderes zu besprechen."

„Nein, das muß voraus. Sprich offen."

„So sage ich dir, die Kunst war mein Vaterland, und mir ist die Kriegsfreude ein Greuel. Du als Menschenfreund, wie kannst du dich für Menschenmord und Herrichtung zum Menschen= mord begeistern?"

„Der Krieg hat die Doppelwirkung seines Elementes, des Pulvers," entgegnete der Kollaborator, „derselbe Stoff, der die Menschen tötet, sprengt auch die Felsen zu neuen Kulturwegen. Und wenn die Straße fertig ist, denkt man nicht mehr des Dynamits und seines Lärms und Rauchs."

„Sag' ehrlich," entgegnete Reinhard und ein Lächeln spielte um seine Augen, „sag' ehrlich, hast du diesen dir gewiß lieblich erscheinenden Vergleich nicht schon einmal in einer Rede an= gewendet?"

„So, also hast du sie doch gelesen? Ja, in meiner Rede beim Pflanzen der Friedenseiche."

„Ich glaube nicht an den Fortschritt der Menschheit," warf Reinhard ein. „Sieh dort den Bahnzug. Was habt ihr Volks= beglücker nicht alles von der Eisenbahn erwartet? Und was ist? Sie befördert Kriegsheere und Wallfahrtszüge. In fünfzig Jahren kanonisiert der Papst einen heiligen Vaporius als Schutzpatron der Eisenbahnen."

„Du hast recht," rief der Kollaborator, hellauf lachend. „Ja, wenn man an schroffen Bergen gute Fußsteige herrichtet, so wählen die wilden Wasser zuerst diesen Weg als ihr Bett. Aber ich habe dich unterbrochen. Sprich weiter."

„Ja weiter. Du weißt es ja. Ihr habt das Volk ge= zwungen, lesen zu lernen und was ist die Folge? Es liest eure Schriften nicht und hört und liest nur, was der Geistliche sagt und schreibt."

„Und doch ist der Fortschritt zur Freiheit unaufhaltsam," rief der Kollaborator in andächtigem Tone. „Ich könnte dir's beweisen von den Pfahlbauten bis jetzt. Wir halten fest, Bil= dung in die weitesten Kreise zu tragen, in die Breite zu bauen; aber wir sind Aristokraten genug, auch in die Höhe zu bauen, und zu wissen, daß Ruhm und Ehre und höheres Leben einer Nation doch nur in ihren Genies der Kunst und Wissenschaft sich aufthut. Breite Bildung macht ein Volk stark, hohe Bildung macht es erst groß. Aber wir verlieren uns zu weit ab. Sag' nur gradaus: warum bist du wieder hierher zurückgekehrt?"

Reinhard atmete tief auf. Der erste Waffengang war ohne Entscheidung abgebrochen worden; wie wird es nun werden? Werden die ehemaligen Freunde sich feindlich trennen und der eine da, der andere dort seines Weges ziehen?

Neunzehntes Kapitel.

Wie Reinhard die Zeit lebte.

„Hast du denn meinen Brief nicht erhalten?" begann Reinhard nach einer langen Pause.

„Dein Brief war so verzweifelt und müde und ich finde dich spannkräftiger, als ich erwarten durfte. Ich frage dich nun nicht mehr, wie du in einem geistig schwarzen Dorfe leben kannst. Aber so viel kenne ich dich doch noch, du kannst ohne Aufregung nicht leben, du bedarfst des beschleunigten Pulses."

„Ich habe die Menschen nicht mehr nötig."

„Man bedarf oft gerade das Unnötigste am meisten."

„Lassen wir das Wortgefecht."

„Ich frage nur, was willst du hier?"

„Leben, so lang ich atme, und dann sterben."

„Sterben? Das Unnützeste, was man im Leben thun kann, ist, an den Tod zu denken," entgegnete der Kollaborator. „Aber warum hast du all die Jahre nichts von dir hören lassen und bist nicht früher gekommen? Jetzt hast du keine Pflicht mehr. Du kannst beliebig Trauer anthun und ablegen. Und wem leistest du durch dein Hiersein etwas? Keinem Menschen, und dir selber auch nicht, du verschleuderst deine Lebenskraft, und dazu hast du kein Recht. Ja, schüttle nur den Kopf. Das ist unsere Religion der That. Deine Kraft gehört nicht dir, du bist eingereiht in den Dienst der Menschheit, so lang du atmest. Du leugnest das? So sage ich dir, du empörst nur aufs neue alle Welt durch dein Hiersein."

Der Freund setzte nichts hinzu, und lange war ringsum Stille, nur in den Wipfeln der Fichten rauschte ein leiser Wind. Reinhard mißhandelte mit beiden Händen seinen langen Bart und biß die Lippen, endlich, sich gewaltsam fassend, sagte er:

„Gut, ich nehme auch diese Buße auf mich. Ich gehe durchs Fegfeuer. Du hältst dich für einen Menschenfreund und du quälst deinen Nächsten, wie dich selbst.“

Es lag eine gewisse hochmütige Nachlässigkeit in Ton und Behaben Reinhards; der Kollaborator schien davon betroffen und er sagte:

„So lassen wir jedes weitere Wort und sagen uns Lebewohl.“

„Nein, das will ich nicht. Willst du mich ruhig anhören? Ich möchte von deinen Augen doch gerecht gesehen sein. Willst du es geduldig hören?“

Der Kollaborator nickte, und Reinhard begann:

„Ich weiß, was sie gelitten hat; ich weiß das jetzt erst ganz und voll. Ich lasse unentschieden, ob sich der verschuldete oder unverschuldete Schmerz leichter trägt. Und wer ist ganz ohne Schuld? Du kennst jenes höchste Gleichnis. Ihr könnt nicht wissen, was ich gelitten habe. Träumtest du schon einmal, du seiest blind geworden? Meine erste Empfindung, als sie mich damals allein gelassen, war tief gekränkter Stolz. Wie? Mit mir, mit einem Manne meiner Art nicht glücklich? Das kann nur eine bornierte Natur. Dann kam es anders. Ich schalt mich, weil ich die Folgen einer Unbesonnenheit nicht tragen wollte. Und doch kämpfte ich wieder dagegen, daß eine einzige That ein ganzes Leben zerstücken und zerstampfen soll. Meine Frau hatte einen großen Feind in der Welt, und das war mein Ruhm. Sie hatte keinen Sinn für meinen Ruhm, nach ihrer Denkart brauchte ich den nicht, ich war ja der Reinhard. Du sagst gewiß, das war ja alles lauter Liebe, was ging sie dein Ringen mit dir und der Welt an? Ich sage dir, es ist anders. Ich bin nur das in meinem Kunstberuf geworden, weil ich Wesen fand, um derentwillen es mich freute, Ruhm zu gewinnen. Ich gestehe dir aber noch mehr. Der Kunstberuf schließt ein glück= liches bürgerliches Leben aus, man kann nicht in der Idealwelt und in der wirklichen zugleich daheim sein wollen. Du schüttelst den Kopf? Ich weiß, auch andere werden das leichthin ver= dammen. Laß mich erklären. Mein Hauptirrtum war, daß ich glaubte, eine Frau könne die Wetterlaunen einer Künstlernatur verstehen. Das kann keine Frau, keine naive und keine gelehrte. Kein anderes kann die Welt mit unseren Augen sehen, aber es muß unseren Augen glauben. Die Art, wie die Lebensbegegnisse sich uns verwandeln, wie wir in jeglichem etwas anderes sehen, als andere, das kann kein zweiter Mensch fassen, gewiß aber keine Frau. Wir sind stets im Werbezustande, im Brautzustande mit der Erscheinungswelt, wir sind nie verheiratet, oder auch mit

jedem Begegniß. Du lächelst? Unterbrich mich nur, ich bin so
alt, daß mich kein Widerspruch mehr stört."

„Ich dachte nur: es ist wunderbar, wie viel romantische
Ueberschwenglichkeit in dir steckt. Du bist doch ein guter
Deutscher."

„Sei es. Und trotz dieses Denkens habe ich doch hundert=
mal Lorle schreiben und sie zu mir rufen wollen. Wären wir
vom Dorfe aus gleich nach Rom gezogen, wer weiß, ob nicht
das große Leben uns schön beisammen gehalten; die engbrüstige
Verhocktheit der kleinstädtischen Residenz hat uns versäuert und
voneinander gescheucht."

„Wohl möglich."

„Ich schrieb nicht und rief sie nicht, weil in meiner Seele
ständig zwei Strömungen nebeneinander und übereinander gehen.
Ich habe trotz unbeschränkter Freiheit doch in meinem ganzen
Leben nie eine Arbeit ohne Störung, aus mir selber oder von
außen, vollendet. Darum empfand ich's oft doppelt schmerzlich,
daß ich die Störung durch die Fremdheit meiner Frau — wenn
sie verblieb — nicht leichter und freier ertrug. Ich habe in der
großen Welt gelebt und haßte doch alles Leben; das Dasein er=
schien mir als ein Fluch, als der Hohn eines unsichtbaren Ty=
rannen. Es gab Zeiten, wo mir mein Atelier zuwider war, wo
ich in den Straßen umherschlenderte und nicht wußte wohin,
weil nichts mich anmutete. Ich lernte die Verderbtheit der Welt
kennen und es war mir erwünscht, daß sie verderbt ist. Ich
suchte Ermunterung in der Betäubung. Ich wollte mich ver=
gessen und stürzte mich in Gesellschaften, die ich verachtete, die
mich anekelten. Das war eine Strafe für mich, wie sie nicht
härter zu erdenken ist."

„Eine Strafe? In welchem Gesetzbuche steht diese Strafe?"
hatte der Kollaborator auf den Lippen, aber er hielt es zurück
und Reinhard fuhr fort:

„Ich war in Rom, in Paris, London, in Aegypten und
Amerika; ich habe Ehre, Ruhm, Reichtum erworben. Ich habe
viel freundliche Gunst des Lebens erfahren, aber so hat mich
doch nie jemand geliebt, wie Lorle, nie wurde ein Mann mehr
geliebt, als ich von ihr."

„Und du sie? Warum sprichst du nicht von deiner Liebe?"
wollte der Kollaborator fragen, aber er schwieg und Reinhard
erzählte nun, wie er ihren Tod erfahren, wie er alles von sich
gethan, seine Skizzen und Studien, seine Sammlungen weg=
gegeben, und seine Stimme zitterte, als er nach einer Pause er=
klärte, wie er an ihrem Grabe gestanden und den Fleck Erde

betrachtet habe, den sie neben sich ihm zur Ruhestätte bestimmt hatte, dann fügte er hinzu:

„Ich habe das Gefühl, daß ein fremder Wille über mich verfügt und das thut mir wohl; ich habe stets nur mir selbst gefolgt und empfand meine Freiheit als Tyrannei. Ich hatte ein Leben, in dem es kein Gebot, keine Pflicht gab als nur selbstauferlegte. Dieser Ruf zu der von ihr mir bestimmten Grab= stätte ist mir ein Befehl, und ich begrüße den Befehl als Glück. Sag' mir nichts dagegen. Ich freue mich, daß ich noch ein ent= schiedenes Gefühl habe. Laß mir's. Ich will keinen Willen mehr haben, ich folge einem unwiderruflichen Gebot. Ich habe der Medusa Wahnsinn ins Auge gesehen. Hier bin ich erlöst. Ich bin nicht so schlecht, als ich von mir dachte. Es ist nicht Senti= mentalität, daß ich hier bleibe, ich kenne den Gräberkultus nicht, ich liebe ihn nicht, aber ich will da sein, wo ich jung und glück= lich war, wie man es nur in der Jugend ist. Ich bin da, wo Mensch und Baum und Berg und Wald mich kennt von alters her und ich sie auch. Hier heiße ich des Lorles Reinhard und mit diesem Namen will ich sterben. Ich habe genug Leinwand mit Farben bedeckt, habe Natur und Mensch stets mit weitauf= gerissenem Auge gesehen. Es ist genug. Ich schließe die Augen und will still hindämmern, bis das Auge geschlossen bleibt. Und nun sei wieder mein Bruder!"

Zwanzigstes Kapitel.

Wie der Kollaborator alles ansieht.

Reinhard hielt inne, der Kollaborator war aufgestanden und hatte den Freund mit wechselnden Mienen betrachtet. War diese Anschauung der Welt und seines eigenen Selbst zu berichtigen?

Jetzt setzte er sich wieder und sagte in gehaltenem Tone:

„Ich war nie auf Seite der Welt, die dir allein unrecht gab und deine Irrwege bestätigen mir nur meine Ansicht. Du und Lorle, ihr wart Objekt meines Studiums; ich habe jahre= lang über euch gedacht und euch mir erklärt."

Der Kollaborator hielt inne, er erwartete offenbar, daß Reinhard ihn um diese Erklärung ersuche, aber Reinhard sah vor sich nieder, und der Kollaborator mußte von selber fortfahren:

„Du darfst dir Vorwürfe machen, aber keine zu schweren.

Lorle war unglücklich, das ist wahr, aber in ihrem ruhigen, gelassenen Schmerze, der wie ein stilles, kaum mehr gefühltes Austropfen des Herzblutes war, hat sich ihre Seele erhöht und geschmeidigt. Wer weiß, ob sie in fortgesetztem Widerstreit und daraus erwachsender leidenschaftlicher Erregung nicht verherbt worden wäre."

„Ich glaube, du hast recht," schaltete Reinhard ein.

„In einem Punkte," nahm der Kollaborator auf, „stimme ich mit deiner Betrachtung der Unzuträglichkeit überein. Lorle fehlte ein Frauenelement und das war doppelt schwer für deine Frau. Sie war nicht dankbar."

„Wie? Lorle undankbar?"

„Ich habe nicht undankbar gesagt, sondern präcis nicht dankbar. Wenn du, wie man sagt, ihr das Blau vom Himmel geholt, sie hätte das natürlich gefunden: du bist ja der Reinhard und sie das Lorle, und wenn du den höchsten Ruhm errungen, wenn du zum Kaiser ausgerufen worden wärest, das war ihr wieder selbstverständlich, du bist ja der Reinhard, dem alles, was er bekommt, schon lange gehört. Ihr war nichts ein Wunder, darum hatte sie keine Bewunderung und keine Dankbarkeit, und du bedurftest beider als Mensch und als Künstler."

Reinhard lächelte schmerzlich, und der Kollaborator bestätigte.

„Klarheit ist für uns Heiden die Absolution. Sieh, so wenig die Glockenblume zu deinen Füßen sich bestrebt, zu gefallen, so wenig war ein solches Bestreben in Lorle, ja, sie hätte es für einen Treubruch gehalten, dir zu gefallen zu suchen. Hier war die Grundquelle der wildwachsenden Naivetät, aber der Kulturmensch bedarf der gekochten Speise und der Variation, der Salze —"

„Aber Freund, wohin geratest du?"

„Gut, ich danke. Laß dir nur noch meine Hauptresultate sagen. Du und Lorle, ihr wart zwei unlösliche Naturgewalten. Ich habe die Formel gestellt. Ihr wart die Naivetät und die Genialität. Jede in sich berechtigt und jede konnte nicht anders werden, ohne sich selbst zu zerstören. Die Naivetät permanentes Insichsein, die Genialität permanentes Außersichsein."

Reinhard lehnte sich an den Baumstamm zurück, er schränkte die Arme und hörte dem Kollaborator geduldig, und wie es schien, mit gespannter Aufmerksamkeit zu.

„Naivetät und Genialität," setzte der Kollaborator auseinander, „haben das Gemeinsame, daß sie in jedem Dinge, jedem Begegnisse, Gewöhnliches und Ungewöhnliches, das Ordentliche und das Außerordentliche sehen. Nur sieht der Geniale das

Außerordentliche vor dem Ordentlichen, der Naive umgekehrt. Die Genialität sieht im Natürlichen das Wunder, die Naivetät sieht das Wunder als natürlich an. Ich meine Wunder im alten Sinne, denn wir Nachkommen der Pfahlbauern kennen keine Wunder mehr; alles ist Entwickelung, Demaskierung der Naturkräfte."

„Aber Freund, wohin willst du?"

„Bitte, nur noch das. Die Naivetät ist der Schmetterling, dessen Auge gar nicht so gestellt ist, daß er sehen und wissen kann, wie schönfarbig seine Flügel sind; die Genialität beguckt ihre bunten Flügel und — aber nein, ich kann nicht im Bilde fortfahren. Ich wollte nur noch sagen, das Wort ihres Vaters „Nur stät" war in Lorle Gestalt geworden, in deinem Grundwesen aber liegt, daß dir alles Stetige, Regelmäßige, alltäglich Wiederkehrende lästig ist. So warst du von je. Schon in unserer Kindheit. Niemand kann mehr als ich das an dir schätzen, was — ich finde kein anderes Wort — noble Gesinnung zu nennen ist, aber dir fehlte und fehlt jede Selbstsucht. Du und Lorle, ihr wart beide nur Natur. Keines von euch war eigentlich gebildet und darum konnte sich keines an dem anderen und nach dem anderen bilden."

Der Kollaborator hielt endlich inne und Reinhard entgegnete:

„Ich habe ein Selbstporträt gemacht, aber so wie du mich im Spiegel zeigst, habe ich mich noch nie gesehen. Versprich mir nur, daß du mir keinen Nekrolog schreibst, wenn ich sterbe."

„O!" schaltete der Kollaborator ein, aber Reinhard faßte seine Hand mit den Worten: „Laß uns jetzt praktisch reden. Unser Ideal verwirklicht sich. Du ziehst mit ins Dorf. Die zeitweilige politische Stimmung des Dorfes darf dich nicht stören. Das hat sich geändert und wird sich wieder ändern. In deine Seele mich versetzend, aus dir denkend, habe ich den Trost gefunden: Ein Bildwerk von Menschenhand bleibt, wie es geschaffen wurde, alles, was aber aus sich lebt, muß sich wandeln, weil und solange es lebt. Ist das nicht auch dein Gedanke?"

„Gewiß! Du bist auf dem rechten Wege!" rief der Kollaborator, seine Brille neu zurechtrückend. „Ich habe die Formel dafür: Am Baume der Menschheit, wie hier an dieser Weißtanne, ersetzt sich die abgestorbene, verholzte Zelle durch immer neue, lebensfähige."

„Soll gelten. Also wir bauen uns unsere Zelle und erfüllen sie mit Schönheit und Ruhe. Du schenkst mir aus deinen tiefen Kellern auf Flaschen gezogenen Geist ein und ich dafür leib-

haftigen Wein. Lieber, alter Kamerad! Damals, als du deines
Amtes entsetzt wurdest, sagtest du: Ich nehme nie mehr eine
Anstellung. Es gibt Pferde, die lieber verdursten, als mit dem
Zaum im Maul saufen. Erinnerst du dich noch? Es war in
der Nacht auf dem Schloßplatz."

„Wohl erinnere ich mich noch," erwiderte der Kollaborator
lächelnd, es that ihm gar wohl, daß der Freund so seine Worte
behalten. Reinhard fuhr fort:

„Es war ein Ideal unserer Jugend, daß wir beide mit=
einander still unser Leben beschließen. Es kann sich nun noch
erfüllen. Ich glaube nicht mehr, daß es Glück auf der Welt
gibt, aber Ruhe, vielleicht auch Frieden, möchte ich die kurze Zeit
noch gewinnen. Ich habe das alte Haus zur Linde gekauft,
dort leben wir selbander und ich will von dir lernen, so daß
ich als gebildeter Mann sterbe. Wir richten das alte Haus neu
her, im alten historisch und klimatisch gemäßen Landschaftsstil,
und im Inneren bequem und behaglich. Ich bin sechs Wochen
älter als du, ich verzichte auf mein Erstgeburtsrecht, du sollst
Herr über alles sein, nur zwei Zimmer laß mir. Mich friert
und ich will mich an deinem warmen Blicke sonnen. Ich habe
die Liebe nicht verstanden, vielleicht verstehe ich die Freundschaft."

„Woldemar! Alter, gewaltiger... Halt ein! Es ist zu viel."

„Nein, laß mich das noch sagen. Du kannst deine For=
schungen nach dem Pfahlbauer Reihenmeyer, seinem Kulturstand
und Hausstand fortsetzen und ich, ich sammle alles Volkstümliche
in Tracht und Geräte, was jetzt untergehen will."

„Da hast du recht. In dreißig Jahren gibt's keine Volks=
trachten und keine Volksbräuche mehr. Alles wird Landwirt oder
ländliches Proletariat."

„Also gut oder schlimm, wie du willst. So sammeln wir.
Zwei Zimmer sollen ein Museum des eben vergehenden Volks=
lebens sein. Gib mir die Hand. Wir bleiben beisammen."

„Ich kann nicht. Ich kann nicht," wiederholte der Kolla=
borator, zitternd vor Erregung. „Aber es ist gewonnen. Du
bist ein Sohn des Mutes. Ich kenne deinen Weg. Ich freue
mich, dir ihn zu künden."

Einundzwanzigstes Kapitel.

Komm mit.

Der Kollaborator ballte wie in der Jugendzeit beide Fäuste, schaute in den Himmel hinauf in die Welt hinaus und lächelte, dann sagte er:

„Hast du nicht Unruhe und Unstätigkeit an mir bemerkt?"

„Natürlich. Unser Wiedersehen nach so langer Zeit unter solchen Umständen."

„Es ist nicht das allein. Erlaube mir eine Frage."

„Dir ist jede gestattet."

„Sag', hattest du nie Lust, in ein Kloster zu gehen?"

Reinhard erzählte, wie ihm oft die Anmutung aufgegangen, dann fügte er hinzu: „Es mag leichter sein, in ein Kloster zu gehen und sich da mit dem Generalgläubiger aller Menschen ab= zufinden und durch das Vorschieben eines Riegels von der Welt sich zu trennen; das mag leichter sein, als sein Thun und Lassen vor einem ganzen Dorf zu erklären und zu entschuldigen."

„Pah! Wer den ganzen Erdkreis überwindet, der bekommt das Dorf mit drein. O Freund, ich bin glücklich, daß ich das Einzige gefunden habe, das Einzige und Höchste auch für dich. Nein, du darfst nicht verbauern, ich dulde es nicht. O ich kenne den Prozeß der Verwahrlosung, er beginnt mit dem ersten losen Knopf, den man nicht annähen läßt. Nein. Mein Wol= demar soll nicht an Winterabenden auf den Hochgenuß eines Kartenspiels mit Schulmeister und Schultheiß warten. Ikarus, der in eine Skatpartie fällt, das ist zu viel. Nein. Ich lasse dich nicht hier verkommen."

„Ich möchte dich bitten, mir etwas Selbstbestimmung zu lassen."

„Nein. Du gehörst nicht mehr dir, deine Steuerkraft wird zum Weltbesten eingefordert. Was Gutes an uns ist, gehört nicht uns, es ist Gemeingut der Menschheit. Seltsam, daß ich nicht im ersten Augenblick daran dachte."

Er hielt inne und schaute den Freund wie verklärt an, dann sagte er:

„Wir sind nicht mehr hier, die Meereswelle trägt uns, wir sind am Nordpol, am Südpol und wir sind selbander über der Welt, in der ganzen Welt, das Universum ist unser."

Reinhard schüttelte den Kopf, diese Verzückung war ihm unfaßlich. Der Kollaborator warf sich an seine Brust und rief:

„So halten wir uns und das Ueberwältigende soll uns nicht überwältigen. Du ziehst mit auf die große Reise um die Erde. Das ist ein Leben und, wenn es sein muß, ein Ende deiner würdig."

Er wurde so bewegt, daß ihm die Stimme versagte, er that den Hut ab und die schlichten Haare breiteten sich ihm über Stirn und Augen, er schob sie gewaltsam zurück und wie verzückt fuhr er fort: „O Woldemar! Der Ring schließt sich so wunderbar! Erinnerst du dich noch, wie wir als Knaben davon träumten, einst miteinander in die weite Welt zu ziehen, zu den Wilden und auf einer einsamen Insel zu leben? Die Kinderphantasie hatte vorahnende Kraft. Jetzt ist uns gemeinsam das Höchste beschieden. Wir mehren das Wissen der Menschheit von sich selber und von unserem Planeten."

„Du mehrst aber mein Wissen nicht. Ich verstehe dich noch immer nicht."

„Verzeih' mein Ungestüm, meine Verwirrung. Gradaus also: Ich habe mich als Mineralog zu der großen wissenschaftlichen Forschungsreise gemeldet und bin angenommen worden und du, du ziehst mit uns, du hast die Landschafts- und Figurenbilder gleich kultiviert."

„Was ich leisten könnte, vermag auch eine photographische Maschine und in vielen Fällen weit besser."

„Nein, nur Leben faßt das Leben. O Freund! Erfaßt es dich nicht auch, als würdest du von einer ungeahnten Macht in eine höhere Luftschicht gehoben? Du hast keine Heimat, kannst keine finden, du nicht, ich nicht. Nun denn; die Welt gehört uns und wir gehören der Welt. In der Hand des sich immer höher ausgestaltenden Menschheitskörpers ist ein Dampfschiff mit Mannschaft und Maschinen, was ehedem ein Schleuderstein war. Fühlst du nicht auch das Große, ein Atom zu sein, aber ein bewußtes Atom im Organismus der Welt? Das ist der Tod des endlichen aber auch zugleich die Auferstehung des unendlichen Wesens in mir, in uns. Ich kann mit unserem großen Dichter, der selber eine Natur war und den Gang der Natur erkannte, ausrufen: Es ist mir wie einem, der der Morgenröte entgegengeht."

„Ich kann dir leider nicht in deine Weltgedanken und auf deine Weltfahrt folgen."

Mit siegesfrohem hellem Tone entgegnete der Kollaborator:
„Wir führen die Fahne des neuen Reiches in unbekannte Welten, und unter dieser Fahne ist allgemeine Lehrpflicht. Du bist eingetragen in die Armeeliste des Geistes und darfst dich

der Mobilisierung nicht entziehen. Ich weiß, du willst nichts von Kriegsbildern, laß dir unsere heidnische Frömmigkeit gefallen. Wir sind die Missionäre einer erst zu gewinnenden Offenbarung. Noch Kolumbus glaubte, jenseits des Meeres das Paradies der Bibel zu entdecken, wir sind die Sendboten des neuen Forschens und Wissens. Und hier meine Hand," fuhr er in feierlichem Tone fort: „Kehren wir glücklich zurück, dann ziehe ich mit dir hierher und wir leben und sterben miteinander. In deinem Briefe rief es immer: komm zu mir. Ich rufe jetzt auch: komm zu mir und bleib bei mir, Bruder, bleib bei mir!"

„Dein Gedanke ist schön und verlockend, aber zu solchem Unternehmen bedarf es eines gesunden Körpers und einer reinen Seele. Ich kann beide nicht mehr mein nennen."

„Du wirst sie gewinnen außerhalb der Welt, über der Welt. Und sterben wir, so ist das Weltmeer, das ewige Eis, unser Grab."

„Zu spät, ich hafte am Boden, ich kann nicht mehr los, ich bin müde. Hier will ich bleiben, ein stiller Mann, bis die ewige Stille eingetreten ist."

„Du glaubst, nur noch auf den Tod warten zu dürfen, deine Lebenskraft sei gebrochen, ja noch anders, du glaubst, deine Thatenlust sei gesättigt? Du irrst, es gibt keine Sättigung für immer. Du wirst wieder hungrig werden, nach Thätigkeit, nach Liebe . . ."

„Ich bin nicht gesättigt, ich bin erschöpft."

„Nein, es quillt aus dir. Du darfst nicht hier bleiben. Langsames Verdorren wäre der entsetzlichste Tod. Willst du deinen früheren Irrtum multiplizieren und eine unglückliche Ehe mit einem ganzen Dorfe eingehen? Schön! Lache! Du hast noch alle Zähne. Du mußt noch Probleme aufknacken."

„Ich habe viele wurmstichig gefunden."

„Was? Du willst dir selber absterben? Das kannst du nicht. Du darfst nur eines schönen großen Todes sterben. Du willst aus Trotz deiner innersten Natur entsagen und gegen deinen Charakter handeln, das rächt sich, verlaß dich drauf. Du darfst deiner jetzigen Stimmung nicht nachgeben, du gefällst dir jetzt in dieser süßen Schwermut; du willst unter Menschen leben, die dir nicht widersprechen dürfen und mit der stummen Natur, die dir nicht widersprechen kann."

„Ich widerspreche auch dir nicht," erwiderte Reinhard scharf, aber sich fassend fügte er hinzu: „Du thust unrecht an dir, du verdirbst deine guten Gründe mit — sagen wir falschen, die keiner Beachtung wert sind."

„Du hatteſt immer nur Aufmerkſamkeit für deine Gedanken, nie für die anderer," entgegnete der Kollaborator. Das Auge Reinhards bewegte ſich unruhig, der Kollaborator achtete nicht darauf und fuhr fort:

„Ich darf dich nicht ſinken laſſen. Ich muß dich retten."

„Aber ich will nicht gerettet ſein."

„So ſage ich denn: dein Vorhaben iſt Wahnwitz, Selbſt= mord, Verbrechen an dir, an der Toten, an der Welt, an allem."

Reinhard biß die Lippen immer ſchärfer und ſchärfer.

„Und das iſt die Humanität von euch Menſchenbeglückern?" rief Reinhard ſich aufrichtend. Dunkle Röte durchſchoß ſein Antlitz bis zu den Stirnhaaren hinauf, indem er fortfuhr: „Ihr wollt mit geiſtigen Torturen zu euren Heilslehren zwingen! Und du glaubſt nach ſolcher Auseinanderſetzung, nach ſolcher Herabſetzung könnte ich dir noch folgen? Ich erkenne die Kom= petenz des Gerichtshofes Reihenmeyer ferner nicht an. Ich habe dir ein Recht eingeräumt, wie ſonſt niemand auf der Welt, aber auch dies Recht hat eine Grenze. Ich erwarte, daß du dir kein weiteres ehrenrühriges Wort geſtatteſt, ich geſtatte dir keins mehr. Du haſt an der Seligen im Leben und Tod brav gehandelt, du haſt dich bezahlt gemacht, wir ſind quitt."

Die beiden Männer ſtanden auf, ſie ſchritten weiter durch den Wald. In jedem wogte es mächtig.

Die Sonne ſtrahlte golden durch die Tannen, der Wald ſtand wie in Feuerduft. Wie gern hätte der Kollaborator dem Freunde das gezeigt und wie gern hätte ihm Reinhard zugehört, aber jetzt mußten beide ſich verhalten, als ob ſie das nicht ſähen und ſie ſprachen kein Wort.

Der Kollaborator war tief zornig auf ſich, weil er ſo in Heftigkeit geraten war. Er mußte ſich bekennen, daß im Hinter= grunde ſeiner Seele ein tiefer Groll durch Jahrzehnte zu mächtig geworden war und nun unverſehens ausbrach. Er hatte ſich die Unvereinbarlichkeit vom Weſen Reinhards und Lorles erklärt und konnte doch nicht davon laſſen, Reinhard zu zürnen, weil er trotzdem nicht Glück daraus geſchaffen. Er bekannte ſich, daß Reinhard, eben weil er in Selbſterkenntnis und Selbſtanklage ſtand, reizbar und empfindlich ſein mußte, und doch hatte er ihm die bitterſten Vorwürfe gemacht.

„Ich habe zu viel allein gelebt und in mich hinein gedacht, ich bin zu eigengeſinnt für die Freundſchaft." Das alles hätte er Reinhard gern bekannt, aber er kam nicht zu Wort.

Reinhard dagegen war ärgerlich, daß er nicht die rechte Haltung bewahrt hatte; er mußte Welterfahrung genug beſitzen,

um den Freund, der es im Grund der Seele doch so gut mit
ihm meinte, nicht so weit kommen zu lassen. — Du hast in
den langen Jahren des Fremdenlebens vergessen, wie man mit
einem brüderlichen Freunde lebt, von dem es keine Entzweiung
geben kann. Wen hast du noch, wenn du auch diesen verlierst?
fragte er sich. Fehlt dir die Fähigkeit, einen Lebensgefährten
zu haben?

So gingen die Freunde stumm nebeneinander bis da, wo
der Weg nach der Hohlmühle einmündet.

Der Kollaborator wartete nicht länger auf die Einlenkung
des Freundes, er hielt still und sagte in mildem Tone:

„Ich hatte dich betrauert, als du noch lebtest und als ich
dich gestorben glaubte; ich hätte nicht wiederkommen sollen,
es wäre besser.“

„Du willst sagen, ich hätte nicht wiederkommen sollen,“
fiel Reinhard ein.

Es lag eine Spannung in der Luft und in den Gemütern,
die sich nicht lösen konnte.

Der Kollaborator sah den Freund bittend an, dieser aber
wendete ihm keinen Blick zu.

Sie gingen weiter, die letzte Bergspitze glühte, die Sonne
sank hinab. Da hörten sie von einer Frauenstimme das Lied:
„Schön Schätzlein wach auf!“ Die Stimme war ein tiefer,
mächtiger Alt; Reinhard kannte die Stimme, sie hatte ihn ja
mit diesem Liede beim Eintritt ins Dorf begrüßt.

Die beiden Männer standen still. Wie oft hatten sie das
Lied gemeinsam gesungen, damals in der Linde und auf der
Wanderung bergaus und bergein, sie schauten einander an, dann
schlug jeder den Blick zur Erde. Die Stimme kam näher, Malva
mit ihren roten Zöpfen ward sichtbar. Das Lied brach ab,
Malva hielt still, dann rief sie:

„Das ist gut, daß ich Euch begegne, Herr Reinhard. Ei
grüß Gott, Herr Reihenmeyer.“

„Bist du nicht des Wendelins Malva?“

„Ei freilich.“

„Du bist groß geworden und sauber.“

Das Mädchen errötete und sagte: „Herr Reinhard, ich
komm' vom Hohlmüller, er hat Verlangen nach Euch, Ihr sollet
doch wieder zu ihm kommen. Vergesset aber nicht, daß er nichts
vom Tode der Frau Professorin weiß. Er fragt sonst nach nie=
mand, aber nach ihr fragt er.“

„Wird dir's nicht auch schwer, das zu verhehlen?“ wendete
sich Reinhard an Malva.

„O nein! Einem altersschwachen Mann braucht man die
Wahrheit nicht zu sagen, so wenig als einem Kranken. Ich
habe am Mittag die Fensterläden zugemacht und meiner Stiefmutter gesagt, es sei Nacht, dann ist sie eingeschlafen."

Der Kollaborator zuckte zusammen, als er einen Blick zwischen Reinhard und Malva wahrnahm.

„Seit wann bist du aus der Schule?" fragte er.

„O schon lang. An jenen Pfingsten, bevor mein Bruder
in den Krieg gemußt hat. Wie der Herr Reihenmeyer das
letzte Mal bei der Frau Professorin gewesen ist, war ich noch
ein kleines Mädchen."

„Und bist ein . . . ein leckes geworden," entgegnete
Reihenmeyer.

Malva zuckte verächtlich die .Achseln und warf die Lippen
auf, sprach aber nichts. Als sie sich zum Gehen gewendet hatte,
rief sie: „Herr Reinhard, ich möcht' gern ein Wort mit Euch
allein reden."

Reinhard ging zu ihr und sie sagte leise: „Herr Reinhard,
trauet dem Reihenmeyer nicht. Er ist ungetreu an Euch."

„Wie?"

„Ich kann das jetzt nicht weiter auseinandergeben. Glaubet
mir einstweilen."

„Ich danke dir," sagte Reinhard laut und kehrte zu dem
Kollaborator zurück, dessen Mienen sich verfinstert hatten.

Das Mädchen ging und Reinhard fragte: „Willst du nicht
auch den Hohlmüller begrüßen?"

„Ja, ja, gern."

„Dann bitte ich dich, nichts vom Tode Lorles zu erzählen,
er weiß noch nichts davon."

In Miene und Gebärde des Kollaborators zeigte sich, daß
er alle Fassung verlor, indem er rief:

„So? Und das kannst du? Du kannst verleugnen? O ich
verstehe. Lorle die erste ist tot, es lebe Lorle die zweite. Dein
Blick war mehr als bloßes Interesse für eine neue Spielart
Dorfkind. Das war nicht nur, weil die roten Haare jetzt bei
euch Malern beliebt sind. Sag' nein, sag', du irrst dich. O
er ist doch noch so weit ehrlich, er kann nicht. Du willst noch
einmal? Die Teufel werden lachen und die Engel werden weinen
über solche That, wenn es wirklich Engel und Teufel gäbe,"
setzte er gewissenhaft hinzu.

Es zeigte sich eine gewaltsame Verzerrung in seinem Gesichte, endlich, seinen ganzen Zorn neu aufraffend, rief er mit
mächtiger weithin schallender Stimme:

„O, jetzt verstehe ich alles. Du bist an diesen Fleck Erde gebunden! O schön, schön, abscheulich schön. Lucullus dürstet nach kuhwarmer Milch. Da geht ein Dorfkind dahin, das du wieder zerstörst." Reinhard überglühte es, als stünde er in Flammen und dann überrieselte es ihn wieder kalt. Der Freund tastete ein noch nicht vor ihm selbst bekanntes Geheimnis seiner Seele an.

Der Heftige aber fuhr fort:

„Ja, rolle nur die Augen, mit denen du wieder ein Dorf= kind bannst, berückst und zerstörst. Ich bin der einzige Mensch auf der Welt, der dir die Wahrheit sagen darf."

„Genug, sag' ich. Nicht weiter."

„Nein. Du hast mir das Recht gegeben, alles zu sagen."

„Wer das Recht erteilt hat, kann es auch wieder zurück= nehmen, wenn es mißbraucht wird."

„Alle Welt wird urteilen wie ich."

„Es ist sehr bescheiden von dir, die ganze Welt für so weise und so edel zu halten wie dich selber."

„Ich lasse mich auch durch deinen Spott nicht aufhalten. Da steht der Meister in seinem Künstlerberufe und ist ein Pfu= scher, ein Stümper im Lebensberufe. Ich sage dir die Wahr= heit, bis du mir die Kehle zudrehst, du bist stärker als ich. Du bist nichts als ein Selbstschwelger. Was du Liebe nanntest, war nur Jagd nach Vergnügen. Du hast dein Leben lang nichts geliebt, deine Frau nicht, deine Kunst nicht, dein Vater= land nicht, deinen Freund nicht. Er ist doch noch ehrlich," rief der Kollaborator ins Weite hinein und nachspottend setzte er hinzu: „Nie ist ein Mann mehr geliebt worden als ich von Lorle. Ist das nicht rührend? Thu' dich auf, du Grabhügel da drüben, der große Mann hier geht über die Welt und hat nie geliebt, nicht damals in Freud', nicht jetzt im Leib. Nie. Pfui und Wehe ringen miteinander um diese morsche, arme Seele!"

Reinhard stand da, er hatte die Hand fest um eine junge Tanne geklammert, die Tanne erzitterte wie sein ganzer Leib, aber er bewegte sich nicht, er ließ den Rasenden sich austoben. Plötzlich, wie vor sich selbst fliehend, ließ er die Tanne los, wendete sich und rannte mit raschen Schritten thalab in das Dickicht des Waldes.

Zweiundzwanzigstes Kapitel.

Eine Blume erblüht in der Gewitternacht.

Es war Nacht, als Reinhard heimwärts ging, er war nicht beim Hohlmüller gewesen, still und einsam hatte er die tiefe Bewegung niedergekämpft, aber er kam sich unsäglich einsam vor, nun auch vom Freunde verlassen. Eine tiefe Sehnsucht nach traulicher Hegung bemächtigte sich seiner, als er die Abend= glocke läuten hörte.

Der Abend schien die Tageshitze nicht abzukühlen, vielmehr zu steigern, fern über den Bergen stieg eine dunkle Wolke auf.

Da kamen zwischen hoch aufgelagerten Stämmen zwei Frauen hervor. Beide grüßten.

„Ach, du bist's, Malva?"

„Ja. Das ist die Frau meines Ohms. Hedwig, warte jetzt dadrüben auf mich, ich hab' mit dem Herr Reinhard zu reden."

Die Frau ging und Malva begann:

„Ja, ich hab' auf Euch gewartet. Ich hab' hinter mir drein den Herr Reihenmeyer arg schreien hören und dann ist er allein an mir vorbei kommen, er hat mit sich selber geredet, wie einer, der von Zank und Streit kommt; verzeih mir's Gott, wie ein Hund, der einem Fuhrwerk nachbellt und dann wieder heimbellt auf das Stroh in seiner Hütte."

„Das ist nicht recht von dir, so zu sprechen. Er ist mein Freund."

„Euer Freund? Der? Ich will Euch nur sagen, Ihr brauchet Euch von dem nichts gefallen zu lassen, von dem am wenigsten, er hat den Ungetreuen an Euch gespielt."

„Er? Wie? So sprich doch deutlich. Sag' mir alles offen."

„Herr Reinhard," fügte sie hinzu, „ich bin damals noch zu klein gewesen, ich hab' damals noch nicht recht verstanden, was vorgegangen ist; aber so viel mein' ich doch, er hat Eure Frau nicht ungern gehabt und hat gewollt, sie soll Euch in der Zeitung tot ansagen, und wie er das letzte Mal dagewesen und fort ist, hat die Frau gesagt: ‚Den sehe ich nie mehr auf der Welt. Steckbrief, Verschollen,' hat sie dann oft vor sich gesagt. Fraget Euren Schwager, der weiß alles besser, er hat ihm auch den Marsch machen müssen."

Reinhard schwieg, nach einer Weile begann er: „Malva, ich will dir was sagen. Ich hab' deinem Vater anbieten wollen,

er soll mit euch Kindern zu mir ins Haus ziehen, ich will nicht
so allein sein."

„O das ist prächtig! O lieber Gott wie schön."

„Malva, ich habe Gutes mit dir vorgehabt."

„Das weiß ich."

„Doch nicht alles. Malva, ich hab' noch warten wollen,
dich brauch' ich nicht mehr prüfen, aber mich. Malva, ich
habe Böses an Lorle gethan und du lauter Gutes. Ich will
dir's vergelten."

„O redet doch nicht so. Und warum weinet Ihr jetzt?
Was ist denn?"

„Malva, bin ich schlecht?"

„Hat das der Brillengucker gesagt? O der!"

„Malva, wenn ich nochmals heirate . . ."

„Dann gehe ich als Magd zu Euch, wenn Ihr's wollet. Was
Ihr thuet, das ist recht, und was Ihr saget, das thu' ich. Ich bin
sonst nicht so. Aber Euch kann ich die Händ' unter die Füß' legen."

„Nein, gib mir deine Hand, und sei du meine Frau."

Er umhalste sie. Sie machte sich leise los und seine Hände
fassend und küssend sagte sie: „Mir ist's, wie wenn die Selige
mir eine Besorgung auftraget': ,Malva, geh, lauf, hurtig,
tapfer, mach meinen Reinhard glücklich.'"

„O Himmel!" rief Reinhard, und bedeckte das Gesicht mit
beiden Händen und weinte.

Malva aber schaute zum Himmel auf und sprach wie
betend: „Nicht wahr, du schaust jetzt vom Himmel auf uns
herunter? Ja, ja, du gibst deinen Segen."

Lange sprachen die beiden kein Wort, und auch in der
weiten Natur ringsum war es wie banges Anhalten des Atems.
Endlich sagte Reinhard:

„Hast du gewußt, daß es so kommen wird? Hast du nichts
geahnt?"

„Ich weiß nicht, wie ich sagen soll. Wie ich die Treppe
aufgescheuert habe und der Herr Reinhard so zu mir gesprochen
hat, da sind meine Thränen auf die Treppe gefallen."

„Du sollst in Freude die Treppe auf und abgehen."

„O lieber Herr Reinhard. Kann's denn sein?"

„Wenn wir allein sind, wie jetzt, nenne mich Woldemar und
nenne mich du."

„Das thu' ich nicht. Ich thue nichts im geheimen, was
ich vor der Welt verleugnen muß."

Reinhard stand einer festen, in sich fertigen Natur gegen=
über, die bei aller Hingebung auch ihre Selbsthaltung bewahrte.

Der Himmel hatte sich verfinstert, ein Blitz zuckte durch die dunkle Wolkenwand, die ganze Landschaft stand in grellgelbem Licht, das rasch wieder in Nacht versank.

„Dort kommt ein arges Wetter herauf," sagte Malva.

„Es ist noch weit. Bleib nur."

Es blitzte und donnerte wiederum und die Waldbäume am Berge bogen sich im Sturmwind hin und her und rauschten gewaltig.

Ein Hund bellte und kam schnell zu den beiden.

„Das ist des Baumwirts Hund. Euer Schwager kommt," sagte Malva und floh schnell nach dem Walde zu.

In der That kam jetzt der Schwager und Reinhard suchte sich zu fassen.

Stephan erzählte, daß der Kollaborator in großer Auf= regung heimgekommen sei und nach dem Bahnhof geeilt aber wieder zurückgekehrt sei; er wolle nun hier übernachten. Der Schwager bat nun, daß Reinhard sich von dem Ungetreuen nicht solle vom Dorf abspenstig machen lassen. „Der Herr Reihen= meyer darf dir keinen Vorwurf machen. Ich bin dein Schwager. Ich bin ihr Bruder, habe ich dir noch ein einziges ungerades Wort gesagt?"

Da Reinhard schwieg, fuhr der Schwager fort:

„Der Herr Reihenmeyer muß froh sein, wenn wir still sind," und jetzt erzählte er ausführlich, daß der Kollaborator gekommen sei, um Reinhard gerichtlich verschollen erklären zu lassen, wobei er offen gestanden habe, daß er Lorle heiraten wolle.

Der Schwager war nicht wenig erstaunt, da Reinhard ent= gegnete:

„Ich nehme das dem Reihenmeyer gar nicht so übel; er hat sie noch glücklich machen wollen, er hat sie immer hoch= gehalten. Tot ist tot, und was leben muß, will vergnügt leben."

„Komm schnell! Es bricht ein arges Gewitter los," drängte der Schwager. „Schau, dort durch die Gärten rennt eine Frau! Wer das nur sein mag?"

Reinhard wußte es, aber er schwieg.

Ein mächtiger Wind hatte sich erhoben, die Waldbäume rauschten und brausten und von den Fruchtbäumen prasselte das Obst nieder.

Im scharfen Schritt sagte der Schwager nur noch: „Gott sei Lob und Dank, daß mein Korn geschnitten ist. Dem Hafer schadet's nichts."

Donner und Blitz jagten einander und als die beiden

Männer eben die Hausthüre erreichten, fiel ein schwerer Hagel nieder, von den festgerammten Tischen im Wirtsgarten prasselte und knatterte es wie rasches Rottenfeuer.

Der Kollaborator hatte sich zur Ruhe begeben, aber bald hörte man ihn in der oberen Stube hin und herwandern.

Dreiundzwanzigstes Kapitel.

Verflossener Hagel.

Also neu beginnen! Wieder lieben, wieder leben! sagte sich Reinhard als er am Morgen erwachte; der Tag begann kaum zu grauen, das ganze Thal lag in dichten Nebel gehüllt.

Er versuchte noch zu schlafen, es gelang ihm nicht.

„Hast du recht gethan? Hat der rasche Ansturm des Freundes dich nicht zu einer Uebereilung getrieben, und du Mensch, der du keine Illusion mehr zu haben glaubtest, bist wieder darin und ziehst ein anderes hinein?" wollte es in ihm fragen. „O nein," antwortete es schnell — quoll das aus den von ihm so genannten zwei Strömungen seiner Seele? — „O nein," antwortete es, „es hat sich nur eine vom ersten Tage an gesetzte Thatsache bestätigt und sie ist gut. Ich werde glücklich sein und auch Malva beglücken. So lang ich Künstler war und sein wollte, war ich dessen nicht fähig, was jetzt eben zum Feierabend vergönnt ist. Das macht keine Ansprüche, ist selber gesund und erhält gesund. Wie nur Malva erwacht sein mag?"

Er öffnete die Augen, das ganze Thal stand im goldenen Duft.

Der graue Nebel wird zum Feuerglanz — so beginnt dein zweites Leben.

Reinhard lag im Fenster und schaute hinaus in die Landschaft. Alles hatte sich im Gewitter aufgefrischt, die Luft war kühl und würzig, die Schwalben flogen hoch, an den Waldbergen hingen zerrissene Wolkenflocken, der Bach rauschte vom neuen Zustrome so laut, daß man ihn bis hier herauf hörte.

„Das war gestern ein schwüler Tag, der sich' endlich im Hagelwetter befreite. Was warten auf den Tod! Jeden Tag fängt das Leben an!"

Reinhard war in frischer Spannkraft wie die Natur ringsum, da klopfte es, der Kollaborator trat bei ihm ein und rief:

„O Freund! Laß dich noch so nennen."

Reinhard antwortete in heiterem Tone: „Vor allem bitte ich, nicht mehr in das Fortissimo zu verfallen. Die Bauersleute brauchen nicht zu hören, wie die vollendete Geistes- und Herzens-bildung sich ausdrückt."

Der Kollaborator zuckte in sich zusammen, dann begann er in gehaltenem Tone:

„O wie recht hast du! Die Unbildung hat immer einen verborgenen Haß auf die Bildung und freut sich, eine Ursache zur Geringschätzung zu finden."

Reinhard sah den sofort ins Allgemeine überspringenden Freund verwundert an, und der Kollaborator nahm neu auf:

„Ich habe eine Sünde gegen dich auf dem Herzen."

„Eine alte oder neue?" unterbrach Reinhard.

Der Kollaborator stutzte, dann fuhr er fort:

„Du warst für mich tot und solltest es auch für sie sein. Ich habe geglaubt, daß zwei Leben nicht einsam vergehen sollen. Ja, ich habe deine Frau bestimmen wollen, dich öffentlich für verschollen erklären zu lassen. Das bekenne ich und —"

„Ich weiß das."

Der Kollaborator hielt den Kopf in beiden Händen und fuhr fort: „Ich war stolz auf meine Rechtschaffenheit, aber es soll niemand ganz aufrecht stehen, bis er in die Grube sinkt. Kannst du mir verzeihen? Ich bitte darum. Ich sehe meinen Fehl vollkommen. Du durftest nicht für sie tot sein und man durfte ihr nicht die Erinnerung an dich zerstören, und ich durfte nicht da ein Glück hoffen, wo dein Glück gescheitert war."

Reinhard schwieg und der Kollaborator begann aufs neue: „Ich bitte dich, laß uns in Güte scheiden. Du hast es gesagt: nur wer reiner Seele, darf sich so großem Unternehmen an-schließen. Laß mich reiner Seele, laß mich ohne bittern Ge-danken sterben auf dem Meere, auf einer einsamen Insel oder im ewigen Eise. Es darf niemand auf der Welt sein, der ein Wehe von mir im Herzen trägt. Du vor allem nicht. Ich leide schwer. Du hast es so gut gemeint und ich kränkte dich so tief. Mitten in meiner Raserei spielte schon eine Neben-melodie in meiner Seele, war etwas in mir selber, was ums Wort bat, aber ich ließ es nicht dreinreden, ich, der eine ver-weigerte dem anderen in mir das Wort. O! was ist der Mensch!"

„Ich weiß ihn auch nicht zu bezeichnen," warf Reinhard leicht hin.

„Aber ich. Ich habe den schlimmsten Dämon der Menschen-

seele in mir selber kennen gelernt. Ich habe dir boshafte un=
verantwortliche Worte gesagt. Das ist der Dämon des Zorns,
der, weil er den Gegner nicht überwunden sieht, ihn mit Gift=
worten verwundet. Der Zornesdämon schleudert Vorwürfe hin,
von denen er weiß, daß sie nicht wahr sind; aber eben das
reizt ihn, weil er auch weiß, daß solches trotzdem, oder weil es
erlogen ist, den anderen reizt und verletzt. Die Theologen haben
manchmal recht. Im leidenschaftlichen Menschen ist eine Be=
sessenheit von Teufeln, die aus den Säuen in den Menschen
gefahren sind."

„Dürfte man das nicht seelische Trichinen nennen?"

„Ich danke dir," entgegnete der Kollaborator, „daß du
mich neckst. O! Ich sah dich in der Nacht immer vor mir
stehen an dem Tannenbaum gleich einem Märtyrer, der die Ge=
schosse auf sich abschnellen läßt und meine Geschosse waren
explodierende, völkerrechtswidrige. Laß mich reden. Ich bekenne
meinen Fehl, ich bekenne meinen Fehl gern, ich habe schwer
gesündigt an dir und an mir. Ich bitte, befreie mich. Es
raubte mir den Schlaf, daß ich durch meine Heftigkeit und durch
meine Abtrünnigkeit dich in neues Elend hineintreiben könnte.
Was siehst du mich so starr an?"

„Dein Fehl war klein und verzeihlich. Ich hatte kein
Recht mehr. Ich sollte und durfte für tot gelten. Der Kultus
des Toten ist nutzlos, hast du gesagt. Das ist wahr. Hier
meine Hand. Alles ist ausgelöscht."

Der Kollaborator faßte warm die Hand des Freundes, der
nun in hellem Tone fortfuhr:

„Dein Worthagel ist auch zu Wasser geworden und fließt
den Bach hinab."

Ein Lächeln zog über das Antlitz des Kollaborators, das
nicht bloß dem Gedanken des Freundes galt, sondern auch der
Art des Ausdrucks. Reinhard kannte die Bilderfreude des
Freundes, und er setzte mit lustigem Tone hinzu: „Wir Künstler
fassen die Welt der Erscheinung als Motive, ihr Gelehrten macht
Gesetze daraus. Ließe sich nicht eine seelische Hagelbildung, eine
Zorneskrystallisation feststellen?"

„Ich danke dir. Aber dein Scherz ist nicht bloße unfrucht=
bare Wortspielerei. Wir müssen es allerdings noch zu einer
Physik der Affekte bringen. Die Psychophysik ist dem, was du
meinst, auf der Spur. O wie schön ist's, so im Morgentau
beim Heuduft neben dem Freunde zu sitzen!"

Reinhard machte den Freund glücklich, da er ihn fragte,
ob die Wissenschaft Heuduft und Tau bereiten könne. Der

Kollaborator erklärte des breiteren, daß die Chemie den Heu=
geruch als solchen nicht aufbauen könne, weil er ein Konzert
von Gerüchen sei. Dann erklärte er, wie der Tau die Wissen=
schaft lang geneckt habe, bis man den einfachen Vorgang fand.
Trotz dieser Ablenkung kam er wieder auf den gestrigen Zerfall
zurück. Als er aber von Malva reden wollte, unterbrach ihn
Reinhard:

„Nichts von gestern mehr, dabei bleibt's. Laß uns aber
auch nicht deutschgrüblerisch von Zukunft reden. Wenn es Rosen
sind, werden sie blühen, sagt ein italienisches Sprichwort. Ich
heiße dich aufs neue willkommen. Du bleibst also heute noch
bei mir?"

„Bis Mittag. Ich bin heute in jeder Beziehung unzufrieden
mit mir. Ich muß stark sein, um die Mühen der Forschungs=
reise auf mich zu nehmen. Heute fühle ich mich so matt. Ich
ertrage Seelenschmerzen schwer. Sonst härte ich mich ab, und
ich hoffe, meine zähe Natur hält aus."

„Du bist kräftiger als je," bestätigte Reinhard und zum
Beweise dafür machte der Kollaborator allerlei Turnübungen;
er bedauerte, daß zu seiner Zeit die allgemeine Wehrpflicht noch
nicht eingeführt war, er wäre durch einjährigen Dienst ein viel
festerer Mann geworden. Reinhard mußte zählen, wie lang der
Freund Luft einziehen und wieder ausatmen könne. Reinhard
lachte nicht; er sagte vielmehr mit ernster Miene: „Schade, daß
du dein Flötenspiel aufgegeben. Du wärst den Wilden als ein
Wunder erschienen, wenn du auf einem Holze ihnen deine
Lieblingsmelodien vorgeblasen hättest."

„Du sagst das im Scherz, vielleicht im Spott. Aber ich
sage dir: alle Religion —"

„Ich weiß, ich habe deinen Hauptspruch behalten: Nur was
gesungen werden kann — ist wirklicher Inhalt der Religion."

„Ich danke," entgegnete der Kollaborator, er war teils
geschmeichelt, teils verdrossen über das Citat des Freundes.

Die beiden Freunde standen miteinander am offenen Fenster
und schauten hinaus ins Weite.

„O Freund!" rief der Kollaborator, „mir ist wie einem
Genesenden. Da ist die Welt wieder! Sie ist mir tagtäglich
ein Wunder. Wie wird mir erst sein, wenn ich als der erste
Mensch ein unentdecktes Stück Erde sehe. Ach verzeih, ich weiß,
du sprichst nicht gern am Morgen und verzeih auch, ich bin
jetzt so redselig."

Reinhard entgegnete: „Ich habe sogar deine Redekunst be=
wundert. Du bist originell. Ich glaube nicht, daß Demosthenes

oder Cicero solche Bilder gefunden hätten. Pfui und Wehe
streiten sich um eine arme Seele. Es ließen sich Gestalten bilden,
die Pfui und Wehe repräsentieren, aber die arme Seele, die
wüßte ich nicht zu gestalten."

„Ich danke dir. Sprich nur mehr, sprich viel, du hast
deinen braven Baß noch, bei dem mir so warm und satt wird.
Ich möchte dich immer sprechen hören, der Ton deiner Stimme
thut mir so wohl."

Reinhard empfand die Innigkeit des Freundes, die etwas
Liebkosendes hatte, wie eine Mutter, die ihr langentbehrtes Kind
herzt. Reinhard konnte den leise spöttischen Ton nicht festhalten.
Die beiden Freunde waren lange still. Da begann der Kollaborator wieder:

„Sieh die Spinne in ihrem Gewebe hier vor dem Fenster
und dort die Schwalbe, die im Zickzack fliegt. Wenn die Linien,
die die Schwalbe zieht, zu Fäden würden, wäre das ein ähnliches Spinngewebe. Das eine findet im Fluge seine Nahrung,
das andere in einem aus sich gesponnenen Netz."

„Schön und sonderbar!" entgegnete Reinhard, „aber wie
die Schwalben und Spinnen sich in ihrer Art nähren, so haben
auch wir jetzt die naturrechtliche Pflicht, Kaffee zu trinken, den
Frau Vroni in voller Rechtschaffenheit und ohne Cichorien-
falschheit braut."

Vierundzwanzigstes Kapitel.

Madonna im Exil.

Die beiden Freunde saßen im ehemaligen Baumgarten
Wendelins.

„Ich glaube," sagte der Kollaborator, „daß Orest und
Pylades in einer Gewitternacht oder sonst einmal auch hart aneinander gerieten, eben weil sie die besten Freunde waren. Und
weißt du, daß wir eine ähnliche Aufgabe haben, wie die beiden?"

Reinhard sah den Freund fragend an. Der Kollaborator
erklärte:

„Wir haben das Götterbild wieder in seinen Tempel zurück-
zubringen. Leider hast du keine Schwester, die wir nebenbei
retten und die vielleicht den Orest —"

„Ich bitte, mein Kopf ist etwas benommen. Uebersetze
dich aus dem Klassischen ins Süddeutsche."

„Du bist jetzt wieder da, und das Madonnenbild muß wieder an seine Stelle, wohin es gestiftet war."

„Der Fürst hat es erworben. Ich verstehe nicht, wie er das thun konnte."

„Der Fürst? O nein, deine ehemalige Gönnerin und Freundin, die Gräfin Felseneck hat den Wunsch des Fürsten ausgeführt; sie hat durch ihre Schwester gute Verbindungen mit der Klerisei."

„Wo ist das Bild jetzt?"

„In der Galerie. Es ist eine Lohnbedientenmerkwürdigkeit. Du hast doch gewiß auch tiefes Verlangen, das Bild wieder-zusehen. Die Naivetät Lorles war damals auf deine Künstler-schaft übergegangen; da war nichts Absichtliches, alles nur un-schuldige Wirklichkeit."

„Es wird mir doppelten Schmerz machen," entgegnete Reinhard. „Ich möchte, ich weiß es nicht anders zu sagen — ich möchte das Bild sehen, aber die Malerei nicht."

„Warum?"

„Weil es aus der Zeit stammt, als ich noch nicht malen konnte."

„Du thust dir unrecht. Ich habe deine Diana und Endymion auf der Weltausstellung gesehen — ich war mit in der Jury für die mineralogische Abteilung, damals hieß es ja, du seiest gestorben. — Das Bild ist schön gemalt, mit etwas mehr oder weniger Bravour als die Franzosen und Italiener auch leisten. In deiner Lorlemadonna ist aber etwas Holbeinisches, das sagen alle Kenner, dein Nachfolger im Amte auch; da ist eine Innigkeit und Wärme, eine Andacht und Liebe, es klingt daraus wie Harfenton und zugleich wie ein Volkslied, ja wie eine Bachsche Passion, so wahrhaftig, so deutsch, nur deutsch und lauter ganze Noten, keine zerhackten Töne. Das Bild ist in der Galerie wie im Exil. Du mußt es erlösen. Ich bin, wie du weißt, ein Unkirchlicher, aber ich sage doch, das Bild gehört nur dahin, wo zur Orgel gesungen und gebetet wird."

Reinhard sah schweigend auf den Freund, dessen Züge wahrhaft schön wurden, als er so sprach. Bei all seiner Weich-lichkeit und Absonderlichkeit war er doch in Aeußerung der Verwerfung wie der Verehrung ein gewaltiger wahrhaftiger Mensch.

Reinhard legte die Hand auf die Hand des Freundes und der Kollaborator hielt still; diese warme Berührung schien ihn mit neuer Lebenskraft zu durchdringen. Er fürchtete sich aber vor einer enthusiastischen Aeußerung und sagte:

„Komm, wir wollen den Wechſelbalg ſehen. Gehen wir nach der Kirche und ſehen wir, was dort hängt.“

Sie gingen miteinander, und der Wirt ſchaute ihnen verwundert nach.

„Die Herren Gelehrten und Künſtler ſind doch wunderliche Menſchen,“ ſagte er zu ſeiner Frau, „hat man gemeint, die reißen einander die Köpfe herunter, und jetzt ſind ſie wieder Bruder=ander.“

„Es ſind beide grundgute Menſchen und geſcheit,“ erwiderte Vroni, „geſcheite Menſchen beſinnen ſich und ſind wieder gut miteinander.“

Fünfundzwanzigſtes Kapitel.

Scheiden und Meiden.

Der Kollaborator war ſo harmlos und ſo redſelig wie vor dreißig Jahren, ja das überwundene Zerwürfnis ſchien ſeine Mitteilſamkeit noch zu ſteigern. Er pries die Baumpflanzungen an den Bahnhöfen als Parkanlagen für jedes Dorf. Er freute ſich, daß der Fink noch ſang, der in den nächſten Tagen aufhören muß; er zeigte Reinhard, daß ſeit geſtern die Wieſen von der aufgeblühten ſogenannten Habermarke gelb geworden, er freute ſich der Fortſchritte im Ackerbau und „erinnerſt du dich noch?“ hieß es, „wie ich vor dreißig Jahren wegen der Armutei beim Pfarrer war? Seitdem hat unſer Bauernſtand am meiſten gewonnen, Grund und Boden iſt im Werte geſtiegen, die Eiſenbahn hat viel bar Geld aufs Land geworfen, die landwirtſchaftlichen Produkte haben leichteren Abſatz und höheren Preis, die Freizügigkeit hat die Arbeitskraft mobiliſiert.“

„Für welche von deinen Wiſſenſchaften gehſt du mit auf die Forſchungsreiſe?“ ſchaltete Reinhard ein.

„Von meinen Wiſſenſchaften? Ich habe kaum eine recht inne; indes bin ich ein leiblicher Mineralog.“

Die Freunde gingen ins Dorf, der Kollaborator wies auf die gutgebauten Häuſer hin, gab dem Freunde aber ſofort wieder recht, daß dieſe weißgetünchten Wände durchaus unmaleriſch ſeien.

Bauern mit Cigarren im Munde begegneten ihnen und Reinhard lächelte ſtill, als der Kollaborator darlegte, welch ein gemütliches Verhältnis zwiſchen Raucher und Tabakspfeife verſchwunden ſei.

„Horch!“ unterbrach er ſich, „die Klavierpeſt iſt auch hierher gedrungen. Das iſt ſchon das dritte Klavier, darauf ich hier klimpern höre. Iſt aber auch wieder gut. Wenn die Mode ins Volk geht, ſtirbt ſie oben ab. Ja, daß ich's nicht vergeſſe! Bei deiner Sammlung des Volkstümlichen kann dir der Floh=berger — ich ſelber will nichts mit ihm zu thun haben — viel nützen. Dein Plan iſt ſehr ſchön.“

Um doch auch etwas beizuſteuern, erzählte Reinhard, daß er den Menſchenſchlag hier zu Lande bei weitem nicht mehr ſo ſchön fände wie ehedem; er ſetzte indes hinzu, daß es wohl daher käme, weil er ſelber alt geworden ſei.

Der Kollaborator hatte ein Wort der Erklärung auf der Zunge, aber er unterdrückte es, er fürchtete, daß es wieder zu einer Debatte und zu unliebſamen Verhandlungen führe. Rein=hard ſah ihm an den Lippen an, daß er ein Wort hinabſchluckte.

„Ich kann nicht mehr zum Hohlmüller, es iſt mir für den Vormittag zu weit,“ ſagte der Kollaborator, „grüße den Ehren=feſten von mir, aber die Malva möchte ich noch aufſuchen. Ich meine, ich war geſtern barſch und ungerecht gegen das Kind, welchem Lorle ſoviel Liebe widmete. Komm, gehen wir zu ihr.“

„Wir treffen ſie jetzt ſchwerlich zu Hauſe und wir wollten ja zur Kirche,“ lenkte Reinhard ab, aber er erſchrak, da eben Wendelin des Weges kam.

„Wendelin! Iſt die Malva daheim?“ fragte der Kollaborator.

„Nein, ſie iſt im Feld.“

„So ſaget ihr einen guten Gruß von mir und ſie ſoll mir verzeihen, daß ich geſtern ſo . . . ſo unfreundlich, ſo grob geweſen bin.“

„Will's ausrichten,“ erwiderte Wendelin und ging durch die Gartenhecken.

„Willſt du nicht wie ſonſt den Schullehrer beſuchen?“

„Nein. Ich bin mir noch nicht klar, ob die Schullehrer beſſer geworden ſind, ſeitdem ſie beſſeres Gehalt haben. Der hieſige findet jedenfalls ſeinen Vorteil dabei, ſich zu den Schwarzen zu halten. Und kennſt du das Härteſte, was uns die Pfaffen angethan haben?“ ſetzte er hinzu.

„Was nennſt du ſo?“

„Sie haben das Volk aufſäſſig und widerſpenſtig gemacht gegen die Bildung, ſie haben die alte Zutraulichkeit zwiſchen uns aufgelöſt. Das iſt das Härteſte und Bitterſte.“ Die beiden Freunde gingen nach der Kirche, und als ſie das Heiligen=bild ſahen, erzählte der Kollaborator, daß ein vordem heidniſch geſinnter Künſtler, der nicht durchdrang, ſich in die Gunſt des

Bischofs gesetzt habe und nun ins ganze Land die Bilder von
alltäglicher Mache bringe, die ihm ein schönes Stück Geld ein=
tragen.

Auf dem Heimwege begegnete ihnen der Wallfahrer Kaspar,
der Reinhard darum ansprach, er solle ihm ein Bild malen für
die neue Kapelle, die er erbaue.

„Ich male nicht mehr," entgegnete Reinhard.

„An diesem frommen Kaspar da," sagte der Kollaborator
im Weitergehen, „habe ich ein Meisterstück der Albernheit gemacht.
Ich entdeckte an seiner Bergwiese ein mächtiges Lager von Schwer=
spat, ich zwinge den Mann fast, einen Schurfschein zu nehmen.
Und was ist das Ergebnis? Der Flohberger hat glänzenden
theatralischen Kies in seinen Gartenwegen, und der Kaspar hat
Geld genug zu Wallfahrten, und aus dem Urgestein werden
reichliche Peterspfennige. Der Kaspar hält sich nun für etwas
Höheres, weil er die Wallfahrt nach Rom und Jerusalem gemacht."

Man kam gegen das Haus zur alten Linde und der Kolla=
borator sagte schon von ferne, er wolle heute nicht hineingehen,
er habe seit gestern zu viel Herzbewegungen gehabt.

Sie gingen vorüber. Der Kollaborator schaute nicht auf.

Es war Zeit, daß man nach dem Bahnhof ging. Reinhard
legte seine Hand in den Arm des Freundes und dieser die Hand
an sich drückend, sagte: „Fühle meinen Arm. Nicht wahr, ich
bin stark geworden? Du glaubst auch, daß ich die Strapazen
überdauern kann?"

„Ich zweifle nicht. Und nach deiner Rückkehr kommst du
zu uns." Zu uns? Was meinst du damit? wollte der Kolla=
borator fragen, aber er unterdrückte auch dies. Diese kurze
Spanne Zeit soll durch nichts wieder gestört werden und Rein=
hard hat unzweifelhaft mit dem Uns das Dorf gemeint.

Man hörte den Bahnzug von ferne rollen und dem Kolla=
borator war's, als habe er seine ganze Pflicht noch nicht erfüllt;
er sagte daher:

„Ich habe eine letzte Bitte. Erzeige mir eine letzte Liebe."

„Und die wäre?"

„Laß mich nur noch einmal von meiner gestrigen Wald=
wut sprechen. Bei all meinen bitteren Worten bewegte mich doch
nur der Schmerz, daß ich dich vereinsamt und in schwerer Ge=
fahr zurücklasse."

„Ich bin nicht in Gefahr."

„Aber wenn du in Gefahr kommst, so denke, es gibt Ge=
fahren, denen zu entfliehen nicht Feigheit ist, sondern höchster Mut,
die Kraft, sich selbst zu besiegen. Man rettet einen Nachtfalter,

der sich verbrennen will, am sichersten, wenn man das Licht löscht. Nicht wahr, das behältst du mir zulieb?"

Reinhard bejahte und der Kollaborator sagte erleichtert:

„Sieh, lieber Bruder, es war Fanatismus, aber nicht ein solcher der Rechthaberei, sondern der Freundschaft. Freilich war es auch von jener ein Stück. Aber nie wollte ich etwas für mich und sei es nur momentane Superiorität über dich, ein stolzes Gefühl des Sieges und des Wohlthuns. Es war meine tiefe Liebe zu dir, für deine hohe Natur, für deine Würdigkeit. Nicht wahr, das weißt du, und hast mich wieder ganz lieb ohne Schatten?"

Tiefbewegt erwiderte Reinhard:

„Jetzt, da wir uns vielleicht auf ewig trennen, darf ich dir alles sagen. Ich habe deine kindliche Seele nie verkannt. Man sagt im Sprichwort; er ist gut wie ein Kind — man könnte auch sagen, er ist bös wie ein Kind, wie ein bös, das heißt zornig gemachtes, das sich häßlich benimmt, weil sein Selbstwille durchkreuzt ist."

Mit Thränen in den Augen betrachtete der Kollaborator den Freund und rief: „Jetzt noch möchte ich wiederholen: komm mit."

„Und ich möchte wiederholen: bleib hier bei mir."

Lachend mit Thränen in den Augen stieg der Kollaborator ein.

Reinhard stellte sich noch auf den Wagentritt und sagte:

„Ich bin der Zuversicht, du kommst wieder. Ich möchte mir deine Redeweise erlauben und dir sagen: Du hast eine goldene Seele im eisernen Körper."

Der Zug brauste davon und auf dem Wege lächelte der Kollaborator vor sich hin. „Eine goldene Seele im eisernen Körper," sprachen seine Lippen noch oft. Nur manchmal fuhr es ihm wie ein Schreck durch die Glieder: „Du kommst zu uns. Ist damit nicht Malva gemeint? Wie wird das enden?"

Sechsundzwanzigstes Kapitel.

Renaissance.

„Still verborgen muß alles bleiben, bis der Freund zur See ist; das bin ich ihm und mir schuldig," sagte sich Reinhard, als er vom Bahnhof zurückkehrte und wieder einsam war. —

Wie von selber fügte sich's, daß nunmehr der Sänger in den
Vordergrund trat; er war vom Plane Reinhards unterrichtet und
in dienstfertiger Weise berichtete er von da und dort vorhandenem
altem Hausrat und war noch Bedeutenderem vom besten Kunst=
stil auf der Spur. Reinhard legte dem Sänger ausführlich den
Plan klar, wie er die schwindenden volkstümlichen Formen fest=
halten wolle; denn neben der Hauseinrichtung sollte die ehemalige
große Wirtsstube mit der Holzsäule in der Mitte eine um den
Tisch sitzende Hochzeitsgesellschaft aufweisen; Figuren in den alten
Trachten mit Musikanten auf der Erhöhung und daneben möglichst
vollständigen Hausrat.

Ulrich äußerte sich beglückt, hierbei mitwirken zu können und
seine hochgewölbte Sängerbrust hob sich noch höher. Er trug
eine sammetbesetzte Jägerjoppe, die er nach eigenem Geschmack
verschönert hatte und das Ehrenzeichen aus dem Kriege war gut
sichtbar. Er erzählte gern, wie er mehrmals bei einem soge=
nannten Sanitätszuge gewesen und Verwundete heimgebracht habe.

Auf Weg und Steg erfuhr Reinhard, wie jedes einzelne
Menschenleben neuen Inhalt bekommen in der großen Zeit.
Der Mann, der so zufrieden mit einigen Gemeinplätzen lebte,
war doch eine tüchtige, in sich feste Natur.

Der Sänger und Reinhard wanderten miteinander bergaus
und bergein, sie wanderten die Wege, die Reinhard damals mit
dem Kollaborator gezogen; diesem war jegliches Begegnis wie
ein Wunder voll Bedeutsamkeit erschienen und ließ ihn überall
stillhalten, dem Sänger dagegen war alles selbstverständlich und
erheischte keine besondere Betrachtung.

Vor allem gewannen sie aus einem alten Schlosse einen
wohlerhaltenen Kaminmantel aus der besten Renaissancezeit und
er paßte wie abgemessen in die große Wirtsstube, die Reinhard
bereits scherzweise sein Museum nannte. Er gab dem Bau=
meister neue Zeichnungen und besonders kunstreich war die zum
Geländer des Söllers, denn das alte war morsch. Es kam eine
neue Belebung über Reinhard, die fast als Ersatz für künst=
lerisches Schaffen erschien, und der Sammeleifer konnte dem
vorgeschrittenen Alter gemäß sein.

Während die Stücke des Kamins abgeladen wurden, sprach
Reinhard schon jetzt im Sonnenscheine von der anheimelnden
Kraft des offenen Feuers und wie er da sitzen und träumen
und die Welt vergessen wolle. Noch war alles Gewonnene
chaotisch, aber vor dem Auge des Künstlers ordnete es sich bereits
zu einem in sich vollendeten Bilde, das eine abgeschlossene Kultur=
periode darstellte. Leuchter, Trinkgefäße, alte Uhrgestelle, Schränke,

Bettstätten und Tische, auch gute Stücke alter Trachten fanden
sich zusammen und der Sänger war ein guter Geleitsmann.
„Habt ihr nichts Zerbrochenes oder Verlegtes?" fragte er mit
keckem Humor in die Häuser eindringend und die Bodenräume
öffnend. Unerwartetes kam zu Tage, das der Sänger zu mäßigem
Preise erwarb; denn Reinhard behandelte Geldangelegenheiten
noch immer mit einer vornehmen Gleichgültigkeit.

Reinhard erfreute sich immer mehr an dem frischen und
wohlgeordneten Wesen des Sängers, der sich allerdings ständig
in Scene zu setzen wußte und etwas Gespreiztes, Theatralisches
hatte, aber die einfache Grundnatur kam dabei doch auch zu
Tage. Er sprach oft davon, wie glücklich er sei: seine Frau
sei zwar weit gebildeter als er — er flocht ihre vornehme Herkunft gern ein — und daß die Recensenten ihm jetzt die bewegte
dramatische Darstellung nachrühmen, das verdanke er ihren Auf-
schlüssen; es sei eben eine besondere Gunst, daß sie beide dem
Künstlerberufe angehörten und daneben verständen sie gut bürger-
lich für das Alter zu sparen.

Mit den Bauersleuten als ein Zugehöriger verkehrend, hatte
er dabei doch etwas Beherrschendes, daß er die Menschen fast
wie Requisiten behandelte. Er hatte eine eigene Sorte Cigarren,
die er popularitatis nannte, sie war so kräftig als billig, und
indem er sie verschenkte, wußte er die Männer, alt und jung, vertraut und redselig zu machen. Seine Hauptagenten waren seine
„Herren Kollegen", wie er die Nachtwächter in den Dörfern
nannte; aber auch die Mitglieder der Gesangvereine hatte er im
Aufgebot und diejenigen, die gleich ihm den Kriegsorden hatten,
waren seine Kameraden. Daneben hatte er noch eine besondere
Gabe, die ihn da und dort willkommen sein ließ. Vom Kriege
her hatte er manche ärztliche Erfahrungen, die er ohne Entgelt
anwendete, und als die beiden einmal auf der Straße dazu
kamen, wie ein Mann, der Stammholz geführt hatte, ächzend
am Wege lag, während die Umstehenden nur klagten und schrieen,
wußte der Sänger schnell einen Notverband anzulegen; so daß
man den Verletzten heimtragen konnte.

Da und dort beim Wandern, auf einer Anhöhe auf einem
Felsvorsprunge, jodelte der Sänger hell und mächtig in die
Landschaft hinein, so daß die Arbeitenden auf dem Felde auf-
schauten und manchmal ein junger Bursch oder auch ein Mädchen
mit einem frischen Jodelruf entgegnete.

Reinhard sah in dem Sänger ein Stück seiner eigenen
Vergangenheit; ähnlich war er selber einst gewesen, damals, als
er um Lorle freite.

Und jetzt? Etwas wie ein Schreck überfiel ihn, wenn er an Malva dachte, dann aber sagte er sich wieder: du hast ein neues Glück gefunden, wie du es nie mehr erwarten durftest.

Das sagte er sich, aber Tage vergingen, ja eine ganze Woche, ehe er mit Malva selber ein Wort tauschte. Oft durchzuckte es ihn: was wird sie denken, daß du so von ihr fern bleibst? Sie ist stark und fest, antwortete er sich — ich bin zu Liebeständeleien zu alt und habe ein zu schweres Leben hinter mir.

Auch im Hause bei dem Sänger, der ihm Lieder vorsang, war er oft, und die Frau wußte es ihm behaglich zu machen. Sie hatte leise den Wunsch geäußert, daß Reinhard sie male; als er aber erklärte, daß er nicht mehr male, stand sie ohne Empfindlichkeit davon ab. Sie hatte in Erscheinung und Wesen etwas Hohes, was mit ihrem Rollenfache zusammenstimmte, und in ihrem Gespräche zeigte sich jene vielverbreitete täuschende Unterhaltungskunst, die es versteht, gebildete Fragen zu stellen, wodurch ein Redseliger gute Unterhaltung gefunden zu haben glaubt; nur hatte sie die Eigenheit, daß sie mit ihrem mächtigen wohltönenden Organ sich gerne hoher Worte bediente. „Solch ein Morgengang im taubustenden Hochwald ist voll Daseinswonne," erklärte sie mit Pathos und Ulrich sah dabei glückselig auf Reinhard, der gewiß diese Erhabenheit zu bewundern vermochte.

Sie war indes voll natürlicher Güte gegen die Angehörigen ihres Mannes und gab Reinhard zu verstehen, daß sie die ehrliche Grundnatur ihres Ulrich hochschätze.

Reinhard war fast überrascht, als er an die Familie Malvas erinnert wurde, denn der Ohm Bahnwärter kam zu ihm und lud ihn zum Taufschmaus auf den morgenden Sonntag ein; sein Jüngstgeborener werde morgen getauft und Ulrich und seine Frau stehen Gevatter. Er fügte hinzu:

„Die Malva hat mir gesagt, ich darf den Herrn Reinhard einladen. Sie ist schon die ganze Woche bei uns und pflegt meine Frau wie eine Schwester."

Reinhard mußte zusagen und es war ihm lieb, zu hören, daß Malva in diesen Tagen nicht zu Hause war.

Siebenundzwanzigstes Kapitel.

Besinn' dich noch einmal.

Reinhard saß am Sonntagmorgen auf dem Langholz an der Sägmühle, dort, wo er sich in der Gewitternacht mit Malva verlobt hatte. Die Mühle stand still und ringsum war sonntägliche Ruhe. Er betrachtete sinnend ein Schwalbennest, in dem die Jungen kaum mehr vom Ausfluge zurückzuhalten waren, so daß die hin und her eilenden Eltern immer warnen und zureden und mit guten Bissen beschwichtigen mußten. Jetzt läutete es, der Taufzug kam des Weges, Reinhard ging ihm entgegen bis auf die Straße. Malva trug das Kind, sie sah ruhig und fromm aus.

„Das ist brav, daß der Herr Reinhard kommen ist," sagte sie; in ihrem Ton und in ihren Mienen war auch keine Spur eines Vorwurfes über die Vernachlässigung Reinhards. Hat sie keinen Vorwurf in ihrer Seele oder weiß sie sich nur vor den Menschen zu beherrschen?

Malva saß nicht mit am Tisch, sie trug das Essen auf und als der Ohm das einfache Mahl gegen Reinhard entschuldigte, sagte sie:

„Der Herr Reinhard verlangt keine Umstände, er weiß, was wir geben können und wie die Menschen hier zu Lande sind."

Beim Beginn ihrer Rede war die Falte zwischen den Augen Reinhards immer tiefer und dunkler geworden, jetzt glättete sie sich und ein strahlender Blick ruhte auf Malva, die auch ihn treuherzig ansah, aber ihre Wimpern zuckten.

„Was sehe ich?" sagte der Sänger leise zu seiner Frau, „zwischen dem Professor und Malva geht was vor."

„Das habe ich schon beim Begegnen auf der Straße bemerkt. Es wäre schade, wenn das brave Kind ins Elend gestürzt würde," erwiderte die Frau ebenso leise.

Der Sänger erwartete Gäste aus der Stadt, er ging mit seiner Frau bald davon. Reinhard blieb, und verstohlen sagte er zu Malva: „Ich warte im Garten auf dich."

Sie antwortete nicht, kam aber bald.

„Hast du dir keine Gedanken gemacht, weil ich dich die ganze Woche nicht gesprochen habe?" fragte Reinhard.

„Nein, ich will dem Herr Reinhard in nichts ein Hindernis sein, da kann er ruhig sein."

„Wie meinst du das? Ich verstehe dich nicht.

Es zuckte im Antlitze Malvas, ihre Lippen waren energisch geschlossen, in ihren Augen war ein kalter Glanz.

„Was meinst du?" fragte er nochmals.

Sie wendete den Kopf rasch, wie wenn sie geweckt würde und erwiderte, auf die Sägmühle deutend:

„Sehen Sie, die steht still. So ist es auch mit den Menschen. Man kann nicht immer das Rad treiben."

„Du bist gescheit."

„Ich glaub's bald auch. Die Menschen sagen mir's alle, und jetzt auch der Herr Reinhard. Ich hab' in dieser Woche wenig geschlafen und habe mich viel besonnen. Hoffentlich hat der Herr Reinhard sich auch ordentlich besonnen."

Jetzt waren in der That wieder die zwei Strömungen im Gemüte Reinhards. Wie? Will das Mädchen ihn befreien? Ist aber das nicht ein Verschmähen? Mit einer Schnelligkeit des Gedankens, die keine Worte zu erreichen vermögen, ging ihm durch den Sinn, daß es kein Wesen auf der Welt gäbe, das so für ihn geschaffen und so begehrenswert war, wie Malva. Und diese sollte er jetzt verlieren?

„Ich meine, ich verstehe dich," brachte er hervor, da Malva inne hielt.

„Gewiß versteht mich der Herr Reinhard und klar wie der Tag soll alles sein. Der Herr Reinhard hat sich schon einmal übereilt gehabt, es wäre schlimm, wenn's noch einmal wär'. Ich reiße mir das Herz auseinander, aber ich muß. Ich will nicht das neue Unglück vom Herr Reinhard sein, da soll Gott bewahren."

In ihrem Gesichte lag der Ausdruck einer entschlossenen Seele und Reinhard erwiderte:

„Ich seh', wie gut du bist."

„Nein, Herr Reinhard, ich bin nicht gut, was die Leute so heißen; ich bin nicht so sanft und nachgiebig, wie die Selige war. Ich bin nicht so reich und nicht so schön, und wieder nicht so demütig, wie sie gewesen ist. Ich kann Magd sein, ich kann dienen und mir befehlen lassen, aber wo ich Frau sein soll, muß ich das Meinige auch gelten. Soviel hab' ich wohl ausgefunden: Frau Lorle ist immer aufgescheucht und in Angst gewesen vor dem Herr Reinhard, sie könnte etwas nicht recht machen. Ich hab' gar keine Angst, gar nicht: ich thu', was recht ist und sag', wie ich's versteh, und weiter geht mich nichts an, was ein Herr Reihenmeyer und was sieben Generale und siebzehn Gräfinnen darüber denken mögen. Ich will zulernen, was sich gehört, ich bleib' aber auch, was ich bin. Ich trag' keinen

Schleier und keine Handschuhe und bleib' im Dorfe und meine
Gespielen behalt' ich auch und meine Verwandten und meine
Annehmer."

„Vom Wegziehen aus dem Dorf war nie die Rede."

„Ja, ja. Aber es ist besser, wenn alles gesagt ist. Ich
hätt's nie geglaubt, daß ich so mit dem Herr Reinhard reden
könnte! Aber ich bin nicht umsonst bei der Frau aufgewachsen.
Ich muß von der Frau reden. Nicht wahr, ich darf?"

„Gewiß, du bist mir ein Trost, bei dir habe ich meinen
Schmerz um meine Schuld und meine Liebe nicht zu verbergen."

„In der Ehe sind immer beide schuldig, vorher oder nach=
her, hat sie oft gesagt. Drum soll alles jetzt an Tag. Ich
will mir nicht unrecht thun, ich bin nicht bös, gewiß nicht, und
gegen den Herr Reinhard bös sein wäre die ärgste Sünde auf
der Welt. Aber er soll wissen, daß ich eigenwillig bin. Ja,
ich kenn' mich auch, ich hab' nicht so viel erfahren wie der Herr
Reinhard, aber doch auch schon manches. Ich habe gemeint,
ich habe den Waldhüter gern, aber es ist nicht wahr gewesen.
Wenn ich's genau überleg', hab' ich nur gern zweistimmig mit
ihm gesungen, er singt schön. Wie der Herr Reinhard kommen
ist, habe ich's gespürt wie einen Messerschnitt. Der Herr Reinhard
soll aber von dem Abend her nicht gebunden sein. Wenn er eine
Minute wünscht, daß es nicht wäre, soll's nicht gewesen sein. Lieber
springe ich da ins Wasser und ersäufe mich, ehe ich den Herr
Reinhard übereilen und ihn noch einmal unglücklich machen will."

„Du bist mein! tausendmal mein!" rief Reinhard und
wollte Malva küssen.

Da brachte der Ohm in einer Wiege den Täufling in den
Garten und sagte Malva, sie solle auf das Kind acht geben,
damit die Frau schlafen könne.

Als er weggegangen war, rief Reinhard:

„Komm her! Hier lege deine Hand zu der meinen auf
das Haupt des Kindes und ich schwöre dir: So wahr dieses
Kind rein und unschuldig, so wahr ist mein Gelöbnis, ich will
dein sein von ganzer Seele und von ganzem Herzen und nichts
soll uns je trennen. Und du sagst ja."

„Ja," sagte Malva und warf sich an seine Brust. Die
beiden hielten sich umschlungen. Ein Flug junger Schwalben
flog über die beiden dahin, zwitschernd und jauchzend in der
ersten Fluglust. Und während Reinhard die Geliebte umschlungen
hielt, durchschauerte es ihn, er hörte die Worte, er spürte den
Atem, wie Lorle damals sagte: „Nicht sterben! Jetzt erst recht
leben." Ist das jetzt? Was ist Vergangenheit? . . .

Er ließ Malva los und sie sagte:

„Hat der Herr Reinhard auch die jungen Schwalben ausfliegen gesehen?"

„Gewiß," entgegnete Reinhard sich gewaltsam fassend. „Es
war, als wir uns in den Armen hielten. Sie können's durch
alle Lüfte verkünden, was sie gesehen haben. Ja, Malva, wenn
diese Wandervögel sich ihr erstes Nest auf der anderen Seite der
Erdkugel bauen, dann zieht der alte Wandervogel da auch in
sein Nest mit seiner jungen Frau."

Achtundzwanzigstes Kapitel.

Zusammenstimmen.

Wo die Ahorngruppe gestanden, dort war jetzt das Häuschen des Ohm Bahnwärters, darin Reinhard und Malva still
verständigende Stunden hatten. Dort hörte er auch Malva singen,
wenn sie in der Kammer den jungen Vetter in Schlaf sang,
denn aufgefordert sang sie selten, aber es ist wohl anzunehmen,
daß sie wußte, Reinhard lausche draußen auf der Bank im
Garten, denn sie sang noch lange, wenn das Kind bereits schlief
und nicht Wiegenlieder, sondern Lieder voll Liebeslust und
Liebesleid.

Reinhard war ergriffen von ihrer mächtigen Stimme und
ihrem tiefen Ausdrucke; er hoffte indes, sie dahin zu bringen,
methodisch singen zu lernen, sprach das aber jetzt noch nicht aus.

Wenn Malva mit hochgeröteten Wangen aus der Kammer
kam, reichte sie Reinhard die Hand, und einmal sagte sie: „Ich
hab' auch manchmal die Frau Professorin in Schlaf gesungen
wie ein kleines Kind, und da hat sie auch ganz rote Backen
bekommen."

Die ständige Erinnerung an Lorle schien Reinhard genehm,
und wie Malva ständig an die Tote dachte, so hielt sie auch fest,
daß Reinhard ihr deshalb um so mehr anhing, weil er mit ihr
von Lorle reden konnte.

Wunderlicherweise fing er aber jetzt nicht mehr von selber
davon zu reden an.

Eines Tages sagte er: „Ich habe dir's noch gar nicht ausgerichtet: der Herr Reihenmeyer läßt dir einen Gruß sagen und
dich um Verzeihung bitten, wenn er dich beleidigt hat."

„Ich brauch' keinen Gruß von ihm und er keine Verzeihung von mir, wir gehen einander nichts an."

„Aber er ist mein Freund."

„Da muß der Herr Reinhard wissen warum."

„Wir haben von Kindheit an treulich miteinander gelebt und werden nie voneinander lassen."

„Ist recht. Und wenn er zu uns kommt, soll er unser Ehrengast sein, da soll's an nichts fehlen."

„Er kommt vorerst nicht wieder, er geht zu Schiff übers Meer."

„Meinetwegen dahin, wo der Pfeffer wächst."

„Dahin geht er auch," erwiderte Reinhard lachend. „Nächsten Sonntag über fünf Wochen reist er ab, und an dem Tag ist unsere Hochzeit."

„So? Just an dem Tag?"

„Ja," schloß Reinhard kurz ab; er sagte nicht, daß er die neue Ehe dem Freunde verbergen wolle.

Es schmerzte Reinhard, daß Malva so starr und schroff gegen den Freund, obgleich sie es doch nur war, weil sie meinte, daß er ungetreu an Reinhard gehandelt. Er erklärte ihr, daß der Freund doch rechtschaffen sei; was er gethan habe, sei in dem guten Glauben geschehen, daß Lorle verwitwet sei.

Malva hörte ihm still zu, sagte aber nichts, und Reinhard hielt inne, Malva zu anderer Ansicht bekehren zu wollen. Er erinnerte sich, wie er ein Leben zerstört habe, da er einfaches gerades Denken hatte vervielfältigen und umbiegen wollen. Diese Erfahrung sollte nicht verloren sein. Er sagte sich, daß Malva weder methodisch singen lernen noch die Einfalt ihrer Empfindungen ablegen solle. Er wollte ihre gesunde, wenn auch schroffe Natur achten und sich ihrer erfreuen. Sie hat festen Lebensverstand und starkes Selbstvertrauen der Welt gegenüber und das ist gut.

Stumm saßen die beiden beisammen und endlich sagte Malva, von ihrer Näherei aufschauend:

„Es läutet zwölfe. Der Herr Reinhard muß jetzt zum Essen. Ich hab' kochen gelernt von der Frau Professorin, und und ich weiß alle Leibspeisen vom Herr Reinhard."

Sie stand auf und Reinhard sagte:

„Wenn du aufstehst, bist du immer überraschend groß."

„Ja," entgegnete sie strahlend, „es wird schön sein, wenn wir miteinander durchs Dorf gehen; ich hab' auch schon dran gedacht, wir haben grad die rechte Größe füreinander."

„Ja, aber ich bin grau und alt."

„O nein, der Herr Reinhard ist gar nicht alt, nur der
Bart ist's, und der Herr Reinhard hat einen Gang, so fest wie
ein junger Soldat in Urlaub.''

Wie ein junger Soldat in Urlaub — wiederholte Reinhard
still lächelnd, er hatte schon manches freundliche Wort von schönen
Lippen gehört, aber keines erfreute ihn mehr als dieses.

„Weißt du, wie alt ich bin?'' fragte er.

„Ja wohl.''

„Und wenn ich bald sterbe?''

„Ein Jahr oder sieben Jahr, oder soviel es ist, glücklich
gewesen mit dem Herr Reinhard, das ist mehr als siebzig Jahr
mit einem anderen.''

„Es ist gut, daß du nicht weißt, wie schön du bist, wenn
du so was sagst, wie dein ganzes Gesicht lauter Sonne ist.''

„Ist mir recht, wenn's dem Herrn Reinhard so recht ist.
Aber jetzt behüt Euch Gott und lasset's Euch gut schmecken.''

Reinhard ging in der That in strammer Haltung voll neuer
Jugendkraft heimwärts. Im stillen war ihm oft die Sorge gekommen: in die Liebe und Hingebung, die der Mann grauer
Haare empfängt, ist ein Tropfen Mitleid gemischt, als Geschenk
und milde Gabe. War das auch bei Malva?

Jetzt war das Bangen besiegt. Er sah im Weitergehen
immer nur Malva vor sich, so fein, so reizend, so urkräftig und
ihre Seele so offen und selbstlos.

„Du siehst so glückselig aus,'' begrüßte ihn Vroni, „wie
wenn dir was Gutes angethan worden wäre, oder wie wenn
du jemand was Gutes gethan hättest. Du bist in den letzten
Tagen um zehn Jahr jünger geworden. Gott sei Lob und Dank,
daß es dir bei deinen Verwandten so wohl ist.''

Reinhard dankte, es schmerzte ihn, daß er hier bald nicht
mehr wie ehedem Verwandter sein werde.

Neunundzwanzigstes Kapitel.

Sei stolz.

Der Sänger kam zu Reinhard im Auftrage des Hohlmüllers,
der sich sehr darüber gräme, daß ihn Reinhard gar nicht mehr
besuche. Der Sänger setzte indes sofort hinzu, daß man Reinhard nicht zumuten könne, immer von Lorle als von einer noch

Lebenden zu ſprechen, und daß es überhaupt nicht wohlgethan
ſei, dem Alten den Todesfall zu verhehlen. Er erbot ſich, dem
Hohlmüller die Wahrheit zu ſagen, aber Reinhard hielt ihn
davon ab; er wollte nicht in das Verhalten von Schwager und
Schwägerin eingreifen.

Der Sänger hatte allerlei Plane für ſich und Reinhard,
und dieſer ließ ihn gern gewähren. Er verkündete nun, daß heute
abend die Jagd auf der Dorfgemarkung verſteigert werde; er
wolle dieſelbe gemeinſam mit Reinhard erſtehen, denn er könne
im Winter ſich bisweilen frei machen und zur Jagd hierher kommen.

Reinhard willigte ein und er lächelte, als der Sänger hinzufügte, Reinhard könne es bei ſeinem Anſehen leicht bewirken, daß
der Wiener Eilzug hier anhalte, ſtatt im Nachbarorte, dadurch
ſei es Reinhard auch möglich, Oper und Schauſpiel bequem zu
beſuchen. Reinhard freute ſich an dem vielen guten Denken des
Sängers für ihn; er ſagte indes, daß er derartiges genug genoſſen, er habe nur ein einziges Verlangen und das ſei vollkommene Ruhe und ſtilles Alleinſein.

Reinhard wollte ſo bald als irgend thunlich das Wirtshaus
verlaſſen und ſein eigenes Haus beziehen.

Neben dem peinlichen Gefühl, daß er gegen Schwager und
Schwägerin ſeine Abſicht verheimlichen mußte, ſtörte ihn vor
allem auch der blödſinnige Fabian.

Reinhard hatte wohl bemerkt, daß man den Armen oftmals
eingeſchloſſen hielt, ſolang er da war; er beſtand daher darauf,
daß man ihm bis zur Unterbringung in einer Anſtalt die volle
Freiheit laſſe. Er bezwang ſich und näherte ſich freundlich dem
Blödſinnigen, dieſer aber wich ihm ſcheu aus, verkroch ſich vor
ihm und ſtarrte ihn aus einem Verſteck grinſend und zähne-
fletſchend an. Der Arme hatte offenbar eine Vorſtellung davon,
daß Reinhard an ſeiner Einſperrung ſchuld war. Wenn er den
Namen Reinhard hörte, machte er Zeichen, als ob er mit beiden
Händen einen großen Bart faſſe; er wollte damit ſagen, daß er
wohl wiſſe, von wem die Rede ſei.

„Ich werde bald in mein Haus ziehen,“ ſagte Reinhard
eines Tages zu Malva.

„So? Ich hab’ gemeint, wir ziehen erſt miteinander ein.“

„Nein, du kommſt zu mir.“

Malva antwortete nicht, ſie ſah nur wie verwirrt hin und
her und ſeufzte tief auf. Reinhard bemerkte es nicht, denn er
hielt in ſtillem Brüten die Hand feſt auf die Augen und Malva
nickte ſtill vor ſich hin, wie wenn ſie ſich ſagen wollte: Vergiß
das nie mehr, er iſt Herr.

„Ich muß für mich sein," fuhr Reinhard fort. „Im Wirts=
haus betrachtet mich jeder so keck, als ob ich zu seiner Unter=
haltung aufgestellt wäre, und manchem ist es unterhaltsam, mich
anzureden, er denkt eben an sich und nicht an mich, ob ich auch
mit ihm reden will."

„Das ist recht," entgegnete Malva, „das freut mich, daß
der Herr Reinhard wieder stolz ist, wie sich's ihm gehört. Das
ist das einzige, worüber ich mich mit der Frau Professorin ge=
zankt habe; sie ist nicht genug stolz gewesen und nachher hat's
ihr leid gethan, wenn die dummen Menschen das nicht verstanden
und so zuthulich gewesen sind."

Reinhard lächelte zufrieden. Malva machte freilich aus
allem, was man sagt, ein anderes, eben weil sie eine Natur für
sich war, und Reinhard freute sich, daß er eine solche Natur
jetzt richtig zu verstehen wüßte.

„Und daß ich's nicht vergesse," sagte sie, „das ist grund=
gescheit. Der Herr Reinhard hat die Jagd gepachtet, jetzt ist der
Waldhüter unser Untergebener, nicht wahr?"

„Ja freilich."

„So gehört sich's. Der Herr Reinhard sollt' eigentlich König
sein über alle."

„Ich will nicht einmal über dich herrschen, du sollst mich
nur herzlich lieben und Geduld mit mir haben."

Malva wollte ihm die Hände küssen, er aber umhalste sie.

———

Dreißigstes Kapitel.

Alle Lichter brennen.

Der Schwager war sehr erstaunt, daß Reinhard schon jetzt
das Haus beziehen wolle; als er aber hörte, daß der Entschluß
unumstößlich war, wollte er Reinhard unter den drei Mägden
des Hauses wählen lassen, oder auch er schlug ihm vor, er solle
einen Knecht zu sich nehmen, denn das dulde er als Bruder
nicht, daß Reinhard so allein sei; er sei doch kein junger Mensch
mehr. Stephan redete sich indes von selbst Beruhigung ein,
indem er sagte, im Herbst reise er mit Mablon nach Straßburg,
wohin deren Vater mit Ida käme, da tauschten sie dann ihre
Kinder aus, und Ida wäre gewiß grad recht, um Reinhard das
Hauswesen zu führen, sie gleiche in vielen Stücken dem Lorle.

Vroni entgegnete ihrem Manne, daß Reinhard ſchon ſelber wiſſen müſſe, was ihm gut ſei. Sie ließ ſich's nicht nehmen, den neu angekommenen Hausrat einordnen zu helfen; ſie war nicht wenig glücklich über die vielen ſchönen Sachen, die der Sänger für Reinhard beſtellt hatte und doch war noch das und jenes vergeſſen — denn ein Mann denkt doch nicht an alles — daß ſie aus ihrer Wirtſchaft nach dem alten Hauſe bringen ließ.

Es war Abend, als Reinhard nach ſeinem Hauſe ging, um fortan für immer dort zu bleiben. „Behüt dich Gott, Reinhard," ſagte Vroni beim Abſchied, „und ich wünſch' dir, daß der heutige Tag ein neuer Glückstag für dich ſei."

„Was iſt denn heut für ein beſonderer Tag?" fragte Stephan in der Nebenſtube, wo er einen beſſeren Rock anzog, um Rein= hard zu begleiten. „Stephan, ſag ihm aber nichts davon," ent= gegnete Vroni, „heut iſt ja der Hochzeitstag von ihm und vom Lorle."

Reinhard konnte es nicht ablehnen, daß der Schwager ihn begleitete, aber im Hauſe angekommen bat er, ihn allein zu laſſen.

Auf dem Heimwege ging der Schwager noch zum Nacht= wächter und empfahl ihm, heute und die nächſten Nächte ſich beim alten Hauſe aufzuhalten.

Reinhard war nicht lange allein, er ging durch die Hinter= thüre und durch den Garten nach dem Hauſe Wendelins. Dort bat er Wendelin und Malva, mit ihm in ſein Haus zu kommen, er habe was zu beſprechen, und hier könne man geſtört werden.

Die beiden folgten ihm, und Reinhard bat Malva, alle Lichter, die in Leuchtern aufgeſtellt waren, anzuzünden. Wein ſtand auf dem Tiſche.

„Wendelin, ſetzet Euch hierher," begann Reinhard mit be= wegter Stimme. „Ich will Euch was ſagen, es muß aber noch unter uns bleiben. Wendelin! Von dieſer Minute an ſollet Ihr Vater heißen. Seid Ihr einverſtanden?"

„Ich heiß' ſchon lang Vater, von dem, der in Frankreich liegt und von dieſer da und von den anderen."

„Ihr ſollt auch mein Vater heißen. Ich bitte Euch, mir die Malva zur Frau zu geben."

Wendelin ſchaute um und hielt ſich am Tiſch, daß die Flaſchen und Gläſer aneinander klangen. Reinhardt ſchenkte ihm ein und ſagte: „Da trinket." Wendelin trank, er trank das Glas ganz aus und ſich den Mund wiſchend, ſagte er:

„Sie iſt ſo jung, und —"

„Ihr wollet ſagen, ich ſei ſo alt?"

Wendelin lachte hellauf.

„Er ist gescheit. O der ist gescheit!" rief er. „Weiß der Baumwirt schon von der Sache?"

„Niemand weiß und niemand soll wissen als wir drei, bis zum Tag des Aufgebots, und ich habe niemand zu fragen als Euch."

„Gewiß, den Baumwirt geht's gar nichts an; das ·Kind ist gestorben, die Gevatterschaft hat ein End'. Es ist schön, daß mir der Herr Reinhard die Ehre anthut und mich noch fragt, ich seh' ja schon, euch zwei kriegt man nicht mehr auseinander. Den Ehevertrag den mach' ich mit dem Herrn Reinhard, da weiß ich schon Bescheid. Jetzt, ich sag' Glück und Segen dazu."

Reinhard steckte den Brautring an die Hand Malvas und Wendelin rief: „Schenket noch einmal ein! Der Wein ist gut, der König hat keinen besseren. So, stoßet mit an."

Die drei stießen an und tranken. Wendelin trank wiederum ganz aus, dann rief er:

„O Malva, wenn das dein' Mutter noch erlebt, und wenn das das Lorle noch erlebt hätt'."

Die beiden schraken zusammen über diesen seltsamen Anruf, und auch Wendelin merkte, daß er etwas Ungeschicktes gesagt habe. Malva bat Reinhard leise, dem Vater keinen Wein mehr zu geben, er sei keinen gewohnt und nun gar so starken.

Wendelin war noch nicht so weit, daß er das nicht merkte, und er sagte: „Du hast recht, Malva. Ich darf keinen Tropfen mehr trinken. Und es muß ja nicht heut alles getrunken sein. Mein Schwiegersohn schenkt mir ein, solang ich leb'."

„Ja, Vater, Ihr sollt es gut haben."

„Ich hab's schon gut. Und ich sag dir, du heiratest gescheit. Du hast eine brave Frau gehabt, das ist wahr, aber die Malva, weißt? die ist aufgeweckter, und nicht so wehleidig, die ist stramm, wie die Preußen sagen; wenn dir einer was anthun will, die steht für den Mann, sie hat einmal den Schreiber vom Rentamt an der Brust gepackt und niedergeschmissen wie —"

„Aber Vater!"

„Nur noch eins. Zur Hochzeit muß mir der Herr was schenken." Malva sah verweisend auf den Vater, dieser aber rief jubelnd: „Eine Trommel ist's, weiter nichts. Der Herr Reinhard muß mir eine rechte Soldatentrommel schenken, ich kann's noch und ich will den Wirbel schlagen. Herrrrr!"

„Da habt Ihr meine Hand. Ihr bekommt die beste Trommel, die es gibt."

„Mich denkt's," murmelte Wendelin glückselig, „mich denkt's, wie wenn's gestern gewesen, wie sich der Herr Reinhard hat aus-

trommeln laſſen; damals iſt ſein Bart noch fuchsrot geweſen,
und wir Kinder ſind dem Schütz nachgeſprungen durchs ganze
Dorf, und abends hat er unter der Linde den Burſchen neue
Lieder vorgeſungen, bis ſie ſie gelernt haben. Iſt's nicht ſo?
Iſt nicht alles ſo?"

Reinhard beſtätigte, und Wendelin war ſtolz auf ſein treues
Gedächnis. Er wollte immer weiter von den luſtigen Streichen
Reinhards erzählen, aber Malva bat ihn, innezuhalten.

„Haſt recht. Ich red' nichts mehr."

Vor ſich hin lächelte er immer ſtill, denn er dachte an den
Grimmzorn des Baumwirts.

„Dein Vater iſt wie ein glückliches Kind, das ſich nichts
als eine Trommel wünſcht," ſagte Reinhard.

Reinhard und Malva ſaßen Hand in Hand beiſammen.
Plötzlich löſte Malva ihre Hand los und betrachtete dieſelbe.

„Was haſt du? Warum betrachteſt du deine Hand ſo ſtarren
Blickes?"

„Lieber Herr Reinhard, laſſet mir das. Es iſt nicht nötig
und nicht gut, daß man alles ſo ſagt, was einem durch die Gedanken geht."

„Nein, ſag mir's, was es auch ſei."

„Aber es iſt nicht am Ort und iſt nicht recht."

„Du kannſt nichts Unrechtes denken."

„Unrechtes iſt es juſt auch nicht, aber es gehört jetzt nicht
hierher."

„Sag es nur frei."

„Ich ſeh' ſchon, ich muß. Alſo Ihr wiſſet ja, daß die
Frau ... die Frau Profeſſorin verordnet hat, man ſoll ihr ihren
Trauring am Finger laſſen ins Grab hinein, und da hab' ich
meine Hand mit dem Ring angeſehen, und hab' in die Erde
hinein denken müſſen. ... Jetzt iſt's alſo geſagt, und ich ſag'
auch noch: Dieſer Ring da ſoll in Treuen an meiner Hand ſein.
So. Und jetzt genug heut an dem Tag." Sie ſah ſtier darein,
als ſie die Worte „heut an dem Tag" ſagte, dann aber faßte
ſie ſich und rief:

„Und jetzt nichts Trauriges mehr. Weiß der Herr Reinhard noch, wie wir uns zum erſtenmal geſehen haben?"

„Ja, du warfſt mir Roſen auf das Haupt. Wie biſt du
dazu gekommen?"

„Das war ſo. Ich ſitz' auf dem Heuwagen und hab' an
gar nichts gedacht, oder doch, ich denk': ach Gott, ich bin ſo
hungrig und wenn ich heimkomm', muß ich erſt kochen. Und
dabei iſt mir's im Herzen doch ſo luſtig, ich weiß nicht warum.

Der Herr Reinhard hat das gewiß auch schon so gehabt, es ist einem, wie wenn in der nächsten Minute jemand käm' und schenkt' einem ein goldenes Schloß. Da seh' ich einen alten Mann — der Herr Reinhard hat damals so alt ausgesehen — und da denk' ich, das ist ein alter General aus dem Krieg oder so was, er sieht so befehlerisch aus; wenn der in die Nähe kommt, der soll die Rosen haben."

„Du erfrischest mein Alter."

„Was alt? Ich tanz' noch mit dem Herr Reinhard. Das Tänzerle sagt, so kann's keiner wie der Herr Reinhard."

Aufstehend rief Reinhard:

„Eben fällt mir ein, ich habe dich immer nur bei Tag gesehen, aber bei Lampenlicht siehst du noch viel schöner aus."

„So? Bei Licht betrachtet bin ich noch schöner? Was so ein Maler nicht alles sieht! Was ist? Was soll das?"

„Erlaube mir, deine Zöpfe aufzulösen. So, so. Prächtig! Du mußt als meine Frau immer aufgelöstes Haar tragen." Er wühlte in ihren Haaren.

„Nein, das thue ich nicht. Die Fräuleins tragen's auch so, aber die schaffen nichts. Mit den Pferdemähnen, die einem immer ins Gesicht fallen, daß man sie zurückschütteln muß, kann man nichts arbeiten."

„Hast recht, aber in Ruhestunden."

„Ja wohl, da putz mich aus, wie der Herr Reinhard will."

Von der Straße herauf ertönte plötzlich schöner Chorgesang.

„Das ist der Ulrich mit dem hiesigen Liederkranz," erklärte Malva, „er hat seiner Schwester gesagt, daß er dem Herr Reinhard, wenn er in sein Haus einzieht, ein Ständchen bringen will."

Die Sänger auf der Straße sangen ein vorzeiten von Reinhard ins Dorf gebrachtes Volkslied, dann das Lieblingslied Reinhards: „Schön Schätzchen wach auf."

„Das hast du damals auch gesungen," sagte Reinhard zu Malva. Sie winkte Stille, und jetzt begann ein Solo, das nur von Brummstimmen begleitet war, der Wohllaut von Ulrichs Stimme drang durch die stille Nacht, und er betonte so deutlich, daß man jedes Wort vernahm.

> Dort, wo einst du jung gewesen,
> Willst du nun im Alter sein,
> Hast dein Dörfchen dir erlesen,
> Mußt dem Herz den Willen thun.

Schmückte dich am Tiberstrande
Reichen Lorbeers Ruhmesglanz,
Krönt dich nun im Heimatlande
Unsrer Tannen schlichter Kranz.

Ein Bauernbursch rief: „Hoch lebe unser neuer Bürger, der Herr Professor Reinhard!" Dreifach in wohlgestimmtem Rufe ertönte das Hoch.

„Wir wollen durch den Garten heim," sagte Malva, „der Herr Reinhard muß die Sänger heraufrufen und ihnen einen Trunk geben."

„Nein, bleibt, ich gehe zu den Sängern hinab."

Reinhard ging auf die Straße, sprach seinen herzlichen Dank aus und entschuldigte sich, daß er die Sänger nicht heute bewirte, er sei zu bewegt, und er hoffe, bald ein Fest anzuordnen.

Während Reinhard auf der Straße war, zöpfte Malva schnell wieder ihr Haar.

Singend zog die Schar drunten ab, Ulrich unter seinen Jugendgenossen.

Reinhard kehrte zu den Seinen zurück, er sah staunend auf Malva, aber er sagte nichts, er wollte sie in ihrer Art gewähren lassen.

„Ich mein', wir sollten jetzt heim," sagte Wendelin aufwachend.

Vater und Tochter verließen das Haus, Reinhard gab ihnen den Schlüssel zur Hinterthüre mit.

„Vater, ich hab' eine Bitt," sagte Malva im Garten.

„Du darfst um alles bitten, ich thu' dir alles; du machst mich zum König."

Malva bat den Vater, er möge in der unteren Stube, wo Heu lag, bleiben, damit Reinhard nicht so allein sei in dieser Nacht.

„Hast recht, ich will's ihm sagen."

„Nein, dann leidet er's nicht. So vornehme Herren sind gar scheu, und haben's nicht gern, daß man was Besonderes thut wegen ihrer, denen muß man ungesagt was Gutes kochen."

„Hast recht! Der kriegt eine Frau, die ist wie angefrehmt für ihn. Du bist gescheiter wie das Lorle."

„Vater, redet jetzt nicht wieder davon."

„Du glaubst doch nicht, daß das Lorle heut nacht im Sterbekleide zu ihm kommt, weil er eine andere gern hat? Da hätt' sie viel in der Welt herumspringen müssen." Er lachte, und Malva bat ihn, stille zu sein, er aber fuhr leise fort:

„Kennſt du auch das Lied von ‚Heinrich ſchlief‘, der wieder
geheiratet hat? Wir haben’s oft in der Kaſerne geſungen:

> „Zwölfe ſchlug’s, da drang durch die Gardine
> Eine kalte marmelweiße Hand;
> Wen erblickt er? Seine Wilhelmine,
> Die im Totenhembde vor ihm ſtand.“

So ſang Wendelin leiſe und Malva bat ihn dringend, doch
ruhig zu ſein, denn Reinhard könne ihn hören.

„Ach Gott!“ klagte ſie, „Ihr machet einem noch Aengſte und
ich hab’ ſchon Schweres genug heimlich niederzudrücken. Wenn
ich es vorher gewußt hätt’, heut hätt’ die Verlobung nicht ſein
dürfen.“

„Was iſt denn heut?“

„Heut iſt ihr Hochzeitstag, ſie hat ihn immer gefeiert und
hat mir erzählt, wie ſie miteinander im Mondſchein gefahren ſind
und der Rapp iſt angeſpannt und der geht in die Luft hinaus.
Brauchet Euch aber nichts zu fürchten, Vater. Ich fürcht’ mich
auch nichts mehr.“

„Weißt, was mich noch am meiſten freut?“ piſperte Wen=
delin ſich ermannend, „das, daß der Schwager ſich grün und
blau ärgert. Ja, guten Morgen, Schwager, jetzt iſt ausge=
ſchwagert. Jetzt ſind wir da. Genug und fertig. Auf den
Poſten!“ ſchloß Wendelin, „ich bin ſieben Jahr Soldat geweſen
und fürcht’ mich nichts.“

Leiſe wurde nochmals geöffnet, und Wendelin legte ſich in
der untern Stube ins Heu und ſchlief bald.

Einunddreißigſtes Kapitel.

Dreißig Jahre und eine Nacht.

Alles ſtill! Nun iſt ſie endlich erreicht, die ſo lang erſtrebte,
faſt nicht mehr wirklich geglaubte, vollkommene Ruhe im eigenen
Hauſe, von keinem künſtleriſchen Streben, von keiner Leidenſchaft
bewegt; ſtilles, wünſcheloſes Daſein.

Dieſes Leben mit Malva wird das rechte; ruhig, erfriſchend,
tief ergeben, und in gewandter Vorſorglichkeit.

Reinhard lag am offenen Fenſter und ſchaute hinein in den

Garten; alles still, nur der Brunnen rauschte, der Brunnen, den sie hatte fassen lassen. Nein, nicht zurückdenken heute, vorwärts! das Leben ruft, ein still beruhigtes.

Ein großer Nachtfalter war hereingeflogen, er flatterte ums Licht. Reinhard erhaschte ihn, ließ ihn hinausflattern in den Garten und schloß das Fenster. Er lächelte vor sich hin, denn er dachte: der Kollaborator würde sagen, das ist das Bild deines Lebens, du warst auch solch ein Falter, der sich verbrennen wollte, und eine milde Hand rettete dich und gab dich dem Leben wieder.

Es schlägt ein Uhr vom Kirchturm, die Geisterstunde ist vorüber. Reinhard löschte die Lichter und legte sich nieder.

Schlafe jetzt! sagte er sich fast laut, aber der Schlaf läßt sich nicht befehlen.

Da ist die Stube, darin sind dreißig Jahre Leben verbracht, zahllose, wortlose Gedanken schweben in der Luft. O, du Reine, Holde, wie schwer hast du getragen und wie schwer büße ich. Wie ist es möglich, daß soviel inniges, süßes Leben tot ist? Jene Sitte der Hindus, daß Gatte und Gattin miteinander im Feuer verzehrt werden, war schön und tief.

Wendet euch weg, ihr Gedanken, wendet euch zu jetzt, zu heute, zu morgen.

Ich werde mich nicht im Dorfe trauen lassen, ich will dem Wendelin sagen, daß er mit Malva an einen einsamen Ort kommen muß, dann reisen wir hierher.

Wenn das Lorle das erlebt hätte, hat der einfältige Wendelin gesagt, das kam doch heraus wie eine Wirrnis.

Horch! Was ist das? stöhnt es nicht unter dir?

Reinhard richtete sich auf. Es ist still. Wunderlich, wie abergläubisch man werden kann! Es war doch etwas wie Stöhnen aus tiefer Menschenbrust. Ich will künftig nachsichtig sein gegen den Aberglauben der Menschen. Die Aufregung gaukelt uns allerlei vor. Das werde ich dem Kollaborator berichten.

Reinhard suchte seine Gedanken an den Kollaborator zu heften. Das Denken an ihn gibt Ruhe, und er würde gutmütig lächeln, daß ich ihn als Schlafmittel suche.

War das nicht wieder ein Stöhnen?

Malva hatte recht, wir hätten erst gemeinsam einziehen sollen und der Schwager hat auch recht, ich hätte einen Knecht zu mir nehmen sollen. Aber seit wann bin ich denn so feig? Schäme dich! Morgen schaff' ich mir einen starken, treuen Hund an. Wie ich das nur vergessen konnte.

Der Nachtwächter ruft zwei. Also schon eine Stunde! Ich will den Mann herauf rufen, aber was sage ich? Nein, die Nacht ist lind, ich bin so aufgeregt, ich will nicht schlafen und kann nicht, ich wandere hinaus. Nein! Vor was fliehst du denn? Du mußt schlafen.

Halt! Das ist keine Täuschung! Jetzt wälzt es sich vor deiner Thür, es raschelt, es knackt. Mit zitternder Hand macht Reinhard Licht, er öffnet die Thür, da schreit es: „Lorle! Lorle!" Das Licht entfällt seiner Hand und ein Dämon umschlingt ihn und würgt ihn. Reinhard schreit laut auf, da poltert es die Treppe herauf. Was ist? Wer ist da? ruft Wendelin. Reinhard schreit mit halb erstickter Stimme. Da wirft sich Wendelin auf den Angreifer, reißt ihn los und wirft ihn zu Boden wie einen Sack.

„Licht! Licht!" ruft er, „was ist das?"

Es gelingt Reinhard, Licht zu machen, und da sehen sie den blödsinnigen Fabian auf dem Boden stöhnen.

„Du bist's, du verfluchter Kerl," schreit Wendelin, „und du hast mich in den Finger gebissen." Reinhard mußte Einhalt thun, so grausam mißhandelte Wendelin den Blödsinnigen.

Der Blödsinnige sah sich kaum befreit, als er zum Angriff überging, und beide Männer bedurften aller Kraft, um ihn zu bewältigen. Wendelin band ihm endlich Hände und Füße zusammen.

Der Nachtwächter kam, und bald nach ihm der Baumwirt.

„Lorle!" schrie der Blödsinnige, als man ihn davon trug; es war, wie wenn ein Tier das Wort rief, es war nicht wie eine Menschenstimme.

Der Tag brach an, ein heller, frischer Tag. Der Baumwirt kam wieder und suchte Reinhard zu beruhigen.

„Der arme Kerl hat geglaubt, daß Lorle sei wieder da, da er Licht im Hause gesehen hat, und du bist selber schuld; du hast darauf bestanden, daß wir ihn nicht mehr einsperren. Wendelin!" wendete er sich plötzlich, „wie kommst du daher? Was hast du hier zu thun?"

Noch bevor dieser antworten konnte, fiel Reinhard ein: „Ich danke Euch herzlich, lieber Nachbar. Gehet jetzt heim, ich komme bald zu Euch."

Wendelin ging in sich hinein lächelnd davon. Der Schwager blieb bei Reinhard.

Zweiunddreißigstes Kapitel.

Ist die Schuld ein lebendiges Gespenst?

„Du brauchst deswegen nicht bereuen, daß du das Haus gekauft haſt. So etwas kommt nicht mehr vor," tröſtete der Schwager. „Morgen am Tag oder heut noch — der verfluchte Wendelin hat ihn arg geſchlagen, aber es thut ihm nichts — heut noch bringe ich den Fabian in eine Anſtalt."

„Warum haſt du das nicht früher gethan?"

„Ich habe gemeint, du thuſt's und verſorgſt ihn überhaupt."

„Ich? Warum ich?"

„Ich red' nicht gern darüber, ich mach' dir nicht gern ein ſchweres Herz. Du weißt doch, wie alt der Fabian iſt?"

„Nein."

„Das weißt du nicht? Er iſt grad ſo lang auf der Welt, als das Lorle heimkommen iſt."

Der Schwager ſah Reinhard ſo ſeltſam, bald ſo ſcheu, bald ſo vertraulich an, daß das Ungeheuerlichſte Reinhard als möglich erſchien.

„Was hat die Heimkehr Lorles mit Fabian zu thun?"

„Ich ſag dir's nicht gern, du biſt heute ohnedies verſtört, du ſiehſt aus, wie wenn du aus dem Grab kämſt."

„Sprich, was iſt?"

„Ja, bis jetzt hat's kein Menſch gewußt außer dem Bezirksarzt, und der iſt geſtorben."

„Was iſt denn? So ſprich doch gradaus."

„Du zwingſt mich alſo? Ich ſag's. Der Fabian iſt von dir und vom Lorle . . ."

„Wie? Was? Biſt du von Sinnen? Willſt du mich verrückt machen?"

„Laß mich doch ausreden. Ich mein's ja nicht ſo. Er iſt unſer Kind, natürlich . . . Aber . . ."

„Was aber?"

„Alſo damals iſt meine Frau mit dem Fabian gegangen und von dem Schreck über Lorle iſt das Kind als blödſinniges zur Welt gekommen. Verſprich mir," fügte er hinzu, indem er die Hand Reinhards faßte, — ſie war ſtarr und kalt — „ſag meiner Frau nichts, daß ich dir das geſagt habe. Du haſt mir jetzt die Hand drauf gegeben. Jetzt ſei ruhig . . . Schau, dort kommt meine Frau, ſie bringt dir Kaffee. Ich geh, und du, du hältſt dein Wort."

Reinhard erwiderte nichts.

Hat sich die Schuld in ein lebendiges Ungeheuer verkörpert?

Broni kam. Reinhard starrte sie stumm an, sie aber war voll beredter Zutraulichkeit und freute sich, daß jetzt wieder Tag sei, und am Tage ließe sich alles ordnen.

„Sag, was hast? Was siehst du mich so an, wie wenn du mich noch nie gesehen?" fragte sie.

„Wie geht es Fabian?" fragte er endlich.

„Er hat gegessen und getrunken und ist so wie immer. Der einfältige Wendelin hat seinen Zorn auf meinen Mann an dem armen Wesen ausgelassen, aber der Fabian ist hartschlägig, der spürt nichts, das ist so bei der Art."

„Broni! Verhehlst du mir nichts?"

„Ich wüßte nicht."

„Wie alt ist der Fabian?"

„Dreißig Jahr. Und man versündigt sich, wenn man ihm den Tod wünscht. Er hat freilich nichts vom Leben . . ."

„Broni! Dir glaube ich. Sag offen. Haben wir . . . Habe ich an Fabian . . ."

„Hat dir mein Mann gesagt?" schrie Broni laut auf, sie wurde flammrot und rasch schwand alle Farbe aus ihrem Gesichte.

„Broni, du bist so gut gegen mich und ich, ich habe dir so Schweres . . ."

„Also, er hat dir's gesagt? Du hast schon schwer genug zu tragen, und wer weiß, ob's wahr ist. Der Doktor hat's freilich gesagt, aber alles wissen die Doktor doch nicht, und du kannst nichts dafür und das Lorle kann nichts dafür. Ich allein bin schuld. Warum bin ich so schreckhaft? Und jedes muß was haben, und Gott hat mir sonst lauter gesunde Kinder geschenkt."

Lange herrschte Stille. Endlich fragte Reinhard:

„Wußte Lorle auch? . . ."

„Sie hat wenigstens nie ein Wort darüber gesprochen. Freilich, sie hat über Dinge, die sie nicht sagen wollte, schweigen können wie ein Beichtvater. Und Geduld hat sie mit dem Armen gehabt wie ein Engel und ihr hat er auf einen Wink gefolgt und er kann sonst nichts reden, aber du hast's ja gehört, ihren Namen kann er sagen."

Broni wußte mit großer Beredsamkeit das Ungeheuerliche Reinhard aus der Seele zu nehmen und sie schonte sogar ihren Mann nicht, der dem Doktor etwas eingeredet habe, um sich selber von einer bitteren Heftigkeit zu entlasten.

„Darf ich dir was raten? Darf ich dir alles sagen?" begann sie aufs neue.

„Gewiß. Du meinſt es ja ſo getreu."

„Es kann's niemand auf der Welt getreuer mit dir meinen. Alſo überleg dir, was ich dir ſag; ich ſag' dir: Bleib nicht hier. Du paſſeſt nicht hierher. Es iſt ganz recht, daß du neben dem Lorle begraben ſein willſt, aber deswegen brauchſt du dich nicht hier lebendig begraben. Du kannſt das Haus behalten, ich will dir's ſauber halten und du kommſt manchmal her. Aber bleib nicht für immer hier. Es iſt nicht gut für dich, ſo allein zu ſein. Du biſt noch zu — faſt hätte ich geſagt, zu jung und du machſt dir auch zu viel Gedanken. Ich nehm dir's nicht übel, daß du meinen Vater nicht mehr beſuchſt. Kann mir's denken, daß es dir ſchwer wird, von Lorle zu reden, wie wenn ſie noch lebte, kann ich's ja kaum. Glaub mir, wenn das Lorle vom Himmel herunter reden könnte, es thäte dir auch ſagen: Bleib nicht hier. Du brauchſt mir jetzt kein' Antwort zu geben. Ich ſag' nur, überleg dir's."

Reinhard war nahe daran, Vroni ſeine Verlobung mit Malva zu bekennen, und er erſchrak, da Vroni wieder aufnahm:

„Wenn du wieder heiraten könnteſt, thäte ich ſagen: Bleib hier, laß dir's die paar Jahre noch wohl ſein. Der alte Baron Hahnenkamm hat in deinen Jahren auch wieder geheiratet und hat zwei ſchöne Kinder. Aber freilich! wer das Lorle zur Frau gehabt hat, kann nicht wieder heiraten. Jetzt aber hab' ich genug geſchwätzt. Jetzt behüt dich Gott! Leg dich noch hin und ſchlaf. Ich mach' die Laden zu."

Sie ging und Reinhard ſchlief in der That bis zum Abend.

Dreiundbreißigſtes Kapitel.

Bweterlei Botſchaften.

Iſt es Folge des Alters oder der heftigen Gemütsbewegung und innerer Seelenkämpfe? Es wirkten wohl beide Urſachen zuſammen, daß Reinhard mehrere Tage gar kein anderes Verlangen hatte als nach Ruhe. Er war doch nicht ſo kräftig, als es den Anſchein hatte und er ſchlief jetzt ſtundenlang am Tage und von Sonnenuntergang bis zum Aufgang. Die Ermattung dauerte an, man wollte einen Arzt zu Rate ziehen, Reinhard wehrte ab, er fühle keinerlei Schmerz und Beunruhigung, nur eine Müdigkeit, die faſt angenehm ſei, wie ein Ausruhen nach langer Bergwanderung.

Der Sänger bewährte eine wohlthuende Sorgsamkeit. Rein=
hard dankte ihm nochmals für das Ständchen und die Worte
des Liedes.

„Die sind nicht von mir," entgegnete der Sänger, „die
hat meine Frau gesetzt. O, sie könnte noch in anderer Weise
berühmt sein. Sie haben ihr einmal das Wort des Hohlmüllers
erzählt, man muß da alt sein, wo man jung war, und darauf
hat sie die Verse gesetzt."

Malva umkreiste das Haus von allen Seiten. Warum
durfte sie Reinhard nicht pflegen?

Sie schickte endlich ihren Vater zu ihm, der gerade in der
Minute kam, als Reinhard nach ihm verlangte.

Reinhard bat den Sänger, ihn mit dem Manne allein zu
lassen.

„Sie hat mir einen Brief mitgegeben," sagte Wendelin,
nach der sich schließenden Thüre umschauend, „sie hat gemeint,
ich könnt's nicht recht ausrichten."

„Gebt her!"

Reinhard las: „Kein anderer Mensch auf der Welt hat
das Recht, meinen Herrn Reinhard zu pflegen und zu warten
als ich, und kein anderer Mensch auf der Welt kann es so wie
ich. Und da laufe ich wie aus der Welt ausgesperrt herum. Ich
mache mir nichts draus, was die Leute sagen könnten; ich bitte
mit aufgehobenen Händen, daß der Herr Reinhard mich zu sich
kommen läßt. Will er's vor der Welt sagen, wie's mit uns ist,
um so besser. Ich bitte, ich bitte nur um ein einzig Wort, ich
vergehe vor Jammer. Verzeih', daß ich so bin, aber ich wär's
nicht wert, wenn ich nicht so wär', und ich bin bis in den Tod
dein und ewig dein."

Da Reinhard, nachdem er gelesen, den Brief still betrachtete,
sagte Wendelin:

„Nicht wahr, sie schreibt gut? Sie kann schreiben wie ein
Advokat. Sie ist die Erste in der Schule gewesen."

„So sag ihr viel tausend herzliche Grüße und ich sei nicht
krank und werde morgen ausgehen; sie solle Geduld haben. Ich
komme bald."

In der Thüre wendete sich Wendelin nochmals und sagte:
„Ja, daß ich's nicht vergeß'. Das mit der Trommel ist nur
Spaß gewesen. Ich stehe, gottlob! so, daß ich mir selber eine
Trommel kaufen könnt' und ich nehme von niemand was geschenkt."

Reinhard wußte, woher diese ungewöhnlich lange und zu=
sammenhängende Rede des Wendelin stammte.

Wendelin bat noch, daß sein zweiter Sohn, der Stiefbruder

Malvas, fortan im Hause Reinhards schlafen dürfe. Reinhard willigte ein und sagte, er solle später das Reitpferd besorgen, das er sich anschaffen wolle, und jetzt solle Wendelin den Hund herbringen lassen, den er dem Waldhüter hatte ablaufen wollen.

Wendelin ging lächelnd davon.

Reinhard las den Brief wiederholt, dann holte er eine alte Brieftasche und nahm ein vergilbtes Blatt heraus, es war der letzte Brief, den Lorle damals hinterlassen hatte, als sie ihn heimlich verließ. Der Gedanke wollte sich in ihm regen, daß Malva ihn nicht so verlassen, sondern seine Umkehr und Heilung abgewartet hätte. Wie um diesen Vorwurf zu verscheuchen, las er den Brief der Verstorbenen laut, die Spuren der Thränen, die aus dem Auge der Verstorbenen auf das Papier geflossen, waren noch sichtbar, und was noch von Widerstreit in Reinhards Seele war, löste sich in Thränen auf.

Während Wendelin bei Reinhard gewesen war, saß die Frau des Sängers mit Vroni in der großen Wirtsstube, deren Fenster nach der Straße zu gingen. Vroni sprach die Vermutung aus, Reinhard werde auch nur zeitweilig hier bleiben und wahrscheinlich nach der Residenz ziehen; die Frau des Sängers wollte das nicht glauben.

„Wunderlich!" sagte Vroni, „was nur die Malva hat. Sie geht jetzt seit einer Viertelstunde schon zum drittenmal am Haus vorbei. Sehen Sie? Jetzt geht sie ihrem Vater entgegen. Er sagt ihr etwas, und sie faltet die Hände, und jetzt fährt sie nach den Augen. Ich glaub' gar, sie weint."

Vroni öffnete das Fenster und rief: „Malva, komm herauf!"

„Ich danke. Ich kann jetzt nicht," erwiderte Malva mit thränenvoller Stimme und ging mit ihrem Vater heimwärts.

Als Reinhard wieder zum erstenmal durch die Dorfstraße ging, hörte er hinter sich sagen: Des Lorles Reinhard! Er schaute nicht um. Darf er noch so heißen?

Vierunddreißigstes Kapitel.

Die Welt ruft.

Im Gefühle der Genesung und einer festen starken Liebe ging Reinhard durch das Dorf und über die Felder; alle Menschen sahen so heiter drein, denn sie schauten in sein neu belebtes

Antliß. Er mußte sich oft besinnen, daß er schon einmal ein Leben gehabt und daß er schon so alt sei; das Dasein schien erst jetzt zu beginnen.

Die Welt draußen aber hatte ihn nicht vergessen. Es kamen drei Briefe auf einmal, der eine war aus Rom, der andere trug ein gräfliches Siegel und der dritte das Siegel des Fürsten.

Reinhard öffnete den aus Rom zuerst. Angela schrieb: „Ich habe deine Adresse erfahren. Dein Freund, der Bildhauer, mit dem grausamen Namen Kneitler, hat mir's verraten. Willst du also in der That deinen teutonischen Wunsch ausführen und dich in den dunkeln Wäldern deiner Heimat begraben?

Wenn du kannst, vergiß mich.

Der Papagei ruft jetzt eben deinen Namen. Wenn du von heute an in drei Wochen nicht hier bist, muß der Schwätzer sterben. Ich danke dir indes, daß du mir deine Bacchantin hinterlassen."

Reinhard schaute eine Weile drein, als müßte er sich auf einen Traum besinnen, dann steckte er den Brief zu sich. Er öffnete den zweiten und las:

„Eine alte Freundin — wirklich alt und wirklich Freundin — ruft dem Jugendgenossen Willkomm in der Heimat zu. Finden Sie in dieser Photographie noch etwas von den alten Zügen? Das Herz läßt sich leider nicht photographieren, sonst würden Sie es sofort wiedererkennen.

Sie sind wieder im Vaterlande, ich weiß aber nicht, ob Sie eine alte, nein, ich sage eine junge innige Beziehung fort erhalten wollen. Ich möchte Ihre Einsamkeit nicht stören, nur wissen sollen Sie, daß Sie unvergessen sind von — darf ich mich noch so nennen? — Ihrer Freundin, verwitwete Ida von Felseneck.

(Briefschleppe): Die Baronesse Arden in Ihrer Nähe ist meine älteste Tochter.

Ich bringe in der Regel die Herbstmonate bei ihr und meinen Enkeln zu."

Ohne weitere Zögerung öffnete Reinhard den dritten Brief, es war ein eigenhändiger vom Fürsten, der ihn einlud, nach der Residenz zu kommen und den Tag seiner Ankunft zu melden.

Die ersten beiden Briefe überging Reinhard mit Stillschweigen, vom dritten aber erzählte er Malva und fragte:

„Was meinst du? Ich kann ablehnen, ich bin frei. Oder soll ich doch hingehen?"

„Ich glaub', der Herr Reinhard fragt mich nicht nur, er will mich auch hören."

„Gewiß."

„Jch mein', da muß man hingehen; es iſt eine große Ehre und es ſchickt ſich auch."

Malva hätte gern aller Welt geſagt, daß Reinhard zum Fürſten gerufen ſei, aber ſie mußte ſchweigen.

Der Baumwirt dagegen verkündete im ganzen Dorfe, daß ſein Schwager, der Profeſſor, eine Einladung vom Fürſten bekommen habe; er ſprach das ſo gelaſſen und ſelbſtbewußt aus, als wollte er ſagen: das gehört ſich für uns, und es iſt nur ſchade, daß ich eine ſolche ſchmackhafte Nachricht nicht auf die Zeche ſetzen kann.

Fünfundbreißigſtes Kapitel.

Zieh Handſchuh an.

„Das iſt herrlich, daß Sie mitreiſen," ſagte der Sänger, der gekommen war, um ſich bei Reinhard zu verabſchieden, da die Ferien zu Ende waren und die Theaterſaiſon begann. „Es iſt mir lieb, daß ich Jhnen gleich den Tamino ſingen kann. Meine liebe Giſela ſagt, daß mein hohes B noch viel reiner und voller geworden ſei. Jch freue mich, Jhnen meine Arie in Es dur zu ſingen." Dieſe leiſe vor ſich hinſummend, ſetzte er hinzu, daß Reinhard von den Kindern nicht beläſtigt werden ſolle.

Am Morgen der Abreiſe ſtand der erſte Herbſtnebel im Thale, und der Sänger hielt ſich ein ſeidenes Tuch an den Mund. Es waren beim Abſchied Ulrichs weit weniger Menſchen als bei der Ankunft, denn es war eben nicht Sonntag. Martin hatte ſein Alltagsgewand an, die Schweſter war da und mit ihr der Pate, den aber Malva auf den Armen hatte.

„Das iſt ſchön, daß du auch da biſt," ſagte der Sänger, dumpf in das Tuch hinein ſprechend, zu Malva; ſie lächelte.

„Aber das Kind hättet ihr bei ſolchem Nebel zu Hauſe laſſen können," ſagte die Frau.

„Es iſt ein ſtarkes Kind, dem ſchadet's nichts," entgegnete Malva.

Die Kinder Ulrichs, die große Blumenſträuße trugen, hatten die Volkstracht abgelegt und waren wieder modiſch gekleidet.

Der Zug kam an, der Abſchied war übereilt, der Sänger küßte ſeine Schweſter und reichte dem Vater die Hand. Reinhard küßte das Kind auf dem Arme Malvas.

Der Zug ging ab, und da man hier durch die ganze Reihe

der Wagen gehen kann, wanderte der Sänger alsbald umher, um nach Bekannten auszuschauen; er kam zurück und berichtete, daß er ein Abenteuer ersten Rangs erlebt habe; die Nonne, die Bruderstochter des Hohlmüllers, sei im Geleite einer andern Nonne mit auf dem Zuge; sie halte den Blick auf ein Brevier geheftet und bewege lautlos die Lippen, es sei ihm aber unzweifelhaft, daß sie ihn gesehen habe.

„Sieh dir sie an," sagte er seiner Frau, „es ist eine Studie für deine Rolle als Aebtissin."

Lächelnd erzählte die Frau, daß die Nonne eine Jugendliebe ihres Mannes sei.

„Sie ist eine Verwandte Ihrer Seligen," setzte der Sänger halb ablehnend hinzu, „ihre Großmütter waren Schwestern und sie haben auch Aehnlichkeit."

Die Frau winkte ihm unwillig, denn sie sah die Betroffenheit in den Zügen Reinhards, der sich schweigsam verhielt.

„Herr Professor," wendete sich die Frau an Reinhard, „finden Sie nicht auch, daß das Wort Sommerfrische hoch bedeutsam, und es ist neu in unserer lieben deutschen Sprache. Wissen Sie vielleicht, von wem es stammt?"

„Ich glaube von Ludwig Steub, dessen Schriften selber voll Sommerfrische sind."

Man fuhr eine geraume Strecke am Parke eines Lustschlosses vorüber, auf welchem die Fahne flatterte.

„Die Fürstin Mutter sind noch nicht in der Residenz," sagte der Sänger und war voll Entzücken über die schönen Anlagen, darin Springbrunnen sprangen, schöne Blumengruppen glänzten, und helle Wege sich durch die künstlerisch geordneten Wiesen und Baumgruppen schlängelten. Man sah einen leichtgebauten Pavillon, der von Schlinggewächsen bedeckt war, und Frau Berger sagte mit vollklingender Stimme: „O die farbenbunten wilden Rebenranken!" und ehe Reinhard auf ihre Frage nach den römischen Gartenanlagen antworten konnte, sagte der Sänger mit bedeutsamem Blick zu Reinhard gewendet: „Ja, die Natur ist schön, aber die Kunst auch;" er sprach das wie eine große Weisheit, wie die Entdeckung eines bisher ungelösten Rätsels, und da Reinhard schwieg, setzt er hinzu: „Sie stimmen doch mit mir ein, Herr Professor?"

„Allerdings. Vollkommen."

Man näherte sich der Residenz. Der Sänger wurde von vielen neu Hinzukommenden begrüßt. Reinhard hörte, daß gefragt wurde, wer er sei, und auf die leise Antwort sah er die Lorgnetten auf sich gerichtet.

„Werden Sie von jemand erwartet?" fragte der Sänger.
„Ja, ich habe meinem Freunde Reihenmeyer telegraphiert."
Man fuhr in den großen Bahnhof ein, und die Frau sagte:
„Franz, zieh Handschuh' an." Der Sänger gehorchte und
gab weiter: „Kinder, zieht Handschuhe an."

Man stieg aus. Die Reisegefährten entfernten sich, Reihen=
meyer war nicht da.

Reinhard schaute sich wie verlassen um. Die junge Nonne
ging an der Seite einer alten an ihm vorüber, sie schaute
flüchtig auf nach ihm und preßte die Lippen zusammen; Rein=
hard war erschüttert, die Nonne sah in der That Lorle sehr
ähnlich. Sie stand bei der Frau des Bahnhofsrestaurateurs und
sprach mit ihr. Reinhard erinnerte sich, daß dies die Tochter
Stephans sei; er sah auch den Knaben, den Urenkel des Hohl=
müllers, der seinen Namen trug, aber er wollte jetzt nicht weiter
die Familienbeziehung beanspruchen.

Er ging in die Stadt, er glaubte diesen und jenen, der
alt geworden war, zu erkennen: er sprach niemand an. Der
Schloßplatz, der ehedem kahl gewesen, war mit Bäumen und
Rasen besetzt und mächtige Springbrunnen rauschten. Wo ehe=
dem ein unförmliches Stallgebäude gestanden, war jetzt ein
säulengetragener Prachtbau, neue Straßen mit neuen Helden=
und Siegesnamen waren angelegt. Reinhard ging wie träu=
mend weiter. Aber da ist doch noch das Alte! Die Wach=
parade zieht noch zur selben Minute mit klingendem Spiele
durch die Hauptstraße, und eine große Menschenmenge folgt ihr.
Die Soldaten haben aber andere Uniformen, und ihre Haltung
scheint fester und stolzer.

In der Wohnung Reihenmeyers hörte Reinhard, daß dieser
zur Erwerbung von Instrumenten für die Forschungsreise ab=
wesend sei.

Sechsunddreißigstes Kapitel.

In weißer Halsbinde.

Mit dem festen Vorsatze, sich nicht durch Erinnerungen an
die Vergangenheit verdüstern zu lassen, sondern mit hellem Blick
die Zukunft festzuhalten, wanderte Reinhard durch die Straßen
der Residenz. Wie zur Befestigung seines Vorsatzes trat er
zuerst in einen Modeladen ein und wählte mehrere für Malva

paſſende Kleiderſtoffe; eine ſchöne junge Verkäuferin hatte den ungefähren Wuchs von Malva; Reinhard beſtimmte, daß die Stoffe alsbald verarbeitet werden und gab dabei einige von der Mode abweichende künſtleriſche Beſtimmungen.

„Darf ich um Ihren Namen und Ihre Adreſſe bitten?" wurde gefragt.

Reinhard erſchrak und bezeichnete nur die Nummer ſeines Zimmers im Gaſthofe; er ſagte, er werde die Kleider abholen laſſen und entrichtete ſofort den Preis.

Als er aber wegging, hörte er, wie ein alter Handlungs= diener zu der Verkäuferin ſagte: „Ich wette meinen Kopf, das iſt der ehemalige Profeſſor Reinhard."

Nunmehr that ſich Reinhard keinen Zwang mehr an. Er ging von Laden zu Laden, kaufte Teppiche und ſchönen Haus= rat; er freute ſich über die Fortſchritte, die das Kunſtgewerbe gemacht und beſtellte Handwerker nach dem Dorfe, das er nun ſeine Heimat nannte.

Der Hof war angekommen, Reinhard meldete ſich und wurde ſofort zu einer großen Soiree auf den anderen Abend geladen. Am Morgen aber kam ein Lakai und beorderte ihn zum Fürſten.

Dieſer kam ihm mit großer Herzlichkeit entgegen und ſagte, er habe ihn allein ſprechen wollen, bevor er ihn in großer Ge= ſellſchaft ſehe.

Der Fürſt war voll und gedrungen geworden, von der ehemaligen Weichlichkeit war keine Spur, und auch die vor= malige Phraſenhaftigkeit war geſchwunden. Er trug einen Voll= bart, in den ſich ſchon graue Haare miſchten. Sein Auge ſchien größer geworden, es leuchtete voll Wohlwollen. Vor dreißig Jahren hatte Reinhard wegen ſeiner Hofſtellung den Bart ab= nehmen müſſen.

„Schade," ſagte der Fürſt, nachdem verſchiedene Fragen über Rom erledigt waren, „ſchade, daß Sie unſere große Zeit in der Ferne mit gelebt haben. Sie hätten im Felde großes Leben geſehen. Aber ſchön, daß Sie jetzt wiedergekommen ſind, um ſich an unſerer Einheit und Größe zu erfreuen."

Reinhard errötete und ſchwieg. Er mußte ſich über etwas loben laſſen, das ihm nicht gebührte. Er erzitterte aber am ganzen Leibe, da der Fürſt fragte: „Befindet ſich Ihre Frau Gemahlin recht wohl?"

„Meine Frau iſt tot."

Der Fürſt war nicht minder erſchreckt als Reinhard, und fügte herzlich teilnehmend hinzu, daß er davon nichts gehört habe. Daneben gab er im voraus dem Oberhofmarſchall einen Verweis, der ihn darüber nicht inſtruiert hatte.

Der Zerfall mit Lorle ſchien vergeſſen. Der Fürſt lobte die Pietät Reinhards, und dieſer erzitterte, denn er dachte an Malva. Er erntete Lob für etwas, das nicht mehr in ihm war.

„Sie wiſſen,“ ſagte der Fürſt mit inniger Teilnahme, „welche Hochſchätzung ich für Ihre Frau Gemahlin hatte. Es gibt Pflanzen, die ſich nicht verpflanzen laſſen. Ich habe ein= mal, als ich durch Weißenbach kam, bei Ihrer Frau Gemahlin anfragen laſſen, ob ich ſie beſuchen könne. Sie hat mir mit großer Zartheit verneinend antworten laſſen. Sie ſoll, wie man mir ſagte, wahrhaft verklärt ausgeſehen haben, und ſie war der gute Engel des Dorfes.“

Jedes Wort des Fürſten verſetzte Reinhard eine blutige Wunde.

„Iſt das Haus zur Linde noch im alten Stande, und wer beſitzt es?“

„Ich.“

„Das iſt ſchön.“

Der Fürſt verdoppelte ſeine Freundlichkeit, faßte die Hand Reinhards zwiſchen ſeine beiden Hände beim Abſchiede: „Auf Wiederſehen, lieber Profeſſor, heut abend.“

Noch im Weggehen hörte Reinhard, daß der Fürſt den Oberhofmarſchall rufen ließ. Dieſer begegnete ihm bereits auf der Treppe, und reichte nur im Vorübergehen eilig die Hand.

Im Kabinette aber ſagte der Fürſt in ärgerlichem Tone zu dem Oberhofmarſchall:

„Aber, lieber Truben, wie konnten Sie mich in Unwiſſen= heit laſſen, daß die Frau des Profeſſors bereits geſtorben iſt?“

„Ich wußte nicht, daß mein gnädiger Herr den Mann privatim empfangen werde vor heut abend.“

„Sie haben recht. Er hat doch ſehr gealtert.“

„Und doch ſagt man, daß er wieder heirate und wieder ein Bauernmädchen.“

„Noch einmal? Unfaßlich! Woher wiſſen Sie das?“

„Die Schauſpielerin Berger, die ein Landhaus in Weißen= bach hat, hat mir's erzählt; natürlich unter dem Siegel der Verſchwiegenheit, aber unter dieſem Siegel werden viele Men= ſchen Wiſſende ſein.“

„Ich meine, Sie ſollten das doch nicht weiter verbreiten.“ Der Hofmarſchall verbeugte ſich zuſtimmend.

Siebenunddreißigstes Kapitel.

Verwandelte Gestalten.

Es war großes Hoffest, Reinhard hatte sich früh einge=
funden; er sah die Festräume des Schlosses neu und geschmack=
voll dekoriert, er ging durch die glänzend erleuchteten Säle und
stand vor manchem neuen Kunstwerke still, ein Schreck überfiel
ihn aber, als er sein altes Bild, „Waldeinsamkeit" genannt,
wiedersah. Welch' eine kindische Auffassung und ängstliche
Pinselführung.

Er konnte nicht lange einsam die Bilder betrachten, denn
bald war er von einer Gruppe höherer Offiziere und in gold=
strotzende Uniformen gekleideter Civilbeamten umgeben. Der
Lieutenant, der ihm damals bei dem Duell wegen des Kolla=
borators sekundiert hatte, war jetzt General. Die Menschen
waren so zuvorkommend, sich ihm neu vorzustellen, nur zwei
waren so neckisch, ihn zu fragen: „Kennst du uns nicht mehr?"

Reinhard konnte sich nicht besinnen und sagte, es sei an=
strengend, so in den Zügen vor sich und in der Erinnerung
herum zu wühlen. Die Männer stellten sich nun als ehemalige
Kneipgenossen vor, sie waren jetzt beide Minister geworden; sie
erzählten von vielen Genossen jener lustigen Gesellschaft, in der
der Kollaborator das große Wort führte; die einen waren da
und dort in hohen Stellen, viele aber auch waren längst tot.

„Haben Sie unseren Freund, den Kollaborator, schon be=
grüßt?" fragte der Kultusminister, und da Reinhard bejahte,
fragte er:

„Und Sie finden ihn?"

„Ganz den alten."

„Ja, ganz derselbe, er lernt alle paar Jahre eine neue
Wissenschaft, er hält sich an der Grenze des Originals."

Reinhard fand es angemessen, dem Minister jedes positive
Urteil über den Kollaborator vorzuenthalten und die Reden
beider blieben so gestellt, daß man in Lob oder Tadel über=
gehen konnte.

Der Minister erklärte endlich nicht ohne Befriedigung, daß
er bei der Reichsbehörde die Zuziehung des Kollaborators zu der
Erforschungsreise befürwortet habe, und eben, als er darlegen
wollte, daß der Kollaborator wegen des Madonnenbildes in der
Galerie mit ihm gesprochen, zerteilten sich die Gruppen. Der
Hof erschien. Der Fürst führte seine Gemahlin und grüßte

nach allen Seiten, er nickte Reinhard besonders zu. Hinter dem Fürsten kam der Erbprinz, eine elastische Erscheinung, seinem Vater von damals ähnlich, aber größer; er trug das eiserne Kreuz, und ein Nachbar sagte Reinhard, daß der Prinz sich tapfer im Franzosenkriege bewiesen habe.

Mehrere Prinzessinnen folgten, und unter den Palastdamen erkannte Reinhard sofort die Gräfin Ida von Felseneck; sie war noch schön, die entblößte Büste war voll und von edler Form. Sie grüßte Reinhard, zwiefach mit dem Kopfe nickend.

„Wer ist die Dame mit der eigentümlichen Dekoration?" fragte Reinhard, er wurde berichtet:

„Das ist die Schwester der Gräfin Felseneck, sie war mit auf dem Pilgerzuge nach Rom und Jerusalem und erscheint heute zum erstenmal bei Hof mit einer Dekoration vom Papste. Warum soll man nicht aus seiner Kirchlichkeit einen Gesellschafts= schmuck machen?" setzte der Gefragte — es war der Kanzler der Universität — leise hinzu.

Im nächsten Saale wurde getanzt. Nur die Tänzer durften weiter schreiten. Im Nebensaale hielt der Hof Cercle, wohin nur die in unmittelbarer Hofstellung sich befindenden Männer folgten.

Der Nachfolger Reinhards, ein Künstler von gutem Namen, stellte sich ihm vor, erzählte von der Rührigkeit des Kunstlebens in der Hauptstadt, und fragte nach Berufsgenossen in Rom.

Reinhard konnte nicht ausführlich antworten, denn ein Kammerherr rief ihn zum Fürsten.

Der Fürst war überaus huldvoll und bat Reinhard, sich die neuen Kunsterwerbungen in der Galerie anzusehen und sein Urteil darüber abzugeben. „Oder waren Sie schon in der Galerie?"

Reinhard verneinte. Der Fürst wendete sich an den Ober= hofmarschall und sagte ihm leise einige Worte. Reinhard glaubte das Wort Madonna zu hören.

Reinhard wurde der Fürstin, dem Erbprinzen und den Prinzessinnen vorgestellt, und jedes hatte ein freundliches Wort für ihn.

Die Oberhofmeisterin stellte sich ihm als das Mädchen vor, das er — er solle nicht sagen, wie lang das sei — als Braut gemalt.

Als er sich zurückzog, sah er, wie die Gräfin Belgern, vor= malige Felseneck, ihm zunickte. Er eilte zu ihr, sie reichte ihm die Hand, sie drückte die seine warm, er erwiderte den Druck.

Gräfin Ida fand zuerst das Wort; ihre Stimme war tiefer

geworden, aber noch immer voll Wohllaut: „Es ist eine Gnade des Geschicks, daß wir uns wiedersehen. Ich wagte es nicht mehr zu hoffen. Haben Sie auch bisweilen des unbedeutenden Mädchens gedacht, das einstmals zu dem genialen Künstler auf- schaute? Damals verstand ich Sie doch noch nicht ganz."

„O liebe Gräfin, ich selber verstand mich damals auch nicht. Sind Sie der Kunst treu geblieben?"

„Der Kunst nicht. Begeisterung für eine Sache ist noch nicht Talent dafür. Ich erkannte meine geringe Begabung, die aber vielleicht bis zu einem gewissen Grade befähigt, die Schöpfungen der hohen Meister zu verstehen."

Reinhard erwiderte einige verbindliche Worte.

„Mir ist es wie ein Traum, daß ich Sie wiedersehe und Ihnen muß ja auch alles wie ein Traum sein," sagte die Gräfin, und ein voller warmer Blick ruhte auf Reinhard.

„Singen Sie noch viel?" fragte er.

„Ja," antwortete sie, rückte sich dabei das diamantenbesetzte sammetne Halsband zurecht und legte den Kopf etwas zurück mit jener vollen Anmut der Jugendtage; sie wußte noch immer gütig zu lächeln, aber mit einem begleitenden schmerzlichen Aus- druck, der zu sagen schien: ich bin alt. Nach einer kleinen Pause fuhr sie fort: „Und Sie, Herr Professor, singen Sie auch noch?"

„O nein, ich singe schon lange nicht mehr."

Die beiden sprachen das und dachten doch anderes, und sie redeten nur, um sich gegenseitig wieder genau anzusehen.

Es kamen andere herbei, und die Gräfin sagte rasch: „Also morgen um zehn Uhr erwarte ich Sie und die versprochene Skizze."

Reinhard verließ den Saal und wieder stellten sich ihm alte Kameraden in den Weg. „Behalten wir Sie, ... dich, nun wieder bei uns?" wurde er oft gefragt. Er erklärte, daß er im Dorfe bleibe, und man bewunderte und rühmte seine Treue für das Dorfleben.

„Ja, das ist alles wie ein Traum," wiederholte Reinhard, als er in seine Zimmer zurückkehrte, „aber ich habe diesen Traum zum letztenmal geträumt," setzte er hinzu, als er das Licht löschte.

Achtundbreißigſtes Kapitel.

Verfügung über ſich ſelbſt.

Der heutige Abend ſoll mich nicht mehr hier finden, ge=
lobte ſich Reinhard beim Erwachen und er vermochte, ſich das
volle Bild Malvas zu vergegenwärtigen.

Er fertigte mit raſcher Hand die Zeichnungen zu dem be=
ſtellten Hausrat, die er dem Kunſttiſchler verſprochen hatte.

Er wanderte durch die Straßen, überlieferte die Zeichnungen
und nun war's Zeit, die Gräfin aufzuſuchen. Sie wohnte neben
dem Hauſe, in dem er ehedem mit Lorle gelebt. Er bannte
jedes Zurückdenken aus ſeiner Seele und ließ ſich bei der Gräfin
melden; ſie ließ ihn ſofort eintreten, ſie war in einem weiten
Morgengewand und trug eine feine weiße Haube. Sie reichte
ihm die Hand, ſie drückte die ſeine nicht mehr.

„Ach!" klagte ſie, „wir ſind eben doch alt. Bitte, keine
Schmeichelei! Ich habe mich gut konſerviert, Sie auch, trotzdem
Sie und ich viel gelitten. Mein guter Mann war lange krank,
und man hat Not und Sorge mit Kindern und Enkeln. Wie
habe ich mich gefreut, eine gute Stunde mit Ihnen zu ſein und
in Jugendidealen zu ſchwelgen, und nun hat meine Schweſter
über mich verfügt und ich kann Ihnen, oder ſage ich beſſer mir,
nur eine Viertelſtunde gönnen. O, das Leben iſt nichts als
Unruhe."

Gräfin Ida war nur Großmutter und gegen ihn nur
mütterliche Freundin. Reinhard kam kaum zu Wort und die
Gräfin ſagte, er müſſe während ihrer Anweſenheit bei ihrer
Tochter ſie beſuchen und ihr dort ausführlich erzählen, denn die
Fama berichte doch immer falſch.

Als ſich Reinhard zum Abſchied erhob, reichte ſie abermals
leiſe die Hand und, wie ſich zuſammenfaſſend, ſagte ſie:

„Verzeihen Sie einer vielleicht altväteriſchen Großmutter,
die den Wunſch hat, daß Sie ſich in der Heimat nicht deplaciert
fühlen mögen. Sie haben vergeſſen, daß hier nicht Paris, nicht
Rom und London iſt. Wenn man hier Damentoiletten kauft,
ſo bleibt das nicht verborgen. Ich rate Ihnen aus alter Freund=
ſchaft, vorſichtiger zu ſein."

Reinhard erwiderte etwas, er wußte nicht was, und ehe er
ſich's verſah, ſtand er wieder auf der Straße. Alle Welt ſpielt
mit dir und du läſſeſt dich wie ein Fangball hin und her werfen,
ſagte er ſich vorwurfsvoll, und er mußte ſich auf ſein Selbſt

besinnen. In solcher Stimmung heftet sich die unruhige Seele leicht an Aeußeres. Mit einem Eifer, als wäre er der Aufseher, sah er den Pflästerern zu, die die Straße neu pflasterten und dann las er die Schilder an den gegenüber stehenden Häusern, als müßte er sich das alles genau merken. „Notar Kräutler" stand hier neben angeschrieben, da in dem Hause, wo er früher mit Lorle gewohnt hatte. Das ist's ja, was du unbewußt suchtest. Reinhard ging hinein.

Der Notar, ein Mann von ruhiger gemessener Haltung, begrüßte ihn geschäftsmäßig. Als aber Reinhard seinen Namen nannte, rief der Mann, die Hände zusammenschlagend:

„Was? Sie sind's? Es hieß ja vor einigen Jahren, Sie seien tot. Entschuldigen Sie. Ich bin ganz verwirrt. Ja, Sie sind's, ich erkenne Sie wieder. Sie waren damals ein junger Mann und ich ein kleiner Knabe. Wir wohnten ja früher zusammen in diesem Hause, und als die Mutter krank war und starb, pflegte uns Ihre selige Frau."

Ein Schreiber unterbrach mit einer Meldung den Notar, dieser erklärte, er wäre jetzt für niemand zu sprechen und in zutraulicher Redseligkeit fuhr er fort:

„Ich habe mit meiner Familie Ihre Frau vor drei Jahren besucht und ihr gedankt, sie hatte große Freude an uns, sie wollte auch ein Testament machen. Es ist wohl nicht geschehen?"

Reinhard verneinte, und der Mann fuhr fort:

„Ich war einmal sehr bös auf Sie, Herr Professor. Ich war mit Ihrer Frau auf dem Paradeplatz, als sie mit dem Soldaten aus ihrem Dorfe sprach, und der Herr Professor wurden sehr zornig. Am Abend kam sie zu mir und brachte mir einen Apfel; ich sehe noch, wie schön rot er war und da sagte sie mir: Albrecht — so heiß' ich — Albrecht, mein Mann ist nur von den Hoflakaien geärgert gewesen, drum war er so zornig; sonst ist er so gut, wie es keinen anderen mehr auf der Welt gibt."

Reinhard errötete. Ein Funke aus seiner Zornesflamme war in die Seele des Kindes gefallen, und Lorle hatte ihn ausgelöscht. Der Notar aber fügte lächelnd hinzu:

„Ja, man weiß nicht, was alles die böse Zeit gemacht hat. Damals war's unschicklich oder wenigstens auffällig, wenn eine Frau aus höherem Stande mit einem gemeinen Soldaten sprach; jetzt, bei der allgemeinen Volkswehr, erscheint uns solche Auffassung unbegreiflich. Aber lassen wir das! Ich denke an Ihre selige Frau wie an eine Erscheinung aus der höheren Welt, und auch meine Kinder wissen von ihr."

Reinhard empfand einen tiefen Schmerz. Das war ja,

wie in der Sage von jener Heiligen, überall, wo Lorle gewandelt, sproßten Rosen empor, und ihm wurden die Rosen zum Dornstrauch.

Er wollte umkehren. Sollte er gerade diesem Manne die Bestimmungen für seine neue Ehe kundgeben? Er faßte sich gewaltsam und ließ in aller Form Rechtens sein Testament aufsetzen. Er vererbte sein ganzes namhaftes Vermögen, falls er kinderlos sterbe, an Malva, ausgenommen war eine Summe für den Unterhalt von Fabian; seine Skizzenbücher und Sammlungen sollten Reihenmeyer zufallen.

Das Testament war fertig; der Notar reichte ihm die Hand und versprach, doppelte Ausfertigung alsbald in den Gasthof zu schicken.

Als Reinhard in seine Wohnung kam, fand sich eine Deputation der Künstlerschaft ein, die ihn zu einem Feste einlud, das man ihm zu Ehren veranstalten wollte; er dankte und bat, davon abzustehen, denn er müsse alsbald abreisen. Er schrieb noch einen Brief an den Hofmarschall, seine schnelle Abreise entschuldigend. Mit dem nächsten Zuge eilte er heimwärts.

Neununddreißigstes Kapitel.

Aufgebot.

Das Abendrot glühte am Himmel und glänzte von den Schienen, als Reinhard den Bahnhof der Residenz verließ. Die Sonne ist doch schöner draußen in meinem stillen Dorfe, dachte Reinhard.

An dem ersten Haltepunkt setzte sich eben der Eilzug in entgegengesetzter Richtung in Bewegung. Reinhard schaute unwillkürlich hinaus und sieh da! das ist der Kollaborator, er hat ihn auch bemerkt und winkt zurück mit einem Buche in der Hand, aber bald ist nichts mehr zu sehen als der verfliegende Rauch.

Wie wäre es geworden, wenn du den Freund getroffen? Nein, besser so, und alles rasch, fest und fertig.

Die Wangen Reinhards glühten in Fieberhitze, er schloß die Augen, aber er konnte keine Ruhe finden. Es ist doch peinlich, daß kein Eilzug am Dorfe hält; der Sänger hat recht, das muß geändert werden; der alte Genosse ist ja Verkehrsminister, es wird leicht zu bewirken sein.

Endlich, endlich hielt der Zug am Dorfe, es war bereits Nacht. Reinhard verließ rasch den Bahnhof, aber zwischen den Gartenhecken stand er still.

Es überkam ihn plötzlich, wie wenn er verlassen in die Oede versetzt wäre. Läßt sich allen höheren Freuden, aller geselligen Verbindung, aller Kunst entsagen?

Jetzt singt der Sänger Berger und schaut nach der Loge auf, wo du sitzen solltest: „Bei Männern, welche Liebe fühlen." Das schöne Duett sang sich in seiner Erinnerung, und er dachte daran, wie er es einst mit der Gräfin Felseneck gesungen.

Reinhard drängte die Erinnerung zurück, aber doch summte er die Melodie: „Bei Männern, welche Liebe fühlen," leise vor sich hin.

Das ist die Macht des Genius, sie geleitet in ungeahnter Zeit auf einsamen Wegen ein zitterndes Herz und schlichtet und beruhigt. Die Weisheit, die Leidenschaft, die reine Liebe, die sinnliche Gewalt, alles, was jenes Werk in Töne gefaßt, drängte sich in die wenigen Minuten zusammen, da hier der Wanderer zwischen den Gartenhecken stand.

Sei beruhigt! Es läßt sich alles festhalten, alles finden im eigenen Selbst und in der Liebe eines anderen. Aus ihnen strömt alles höhere Dasein, alle Kunst.

Mit fieberhafter Hast, als müsse er vor einer untergehenden Welt fliehen und sich in eine neue retten, eilte er weiter.

Ueberall in den Häusern brennen Lichter und ist die Familie beisammen, bald soll es auch in deinem Hause licht und warm sein. Er ging an seinem Hause vorüber nach dem Pfarrhause, dort brannte noch Licht. Er klingelte und wurde eingelassen.

„Was verschafft mir noch so spät die Ehre?" fragte der Pfarrer.

Reinhard erklärte, daß er sich mit Malva wolle trauen lassen und zwar morgen am Sonntag.

„Ist unmöglich, dreimaliges Aufgebot muß sein; allerdings zwei können abgelöst werden, aber eine Woche vorher ist unerläßlich."

Reinhard war bereit, die Ablösungssumme zu bezahlen. Da sagte der Geistliche:

„Sie müssen auch noch Dispens wegen des Trauerjahres haben."

Da Reinhard ohne zu erwidern dreinstarrte, fuhr der Geistliche fort: „Es sind ja kaum fünf Monate, seit Ihre Frau gestorben ist."

Es war, als ob ein Schuß Reinhard in die Brust ge=
drungen war, so zuckte er zusammen. Er faßte sich aber und
sagte: „Hochwürdiger Herr! Sie können mir glauben, daß ich
in meiner Natur in einer Stunde den Verlauf ganzer Jahre
erlebe."

„Das glaube ich, aber das Gesetz kennt das nicht. Indes
können wir auch da helfen."

Reinhard erklärte sich bereit, eine namhafte Summe für den
zweiten Dispens zu bezahlen, und als er dankend davonging,
sagte ihm der Pfarrer, es genüge, wenn Wendelin morgen vor
der Kirche im Namen seiner Tochter die Meldung mache.

Reinhard ging nach dem Hause Wendelins. Er fühlte sich
stark und frisch in der Empfindung der neuen Liebe.

„Ich soll nicht in einer liebeleeren Welt sterben," sagte er
vor sich hin.

Im Hause Wendelins schlief schon alles; er weckte Vater
und Tochter und erklärte ihnen das Vorbereitete; er sei ent=
schlossen, nun nicht auswärts sich trauen zu lassen, sondern im
Dorfe.

„Das ist mir auch lieber, aber so schnell!" sagte Malva,
„und ich habe noch kein Brautkleid."

„Ich habe es bestellt, es kommt."

Reinhard händigte Wendelin eine Abschrift seines Testa=
mentes ein, eine zweite sollte versiegelt im Gemeindehause auf=
bewahrt werden. Wendelin sagte Malva, sie solle es vorlesen,
er sei mit Geschriebenem nicht sehr bewandert. Malva sagte,
das könne sie nicht und Reinhard beruhigte den Alten, indem
er ihm die Hauptsachen mündlich mitteilte.

Von Wendelin geleitet, ging Reinhard heim.

Vierzigstes Kapitel.

Harte Wirkung.

Beim Ausgang der Kirche am Sonntagmorgen war lär=
mendes Durcheinanderreden, wie es vor wenigen Jahren, als
man den Einfall der Franzosen fürchtete, nicht stärker gewesen war.

„Hast gesehen? Wie der Baumwirt das Aufgebot gehört
hat, ist er davon gerannt, wie wenn ihm die Sohlen brennten."

„Er wird Einspruch erheben."

„Er kann nichts machen.“

„Der Herr Reinhard sieht totenbleich aus.“

„Ja, wie der geköpfte heilige Johannes auf der Schüssel.“

„Das gibt bald wieder eine vornehme Witwe.“

„Und eine reiche.“

„Die Rothaarige ist gescheit und der Wendelin —“

„Still! Sie kommen!“

So hieß es in der Männergruppe hin und her, jetzt ging sie auseinander, Reinhard und Malva kamen Hand in Hand.

„Glück und Segen!“ wurde von seiten der Männer den Vorübergehenden zugerufen; in den Frauengruppen ging es siebenstimmig durcheinander.

„Ach, das gute Lorle weint jetzt im Himmel,“ rief eine kleine Frau und half der himmlischen weinen.

„Ich mein', das Grab da drüben muß sich aufthun.“

„Die Rothaarige hat's fein gemacht, daß er sie heiraten muß.“

„Keiner ist leichter zu verführen als ein Witwer in Trauer,“ sagte eine uralte Frau und wackelte mit dem greisen Kopfe.

Es entstand großes Gelächter, sie aber fuhr fort:

„Die Witmänner heiraten bald wieder oder gar nicht mehr, bei den Witweibern ist's anders.“

Das Tänzerle aber sagte und seine Eidechsenäuglein flimmerten: -

„Recht hat der Herr Reinhard, man muß lustig leben, solang man lebt.“

Eine große, kropfige Frau prophezeite mit starker Stimme, das gäbe ein Unglück, das könne nicht gut ausgehen, das sei ja himmelschreiend. Diese Prophezeiung bewirkte einen Umschlag der Stimmung.

Malva hatte doch wieder so viele gute Freunde im Dorf, daß die Prophetin weidlich ausgeschimpft wurde. Schimpfen und Losziehen wollte man — das ist in der Ordnung und dazu hat man ein Recht — aber Unglück prophezeien, das gilt nicht.

Die Männer waren sehr eilig beim Mittagstisch, sie wollten allesamt bald hinaus zum Baumwirt, um ihn schimpfen zu hören und sich an seinem Ingrimm zu ergötzen, denn er hatte eigentlich keinen guten Freund im Dorf und man gönnte ihm den Schabernack.

Sie täuschten sich aber alle. Der Baumwirt war nicht zu Hause. Er hatte kaum einen Bissen gegessen, um so mehr aber mit seiner Frau gescholten, die es auch nicht recht fand, daß Reinhard ihnen nichts gesagt; sie machte ihm aber wegen der

Heirat keinen Vorwurf und lobte ſogar Malva. Mit raſchem
Entſchluß eilte Stephan zu ſeinem Schwiegervater nach der
Hohlmühle.

Unterwegs begegnete er dem Waldhüter.

„Du biſt grad der rechte, den ich treffen will.“

„Ich?“

„Ja du. Warſt du in der Kirche? Ja? Und du gehſt
in den Wald? Deine Flinte ſollteſt du anders wohin richten.
Pfui! Eure Lieder vom mutigen Jägerburſchen ſind alle lauter
Lug und Trug. Ja, ſingen könnt ihr von dem Jägerburſchen,
der das ungetreue Mädchen mit ſamt ſeinem Verführer erſchoſſen
hat. Aber ausführen? Krach! Da liegt ihr? Pfui, ſchäm dich.“

„Herr Wirt! Was ſaget Ihr da? Wenn ich das melde?“

„Melde dich beim Teufel und ſeiner Großmutter,“ ſchloß
Stephan. Schweißtriefend und zornglühend eilte er weiter. Der
einfältige Waldhüter wird doch nicht wirklich Anzeige machen?
Pah! Mit einer Leberwurſt ſtopft man dem das Maul und
mit einem Schoppen macht man ihn reden, was man will.

Er rannte weiter und kam in atemloſer Haſt bei ſeinem
Schwiegervater an.

„Was iſt?“ fragte der Alte. „Du ſiehſt drein, wie wenn
jemand geſtorben wär’?“

„Aerger als geſtorben. Der Reinhard ...“

„Was iſt mit dem Reinhard?“

„Schwäher! Ihr ſeid der einzige, der’s ihm wehren kann.
Auf Euch allein hört er. Laſſet ihn kommen. Er darf das
nicht thun. Er darf uns die Schand nicht anthun und uns
um alles bringen. Die Tote im Himmel hat Euch gern gehabt,
wie einen Vater. Ihr ſeid der Vater, Ihr müßt Einſprach thun.“

„Ja was iſt denn? Ich verſtehe dich kein Wort.“

„Ja ſo. Ich komm’ aus der Kirch, der Reinhard hat ſich
aufbieten laſſen mit des Wendelins Malva, einmal für allemal,
und nächſter Tage ſoll die Hochzeit ſein.“

„Haſt du einen Rauſch? Ein Trinker biſt auch? Am hellen
Sonntagsmorgen?“

„Schwäher, ich hab’ nicht getrunken.“

„Ja, wie kann denn der Reinhard heiraten wollen und hat
doch eine Frau? Da muß das Lorle drein reden.“

„Jetzt kann man’s Euch nicht mehr verhehlen. Ihr allein
könnt da helfen. Das Lorle iſt ſchon lang tot und begraben.
Man hat’s Euch nur verhehlt, aber jetzt geht’s nicht mehr.“

„Was? Das Lorle tot? Und du und die Vroni und alle
und er ſelber da, ihr habt mir immer Grüße von ihr aus-

gerichtet und mir mein Herz ausgestohlen. So .. so betrügt man einen alten Mann, weil er nicht mehr vom Fleck kann?" Er weinte bitterlich und sich gewaltsam aufrichtend rief er: „Verfluchter Lugenbeutel! Herr! O Herr! Lorle! Kinder!"

Er sank auf den Boden. Der Wirt schrie, alles kam herbei. Es war zu spät. Der Hohlmüller war tot . . .

In den Wirtsgarten kam ein Bote, Broni solle schnell zu ihrem Vater kommen, er läge im Sterben. Broni eilte davon. Der Bote sagte aber den Gästen, daß der Hohlmüller bereits tot sei. Sie tranken rasch aus, auf der Kegelbahn wurden die Einsätze geteilt. Leer und still war's.

————

Einundvierzigstes Kapitel.

Ueberstürzt.

Als Reinhard mit seiner Braut und deren Vater, geleitet vom Ohm Bahnwärter und seiner Frau und vielen anderen Anverwandten aus der weitverzweigten Familie in sein Haus kam, war ein Extrabote mit einer Kiste da. Der Geleitbrief trug das Siegel des Hofmarschallamtes. Reinhard las und erblaßte. Die Direktion der Galerie schickte im besonderen Auftrage des Fürsten ihm das in seine Verfügung gestellte Bild der Madonna.

Reinhard ließ das Bild in die große Stube mit dem Söller bringen und bat die Angehörigen, ihn allein zu lassen und in den anderen Zimmern auf ihn zu warten.

Die Frauen, die bei Malva waren, bewunderten die schönen Kleider, die Reinhard bestellt hatte und das Tänzerle ließ nicht ab, Malva mußte ein seidenes anprobieren. Tänzerle half dabei wie eine kleine Hexe, und als Malva nun ihr Haar auflöste, daß es in reichen Strähnen herabfloß, rühmten alle: „Du siehst aus wie die Prinzessin im Märchen."

Unterdes hatte Reinhard Stemmeisen und Hammer geholt und schlug die Kiste auf; er erbebte von den Schlägen, als öffne er einen Sarg.

Der Deckel hob sich. Da war's. Das ist das Bild Lorles als Madonna.

Er sank in die Kniee. „O Lorle!" rief er und bedeckte das Gesicht mit beiden Händen, und dicke Thränen quollen zwischen den Fingern heraus. Er ermannte sich und leise vor sich hin sprach er: „Du hattest recht. So kann ich nicht mehr malen. Dies Grün so saftig, dies Rot so leuchtend und o, dieses Auge so kindlich froh und warm. Dies da ist falsch, kindisch, aber diese Innigkeit, dieser Mut. O Lorle, das konnte ich, als meine Seele noch dein, noch rein war; das konnte ich nur durch dich, das bin ich nicht mehr. O Lorle! Damals als ich dich malte, sagtest du: Ich bin gestorben gewesen und allein . . ."

Es flimmerte ihm vor den Augen, die Gestalt bekam rot-leuchtende Haare, das Gesicht verwandelte sich. „Malva! Malva!" schrie er.

Malva trat ein. „Um Gottes willen, was ist? Du siehst ja aus . . . Was siehst du mich so an? Um Gottes willen, Vater, kommet!"

Reinhard erwachte aus seinem Starrblick und bat, den Vater nicht zu rufen.

„Schön! Ja, du bist schön!"

„Aber so zeig' ich mich nur dir," entgegnete Malva.

Er sah sie abermals starr an und als sich sein Blick nach dem Bilde wendete, zuckten seine Wimpern. Aus gepreßter Brust sagte er:

„Ich danke, danke. Aber bitte, laß mich jetzt wieder allein."

„Nein, laß mich bei dir sein," bat Malva und legte ihre Hand auf seine Schulter. Er zuckte zusammen. „Halt dich tapfer. Du mußt dich nicht unnötig quälen."

Sie betrachtete das Bild und fragte:

„Sag, hat die Frau je so ausgesehen?"

„Ja. Ich glaub's. Ich, ich hab' sie so gesehen. Aber bitte, laß mich jetzt noch eine Minute allein. Du nimmst's doch nicht übel?"

„Von Uebelnehmen weiß ich nichts. Ich geh' schon, ruf mich oder komm bald nach."

Reinhard war wieder allein.

Da hörte er die Totenglocke läuten. Die große Thür nach dem Söller stand offen, und es tönte, als ob die Glocke in der Stube selber läutete.

Reinhard ging auf den Söller, er legte die Hand auf das Geländer, aber er zog sie rasch zurück, denn das morsche Ge-bälte schwankte; er wollte Vorübergehende fragen, wer gestorben sei, aber er kehrte schnell um und ging zu den Seinen und fragte, wer gestorben sei. „Der Hohlmüller" wurde ihm ge-antwortet. Wankenden Schrittes ging er wieder zu dem Bilde.

Die Menschen alle, selbst Malva, erschienen ihm wie Schatten, wie Gespenster.

Was kommt polternd die Treppe herauf?

„Ich muß zu ihm," rief Stephan, „er hat mit seiner zweiten Heirat meinen Schwiegervater getötet!"

Die Thür wurde aufgerissen und der Schwager drang ein, hinter ihm Malva und Wendelin. Stephan stand starr, den Blick auf das Bild gerichtet und rief:

„Was? Das hast du ... Wie kannst du dein Auge auf diese da richten?"

„Du," wendete er sich zu dem Bilde, „thu deinen Mund auf! An deinem Hochzeitstage hat er sich mit der da ver= lobt."

Reinhard erbebte und Stephan fuhr fort: „Aber ich will ruhig sein. Nur stet, hat mein Vater gesagt; ich will gut mit dir reden. Zum letztenmal. Weißt du, was du thust, daß du aus unserer Familie in so eine hinein heiraten willst? Wer das Lorle zur Frau gehabt hat, wie kann der eine solche zur Frau nehmen —"

„Ich verlange von dir nichts als Ruhe. Wendelin, ich danke, ich brauche keine Hilfe. Das ist mein Haus und ich gebrauche mein Hausrecht."

„Was? Dein Haus? Jeder Balken, jeder Stein schreit: Hinaus mit dem meineidigen Maler und seiner rothaarigen —"

„Lorle! Lorle!" tönte es plötzlich wie aus der Unterwelt, wie von einem Ungeheuer.

Fabian war mit seinem Vater gekommen und als er das Bild sah, auf dessen Rahmen Reinhard die Hand gelegt hatte, schrie er fortwährend den Namen.

Alles wendete sich zu Fabian, den der Vater zu beruhigen suchte, dann trat Stephan nochmals schäumend vor Wut auf Reinhard zu und schrie: „Das Bild da ist nicht sein, er darf es nicht haben."

Er legte die Hand auf das Bild.

Reinhard riß ihn davon weg, aber der Wirt faßte es wieder und rief auf den Söller eilend: „Lieber werfe ich es auf die Straße."

Reinhard rang mit ihm, es gelang ihm, das Bild zu er= fassen, aber Fabian krallte sich an Reinhard, wie eine Katze, Reinhard suchte den Blödsinnigen abzuwehren und sich umbiegend, wurde er an das Gewölbe des Söllers gedrängt, das Geländer krachte, Reinhard stürzte vom Söller auf die Straße, das Bild fiel nicht weit von ihm auf das Angesicht. Alle eilten auf die

Straße. Man hob Reinhard auf, er atmete kaum; man trug ihn in das Haus.

Malva trug das Bild Lorles, der goldene Rahmen war zerſchmettert, das Bild war unverſehrt.

Zweiundvierzigſtes Kapitel.

Ich danke dir, Lorle.

Alle Dorfbewohner ſammelten ſich vor dem Hauſe. Ein großer Kreis umſtand den Nachbar Schmied, der den Sturz mit angeſehen hatte. Man betrachtete die Stelle, wo Reinhard geſtürzt war, wo das Bild gelegen hatte; man ſtritt darüber, ob er auf den Kopf oder auf den Rücken gefallen ſei. Die Männer lärmten, die Frauen klagten. Der Ohm Bahnwärter kam herab und ſagte, Reinhard lebe noch, er habe die Augen aufgeſchlagen, aber die Sprache verſage ihm noch. Er ging raſch davon, um nach dem Geheiße Malvas ein Telegramm an den Kollaborator aufzugeben, damit er ſofort komme. Jeder erbot ſich zu helfen, und nach verſchiedenen Seiten wanderten Eilboten, um einen Arzt herbeizurufen. Bärbel-Martin, der Dorfſchütz, wendete ſeine ganze Amtsgewalt auf, um die Leute zum Auseinandergehen zu bewegen, denn der Kranke müſſe Ruhe haben. Auf den Baumwirt ſchimpfend und den Fabian ver- wünſchend, gingen ſie endlich davon.

Beim Sprißenhaus ſammelte man ſich wieder und dort hieß es, daß Stephan vor das Schwurgericht müſſe, aber er werde alles auf den Trottl ſchieben. Während man noch darüber ſprach, ob Malva etwas erben werde, kam ein Knecht aus der Hohlmühle herzu und berichtete, daß Stephan durch ſeine Mit- teilung ſeinem Schwäher einen Schlaganfall zugezogen habe. Nun brannte das Feuer wieder neu. Die einen ſagten, man dürfe Stephan nicht mehr ins Haus laſſen, andere dagegen wollten gerade heute ihn aufſuchen, um zu ſehen, wie er ſich verhalte.

Während man noch ſprach, hörte man Muſik, die auf der Eiſenbahn thalauf kam. Alles eilte nach dem Bahnhof, heute war Gauverſammlung der Feuerwehren in der Kreisſtadt. Der Zug hielt an, die Muſik ſpielte weiter, aber Martin ging an den Wagen auf und ab und ſchrie mit mächtiger Stimme:

„Wenn ein Doktor auf dem Zug ist, soll er aussteigen. Ein Mann ist in Todesgefahr. Und es wird gut bezahlt," setzte er auf Geheiß des Stationsmeisters hinzu.

Die fremden Reisenden starrten den Rufer an und die Feuerwehrleute fragten teilnehmend nach dem Vorfall, aber es war kein Arzt da. Dagegen stieg Ulrich, der Sänger, aus, er konnte kaum zu Wort kommen, denn der Jagdhund, den er beim Vater gelassen, sprang an ihm empor. Als der Sänger gehört hatte, was geschehen war, legte er Jagdtasche und Flinte ab und eilte ins Dorf.

Der Zug rollte davon und lustige Musik erscholl wiederum.

Der Sänger bewährte seine Kriegserfahrungen: er schnitt Reinhard sofort die Haare ab, legte ihm kaltes Wasser auf den Kopf und schickte nach der Kreisstadt, Eis zu holen.

„Sei ruhig Malva," tröstete er, „noch kann alles gut werden, die Pulslosigkeit hat aufgehört, der Puls geht wieder, freilich schwach. Aber nur kein Weibergeschrei! Nimm dich zusammen."

„Kannst dich drauf verlassen. Ich danke dir," entgegnete Malva. „Kann ich denn gar nichts thun?"

„Nein. Nur Ruhe halten. Das Wasser ist nicht kalt genug. Hol von dem aus dem Garten."

Malva ging, holte Wasser aus dem Brunnen, den Lorle hatte graben lassen.

Als sie wiederkam, war der Arzt aus der Kreisstadt da. Er gab ausweichenden Bescheid.

Wendelin fragte, ob man nicht dem Kranken zur Ader lassen solle, aber der Arzt erklärte, daß man dies frühestens den anderen Tag thun dürfe.

Stunden gingen vorüber, der Kranke erwachte, verfiel aber bald wieder in Ohnmacht.

Heute zum erstenmal hielt der Eilzug am Dorfe. Der Kollaborator kam und mit ihm der Arzt, der zur Gesellschaft der Erforschungsreise gehörte; sie brachten Eis mit und als man es auflegte, schien der Kranke beruhigter, er öffnete die Augen und nickte, er schien den Freund und Malva zu erkennen.

Malva saß am Bette Reinhards, sie weinte nicht, aber ihr Antlitz war totenbleich, sie hielt die Hand Reinhards und unter dem hellen Verlobungsring klopften Pulse, als hämmerten sie gegen den Ring.

„Also ihr seid verlobt?" fragte der Kollaborator leise.

Malva nickte und nach einer Weile sagte sie: „Da, just auf dieser Stelle habe ich die Selige gepflegt. Herr Reihen-

meyer," fuhr sie stockend fort, „ich hab' eine Bitte." Sie
wartete, daß er frage, welche Bitte sie habe; als er aber stumm
und regungslos blieb, fuhr sie fort: „Wir zwei sind die einzigen
Menschen, die er auf der Welt hat. Herr Reihenmeyer, wenn
ich Euch was Leids angethan hab, oder wenn Ihr sonst was
gegen mich gehabt, ich bitte mit aufgehobenen Händen, laßt es
aus und vorbei sein. Seine zwei einzigen Menschen sollen nicht
da in Unfriede an seinem Krankenbett, vielleicht Totenbett,
sein. Ich bitt', und ich glaub', er wird eher gesund, wenn wir
gut sind."

Mit wechselndem Ausdruck in den Mienen betrachtete der
Kollaborator die so leise und sanft Redende.

„Ich habe dir nichts zu verzeihen," sagte er endlich, „oder
wir haben alle einander zu verzeihen."

„Seht, wie er im Schlaf lacht," hauchte Malva leise, „ich
glaub', er spürt die Worte aus Eurem guten Herzen. Und wenn
er wieder gesund wird, da sollet Ihr sehen, was ich —"

„Jetzt genug, still!"

Reinhard murmelte zuerst Unverständliches, dann sprach er
italienisch, kurze Worte „Bacchantin und Holbein" verstand man
ganz deutlich. „Adalbert! Das Meer! Der Wellentod!" rief er,
bäumte sich empor und sank wieder zurück und schlief, bis der
Tag erwachte.

Da hörte man Sensenbengeln in der Nähe. Hellauf
lachend rief Reinhard: „Der Tod bengelt die Sense. Hast recht,
Bruder."

Reihenmeyer schickte den Ohm Bahnwärter zu dem Nachbar
mit der Bitte, daß das Sensenbengeln eingestellt würde. Bald
war alles still rings umher.

Die Sonne stieg höher, Reinhard erwachte zum Bewußtsein
und fragte: „Wo bin ich?" Er war glücklich, Reihenmeyer zu
sehen, aber er streckte nicht ihm, sondern Malva die Hand entgegen, dann erst erzählte er dem Freunde, wie es ihm geworden,
da er das Bild wiedersah, er schien zu glauben, daß er davon
in Ohnmacht gesunken sei. Erst allmählich besann er sich auf
die Rauferei mit dem Schwager. „Damals," sagte er, „als
ich zum erstenmal an seinem Tisch saß und hörte, wie er die
Knochen des Brathuhns zermalmte und wie er sprach, damals
fühlte ich's, es ist nicht gut, mit diesem Menschen Feind sein."

Er fragte, wo das Bild sei und ob es unverletzt. Auf die
beruhigende Antwort bat er, daß man ihm das Bild vor das
Bett stelle. Der Arzt gestattete es. Reinhard starrte lange auf
das Bild, ein wehmütiges Lächeln zog über sein Antlitz.

„Wer kommt? Wer ist da?" rief er wie erwachend, da
Schritte vernommen wurden. Man sagte ihm, daß der Amts-
richter da sei, um den Thatbestand festzustellen. Reinhard hieß
ihn eintreten und erzählte, daß nicht der Schwager, sondern der
unzurechnungsfähige Fabian und das morsche Geländer an seinem
Sturze schuld seien.

Der Freund und die Braut waren wieder getrosten Mutes,
der Arzt aber blieb noch bedenklich; er wollte in dem vollen
Puls, in der Röte des Gesichts keine Hoffnung erkennen. Am
Morgen wagte der Arzt einen Aderlaß und Reinhard verfiel in
ruhigen Schlaf. Da ertönten alle Glocken. Der Hohlmüller
wurde begraben. Reinhard richtete sich krampfhaft empor und
starrte auf das Bild. Malva eilte herzu, faßte ihn in die Kissen
und reichte ihm eine Kühlung. „Ich danke dir, Lorle," rief er
zu dem Bilde, und mit einem tiefen Seufzer, der aber nicht
schmerzlich klang, sondern wie im Ausruhen nach langer Ermüdung,
streckte er sich und hauchte seinen letzten Atem aus.

Dreiundvierzigstes Kapitel.

Die Schwalben ziehen fort.

Lautlos war's im Hause zur Linde, als hätte der auf ewig
verstummte Mund Reinhards jede Lippe verschlossen. Malva
lag auf dem Boden, nur das Zittern ihres Körpers zeigte, daß
noch Leben in ihr. Der Kollaborator stand starren Blickes, er
preßte den Mund zusammen, und auf einen Stuhl niedersinkend
bedeckte die Augen mit beiden Händen. Wendelin verließ das
Zimmer, man hörte seinen Schritt nicht.

Der Sänger und der fremde Arzt kamen nach einer Weile.
Sie waren zur Reise gerüstet, der Arzt sagte kaum hörbar, daß
er zur Hauptstadt zurückkehre, der Sänger fügte hinzu, daß er
zum Begräbnis wiederkehre; es lag ein schmerzlicher Ausdruck
in seinem Gesichte, da er hinzufügte, er müsse morgen abend
singen, werde aber, da er im letzten Akte nicht mehr beschäftigt
sei, noch in der Nacht hierher reisen.

Malva erhob sich und fragte, ob Reinhard nicht Verwandte
habe, denen man es anzeigen müsse. Der Kollaborator bat,
daß sie alle mit ihm in die Nebenstube gehen sollten, Malva
folgte zögernd, und zurückgewendet sagte sie: „O du Guter, ich
muß dich allein lassen."

In der anderen Stube erklärte der Kollaborator, daß Reinhard schon in der ersten Kindheit verwaist war, und daß alle seine Verwandten nach Amerika ausgewandert seien. Mit gefaßter Stimme gab er dem Sänger und dem Arzt verschiedene Aufträge, und als diese fortgegangen waren, sagte er zu Malva:

„Sei getrost. Du hast ihm seine letzten Lebenstage neu belebt, und wenn wir's recht überlegen, so ist ihm geworden, was er eigentlich wünschte; er war ja nur gekommen, um neben seiner Frau begraben zu werden. In dir liegen die Kräfte zu Edlem und Tüchtigem. Ich hoffe, du wirst sie zu gebrauchen verstehen. Wenn ich wiederkomme, soll es mein erstes sein, nach dir zu schauen."

Malva hatte die heiße Stirn an die Fensterscheibe gedrückt und schaute hinaus. Da stehen noch die Bäume, wie früher, da scheint noch die Sonne, die Schwalben ziehen in Scharen hell zwitschernd durch die Luft, und sitzen dann gedrängt auf der Dachfirste des Nachbarhauses; sie sammeln sich und rüsten sich zum Fluge übers Meer, dabei sind wohl auch jene, die damals beim Brautkusse den ersten Flug unternommen hatten.

„Die Schwalben ziehen fort," sagte Malva leise vor sich hin, und plötzlich sich umwendend, sagte sie:

„O, Herr Reihenmeyer, wenn ich nur auch fort könnte. Ich weiß nicht wohin. Ich will nichts von all den Sachen da. Aber ich möchte mit dem sein, der ihm der liebste war auf der ganzen Welt, und möcht' alle Tage von ihm reden können. Sind auf Eurem Schiff denn nicht auch Mägde? Könnt Ihr mich nicht auch mitnehmen?"

„Nein, wir sind nur Männer. Halte dich still und gut hier. Du trägst eine Ehrenkrone."

„Aber ich vergehe vor Jammer."

„Du wirst dich aufrichten lernen."

Vroni kam, sie umhalste Malva weinend und sagte, sie solle an ihr einen Beistand haben, sie könne sich ja getrösten, daß sie den beiden — sie nannte die Namen Lorle und Reinhard nicht — nur Gutes gethan.

„Wie trägt es Stephan?" fragte der Kollaborator.

„Er hat doppelt schwer zu tragen. Mein Vater und der Herr Reinhard. Aber er ist an beiden eigentlich unschuldig und unser armes Kind versteht ja gar nichts von allem."

Gemeinderat und Gerichtsbote kamen, sie wollten alles versiegeln, aber Wendelin legte das Testament vor, und Malva weinte laut, als sie hörte, daß außer dem Vermächtnis für Reißenmeyer und Fabian ihr alles vererbt war.

„Es ist eine Kiste angekommen," sagte der eintretende Ohm Bahnwärter. „Der selige Herr Reinhard hat mir gesagt, ich soll immer alles aufmachen. Es sind noch mehr Kleider für dich drin und ein Brautkranz. Schau," unterbrach er sich, „da sitzt der Fabian auf dem Nußbaum und stiehlt Nüsse."

Die Männer eilten ans Fenster und sahen, wie schwer es dem Ohm gelang, den fletschenden Trottl herab zu bringen.

Während noch der Gemeinderat da war, kam Stephan und sagte: „Ich trete vor den Toten hin und schwöre, ich hab' ihm kein Leid anthun wollen. Ich bin freilich wild gewesen und das Unglück ist ja leider von dem armen Kind geschehen."

Niemand antwortete ihm, bis endlich der Gemeindeschreiber ihm das Vermächtnis für Fabian verkündete.

Vroni bat, daß man sie mit Malva allein lasse. Alle gingen fort, nur Reißenmeyer und Wendelin blieben in der Nebenstube.

Es ward Nacht und ward wieder Tag. Malva stand wieder am Fenster. Da sind noch die Häuser, da sind noch die Bäume, und die Sonne scheint so hell, aber in der Luft regt sich nichts, die Schwalben sind in der Nacht fortgezogen.

„Die Schwalben sind fort," sagte Malva. Niemand achtete darauf.

Reißenmeyer hatte das Album vor sich, das ihm Reinhard vererbt hatte. Es war ein Tagebuch seines Lebens mit Lorle. Besonders lustig waren die Zeichnungen von der damaligen gemeinsamen Wanderung mit dem Freunde bergaus und bergein. Auf dem letzten Bilde stand geschrieben: „An meinem Grabe," und darunter das Datum von Reinhards letzter Ankunft im Dorfe.

Die Blumen, die im Garten erblüht waren, bedeckten den Sarg Reinhards. Die Baronin Arven, die Tochter der Gräfin Felseneck, hatte einen Lorbeerkranz geschickt, der Künstlerverein aus der Hauptstadt einen Tannenkranz.

Die Glocken läuteten, vor dem Hause stand die ganze Bewohnerschaft des Dorfes.

„Malva, ich sage dir jetzt lebewohl," sagte Reißenmeyer mit heiserer Stimme, „ich muß vom Kirchhof aus fort. Halte dich tapfer und unseres Freundes würdig."

Neben Lorle wurde Reinhard begraben.

Als Reißenmeyer die erste Scholle auf den Sarg warf, küßte er die Scholle, und seine Thränen fielen darauf.

Vom Liederkranz begleitet sang der Sänger Ulrich mit bewegter Stimme:

> „... Schmückte dich am Tiberstrande
> Reichen Lorbeers Ruhmesglanz,
> Krönt dich nun im Heimatlande
> Unsrer Tannen schlichter Kranz."

Nelken und Rosmarin blühen auf dem Grabe von Lorle und Reinhard.

––––––––––

Der Tolpatsch aus Amerika.

Erstes Kapitel.

Station Horb! rief der Schaffner.

Ein schwarzgekleideter junger Mann von derber, stämmiger Gestalt stieg aus, er stieß den breiten Hut zurück, so daß er ihm im Nacken saß; das trotzig dreinschauende Gesicht mit der mächtigen Stirn und den starken Backenknochen war frisch rasiert und hatte nur einen herzförmigen, kurz gehaltenen Kinnbart. Um den Hals, der kräftig und sonnverbrannt war, hatte er mit einem Knoten, darauf ein Diamant glitzerte, ein ziegelrotes Halstuch geschlungen. Jetzt that er den Hut ab, der fast so breit war, wie ein mäßiges Wagenrad, und wie er den Kopf zurückwarf und sich mit gespreizten Beinen hinstellte, schien es, als früge er in die Welt hinein, ob jemand mit ihm anbinden wolle. Seine derbe Hand, an der er einen großen Ring trug, spielte mit dem Behäng einer schweren goldenen Uhrkette, das aus Winkelmaß, Hammer und Kelle von Gold bestand. Die blauen Augen, deren gutmütiger Ausdruck mit der raufluftigen Erscheinung im Widerspruche war, wendete er hin und her.

Ein wohlverschnürter Koffer wurde ausgeladen, der Schaffner fragte:

„Gehört das Ihnen?"

„Well!" antwortete der Fremde; „werde ihn holen lassen."

Ohne ein weiteres Wort wendete er sich und ging nach der Stadt zu.

Auf der Neckarbrücke hielt er an, schaute hinab in den Strom, darin just weiße Enten schwammen, und ein seltsames

Lächeln ging über sein breites Gesicht, da er vor sich hin sagte: „Vater! hab' mir's größer gedacht. Da drunten also liegt dein Glückskreuzer. Man könnt' ihn sehen, wenn er noch da wäre. Ich meine, die Wasser seien hier viel klarer als bei uns."

Nun wissen wir's also, es ist der Sohn des Aloys, genannt Tolpatsch. Der Vater war damals, von seinem Soldatendienste befreit, wegen seiner Liebe zu dem falschen Marannele, das den Jörgli geheiratet hatte, nach Amerika ausgewandert.

Die Singweise des Liedes vom „schwarzbraunen Mädchen" vor sich hinpfeifend, kehrte der junge Mann um, überschritt die Schienen der Eisenbahn und ging den Berg hinan.

„Grüß Gott! Wollet Ihr nicht einkehren?" rief die Wirtin, die auf der Vortreppe der Bahnhofsrestauration stand. Der junge Mann wehrte stumm mit der Hand winkend ab und schritt weiter.

„Das also ist die Ziegelhütte und das die Schlucht, wo damals die argen Raufhändel waren," dachte er vor sich hin im Weiterschreiten, und als er die vielen in die Berghalde ein=gegrabenen Bierkeller sah, sagte er mit dem schweren Kopf nickend: „Für den Durst ist hier jedenfalls wohl vorgesorgt."

Der Tag war heiß, am Walde hielt der Wanderer an und schaute auf die Stadt, die so wunderlich am Berg hinangebaut ist; er schaute aber auch auf einen Rasenhügel am Wegrain.

„Da also hat das Marannele damals gesessen, als der Vater von der Soldatenlotterie heimgekommen ist."

Knaben mit Schulränzchen kamen den Berg herauf, sie stutzten und ein kecker, sommersprossiger Bursch sagte, die Mütze abziehend:

„Guten Tag, Herr Amerikaner."

„Woran erkennst du mich?"

„Am Radhut."

„Wie heißest du?"

„Julius."

„Wer ist dein Vater?"

„Er ist gestorben."

„Wie hat er geheißen?"

„Des Kobbels Frum" (Abraham).

„Verwandt mit des langen Herzles Kobbel?"

„Von dem weiß ich nichts."

Die Knaben gingen eine Strecke neben ihm weiter, und der Sommersprossige fragte:

„Ihr seid wohl Zimmermann oder Maurer?"

„Warum?"

„Weil Ihr das Handwerkszeug von Gold an Eurer Uhrkette habt."

Jung Aloys gab weiter keine Antwort.

Am Gemarkungspfahl, wo angeschrieben ist: Dorf Nordstetten — blieb er stehen und ließ die Knaben voraus ziehen.

Ja! Da ist auch eine Station.

Wie traurig ist der Vater damals gewesen, als er diesen
Grenzpfahl zum letztenmal sah! Dafür hat er aber auch in
Amerika ein Dorf gleichen Namens gegründet.

Von der Tanne, die unweit des Gemarkungspfahles steht,
brach der Ankömmling einen Zweig mit frischem Jahresschoße ab.

Horch! Welch ein Singen in der Luft! Nicht aus Baum,
nicht aus Hecke, frei vom Himmel herab klingt es, und sieh,
dort schwingt es sich, ein kleiner zitternder Punkt.

Das ist die Lerche!

Jung Aloys hörte zum erstenmal im Leben die Lerche.

Er stand lange still, bis er weiterschritt.

Auf der Hochebene hielt er an, und wie damals sein Vater
von der Bildechinger Höhe aus das Dorf militärisch begrüßt
hatte, so stand der Sohn nun still und betrachtete sich das
Dorf, dessen Häuser so hell und freundlich aus den Baumgärten
schimmerten.

Im Acker am Wege sang eine Frauenstimme nur leise.
Wie wär's, wenn ich auf das erste Mädchen zuträte und ihm
sagte: „Willst du mich heiraten? Ich bin gesund und kann
eine Frau ernähren."

Er setzte den Fuß über den Weggraben, und wollte nach
dem erhöhten Felde gehen aber er zog den Fuß wieder zurück,
nicht aus Furcht vor dem großen Hunde, der am Rande des
hohen Feldrains erschien und bellte, sondern er wartete auf die
Erscheinung der Frau, die laut rief: „Ruhig, kusch! hierher,
Tolpatsch!"

Hat er wirklich den Ruf Tolpatsch gehört, oder liegt ihm
das nur im Sinn?

Denn vor der Abreise hat ihm der Großvater, Mathes
vom Berg, heimlich vertraut, Vater Aloys habe im Dorf den
Unnamen Tolpatsch gehabt; er sei freilich nicht schön, aber auch
nicht so schlimm gemeint.

Es kam niemand, und Jung Aloys ging weiter. Da drüben
ist das Schießmauernfeld, wo der Vater einen Acker gehabt hat
und da auf der Hochbur liegen Bauhölzer, wie zu Vaters Zeiten.
Damals arbeitete der Vater Ivos hier.

Verwundert las Jung Aloys am Eingang des Dorfes auf

dem Pfahle den Namen, die Amtsstadt, den Kreis und den Landwehrbezirk. Dies ganze Deutschland ist doch in den Soldaten-dienst gestellt.

Zweites Kapitel.

„Es kommt ein Amerikaner! Es kommt ein Amerikaner!" riefen durch die Dorfgassen die Knaben, die aus der Realschule des Städtchens heimkehrten.

Ein Amerikaner war just nichts Neues mehr, aber jedes fragte doch, wer es sei; denn es ist kaum jemand im Dorfe, der nicht Verwandte in der Neuen Welt hat. Die Knaben wußten indes nicht weiter Auskunft zu geben, nicht einmal, ob der Fremde ein Christ oder ein Jude sei. Und der Fremde kam lange nicht ins innere Dorf, denn er hielt schon am dritten Hause an, dort bei der unteren Stube neben des Maurers Mendles Haus. Er klopfte, niemand antwortete. Aus des Landolins Haus gegenüber steckte ein Alter seinen schneeweißen Kopf heraus und rief:

„Zu wem wollt Ihr?"

„Ich hab' nur fragen wollen, wer da wohnt. Ich will zu niemand."

„Der wohnt just da! Da wohnt der Niemand," rief der Alte und lachte so übermäßig, daß ihm fast der Mund offen blieb.

„Hat da nicht des Bartels Basches Witfrau, die Mutter von Aloys Schorer, gewohnt?"

„Freilich! Aber das ist schon lang her. Aber wartet! Ich komm' hinab."

Der Alte kam auf die Straße und fragte:

„Woher seid Ihr?"

„Von Nordstetten, aber nicht von hier."

„Wenn Ihr einen zum Narren haben wollet, so schaffet Euch einen Euresgleichen an — ich mein' so jung."

„Ich will Euch nicht zum Narren haben. Ich bin aus Nordstetten in Amerika und bin der Sohn von des Bartels Basches Aloys."

„Was? Der Sohn vom Tolpatsch? Poßheideblitz! Was man nicht alles erlebt? Ist der Vater auch mit?"

„Nein, er ist daheim geblieben."

„So sag' ich grüß Gott. Ja, ja, das Amerika kommt zu uns. Früher hat man gemeint, es geht nur ein Weg von hier nach Amerika, jetzt geht aber auch einer von Amerika hierher.

Ihr ſeid wohl wegen der Erbſchaft von Eures Großvaters Schweſter in Seebronn gekommen?"

„Ihr ſaget's."

„Wer hätt' das geglaubt, daß da einmal was zu erben wär'! Ich dritten Geſchlecht bin ich auch verwandt mit Eurer Mutter, oder auch im vierten, nämlich —" Und nun wurde ein Stammbaum aufgeſtellt, dem in ſeinen Verzweigungen ſchwer nachzuklettern war. Der Alte vermochte das ſelber nicht und ſchloß: „Wir ſind halt verwandt. Kannſt's glauben. Ich brauch' aber, gottlob! nichts davon."

Jung Aloys ging fürbaß; aber Umſtehende mußten ſchon verkündet haben, wer er ſei, denn aus den Häuſern grüßte man, und hinter ſich drein hörte er ſagen:

„Das iſt der Sohn des Tolpatſch."

An des Zundelmanns Haus kam ihm eine alte Frau ent= gegen und rief ſchon von ferne laut weinend:

„O meiner Mechthild ihr Sohn!"

Als ſie vor ihm ſtand, konnte ſie vor Weinen und Schluch= zen nicht reden. Der Ankömmling reichte die Hand und ſprach beruhigende gute Worte.

„Ich meine, ich höre deinen Vater," rief die Muhme, „juſt ſo herzgetreu hat er auch geſprochen. Nimm mir's nicht übel, wie ich ausſeh'; hätt' ich's gewußt, daß du kommſt, ich hätt' mich geſonntagt und wär' dir entgegen gegangen. Gott ſei tauſendmal gedankt und gelobt, daß ich noch ein Lebendiges von meines Bruder Geſchlecht ſehe! — Nicht wahr, ich darf du zu dir ſagen?"

„Natürlich."

„Du biſt der jüngſte?"

„Ja."

„Und noch ledig?"

Jung Aloys konnte nicht darauf antworten, denn an des Schloßbauern Haus kam ein hagerer Mann, der eine Brille trug, in aufgeſtreiften Hemdärmeln und großer Schürze mit Bruſtlatz auf ihn zu und ſagte:

„Bin ein alter Kamerad vom Vater, bin mit ihm Soldat geweſen."

„Ihr ſeid der Schuhmacher Hirtz?"

„Ja."

„An Euch hat mir der Vater beſondere Grüße gegeben und hat mir geſagt, ich ſoll mir bei Euch in allen Dingen guten Rat holen."

„Ja, Schuſterdraht und guten Rat kann man bei mir haben. Jetzt, da wohn' ich und bin immer daheim."

„Ich komme bald zu Euch.“

„Iſt recht,“ ſagte der Mann und ging eilig wieder in ſein Haus zurück an ſeine Arbeit.

„Das iſt das Schloß,“ ſagte Jung Aloys, auf das Gebäude deutend; er wurde belehrt, daß die Gemeinde das Schloß ange= kauft und Rathaus und Schule daraus gemacht.

Der Schultheiß ſchaute zum Fenſter heraus und nickte. Jung Aloys ging ſofort hinauf und legte ſeine Legitimation und Vollmacht vor. Er erhielt den Beſcheid, daß es deſſen kaum bedurft hätte, denn man glaube ſich um dreißig Jahre zurückverſetzt, ſo ähnlich ſehe er ſeinem Vater, nur habe er den höheren Wuchs des Geſchlechts derer vom Mathes vom Berg.

„Du wärſt ganz dein Vater,“ ſagte der Schultheiß, Jung Aloys am Kinn faſſend, „wenn du nicht den Bocksbart da hätteſt.“

„Und du biſt ganz gut raſiert,“ entgegnete Jung Aloys, dem Schultheiß ſein glattes Kinn ſtreichelnd.

Der Schultheiß fuhr zurück. Das iſt keck, daß der junge Menſch ſo ſchnell gefaßt ihm thatſächlich entgegnet; aber es ließ ſich nichts dawider ſagen und thun.

Vor ſich hinlächelnd ging Jung Aloys die Treppe herab. Wie wird der Vater ſich freuen, wenn er ihm erzählt, daß er die hochmütige Zutraulichkeit gleich bar heimbezahlt hat. Sie mögen alle Tolpatſch ſagen, ſie ſollen's merken, daß ein Ameri= kaner ſich von niemand oben herab behandeln läßt.

Auf der Straße wartete die Muhme, und viele hatten ſich zu ihr geſellt. Einer der Schulknaben, denen er auf der Steige begegnet war, hatte einen Verwandten von des langen Herzles Kobbel gebracht. Jung Aloys konnte berichten, daß derſelbe im Wohlſtand ſei und auch im neuen Nordſtetten in Amerika wohne; er hatte ihm ſogar Geld für arme Verwandte mitgegeben. Noch viele andere kamen und fragten nach ihren Angehörigen, die in ganz anderen Staaten wohnten. Jung Aloys wußte nicht Beſcheid zu geben, aber alle geleiteten ihn weiter das Dorf hinein.

„Wir haben ihn! Wir haben ihn!“ wurde an das Schmid= jörglis Haus gerufen.

Aloys fragte, was das ſei, und hörte, daß man einen zu= geflogenen Bienenſchwarm eingefangen habe.

„Das iſt ein gutes Zeichen,“ bedeutete die Muhme, „o, das beſte. Denk' nur, ein Bienenſchwarm bei deinem Angang eingefangen. Gott Lob und Dank, Beſſeres hätt' man ſich nicht wünſchen können.“

Aloys ließ ſich dieſe Rede ſtill gefallen. In der Alten Welt iſt eben noch viel Aberglauben.

„Wo willst du denn absteigen?" fragte die Muhme.

„Bei dir."

„Ja, bei mir ist's armselig. So ein Herr, wie du, muß in der tapezierten Stube im Adler wohnen."

Die Muhme hatte vielleicht erwartet, daß Jung Aloys Ein=sprache thue, aber er sagte ganz einfach: „Ist recht."

Die Muhme fügte hinzu:

„Und die junge Adlerwirtin ist auch von deines Vaters Seite verwandt mit dir, sie ist die Bruderstochter von deines Ohms Frau. Verstehst du?"

„Nein." Alles lachte.

Erst mit Hilfe anderer wurde Aloys endlich klar, daß die Adlerwirtin die Tochter Ivos sei, und seines Vaters Bruder hatte ja eine Schwester Ivo's zur Frau.

Ja, das ist einmal so, wer sich nicht im Vetterles= und Bäsles= Wald zurechtfinden kann, der taugt nicht in unsere oberdeutsche Heimat.

Ein junger Mann in verwahrloster Kleidung, den etwas zerdrückten Cylinderhut schief auf dem Kopfe, kam unsicheren Schrittes vom oberen Dorfe herab.

„Da kommt der Ohlreit!" hieß es, und durcheinander wurde gerufen: „Ohlreit, jetzt kannst englisch schwätzen! Ohlreit, sprich englisch, da ist auch ein Amerikaner!"

Der junge Mann kam auf Aloys zu und redete ihn mit heiserer Stimme in der That englisch an, Aloys erwiderte ab=lehnend in derselben Sprache und ging weiter. Der Angetrunkene schaute ihm, gläsernen Blickes vor sich hin murmelnd, nach.

Jung Aloys wurde berichtet, daß dies des Schreiner Philipps Truppert sei, der vor bald einem Jahre mit viel Geld heimgekommen war, aber nichts zu thun wisse, als zu prozessieren und sich täglich zu betrinken und ständig auf alle Welt zu schimpfen.

Der Landbriefbote stellte sich Jung Aloys als Sohn des Soges vor und erhielt den Gepäckschein, um den Koffer von der Bahn hierher zu bringen.

Beim Adler staunte alles, da Jung Aloys fragte, wo denn die Linde sei, bei der vor Zeiten immer große Holzbeugen auf=geschichtet waren. Nur ältere Leute wußten sich dessen noch zu erinnern. Der alte Tolpatsch hatte seinen Sohn offenbar gut unterrichtet.

Vor allem aber hatte er ihm gesagt: Die Erbschaftsge=schichte ist ein guter Vorwand. Hol dir eine Frau aus unserer Heimat. Am liebsten wär's uns, du brächtest eine Tochter vom Ivo und der Emmerenz.

Die Adlerwirtin war eine anmutende Erſcheinung und Aloys hätte gern gefragt: Haſt du noch eine ledige Schweſter, die dir gleicht?

Aber Jung Aloys war bedachtſam genug, nicht ſofort ſeine Abſichten kundzugeben.

„Wo iſt der Adlerwirt?" fragte er.

„Er muß bald heimkommen, er iſt auf dem Sulzer Markt. Wir brauchen eine friſchmelfige Kuh."

In guter Manier, zu der die Adlerwirtin beifällig nickte, bat Jung Aloys die Muhme, ihn jetzt eine Weile allein zu laſſen. Die Muhme ſah verwundert drein, daß ſie ſo ohne weiteres heimgeſchickt wird, ſie blieb indes dabei, ſie wolle in der Wirts= ſtube warten, bis Aloys wieder herunter käme; aber ſie mußte doch heimgehen, bevor er wiederkam, denn bei aller Herzlichkeit für das ganze Dorf und vorab für die Muhme, wollte er ſeine Ruhe und ſtilles Beſinnen nicht dran geben.

Wie wunderlich iſt es doch in der Welt, ſo in ein Dorf zu kommen, wo in jedem vom erſten bis zum letzten Haus bei Nennung deines Namens ſich Erinnerungen erwecken und jedes an deinem Leben teilhat! Wie viel hat der Vater auf= gegeben, ſich von allem dem loszureißen und allein oder doch nur mit wenigen Altvertrauten das Leben neu anzufangen. Der Stamm muß geſund ſein, der, aus der Gemeinſchaft des Waldes verſetzt, zu neuem Gedeihen kommt.

Drittes Kapitel.

Es war noch Tag, als der Adlerwirt heimkam, denn die Eiſenbahn hat das Gute, daß ſie das Ausbleiben abkürzt. Der Landbriefbote hatte den auffällig ſchönen Koffer auf das Fuhr= werk geladen, das den Adlerwirt erwartet hatte, und ſo mußte dieſer bereits von der Ankunft des Aloys und kam zu ihm auf ſein Zimmer. Auch der Adlerwirt war von bekanntem Geſchlechte, er war der Sohn des ſogenannten Stubentle, der indes ſchon ſeit Jahren verſtorben war. Aloys richtete nun den Gruß vom Vater an den Sohn aus.

„Unſere Väter ſind gut Freund geweſen, wir wollen's auch ſein," ſagte der Adlerwirt, und Aloys reichte zur Beſtätigung nochmals die Hand, indem er ſagte: „Ich trete hier nicht bloß das Erbe von der Baſe in Seebronn an, ich erbe lauter gute Freundſchaft."

Der iſt wie ſein Vater, dachte der Adlerwirt und ſein lauernder Blick nahm einen wohlwollenden Ausdruck an, indem er laut ſagte: „Wenn du über jemand Kundſchaft haben willſt, frag nur mich; du wirſt gut dabei fahren. Haben wir lang die Ehre von dir?"

„Ich weiß noch nicht, wie lang ich bleibe. Mein Vater ſchickt mich auch zu deinem Schwiegervater, zum Jvo. Hat er noch Kinder im Haus?"

„Freilich. Noch eine Tochter und einen Sohn, der iſt aber nicht daheim, er wird Tierarzt."

Ueber das Geſicht von Jung Aloys ging etwas, deſſen Sinn, wie er glaubte, niemand errate, aber der Adlerwirt erriet es doch. Denn drunten in der Stube ſagte er ſeiner Frau:

„Behalt im Sinn, was ich dir jetzt ſag'. Du gefällſt dem jungen Tolpatſch."

„Schäm' dich, was ſind das für Reden!"

„O, Hoffart! Es geht ja gar nicht auf dich. Der iſt da — aber behalt's bei dir und ſag's niemand — aber halt! Es iſt beſſer, ich ſag' dir's gar nicht."

„O du! Du haſt getrunken und weißt nicht, was du ſchwätzſt. Du haſt gar nichts, du willſt mich nur neugierig machen."

„Gut. Alſo ich ſag' dir, der Jung Aloys iſt da, um deine Schweſter Ignazia zu holen. Jetzt ſei aber geſcheit, ſonſt verdirbſt du die Sach'."

Die beiden konnten nicht weiter allein reden, denn bald war die Wirtsſtube geſteckt voll; alle wollten Jung Aloys ſehen, der bald friſch gekleidet eintrat. Sie ſtaunten, wie ſchnell er ſich zurecht fand, wer dieſer und wer jener ſei und von wem die jüngeren abſtammten; ſie lachten, da er die Unnamen kannte und klatſchten in die Hände und ſchlugen auf den Tiſch, als er ſagte, man ſolle ihn nur den jungen Tolpatſch heißen.

„Der iſt geſcheit!" ſagte die Adlerwirtin hinter dem Schenktiſch, „weil er's ihnen erlaubt hat, wird ihn jetzt gewiß niemand ſo heißen."

„Iſt des Maranneles Jörgli nicht da?" fragte Jung Aloys.

„Der iſt ſchon lang tot."

„Wie geht's denn der Frau?"

„Halt ſo ſo. Sie iſt viel bettlägerig."

„Hat ſie Kinder?"

„Ja, fünf. Ein Sohn iſt ihr im Krieg umgekommen, der war der beſte Trompeter, und eine Kanonenkugel hat ihm die Trompet vom Mund weg und den Kopf dazu abgeſchoſſen. Sie hat auch zwei Söhne drüben (in Amerika), sie lassen aber nichts von sich hören und sehen. Eine Tochter von ihr ist an den Forstwart in Ahldorf verheiratet, und eine hat sie noch daheim, die sieht grad aus, wie wenn sie dem Jörgli aus dem Gesicht geschnitten wär', und sie geht auch so soldatenmäßig und ist die beste Kirchensängerin. Die wär für übers Wasser."

Ein jeglicher schien seinen Beitrag zur Schilderung geben zu wollen, und dabei ließen sie sich tapfer auftragen, Wein und Bier, je nach Lust.

Die Adlerwirtin stellte sich hinter den Stuhl von Jung Aloys und fragte leise:

„Soll ich alles, was da verzehrt wird, auf deine Rechnung schreiben?"

„Nein," entgegnete Jung Aloys ebenso leise, „es zehrt jeder für sich."

Die Adlerwirtin hatte nicht Zeit, eine Meinung über diese Bestimmung zu fassen oder gar kundzugeben, denn eben trat der Schuster Hirtz ein; Jung Aloys ging ihm entgegen, hieß ihn an seine Seite sitzen und rief der Wirtin, eine Flasche vom besten zu bringen. Hirtz aber lehnte entschieden ab, er trinke seinen Schoppen für sich und lasse sich von niemand freihalten. Die Anwesenden verzogen das Gesicht, da Aloys schnell hinzufügte: „Ist gut. Ich erlaube mir also nicht jemand freizuhalten." Nun war's bekannt, jeder mußte seinen Abendtrunk selbst bezahlen.

Der Vater hatte Jung Aloys freilich gesagt, er möge einen Freitrunk geben und Jung Aloys war, wie wir schon noch erfahren werden, ein folgsames Kind, wie es deren in Deutschland und in Amerika wenige gibt. Dennoch wußte er, daß der Vater da nur eine Anweisung gegeben, es aber sicherlich nicht mißbillige, wenn der Sohn seinem eigenen Sinne folgte und der stand nun darauf, die Leute sollten nicht des Trinkens wegen, sondern weil er der Sohn des Aloys war, ihm die Ehre geben, und schließlich verdroß es ihn doch, daß man es noch wagte, den Vater Tolpatsch zu nennen.

Jung Aloys war sonst nicht ruhmredig, aber als jetzt auch der Schultheiß und die drei Lehrer kamen, erzählte er, daß der Vater Friedensrichter und im Kriege zum Hauptmann erwählt worden sei; Ludwig Waldfried, der drüben im Murgthal wohnt, sei sein Oberst gewesen.

Die Stimmung schien sich daraufhin doch etwas in höhere Tonart zu finden, man hörte hin und her, wie stolz man auf den guten alten Genossen war.

„Ist er auch noch lustig?" wurde gefragt, und Jung Aloys erzählte, wie viel sie daheim singen und der Vater fast so lustig sei wie der Großvater, der Mathes vom Berg, der alle Lieder wisse.

Jung Aloys bat nun, daß man auch hier singe, aber es hieß, daß es nicht mehr der Brauch sei, wie in alten Zeiten; es sei aber jetzt ein Gesangverein da, und der Oberlehrer versprach, denselben am Sonntag für den Ehrengast zusammenzuberufen.

„Ich meine," sagte ein junger Mann — es war der jüdische Lehrer — „ich meine, es wird im Dorfe weniger gesungen, seitdem der lahme Klaus, der Stricker, die Ziehharmonika spielt."

Kaum hatte er das gesagt, als der Stricker Klaus auf Krücken hereinkam und mit großer Kunstfertigkeit schöne Weisen erklingen ließ. Bald indes sprach man hin und her und wie um die Musik zu übertönen, wurde das Gespräch immer lauter und lebhafter.

„Mir kommt's so vor, als ob wenig junge Bursche im Dorf seien," sagte Jung Aloys.

„Er hat recht. Er hat's schnell heraus. Das ist vor Zeiten anders gewesen," wurde ihm erwidert, und der Schultheiß sagte:

„Da ist der Preuß' schuld."

„Wie so der Preuß'?"

„Es muß jetzt eben alles Soldat werden, da gibt's wenig heimgezogene junge Bursche mehr."

Aloys fragte den Stricker Klaus, ihm heimlich Geld zusteckend, ob er die Weise vom schwarzbraunen Mädchen spielen könne. Er konnte es, und nun sang alles, und Jung Aloys am eifrigsten, er wußte sämtliche Strophen, die fast niemand mehr kannte.

„Das hab' ich noch vom Großvater, vom Mathes vom Berg gelernt," rief er fröhlich. Der Abend schien schön und heiter zu verlaufen, da hieß es plötzlich:

„Der Ohlreit kommt."

„Heißt der Mann denn Ohlreit?" fragte Aloys.

„Er welscht immer so," wurde erwidert, und schon von draußen hörte man ihn rufen: All right.

Verschlafen blinzelnd kam Ohlreit an den Tisch und wollte englisch reden. Aloys antwortete ihm deutsch. Indes erlustigte sich alles mit dem Verkommenen, und Aloys sah, daß die Leute mehr Freude an einem Gehänselten haben, als an einem Geachteten, und Männer, die den ganzen Abend den Mund nicht aufmachten als zum Trinken, waren jetzt plötzlich überaus redselig.

Aloys ging mit dem Schuſter Hirtz, der ſeinen Schoppen ausgetrunken hatte und keinen Tropfen weiter genoß, auf die Straße. Da ſtand ein Trupp Mädchen, ſie flogen auseinander bei ſeiner Annäherung, nur eins blieb ſtehen.

„So iſt's recht," ſagte der Schuſter, „laß du die Gänſe ſpringen."

„Guten Abend," ſagte das Mädchen, zu Aloys gewendet, und dieſer erwiderte:

„Danke. Wer biſt du?"

„Des Marannele Tochter. Die Mutter läßt grüßen und läßt ſagen, Er ſoll doch auch zu ihr kommen; ſie iſt leider Gottes bettlägerig."

Jemand in der Nähe zündete mit einem Zündhölzchen ſeine Pfeife an, es leuchtete kurz, und Aloys ſah zwei große, helle Augen, dann war wieder alles dunkel, und „Gut Nacht," ſchloß das Mädchen und huſchte wie ein Wieſel davon, bevor Aloys ein Wort erwidern konnte.

Der Schuſter ging mit Aloys noch nach dem Hauſe des Mathes vom Berg, wo die Muhme wohnte, aber hier war alles dunkel und ſtill, die Muhme ſchlief bereits.

Aloys begleitete den ſchweigſamen Mann noch bis zu ſeinem Hauſe, er war auch ſchweigſam, denn es bewegte ſich gar viel in ſeiner Seele. Der Mond ſchien hell, da und dort bellte ein Hund und krähte mit dünner Stimme ein junger Hahn, der ſich wohl noch nicht recht in die Zeit fand. Hirtz ſagte:

„Alſo, da bin ich daheim, und da findeſt du mich immer. Das Haus hat vormals dem blinden Konrable gehört, dein Vater hat dir gewiß auch von ihm erzählt, er hat dich, wie's ſcheint, von allem unterrichtet."

„Ja, und mir geſagt, Ihr ſollet mir in allem raten, und die Mutter hat noch geſagt, der Hirtz, der kennt die Menſchen, der hat den Leiſten von jedem im Dorf."

„Ja, dein' Mutter, die iſt immer ein aufgeweckt Mädle geweſen. Ich kann mich juſt nicht berühmen, ein großer Menſchenkenner zu ſein, aber ſo viel weiß ich: vom König bis zum Keſſelflicker, in Amerika und bei uns ſind alle Menſchen gleich, ſie ſtecken alle barfuß in den Strümpfen."

Aloys lachte, dann fragte er:

„Was iſt der Adlerwirt für ein Mann?"

„Er iſt kein unebener Mann und der richtige Sohn des Studentle; von dem Gebot: Liebe deinen Nächſten wie dich ſelbſt, hält er's beſonders mit dem zweiten Teil."

„Lebt der alte Buchmaier noch?"

„Ja, aber er ist am Auslöschen. Er ist über achtzig."

[7] „Mein Vater hat mir einen besonderen Gruß an den Buch= maier aufgetragen, auf diesen ist er besonders stolz."

„Ist auch ein Ehrenmann, aber von Amerika will er nichts wissen, das ist so seine Eigenheit; von seiner Sippschaft hat niemand nach Amerika auswandern dürfen. Aber jetzt gute Nacht. Morgen ist auch noch ein Tag. Laß dir was Gutes träumen in der ersten Nacht bei uns."

Aloys ließ sich wachend noch was träumen. Er ging durch die Hohlgasse und zwischen den Gartenhecken hinaus vor das Dorf.

Der Weizen blühte, und ein nährsamer Duft schwebte über den Feldgebreiten.

Der Nachtzug von der Eisenbahn leuchtete und dröhnte im Thal, und jetzt schwanden die Lichter und verklang das Dröhnen drüben im Hochdorfer Tunnel. Stille war's ringsum, nur von der Steingrub herüber tönte das halb verschlafene Quaken eines Frosches, aber auch die Wachtel schlug noch jetzt in der Nacht und der Wachtelkönig antwortete drauf.

Die Kette der rauhen Alb lag hell im Mondenschein und eine Burg war deutlich sichtbar.

„Das muß der Hohenzollern sein. So sieht also eine Stammburg aus," dachte Aloys vor sich hin.

Es klingt und schwingt etwas in stiller Mondnacht über die Heimatberge, dessen sich auch der junge Amerikaner nicht erwehren konnte. Horch! Die Glocke im Dorfe schlägt an und jetzt die drüben in Ahldorf und noch eine andere, wohl von Mühlen oder Hochdorf, und jetzt deutlich von den verschiedenen Türmen in Horb. Am Tage hören die Dörfer einander nicht, aber in der Nacht sprechen sie miteinander mit eherner Stimme. Hier sind deine Vorfahren gewandert und auch deine Eltern, die jetzt drüben in weiter Ferne sind, dort ist Tag, sie sind bei der Arbeit und denken dein.

Wunderlich! Das Marannele hat also noch eine Tochter. Hat das der Vater gewußt? Gewiß! Sonst hätte er ja nicht ausdrücklich gesagt: „Schau, am besten ist's, du holst dir eine Frau von daheim und du kannst mir als Schwiegertochter heim= bringen, wer dir gefällt, arm oder reich, Jud' oder Christ, wenn's nur schaffig und gesund ist, ist mir alles recht und der Mutter auch. Erkundige dich nach der Familie beim Schuster Hirtz und auch beim Ivo. Am liebsten wär' mir freilich, du bekämest eine Tochter vom Ivo und der Emmerenz, die wohnen da droben bei Freiburg und die haben gewiß gute und schöne Kinder, er ist auch ein Bruder, du weißt, was das sagen will. Wir können hier niemand brauchen, das nicht über den Katechismus hinaus denkt. Der Ivo hat sollen Geistlicher werden, und sie ist eine rechtschaffene Magd gewesen, das ist gewiß ein gutes Geschlecht und bei guten Gedanken aufgewachsen, hell im Kopf. Aber bring' du, wen du magst. Nur bring' mir nicht eine Tochter vom Marannele und dem Jörgli. Weiter sag' ich dir nichts, das andere kannst du dir denken."

Ja wohl kann ich mir's denken, und es ist gut, daß ich's weiß, sagte Jung Aloys zu sich, als er endlich wieder ins Dorf zurückkehrte. Er nahm sich vor, sobald die Erbschaftssache bereinigt sei, zu Ivo zu reisen, und es macht sich ja ganz geschickt, daß er hier bei dessen Tochter wohnt, vielleicht reist die Adlerwirtin mit, oder doch ihr Mann.

Als Aloys gegen das Wirtshaus kam, sah er von ferne, wie dem Ohlreit herausgeleuchtet wurde.

„Spiel auf!" rief der Ohlreit, und der krumme Klaus ging mit der Ziehharmonika voran und spielte Yankee Doodle nach der Hintergasse zu, wo Ohlreit wohnte, aber Klaus verknüpfte schnell auch die amerikanische Melodie mit der vom schwarzbraunen Mädchen.

Viertes Kapitel.

Von Haus zu Haus im ganzen Dorfe suchte heute jedes mit einem neuen Gedanken in der Seele den Schlaf.

Ein Sohn des Tolpatsch ist da! Wie lang hat man nicht an den gedacht, und es ist auch nicht möglich, die Gestorbenen und Ausgewanderten alle in Gedanken zu behalten; jedes hat genug mit sich selbst zu thun und mit dem, was um einen herum lebt.

„Wie sieht er denn aus?" fragte da und dort eine Frau den aus dem Wirtshaus heimgekehrten Mann.

„Ganz gut," lautete die Antwort, „er hat eine schwere goldene Uhrkette und einen großen Ring, aber von Freihaltingen ist er nicht daheim. Jedes hat seine Zech' bezahlen müssen. Ist das schön?"

„Just nicht besonders. Aber mir ist das ein Zeichen, daß er reich ist."

„Kann schon sein. Hände hat er, doppelt so breit wie die meinigen, und mit wem meinst, daß er am zutraulichsten gewesen ist?"

„Wie kann ich das wissen?"

„Mit dem Schuster Hirtz. Da steckt was dahinter."

„Ist er noch ledig?"

„Kann wohl sein."

„Gib acht, der holt sich eine Frau von hier. Gewiß des Hirtzen Madlen', ich thät's ihr gunnen, sie sieht ganz elend aus von dem Telegraphen-Klöppeln, und der Ohlreit, der kommt nie mehr auf."

„Laß mich in Ruh, mich geht der Tolpatsch mit seiner ganzen Sippschaft von Haut und Haar gar nichts an."

So wurde in vielen Häusern gesprochen, bevor man sich zum Schlaf wendete.

In einem Hause aber dauerte das Gespräch noch lange.

In den sogenannten Hinterhäusern, nicht weit vom neuen Kirchhof, steht ein breites Haus mit Scheune und weitläufigen Ställen; die Scheune ist nur halbvoll, die Ställe sind fast ganz leer; denn zwei Kühe und ein sechswöchiges Kalb sind in dem weiten Raume fast wie verloren. Zu Lebzeiten Jörglis war's freilich 'anders; da waren vier Rosse in dem einen und sechs Kühe im anderen Stall und in der Scheune, meist aber vor dem Hause, stand ein großer Stellwagen, der zwölf Sitze hatte, ungerechnet die vier Plätze auf dem Deck.

Der Ernährer, der alles dies leitete, liegt nun da drüben auf dem' Kirchhof, er war bis zu seinem Tode ein lustiger Kamerad gewesen, und wie er vor Zeiten als stolzer, junger Kavallerist durch die Dorfgassen jodelte, so jodelte er noch oft vom Bock herunter, wenn er dreimal in der Woche mit seinem eigenen Stellwagen zur Hauptstadt und wieder heimfuhr und auf dem ganzen Weg, in Städten und Dörfern, sah er lauter fröhliche Gesichter, denn alles hatte den Jörgli gern und lachte ihm zu. Ja, auch der Hund, der neben dem Wagen herlief, teilte die Beliebtheit seines Herrn; nie kam er in Raufhändel, was freilich sich auch daraus erklärt, daß es kein Hund war, sondern eine Hündin und um diese raufen sich wohl die Hunde, sie selbst aber wird nie angegriffen.

Jörgli ist, wie die Rede lautet, vor seiner Zeit gestorben, denn er hatte Backen fast so rot wie seine Scharlachweste und wie die nahe aneinander gereihten silbernen Knöpfe drauf, so glänzten seine Zähne aus einem Munde, der für jedes am Wege eine Scherzrede hatte.

Bei seinem Tode fand sich, daß durch die Anschaffung von Pferd und Wagen das Bauerngütlein verschuldet war, aber die Witwe konnte doch noch mit ihren Kindern Nahrung auf eigenem

Felbe bauen, freilich nur knapp. Zwei erwachſene Söhne, ſtatt
der Mutter zu helfen, wanderten aus, ein Acker und eine Wieſe
mußten zu ihrer Ausſtattung und Ueberfahrt verkauft werden.
Der jüngſte Sohn, in Geſtalt und Luſtigkeit ganz ſeinem Vater
gleich, war im letzten Krieg gefallen.

In der Kammer, deren Fenſter nach dem Kirchhof geht
— man ſieht ihn aber nicht, denn der Nußbaum am Hauſe
und die Obſtbäume im Garten verdecken den Ausblick — da
leuchtete der Mond auf die Decke eines Bettes, in dem eine
Frau vor ſich hinmurmelte:

„Was hat man davon, daß man einmal jung und über=
mütig geweſen iſt und jedes hat einem ſchön gethan? Da lieg'
ich jetzt wie eine verhutzelte alte Birn' im Gras. Aber ſchön
iſt's doch geweſen, wie ich den Tolpatſch tanzen gelehrt hab'!
Biſt von klein auf ein guter Tralle geweſen, ein weiches Herz,
haſt gewiß auch meiner gedacht, haſt mich gern gehabt, mehr
als gut geweſen iſt, hab' dir's nicht vergelten können. Was
kann ich dafür? Haſt uns gewiß durch deinen Sohn was ſagen
laſſen oder auch was geſchickt. Weißt denn, daß ich noch leb'?
Freilich ein Leben, der Tod wär' beſſer. Wo nur das Marannele
ſo lang bleibt! Es wird ſich doch nicht zu ihm ins Wirtshaus
ſetzen! Meine Kinder ſind fort und meine eigenen Füße wollen
nicht mehr gehen.“

So klagte die Frau in einſamer Nacht, jetzt hörte ſie den
krummen Klaus ſpielen und den Ohlreit johlen, dann war alles ſtill.

Es ſchlug Viertelſtunde auf Viertelſtunde, und vom Thale
herauf klang der Pfiff der Lokomotive.

„Es iſt gleich elf Uhr. Wo nur das Kind bleiben mag.
Marannele!“ rief ſie laut, „Marannele! Biſt denn noch nicht
daheim?“

„Ja freilich, ſchon lang,“ antwortete es aus der Kammer.
„Ich hab' gemeint, Ihr ſchlafet.“

„O nein! Komm herein und erzähl'.“

Das Mädchen kam herein und ſetzte ſich auf das Bett der
Mutter. Dieſe fragte:

„Haſt ihn geſehen? Was hat er geſagt? Wie ſieht er aus?“

„Ich hab' ihm Euern Gruß ausgerichtet, aber wie er aus=
ſieht, das weiß ich nicht; wir ſind im Schatten geſtanden und
er hat einen Hut auf, ſo breit wie ein Regendach. Groß iſt er
und breit und hat eine Stimme wie ein Oberamtmann.“

„Was hat er zu dir geſagt?“

„Zu mir? Nichts. Ich hab' ihn aber gehört, wie er mit
dem Schuhmacher Hirtz geredet hat. Wie er auf uns zukommen

ist, sind meine Gespielen alle davongerannt und haben mich fast umgerissen; ich bin aber stehen blieben und hab' ihm Euren Gruß ausgerichtet."

„Und was hat er dir drauf gesagt?"

„Nichts. Ich weiß nicht. Wie ich's heraus gehabt hab', bin ich eben auch davongerannt."

„O du Tättele du! Aber schon gut, er hat nun doch in der ersten Nacht hier eine Gutnacht von mir, und er müßt' nicht sein Sohn sein, wenn ihm das nicht in der Seele blieb'! Freilich, die Menschen in Amerika verwachsen sich, der Ohlreit sagt, daß die Zwetschgenbäume drüben allemal zu Pflaumenbäumen werden, aber ein Tannenbaum wird doch kein Birnenbaum. Schon gut. Morgen in aller Früh machst das Haus sauber, von oben bis unten, und pußest das Bild ab, das draußen hängt, das von dem Soldat zu Fuß. Wirst sehen, er kommt gleich morgen. Und weißt was?"

„Was?"

„Morgen in aller Früh gehst in die Frühmeß'. Wirst sehen, er kommt auch und da —"

„Nein, Mutter, das thu' ich nicht. Ich thät' mich vor unserm Herrgott schämen."

„So? Da laß es bleiben." —

Während hier von ihm gesprochen wurde, stand Jung Aloys am offenen Fenster und atmete mit bewegter Brust die Heimatsluft seines Vaters, bald trat er zurück, öffnete seinen Koffer und schrieb:

„Liebe Eltern! Ich will euch nur gleich sagen, daß ich gut hier angekommen bin. Ich bin in einem Zug von Hamburg hierher gereist. Mir ist gewesen, wie wenn ich in Europa keine Nacht anderswo daheim sein könnte, als eben in Nordstetten, und wie wenn hier ein Wunder auf mich wartete. Aber es ist alles wie überall.

Lieber Vater! Das muß ich Euch aber gleich sagen: Auf der Eisenbahn habe ich Menschen auf das neue Deutschland schimpfen hören. Warum, haben sie mir nicht deutlich machen können, aber es gibt eben immer und überall Menschen, die unzufrieden sind.

Der Tannenzweig, der da einliegt, ist vom Baum an der Gemarkungssäule. Ich lege auch ein Blatt bei vom Nußbaum an des Großvaters Haus. Vom Lerchensang, den ich zum erstenmal im Leben recht gehört habe, kann ich nichts schicken.

Die Muhme Rufina iſt noch ganz munter, aber ſie ſpricht ſo, daß ich ſie nur ſchwer verſtehe und überhaupt auch ſonſt. Ich werde mich ſchon dran gewöhnen.

Es iſt doch ſchade, daß bei uns daheim kein Nußbaum fortkommt.

Wie oft habt Ihr mir von Eurer Heimat erzählt, aber ſehen iſt doch noch anders. Es macht ſich gut, Ihr habt's wohl nicht gewußt, daß die junge Adlerwirtin die Tochter vom Ivo iſt, ſie iſt erſt ſeit Oſtern verheiratet, und ihr Mann iſt ein Sohn vom Konſtantin. Ich bin hier in lauter Vettern und Baſen eingewickelt und das Marannele iſt Witwe und hat noch eine Tochter. Ich ſchreibe bald wieder.

Euer Aloys.

Nachſchrift. Lieber Vater! Morgen beſuche ich den Buch= maier, wie Ihr mir aufgetragen. Es ſoll höchſte Zeit ſein, denn man erwartet ſtünblich ſeinen Tod.

Großvater! Der Nachtwächter ſingt nicht mehr ſo, wie zu Euern Zeiten.''

Fünftes Kapitel.

Als Aloys in der Frühe erwachte, hieß es, der alte Lan= bolin ſei ſchon lange da und warte auf ihn. Aloys ging hinab, aber der Alte bat, mit ihm auf ſein Zimmer gehen zu dürfen und, als ob er's bis dahin verhalten habe, fing er plötzlich an, heftig zu weinen. Aloys ſuchte ihn zu beruhigen, und der Alte ſagte:

„Ja, ja, du haſt das linde Herz von deinem Vater und es iſt Gottes Fügung, daß ich von allen im Dorfe zuerſt dich angeſprochen habe. Ich habe dich nun was zu fragen. Wie lang bleibſt du bei uns?''

„Mindeſtens zwei bis drei Wochen.''

„Das macht ſich gut. Von heut über acht Tagen haſt's wieder auf Heller und Pfennig.''

Der Alte brachte nun unter ſehr vielen Wendungen und Beteuerungen vor, daß ſein Sohn, bei dem er im Leibgeding lebte, nichts davon wiſſe, aber wenn Aloys helfe, werde der Alte bis an ſein Lebensende die beſten Tage dadurch haben.

Aloys mußte ſich erſt unterrichten laſſen, daß es in Deutſch= land Sitte ſei, daß ein Vater ſein Beſitztum abgebe und ſich in Abhängigkeit von einem Kinde verſetze.

Der Alte brachte endlich den Wunsch um ein Darlehen für seinen Sohn vor, der in acht Tagen durch Heuverkauf wieder zu Geld käme.

„Ich habe kein Geld zum Verleihen."

„Der Adlerwirt gibt dir, was du verlangst."

„Da kann er's ja selber Euch geben und ich glaub', daß Ihr's zur Zeit heimzahlt, aber wenn's nicht wär', ich könnt' Euch nicht verklagen. Das schickt sich nicht für mich."

Aloys brachte das nicht in mildem Tone vor, er hatte geringes Mitleid mit der Armut; sie erschien ihm fast als Laster. Er war wieder ganz Amerikaner. Dem Alten blieb wieder der Mund offen vor Erstaunen und jetzt kam die Magd und sagte Aloys, es warte jemand draußen, der ihn notwendig sprechen müsse. Draußen stand der Adlerwirt und warnte Aloys, dem Alten Geld zu geben; er sei ein Ehrenmann, aber sein Sohn mißbrauche ihn, dieser warte schon hinterm Garten, bis der Vater wieder was für ihn geborgt habe, und es sei eine Schande fürs Dorf, daß Aloys gleich am ersten Tag so überlaufen werde.

Aloys fragte, ob er dem Alten was schenken dürfe; es wurde verneint und als Aloys wieder in sein Zimmer kam, merkte er, daß der Alte gehorcht hatte, der nun auf den Adler= wirt schimpfend bald davonging.

Sonntäglich geputzt kam die Muhme. Aloys konnte nicht umhin, auf ihr andringendes Fragen zu gestehen, daß er ein Mädchen aus rechtschaffener Familie, dem er gefalle, als Frau heimbringen wolle.

Die Muhme wurde überaus heiter bei dieser Mitteilung, aber plötzlich unterbrach sie sich:

„Hab' schon gehört," sagte sie, „des Jörglis Marannele hat dir gestern noch einen Gruß sagen lassen. Laß dich nur mit der falschen Schlange nicht ein. Am besten ist, du gehst ihr gar nicht ins Haus."

„Das werde ich doch müssen."

„Aber andere Leut' und rechte Leut' kommen zuerst dran. Ich bin deines Großvaters Schwester. Nicht wahr, ich darf alles sagen?"

Aloys bezwang seine Ungeduld über die umständliche Weise, die wohl hier zu Lande üblich ist, und er sagte:

„Ja wohl. Ich folg' Euch gern, wo ich's einseh'."

„So ist's recht. Dein' Mutter hat mir auch immer ge= folgt und du siehst, wie gut es gangen ist. Ich hab' sie und deinen Vater zusammengebracht. Jetzt bei dir ist's freilich anders."

Die Muhme erzählte, daß es sich ganz geschickt füge, wenn er ein Mädchen aus dem Ort haben wolle. Am nächsten Sonntag sei Hochzeit, freilich nur eine kleine von einer Witfrau und einem Schneider; der junge Krappenzacher, der habe das Heiratgeschäft von seinem Vater ererbt und habe die beiden zusammengebracht. Wenn man wolle, sage der Krappenzacher den ersten Bauern= töchtern aus der Gegend Bescheid, die seien auch gerne bereit, wenn sie einen reichen Amerikaner bekommen könnten.

„Und noch dazu einen aus so einer Familie wie die unsere," setzte sie in neuem Abelsstolze hinzu. „Aber weißt, was das Gescheiteste wär'? Hast's ja gestern gesehen. Wenn man die Immenkönigin fangen will, muß man eine Immenkappe auf= setzen. Ich will aussprengen, du seiest schon verheiratet, dann bist du wie der Mann, der eine Nebelkappe hat überziehen können. Kennst du die Geschicht' vom hörnenen Siegfried? Es ist einmal ein Mann gewesen —"

Aloys dankte; das war doch zuviel, daß sich ein Amerikaner am hellen Morgen ein deutsches Märchen erzählen läßt, und als Amerikaner fühlte sich jetzt Aloys wieder. In der Nacht hatte ihn etwas von deutscher Traumsucht angefaßt, das ist ver= flogen. Aloys verabschiedete sich bei der Muhme und sagte, er müsse zum Buchmaier.

„Ist recht," bestätigte die Muhme, „das ist der beste Mann und das beste Haus. Wärst du nur ein halb Jahr früher kommen, da hat er noch eine ledige Tochter gehabt . . ."

Wenn man die Leute kennt und den Weg weiß, geht man nicht irre, sagt man bei uns daheim. Jung Aloys schien diese unwiderlegliche Wahrheit aufs neue zu beweisen. Er war gut unterwiesen, von Vater und Mutter und noch dazu vom Groß= vater. Dieser hatte ihm besonders die Namen der besten Sänger angegeben, die meisten waren aber bereits in den himmlischen Liederkranz abberufen. Vater Aloys dagegen hatte viel Rüh= mens gemacht vom Buchmaier, dem „ersten Freibürger", so nannte er ihn stets.

Beim ersten Ausgang am Morgen sah Aloys eine Gruppe von Menschen bei der Schmiede, sie umstanden ein Pferd und drin in der Werkstatt brannte das Feuer.

Vom Vater her wußte Aloys, daß bei der Schmiede sich stets die beste trockene, das heißt trunklose Unterhaltung ergibt.

Er gesellte sich zu den Männern, als eben der Schmied das Eisen anprobierte. Er musterte das Pferd und sagte:

„Bei uns in Amerika thät' man sagen, das kann Wähler sein."

„Was soll das heißen?

„Das Pferd ist gut zwanzig Jahr alt."

„Hat's erraten."

Stolz und lächelnd fügte Aloys hinzu, daß in Amerika niemand dem Pferd den Fuß aufhebe, das thue der Schmied selber und beschlage es dabei ohne fremde Beihilfe.

Die Leute nickten einander zu, sich bedeutend, das sei amerikanische Prahlerei.

„Ist es denn wahr, was der Ohlreit sagt," fragte der Knecht, der den Fuß des Pferdes hochhielt, „ist's wahr, daß die Ochsen in Amerika so gescheit sind, daß sie ohne Peitsche sich aufs Wort regieren lassen?"

Aloys bestätigte und erzählte Näheres wahrheitsgemäß; aber wenig erbaut von der Wahrnehmung, daß man den Amerikanern nicht recht glaube, ging er davon. Er nahm sich vor, den Leuten nichts Auffälliges mehr zu erzählen, so wahr es auch sei.

Während er nun nach dem Hause des Buchmaiers wanderte, rief er sich jene Geschichte zurück, wie der Buchmaier eine gesetzwidrige Verordnung des Oberamtmanns Rellings mit seiner Art durchhieb.

Als er an den abgeschlossenen einzeln stehenden Hof kam, rannte ihm aus dem offenen Thor ein schönes Fohlen entgegen, das den Kopf hoch hob, einen Augenblick still stand und den Fremdling mit seinen großen Augen ansah, dann aber ausschlägend in die Wiese rannte und ruhig graste. Im Hofe begegnete ihm der Pfarrer mit dem Ministranten, die Kreuz und Weihrauchkessel trugen, sie kamen aus dem Hause. Als sie vorüber waren, fragte Aloys die Knechte, die vor der Stallthüre standen, wie es mit dem alten Buchmaier sei, ob er noch lebe. Er erhielt zur Antwort, daß er noch bei voller Besinnung sei, nur eben am Auslöschen.

„Da kommt der junge Bauer," hieß es. Der junge Buchmaier fragte Aloys etwas unwillig, wer er sei und was er begehre. Während Aloys seinen Wunsch erklärte, war eine hochschwangere Frau hinzugekommen und sie sagte: „Ich mein', du solltest das dem Vater doch berichten. Nehmen Sie's nicht übel," wendete sie sich zu Aloys, „mein Mann ist jetzt natürlich verstört und nicht aufgelegt."

Der junge Bauer ging hinauf, und bald wurde Aloys gerufen.

Sechstes Kapitel.

In einem Lehnstuhl saß der Buchmaier, die langen Haupt-
haare und der Bart waren schneeweiß, er saß in sich versunken,
aber die markige Gestalt war noch wohl erkennbar.

„Vater! Der Aloys aus Amerika ist da," sagte der junge
Bauer mit bebender Stimme. Erst nach einer Weile sagte der
Kranke:

„Wo ist der Aloys? Wo? Komm her! Ich seh' nicht
mehr gut."

Jung Aloys näherte sich ihm und der Alte tastete ihm
mit zitternden Händen über das Gesicht. Jung Aloys erzählte,
daß sein Vater und alle in Neu-Nordstetten des Buchmaiers gedenken, wie er damals mit der Art in die eigenmächtige Verordnung des Oberamtmanns hineingehauen habe. „Der Vater
sagt oft und oft," berichtete Jung Aloys, „damals wie er Euren
Arthieb gesehen und Eure Worte gehört habe, sei ihm aufgegangen, was Freiheit ist."

Ueber das Antlitz des Alten ging ein Freudenstrahl.

„Mathes!" rief er.

„Vater! Was wollet Ihr?"

„Leg mir die Art auf den Sarg und gib sie mir mit ins
Grab. Es ist die kleine breite mit dem Ahornstiel."

„Ich weiß, Vater," erwiderte der Sohn und biß die Lippen,
während große Thränen ihm über die Wangen rollten.

Die ältere Tochter des Buchmaiers kam herein mit ihrem
Mann und ihren Kindern, die jüngst verheiratete Tochter kam
mit ihrem Mann und ihren Schwiegereltern, Männer vom Gemeinderat stellten sich ein; die Stube schien die Menschen alle
kaum fassen zu können. Der alte Buchmaier saß in sich versunken, plötzlich erhob er sich und rief: „Sie kommen! Sie
kommen!" Er breitete die Arme aus, als müßte er Entgegen-
kommende ans Herz nehmen. Aloys eilte auf ihn zu und hielt
ihn aufrecht. Der Alte wendete den Kopf hin und her und
schien verwundert auf den Fremden zu schauen, dann erhob er
das Haupt hoch, ein Leuchten zog über sein Antlitz, mit weit
aufgerissenen Augen starrte er drein und mächtig erscholl seine
Stimme: „Alle kommen sie wieder! Machet das Thor weit auf,
alle sind sie wieder da. Lebwohl, Amerika! Guten Morgen,
Deutschland! Hellauf! Grüß dich Gott, Lucian! Grüß dich Gott,
Mathes vom Berg! So? bist auch wieder da, du guter Tolpatsch? Laß sie nur alle herein. Alle. Wieder daheim. Hell-

auf!" Er wankte, er sank zurück und hauchte seinen letzten
Atem aus.

Auch alle Anwesenden hielten den Atem an, bis endlich
der Gemeindeschreiber sagte: „Solch ein ehrenfester Mann wie
der Buchmaier lebt nicht so bald wieder auf . . ."

Als Aloys das Haus verließ, gab ihm der junge Bauer
das Geleite und sagte auf der Schwelle:

„Du bist ein guter Bote gewesen, du hast meinem Vater
einen leichten lustigen Tod gebracht."

In der Wiese draußen vor dem Hofe wieherte das Füllen
in den hellen Tag hinein, die Vögel sangen in der Luft und
von den Bäumen; dennoch war Aloys schwer bedrückt.

Als tags darauf der Buchmaier begraben wurde, stand
Aloys wie ein nächster Verwandter an der Seite des jungen
Bauers, der ihm die Axt übergab, um sie in das Grab des
Vaters zu versenken.

Aloys schrieb alle diese Vorgänge an seinen Vater, aber
er schickte den Brief nicht ab; es könnte daheim den Kränkeln=
den doch zu sehr angreifen.

Er fuhr mit der Muhme Rufina nach Rottenburg und
suchte vor allem die Erbschaftssache zu ordnen.

„Das ist ein scharfer Mensch, man sollt' nicht meinen,
daß das der Sohn vom Tolpatsch sei," lautete das Urteil der
Verwandten von Seebronn.

Er wurde indes doch bringend gebeten, über den Sonntag
bei ihnen in Seebronn zu bleiben, sie waren eifersüchtig auf
Nordstetten und fanden es unrecht, daß er dort blieb. Sie
sagten ihm wiederholt, die Nordstetter seien Spöttler, und wenn
er entgegnete, er habe noch nichts davon gemerkt, da hieß es:
„Gib acht, wirst's schon noch erfahren." Aloys aber fühlte sich
in Nordstetten mehr daheim als in Seebronn, wo er allerdings
weit mehr Verwandte hatte, er wußte aber wenig von ihnen,
denn man kam selten mit der hier ansässigen Schwester des
Großvaters zusammen. Der Vater hatte richtig gesagt: „In
Amerika gelten sieben Stunden Wegs gar nichts, aber daheim
ist man von denen überm Neckar drüben getrennt, als läge ein
Meer dazwischen."

Es gab auch schöne Mädchen in Seebronn und alle waren
verwandt, aber Aloys war seltsam stockig. Er reiste nach der
Hauptstadt zu seinem Konsul, und auch, um einen Verwandten
zu besuchen, der als Soldat diente. Er sah das Gebäude, in
dem sein Vater Soldat gewesen; es diente jetzt gewerblichen
Zwecken, aber wahrhaft erschrocken war er, als er zum ersten=

male eine Kaserne sah, in der hundert und hundert junge Männer in ihren besten Jahren leben müssen.

„Gottlob! das haben wir in Amerika nicht," dachte er auf dem Heimweg. Als er wieder gen Nordstetten kam, war's ihm, als wäre er hier von je daheim, und er fand etwas, das daheim macht wie nichts anderes.

Wie damals der Vater Ivos, der Zimmermann Valentin, so arbeitete heute auf der Hochbur ein Mann mit der Breitart, um Balken zuzuhauen. Aloys stellte sich zu dem Manne und fragte, warum man nicht die Stämme in der Sägmühle zurichten lasse; der Mann erwiderte, daß es mehr Mühe und Kosten mache, die Stämme den Berg hinab und die zugerichteten Balken wieder herauf zu bringen.

„Nehmt Ihr keinen Gesellen an?" fragte Aloys.

„Ich möcht' schon, aber es ist mit den Gesellen ja nicht mehr auszukommen."

„Vielleicht doch," entgegnete Aloys und zog seinen Rock aus, faßte eine Breitart und arbeitete mit Ruhe und Sicherheit, daß der Meister ihm zunickte.

Die vom Felde Heimkehrenden staunten, und sie mußten von der Seltsamkeit drin im Dorfe erzählt haben, denn Männer und Frauen und Kinder kamen und schauten auf Aloys, dieser aber arbeitete ohne umzuschauen weiter. Auch der Ohlreit ging vorüber und lachte so unbändig als gezwungen, dann aber saß er lange auf einem Steinhaufen und starrte hinüber zu Aloys, der bei seiner Arbeit blieb, bis Feierabend gemacht wurde.

Und so arbeitete Aloys eine ganze Woche. Jetzt aber mußte er rasten, denn die Grundmauern zu dem neuen Hause waren noch nicht weit genug, um das Gebälke aufzusetzen.

Er ist ein gelernter Zimmermann, hieß es im Adler, er hat das goldene Handwerkszeug an der Uhr hängen. Die Adlerwirtin aber vertraute ihrem Manne, sie wisse das von ihrem Vater her, Aloys sei ein Bruder Freimaurer.

„Da paßt er ja doppelt in deine Familie," entgegnete der Adlerwirt, „aber sag's nicht weiter. Die Leute hier sind noch so altväterisch und denken sich Teufelszeug drunter." —

Dreschen ist kein Geheimnis, sagt man, und auf der Hochbur Bauholz zimmern, auch nicht.

Als Aloys am ersten Tage da draußen arbeitete, galt das für einen Spaß, für eine Wunderlichkeit des Amerikaners; als er aber Tag für Tag das Geschäft fortsetzte, mußten die Leute doch sich anders besinnen und im Adler wurde darüber hin und her geredet und der Schluß war: „Es ist weiter nichts als

Prahlerei, er will zeigen, wie er schaffen kann. Prahlhanserei ist's."

Die kluge Tochter Ivos und der Emmerenz mischte sich sonst nicht gern in das Gespräch der Männer, zumal wenn wie jetzt der Schultheiß das große Wort führte; sie war auch noch zu neu im Dorfe, um ihre Meinung geltend zu machen. Jetzt aber hielt sie sich nicht mehr und mit zornbebender Lippe rief sie: „Ei ei! Was muß man da nicht alles hören."

„Still! Die jung Adlerwirtin hat was," rief der Rats-schreiber. „Laß hören. Gib her. Glaubst du, daß der jung Tolpatsch was anderes dabei im Sinne hat?"

„Ich mein', das mit dem Tolpatsch könnt' man jetzt ein-mal lassen. Ja, ich mein' grab das Gegenteil von Euch. Wenn's auch wär', wenn er auch zeigen will, was er ist und kann; ist denn das was Schlechtes, wenn einer für das gelten will, was er wert ist? Die Leute, die so bescheiden thun, daß man sie um Gottes willen nicht lobe, das sind nicht immer die ehrlichen und die guten. Ich muß grab heraus sagen: Ich höre da allfort Spott und Schimpf und im besten Fall Be-dauern über den Ohlreit, und jetzt kommt einmal einer und will nicht müßig warten und in den Wirtshäusern herumliegen, bis er wieder fortgeht. Ist das nicht ehrenhaft? Ich mein' einmal so."

„Du kannst ja predigen wie dein Vater."

„Und recht hat sie."

„Und wahr ist's."

„Die jung Adlerwirtin muß Gemeinderat werden."

„Die ist wie die verstorbene Schultheißin, die hat man die Stellfalle geheißen. Sie kann lange schweigen, wenn sie aber einmal anfangt, laust's auch über die Wiesen."

So schlug die Meinung um, und die junge Adlerwirtin verbat sich nur jeden Unnamen.

Als Aloys nun in die Stube trat, rückte jeder beiseite und jeder rief: „Setz dich zu mir! zu mir."

Man neckte ihn, er verstand indes nicht, was das heißen solle, daß die junge Adlerwirtin sein Advokat sei. Als aber die Gäste fortgegangen waren, setzte sich die Adlerwirtin zu ihm und sagte:

„Du hast mir bisher gefallen, so deine ganze Art, und jetzt gefällst mir noch viel mehr. Wenn mein Vater da wär', er thät dir die Hand geben und sagen: Brav so! Du bist auf dem Rechten. Nicht müßig gehen, bis die Schreiber bei Amt fertig sind, das ist das Rechte."

„Du hätteſt mir nichts ſagen können, was mich glücklicher macht als das, daß dein Vater mir die Hand gäbe. Wenn mein Vater den Namen Ivo ſagt, da iſt lauter Glückſeligkeit in ſeinem Geſicht. Hab' ich dir ſchon geſagt, daß ich zu deinem Vater reiſe?"

„Jawohl."

„Und . . ."

„Was und? ſprich nur frei."

„Alſo ich gefall' dir?"

„Das iſt kein Spaß für dich und auch nicht für mich."

„Und ich muß es doch noch einmal ſagen. Alſo ich gefall' dir? Und glaubſt du, daß ich deiner Schweſter auch gefallen könnt'?"

„Du biſt nicht verſteckt."

„Nein. Meinem Vater wär's das Liebſte und ſeit ich dich kenn', mir auch, wenn ich deine Schweſter kriegen könnt'. Sieht ſie dir gleich?"

„Sie iſt größer und breiter und anderthalb Jahr älter als ich."

„Das iſt alles kein Schaden. Könnteſt du es nicht machen, daß ſie hierher käme?"

„Nein. Sie geht nicht von daheim fort."

„Wie meinſt das? Auch nicht, wenn ſie heiratet?"

„Wenn ſie heiratet? Ja, wenn. Sie iſt verliebt."

„So? darf man wiſſen in wen?"

„Ja freilich. In den Vater iſt ſie verliebt."

„Das iſt kein Fehler. Darin nehm' ich's mit ihr auf."

• „Du wärſt mir ein lieber Schwager. Aber daß meine Schweſter nach Amerika geht, das wird ſchwer halten. Ich mein', du ſollteſt dir hier eine Frau ſuchen, es hat ſchöne und brave Mädle hier genug."

Die junge Adlerwirtin erzählte von ihrer Schweſter Ignazia, die ſelber darauf gedrungen habe, daß die jüngere Schweſter heirate, denn ſie wolle den Vater nicht verlaſſen, ſie verſtehe die Landwirtſchaft ſo gut wie ein Hohenheimer Profeſſor; da= neben leſe ſie auch mit dem Vater die Zeitungen und Bücher, und ſie habe als Krankenpflegerin im letzten Krieg das Ehren= zeichen bekommen. Die Verwundeten willigten in die Operation nur ein unter der Bedingung, daß ihnen Ignazia die Hand hielt. Uebrigens, ſchloß ſie, könne man nie wiſſen, wie ein Mädchen gewonnen werden könne; Aloys ſolle ſein Glück ver= ſuchen, denn glücklich werde der, der Ignazia heimführe.

„Ignazia! Ein ſeltſamer Name," ſagte Aloys.

„Dein Vater hat dir gewiß vom Nazi, der ein treuer Knecht
bei meinen Großeltern war und nachher als Bauer meinem
Vater viel aufgeholfen hat, erzählt; der hat bei meiner älteſten
Schweſter Gevatter geſtanden und davon hat ſie den Namen
Ignazia bekommen. Es gehört ihr auch ein beſonderer Name;
denn ſo wie ſie gibt's keine zweite mehr. Sie iſt für ſich gar
nicht ſtolz, aber wenn ſie heiratet, muß es ein Mann ſein, auf
den ſie ſtolz ſein kann.“

Jung Aloys ſah betroffen auf. Er war in die alte Heimat
des Vaters gekommen mit dem ſichern Gefühl, daß er nicht nur
die Ehre ſeiner Familie, ſondern auch die Ehre von ganz Amerika
mit ſich bringe. Selbſtverſtändlich würde jedes frohlocken, dem
er ſich zuneigt, und nun ſah er ſich gedemütigt; Zaghaftigkeit
und Bangen überkamen ihn. Dennoch ſprach er voll Mut, wie
wenn noch ein anderer Menſch aus ihm rede. Er bat die Adler=
wirtin, an ihre Schweſter zu ſchreiben, daß er komme und
warum er komme; er wolle keinen Vorteil vor ihr voraus haben.

„Ich verſtehe nicht, wie du das meinſt?“ entgegnete die
Adlerwirtin.

„Ich hab's ſo gemeint: Ich komme als Freier ins Haus
und deine Schweſter ſoll das ſo gut wiſſen, wie ich, und ſich
danach verhalten. Ich hab' keine Zeit zum langen Ausproben.
Sie weiß, von welchen Leuten ich bin, und ich weiß, von
welchen Leuten ſie iſt, und mit gutem Willen und wenn ſie juſt
nichts gegen mich hat, können wir gut miteinander leben.“

Die Adlerwirtin wußte nicht recht, was ſie hierauf ſagen
ſollte; es iſt doch ein ſeltſames Gemiſch von Gutherzigkeit und
Hochmut in dem Amerikaner.

„Bis wann willſt du reiſen?“ fragte ſie.

„Ich möchte gern das Haus richten helfen. Ich laſſe nicht
gern halbe Arbeit, und mein Vater hat mir erzählt, wie ſchön
das Maienſetzen hier iſt. Ich muß warten, bis die Grund=
mauern ſoweit heraus ſind. Ich ſage nicht gern etwas gegen
die Leut hier zu Lande, aber grauſam langſam ſind ſie. Morgen
iſt auch ein Tag, heißt's immer.“

Siebentes Kapitel.

Nächſt der jungen Adlerwirtin war der Schuſter Hirz am
meiſten erfreut von der Arbeitsbethätigung des Jung Aloys,
und dieſer ſaß am liebſten bei dem alten treuen Genoſſen ſeines

Vaters in der Werkstatt, die gar ruhig nach dem Grasgarten zu gelegen war.

Schuster Hirtz hatte, wie sich das fast von selbst versteht, auch einen Sohn in Amerika. Er hatte ihm einen Brief an seinen Jugendfreund Aloys mitgegeben, aber der Sohn hatte ihn nicht abgeliefert, war in New-York hängen geblieben und hatte seit Jahren nichts von sich hören lassen. Hirtz meinte, daß er wohl im Kriege gefallen, aber Jung Aloys bestritt das, denn es sei in dieser Hinsicht große Ordnung gewesen und es wäre sicher Kunde davon gegeben worden.

Zwei andere Söhne von Hirtz hatten eine Schuhfabrik in der Hauptstadt, und der Vater sagte, es sei einmal so bei der neuen Freizügigkeit, es dränge und treibe alles nach den Städten hin, aber das werde sich schon einmal wieder umdrehen.

Während die Menschen übers Meer und in die Städte zogen, saß Hirtz vom frühen Morgen bis in die späte Nacht arbeitsam auf seinem Dreibein, und seine Aecker mehrten sich und im Hause war gutgeschmalztes Essen. Nur nach dem Mittagessen ruhte er, die nackten Arme auf der Brust übereinandergeschlagen, eine Weile, und da sprach er auch nicht gern, sonst aber war er gesprächsam und spendete gern von seiner still angesammelten Weisheit. Da er als Ehrenmann anerkannt war, hatte man ihm die Postablage übertragen, welche die eine Tochter besorgte, während die andere, als Telegraphistin angestellt, täglich morgens nach dem Bahnhofe hinabging und abends wieder heimkehrte.

Ja, Vater Aloys hatte seinem Sohne die beste Weisung gegeben, denn Hirtz sah Menschen und Dinge scharf und gut.

„Ich habe noch ein gutes Auge und nur zur Arbeit brauche ich die Brille," sagte er bisweilen.

Jung Aloys sammelte viel ein, was er dem Vater zu berichten hatte, und ihm selber auch that es wohl, zu vernehmen, wieviel tüchtige Menschen im Dorfe seien; aber obgleich er seinen Sinn auf Ivos Tochter gerichtet hatte, fragte er doch nach dieser und jener Bauerntochter, auf die der junge Krappenzacher hingewiesen; auch die Tochter des Papierers von Egelsthal war durch einen Neffen von des Herzles Kobbel in Vorschlag gebracht. Hirtz aber ging nur mit kurzen Worten auf diese Nachforschungen ein, er mißbilligte die Art, wie die Muhme ihren Neffen zu Markt brachte und wie dieser sie gewähren ließ. Um so freigebiger aber war er mit seiner angesammelten Weltweisheit.

„Mich freut's," sagte er, „daß du fleißig bist, es ist mir

ein Zeichen, daß du auch wahrhaftig bist. Wer nicht fleißig ist,
muß lügen; muß sich selbst belügen und andere belügen. Denk
drüber nach. Ich hab' lang gebraucht, bis ich das fertig ge=
kriegt hab'. Und wenn's mit der Lüge nicht mehr geht, muß
sich der Müßiggänger umbringen, stückweise, er muß sich betäuben
durch Trunk und sonst allerlei. Und die Cigarre, das ist ein
ganz neues Unglück. Da hat man kein' Pfeif' mehr zu stopfen
und zu putzen und hat immer eine Spielerei in der Hand.
Sieh dir den Ohlreit an, halbe Tage lang sitzt er da und bläst
Nullen in die Luft und sieht zu, wie sie sich ringeln und wie sie
zerfließen; der mit Rauch ausgefüllte Müßiggang ist ein großes
Unglück. Das kannst deinem Vater auch berichten."

„Vielleicht wär' dem Ohlreit zu helfen, wenn man ihm ein
ander Geschäft gäbe."

„Halt, das ist euer Amerika! Da werden die Menschen
ungetreu."

„Ungetreu? Mein Vater —"

„Ich mein's nicht so, ich mein's so: sie haben keine Treue
zu ihrem Handwerk. Macht man mit einem andern mehr Geld,
so werfen sie das gewohnte Handwerk weg. Ist's nicht so?"

„Aber ich mein', es kommt eben dadurch, daß die Leute
ausgewandert sind von allem Angewohnten daheim, und in der
Neuen Welt neu auf die Welt kommen."

Hirz schaute Aloys groß an. Er wollte sagen: Schau, schau,
des Tolpatschen Sohn hat nicht unebene Gedanken. Er griff
auf seinem Werktisch hin und her, als ob ihm jemand sein
Handwerkszeug durcheinander gebracht und seine beste Ahle ent=
wendet hätte.

„Ich lasse jedem seine Gedanken, ich behalte aber auch die
meinen," schloß er, indem er weit ausgreifend den Draht wichste,
die Borste in den Mund nahm und den Knieriemen schärfer
einlegte.

Aloys ging nun mit seinem Anliegen heraus, er sagte, daß
er die Tochter Ivos freien wolle.

„Es ist nur noch eine da, die Ignazia."

„Ebendie."

Schuster Hirz sah ihn über die Brille weg groß an. Was
sich so ein Amerikaner nicht alles einbildet! Er glaubt, nur
kommen und pfeifen zu dürfen und die feinste und beste läuft
ihm zu. Mit schelmischem Lächeln erwiderte er:

„Allen Respekt! Ja, wenn du die kriegst, da kannst du froh
sein; aber schad wär's, die nach Amerika zu geben."

Aloys drückte es hinab, daß Hirz einen Widerwillen gegen

Amerika hatte; der Mann hat da einen verlorenen Sohn, und
so gescheit er sonst ist, er läßt sein Unglück ganz Amerika ent=
gelten. Er ging daher über den letzten Ausruf weg und fragte:
„Also Ihr kennet die Ignazia?"

„Sieh, dort oben, da steht ihr Leisten. Wenn du bis
nächste Woche wartest, kannst du ihr ein paar Doppelsohlen=
stiefele mitnehmen. Ja, die Ignazia, sie ist bei der Hochzeit
ihrer Schwester hier gewesen und viel in meinem Haus. Ich
habe als Soldat mitgespielt in der Jungfrau von Orleans, dein
Vater ist auch dabei gewesen. Erinnere ihn nur dran. So eine,
wie die Jungfrau von Orleans, könnte auch die Ignazia sein;
aber sie hat keinen Aberglauben, sie ist freisinnig und hell wie
der Tag. Jetzt sag, ist denn da schon was fertig gemacht?"

Aloys mußte verneinen, und je mehr Hirz das Glück pries,
eine solche Frau zu gewinnen, um so zaghafter wurde Aloys.

„Ich hab' eine Bitt'," sagte er endlich, „darf ich fragen,
wieviel Ihr an einem Tag verdienet?"

„Darf ich fragen, warum du das fragst?"

„Weil ich Euch gern das bezahlen möcht'. Man sagt bei
uns in Amerika, die Welt ist ein Markt, wo man für Geld
alles haben kann. Die Freundschaft kann ich freilich nicht be=
zahlen, aber Euren Arbeitsertrag. Ihr thätet mir den größten
Gefallen, wenn Ihr mich zum Jvo begleiten möchtet, oder voraus=
ginget und mit der Ignazia von mir sprächet."

Hirz lehnte entschieden ab.

Aloys saß lange still verdrossen. Die Menschen sind hier
doch nicht so, wie der Vater meint; sie lassen nicht alles stehen
und liegen und helfen einer dem anderen.

„Ich habe noch was fragen wollen," begann er endlich.

„Frag nur."

„Ich versteh' nicht, was das ist mit dem Ohlreit. Keiner
kann mir's ordentlich erzählen. Wollet Ihr?"

„Nicht gern."

„Aber ich möcht' bitten."

„Nun denn, die Sach' ist so:

Bis zum Tod des Schreiners Philipp hat man nicht gewußt,
daß das so vermögliche Leute sind und so schönes Geld haben
neben ihren Aeckern. Sie haben gar genau gelebt, und die
Frau ist eine von den stillen Schafferinnen, die früheste am
Morgen und die späteste am Abend. Ihre Freude waren natür=
lich die beiden Kinder. Der Trudpert ist damals sechzehn,
siebenzehn Jahr alt gewesen, wie der Vater gestorben ist, und
man sagt, der Bub sei nicht gut gegen seinen Vater gewesen,

aber die Mutter hat alles vertuscht und den Trudpert verzogen. Ich muß das sagen, sie hat schwer gebüßt, aber eine Schuld hat sie auch gehabt, freilich nicht so, wie sie gestraft wurde.

Damals ist der Auswanderungsteufel bei uns umgegangen, und auf einmal heißt's, der Trudpert geht auch fort. Es weiß kein Mensch warum, er selber eigentlich auch nicht. Die Mutter kommt zu mir und bittet mich, ihm abzureden. Aber da hilft nichts. Fort will ich, war seine einzige Antwort und dabei ist es verblieben.

Man weiß jetzt, seitdem so viele zurückkehren, nicht mehr, wie es damals beim Auswandern gewesen ist. Das Weinen hat kein Ende genommen. Kannst dir denken, wie es der Mutter vom Trudpert war. Sie hat von da an nicht mehr ordentlich gearbeitet. Da draußen auf der Hochbur ist sie jedesmal gesessen, wenn der Briefbot' die Steig' herauf gekommen ist und hat ihm entgegen gerufen: Hast Brief' an mich von meinem Trudpert?

Wie nun Monate vergangen sind ohne Brief, hat sie nimmer gefragt, sie hat nur die Hand ausgestreckt, und wenn sie nichts bekommen hat, hat sie die Hände wieder gefaltet und hat gebetet: Lieber Gott! Laß es ihn nicht entgelten, daß er seine Mutter tausendmal umbringt, und er hat doch so gut schreiben gelernt...

Schau, ich hab' nicht zu entscheiden, welche Religion die beste ist. Ich mein' fast, wie der Doktor gesagt hat, die beste Religion ist noch gar nicht da. Das aber muß man den Juden nachsagen, noch kein Jude aus dem Ort hat die Seinigen daheim vergessen, jeder schickt was, selbst die, wo drüben Dienstboten sein müssen, schicken was heim. Ich mein', das kann doch keine schlechte Religion sein.''

„Gewiß nicht. Aber wie ist es weiter mit der Frau geworden?''

„Einmal haben sie hier einen dummen Spaß gemacht oder eigentlich einen niederträchtigen. Ein Ausgewanderter aus Betra kommt die Steig' herauf und da rufen sie:

Der Trudpert kommt!

Die Mutter eilt die Straße hinab, und wie sie den fremden Menschen sieht, der sie anlacht, rennt sie ins Feld hinein, und erst spät in der Nacht hat man sie gefunden, drunten am Neckar= ufer im Wald, da wo der große Ameisenhaufen ist, sie war tropfnaß; man meint, sie hab' sich ertränken wollen. Gewisses aber weiß man nicht, und sie hat nichts davon bekannt. Von da an ist sie immer stiller geworden und mit einem Wort: sie hat sich hintersinnt.

Wie damals die Nachricht vom Untergang der Austria ge=
kommen ist — es sind auch von hier und von Empfingen dabei
gewesen — da war natürlich viel Wehgeschrei und Herzeleid,
aber die Schreinerin ist fast lustig gewesen und hat gerufen:
Jetzt ist er ertrunken. Es hat nichts genützt, daß man ihr gesagt
hat, das Schiff sei ja nicht von Amerika gekommen, sondern
dahin abgegangen; sie ist dabei geblieben, ihr Trudpert sei mit
dem Schiff ertrunken.

Wenige Wochen drauf hat sie aber doch immer wieder den
Briefträger abgewartet.

Ich habe zu erzählen vergessen, daß sie noch bei hellem
Verstand — ich habe als Zeuge unterschrieben — ein Testament
gemacht hat, worin sie dem Trudpert, statt des gesetzlichen Erbes,
nur den landesrechtlichen Pflichtteil unter Abzug des Ueberfahrts=
geldes vermachte, das übrige der Tochter, die unterdes geheiratet
hatte, und ihren Kindern.

Wir redeten ihr ab, aber sie sagte damals: Wenn er zu
meinen Lebzeiten wiederkommt, gilt ja das Testament nichts, und
kommt er nach meinem Tod, soll er spüren, was es heißt, der
Mutter das Leben abkränken.

Sie ist vor einem Jahr gestorben, der Trudpert ist wieder=
gekommen, bevor er das Ausschreiben von der Testamentseröff=
nung hat zu Gesicht bekommen können, und das ist ein Zeichen,
daß er in der Hauptsache die Wahrheit spricht: er ist von selber
gekommen.

Er ist gut bei Geld gewesen und hat anfangs groß gethan
und als ob er nichts von dem Erbe wollte. Mit der Zeit aber
hat er den Prozeß angefangen und möchte den Beweis führen,
daß seine Mutter damals schon irrsinnig gewesen. Das thut
er, der sie durch seine Unkindlichkeit später dazu gebracht hat.“

„Entsetzlich!“ rief Aloys.

„Jawohl,“ bestätigte Hirtz, „und doch, sag' ich dir, ist
noch etwas brav in dem Menschen und er wäre noch zu retten.
Ich glaub's ihm, daß er aus Reue heimkommen ist und gern
alles hätte wieder gut machen wollen. Freilich, die Jahre und
den Verstand hätt' er seiner Mutter nicht mehr geben können.“

Hirtz stand auf und atmete schwer, er mochte auch seiner
Söhne gedenken und halb vor sich hin schloß er: „Das Gesetz
mit dem Pflichtteil der Ausgewanderten scheint hart, ist es aber
nicht. Wer so davongeht und nicht daran denkt, für die Eltern
was zu thun, wenigstens ihr Herz nicht verhungern zu lassen,
der soll auch nichts von den Eltern haben . . .“

Aloys ging von Hirtz weg auf den Bauplatz. Er half das

Haus richten, freilich ohne die Feierlichkeit, die er erwartet hatte, und nun bereitete er sich zur Reise zu Ivo. Er wollte nicht einmal mehr warten, bis er die Schuhe für Ignazia mitnehmen konnte. Nur eines, was er bisher von Tag zu Tag verschoben, hatte er noch zu erledigen: er mußte des Jörglis Marannele besuchen.

Achtes Kapitel.

„Er läßt mich warten. Ja, wer denkt an eine dürre alte Frau. Von seinem Sohn hätt' ich das doch nicht geglaubt. Aber der Rufina soll die Zung' verbrennen, die ist an allem schuld. Ich glaub' an keinen Menschen mehr. Ich bin eine vergessene verlassene Witib."

So jammerte und fluchte Marannele auf ihrem Lager, und es nützte nichts, daß die Tochter sie zu trösten versuchte. Aloys arbeite als Zimmergesell; die Mutter hatte doch erfahren, daß er am Abend bei diesem und jenem im Dorfe Besuch gemacht habe, er scheine unter Anleitung der Muhme zu leben, denn er sei am längsten immer dort geblieben, wo heiratbare Töchter im Hause seien.

„Sieht er lustig aus?" fragte die Mutter.

„Es kommt mir nicht so vor."

„Kennt er dich? Hat er dich begrüßt?"

„Nein. Er sieht kaum auf." ·

In der That war Aloys nicht gut gelaunt, denn er mußte zum Ueberdruß hören, wem er eigentlich gleiche; die einen behaupteten, er gleiche mehr seinem Vater, die anderen seiner Mutter, die meisten aber sagten jetzt, er ähnele vorzugsweise dem Großvater, dem Mathes vom Berg. Daneben waren die Menschen so ungeschickt, ihn geradewegs zu fragen, ob er sich bald entscheide, eine Frau mitzunehmen; denn die Muhme hatte den jungen Krappenzacher ins Vertrauen gezogen, ihrem Neffen die Fürnehmste zu verschaffen. Jung Aloys sagte der Adlerwirtin, daß er entschlossen sei, in nächster Woche zu ihrem Vater — Ivo — zu reisen, und vielleicht käme er von da gar nicht mehr hierher zurück. Der Adlerwirt schrieb einen Brief an seinen Schwäher, worin er den Ankömmling meldete. Er fand es besser, das geradewegs Aloys zu sagen, das war nicht nur ehrlich und gab Zutrauen, es band auch Aloys, sich in nichts anderes einzulassen.

Aloys hatte wohl in Erinnerung, daß ihn Marannele am

erſten Abend hatte begrüßen laſſen, aber daß ſie eine Tochter hatte, war ihm zuwider; der Vater hat alſo nicht umſonſt gewarnt und am beſten iſt, ſie gar nicht kennen zu lernen. Die Alte wird freilich gekränkt ſein, daß er ſie ·nicht beſucht, aber man kann nicht allen Menſchen helfen, und zudem iſt es eine wider= wärtige Sache, die Frau zu ſehen, die die Geliebte des Vaters war, ihn verſchmähte und einen anderen vorzog. Dennoch regte ſich etwas in ihm — das hat er doch vom Vater — das ihn wie eine Sünde plagte, eine alte kranke Frau durch Vernach= läſſigung zu kränken.

Er kannte das Haus recht wohl, er war ſchon mehrmals dran vorbeigegangen und als er nun mit dem jüdiſchen Schul= lehrer, der ſich ihm angeſchloſſen hatte, wieder vorüberging, hörte er einen Jodelgeſang mit mächtiger Stimme.

„Wer iſt das?"

„Des Jörglis Maranneles Tochter."

„Wie heißt ſie?"

„Auch Marannele. Sie haben ſie den erſten Abend ge= ſprochen, ſie hat Ihnen einen Gruß von ihrer Mutter ausgerichtet. Das Jodeln hat ſie von ihrem Vater. So luſtig jodelt keiner mehr im Ort. Er war auch ein freiſinniger Mann, wie wenige mehr hier; er iſt aus dem Gemeinderat zu mir gekommen und hat mir gratuliert, als ich Gemeindelehrer geworden bin, wie meine chriſtlichen Kollegen auch."

Der Lehrer trug Aloys auf, ſeinem Vater zu erzählen, welchen Fortſchritt man in der Heimat gemacht habe; denn es ſei ja bekannt, wie gut ſich ſein Vater gegen des langen Herzles Kobbel benommen habe; drüben in Amerika begrüßen ſich die Menſchen nicht mehr als Religionsgenoſſen, ſondern als Heimats= genoſſen, und das Gleiche mache ſich nun endlich auch im Vater= lande geltend. Jung Aloys war kein aufmerkſamer Zuhörer, er ſchaute hin und her und wieder auf den Weg wie einer, der an ſich hinreden laſſen muß, was ihn eigentlich gar nichts an= geht, gewiß aber nicht im gegenwärtigen Augenblick. Er ver= ſtand es indes nicht, in ſchicklicher Weiſe die Begleitung abzu= lehnen, zumal er glaubte, das ſei wohl ſo im bevölkerten Dorfe, denn draußen auf ſeiner Farm kam ihm niemand in die Quere.

Endlich riß er ſich doch los und ging nach dem Hauſe. Der Geſang war verſtummt, ein Mädchen ſaß auf der Hausbank, es hatte einen hellroten Rock an, der Oberkörper war nur mit dem ſtraff anliegenden Hemde bekleidet, neben ihm lag eine Jacke, die bloßen Arme waren voll ſtrotzender Kraft, und die ſonngebräunten Backen ſo rund und friſch. Das Mädchen nickte einem großen Leonberger Hund zu, der seinen Kopf an ihre Kniee drückte; jetzt brummte der Hund, sie schlug verwundert die großen blauen Augen auf, rief dem Hunde zu: „Ruhig! Kusch!"

Der Hund folgte. War das nicht derselbe Hund, den Jung Aloys beim ersten Angang gesehen und war das nicht dieselbe Stimme, die damals die gleichen Befehlworte gerufen hatte?

„Ei, Ihr seid's? Grüß Gott," rief das Mädchen. „Wollet Ihr zu uns?"

„Ja freilich."

„Das wird die Mutter freuen. Das ist schön, daß Ihr kommet. Die Mutter hat Tag für Tag, jede Stunde auf Euch gewartet." Während sie sprach, zog sie abgewendet die neben ihr liegende Jacke an. Jetzt wendete sie sich flammenden Antlitzes um, er reichte ihr die Hand.

„Ein schöner Hund," war das erste, was er jetzt sagte, und der Hund schien die Worte zu verstehen, er drückte sich an das Mädchen und schaute ruhig auf den Mann.

„Und getreu ist er auch und gescheit. Ihr könnt ihn haben, wenn Ihr wollt. Wir haben ihn noch vom Vater her, wir wollen ihn aber nur einem guten Herrn geben, der ihn nicht an die Kette legt. Aber wartet jetzt eine Minute, ich will's der Mutter sagen, daß Ihr da seid, es könnte sie doch erschrecken. Ihr müßt ein wenig laut reden, sie darf's aber nicht merken; sie nimmt's übel, wenn man sie es merken läßt, daß sie fast taub ist. Du . . . bleib da! Bleib bei dem Herrn und sei brav, dann nimmt er dich mit," schloß sie lachend zu dem Hund und verschwand im Hause.

Der Hund blieb ruhig bei Aloys und blinzelte ihm zu. Aloys streichelte den Kopf des guten Tieres und dachte vor sich hin: wie fein und gut hat das Mädchen gesprochen und wie klingt ihre Stimme so gut.

Halt Aloys! Vergiß nicht, was dein Vater gesagt. Das wär' schön, wenn du just da . . .

„Du einfältiges Ding, was läßt ihn vor dem Haus warten?" rief eine gellende Stimme oben.

Das Mädchen kam wieder und winkte Aloys mit den Augen, die größer geworden schienen, sie sagte leise: „Lasset Euch nicht anfechten, daß sie geschrieen hat."

Aloys trat in die Stube. Aus der Kammer rief es:

„Kommet doch! Was machet Ihr so lang? Kommet herein miteinander."

———

Neuntes Kapitel.

Die Thüre öffnete sich, Aloys stand still.

Das also ist das Marannele!

Die Alte mochte fühlen, daß der junge Amerikaner das dachte, denn sie rief:

„O lieber Aloys! Wie oft hab' ich das gesagt, aber der so heißt, hat's nicht gehört. Ja, lieber Aloys, nicht wahr, dein Vater hat dir gesagt, ich sei ein schön Mädle gewesen? Da siehst du jetzt, was aus einem schönen Mädle wird. Komm näher her!"

Die Augen der Mutter Marannele leuchteten zu dem Sohne, wie vor dreißig Jahren zum Vater, ihr Glanz schien derselbe geblieben.

„Verzeih, daß ich du gesagt habe. Ihr habt eine breite Hand und was für einen schönen Ring. Nicht wahr, meine Hand ist dürr? Gottlob, daß ich sie dem Aloys noch hab' geben können. Die Leute haben gesagt, er geht von hier fort, ohne bei mir gewesen zu sein, ich aber hab' gesagt, das kann der Sohn von meinem Vetter Aloys nicht übers Herz bringen, oder er ist sein Sohn nicht, und wenn alles andere nicht wär', verwandt sind wir doch auch."

„Jawohl sind wir verwandt, und saget nur auch du zu mir."

„Stell dich besser ins Licht, daß ich dich besser sehen kann. So, ja, es ist so, hab' schon gehört, du siehst dem Mathes vom Berg am gleichsten. Aber die Augen hast doch vom Vater und auch die Stirn und den Mund."

Aloys lachte.

„Ja, wenn du so lachst, das ist herzig das Lachen von deinem Vater. Die Gutheit hat aus ihm gelacht. Erzähl ihm nur, wie ich aussehe."

Aloys konnte mit Aufrichtigkeit erwidern, daß das Gesicht nicht anmutlos sei, daß es runzlig und verfallen war, brauchte er ja nicht auszusprechen.

„Jetzt sag mir, wie sieht denn dein Vater aus? Ist er auch so dürr wie ich?"

„Nein, er ist breit und dick; da seht, das ist sein Bild."

Jung Aloys zog ein Paket Photographien aus der Tasche und reichte eine davon.

„Ja, den hätt' ich nicht mehr erkannt, der sieht ja aus wie der alt' Buchmaier; ja dem sieht man das Wohlleben an,

ich gunn's ihm von Herzen, einen besseren Menschen, als er ist,
gibt's auf der ganzen Welt nicht. Schau, dort hängt dein
Vater."

Die Alte deutete auf ein koloriertes Bild, das an der
Wand hing, worunter geschrieben stand: Aloys Schorer, Soldat
im fünften Infanterie-Regiment.

„Nimm's herab du!" rief sie zur Tochter. „O was sind
die jungen Leut' jetzt! Wie ich so alt gewesen wie du, hätt' ich
mir das nicht erst sagen lassen, ich hätt's von selber gethan."

Erschrocken ging Jung Marannele an die Wand und suchte
das Bild herab zu nehmen, ihre Hand zitterte und Jung Aloys
half ihr. So hielten die beiden das Bild des Vaters aus
seiner Jugendzeit. Aloys hätte dem Mädchen gern gesagt: Ist
brav von dir, daß du der keifenden Mutter nichts antwortest,
und Marannele hätte gern gesagt: Ist brav von dir, daß du
alles so geduldig anhörst.

Vielleicht sahen beide im begegnenden Blicke diese Worte.

„Hat mein Vater je so ausgesehen?" fragte Jung Aloys.

„Der Postur nach ja, und auch im Gesicht; nicht ganz,
aber auch nicht weit gefehlt, und da steht's ja, das hat er selber
geschrieben. Ach, lieber Gott! damals sind andere Zeiten gewesen."

„Das Bild scheint einmal zerrissen gewesen zu sein."

„Das ist ja eben die Geschicht'! Dein Vater hat dir gewiß
davon erzählt. Freilich, so etwas erzählt man nicht gern einem
Kind; es ist aber nichts Unrechtes dabei. Er hat mir das Bild
geschickt, wie er Soldat gewesen, ich bin aber schon mit meinem
Jörgli versprochen gewesen, und dein Vater war auch viel zu
jung für mich und zu wehleibig, ich bin ein bißle scharf, aber
nicht bös. Ich will mich nicht besser geben als ich bin. Wie
er dann heimkommen ist, hat er das Bild zertreten, weil es noch
in seiner Mutter Stube gehangen hat. Sie hat's aber doch
nachher wieder zusammenflicken lassen. Und wie die Versteigerung
von den Sachen deiner Großmutter war, bin ich eben hin ins
Haus und hab' das Bild gekauft; es soll nicht verunehrt werden,
es ist doch dein Vater und er hat was drauf gehalten, und
mein Mann hat nichts dagegen gehabt. Wir haben's gehalten,
Gott verzeih' mir's, fast wie ein Heiligenbild."

„Es ist Euch also sehr teuer."

„Ich hab's um den Wert vom Glas und Rahmen noch
billig gekauft, ich glaub' um 26 Kreuzer. Es hat niemand
drauf geboten gehabt, als der Schuster Hirtz. Wie er aber gesehen hat, daß ich's will, ist er zurückgestanden, er weiß doch,

daß ich deinem Vater näher gewesen bin als er. Wie ich höre, bist du arg gut Freund mit ihm."

„Er scheint mir ein Ehrenmann."

„Scheint nicht bloß. Ja, und da ist noch was. Der Turteltaubenkäfig ist auch von deiner Großmutter, aber die Turteltauben sind nicht mehr die alten, das sind junge davon."

Wie zur Bestätigung gurrten die Tauben aus dem Käfig.

Die Alte war offenbar zweifelhaft, wie sie über Schuster Hirz sprechen solle, aber Aloys war nicht geneigt, ihr darin nach irgend einer Seite Beistand zu leisten. Er fragte daher:

„Den Käfig und die Turteltauben behaltet nur. Wäret Ihr aber nicht geneigt, das Bild herzugeben?"

„Ich weiß nicht." Es war ein lauernder Blick, mit dem die Alte den jungen Amerikaner betrachtete, dann fuhr sie fort, indem sie schnell eine andächtige Miene annahm: „Unser Herrgott weiß, ich kann nicht hinterm Berg halten. Was soll ich lügen? Wenn man so alt ist und bald vor den himmlischen Richter kommt. Ja, lieber Aloys, kein Mensch auf der Welt bekäm' es von mir als du. Du bist sein Sohn, du sollst's haben, ohne einen Kreuzer."

„Ich danke Euch, danke von Herzen."

„Es wird mir freilich and thun, das Bild nicht mehr zu sehen; in allen Ehren hab' ich das Bild Tag für Tag angesehen und dem Manne Glück und Segen gewünscht und es ist, gottlob! eingetroffen."

Aloys erwiderte ruhig:

„Darf ich das Bild gleich mitnehmen?"

„Schau, das hast du jetzt grab so gesagt, wie wenn's dein Vater gesagt hätte; ganz seine Stimme so von Herzensgrund. Marannele!" rief sie plötzlich in anderem Tone. „O lieber Gott, was ist denn heut mit dir? Muß man dir denn heut alles sagen und befehlen? Bist doch sonst — Jetzt hol dem Herrn Vetter ein Gläsle Kirschenwasser. Sag nichts dagegen, Aloys, ich trink' mit, es thut mir gut."

Jung Marannele ging still davon, und kaum war sie weg, als die Mutter leise sagte: „Komm näher her, ich hab' dir was zu sagen."

Zehntes Kapitel.

Die Alte nahm seine Hand zwischen ihre beiden dürren Hände und flüsterte:

„Sie ist sonst nicht so wie heut, sie ist ein aufgewecktes Mädle und ich zeig' ihr gern den Meister, und sie darf keine Widerrede machen. Das gibt nachher die besten Frauen."

Die Alte schien zu merken, daß sie zu vorschnell und zu weit gegangen war, denn sie setzte hinzu: „Es ist nicht mehr so wie vor Zeiten, daß alles auf und davon nach dem Amerika fliegen möcht'. Ich bin so allein. Aus dem Ort lasse ich kein Kind mehr. Ja, was hab' ich doch sagen wollen? Hast du mich nicht was gefragt gehabt?"

„Ob ich das Bild gleich mitnehmen kann."

„Von mir aus gern. Aber laß dir was sagen. Allem Anschein nach bist du ganz wie dein Vater und weißt auch nicht, wie schlecht die Menschen sind und wie sie einem alles verdrehen. Das Bild ist dein. In einer Ehrenfamilie wie die unsere ist ein Wort ein Eid. Bei minderen Leuten mag das anders sein, aber ich stamme auch von den Schorers ab. Wie ich höre, bist du gut gegen alle Menschen, aber laß dich in keine geringe Familie hineinziehen. Vergiß nicht, daß du ein Schorer bist. Deines Vaters Großvater und meiner Mutter Großvater sind Brüder gewesen —"

Die Alte war so ins Reden gekommen, daß sie nicht merkte, wie Aloys über die ewigen Vetterschaften lächelte, denn sie fuhr fort:

„Die Schorer, das ist von uralten Zeiten her ein Bauern=adel. Dein Vater hat dir gewiß davon erzählt."

„Nein. Auf solche Sache halten wir in Amerika nichts. Mich hat's gefreut, wie ich die armseligen Häuser von meinen Großeltern beider Seiten gesehen hab'. Bei uns in Amerika ist das der Stolz, von geringen Leuten abzustammen und selber aus sich was gemacht zu haben."

Die Alte schaute verwundert um; auf ihre besten Trümpfe gewann sie keinen Stich. Sie gab aber das Spiel noch nicht auf und begann aufs neue.

„Nicht wahr, ich schwätz' viel? Ja, ich hab' eben zu viel mit mir allein geredet; die Tage und Nächte auf dem Kranken=lager, da denkt man sich durch die ganze Welt durch. Also nicht wahr? Von dem Bild haben wir geredet? Folg mir und laß es da hängen, bis zu deiner Abreise. Die Leute könnten

drüber spötteln, und du hast das linde Herz von deinem
Vater, dir thut so was weh. Sag. Kenn' ich dich und ver=
stehe ich dich?"

„Zum Teil. Ich frage nicht viel nach dem Gerede. Aber
Ihr habt recht."

„So hat's dein Vater auch in der Red' gehabt; er hat
auch gern gesagt: du hast recht. Komm nur zu mir, so oft du
willst. Laß dich dünken, ich wär' die Schwester von deinem
Vater. Ach lieber Gott! Wenn ich nur sein' Schwester wär'!"

Sie weinte bitterlich und sagte dann: „Nicht wahr, das
Bild, wie er jetzt aussieht, das darf ich behalten?"

„Von Herzen gern. Er hat mir noch ausdrücklich gesagt,
Euch soll ich eins geben, wenn Ihr noch gut an ihn denkt."

„Und die anderen?"

„Die soll ich eben denen geben, die auch noch gut an ihn
denken."

„O, du guter Aloys in der weiten Welt draußen! Bist
von Kindsbeinen auf gutherzig gewesen und bleibst gut. Hast
aber recht, man wird dick und fett dabei, wenn man nicht weiß,
wie schlecht die Menschen sind. Marannele! Sag mir nichts.
Ich seh' dir's an, du willst mir drein reden. Ich weiß, was
ich sag', und ich sag's zu unserm nächsten —"

„Mutter! Ich hab' ja gar nichts —"

„Ist gut. Bleib dabei. Jetzt Aloys, glaub mir! Das
ganze Dorf ist nichts als eine Räuberbande und Bettelpack, und
die Reichen sind die Nichtsnutzigsten. Schau, wenn dein Vater
morgen hierher käm' und wenn er noch einmal so brav wär' wie
ein frisch vom Himmel hergeflogener Engel und er hätt' kein
Geld, kein Mensch wendete ein Auge nach ihm. Auch wieder
hier? thät's heißen. Hü Bläß! Hot Stromel! Und sie gingen
mit ihren Kühen und Ochsen davon und ließen ihn stehen."

Von diesen Allgemeinheiten ging Marannele zu ganz ge=
nauen Persönlichkeiten über, sie ließ das ganze Dorf vom ersten
bis zum letzten Haus vor ihrem Bette vorbeimarschieren und
jeder bekam seinen Treff; besonders geschickt derjenige, der eine
schöne Tochter hatte. Ueber die Mädchen selber sagte sie nichts
Deutliches, sie winkte gegen Marannele hin, andeutend, daß sie
vor ihrem Kinde nicht sagen dürfe, was da alles vorgehe.
Sie schloß:

„Dir darf ich alles sagen und dir muß ich alles sagen.
Ich weiß nicht, wie mir ist, ich bin wieder ganz jung. O was
ist der Mensch für ein wunderliches Ding, das da drin, das
wird nie alt —" sie deutete auf die Stelle, wo das Herz sein

ſoll, und ſich wendend rief ſie: „Jetzt hab' ich aber genug ge=
ſchwatzt. Jetzt erzähl du: wie lebet ihr denn ſo in dem wilden
Wald? Wie viel Geſchwiſter ſeid ihr? Wie viel Häuſer ſind
um euch herum und was für Leut'? Sind auch Arme da?"

„Ich erzähl' nicht gern von Amerika. Die Leute hier halten
leicht alles für Prahlerei."

„Haſt ſie alſo ſchon ſo grundmäßig kennen gelernt? Ja,
dir ſieht man den hellen Verſtand an. So jung und ſchon
ſo . . . . Aber mir, lieber Aloys, mir kannſt du berichten, bei
mir iſt's —" Sie konnte vor inniger Beteuerung kein Wort
finden und Aloys erwiderte:

„Ja, alſo auf Eure letzte Frage will ich zuerſt ſagen:
Arme gibt's eigentlich bei uns nicht, das heißt, es gibt
Arme, aber das ſind eben die Liederlichen. Wer ſchaffen will,
braucht nicht zu hungern. Wir haben ein großes Bauerngeſchäft.
Wir ernten aber nicht wie hier mit Sichel und Senſe, wir ar=
beiten mit der Mähmaſchine, die arbeitet in einer Stunde, wozu
zehn Mäher einen ganzen Tag brauchen."

„Und dein Vater kann noch immer gut ſchaffen?"

„Er thut nicht mehr viel als gärteln. Er hat mehr als
zweitauſend Pfirſichbäume gepflanzt."

„Zweitauſend? So viel hat ja vielleicht das ganze Württem=
berger Ländle nicht."

„Wir verſchicken viel Pfirſiche und löſen daraus ein ſchön
Geld."

„Erzähl mir von deinen Geſchwiſtern."

„Zwiſchen dem Baſche und mir iſt ein Geſchwiſter ge=
ſtorben. Jetzt ſind wir noch fünf. Meine älteſte Schweſter,
ſie heißt auch Mechthilde, iſt eine Lady, eine vornehme Frau,
von den vornehmſten eine in der Stadt, ihr Mann hat eine
Metzgerei und ſchlachtet alle Tage ſeine fünfzig bis ſechzig Ochſen
und gegen zweihundert Hämmel."

„O lieber Gott! Da geht's nicht hungrig her," unterbrach
Marannele. „Aber erzähl weiter. Von deinem Vater."

„Ja, der geht nicht mehr weit weg vom Haus. Wie der
Krieg ausgebrochen iſt mit den Südländern, da hätten ihn keine
zehn Roß' daheim gehalten, und die Mutter — beſſer verſteht
keine Frau ihren Mann — bevor er noch einen Laut gegeben
hat, hat ſie ihm geſagt: Geh du nur mit. Und er iſt mit=
gangen und in großen Ehren heimkommen, leider mit einem
Schuß im linken Bein ſchon im erſten Vierteljahr. Er hat im
Regiment von Ludwig Waldfried geſtanden, der jetzt da drüben
bei der Freudenſtadt wohnt. Das iſt ein Mann! Er hat uns

besucht. Ich habe dem Vater versprochen, daß ich seinen Oberst
aufsuche. Der Vater ist sein Adjutant gewesen —"

„Warum hat sich dein Vater nicht in seiner Uniform ab=
bilden lassen?"

„Die Uniform gilt bei uns nichts. Es ist nicht so wie
hier zu Land, wo die Beamten und die Offiziere, soviel ich
sehe, sich für was Besonderes halten. Bei uns ist alles gleich.
Wir sind freie Bürger."

„Ist auch besser. Jetzt sag: Hat's auch Wilde in eurer
Gegend?"

„So nah grad nicht, aber wir sind auch schon mit ihnen
zusammenkommen, ganz in Frieden, es sind Ehrenleute und
stolz, und uns viel lieber als die Irländer. Das ist ein
Lumpenpack oben heraus. Bis zu dem Krieg haben sie noch
dazu immer gethan, als wenn sie was Besseres wären als wir
Deutsche, und die Franzosen in der Stadt, die haben gelacht,
daß man nur dran denken kann, die Deutschen werden nicht zu
Wurst zusammengehackt. Ja, ihr daheim, ihr habt gewiß viel
Angst ausgestanden, aber gewiß nicht mehr wie der Vater.
Der hat jeden Morgen gesagt: Jetzt kommen vielleicht die
Franzosen mit ihren Turkos die Horber Steige herauf und von
Isenburg her und brennen und sengen und es kann niemand
mit ihnen reden als der Franzosensimpel, wenn er noch lebt,
und da hat der Vater auch von Euch geredet —"

Aloys hielt plötzlich inne, und die Alte fragte:

„Sag's nur, was hat er von mir gesagt? Ich nehm'
nichts übel."

„Es ist just nichts Böses; er hat eben gesagt, das
Marannele hat eine scharfe Zung', vor dem laufen die Franzosen
davon."

Sie lachte gezwungen und Jung Aloys lächelte schelmisch,
die Alte weiß nun doch auch, wie der Vater von ihr denkt; aus
Gutmütigkeit fügte er indes hinzu, daß der Vater oft gewünscht
habe, wenn er nur ganz Nordstetten bei sich aufnehmen könnte.
Dann fuhr er fort:

„Jeden Abend hat eines von uns auf die Post reiten
müssen und die Zeitung holen. Wir halten den ‚Schwäbischen
Merkur‘ und wissen alles. Der Vater hat's voraus gesagt: Jetzt
kommen die Deutschen zu Ehren, daheim und hier. Er hat
nur gemeint, in der ersten Schlacht siegen die Franzosen, nachher
aber sicher die Deutschen."

„In solchen Sachen ist dein Vater so gescheit?" suchte
Marannele die Rede des Aloys in Bewegung zu erhalten, denn

er stockte, da er inne ward, wie unnötig es sei, das der alten
Frau da zu sagen. Jetzt fuhr er fort:

„Ja, hier reden sie noch vom Tolpatsch; schön ist's nicht,
aber was liegt dran? Der Vater ist ein Mann, so grundgut
und so grundgescheit und so fest, einen besseren gibt's nicht in
der Alten Welt und nicht in der Neuen."

Es kratzte etwas an der Thüre. Jung Marannele stand
auf und verließ die Stube, es war ihr offenbar peinlich, wie
die Mutter so viel in den guten Menschen hineinredete. Nach
einer Weile kam sie wieder und Jung Aloys sagte: „Du hättest
den Hund wohl hereinlassen dürfen. Ich habe die Hunde gern
und die Hunde haben mich auch gern."

Das Mädchen schwieg, aber die Mutter rief:

„Wenn ich die Augen zumache, meine ich, dein Vater
wär' da. Aber erzähl weiter. Sag, gibt's bei euch auch
Schnee und ist es wirklich wahr, daß ihr keine Nußbäum' und
keine Lerchenvögel habt, und daß dir das so viel Freude macht
bei uns?"

Jung Aloys erzählte alles genau; er sprach eine Zeitlang
dreinstarrend, wie wenn ein anderes die Worte für ihn hergebe,
denn er dachte anderes, als er berichtete.

Mutter Marannele konnte gut fragen, sie hatte den Haupt-
schlüssel zu allen Verschlüssen in der Seele. Aloys fühlte sich
so angeheimelt, daß er bekannte, es sei ihm, wie wenn er von
Kindheit an bei der Base und ihrer Tochter gelebt hätte, und
als er bei diesen Worten in das Antlitz der Tochter schaute,
zuckte es ihm im Herzen, als wäre ein Blitz hineingefahren,
und Jung Marannele fuhr sich mit der Hand über das Gesicht,
als spüre sie leibhaftig den warmstrahlenden Blick von Jung
Aloys.

Die Mutter richtete sich auf und jetzt war ein Augenblick,
wo sie in der That wieder schön war, ihr Gesicht war wie durch-
leuchtet und in ihrer Stimme war ein Herzton, da sie sagte:

„Aloys, wenn du zu deinem Vater kommst, sag ihm, er
soll mir auch verzeihen. Ich kann in der nächsten Stunde
sterben, und es nimmt mir einen Stein vom Herzen, daß ich
seinem Sohn das sagen kann ins lebendige Auge hinein. Sag
ihm, er soll gut an mich denken in Zeit und Ewigkeit."

Sie hatte das mit großer Lebhaftigkeit gesprochen und ihre
Wangen hatten sich gerötet.

Es herrschte geraume Zeit Stille, nur die Turteltauben
gurrten.

„Jetzt, lieber Aloys," sagte die Alte, „du nimmst mir's

ja recht nicht übel, wenn ich dir sag': geh jetzt. Es hat mich
so arg angegriffen. Marannele, gib dem Herrn Vetter das
Geleit, und laß mich jetzt ein bißle schlafen. Ich spür's, lieber
Aloys, dein Ehrenbesuch und alles Gute, was ich von dir gehört
hab', macht mich gesund. Das ist besser als alle Doktor und
Apotheker. Ich mein', ich könnt' jetzt aufstehen, aber ich will
warten. Jetzt gehet miteinander und behüt' euch Gott."

Elftes Kapitel.

Mutter Marannele trank hinter den Weggehenden schnell
das Kirschwasser aus, das Aloys hatte stehen lassen, dann legte
sie sich in die Kissen zurück und schloß die Augen, aber ihre
Züge lächelten.

Plötzlich richtete sie sich wieder auf und murmelte vor
sich hin:

„Ich mein', ich könnte jetzt hören, wie sein Herz und wie
ihr Herz schlägt. Die Welt wird immer wieder jung. Jetzt
brennt's!" Es fiel ihr die Geschichte von dem Brandstifter aus
Ahldorf ein, der sein Haus angezündet hatte und hierher ins
Wirtshaus ging; er saß beim Schoppen und im Denken, was
fern von hier vorging, rief er plötzlich laut: Jetzt brennt's!

Es brannte, aber doch anders als die Mutter gedacht hatte.

Jung Marannele und Aloys waren ohne ein Wort zu
reden die Treppe hinabgegangen, er hielt sich am Geländer, sein
Schritt war unsicher. An der untersten Stufe standen sie still
und das Mädchen sagte: „Ich dank' dir tausendmal, daß du
noch zu uns kommen und so gut zu meiner Mutter gewesen bist.
Wie ich höre, gehst du bald wieder fort."

Jung Aloys schien das nicht zu hören, er drehte die hölzerne
Kugel, die an der Treppenpfoste aufgesteckt war.

Jung Marannele öffnete die Hausthüre, ein warmer breiter
Sonnenstrahl drang herein, auch der Hund kam mit lechzender
Zunge, betrachtete die beiden, schüttelte den Kopf und legte sich
in den Schatten unter der Treppe.

„Mach nur die Thüre wieder zu," sagte Aloys. Sie ge=
horchte. Er drehte fort und fort die Kugel, daß man das Rollen
vernahm.

„Ich hab' dich was fragen wollen," begannn er tief auf=
atmend.

„Frag du nur, es soll mir lieb sein, wenn ich dir Bescheid geben kann."

Jung Aloys zögerte lange, dann sagte er: „Besinn dich, der Hund erinnert mich an was. Bist du nicht an dem Tag, wo ich hier ankommen bin, draußen in einem Acker an der Horber Steige gewesen und hast leise gesungen und dann dem Hund zugerufen?"

„Ja freilich. Ich hab' deinen großen Hut gesehen, aber sonst nichts. Ich hab' dem Fremden guten Tag sagen wollen, aber es ist mir gewesen, wie wenn ich nicht dürft'; ich hab' in unserem Haferacker Disteln ausgejätet. Aber darf ich wissen, warum du das fragst?"

„Ich wollt', ich hätt' damals gethan, was mir durch den Kopf gefahren ist."

„Was ist's denn gewesen?"

„Es ist besser, ich sag's nicht. Ich mein' aber, du hast mir was zu sagen."

„Ja wohl. Ich danke dir, daß du mit meiner Mutter so geduldig gewesen bist und . . ."

„Was und?"

„Es hat mir das Herz gerührt, wie du deinen Vater so im Herzen hast und noch im Leben vor dir. Mein Vater ist tot und ich möcht' für ihn reden. Du hast vielleicht gehört, daß mein Vater sich über den deinigen lustig gemacht hat. Er hat gern Späße gemacht, aber er ist kein böser Mann gewesen, gegen niemand, aber weißt so . . . so . . . übermütig und neckisch, und . . ja . . da hab' ich dich bitten wollen, sag deinem Vater, er soll dem meinen in der Ewigkeit verzeihen."

„Das ist so gut wie geschehen. Ich wollte nur, mein Vater hätte dich gehört und könnte dich jetzt sehen."

„Das wünsch' ich auch und ich weiß gewiß, er thät' zu dem, was ich sag', nicht nein sagen!"

Aloys erbebte und schaute um und um. Die Kugel am Treppenpfosten flog aus dem Pflock, aber er haschte sie noch schnell und steckte sie wieder auf.

„Weißt, was ich jetzt möcht'?" rief er stockend.

„Was?"

„Dir einen Kuß geben."

„Und ich dir auch."

Die beiden umhalsten und küßten sich und schienen nicht mehr voneinander lassen zu können. Sie sahen und hörten nichts mehr von der Welt, sie hörten den leisen Schritt nicht

oben am Treppengeländer und sahen nicht, wie Mutter Marannele
mit frohlockendem Blicke herniederschaute.

„Verzeih mir! Ich dank' dir!" sagte Aloys endlich. „Leb
wohl!"

Er öffnete rasch die Hausthüre und stürmte davon.

Jung Marannele setzte sich auf die unterste Treppenstufe.
Die Turteltauben da oben in der Stube gurrten so tief und
so unaufhörlich und lachten dann wieder so schelmisch: Rukeruku!
Unsere Haustochter und der Vetter Aloys haben einander ge=
küßt! Rukeruku!

Wie vor sich selbst verbergend, bedeckte Jung Marannele
ihr Angesicht mit der Schürze und dachte, was denn das sei,
daß Aloys so plötzlich und mit so seltsamen Worten davonge=
stürmt war.

Sie ging lange nicht zur Mutter hinauf. Als sie endlich
doch an ihr Bette kam, fragte die Mutter:

„Ist der Vetter Aloys bis jetzt da blieben?"

„Nein, er ist schon lang fort."

„Wie gefällt er dir?"

„Der Vetter Aloys scheint ein braver Mensch und kann
auch gut reden, aber wunderlich ist er doch auch."

Die Alte lächelte in sich hinein, wie wenn sie sagen wollte:
Ich hätt's vor meiner Mutter auch so gemacht. Wart nur! du
beichtest mir schon!

Laut aber sagte sie: „Häng ein Tuch über den Käfig,
damit die Turteltauben still sind, ich weiß nicht, was die heut
haben, sie thun wie närrisch und ich möcht' schlafen. Ja, der
Vetter Aloys! Was die Leut' so einfältig schwätzen! Da haben
sie gesagt, er sei nicht besonders schön. Jetzt mir gefällt er,
er hat so getreue Augen und einen Mund, aus dem geht gewiß
kein unrecht Wort heraus."

Jung Marannele fand nichts darauf zu erwidern, und
die Mutter fuhr fort:

„Er ist viel gewitzigter, aber er hat doch noch viel von
seinem Vater. Lern von mir, Kind! Ich bin nicht so gut ge=
schult wie du, aber das kannst du doch von mir lernen. Wenn
man machen will, daß ein Mensch sich ganz hergibt und noch
dafür dankt, muß man ihm Gelegenheit geben, seine Gescheitheit
an den Tag zu bringen, und wenn man ihm dann zu verstehen
gibt: so gescheit wie du ist kein zweiter Mensch auf der Welt,
dann kann man mit ihm machen, was man will. Hast mir
sonst nichts zu sagen?"

„Ich muß ins Schießmauernfeld in unsern Hopfenacker."

„Willſt du nicht vorher eſſen? Du haſt ja noch nicht zu
Mittag gegeſſen.‟

„Ich hab' jetzt keinen Hunger,‟ erwiderte Marannele, zog
die Tiſchſchublade auf und ſchnitt ſich ein groß Stück Brot ab,
das ſie zu ſich ſteckte, „behüt' Euch Gott! Mutter,‟ ſagte ſie
abgewendet und ging davon.

„Der Acker hat ſeinem Vater gehört,‟ rief die Mutter
noch nach, und für ſich dachte ſie: „Sie haben das gewiß aus=
gemacht, daß ſie ſich dort treffen. Aber wenn ihr nichts redet,
ich kann warten.‟

Alt Marannele fühlte ſich in der That friſchauf, und ſie
überlegte, was beſſer ſei, krank ſein oder aufſtehen; ſie kann
aufſtehen, das fühlte ſie, und es iſt nicht ganz gelogen, wenn
ſie Aloys ſagte, ſein Beſuch habe ſie geſund gemacht. Es hat
freilich ſein Gutes, wenn man beſucht werden muß, man hat
den Beſuch feſter, aber jetzt darf man den Aloys nicht mehr
fremden Leuten überlaſſen, beſonders nicht der Muhme Rufina,
man muß ihnen den Weg verlegen. Die beiden ſind jetzt
draußen miteinander im Hopfenacker, das beſte wäre, jetzt
gleich fertig machen.

Sie ruhte noch geraume Weile, da hörte ſie Männerſchritte.
„Wer iſt da?‟

„Euer Schwiegerſohn, der Forſtwart.‟

„Du kommſt wie gerufen. Wart, ich kann aufſtehen. Ich
komm in die Stub'.‟ -

Zwölftes Kapitel.

Wie ſind die Häuſer ſo hell, in lauter Sonnenglanz ge=
taucht, wie ſtrahlt es von Pflug und Egge vor des Seppers
Scheuer, wie glitzern an den Bäumen die Blätter und die Aepfel
haben glühende Wangen, der dürre Reiſighaufen iſt eitel rotes
Gold und der weiße Hahn obendrauf kräht ſo luſtig und ſchlägt
die Flügel und wirft ſeinen purpurnen Kamm bald rechts bald
links auf ſeinem ſtolzerhobenen Haupte; drin im Hauſe gackert
die Henne und das Rotbrüſtchen auf dem Dache zirpt ſo in ſich
vergnügt und ſchwenkt ſein Schwänzchen und wetzt ſein Schnä=
belchen. Die Welt iſt erwacht, es iſt zum erſtenmal Tag, und
gleich ſo brutwarmer Mittag. Die Kinder, die aus der Schule
kommen, ſagen guten Tag und lächeln ſo glückſelig wie Engels=
geſichter. Guten Tag! Wie wohl thut das, daß da ſo viele

ſind, die grüßen, und die Sonnenſtrahlen ſagen auch guten Tag
zum Apfel auf dem Baum, zur wilden Roſe am Hag und zu
dem Korn auf dem Felde, die Bienen ſummen zu den Wieſen=
blumen und die Lerche ſingt zum Himmel hinauf: Guten Tag!

Aloys that den Hut ab, er hätte ihn gern jauchzend in
die Luft geworfen, aber als er den breiten Hut in der Hand
hielt, preßte er die Lippen zuſammen, die noch vom Kuſſe
Maranneles brannten. Welches Wort wird jetzt zuerſt von
dieſen Lippen kommen? Warum iſt es nicht ſo, daß man nach
dem erſten Kuſſe vor den Altar tritt und vor Gott und den
Menſchen bekennt: Dies Weib iſt mein und ich bin ſein?

O Mutter! rief er faſt laut, denn aus allem heraus tauchte
ihm die Erinnerung auf, wie die Mutter ihm beim Abſchiede
geſagt: in der Minute, wo du ſpürſt, da iſt ſie, wir ſind für=
einander aufbewahrt — da denk', ich bin bei dir, liebes Kind.
O Mutter! wiederholte er leiſe aber er wendete den Kopf, als
hätte jemand hinter ihm gerufen: Und dein Vater!

Wie aus einer Berauſchung kam er wieder zu ſich; ſeine
Mienen verzogen ſich in ſchwerem Nachdenken:

Nein, es geht doch nicht, es kann nicht ſein, es darf nicht
ſein. Nein, Vater! Ich will dir deine alten Tage nicht ver=
bittern. Du kannſt als alter Mann nicht immer vor dir ſehen,
was dir als junger Mann faſt das Herz zerſprengt hat; du
haſt keinen Glauben an eine Tochter von denen da, und müßteſt
dich zwingen ihr guten Tag zu ſagen.

Aber Vater! Sie hat drüber geweint, weil man über euch
geſpöttelt hat. Und denk', Vater, ich hab ihr einen Kuß ge=
geben. Ich weiß, was du ſagſt: ein Kuß iſt kein Ehepfand.
Das iſt wahr, aber eben doch —

So mit ſich redend war Aloys gleich von des Seppers
Haus weg den Feldweg gen Ahldorf gegangen. Die Menſchen,
die ihm begegneten, waren erſtaunt, daß er auf keinen Gruß
Antwort gab, geſchweige zuerſt grüßte; er war doch ſonſt ſo
leutſelig geweſen. Aber die Menſchen waren hungrig und hielten
ſich nicht auf, dazu brannte die Sonne vom Himmel herunter,
wie wenn ſie ſich eilen müßte, um das Korn zu reifen.

Aus dem Dorfe läutete es zu Mittag, drin im Adler
wartete das Eſſen auf ihn, Aloys ſpürte auch Hunger, aber er
ging doch weiter, er wollte jetzt vor keinen Menſchen treten und
beſonders vor der Adlerwirtin ſchämte er ſich; ſie hat ihrer
Schweſter geſchrieben; und nun iſt er ungetreu, er hat freilich
noch keine Verpflichtung, aber wie verwirrt iſt jetzt alles.

Plötzlich ſchrak er zuſammen, er fühlte es kalt an ſeiner

Hand, der Hund war ihm gefolgt. Hat sie ihn geschickt oder ist er von selber gegangen?

Er fürchtete, daß die Menschen, die den Hund sehen, gleich wissen, woher er käme. „Kehr um! Geh wieder heim!" rief er dem Hunde barsch zu. Der Hund sah ihn an, wie wenn er staunte. „Willst du gleich fort?" rief Aloys scheltend; der Hund wendete sich, aber er lief nicht ins Dorf zurück, er jagte durch ein Kornfeld, man sah einen langen Streif, wie sich die Halme bogen und immer weiter zog sich's, bis hinaus ins Schießmauernfeld, wo ein roter Rock durch den Hopfenacker schimmerte.

Sie ist wohl dort! Sei's. Ich gehe nicht hin. Aloys! besinn dich!

Im Felde war ein seltsames Schnarren und Knarren, Knaben gingen die Feldwege hin und her und drehten die so=genannten Rätschen, um die Sperlinge zu verscheuchen, diese flogen auf, aber hinter dem Rücken der Warnenden stürzten sie wieder in hellen Haufen in das reife Getreide und schmausten lustig.

Zum erstenmal that Aloys wie die Leute im Dorfe, zog seinen Rock aus und ging hembärmlig den Feldweg durch die wogenden Kornfelder. Vielleicht sah doch die im roten Rocke dort den Mann hier mit dem breiten schwarzen Hut und den weißen Hembärmeln.

Haftigen Schrittes ging er nach dem Wald, aus dem eben ein Forstwart mit der Flinte auf der Schulter und einem scheckigen Dachshund an der Leine auftauchte.

„Sie sind der Herr Aloys Schorer?" fragte der Forstwart. Aloys nickte und der Forstwart fuhr fort: „So sag' ich grüß Gott, Herr Vetter. Meine Frau ist verwandt mit Ihnen, sie ist die älteste Tochter vom Jörgli. Meine Schwiegermutter wartet von Tag zu Tag auf Ihren Besuch."

„Ich komme eben von dort."

„So? Das ist schön. Besuchen Sie uns auch einmal in Ahldorf."

„Danke. Werde einmal kommen."

„Wohin wollen Sie?"

Aufs 'neue fremd erschien es Aloys, daß die Menschen hier zu Land so ohne weiteres fragen, wohin man wolle, und dazu wußte er's jetzt kaum anzugeben, er antwortete aber doch: „Nur da hinunter gegen Egelsthal."

„Behüt's Gott."

Der Forstwart ging dem Dorfe zu und Aloys in den Wald.

Dreizehntes Kapitel.

Wie iſt es da im Waldesgrunde ſo ſchattig und ſtill, und
der kleine Bach plaudert wie ein vor ſich hinlallendes junges
Kind in der Wiege, das am Mittag einſam aufgewacht iſt. Ja,
aber du mußt auch bald arbeiten, da iſt die Leitung und dort
treibſt du das Waſſerrad an der Papiermühle.

Aloys beſah ſich das Mühlwerk und fand es gut eingerichtet;
ſie ſind hier doch in allem ſchon weiter, als der Vater meint.

Als er die Mühle verließ, begegnete ihm Soges der Land=
briefbote und ſagte, daß er im Adler einen Brief aus Amerika
für ihn abgegeben. Aloys ſchien aber gar nicht neugierig auf
Nachrichten von daheim, er ſah den Boten an, als ob er nichts
gehört hätte, und Soges ſagte vertraulich, eben ſei noch ein
Freier für des Papierers Tochter angekommen, es ſei auch ein
Papierer, aus dem Hohenzollernſchen.

„Wünſche Glück und Segen!“ erwiderte Aloys lächelnd,
es kam ihm wie ein vergeſſener Traum vor, daß die Muhme
ihn auf die Papiererstochter gewieſen hatte. Der Soges ſchaute
dem Amerikaner verwundert nach; ſind doch wunderliche Leute
die von drüben, könnte der Menſch unterhaltſame Geſellſchaft
haben zum Heimweg und geht jetzt allein und jetzt ſteht er dort
bei der großen Weißtanne und ſchaut auf den Ameiſenhaufen,
wie wenn er ſein Lebtag ſo was nicht geſehen hätte . . . .

„Good evening Sir!“ rief eine Stimme zu Aloys; Ohl=
reit ſtand vor ihm, an ſeinen Kleidern, in ſeinem Haar hing
noch Moos, er hatte offenbar im Walde geſchlafen und er blin=
zelte auch wie einer, der eben erwacht iſt.

„Nicht wahr, eine ſchöne Tanne? Edeltanne heißt man’s
bei uns. Weißt wozu die gut wär’? Sich dran aufzuhängen.“

„Das ſind keine Späß’, die ich hören mag.“

„Gut. Steck deinen Stock in den Ameiſenhaufen, ſieh zu
— grad ſo iſt es geweſen, wie ich heimkommen bin. Hui!
Wie iſt da das ganze Dorf hin und her gerannt, wie die
Ameiſen da. Und jetzt? Pah! Weißt du, was das Dümmſte
auf der Welt iſt?“

„Nein.“

„Das Dümmſte iſt, daß man gern für reicher gelten will,
als man iſt. Ich rate dir, mach dich fort, eh du unwert
wirſt und nimm mich auch mit, nimm mich mit. Teufel hol’s!“
unterbrach er ſich, „ich hab’ kein Feuer. Kannſt du mir kein
Feuer geben?“

Aloys verneinte und Ohlreit rief: „Ja so, du rauchst ja nicht! Möcht' wissen, wie man lebt, ohne zu rauchen. Gut. Ich kann auch kauen." Er zerbrach die Cigarre und steckte sie in den Mund. „Aber gut ist's," rief er, ein Knöllchen bildend, „daß ich dich da treffe, hast du es auch schon entdeckt?"

„Was denn?"

Lachend erwiderte Ohlreit: „Da, ja da hab ich mich setzen wollen, hab' mich auch gesetzt, aber nur von einem Wirtshaus ins andere. Aber schau, da, wo sie den Neckar wegen der Eisenbahn haben abgraben müssen, schau, was das ein Gefäll ist. Mit einem Geringen fangt man hier die beste Wasserkraft, und da ließe sich eine Werkstatt herstellen, eine echt amerikanische. Meiner Schwester Mann ist halt ein grüner Junge, weil er nicht mitthut. Ich könnt' denen hier zeigen, was ein Amerikaner ist. Die Kerle hier wissen noch nicht einmal, daß beim Sägen die halbe Mühe vergebens ist, das Anziehen der Säge."

Aloys freute sich, den Verwahrlosten doch einigermaßen bedachtsam zu finden, und er lobte sein Vorhaben.

Frohlockend rief Ohlreit:

„Du wärst mein Mann. Weißt du, was ich brauch'?"

„Geld."

„Das auch, aber ein Co, das ist die Hauptsache. Ich bin ein ganzer Kerl, wenn ich zu zweit bin: Schorer und Compagnie soll es heißen. Ich will der Co sein."

„Ich bleibe nicht hier und du wirst hier schon einen Gesellschafter mit Geld finden."

„Nein. Eine Werkstatt hierher bauen, das käme ihnen vor, wie aus der Welt draußen. Wenn der Amerikaner ein Haus buildet, will er auch eine gute view haben, davon versteht das people hier nichts. Wenn sie nicht die Base drüben im Nachbarhaus ihre Kinder prügeln hören, dann meinen sie gleich, sie wären aus der Welt. O! Wenn ich sie nur alle einmal beim Kopf nehmen und eine Stunde ins Meerwasser halten könnte."

Ohlreit kam so in Wut, daß ihm der Mund schäumte, der halbverschlafene Rausch schien wieder aufzuwachen.

Er geleitete Aloys und sagte, nun käme man noch zu rechter Zeit auf den Bahnhof, zwanzig Minuten nach sieben bringe der Soges die Briefe und warte auf den nächsten Zug, Soges sei der beste Trinkgenosse. „Und weißt was?" rief Ohlreit, „ich hab' dir den besten Rat. Du willst die Leute hier kennen lernen? Mach's wie ich, geh mit dem Soges Briefe bestellen, da lernst du die Menschen kennen, von innen und von außen; sind aber von keiner Seite schön." .

Aloys dankte.

Als ſie in der Au an dem Kreuzweg, da, wo dem Thal entlang der Weg nach Horb und bergauf nach dem Dorfe geht, trennte ſich Aloys raſch von Ohlreit.

Wußte er, daß da oben die Gemarkung Schießmauernfeld iſt? Er ſtand, aus dem Walde heraustretend, ſtill und ſah den roten Rock ſich zwiſchen den Hopfenranten bewegen. Er hielt an, und jetzt ſetzte ſich Marannele an den Feldrain unter den Ebereſchenbaum und aß Brot und gab dem Hunde von Zeit zu Zeit ein Stück. Auch Aloys verſpürte Hunger, er trat näher und rief: „Willſt du mir auch ein Stück Brot geben?“

„Was ich noch hab'. Es iſt leider Gottes wenig.“

Er ſetzte ſich zu ihr; über ihnen, im Wipfel des Eber-eſchenbaumes, ſang eine Goldammer ihre kurzen und lang-gezogenen Töne, die nach der Landesſprache bedeuten: J wie iſt's ſo ſchön! J wie iſt's ſo ſchön.

Vierzehntes Kapitel.

„Iſt das nicht der Acker, der meinem Vater gehört hat?“

„Freilich, aber die Mutter hat mir geſagt, dazumal hat man hier noch keinen Hopfen gebaut. Er ſteht heuer gut, er hat viel Anflug.“

„Dein Brot iſt ſchmackhaft. Haſt du das gebacken?“

„Wer denn ſonſt? Ich kann auch gut Kuchen backen. Wenn du bis zur Kirchweih da bleibſt, mach' ich dir.“

„Ich bin die längſte Zeit hier geweſen.“

Es trat eine Pauſe ein, bis Aloys wieder begann:

„Wie manche haben ſchon, wie wir zwei hier, beiſammen geſeſſen.“

„Kann wohl ſein,“ lautete die Antwort des Mädchens; er nannte ſeinen Vater nicht und ſie nicht ihre Mutter und doch gedachten ſie ihrer.

Zwei Raben flogen über ſie weg, waldwärts, das Weib-chen flog ſtill voraus, das Männchen ſchreiend ihm nach.

Drüben über den Vogeſen begann die Sonne zu ſinken, am mählich ſich rötenden Himmel ſtand kein Wölkchen.

„Es gibt morgen wieder einen ſchönen Tag,“ ſagte Marannele.

„Und den heutigen,“ fiel Aloys raſch ein, „vergeſſe ich nie und du gewiß auch nicht.“

„Nein, nie."

„Es ist das erste Mal in meinem Leben . . ." — er stockte.

„Du haft was sagen wollen."

„Ja, ich bin dein Vetter und da darf ich schon so bei dir sitzen."

Bist du nur mein Vetter? fuhr es ihr schnell durch den Sinn und sie schärfte mit ihren kleinen weißen Zähnen die roten Lippen.

„Natürlich, Aloys!"

„Sag noch einmal Aloys! Ich bitt'!"

„Aloys! Aloys! Was ist denn dabei?"

„Ich hab' gar nicht gewußt, daß mein Name so schön ist; so hat er noch nie geklungen. Ich möcht' immerfort hören, wie du Aloys sagst."

Ein närrischer Kerl, aber herzensgut. So muß sein Vater gewesen sein, dachte sie, fand aber nicht nötig, es zu sagen.

„Arbeitest du gern so allein?" fragte er.

„Ja, am liebsten allein. Ich mach' mir nichts aus dem Schwätzen beim Schaffen; am Feierabend, da gehe ich gern zu des Hirten Mablene."

„Kannst du dir denken, wie es bei uns ist, wo man oft tagelang keinen Menschen sieht und kein Wort über die Lippen kommt?"

„Freilich. Aber was hat man am Ende von den vielen Menschen im Dorf? Ich hab' viel Schweres für mich allein getragen und hab's niemand merken lassen, und es hat's auch niemand wissen wollen. Schau, in den Hauptsachen muß doch jedes mit sich allein fertig werden. Aber es ist mir lieb, daß du mich da dran erinnerst. Es gibt doch Menschen, die so wie am Ertrinken sind, und andere müssen ihnen heraushelfen. Und ja, da könntest du ein gutes Werk thun!"

„Ich? Was denn?"

„Ich hab' den Ohlreit gesehen, wie er den Wald hinunter getorkelt ist; ein Kind und ein Betrunkener thun sich nicht leicht einen Schaden im Fallen, aber man muß ihnen doch aufhelfen. Willst noch Brot? Da ist noch."

„Nein, sag weiter, was meinst."

„Von was hab' ich denn geredet?"

„Vom Ohlreit."

„Ja. Also ich möcht' dir sagen: Nimm den Ohlreit von hier mit fort, er richtet sich zu Grunde und es ist doch schad um ihn. Ich glaub', er möcht' gern aus der Verwahrlosung und dem Trunk heraus und schaffen, aber er kriegt hier zu

Land den Hobel nicht mehr recht in die Hand und iſt unwert
vor den Menſchen und unwert vor ſich ſelber. Er iſt ſtolz und
es wird ihn vielleicht anfangs beleidigen, aber nachher wird er
dir folgen. Jetzt, was meinſt?"

„Ja wegen Ohlreit," entgegnete Aloys ſich ſammelnd, er
hatte wieder anderes gedacht. „Ja, ſchau, ich kann mir keinen
fremden Menſchen aufladen. Wir Amerikaner haben das Sprich=
wort: Die Nächſtenliebe fängt bei mir ſelber an, und unſer
Hauptſpruch heißt noch dazu: Hilf dir ſelber."

Marannele hielt ſich die Hand feſt auf die Lippen, die
Worte ſollten nicht heraus, daß das ein ſtolzer, aber auch ein
liebloſer Spruch ſei. Sie mußte an ihre beiden Brüder in
Amerika denken, die wohl auch ſo für ſich ſelber leben und
nichts davon wiſſen wollen, daß daheim Mutter und Schweſter
zu kämpfen und zu ringen haben.

Aloys mochte fühlen, was ſie denkt, denn er ſagte:

„Ich ſehe dir an deinen Lippen an, daß du mir etwas
dagegen ſagen willſt. Sag's frei."

„Das kann ich. Ich hab' an meine Brüder gedacht und
hab' ſagen wollen, dich hätte ich gar nicht für hartherzig ge=
halten."

„Hartherzig? Das bin ich nicht." Er ſah ihr lächelnd
ins Geſicht, ſie aber blieb ruhig und er fuhr fort: „Schau,
bei uns in Amerika legt man niemand was in den Weg, man
bahnt aber auch niemand einen; jeder mag ſeinen eigenen freien
Weg gehen und ſehen, wohin er ihn führt. Verſtehſt du das?"

„Ja wohl, du ſprichſt ja deutſch. Ich lege mir's ſo aus:
Da, wo man nicht Guten=Tag ſagt, kriegt man auch keinen Dank
zur Antwort. Hab' ich dich verſtanden?"

„Ja, auf deine Art."

„Und auf meine Art hab' ich gemeint, du ſollteſt dir an
dem Ohlreit einen guten Dank verdienen."

Aloys gab ſich Mühe, den tiefen Abſcheu eines Amerikaners
vor dem Trunkenbold zu erklären, jedes andere ſcheint ihm ver=
zeihlicher als dieſes Laſter. Er kam nicht zu Ende, denn Maran=
nele half ihm:

„Ich merk' ſchon. Weil jeder ſich ſelber helfen ſoll, ſo
meinet ihr, das Aergſte iſt, daß einer ſich ſelber zu Grunde
richtet. Ihr hättet vielleicht weniger Abſcheu, wenn er das
einem andern anthut!"

„So arg iſt's gerad nicht, aber in etwas haſt du's ge=
troffen. Schau, wir haben jetzt auch böſe Zeiten. Früher iſt's
anders geweſen, da ſind die Menſchen nach Amerika gekommen

und haben geſagt: Hopſa, da bin ich, jetzt Glück komm und mach mich reich. Es iſt auch zu vielen gekommen und mein Vater hat vielen von hier geholfen. Aber jetzt —"

„Ja, jetzt hilf du dem einen, dem Ohlreit."

„Schau, ich thät's gern, aber ſchau, bis jetzt habe ich den Menſchen ſo viel als möglich vermieden, und wenn ich mich mit ihm einlaſſe, ſo thut er vor der Welt und glaubt auch ſelber, daß er ein Recht auf mich habe, und wenn ihm, wie ich fürchte, nicht mehr zu helfen iſt, dann —"

„Du biſt bedachtſam, du denkſt weiter hinaus. Jetzt bitt' ich dich, laß es."

„Nein, ich will's. Ich will ſehen, ob ich dem Ohlreit helfen kann, dir zulieb. Ich ſag dir jetzt ſchon Dank, daß du mich ſo ermahnſt. Ich laß mich gern ermahnen."

Geraume Zeit ſaßen die beiden wieder ſtill und doch ſagte eines dem anderen gar viel.

Endlich fragte Aloys:

„Alſo du biſt am liebſten allein?"

„Ja. Ich hab' aber doch immer einen Kameraden."

„Deinen Hund?"

Das Auge Maranneles leuchtete in ſchelmiſcher Fröhlichkeit, indem ſie ſagte:

„Nein, einen ganz anderen. O, das iſt ein Weſen von lauter Herz und Seele und ſo getreu und kennt meine innerſten Herzgedanken, und ſagt mir ſie vor und ich ſag's ihm nach, und es iſt bei mir im Feld und in der Stub' und im Stall und wenn ich mich niederleg' und wenn ich aufſteh'."

Sie hielt ſchalkhaft inne und er ſagte:

„Du meinſt unſern Herrgott?"

„Unſer Herrgott ſoll mir's verzeihen, ich mein' ihn nicht. Ich mein' etwas, du haſt's grad ſo gern wie ich und iſt das Billigſte auf der Welt, man braucht nichts dazu als Luft. Weißt noch immer nicht, was ich mein'? So will ich dir's ſagen: den Geſang mein' ich."

„O du!" rief Aloys glühenden Antlitzes. „Weißt du, was ich mir jetzt wünſch'?"

„Nein. Ich hab' dich auch nicht lang raten laſſen; laß du mich auch nicht. Sag, was?"

„Meine Mutter wünſch' ich mir her, die hätte ſollen deine Worte hören, die ſollte dich jetzt ſehen, dein Geſicht im Abendrot..."

Aloys hatte eine Mutter angerufen, es kam eine andere, friſch und rüſtig drein ſchreitend, es war Alt Marannele, ſie rief ſchon von ferne:

„Glück und Segen miteinander! Bleibet nur dort! Ich
komm'."

Gellend klang die Stimme.

I wie iſt's — pfiff nur noch der Vogel im Baumwipfel
und ſich unterbrechend flog er davon.

Der Hund ſprang laut bellend zwiſchen den beiden oben
und der Alten unten hin und her. Eben ſank die Sonne hinab,
ein Schauerfroſt ging über die Erde und Aloys fror es plötzlich
bis ins Mark. Er ging der Alten raſch entgegen und ſagte:
„Verzeihet! Ich muß ſchnell ins Dorf, es wartet im Adler ein
Brief auf mich."

Die Alte blieb wie verſteinert ſtehen, Jung Aloys jagte
davon, als ob das wilde Heer hinter ihm drein wäre. Erſt
beim Hauſe ſeiner Großmutter hielt er an und verſchnaufte.
Er ging an das Haus, er faßte den Pfoſten der Haustüre
und ſtarrte lange auf die Schwelle. Es wurde Nacht und der
junge Mann, der ſo frohgemut und zuverſichtlich in die Alte
Welt gekommen war, ſtand hier wie verloren und verwirrt.
Endlich raffte er ſich zuſammen und ging hinein ins Dorf.

Fünfzehntes Kapitel.

Da und dort ſaßen Männer und Frauen in der Abend=
kühle auf der Hausbank und plauderten und ſcherzten mit den
Kindern. Aloys grüßte zuvorkommend. Aber (was iſt denn
das? Hinter ſich drein hört er immer Tolpatſch ſagen und be=
ſonders die Kinder pfeifen und locken und rufen: Tolpatſch!
komm her!

Schuſter Hirtz ſaß noch vor ſeinem Hauſe mit Frau und
Töchtern, auch die Muhme Rufina ſaß bei ihnen. Aloys mußte
ſich aufhalten und er wurde gefragt, warum man ihn den ganzen
Tag nicht geſehen, wo er denn geweſen ſei.

Aloys ſagte, er ſei im Egelsthal geweſen und habe die
Papiermühle beſchaut.

Plötzlich rief die Muhme: „Tolpatſch! Was thuſt du da?
Fort! Marſch!"

Aloys ſchaute verwundert und fragte: was denn das für
Redensarten ſeien.

„Ja, wie kommt denn der Hund zu dir?" hieß es. „Das
iſt ja des Jörglis Hund. Weißt denn nicht, wie er gerufen
wird?"

„Nein."

„Tolpatsch wird er gerufen."

Aloys erzitterte, und sein Schreck wurde nicht gemindert, da der Hund ihm just die Hände leckte.

„Es ist ein übermütiger Possen vom Jörgli gewesen, just nicht so bös gemeint," beschwichtigte der Schuster Hirz, die Muhme aber behauptete, die falsche Schlange, das Marannele, habe dem Hund den Namen gegeben.

Aloys redete kein Wort drein und sagte nur schnell, es warte im Adler ein Brief auf ihn und ging davon.

„Komm heut zu mir und bericht mir, und ich muß dir auch noch was sagen," rief ihm die Muhme nach. Er erwiderte nichts und eilte davon.

Also in lauter Liebe schickt mich der Vater hierher, wo sie einem Hund seinen Unnamen gegeben haben. Wartet nur! Und wie schön hat sie Aloys gesagt, aber seit Jahren hat sie auch dem Hund Tolpatsch gerufen . . .

Er schaute nicht um, ob der Hund ihm folge. Als er aber beim Adler um die Ecke bog, sah er das Tier und sagte: „Bleib du nur bei mir. Ich brauch' dich."

Die Adlerwirtin begrüßte Aloys herzlich und sagte, indem sie ihm einen Brief einhändigte, sie habe auch einen Brief aus Amerika bekommen von der Schwester ihres Vaters, die an den Bruder vom Vater Aloys verheiratet war. Der Brief an Jung Aloys war eben von diesem Ohm. Er drückte zunächst die Freude aus, daß die junge Adlerwirtin seine Nichte und dann die Mahnung, Aloys solle sich nicht lange in Nordstetten aufhalten, sondern alsbald zu Ivo reisen und sehen, ob er dessen ältere Tochter Ignazia zur Frau bekommen könne.

„Willst du nicht was essen? Es ist noch für dich da," sagte die Adlerwirtin. Aloys ließ sich auftischen und trank rasch einen Schoppen Unterländer dazu. Er gab dem Hunde zu essen.

„Hast du den Hund gekauft?" fragte die Adlerwirtin.

„Nein, er ist mir nachgelaufen."

„So? Der da lauft dir nach?" rief der Adlerwirt lachend, er pisperte seiner Frau etwas zu; sie wehrte ab. Aloys ging mit raschen Schritten die Stube auf und ab. Bei einer Wendung sagte er:

„Adlerwirtin, gib mir noch eine Wurst."

„So? Bist noch nicht satt?"

„Nicht für mich, für den Hund."

„Für den da?"

„Ja. Er soll nicht drunter büßen, und vielleicht hab' ich Gutes durch ihn.“

Und während er dem Hunde den Leckerbissen schnitzelweise gab, fragte er den Adlerwirt, ob er ihn in den nächsten Tagen, vielleicht schon morgen zu seinem Schwäher Jvo begleiten wolle. Der Adlerwirt gab triftige Gründe an, die ihn nicht von Haus wegließen.

Es war schon spät, als Aloys nochmals den Adler verließ und mit dem Hunde hinaus ins Feld wanderte. Es war wieder so still wie am ersten Abend, aber in Aloys war ein gewaltiger Lärm und vielerlei Stimmen riefen durcheinander, daß er das und das thun solle. Unversehens stand er vor dem Hause Maranneles, es war kein Licht mehr oben, aber ein Fenster war offen und man hörte Stimmen. Aloys hielt die Hand auf den Kopf des Hundes, der zu verstehen schien, daß er schweigen solle.

„Sei nur ruhig! Er kommt wieder!“ sagte die Alte oben. „Wenn auch sonst nichts wär', wir haben da das Bild seines Vaters. Und weißt was? Morgen machst einen Kranz drum herum. Das wird ihn freuen, er hat das weiche Gemüt von seinem Vater.“

„Mutter! Das thu' ich nicht. Ich thue keinen Kranz herum. Das kommt nicht aus mir und ich thue nichts, was nicht aus mir kommt. Mutter! Ich hab' eine Bitt'!“

„Sag's!“

„Mutter! Habt Ihr den Vater von ihm wirklich gern gehabt?“

„Ehrlich gestanden, nein. Er ist ein guter Pudel gewesen, dem gibt man die besten Worte; aber weiter ist da nichts dabei.“

„Mutter! Hat er Euch einmal geküßt?“

„Ja, ein einzigmal, wie er zur Soldatenlotterie gegangen ist. Aber was ist das für eine Welt, wo ein Kind so etwas die Mutter fragt? Ich hätt' meine Mutter nie so was fragen dürfen. Aber jetzt hör, Kind. Paß auf, was ich dir sag'. Dein Vater, ich ruf' ihn vom Himmel herab zum Zeugen, dein Vater ist der erste und einzige Mensch auf der Welt gewesen, den ich in den Arm genommen und ans Herz gedrückt hab', daß ich ge-meint hab', es muß mir springen, und wenn er gewollt hätt', daß ich mir alle Adern für ihn schlagen lasse und für ihn ins Feuer springe, ich hätt's gethan.“

„O Mutter, so ist's! just so —“

Der Hund unten spürte ein Zittern der Hand auf seinem Kopfe, aber Aloys faßte ihn wieder stärker und horchte, wie oben die Alte fortfuhr:

„Dein Vater ist Knecht gewesen, für mich aber ist er der König über alle Menschen gewesen. Er hat einem nicht viel gute Worte gegeben, aber so herzig, so lieb und so lustig und so getreu wie er gibt's keinen mehr auf der Welt. Und wenn ich noch einmal all das Schwere auf mich zu nehmen hätt', ich thät's wieder. Schau, der Aloys ist ein guter Mensch gewesen, ein herzguter, aber wie ein Kalb, wie ein junger Hund, der über seine eigenen Füße stolpert. Verzeih' mir's Gott, daß ich so was sag'. Er ist um meinetwillen Soldat geworden und um meinetwillen in die weite Welt gegangen; ich hab' nichts da- gegen machen können. Man kann einem, weil er brav ist, alles Gute erweisen und wünschen, aber heiraten kann man ihn des- wegen doch nicht, und erst recht nicht, wenn man einen anderen im Herzen hat. Aber Kind! Jetzt ist genug, mach mich nicht so viel reden. Geh schlafen und laß mich auch schlafen.“

„Mutter! Noch eins! Warum habt Ihr's erlaubt, daß der Vater den Hund Tolpatsch geheißen?“

Der Hund unten bellte bei Nennung seines Namens laut auf. Jung Marannele sah zum Fenster heraus und Jung Aloys rief:

„Mach die Thür auf und laß deinen Hund hinein, den Tolpatsch . . .!“

Er rannte davon.

- - - - - - - -

Sechzehntes Kapitel.

Früh am Morgen, als es kaum tagte, saß Jung Aloys bei der Adlerwirtin und sie schenkte ihm Kaffee ein.

„Ich fürcht', du triffst den Vater nicht daheim, er ist Ab- geordneter und hat sonst viel Ehrenämter.“

„Aber deine Schwester ist doch daheim?“

„Gewiß! Außer in der Kriegszeit, wo sie im Lazarett ge- wesen, ist sie nie acht Tage von Haus weg gewesen. Vergiß nicht, daß ich dir gesagt hab', sie ist nicht so wie ich, sie ist viel vornehmer; es ist ihr keine Arbeit zu grob, aber sie ist eben doch vornehm, und der Vater, du weißt ja, ist ein Studierter, aber mit ihr kann er alles ausreden.“

„Du machst mir bang.“

„Brauchst kein Bang zu haben. Und wer weiß. Jeden- falls ist's der Mühe wert, daß du dein Glück versuchst. Es wird dir bei uns gefallen. Es ist aber ganz anders wie hier.

Mein Vater ist doch von hier gebürtig, aber er sagt immer, drüben im Badischen seien die Menschen viel aufgeweckter, um fünfzig Jahr weiter. Und du mußt auch vorher etwas an dir anders machen."

„Was?"

„Wie du gleich feuerrot wirst! Es ist nichts Besonderes. Der Vater hat's nur nicht gern, wenn die Amerikaner überall damit groß thun, daß sie Amerikaner sind. Du bist kein Prahler. Im Gegenteil. Aber thu den breiten Hut weg. Laß die Krempe abschneiden, oder kauf dir einen, wie hier zu Lande der Brauch. Auch das rote Halstuch mit der Brillantnadel, das du für Alletag hast, thu ab. Nicht wahr, du nimmst mir's nicht übel? Thu das meinem Vater zulieb."

„Das kann ich schon. Wenn ich nicht mehr hierher kommen sollte — es kann ja sein — so ist alles oben in der Stub' gut gepackt zum Schicken."

„Du kommst schon wieder, aber warum eilst du so? Es geht erst in zwei Stunden ein Zug für dich."

„Ich will in Horb warten."

Aloys ging durch das Dorf, wo da und dort in den Häusern ein Stall geöffnet und ein Fensterladen aufgemacht wurde.

„Wohin schon so früh?" wurde er da und dort gefragt. Er gab ausweichende Antwort.

Ja, im Dorf kann man nicht so für sich allein leben. Man muß von Gehen und Kommen Bescheid geben.

Beim Schuster Hirz hörte Aloys bereits Leder klopfen. Arbeitet der Mann vielleicht jetzt an den Schuhen für Ignazia? Jung Aloys ging nicht hinauf, lebewohl zu sagen.

Dort, wo er bei der Ankunft Marannele hatte singen hören und wo der Hund zuerst geknurrt hatte, dort blieb er einen Augenblick stehen und schaute auch hinüber nach dem Hopfen- acker im Schießmauernfeld, wo er gestern bei Sonnenuntergang mit Marannele gesessen.

Lerchen tänzelten vor ihm auf der Straße, flogen dann auf und jubelten hoch in den Lüften.

Solch ein frischer Morgen läßt keinen Trübsinn haften und Aloys ging mit sicherem Mute den neuen Ereignissen entgegen.

„All right! Komm herein!" wurde er beim Bahnwirt angerufen; es war die Stimme des Verwahrlosten. Hat ihn nicht gestern Marannele ermahnt, dem zu helfen? Es gibt eigene Bedrängnisse, in denen man gerade besonders geneigt ist, anderen beizustehen.

Aloys trat ein; in der Stube waren die Stühle mit in

die Höhe gerichteten Füßen auf die Tische gestellt, der Boden war naß, aber Ohlreit hatte bereits eine halb geleerte Flasche Wein vor sich stehen. Er schob die Flasche weg und sagte:

„Du mußt mir's jetzt abnehmen. Willst du mich geduldig anhören?"

„Ja. Aber nicht hier. Komm mit in den Garten."

„Well."

Die beiden saßen im Garten, und Ohlreit begann:

„Hast du nicht eine gute Cigarre bei dir? Sie haben hier nichts Gescheites. Ja so, ich vergeß' schon wieder, du rauchst ja nicht."

„Ja, ich wollte dich bitten, daß du nicht rauchst, während du erzählst; du sprichst dann deutlicher."

Ohlreit sah den Aloys groß an und indem er eine Cigarre in der Mitte zerbrach und die Stücke ins Gras warf, rief er: „Auch den Cigarren hier geht die Luft aus! Aber hör mich an, ich will ruhig sein."

Aloys nickte.

„Ich bin," begann Ohlreit nach einer Weile, in der er sich mit beiden Händen das Gesicht gewischt hatte, „ich bin, wie du weißt, des Schreiner Philipps Sohn, bin auch Schreiner. Dein Vater war gut bekannt mit meinem Vater, der mich als Lehrling nicht gut behandelt hat; sie mögen sagen, was sie wollen, es ist doch so, und ich hab's ihm vergolten. Meine Mutter ist eine Sklavin gewesen, aber sie hat nicht gemurrt, sie hat nicht verdient, daß es ihr so gegangen ist, auch an mir nicht. Wie ich zum Gesellen gesprochen worden, bin ich fort nach Amerika. Was ich da erlebt hab', ist jetzt einerlei. Mich geht die Welt nichts an und ich die Welt auch nicht. Ist mir auch gegangen wie allen, bin erst zu was kommen, wie der letzte europäische Heller weg war. In der ersten Zeit bin ich bös auf die daheim gewesen, sie hätten mich nicht sollen fort-gehen lassen, und anfangs aus Aerger und nachher aus Haß und weil ich von niemand mehr was wissen will, hab' ich kein Wort heim geschrieben. Ich bin viel herum gekommen und zuletzt zu den Temperenzlern. Da bin ich wieder ein Mensch geworden. Ja, anfangs hat mir's ganz gut gethan, keinen Tropfen geistiger Getränke zu mir zu nehmen, ich bin gesund geworden und stark, sieh mich an, nicht wahr, das ist alles von Eisen?"

Er streckte den Arm hin, dann fuhr er fort: „Ich hätt' gut heiraten können, aber es hat mir doch nicht gefallen; außer Kirchenliedern gibt's gar keinen Gesang, und einmal in der

Nacht hör' ich meine Mutter singen, lustige Lieder, kreuzfidele. Ich hab' am Tag nicht gewußt, daß ich selber sing', aber man hat's gehört. Wenn unversehens die fünf Schüsse in meinem Revolver losgegangen wären, es hätt' nicht ärger sein können. Und ich bin mit dem Vorstand hart aneinander und auseinander gekommen und fast hätt's geknallt. Teufel auch! Halt! Ich kann nicht weiter erzählen, wenn du mich nicht rauchen lässest."

„Gut, so rauche." Und mit Begierde den Rauch einziehend und von sich blasend, fuhr Ohlreit fort:

„Zwei Pferde haben mich hierher gezogen."

„Zwei Pferde?"

„Ja, gelt, das ratest du nicht? Das eine war ein Rapp und das andere ein Schimmel, und der Rapp hat Heimweh ge= heißen und der Schimmel Prahlhans; oder auch umgekehrt; wie du willst. Mir ist's eins. Bin also heimkommen, hab' Geld gehabt und schöne Kleider und eine Uhr mit goldener Kett', wie du. Sie haben da gemunkelt, meine Mutter habe sich hinter= sinnt, weil ich die langen Jahre nicht geschrieben hab'; das ist Unsinn. Ich red' nicht davon. Ich bin heimkommen und hab' auftischen lassen und da hat's geheißen: lieber Vetter hin und lieber Vetter her. All right. Ich hab' sie alle freigehalten, und ich bin ja nicht mehr dort, ich kann trinken, wann ich will und was ich will und soviel ich will. Ich hab' mir auch wieder Thee angeschafft, ich hab' ihn sonst nicht ungern getrunken, aber er schmeckt hier ganz anders; das Schwarzwälder Wasser muß nicht dazu sein. Und sag, was du willst, das mußt du doch auch sagen: Respekt vor dem Trubpert, sag meinetwegen auch Ohlreit, Respekt vor dem, er rührt keine Karte und keinen Würfel an, er spielt nicht. Ist das was? Sag, he?"

Mit der Zudringlichkeit Verkommener drängte er auf Lob und fuhr dann fort:

„Ja, guck mich nur an. Wein und Bier schmeckt mir eigentlich nicht mehr, aber der da aus dem Fegfeuer mit den kleinen Gläsern, der kriegt mich nicht. Davon kriegt man die Schlangen am Kopf, um die Füß! Ich hab's gesehen in Amerika. Sie greifen auf, greifen ab. Nein! Nein!" rief er und schlug auf den Tisch. „Und meinen Prozeß gewinnen muß ich, und wenn ich die dreitausend Dollar gewonnen hab', schmeiß' ich ihnen den Bettel vor die Thür."

„Man hat mir gesagt, das Gesetz ist gegen dich, du kannst deinen Prozeß nicht gewinnen."

„So?" rief Ohlreit. „Wollen doch sehen."

Er glaubte offenbar selber nicht mehr an günstige Ent=

scheidung, aber es ist gar bequem, als Rechtsgekränkter in den Wirtshäusern zu schimpfen, und er hatte sich die Summe bequem in dreitausend Dollar umgesetzt. Er sah wild umher und grimmig auf Aloys. Dieser suchte abzulenken und fragte:

„Wo wohnst du denn?"

„Im Elternhaus bei meiner Schwester. Wir reden aber nichts miteinander. Mein Schwager ist auch Schreiner, aber ich kann nicht bei ihm arbeiten, er versteht nichts. Bis vor wenig Wochen bin ich auch noch ein Herr gewesen, aber nur der Herr von meinem Hund. Sie haben mir ihn weggenommen, weil ich keine Steuer dafür bezahlt hab'. Hundesteuer zahlen sie hier..."

„Willst du mir nun sagen, was du vorhast und ob ich etwas dafür thun könnte?"

„Du? Alles. Bind mich, schleppe mich an den Haaren, aber nimm mich wieder mit. Ich komme nicht mehr aus den Sonntagskleidern heraus hier zu Land, und ich möcht doch wieder schaffen. Schau, das ist der wahre help your self," rief er und zog einen fünfläufigen Revolver aus der Tasche. „Aber sei ruhig, ich thu' ihnen den Gefallen hier nicht. Ich will meiner Mutter unterm Boden zulieb auch den Prozeß aus sein lassen, wenn du es sagst. Ich schenk' ihnen die dreitausend Dollar."

Aloys versprach, für ihn bedacht zu sein und ihn mitzunehmen, wenn er bis dahin das Trinken lasse.

„Da hast du's, ich laß es," rief Ohlreit und warf eine volle Flasche an den Baum, daß die Scherben klirrten und der Wein umherspritzte. Aloys verlangte nun noch, daß ihm Ohlreit den Revolver aushändige, man bedürfe dessen hier zu Lande nicht. Wirr und grimmig sah Ohlreit den Fordernden an, endlich sagte er:

„Gut, da nimm's. Jetzt kann mich ein Kind umwerfen."

Aloys suchte sich loszumachen, aber Ohlreit hing sich an ihn, und als sie den Soges sahen, sagte Ohlreit schmunzelnd:

„Und das Marannele geht also mit uns?"

„Was sagst du?"

„Der Soges hat's gestern abend erzählt, daß er dich beim Marannele am Feldrain habe sitzen sehen."

So ist es also im Dorfe allbekannt und du reisest zu einer anderen, um sie zu freien, mußte Aloys vor sich hindenken, als er endlich nach einem Gange in die Stadt zum Bahnhofe ging.

Siebzehntes Kapitel.

„Willst schon wieder fort?“

„Doch nicht auf ganz?“

„Wohin geht's?“

„Du hast einen neuen Hut auf.“

„Er steht ihm nicht so gut wie der große.“

„Du fahrst wohl erster Klasse?“

„Bis wann kommst wieder?“

So und noch viel mehr wurde Aloys auf dem Bahnhofe von anwesenden Nordstettern angeredet. Ja, so ist's. In Amerika fragt dich kein Mensch, aber hier bist du eben in die Dorf= gemeinschaft eingetreten, und jedes hat ein Recht, dein Thun und Lassen zu erfragen.

Ohlstreit stand abseits, er sah seltsam verändert aus und schob seine ewig brennende Cigarre bald in den einen, bald in den anderen Mundwinkel. Er streckte Aloys die rechte Hand mit den ausgespreizten fünf Fingern entgegen. Das sollte wohl den Fünfläufigen bezeichnen. Dann machte er mit der Linken über der Handwurzel das Zeichen des Abhackens. Das sollte wohl bedeuten, daß ihm mit Wegnahme des Revolvers die Rechte ab= gehackt sei. Als der Zug sich in Bewegung setzte, that er die Cigarre heraus und rief in englischer Sprache: „Vergiß nicht! Ich verlasse mich auf dich.“ Er blinzelte mit den Augen, die in Thränen zu stehen schienen.

Aloys war froh, als er endlich allein war. Er betrachtete bald lächelnd, bald wehmütig den schnell gekauften, schmal= krempigen und niederen kleinen Hut. Sieht der nicht aus wie der schüchtern zusammengeschrumpfte aus der Heimat? Und warum soll man dem Aberglauben — er nannte alle Vorurteile Aberglauben — warum soll man dem nachgeben, daß man nicht überall zeigt, daß man ein freier Amerikaner ist? Das ist und bleibt doch das Stolzeste auf der Welt. Er suchte sich in diesem Gedanken aufzurichten, aber es war ihm doch nicht wohl zu Mut; und wunderlich! wie die beiden Namen auf den Taktschlag der Lokomotive gingen! Bewegte sich der Zug langsam, dann hieß es: Ignazia, Ignazia; ging er schnell und das war viel öfter und länger, da hieß es: Marannele! Marannele!

Schöne Gegend! Kunstreich gebaute Bahn! nickte Aloys manchmal zum Fenster hinaussehend mit dem Gefühl, daß Gegend und Kunststraße zufrieden sein könnten, das Lob eines Ameri= kaners zu erhalten. Im übrigen sah er nicht schöne Wiesen,

sondern nur saftiges oder mageres, saures oder süßes Gras; er
sah auch nicht Wälder, sondern nur schlagbare Bäume oder junge
Anpflanzungen.

Er hatte den praktischen, aber auch den scharfen Blick des
Farmers, der tagüber wenig Wechsel der Gegenstände vor Augen
hat, aber alles Vorkommende rasch mit seinen Besonderheiten
erschaut und festhält.

Es war hoher Mittag, als er an dem freundlichen Freiburg
ankam, er besah sich das Münster und konnte nicht umhin, den
Deutschen das Lob zu geben, daß sie schöne Bauwerke haben.

Noch am Abend fuhr er auf der Außenseite des Stellwagens
durch das Himmelreich nach dem Höllenthal. Er saß auf der
Außenseite beim Postillon, der ein lustig Stücklein blies, daß es
von Berg und Thal widerhallte. Aloys forderte weitere Stücklein
und sein Antlitz wurde hochrot, da der Postillon die Weise des
Liedes vom schwarzbraunen Mädchen blies.

Aus dem Inneren des Wagens schaute eine junge Frau mit
großen Augen herauf.

Im behaglichen Sternwirtshaus wollte er übernachten, denn
er wollte nicht in der Nacht, sondern am Morgen bei Ivo an=
kommen.

Eine schöne stattliche Frau — wohl die, die auf dem Wege
herausgeschaut — stieg aus dem Wagen, legte ein Gepäck auf
ein wartendes einspänniges Fuhrwerk, ging nach dem Hause und
kam bald wieder, von mehreren Frauen geleitet, die ihr herzlich
Lebewohl sagten und fuhr davon.

„Wer ist das?" fragte Aloys einen Knecht.

„Die Jungfer Ignazia vom Reutenhof."

„Wie heißt ihr Vater?"

„Ivo Bock. Der angesehenste und bravste Mann der ganzen
Gegend, er ist aus dem Württembergischen, hat eigentlich sollen
Geistlicher werden, ist aber aus dem Konvikt durchgegangen und
ist Bauer worden. Er ist schon lang Witwer, und die Ignazia
ist das einzige Kind, das er noch daheim hat."

Aloys sprach im Gastzimmer mit keinem Menschen, und
hatte eine unruhige Nacht. Früh am Morgen machte er sich
auf den Weg. Als er eben das Haus verließ, hörte er rufen:

„Marannele!"

„Was gibt's?"

„Mach hurtig! Dein Bräutigam ist kommen."

Ein hell gekleidetes Mädchen kam aus dem Haus und um=
halste einen Mann, der eben vom Pferde stieg.

Es gibt eben viel Maranneles auf der Welt, dachte Aloys

vor sich hin, und ich will und muß mir sie aus dem Sinn schlagen. Hätte ich nur gestern noch meinen Amerikanerhut gehabt, die drin im Wagen hätte mich erkannt. Aber vielleicht ist es besser so.

In allerlei Gedanken wanderte Aloys dahin, der Tau glitzerte auf Wald und Wiese, die Vögel sangen so fröhlich, er sah selbstvergessen zu, wie lange Baumstämme aufgeladen wurden; das ist mühsame und gefährliche Arbeit, aber es ging alles sicher und gut von statten. Er raffte sich zusammen und wanderte fürbaß durch das Thal, wo Ivo vordem eine Sägmühle gehabt, an den Löffelschmieden vorbei. Aus einem Hause am Wege kam ein nur mit dem Hemdchen bekleidetes Kind auf den Wanderer zugerannt und umfaßte seine Kniee, die Mutter eilte dem Kinde nach, nahm es schäkernd auf den Arm und sagte dem Fremden, er müsse was Gutes an sich haben, daß das Kind, das sonst so scheu war, ihm so zutraulich sei. Aloys dankte und sagte, er nehme das als gutes Zeichen.

Im Wirtshaus am Wege wartete er, gestern wollte er nicht so spät, heute wollte er nicht so früh bei Ivo ankommen.

Die Leute sahen ihm verwundert nach, da er endlich davon ging und den unberührten Wein bezahlte.

Selbstvergessen stand er an der Schmiede und sah zu, wie ein Pferd beschlagen wurde, als ob er das noch nie gesehen hätte.

Was nutzt das Zaudern? Frisch drauf los! Er hatte noch eine gute Strecke auf der Hochebene zu wandern. Trotz des heißen Sommertages war hier oben die Luft so erfrischend und so würzig, sie trug den Duft der Waldberge und Seen. Aloys ging seines Weges, ohne umzuschauen, er fand die Straßen in Deutschland sehr gut gehalten. Plötzlich flimmert es ihm vor den Augen. Sieh da die Alpenkette weit hinaus mit den gezackten leuchtenden Gletschern und im Vordergrunde der weite Mantel der Wälder. Und das sieht sie jeden Tag! sprach es in ihm; und von da soll sie mit dir in die weite fremde Welt? Er zögerte wiederum, aber plötzlich lüpfte er den Hut und grüßte. Er hatte keine Ahnung von der Herzbewegung gehabt, die uns der Posthornklang erweckt; jetzt aber grüßte ihn etwas mit gezackten Flügeln, die auf und ab gingen und sein Angesicht wurde so heiter, als sähe er einen alten vertrauten Freund. In dem großen Feldgebreite nicht weit vom Hause Ivos sah er die Mähmaschine in Bewegung, und das war ihm wie ein Heimatsgruß. Und warum soll eine Maschine nicht auch anheimeln können so gut wie Posthornklang?

„Das habt ihr doch von uns Amerikanern," sagte Aloys

faſt laut vor ſich hin und mit neuer Zuverſicht, als hätte er
ſelbſt das erfunden und gebracht, ſchritt er auf das ſtattliche
Haus Jvos hinzu; man hatte es ihm ja genau beſchrieben. Der
Rauch ſteigt gradauf zum blauen Himmel hinan. Ob ſie wohl
dort am Herde ſteht und ins Feuer ſchaut, deſſen gedenkend, der
jetzt kommen ſoll?

Es iſt kein Thal ſo verborgen, es blüht eine Blume drin
und es klingt ein Klavier.

Aloys ſtand am rauſchenden Röhrbrunnen und horchte nach
den Tönen des Klaviers.

Achtzehntes Kapitel.

Wohlhäbig und breit ſteht das Haus Jvos da, einſam
inmitten wohlgebauter Felder, zwei mächtige Scheunen und ein
großer Schafſtall zeigen, daß hier größere Wirtſchaft betrieben wird.

Vor Jahrzehnten ſchon hat Jvo die Sägmühle verlaſſen
und unter Beihilfe des getreuen Nazi das große Anweſen von
einem Auswanderer gekauft; er hat mit unermüdlichem Fleiß
und großer Umſicht den Ertrag des Gutes erhöht, einen Wald
in Feld und ein weites Stück Sumpfland in die beſte Wieſe
verwandelt; es iſt ihm gelungen, das Gut ſchuldenfrei zu machen
und mit Behagen ſchaut ſich's aus dem Hauſe über den Titiſee
nach dem Feldberg.

Bei aller Feldarbeit, wobei er ſelber tapfer mit Hand an=
legte, iſt Jvo doch ſeinen Studien nicht untreu geworden, die
er allerdings vom Himmel auf die Erde verpflanzt hat, denn
in der Bücherei des Zimmers im obern Stock — das die Buch=
ſtube genannt wird — ſind landwirtſchaftliche Werke vorherr=
ſchend, aber auch ein Klavier iſt da zu ſehen, über welchem ein
Waldhorn hängt, und auf dem runden Tiſch in der Mitte des
Zimmers liegen Zeitungen.

An dieſem Morgen war die Thüre nach dem Söller offen,
und an dem Klavier ſaß ein Mädchen mit großen, wunderbar
hellen, blauen Augen und las in einem Briefe; ſie hatte den
Brief offenbar ſchon mehrmals geleſen, denn ſie ging über viele
Zeilen weg und las beſonders:

„Ja, liebe Ignazia, ich ſchreibe dir, weil ich's verſprochen
habe, denn dir zu raten wage ich nicht. Es iſt wahr, es iſt
Stolz dabei, aber auch Offenherzigkeit, daß er will, du ſollſt
gleich wiſſen, er kommt als Freier um dich. Er iſt ein gar

orbentlicher Menſch und hat nichts von der amerikaniſchen Groß=
prahlerei. Manchmal iſt er ungeſchickt und ſtockig und dann
wieder flink und aufgeweckt. Er hat hier geholfen, ein Haus
zimmern und aufrichten und wie ich ihm ſage: das wird meinen
Vater freuen, wenn er's hört — da iſt er ganz ſchön geworden,
wirklich ſchön; er ſieht ſonſt nicht zum Verlieben aus, iſt aber
gut gewachſen und wie ich dir ſage, ſein ganzes Geſicht hat ge=
glänzt und er ſagt: Vom Ivo gelobt werden, das wär' mir
das Liebſte in ganz Europa. Alſo, liebe Schweſter. Ich kann
dir nur ſagen, wenn er in meinen ledigen Tagen gekommen
wär' und eh ich meinen Mann gekannt, ich hätte ihn genommen.
Aber freilich du, du biſt anders. Der Doktor iſt dir zu jung,
der Bezirksförſter zu geſetzt und der Papierſtofffabrikant zu bigott.
Ich glaub', der Aloys hat keinen von dieſen drei Hauptfehlern."
Die Leſerin überſchlug mehreres, dann las ſie wieder: „es iſt
mir ſo, wie wenn er die weite Reiſe gemacht hätte, um zu
unſerm Vater zu wallfahrten; er verehrt ihn wie einen Heiligen,
und es thut gar viel zu einer guten Ehe, wenn der Mann den
Vater der Frau ſo hochhält. Liebe Schweſter! Du biſt ſoviel
geſcheiter als ich, aber —"

Das Mädchen ſteckte ſchnell den Brief ein und faſt laut
ſagte ſie vor ſich hin: „Es iſt doch eigentlich eine empörende
Keckheit, da kommt ein Mann aus der weiten Welt, von dem
man nichts gewußt hat und ſagt: ich will dich heiraten."

Nicht von Bangen und Zagen, ſondern von Empörung
pochte ihr Herz und ſie nahm ſich nur vor, dieſe Empörung zu
bemeiſtern und den Fremden mit kalter Höflichkeit abzulehnen.

Sie verſuchte, Klavier zu ſpielen, ſtand aber bald auf und
ging, die Arme über die Bruſt gekreuzt haltend, mit raſchen
Schritten durch das Zimmer. Sie war eine große und volle
Geſtalt, nicht juſt modiſch, aber auch nicht in Bauerntracht ge=
kleidet. Bei einer Wendung blieb ſie vor dem Spiegel und das
Gefallen, das jedermann an ihr haben mußte, ſchien auch ihr
nicht fremd. Sie lächelte dem vollen Spiegelbilde zu und ſchob
eine Ringellocke zurück, die ſich über die hochgewölbte Stirne
gelegt hatte.

„So? alſo du denkſt doch: wie ſehe ich aus und wie wird
er mich anſehen?" ſagte ſie wie im Zorne zu ſich und die fein=
geſchnittenen Lippen verzogen ſich ärgerlich.

Sie trat auf den Söller, gab einem Knechte die Anweiſung,
jetzt mit dem Fuhrwerk dem Vater entgegen zu fahren, dann
ſetzte ſie ſich wieder an das Klavier, aber plötzlich brach ſie ab,
ſie hörte eine fremde Stimme, die mit dem Knechte ſprach.

Das ist er! sagte das Mädchen, ihr Busen wallte hoch, sie hielt eine Weile still, dann ging sie hinab.

„Ich heiße Aloys Schorer. Sie sind Fräulein Ignazia?" sagte der Fremde.

Sie verneigte sich, öffnete die Stube im Erdgeschoß und sagte: „Treten Sie ein."

Neunzehntes Kapitel.

Aloys ging voran in die Stube. Eine Sekunde schauten die beiden einander stumm an. Die dunkeln Wimpern der Jungfrau zuckten mehrmals, da ihr helles Auge ihn forschend betrachtete; Aloys betrachtete sie festen Blickes.

„Der Vater ist leider nicht zu Hause, aber er kann jede Stunde kommen," begann Ignazia.

Aloys schien nichts weiter sagen zu können, er atmete unhörbar tief und unhörbar sprach's in ihm: Ja die! die ist zu schön und zu vornehm für mich. Aber mit Blitzesschnelle dachte er wieder: Wollen doch sehen.

Ignazia sah die Befangenheit des Mannes, in dessen Mienen Treuherzigkeit und Arglosigkeit unverkennbar waren; ihr strenger Blick milderte sich und ward immer wohlwollender, als Aloys mit bewegter Stimme sagte: „Mein Vater hat mir's auf die Seele gebunden, ich darf nicht aus Europa heimkommen, ohne den Herrn Jvo gesehen zu haben. Und die Frau meines Ohms, die Schwester vom Herrn Jvo, läßt viele Grüße sagen; bringe auch Grüße von der Adlerwirtin, von der Schwester in Nordstetten."

„Ich danke. Es thut immer wohl, Menschen zu sehen, die eines unserer in der Ferne Lebenden gesehen haben."

„Man kann mir frei in die Augen sehen, es ist nichts Unehrliches dahinter," entgegnete Aloys, und während er das frei hin sagte, spürte er einen Stich im Herzen, denn es ist nicht wahr. Er lügt mit dem ehrlichsten Gesicht von der Welt! würde Marannele schreien, wenn sie da wäre, und jetzt schlug er die Augen beschämt nieder.

Ignazia war überrascht von dieser Wendung, sie war fast zornig über diese rasche Aufdringlichkeit und doch sah der Mann jetzt plötzlich so demütig aus.

Sie antwortete nichts, sondern wendete sich schnell, und an den Schrank gehend und Kirschwasser aufstellend, dachte sie: ist

dies Benehmen Keckheit oder gewaltsam bezwungene Schüchternheit?

Wie aus vielerlei Gedanken heraus sagte Aloys:

„Sie kommen mir gar nicht wie eine Bauerntochter vor.
Freilich, Ihr Vater ist ein Studierter. Meine Schwägerin ist
auch eine Lady. Sie sprechen gewiß auch englisch?"

„Nein, nicht einmal französisch. Das hab' ich im Krieg
besonders bedauert —"

„Ja, hab' gehört, wie groß Sie im Krieg gewesen sind."

Ignazia nickte dankend, sie hörte ihm gut zu, wie er von
der Teilnahme der Deutschen in Amerika sprach und Aloys legte
alles noch viel besser dar, als da drüben beim Marannele; die
verständnisvolle Zuhörerin hier machte ihn beredter.

„Mein Vater," entgegnete Ignazia, „ist ganz glücklich heimgekommen von Ludwig Waldfried, der ihm erzählt hatte, wie
tapfer Ihr Vater sich im Kriege zur Befreiung der Schwarzen
gehalten hat."

Jetzt konnte Ignazia sehen, wie recht die Schwester hatte,
daß das derbe Gesicht des Aloys wahrhaft schön werden konnte.

„Entschuldigen Sie," unterbrach Ignazia, „ich höre jemand
auf dem Flur."

„Sie sind grad wie meine Mutter, die spricht auch mit
einem in der Stube und hört und weiß doch alles, was draußen
vorgeht," konnte Aloys noch schnell der Davongehenden nach-
rufen.

Ignazia kam schnell wieder herein mit einem Päckchen
und sagte:

„Das kommt auch aus Nordstetten. Haben Sie den
Schuster Hirz kennen gelernt?"

Aloys erklärte, daß ihm das eigentlich der liebste Mann
im Heimatsdorfe sei, und die hellen, blauen Augen der Ignazia
leuchteten noch freundlicher, da er sagte:

„Das ist ein gediegener, einfacher Mann, so einen kennen
zu lernen, ist schon allein eine weite Reise wert."

„Ja," ergänzte Ignazia. „Wenn man ihn so ansieht,
hat er nichts Ehrwürdiges und doch ist er's von Grund aus;
er arbeitet, und alles allein, will keinen Verdienst von der Arbeit anderer und bleibt ruhig am Ort. Sowenig sein drei-
beiniger Stuhl wandern will, sowenig will er wandern."

Schnell fiel Aloys ein: „Aber seine Gedanken wandern oft
gern zu Menschen in der Ferne und besonders gern zu Ihnen,
er hat gar gut von Ihnen gesprochen; ich wollte nur, er könnte
auch zu anderen so von mir reden."

„Ueber einen guten Menschen reden, das macht gut bekannt miteinander," unterbrach Ignazia, indem sie rasch das Päckchen öffnete und dabei fortfuhr:

„Ich wünsche, daß Sie noch mehr solche tüchtige Männer im Vaterlande kennen und schätzen lernen, um daheim davon berichten zu können."

Die denkt nicht dran, mitzugehen, fuhr Aloys durch den Sinn; dennoch sagte er, die ausgepackten Stiefelchen streichelnd:

„Die Stiefelchen sind fein und stark, die passen . . . Wenn man nur wüßte, wo die noch gehen werden."

„Das weiß ich selber nicht. Jedenfalls nicht weit. Ja, daß ich's nicht vergesse. Der Vater ist kein großer Freund von Amerika und er arbeitet stark gegen die Auswanderung."

„Was hat er gegen uns?"

„Ich wollte Ihnen das nur voraus sagen. Wollen Sie mich ins Feld begleiten? Wir haben viel fremde Schnitter draußen."

Aloys war bereit, und als sie vor das Haus kamen, sagte er:

„Wie schön ist's hier oben! Es muß Ihrer Schwester schwer geworden sein, von da weg zu gehen."

„Und ich werde es doch auch bald über mich nehmen müssen."

Aloys errötete und Ignazia fuhr fort:

„Mein Vater nimmt wahrscheinlich einen Staatsdienst an."

„Einen Staatsdienst?" fragte Aloys, das Wort schien ihm eine Entwürdigung. „Ich hab' immer gehört, Ihr Vater sei ein freier Mann."

„Er bleibt dabei doch frei und kann viel Gutes thun. Es wird ihm nicht leicht, in alten Tagen noch das Leben zu ändern. Sieh da! dort kommt er! Er muß unser Fuhrwerk unterwegs getroffen haben."

Sie eilte dem Vater entgegen; er stieg ab, sie sprach kurze Worte, er eilte voraus zu Aloys.

Zwanzigstes Kapitel.

Nach der herzlichen Begrüßung sagte Ivo, die Hand des Aloys lange festhaltend:

„So ist's recht, die Amerikaner schicken jetzt ihre Kinder

ins Vaterhaus zurück, wo jetzt Friede und Freude und Einigkeit ist."

Die Stimme Ivos und jedes seiner Worte kam so aus dem Herzensgrund, und eine wahre Wohlthat war's, wie er dreinblickte, er sah so ehrgebietend und doch so zutraulich aus.

Ivo war, was man einen wohl ausgearbeiteten Mann nennen kann, und wie er in seinen hohen Stiefeln dastand, konnte man sagen, das ist ein fester Mann auf festem Grund. In seinem faltenlosen, freundlich glänzenden Gesicht lag der Ausdruck der Geradheit und Bestimmtheit, sein Auge hatte den stillen, beruhigenden Blick der Menschenfreundlichkeit; die Gestalt, gedrungen und untersetzt — so was man pfostig nennt — war von behaglicher Fülle, die aber noch Behendigkeit zuläßt.

Da Ivo noch immer seine Hand hielt, sagte Aloys:

"Mir ist's, wie wenn der Herr Ivo mich von Kindheit an so an der Hand geführt hätte."

"Soll dir auch wohl bei uns sein."

Und Aloys wurde schöner bei diesen Worten; denn das Beste, was er aus Amerika mitgebracht hatte, war die Achtung vor der höheren Bildung, und hier hatte sich noch inniges Wohlwollen dazu gesellt. Ivo fuhr fort:

"Wir haben dich schon lang erwartet. Meine Schwester in Amerika hat geschrieben, daß du kommst. Wo ist denn die Ignazia? Ignazia!" rief er, "komm herein in die Stube, ich muß dir was Wichtiges sagen."

Ignazia kam zögernd und Ivo sagte:

"Ich habe die Stelle als Vorsteher der Ackerbauschule angenommen und der Schwager Rupfer wird Hauptlehrer. Schon zum Herbst ziehen wir auf die Burg."

Zu Aloys gewendet, erklärte er diesem, daß die Regierung schon lange in ihn dringe, die Leitung einer Ackerbauschule zu übernehmen, worin Bauernsöhne und Knechte in den Fortschritten der Landwirtschaft unterrichtet werden, aber die Haltung doch so bleibe, daß sie bei höherem Wissen sich nicht für zu gut halten, einen Wagen voll Dung zu laden.

"Ich habe der Regierung als eine Hauptbedingung gestellt," fuhr er fort und zu Aloys gewendet: "nicht als Gunst für mich, das verlange ich nicht, und das ist bei uns in Deutschland auch nicht, nein, weil er's verdient, hab' ich's verlangt, man soll mir meinen Schwiegersohn, der Reallehrer in Offenburg ist, als Hauptlehrer beigeben. Und das ist bewilligt worden. Du gehst doch auch gern mit?" wendete er sich zu Ignazia.

„Von Herzen gern, Vater. Ich hab' gewußt, daß Ihr annehmet, und es ist das Rechte. Ich hoffe, auch nicht unnütz zu sein."

Sie verließ das Zimmer und Ivo sagte hinter ihr drein:

„Es gibt doch keine größere Freude auf der Welt, als wenn ein Kind eben bei allem Verstand das rechte Kinderherz behalten hat. Wie mir meine Schwester schreibt, bist du auch ein guter Sohn an deinen Eltern. Das soll ja bei der frühen Selbständigkeit der Knaben in Amerika nicht gar so häufig sein."

Er fragte nach seiner Tochter in Nordstetten und dann nach den Angehörigen in Amerika.

Aloys erzählte genau und legte ein Bild seines Vaters vor.

„So sieht er aus? Ich sehe noch sein gutes, junges Gesicht aus dem alten heraus. Ich vergesse es nie, wie ich seinen langen Brief deiner Großmutter vorgelesen habe. Dein Vater war ein Herzmensch, ein wenig weichmütig, aber Amerika hat ihm die nötige Straffheit gegeben. Ludwig Waldfried hat viel von seiner Bewährung im Kriege erzählt. In dem damaligen Briefe deines Vaters war eine Kinderhand abgezeichnet, als Gruß herüber gereicht zu uns; das kann nicht deine Hand gewesen sein."

„Nein, die von meinem ältern Bruder Basche, er hat schon selber fünf Kinder und seine Frau ist eine Lady."

Ivo schien die letzte Bemerkung nicht zu verstehen oder nicht zu beachten, denn er fuhr fort:

„Ja dein Vater! In unserem Dorf haben sie nicht verstanden, was in ihm steckt, und wer weiß, ob's daheim je an den Tag gekommen wäre. Viele werden erst in Amerika zu dem, was sie sein sollen. Jetzt gottlob nicht mehr. Wir schicken Euch keinen Zuzug mehr. Wir behalten unsere tüchtigen Menschen daheim."

„Herr Ivo," begann Aloys.

„Heiß mich nur Vetter. Und sei nicht zaghaft. Soweit die Tannen grünen, findest du keinen Menschen, der es besser mit dir meint und sich mehr mit dir freut, als ich."

Ivo erzählte, wie es ihn gefreut habe, daß Aloys in Nordstetten ein Haus habe zimmern und richten helfen und Aloys fügte so bedachtsam als bescheiden hinzu, daß man in Deutschland nicht so zu arbeiten verstehe wie in Amerika, wo man die Zeitverschwendung für einen der schlimmsten Fehler halte. Ivo sah wohlgefällig auf den jungen Mann, da ist etwas, was man doch nur in der Neuen Welt bekommt, ein entschlossenes und behendes Zugreifen, wie es auch Ludwig Waldfried mit heimgebracht hat. Aloys steht ihm an Bildung nach, aber gewiß nicht an mannhafter Selbstheit und solche könnten wir aus Amerika importieren. Ein flüchtiges Lächeln ging über die Mienen Ivos und Aloys, der darin die Wohlgesinntheit erklärte, platzte mit dem Gedanken heraus, warum er gekommen sei. Kopfschüttelnd entgegnete Ivo:

„Du gehst schnell, aber da mußt du sachte thun. Wie lang kannst du denn bei uns bleiben?"

„Ich hab' noch gute Zeit. Ich möcht' nur vor den Herbststürmen zu Schiff sein. Ich habe also fragen wollen."

„Sei ohne Scheu. Sprich offen."

„Ich habe fragen wollen, ob der Herr Vater nichts dagegen hat."

„Ich geb' kein Kind gern nach Amerika. Aber vielleicht läßt sich's umdrehen. Wenn sie dich will, habe ich nichts dagegen. Ich bleib' nicht allein, ich hab' meine Tochter und ihren Mann und ihre Kinder auf der Burg. Aber da kommt das Essen. Laß dir's bei uns schmecken."

Man hatte kein Tellerrasseln und kein Messerklappern gehört. Der Tisch war mit feinem, glänzenden Linnen bedeckt. Ignazia sagte, sie müsse eigentlich ins Feld, aber sie wolle dem Gastfreunde zulieb mit zu Tisch gehen, nur solle er's nicht verübeln, wenn sie bald aufstehe.

Einundzwanzigstes Kapitel.

Man saß wohlgemut bei Tische und Vater und Tochter waren unbefangen gegen den Gast, als ob sie von seiner Absicht gar nichts wüßten. Sie fanden Gefallen an dem Amerikaner, der mit Geschick von allem berichtete. Ivo war verständig und gutherzig genug, den Gastfreund nicht bloß auszufragen, sondern berichtete auch von sich. Er trug dem Sohne auf, dem Vater Bericht zu geben: „Kannst deinem Vater sagen, ich fühle mich noch wie in jungen Jahren, nur daran spüre ich etwas vom Alter, daß ich nach der Arbeit müder bin als ehedem. Sag ihm auch, daß seit seiner Zeit sich die Landwirtschaft bei uns geändert hat. Die Güterzusammenlegung ist weit vorgeschritten und zeigt sich als sehr vorteilhaft, und die verbesserte Wiesenwässerung ist allgemein. Wir bauen nicht mehr vorzugsweise Brotfrüchte, sondern Futterkräuter zu guter Milch- und

Fleischerzeugung. Unsere Landleute müssen mehr Fleisch essen, sonst muß man das Militärmaß noch weiter herunterthun."

Ivo berichtete, daß Luzian, genannt Luzifer, wieder aus Amerika heimkomme, denn er sehe ein, daß die Aufgabe der Religionsfreiheit nicht in der Neuen Welt, sondern in der Alten und besonders in Deutschland gelöst werde. Ivo fügte hinzu, daß es jetzt ganz anders sei, wie zu seines Vaters Zeiten, damals galt es für freisinnig und man war's gewohnt, auf Deutschland zu schimpfen, weil man darunter nur die Regierungen meinte, jetzt habe die Zeit begonnen, in der Regierung und Volk, Soldat und Bürger eins werden.

Aloys hielt sich bescheidentlich von jedem Eintreten in dieses Gebiet zurück, und als ihn Ivo geradezu fragte, sagte er:

„Ich bin nicht so gut geschult, daß ich da mit drein reden darf." Er berichtete, daß ihn zuerst der Ohm Gregor unterrichtet habe und auch des langen Herzles Kobbel, das meiste aber — es sei aber freilich wenig — habe er aus guten Büchern zu lernen gesucht.

„Ich lerne gern," fügte er hinzu, „aber ich könnte eher die Stationen der Pacificbahn im Kopf behalten, als die Vetterschaften. Mein Vater hat mir in dem Büchlein alle aufgeschrieben: bei den Gestorbenen habe ich ein Kreuz, bei den Verdorbenen eine Null gemacht. Es ist mir nur lieb, daß mein Vater nicht, wie anfangs im Plan war, mitkommen ist."

„Warum ist Ihnen das lieb?" fragte Ignazia.

„Jeden Tag siebenmal hätte mein Vater einen Herzstoß bekommen, so hören zu müssen von Tod und von allem. Mich rührt das weniger an, ich habe die Menschen nicht gekannt."

„Aufs Wohl von deinem Vater und auch auf dein Wohl," unterbrach Ivo das Glas erhebend.

Auch Ignazia stieß mit Aloys an und Ivo fuhr fort:

„Ja dein Vater! Es ist ein Glück gewesen, daß er seine erste Liebe nicht geheiratet hat. Das ist oft gut. Ich freilich, ich hab' das Glück gehabt, das erste und einzige Mädchen, das ich auf der Welt lieb bekommen, auch zur Frau zu kriegen. Wie würde sie sich gefreut haben, daß an unserem Tisch ein Sohn sitzt vom . . . vom . . ."

Er sah verlegen lächelnd umher, es fiel ihm offenbar der rechte Name nicht ein, sondern eben nur Tolpatsch.

Der Amerikaner sagte daher errötend schnell:

„Ein Sohn vom Aloys."

„Ja, ein Sohn vom Aloys und der Mechthild' des Mathes vom Berg.

„Sag einmal: haſt du die alte Liebe von deinem Vater,
des Jörglis Marannele auch geſehen? Und ich glaub', ſie hat
eine ſchöne Tochter, ein Kernmädle."

Aloys bejahte, aber er erſchrak dabei ſo, daß er das Glas
mit dem roten Wein umſtieß.

„Verzeihen Sie! Das ſchöne Tiſchzeug!" wendete er ſich
zu Ignazia.

„Das hat nichts zu ſagen," entgegnete Ignazia. „Vater!
Kommet mit dem Herrn Vetter nach. Ich will jetzt ins Feld
zu den Schnittern."

Sie ſtand auf, reichte Aloys die Hand und ging raſch
davon.

Die beiden Männer waren allein und eine geraume Weile ſtill.

„Darf ich was fragen?" begann Aloys.

„Frag du nur."

„Hat die Jungfer Ignazia vielleicht ſchon jemand einmal
gern gehabt? Ich mein', der Herr Vetter hat das von der
erſten Liebe, die nicht immer das Rechte trifft, noch aus einem
beſonderen Grund geſagt."

„Du paſſeſt gut auf."

„Soll das eine Antwort ſein?"

„Du kannſt ſie dafür nehmen."

Aloys war betroffen, aber er ſagte Mut faſſend: „Ich will
nur geſtehen, daß das Wort mir in die Seele gefahren iſt. Ich
glaub', es paßt auch auf mich. Ich will's nur geſtehen, das
Jung Marannele hätt' mir gefallen, aber es paßt ſich nicht,
niemals, und ſeitdem ich die Jungfer Ignazia geſehen habe,
erſt recht nicht. Ich meine nur, ich wäre zu gering für ſie."

Ivo hielt ſich zurück, hierauf einzugehen. Im Gedanken,
daß Aloys in Deutſchland bleiben könne, ſprach er davon, daß
Aloys bei ſeinem guten Eifer und ſeiner feſten Natur es leicht
zu höherem Wiſſen bringen könne; er ermahnte ihn indes auch
mit eindringlichen Worten, ſich in jedem Falle die guten Erfahrungen und Einſichten nicht verderben zu laſſen, die er bei
guter Faſſung von dieſer Reiſe mit heimnehmen werde.

Wie eine innere Labung war jedes Wort Ivos; er war
ſo entſchieden und mild zugleich und ſein ganzes Behaben ſo
anheimelnd. Aloys fühlte die wohlthuende Art dieſes Mannes,
es beſchlich ihn aber eine um ſo größere Bangigkeit.

Wie wird es denn ſein, wenn du abgewieſen davongehen
mußt?

Liebenswürdig in der eigentlichen und erſten Bedeutung
des Wortes ſollte Aloys erſcheinen, aber im inneren Zerfall mit

sich und in Beschwichtigung von stillen inneren Vorwürfen des Gewissens ist man am wenigsten dazu geeignet.

Aloys konnte wie sein Vater damals bei der Soldaten-beschau sagen: Kusperet mich nur aus, ihr werdet kein Unthätele an mir finden. Er konnte jedem durchbringenden Blicke ruhig standhalten, aber es verdroß ihn, daß er Gescheitheit und gutes Herz zeigen sollte. Geschieht dir recht, dachte er in sich, warum hast du Marannele so ohne Wort verlassen! Sie hat kein Examen mit dir angestellt und du keines mit ihr, die Herzen sind auf-gegangen füreinander und wegen eines Hundenamens soll das alles aus und vorbei sein? Eitelkeit und Stolz auf der einen und Liebe und Gehorsam auf der andern Seite kämpften um ihn.

Da drüben weint ein Mädchen, weil es sich um seine Liebe betrogen glaubt; der Mund, den du geküßt, zittert und bricht in Klagen aus. Was hat das arme, gute liebe Wesen denn verschuldet? Was kann es für den dummen Uebermut seines Vaters? Und was kannst du für einen untilgbaren Widerwillen deines eigenen Vaters?·

Diese Gedanken bewegten Aloys, als er einsam durch Feld und Wald auf der Hochebene ging.

Ivo hatte ihn aufgefordert, ihn zu den Schnittern zu be-gleiten, aber Aloys hatte dankend abgelehnt; er wollte allein sein, aber er war doch nicht allein, denn eine Mädchengestalt ging mit ihm und sah ihn weinend an, und er sagte fast laut: „Sei ruhig, Marannele. Es ist noch nichts geschehen. Und viel-leicht ist's gut, daß ich fort bin, es wird alles besser und fester dadurch . . ."

Er wandelte so in Gedanken versunken dahin, daß er die Gestalt nicht sah, die sich ihm näherte.

„Grüß Gott, Vetter! Sie sehen ja gar nicht auf," wurde er angeredet.

Ignazia stand vor ihm, sie trug den breiten Strohhut am Arme und sah hochgerötet und schön aus. „Es kommt ein starkes Gewitter," fuhr sie fort, „sehen Sie die schwarzen Wolken. Man stellt nur noch die Garben auf und dann geht alles heim."

„Da will ich helfen," antwortete Aloys und eilte quer-feldein. Ignazia schaute ihm verwundert nach.

Mit einer Schnelligkeit, die das Staunen Ivos erregte, richtete Aloys Garbe um Garbe in die Höhe. Es donnerte und die Wälder rauschten mächtig, aber das Gewitter zog sich gegen die Schweiz hin und Aloys half mit großer Behendigkeit die Garben aufladen.

Als man hinter den geladenen Garbenwagen heimging,

sagte Ivo: „Im raschen Zugreifen können wir von euch Amerikanern lernen. Du wärest mir eine große Hilfe, wenn du über die Ernte bei uns bliebest. Wir haben Mangel an Feldarbeitern, glücklicherweise habe ich sechs Soldaten aus Freiburg zur Aushilfe bekommen; sie reichen aber kaum aus."

„Ja," schaltete Aloys ein, „ich meine, das Arbeitsleben wird in Deutschland bei jedem Menschen arg unterbrochen, daß eben jeder jahrelang Soldat sein muß."

Ivo suchte klar zu legen, daß wir die schwer zu vereinbarende Aufgabe haben, stark zum Krieg und mächtig zur Arbeit zu sein.

Die Mähmaschine wurde nach dem Hause geführt und Aloys sagte, es freue ihn, daß dies aus Amerika hier heimisch geworden; er erzählte, wie es ihn angemutet habe, als ob er einen guten Freund aus der Heimat sehe, da er diese Maschine hier erblickt.

Ivo sah den Redenden verwundert an; ein fremder Mensch schien aus ihm zu sprechen. Nach einer Weile sagte Ivo:

„Es macht mich freilich glücklich, ein neues Bauerngeschlecht erziehen zu helfen, aber es thut mir doch weh, das Gut zu verkaufen, in dem die Lebenskraft meiner besten Jahre steckt. Ihr Amerikaner kennt da keine solche Anhänglichkeit, bei euch ist alles money making."

„Just auch nicht alles," entgegnete Aloys.

„Wie wär's," begann Ivo, „wenn du mir das Gut abpachtest oder abkauftest und hierbliebest?"

„Ich bin ein Amerikaner."

„Gut. Warum soll sich's nicht auch umkehren? Es wandern bereits viele zurück, und es werden noch mehr kommen."

„Ich bin ein freier Republikaner."

„Ich ehre jede Ueberzeugung und jeden Mann, der auf sein Vaterland stolz ist. Die republikanische Staatsform ist gewiß schön und gut, aber damit ist das Schöne und Gute noch nicht da. Sieh dich bei uns um. An Freiheit fehlt uns nichts und wir halten's sogar für besser, daß ein Fürst obenan steht und nicht ein wechselnder Präsident und wechselnde Beamte. Dagegen ist bei uns die Verwaltung ehrlich und die Justiz unbeugsam. Glaub mir, lieber Aloys, wegen der Freiheit geht kein Mensch mehr nach Amerika. Mit dem Stolz auf die Republik ist's vorbei, bei unseren Nachbarn da drüben wie bei euch." Aloys schüttelte den Kopf und heftiger werdend rief Ivo: „Und ich muß dir sagen, es kommen jetzt viele aus Amerika zurück, einzelne und ganze Familien und nicht zu unserer Freude.

Die was besitzen und die nichts haben, alle glauben sie Groß=
prahler sein zu müssen. Und was ist in Wirklichkeit?"

Ivo erging sich in bitteren Worten über den zeitweiligen
Verderb des öffentlichen Lebens in Amerika. Aloys hatte nicht
das Wissen, um ihn mit Thatsachen und Zahlen widerlegen zu
können; da fiel ihm ein gutes Beweismittel ein und sein ganzes
Gesicht lachte, indem er sagte: „Sie kennen ja auch den Oberst
Waldfried. Ist das nicht ein Mann, wie nur Amerika ihn
aufbaut?"

„Allerdings. Das ist ein kernbraver und großdenkender
Mann. Aber, lieber Aloys, das ist kein Zeuge für dich. Er
klagt selber über die Prahlhansigkeit und Verdorbenheit vieler
Deutsch=Amerikaner. Ich war vor mehreren Wochen bei ihm.
Da war ein Mann in arger Verwahrlosung mit Frau und
fünf Kindern herüber gekommen. Waldfried nimmt ihn in sein
Geschäft und der Mann schimpft täglich hundertmal über die
Kleinlichkeit in Deutschland. Kleinlich! Alles ist bei uns klein=
lich. Und was war sein großartiges Gewerbe drüben? Er
schenkte täglich ein Faß oder mehrere vergifteten Schnapses an
die Irländer aus, und seine Großartigkeit Amerikas bestand
darin, daß man seine Kunden nicht kennt und keine dauernde
Beziehung und Verpflichtung zu ihnen hat. Ja, lieber Aloys,
ich meine, wenn nicht eine große sittliche Wendung bei euch ein=
tritt, müßt ihr noch schweres Lehrgeld zahlen." Da Aloys schwieg,
fuhr er fort:

„Aber was wollen wir uns streiten? Du bist mir ein lieber
Besuch. Marte, komm her!" rief er einem starkknochigen Manne
zu. Der Angerufene kam und Ivo sagte: „Aloys! Das ist ein
Landsmann von uns, er ist auch aus Nordstetten. Dein Vater
hat den seinen gut gekannt. Sag nur, der Sohn des Wendels
von der Bruck. Der Marte ist schon einundzwanzig Jahre bei
mir und geht auch mit auf unser Pachtgut bei der landwirt=
schaftlichen Schule."

„Wer ist der Herr?" fragte Gregor.

„Aus Amerika, der Sohn von des Barthels Basches Aloys."

„Von …" er wollte offenbar auch wieder Tolpatsch sagen,
er unterdrückte es aber noch und sagte nur: „Grüß Gott," dann
ging er davon. —

Am Abend war Aloys wieder wohlgemut, aber Ignazia
merkte doch, daß zwischen dem Vater und dem Gastfreund eine
Verfremdung war. Ignazia wollte offenbar freundliche Stimmung
erweden. Als daher noch am Abend Männer aus der Umgegend
kamen, die von dem Wegzuge Ivos gehört hatten, ließ sie

den Vater mit den Männern und ging mit Aloys auf der Landstraße.

Die Nacht war mild und dunkel, kein Stern sichtbar am wolkenbedeckten Himmel, die ganze Natur war wie in atemloser Spannung, des ersehnten Regens gewärtig.

Aloys gestand offen, wie sehr es ihn überrasche und schmerze, daß Ivo so schlimm von Amerika denke. Ignazia wußte die Stimmung des Vaters dahin zu deuten, daß er vielleicht im Grunde Republikaner sei und darum so bitter, wenn er von deren Verderb höre. Uebrigens hätten ihn die Großsprechereien vieler Heimgekehrten in letzter Zeit vielfach verletzt.

Aloys erzählte von Ohlreit und wie er glaube, der voraussichtliche Untergang dieses Menschen habe damit begonnen, daß er für reicher angesehen sein wollte, als er in Wirklichkeit war. Ignazia fragte nach dem Heimwesen des Aloys und er war erschreckt und erfreut, wie sie alles genau erforschte.

Ist das ein Zeichen der Liebe und wird sie ihm in die Neue Welt folgen?

Er schilderte indes alles anschaulich und lebhaft und besonders schön war, wie er das volle und innige Familienleben darstellte.

Aloys schien im Dunkeln viel besser sprechen zu können als am hellen Tag. Verwunderlich blieb aber, daß seine Doppelnatur sich immer bestimmter kundgab; über manche Dinge sprach er wie ein Kind und über anderes wieder wie ein voll ausgereifter Mann.

In guter Wechselrede waren die beiden wieder zum Hause zurückgekehrt.

„Ich weiß nicht," sagte Aloys stehen bleibend und seine Stimme war wundersam bewegt. „Ich meine, ich höre Musik."

„Sie hören richtig. Da drüben in Erlenbruck ist heute Hochzeit und der Luftstrom trägt bisweilen den Trompetenklang zu uns."

Es mag sein, daß Ignazia fürchtete, Aloys könnte jetzt etwas sagen, was sie nicht wünschte; denn nach einer peinlichen Pause fragte sie: „Haben Sie in Ihrer Heimat auch Hebels Alemannische Gedichte?"

„Gewiß! Der Ohm Gregor hat uns oft daraus vorgelesen."

„Das ist schön! Sie wissen doch, daß Sie hier auf seinem Heimatsboden sind? Dort ist der Feldberg. Ich kann fast alle seine Gedichte auswendig. Im Lazarett habe ich sie oft und oft unseren Landsleuten vorgelesen, und es war den Verwundeten so wohl, wie wenn sie leibhaftig die frische Luft unserer

Waldeshöhen atmeten. Wenn Sie über den Sonntag bleiben, gehen wir allesamt auf den Feldberg. Aber jetzt, da ist der Regen! Gut Nacht, Aloys," sagte sie.

„Gut Nacht, Ignazia," antwortete er.

Aloys! Sie hat dich bei deinem Namen genannt. Aber hat's nicht doch schöner geklungen, wie Marannele Aloys sagte?

Ivo rief Aloys noch auf seine Stube und sagte: „Das ist viel, daß Ignazia mit dir gegangen ist. Dessen kann sich noch keiner rühmen. Darf ich wissen, was sie dir gesagt hat?"

„Sie hat nichts von der Hauptsache gesprochen, aber gut gegen mich ist sie, von Herzen gut. Es mag nun werden, wie es will, ich hab' eine gute Freundin."

Ivo begleitete den Gastfreund noch auf das Giebelzimmer, wo Ignazia alles wohl hergerichtet hatte.

Auf dem Tische lagen Hebels Alemannische Gedichte und als Aloys eben darin lesen wollte, mußte er aufhorchen. Ein wohlgestimmter Gesang der Soldaten tönte von der Scheune herüber. Aloys lauschte am offenen Fenster.

Der Duft der getränkten Erde stieg zu ihm auf und ein Hauch aus dem Tiefsten unseres vaterländischen Lebens wehte ihn an. Es war Nacht und Regen, und doch war's Aloys, als schiene die helle Sonne. Die Soldaten sangen das Lied vom guten Kameraden, das konnte er in der Ferne leise auch mit= singen, und jetzt stimmten sie die Wacht am Rhein an; Aloys suchte im Nachsingen sich die Weise einzuprägen, er verstand keine Worte, aber die Töne thaten ihm wohl. Nun erscholl noch helles Jauchzen. Dann war alles still.

Zweiundzwanzigstes Kapitel.

Wo der Dengligeist in mitternächtiger Stunde
Uffeme silberne Gschirr si goldene Sägese benglet
(Todtnau's Chnabe wüsse's wohl) am waldige Feldberg . . .
Schwebt mi muntere Blick und schwebe mine Gedanke.
Feldbergs lieblige Tochter . . . bis mer Gott wilche.

Ja, mitten im Rauschen des Regens ist ein Klingen in der Luft, wie vom Dengeln einer goldenen Sense, und wenn der Dengligeist heute nacht vom Feldberg herabgekommen wäre zu dem stattlichen Hause, das breit an der Straße steht, hätte er drei Menschen belauschen können in ihren innersten Gedanken.

Aloys hörte das Rauschen des Regens draußen und neben ihm tickte seine große Taschenuhr so laut, und jetzt verwandelte sich das Ticken der Uhr in den Taktschlag der Lokomotive und setzte bald das Wort Ignazia und bald das Wort Marannele.

Eine Regennacht ist so gut zum Schlafen, das rieselt und klingt draußen so leise und macht das Ruhelager doppelt behaglich. Dennoch war Aloys voll Unruhe.

Auch Ignazia ging in ihrer Kammer streng mit sich zu Rate. Gesteh dir's nur, du bist zu alt, als daß es dich überkäme: der und kein anderer. Er ist ein rechtschaffener gesunder Mensch und hat auch gute Gedanken und ein lindes Herz. Aber könntest du fort in eine fremde Welt und aufhören, eine Deutsche zu sein? Und warum diesen und nicht?... Nein, vom Papierer kann keine Rede sein; vom Arzte noch eher, aber er ist zu fahrig. Warum aber nicht der Bezirksförster? Er ist so gediegen, so mannhaft; er wäre auch dem Vater der liebste ... ist es Schüchternheit oder ist es Stolz, daß er jedes Liebeswort vermeidet?... Wenn Aloys hierbleiben und das Gut übernehmen könnte, wie dann?

Sie fand lange keine Ruhe.

Die Jugend hat's aber doch gut, der Schlaf ist stärker als alles Sinnen und Grübeln, er senkt sich auf die junge Seele und hüllt sie in Vergessenheit.

Ivo war doch auch müde von der Reise, von der Arbeit im Felde, wo er tapfer zugegriffen hatte, aber es schien, daß aus dem Heimwesen, das er zu verlassen beschlossen hatte, die alte Ruhe schon davon gezogen sei. Du gehörst fortan nicht mehr dir selber, du bist in Pflichten für die Jünglinge und Männer, die du zu dir rufst. Freue dich deines großen Wirkungskreises. Ja, und Ignazia? Wie wird sie sich entschließen? Es ist ein schwerer Schritt, auch für dich. Ach! das Bangen und Sorgen hört nicht auf. Glaubt man mit dem eigenen Leben fertig zu sein, so kommt die Lebensentscheidung der Kinder. Und Ignazia wird sie so schwer. Nimm dich in acht, du hast sie über die Bewerber zu früh zu dir reden lassen. Diesmal soll sie ohne ein Wort zu dir sich entscheiden. O, wenn die Mutter noch lebte, da wär' alles anders.

Dieser letzte Gedanke war nicht dazu geeignet, ihm den ersehnten Schlaf zu bringen. Und während Ivo um Mitternacht noch keinen Schlaf gefunden hatte, erwachte droben in der Giebelstube Aloys, wie wenn jemand seinen Namen gerufen hätte.

Ein mächtiger Regen rauschte nieder. Es ist doch gut, daß

die Garben eingebracht sind, was noch auf dem Halme steht, dem schadet der Regen nicht.

Ob es wohl da drüben in Nordstetten auch regnet? Ob Marannele in dieser Stunde schläft oder dein gedenkt in bitterm Harme? Vielleicht hat sie gar eben jetzt deinen Namen gerufen.

Er hatte das Richtige geahnt.

Dreiundzwanzigstes Kapitel.

Als Aloys am frühen Morgen die Horber Steige hinab=gegangen war, konnte er in seinem Zorne nicht dran denken, wie er die vielen Menschen im Dorfe zurücklasse. Du kannst das Wissen von dir plötzlich in die Seele der Menschen einsetzen, aber nicht so plötzlich wieder herausnehmen.

Und nun gar die eine, die er umschlungen gehalten, wie lebte sie nun?

Wie waren Mutter und Tochter erschrocken, als Aloys vor dem Hause gerufen hatte: „Laß deinen Hund hinein! Den Tolpatsch!"

Jung Marannele rief zum Fenster hinaus: „Wart! ich komme."

Aber der davon Eilende hatte es nicht gehört und er hätte auch nicht gewartet.

Jung Marannele öffnete die Hausthür, der Hund kam herein und sprang an ihr empor und drückte sich dann an sie, wie wenn er sagen wollte: ich kann nichts dafür, aber es thut mir gar leid.

„Bleib da! Hier!" sagte Marannele zu dem Hunde, er legte sich nieder. Sie ging zur Mutter und sagte: „Er ist fort."

„Er kommt wieder," entgegnete die Mutter.

„Glaubet Ihr das wirklich?"

„Wenn er nicht wiederkommt, ist er selber ein Tolpatsch und du kannst dann von Glück sagen, daß du so einen losgeworden, so lang es noch Zeit ist. Aber er kommt wieder. Verlaß dich drauf."

„Ja, Mutter, es thät' mich auch kränken, wenn man meines Vaters Unnamen einem Hund gegeben hätt', und wer das ge=than hat, der hat nicht recht gethan."

„So? Du beleidigst deinen Vater unterm Boden? Wer hat je denken können, daß ein Sohn vom Tolpatsch wieder=kommt? Und ein unschuldiger Spaß ist's. Das will ich ihm morgen auslegen."

Ja, morgen! Und heute nacht verdammt er uns alle, dachte Marannele, aber sie sagte es nicht, denn sie wollte keinen Streit mit der Mutter.

„Er ist nur drei Häuser von uns," sagte sie; sie wollte darthun, daß sich ihm so leicht Botschaft geben ließe und wie hart es sei, daß sie nicht selber zu ihm gehen dürfe, aber die Mutter erriet es und rief: „Du wärst imstande und liefest ihm nach und thätest einen Fußfall vor ihm?"

„Ja wohl, das thät' ich gern und thät' es auch, wenn's nicht wegen der Leut' wär'," und schwer aufatmend setzte sie hinzu: „Er dauert mich, daß er jetzt so traurig ist."

„Laß ihn das ja nicht merken," mahnte die Mutter, „wenn er kommt, lach ihn aus. Das ist das beste. Zeig ihm, daß andere Menschen viel lustiger sind und nicht so weich= selig, wie die vom Tolpatsch."

Marannele ging still in ihre Kammer.

„Nur einen einzigen halben Tag haben wir uns gern ge= habt, aber der löscht nimmer aus, nie. O Aloys! Du bist doch so gescheit und so gut. Wenn ich nur an dein Fenster fliegen und dir alles sagen könnt'! Was geht uns die über= mütige Einfältigkeit an? Und sie war nicht so bös gemeint."

Früh, als der Tag graute und eben der Pfiff der Loko= motive von der Hochdorfer Höhe herüber tönte, saß Marannele aufrecht im Bette, und ihr erster Gedanke war, er ist dort, wo die Lokomotive pfeift, fort, auf immer; sie war in Gedanken auf dem Schießmauernfeld und sah in den Tunnel auf dem jenseitigen Berge; dort in der schwarzen Höhle, dort ist er auf immer verschwunden.

Sie ging Wasser holen am Brunnen beim Adler, sie stellte lärmend ihren Kübel auf, sie pumpte lange und schlug mit dem Schwengel an die Teichel; die Fenster seines Zimmers gehen hier heraus, aber es zeigte sich nichts; sie trug den ge= füllten Kübel auf dem Kopfe heimwärts, der Kübel mußte tropfen, denn sie fuhr sich mit der Hand oft über das Gesicht und wischte es ab.

Ließ sich denn gar keine Ausrede finden, um in den Adler zu kommen?

Aber dort kannst du ja nicht mit ihm reden. . . . Du erfährst aber doch, ob er noch hier ist. . . . Frisch entschlossen ging sie nach dem Adler und verlangte einen halben Schoppen alten Wein für die Mutter.

„Ist deine Mutter krank?" fragte die Adlerwirtin. „Man hat sie doch gestern auf der Gasse gesehen."

„Ich will ihr eine Weinsuppe kochen."

„Wärest du zwei Minuten früher gekommen, hättest du noch den Aloys gesehen. Er ist fort."

Das Fläschchen entfiel Marannele.

„Was bin ich ungeschickt!" sagte sie schnell, und die gute Adlerwirtin gab ihr ein anderes Fläschchen und anderen Wein und nahm keine Bezahlung.

Marannele ging heim und dort an der Treppe, wo er sie geküßt, dort setzte sie sich nieder und weinte bitterlich. Sie hörte die Mutter oben, sie ging hinauf, brachte ihr den Wein und erzählte alles.

Die Mutter suchte ihr Kind damit zu trösten, daß sie darlegte, wie schlecht und ungetreu die Amerikaner seien; sie beteuerte, sie ginge nicht nach Amerika und wenn man ihr ein goldenes Haus baue.

Der Schwager Forstwart von Ahldorf kam und erzählte, daß der Soges gestern Aloys und Marannele beisammen habe sitzen sehen; er fragte, wann der Verspruch gehalten werde. Jung Marannele berichtete ihm mit bebender Stimme, was vorgegangen war.

Der Hund war mit in die Stube gekommen und die Mutter verlangte, daß der Schwiegersohn den Hund sofort erschieße, aber die Tochter duldete das nicht, das arme Tier habe sich ja nicht selber den Namen gegeben.

Sie ging mit dem Hunde ins Feld. Sie begegnete dem Ohlreit, der sie schon von ferne angrinste.

„Well," rief er, „ich hab' noch mit ihm gesprochen."

„Hat er dir was für mich aufgetragen?"

„Für dich? Nein. Er ist ein smart fellow, der verspricht nichts fest, dir nicht und mir nicht."

„Glaub mir, er hilft dir."

„Und das sagst du? Die Adlerwirtsmagd hat's gehört, wie er gesagt hat, es sei alles gepackt, daß man's ihm nachschicken könne, er käme nicht wieder. Ich lege aber Beschlag auf seine Sachen, er hat mir meinen Fünfläufigen abgeluxt."

Höhnisch lachend nahm Ohlreit einen Strick aus der Tasche und rief:

„Weißt, was das ist? Ein Halsband. Ich möcht' ihn dran aufhängen. Nein, besser, komm, ich hab noch Geld, geh mit mir nach Amerika."

„Du bist verrückt oder betrunken."

„Beides! Beides!" schrie Ohlreit, er suchte Marannele

zu umfassen, sie stieß ihn von sich und rannte querfeldein, er sah ihr schimpfend nach und ging waldeinwärts.

Am Abend erfuhr Marannele von des Hirten Mablene, daß Aloys zum Vater und zur Schwester der Adlerwirtin gereist sei, offenbar werde Aloys die älteste Tochter Joos heiraten; er habe indes auch dem Ohlreit versprochen, daß er ihn verforge, wenn er auch nicht mehr hierher komme.

Der Schuster Hirz, der sonst so ruhig war, sprach sehr ingrimmig von Aloys. Das sei keine Art, so davonzulaufen, es sei eben auf die Amerikaner kein Verlaß; wo sie keinen Nutzen mehr sehen, laufen sie davon.

Der gute Hirz meinte, daß Marannele damit getröstet würde, wenn Aloys nur eben schlecht sei wie andere auch; aber Marannele fand darin keinen Trost, sie ging durch die Dorfstraßen, sie arbeitete im Feld und am Herd, und ihr war, als ob sie das alles nicht selber thäte, sondern ein ganz anderes; ihre Seele war ihr entrissen, sie selber nur ein Schatten, der Schatten des Marannele von ehedem. Und in der Nacht, da es so mächtig regnete, erwachte sie mit dem Rufe: Aloys!

Wer weiß, welche Mächte solch einen Liebesruf hintragen über Berg und Thal. —

Vierundzwanzigstes Kapitel.

In derselben Stunde, da Aloys hier erwachte und Marannele dort und das Rauschen des Regens vernahmen, saß Ohlreit mit einem fremden Manne in der Bahnhofrestauration und trank mit ihm.

Niemand kannte den Fremden, und wenn der rechte Aberglaube noch bestünde, müßte man ihn für den Teufel halten; aber der Mann war mit dem Züricher Zuge mittags angekommen, und von da und zu solcher Zeit kam bisher der Teufel nicht; der Mann sprach auch englisch, und das war bisher nicht die Sprache des Teufels, und schließlich nannte ihn Ohlreit Kapitän und dieser Titel des Teufels ist bisher nicht bekannt.

Freilich, gekommen und verschwunden ist er und gethan hat er wie der Teufel.

„Die Knochen her! Die Knochen!" rief endlich Ohlreit. „Sie respektieren's doch nicht, daß ich nicht spiele! Die Knochen her!"

Er würfelte mit dem Fremden und sie lachten miteinander und fluchten englisch.

Als Ohlreit endlich auch seine Uhr eingesetzt und verloren hatte, ging der Fremde hinaus. Ohlreit wartete lange und ließ für sich allein die Würfel auf dem Tische rollen. Jetzt hatte er die besten Würfe und er lachte hellauf; jetzt wußte er, wie man den Becher halten und die Vierkantigen tanzen lassen muß. „Komm nur!" rief er, „jetzt mußt alles wieder heraus- geben."

Aber der Fremde kam nicht.

Ohlreit eilte auf die Straße nach den Schienen, da brauste der Zug vorüber.

„Ich hab' den Zug versäumt!" das hat ihn der Bahnwärter am Wegübergang rufen hören, dann war er verschwunden . . .

Eine Wolke mußte sich ins Thal gesenkt haben, es regnete von oben und von allen Seiten, da wälzte ein Mensch drunten in der Egelsthaler Halde einen Stein auf den Ameisenhaufen, stellte sich drauf, schlang einen Knoten um den großen Ast, eine brennende Cigarre fiel herab, zischte und verlosch.

Am Morgen fand man Ohlreit an der Tanne in der Egelsthaler Halde erhängt. Eine halb gerauchte Cigarre lag unter ihm im zerstörten Ameisenhaufen . . .

Fünfundzwanzigstes Kapitel.

Es regnete in Nordstetten, und es regnete droben auf der Hochebene beim Feldberg.

Ivo war voll Unruhe, bis er am Morgen den Knechten und Soldaten, den vielen Taglöhnern und Taglöhnerinnen Beschäftigung unter Dach und Fach angewiesen hatte. Als ihm dies endlich gelungen war, saß er wohlgemut mit der Tochter beim Gastfreunde.

Ein Regentag inmitten der heißen Erntezeit bringt nach Ueberwindung des Mißgefühls über die Störung ein freies Auf- atmen und wohliges Zusammensein; ein Stück winterlich stillen Behagens ist in den Sommer versetzt. Ignazia erzählte, daß sie heute schon an den Schuster Hirz geschrieben habe, und sie fügte hinzu: „Es gibt doch nichts Besseres, als einen rechten Menschen gern haben, und es ist eins, ob er auf dem Schuster- schemel oder auf dem Präsidentenstuhl sitzt." Ivo nahm hiervon Veranlassung, seine warme Verehrung für Abraham Lincoln

auszusprechen; er suchte offenbar mit besonderem Nachdruck dar-
zuthun, daß sein Vorurteil gegen Amerika doch nicht so stark
sei, um nicht das einfach Edle zu erkennen.

Aloys erzählte von jenem Entsetzen, das alle Menschen
erfaßt habe bei der Nachricht von der Ermordung Lincolns,
und wie er in so gedrungen innigen Worten sprach, fühlte er
den warmen Blick von Vater und Tochter, der auf ihm ruhte.

Ivo fragte nach einem Kameraden aus dem Konvikt, einem
großen Volksredner, der in die Revolution verflochten und flüchtig
geworden, eine Zeitlang bei Aloys gelebt hatte, bis er im
Irrenhause starb.

„Hast du ihn gekannt?"

„Ja wohl und an ihm hab' ich zuerst gesehen, was es heißt,
Heimweh haben. Mein Vater hat's manchmal auch noch gehabt,
aber er kann's bezwingen, und wie er eines Tages die Freiheit
lobt, da sagt der traurige Mann: Was Freiheit! Wenn ich
wieder heim dürfte, ich ließe mir meinetwegen einen Maulkorb
anhängen . . . Der arme Mann hat doch in der Fremde
sterben müssen."

Eine Zeitlang saßen die drei still. Endlich sagte Ivo:
„Ignazia! Du hast ja dem Vetter Aloys die Geschichte von
den Kindern von Erlenbruck erzählen wollen." Ignazia nahm
lebhaft auf:

„Ja, gern. Also vor sieben oder acht Jahren sind zwei
junge Eheleute nach Amerika ausgewandert mit einem einzigen
bald dreijährigen Kinde, einem Mädchen. Die Eltern des Vaters
wohnen da drüben in Erlenbruck, nicht arm, nicht reich, sie
bringen sich so durch und der Alte soll in jungen Jahren ein
Wilderer gewesen sein, aber sonst ist er brav. Das Enkelchen,
ein Mädchen, hatte große Liebe zum Großvater und beim
Abschied sagt das Kind: Großvater, komm mit! und der Großvater sagt: Mariele, bleib da! Das ist dem Kind, wie es mir
erzählt hat — es spricht deutsch mit englisch untermischt — im
Gedächtnis verblieben. Nun sind die Eltern in Amerika weit
nach Westen gezogen, ich weiß augenblicklich den Staat nicht
mehr, und vier Jahre drauf, das Mädchen hatte ein Brüderchen bekommen, herrschte eine Epidemie, das Kind nennt es den
gelben Tod, wahrscheinlich das gelbe Fieber, daran sind in
wenigen Tagen die Eltern gestorben. Die Habe wurde verkauft,
und das neunjährige Kind war entschlossen, mit dem Brüderchen
zum Großvater heimzukehren. Es scheint, daß weiter keine
deutschen Landsleute in der Umgegend waren. Als die Kinder
beim Friedensrichter Abschied nahmen, sagte er weiter nicht viel,

aber er hing jedem an einer Schnur ein Täfelchen um, darauf war geschrieben: „Unſere Eltern ſind tot. Wir reiſen zu den Großeltern nach Deutſchland." Die Kinder haben die Täfelchen noch, und ich glaube, das war amerikaniſch und gut, daß da keine Bitte beigeſchrieben war. Wem dieſe Thatſache das Herz nicht rührt, bei dem hilft auch eine Bitte nicht."

Ignazia hielt an, und Ivo ſagte lachend: „Nicht wahr, Aloys, ſo ein Täfelchen wär' auch für dich geſchickt geweſen, wenn darauf geſtanden hätte: Ich bin der Jung Aloys Schorer aus Amerika und bleib ſo und ſo lang? Da hätteſt du nicht ſiebzigmal dasſelbe zu ſagen gehabt."

„Ja wohl," entgegnete Aloys ſchelmiſch, „aber ſo ein Täfelchen, das noch ein bißchen mehr ſagt, wäre auch zu an= derem gut."

Ivo ſah ſeine Tochter an, aber dieſe ſchlug die Augen nieder und ſagte: „Ich will nur weiter erzählen. Gute Men= ſchen halfen den Kindern bis New York, und dort und auf dem Schiffe und von Hamburg bis hierher waren überall gute Menſchen, die den Kindern halfen, und ſie ſind der Troſt und das Glück der alten Großeltern. Es iſt doch herzerquickend, daß durch die ganze Welt eine Kette von guten Menſchen iſt. Ich hätte das Mädchen ſchon gern zu uns ins Haus genommen, aber es geht nicht vom Brüderchen weg. Herr Vetter" — Aloys ſchaute verwundert auf, ſie nannte ihn Herr Vetter und nicht wie geſtern nacht: Aloys. Ignazia fuhr ruhig fort:

„Wenn Sie über den Sonntag bleiben, dann laſſe ich die Kinder hierher kommen, oder wir gehen miteinander nach Erlen= bruck. Als der gute Nazi noch lebte, erzählte er mir, da ich klein war, oft das Märchen vom Brüderchen und Schweſterchen im Walde; ich meine die Geſchichte dieſer amerikaniſchen Ge= ſchwiſter wäre noch ſchöner."

Aloys ſagte, wie er ſich darauf freue, dieſe Geſchichte ſeinem Vater zu erzählen, und wie herrlich es wäre, wenn Ignazia ihm dieſelbe erzählen könnte.

Hochrot war das Geſicht von Jung Aloys und auch die Jungfrau errötete ſchnell. Ivo dagegen ſah vor ſich nieder; er hatte das Gefühl, daß die beiden allein ſein müßten; ſein Herz zitterte: iſt die Entſcheidung über ſein Kind gekommen? Er wollte ſich entfernen, da hörte man Männerſtimmen draußen und herein traten hintereinander drei Männer. Zuerſt der Bezirksförſter, eine hohe, feſte Geſtalt, mit etwas trotzigem, vollbärtigem Geſichte, er hieß Stahl und es lag nahe zu ſagen, daß in ſeinem Weſen ſich etwas ſtählern Feſtes zeigte; hinter ihm der Doktor, ein Mann rötlich blonden Haares, von breiter untersetzter Figur, rundlich und von hellem glattem Antlitze, in dem es flimmerte, denn er trug eine Brille, deren Gläser nicht eingefaßt waren; zuletzt kam der Besitzer der Holzpapierfabrik, ein Mann in den sogenannten besten Jahren, schwarzgekleidet, von fast geistlichem Gehaben und Ansehen.

Aloys wurde vorgestellt und drei Hände thaten ihm weh; zuerst die Hand des Forstmeisters, die, breit und knochig, ihn gewaltig drückte, dann die Hand des Holzpapierers, die so kalt war, am wehesten aber that ihm die Hand des Doktors, denn diese wurde gar nicht gereicht; der Doktor putzte seine Brille, setzte sie wieder auf und betrachtete dann den Fremdling scharf.

„Kennen Sie die Geschichte der drei Regenbrüder?" fragte der Förster mit anmutender Kraftstimme; wenn man diese Stimme in vollem Dunkel gehört hätte, so hätte man wissen können, daß sie von einem kräftigen, in sich festen Manne käme.

„Nein."

„Wohin die kommen, regnet's. Wir drei haben uns aber da getroffen, weil es regnet." Man lachte und diese erste An-sprache schien Heiterkeit über die Ankömmlinge wie über die Bewohner des Hauses und den Gastfreund zu verbreiten.

Aloys wußte von der Schwester in Nordstetten, daß diese drei Bewerber um Ignazia waren. Besser drei als nur einer, dachte er in sich hinein und schaute mutig umher.

Ignazia war hinaus gegangen, sie kam wieder mit einer Magd, die Fleisch und Brot trug, während sie selber Flaschen und Gläser brachte und nun einschenkte. Man stieß stumm an und wer weiß, was jeder dem andern innerlich wünschte, denn alle wußten, daß sie Nebenbuhler und Bewerber um Ignazia waren; vielleicht war Aloys noch der, dem man das Beste wünschte, denn wenn man abgewiesen war, so ist's vielleicht am genehmsten, kein Heimischer gewinnt Ignazia, und sie zieht in die weite Welt auf Nimmerwiedersehen. Sie betrachteten Aloys mit forschenden Blicken; der Bezirksförster spitzte den Mund und pfiff unhörbar. Von diesem Amerikaner ist nichts zu fürchten, er ist zu einfältig für solch ein Mädchen. . . . Der Fabrikant rieb sich die allzeit kalten Hände; wie wenn er sich leibhaftig rüste, um mit Aloys, der ihm als Schlaukopf erschien, zu ringen und ihn zu Boden zu werfen; der Doktor sah vielleicht das einzig Richtige, er erkannte in Aloys eine Art von Treuherzigkeit und Geradheit, die just ein vielbedenkendes Mädchen wie Ignazia gewinnt.

Man sprach zunächst durcheinander über den Wegzug Ivos. Der Doktor und der Holzpapierer beklagten, daß der beste Bür-

ger, der Stolz der Gegend, fortgenommen würde. Der Bezirks=
förster allein verlautbarte sich nicht darüber, jeder hatte aber
ein besonderes Wort für Ignazia; sie entgegnete jedem unbe=
fangen und frei und setzte sich dann an ihre geräuschlose Näh=
maschine am Fenster, des Turnieres gewärtig, das auch nicht
lange auf sich warten ließ; denn wo Kampfbereite sind, wird
auch das Friedlichste zum Gegenstand des Streites.

Der Bezirksförster sagte, daß er gekommen sei, um Ivo
zum Begräbnis des Halbjöchlers abzuholen. Ivo entgegnete,
daß er dem Mann einen Nachruf in die landwirtschaftlichen
Blätter setzen wolle, und zu Aloys gewendet, berichtete er, daß
der Verstorbene seine Zeit und Kraft daran gesetzt habe, um
die Zwillingsjoche abzuschaffen, mit denen die Ochsen wohl
leichter regiert, aber auch unsäglich geplagt werden. Der Doktor
fügte hinzu, daß der physiologische Bau des Ochsen das freie
Joch bedinge. Ivo erzählte, wie er vor Zeiten ein Gegner der
Tierquälervereine gewesen, weil er in der Zeit der Knechtschaft
das für Spielerei gehalten: er bereue das tief, denn zum Guten
sei immer Zeit, und er betrachte es jetzt als eine Probe der
Religion eines Menschen, wie er sich gegen die Tiere verhalte.
Der Holzpapierer nickte sehr beifällig und führte nicht ohne
Geschick den Gedanken weiter, daß wer die Tiere schone, nicht
nur einen äußeren Wertgegenstand wahre, sondern auch seinen
eigenen, inneren menschlichen Wert erhöhe.

Mit heftig zusammengezogenen Brauen fuhr der Bezirks=
förster dazwischen, daß man die Weichlichkeit, die ohnedies schon
groß genug sei, nicht weiter ausdehnen solle.

„Sie kennen den Herrn Forstmeister nicht,“ fiel Ignazia
ein, zu Aloys gewendet, „glauben Sie mir, er ist weichherziger,
als er bekennen mag. Wenn einem seiner Hunde was fehlt,
ist er lauter Barmherzigkeit.“

„Es freut mich, wenn Fräulein Ignazia meine Gedanken
kennt, die ich nicht ausspreche,“ sagte der Forstmeister mit einer
Grazie, die man ihm nicht zugetraut hätte, und doch errötete
der starke Mann dabei wie ein schüchternes Mädchen.

Die Männer schauten einander an. Was ist das? Will
die Umworbene, daß der Bezirksförster gerecht erkannt werde,
oder ist ihr besonders daran gelegen, daß der Amerikaner von
allen richtig denke? Für welchen von beiden liegt darin eine
Entscheidung? Es kam zu keiner Gewißheit.

„Wie spannt man denn bei euch die Ochsen ein?“ fragte
Ivo den Aloys.

„Auch mit einem Doppeljoch, aber gar nicht am Kopf,

ſondern mit einer Art Kummet um die Bruſt, aus verſchieb=
barem Hickoryholz. Ich glaube nicht, daß wir das Halbjoch
einführen können; wir ſpannen auf den Wagen, die wir uns
ſelbſt herrichten müſſen, oft zwanzig, dreißig Ochſen ein und
die muß ein einziger Mann lenken können. Wir haben nicht
Menſchen genug. Unſere Einſpannung iſt ungefähr ſo!"

Er zeichnete ſchnell mit Bleiſtift auf ein Papier und Ignazia
ſagte: „Laſſen Sie mich auch ſehen." Während er das Blatt
darreichte, ſagte er:

„Mir fällt eben ein, daß wir von einem Tiere nie ſagen,
wie ich hier gehört habe: es iſt krepiert oder verreckt, wir ſagen
he died, es iſt geſtorben, wie von einem Menſchen."

„Das iſt ſchön und fein," ſagte Ignazia, „und Sie zeich=
nen ja ganz fertig."

„Wir Amerikaner müſſen von allem etwas können. Auch
bin ich Zimmermann und Schreiner und muß ein bißchen
zeichnen können."

Der Holzpapierer rief ſpöttiſch: „Da erfahren wir doch
einmal aus dem Lande, wo König Dollar regiert, etwas An=
mutiges."

Aloys war's, wie wenn aus warmer Luft plötzlich ein
eiſiger Sturm ihm ins Geſicht bliefe, da der Papierer ſich in
heftigen Ausfällen gegen Amerika erging.

Aloys ſah auf Ivo, ob er als Hausherr nicht für ihn
antworten wolle, aber nicht Ivo, ſondern der Bezirksförſter nahm
das Wort und ſagte, wie er es bewundre, daß Aloys die neckiſche
Art des Holzpapierers erkenne und darum nicht antworte. Der
Herr ſpreche im ernſteſten Tone immer ſcherzhaft.

Verwundert blickten die Einheimiſchen einander an, da der
Bezirksförſter ſo ſprach, denn der Papierer vermied jeden Scherz
auf das gewiſſenhafteſte. An der Nähmaſchine Ignazias riß
der Faden ab und ſie ſuchte mit niedergebeugtem Antlitze
denſelben wiederzufinden. Der Bezirksförſter aber fuhr fort,
Aloys zu erklären, daß der Herr Papierer vielleicht den Herrn
Ivo nicht verſtanden habe; dieſer arbeite gegen die Auswan=
derung, aber er achte mit ihm die Größe und Unabhängigkeit
Amerikas und alle Einſichtigen erkennen vollkommen die Soli=
darität der Völker im Fortſchritt zur Freiheit, für welche Amerika
Unvergängliches geleiſtet habe und noch leiſten werde. Er ſchloß
mit den Worten: „Morgen iſt der vierte Juli. Machen Sie
mir die Freude, Sie bei mir zu begrüßen, und wir trinken eine
Flaſche zur Feier Ihres großen Nationalfeſtes."

Noch nie hatte man den Bezirksförſter ſo reden hören

und als eben Ivo beistimmend begann, kam ein Eilbote an den Doktor, er möge sofort nach Erlenbruck kommen, wo es gestern bei der Hochzeit zu Raufhändeln mit Messerstichen gekommen sei.

„Und da hörten wir in der linden Nacht Musik," sagte Ignazia, und Ivo rief:

„Da haben wir's! Die Raufhändel mit Messerstichen haben entsetzlich überhand genommen. Der Krieg hat unser Volk verwildert, wie ihr Amerikaner noch unter den Folgen des Südkrieges steht. Wir haben einander nichts vorzuwerfen."

Der Arzt forderte Aloys auf, sich auch ein Pferd zu satteln und mit ihm zu reiten; der Bezirksförster wollte, daß er mit ihm und Ivo gehe. Ignazia beugte sich auf ihren Tisch nieder, um das Lächeln zu verbergen, keiner wollte Aloys allein bei ihr lassen, sie sagte, als Aloys eben vorüber ging, leise und rasch: „Gehen Sie mit niemand, bleiben Sie hier."

Sechsundzwanzigstes Kapitel.

Als die anderen endlich fortgegangen waren, sagte Ignazia zu Aloys:

„So, jetzt sind wir wieder allein. Ich will nur noch einiges draußen anordnen, dann setzen Sie sich zu mir, ich habe an der Nähmaschine zu arbeiten."

Sie ging hinaus, Aloys pochte das Herz, jetzt kommt die Entscheidung. Wird sie dir das Jawort geben? Darf dein Mund, der noch den Kuß von Maranneles Lippen fühlt, sie küssen?

Ignazia kam wieder, sie rückte einen Stuhl in ihre Nähe und begann an einem feinen weißen Linnen zu arbeiten.

Lange wurde kein Wort gesprochen. Endlich fragte Aloys, das Ende des Linnens fassend: „Ist das für Ihre Aussteuer?"

Ignazia hielt inne, ihre große Augen ruhten auf ihm: „Gut, besser heut' als morgen und am besten jetzt gleich ... Jeder von den dreien, die da waren, begehrt mich zur Frau ..."

Sie hielt abermals inne und Aloys sagte: „Da hab' ich also doch recht gesehen."

„Ja," fuhr sie fort, „und Ihnen darf ich sagen, was ich denen da nicht sage ..." Sie stockte wieder, aber jetzt half ihr Aloys nicht weiter, er hätte auch kein Wort hervorbringen können und sie nahm neu auf.

„Sie ſind ein erfreulicher Menſch . . . In früheren Jahren . . .
Ich glaub', . . . ich bin zu eigenwillig . . . zu, zu . . . Nicht
wahr, Sie nehmen mir das gut auf, daß ich das ſage und wir
bleiben gut Freund? . ."

Wie in eine andere Welt verſetzt, ſchaute Aloys drein und
es war eine andere Welt. Der Himmel hatte ſich plötzlich auf=
gehellt und durch das Fenſter, vor dem Ignazia ſaß, ſah man
die Alpenkette in einen Regenbogen eingerahmt. Eine atem=
loſe Pauſe entſtand: „Sie ſtarren ſo drein. Was wollen Sie
ſagen?"

„Ich danke Ihnen aus Herzensgrund, daß Sie ſo zu mir
reden, und ich muß auch ſagen, es wär' nicht recht von mir
geweſen, denn ich . . . ich hab ſchon eine andere gern . . .
Aber mein Vater meint, das darf nicht ſein, und ich hab' ge=
meint . . ."

„Iſt es nicht des Jörglis Marannele?"

Aloys nickte ſtumm, aber ſein ganzes Geſicht erglühte.

„Und warum ſoll's nicht ſein?" fragte Ignazia und be=
gann wieder zu arbeiten und drückte ihr Geſicht tief nieder auf
ihre Arbeit.

Aloys erzählte, ſich oft unterbrechend, wie wunderlich es
ihm vorkomme, daß er juſt Ignazia das erzähle. Er berichtete
genau, nur das von dem Hunde verſchwieg er.

„Wie wär's," ſagte Ignazia wieder aufſchauend, „wie
wär's, wenn mein Vater ſtatt Ihrer in dieſer Sache an Ihren
Vater ſchriebe?"

„Das wär' ſchon gut. Aber ich mein', da muß ich allein
für mich einſtehen. Wir Amerikaner ſagen: Help yourself."

Als Ivo wieder zurückkehrte, ſah er betroffen auf Ignazia
und Aloys, da dieſer ſagte, er werde am Nachmittag abreiſen.

„Ich hab' gemeint, du bleibſt länger bei uns."

„Nein, ich will jetzt auf den Feldberg und von da zum
Herrn Oberſt Waldfried."

Er hatte bis zu dieſem Augenblick nur gewußt, daß er fort
wollte. Jetzt wußte er, wohin er wollte.

Ivo wollte den Gaſtfreund in ſeiner Halbkutſche ein Stück
Weges fahren laſſen, die Pferde ſtänden bei dem Regen ja
ohnedies müßig im Stall, aber Aloys ſagte, es thue ihm beſſer,
zu Fuß zu gehen.

Ivo ließ noch Wein auftragen zum Johannistrank. Ignazia
ſtieß mit Aloys an und ſagte leiſe: „Glück und Segen!" Aloys
trank das Glas aus bis auf den Grund und in luſtigem Tone
ſagte er: „Vielleicht begegnet mir der Dengligeiſt, wenn er ſich

nicht vor einem Amerikaner fürchtet. Ich bitte nur noch, grüßen
Sie den Herrn Bezirksförster herzlich von mir."

Die Gastfreunde begleiteten ihn vor das Haus und als
Aloys die dort stehende Mähmaschine sah, war's ihm, als streckte
sie die Arme zum Himmel empor. Geschah das in Leid über
die Ablehnung, oder in Freuden, weil ein Sohn Amerikas der
Liebe allein folgen wollte?

Aloys nahm von Ivo und Ignazia herzlichen Abschied,
er hatte edle Freunde gewonnen.

„Also wieder einer!" sagte Ivo, hinter dem Weggehenden
drein. „Es scheint, du willst dein Leben lang bei mir bleiben."

„Ja Vater, ich kann mir's nicht denken, daß ich noch auf
der Welt wäre, wenn ich keine Deutsche mehr wäre. Und daran
seid Ihr schuld."

„Ich?"

„Ja. Seit ich denken kann, höre ich Euch danach ver=
langen, daß einmal ein Deutschland wird. Jetzt ist es da, und
da soll ich fort? Und es ist ja alles in Ordnung. Der Aloys
hat des Jörglis Marannele gern und er ist ein Mensch, den
gewiß das Mädchen, das er liebt, auch wieder liebt."

Als Ivo mit seiner Tochter ins Haus zurückgekehrt war,
sagte er: „Ist dir's nicht aufgefallen, daß der Bezirksförster
Stahl kein Wort des Bedauerns ausgesprochen hat, daß wir
von hier wegziehen?"

„Nein."

„Aber es hat seinen Grund."

Ivo hielt inne, er erwartete wohl, daß die Tochter frage,
aber sie sah ihn nur mit großen Augen an, und er fuhr fort:
„Er hat mir das Dekret gezeigt, er ist Forstrat geworden in
der Residenz. Er hat es vor den anderen nicht sagen wollen.
Du mußt ihm aber Glück wünschen, wenn er heut abend
wiederkommt."

Ignazia nickte und sah nicht auf, sie verließ die Stube.

Siebenundzwanzigstes Kapitel.

Zu Ludwig Waldfried und nach Nordstetten zurück oder
eigentlich heim wollte Aloys, aber der Weg dahin führt nicht
über den Feldberg. Ist es aber nicht so, daß man oft in
Herzensbedrängnis einen Umweg macht?

Der Ginster blühte golden am Waldesrande, die Schwarz-
amsel sang noch am späten Abend, der Abendtau senkte sich auf
Baum und Gras und kühlte Aloys die heiße Stirne. Die
Sonne sank hinab und das Abendrot durchzog den Wald mit
einem Feuerdufte, die Bäume schüttelten sich leise wie von innerer
Luft, Aloys atmete hoch auf.

Es war Nacht, als Aloys am hellerleuchteten freundlichen
Wirtshause ankam, ein großer Hund kam ihm entgegen, er bellte
nicht, er schmiegte sich dem Fremden an.

Wie mag es dem Hunde dort ergangen sein, der die un-
schuldige Ursache des traurigen Zufalls geworden?

Alles, was Aloys dazwischen erlebt, war vergessen, er dachte
nur jener Stunde, da er, die Hand auf den Kopf des Hundes
haltend, am Hause Maranneles gestanden hatte.

Der Wirt kam, hieß den späten Gast willkommen und
sperrte den Hund ein, der jämmerlich heulte.

Am Morgen, nachdem Aloys auf der Bergspitze „Höchste"
genannt, gewesen, saß er einsam in der behaglichen Nische des
Gasthofes und schrieb:

Auf dem Feldberg am 4. Juli 187—
„Liebe Eltern!

Auf dem höchsten Berge eurer Heimat, am höchsten Tage
unseres Landes schreibe ich euch.

Ich bin allein, ich habe heute noch mit keiner Menschenseele gesprochen, aber ich bin bei euch und mit den Millionen,
die heute das frohe Fest begehen, und ich spreche zu euch.

Lieber Vater! Die Lerchen singen auch hier oben, aber sie
singen mir was Besonderes. Man sieht hier weit, alle
Schweizerberge, o es ist herrlich, und man sieht auch in die
Gegend von Nordstetten, man sieht den Hohenzollern.

Lieber Vater! Ich weiß nicht, wie ich anfangen soll.

Sie haben hier oben eine Sternwarte erbaut, wo sie die
Sterne am Tag sehen können; aber ich sehe zwei Augensterne
am Tag und in der Nacht. Da drunten sind so viel Dörfer
und Städte mit so viel tausend Menschen, aber keiner hat
mehr im Herzen, als ich, Trauriges und Fröhliches . . . .

Ich will, so gut ich kann, ordentlich berichten. Also.

Ich komme aus dem Hause Ivos und gehe, wie ich gekommen bin, allein. Ich danke Euch, lieber Vater, daß Ihr
mir befohlen habt, dahin zu gehen; es ist auch so gut für
mich gewesen. Ich hab' mich erprobt. Es sind prächtige
Menschen, der Vater und die Tochter. Er hat freilich Aber-

glauben gegen Amerika. Vater! Wir wissen daheim gar nicht,
was für ein Aberglaube hier zu Lande gegen Amerika herrscht;
das muß zu Eurer Zeit ganz anders gewesen sein. Aber das
hat nicht den Entscheid gegeben. Die Tochter ist ein Mädchen,
fein und schön. Aber nicht für mich. Und es ist mir eigentlich
recht, daß alles so gekommen. Denn ehrlich gestanden, ich
bin nur zum Jvo, um meine Schuldigkeit zu thun, im Herzensgrund habe ich aber gewünscht, daß nichts draus wird.

Ich will in Ordnung erzählen.

Also lieber Vater, es ist gut, daß Ihr nicht mit nach
Nordstetten seid. Es sind so viel Menschen dort verdorben
und gestorben und alles anders, als wie Ihr fort seid. Von
der Aufsässigkeit gegen Amerika ist in Eurem Ort noch wenig
zu verspüren, im Gegenteil, viele meinen noch, bei uns wäre
das Paradies. Der Hirtz ist ein braver Mann und ist's wert,
daß Ihr ihn Freund heißet.

Lieber Vater! Entweder komm' ich wieder allein heim, oder
nur mit der, die ich meine. Ja, lieber Vater! Es ist gegen
meinen Willen geschehen, aber lieber will ich einsam sterben,
eh ich gegen Euren Willen heirate. Und sie ist die Tochter
vom Marannele; der Jörgli muß ein arger Spöttler gewesen
sein, aber ich glaub' nicht, daß es Bosheit gewesen ist. Sie
ist groß und soll ihrem Vater ähnlich sehen; aber gewiß nur
von außen. Wie wir zum erstenmale beisammen gesessen
haben an dem Ebereschenbaum im Schießmauernfeld, wo Euer
Acker gewesen ist, da hat sie nichts als mich ermahnt, ich soll
einem Menschen helfen, der sie nichts angeht und der am
Verkommen gewesen. Da könnet Ihr ihr gutes Herz sehen.
Das Jung Marannele — ich kann nichts von ihr sagen, ich
hab' sie so gern und ich hätt' nie geglaubt, daß ich so sein
kann. Wo ich hinseh', sehe ich ihre Augen. Das kann ich
sagen, gesund ist sie und hell wie der Tag, und sie hat ein
fröhliches Herz und ist schaffig, wie die Mutter sagt.

Liebe Eltern! Die eine Stunde bin ich so verzagt und
so matt und die andere meine ich, ich könnte es mit der
ganzen Welt aufnehmen und könnte Bäume ausreißen. Ich
habe mein Leben von euch, liebe Eltern und ich meine, ich
bringe noch ein gutes und frisches dazu mit.

Die eine von den zweien spart einen Dienstboten im Haus
und die andere hätt' noch einen mehr gebraucht. Ich will
nicht ungerecht sein, die Ignazia kann auch schaffen, und es
wäre ein Stolz, so eine Frau zu haben; aber ich brauch'
keine Frau zum Stolz vor anderen, sondern nur zum Lieb-

haben für mich, und ich kann für das Marannele doppelt
ſchaffen.

Lieber Vater! Wenn Ihr Euer Wort zurücknehmen könnet,
wär' alles gut. Ich bring' Euch aber keine Schwiegertochter,
die Ihr nicht mit Freude Tochter heißet. Es ſchickt ſich nicht
für mich, da noch was zu ſagen. Aber was kann das arme
Kind dafür? So wenig als ich. Ich hab' beim Ivo erſt
recht geſehen, daß ich keine andere heiraten kann. Und ich
kann mich auch von keiner Frau von oben herunter anſehen
laſſen. Aber es wär' unrecht, wenn ich ſagen wollt', die
Ignazia ſei ſtolz. Lieber Vater und liebe Mutter, ich gehe
nicht mehr nach Nordſtetten, wenn ihr nicht ja ſaget. Ich
verſpreche euch aber, nie einen Vorwurf zu machen. Liebe
Eltern! Ich bin ganz klar, wenn auch mein Brief nicht in
Ordnung iſt; ich weiß genau, was ich will und was ich ſoll.
Ich bleibe beim Herr Oberſt Waldfried, bis ich Antwort
von euch habe. Gott gebe, daß ſie eine gute ſei, die glücklich macht

euren treuen Sohn
Aloys.

Liebe Eltern! Ich kann von allem anderen jetzt nichts
ſchreiben, ich will alles erzählen und noch beſſer könnte ein
anderes erzählen, das bei mir wäre.

Ich überleſe, was ich da geſchrieben habe. Ich komme
euch vielleicht närriſch vor, aber ich bin ganz bei Verſtand;
ich meine, ich hab' erſt jetzt Verſtand und klare Augen bekommen und — jetzt iſt's genug. Ich werde doch nicht fertig."

Mit hellem Jauchzen, als hätte er bereits die Antwort in
der Taſche, eilte Aloys den Berg hinab.

Er traute der abgelegenen Poſt nicht; er nahm den Brief
mit bis nach Freiburg, und dort an der Eiſenbahn gab er ihn
ſelber auf und fuhr mit demſelben Zuge, mit dem der Brief
abging, bis nach Raſtatt. Dort ſchaute er lange dem Zuge
nach, der ſeinen Brief mit fortnahm, dann wendete er ſich das
erquickungsvolle Murgthal hinauf.

Achtundzwanzigſtes Kapitel.

Aloys wurde von Frau und Sohn Ludwig Waldfrieds
wie ein Zugehöriger bewillkommt; Ludwig Waldfried ſelber war

nicht zu Hause, aber nach zwei Tagen kam er und war in freudiger Stimmung, denn er hatte mit einem Berufsgenossen, der ebenfalls aus Amerika zurückgekehrt war, die Wasserleitung zustande gebracht, die eine ganze wasserarme Landschaft in frisches Leben versetzte.

Nachdem er Aloys bewillkommt, erzählte er den Seinen von dem Jubel, als der erste Hydrant geöffnet wurde, und das frische Quellwasser vom Gebirge her sich ergoß; er fügte mit Stolz hinzu, daß wir in unserer Zeit mit der Leitung des Elementes, das Mensch und Tier und Pflanzen neu belebt, die alten Römer noch übertreffen.

Waldfried war glücklich, seinem Vaterlande Heilbringendes leisten zu können, und es gehört zu dem Erfreulichsten, zu einem Menschen zu kommen, der eben von einem gelungenen gemein=nützigen Werke heimkehrt.

Als Ludwig Waldfried sagte, daß der Mut zu den großen Wasserleitungen und die reichen Erfahrungen in deren Aus=führung doch zu gutem Teil aus Amerika stammen, glänzte das Antlitz unseres Aloys und er nahm Veranlassung, sein Herz auszuschütten und sich über die schlimme Art zu beklagen, wie viele, und besonders auch Ivo, das amerikanische Wesen betrachteten. Und hier war er nun gerade an den rechten Mann gekommen, denn Ludwig Waldfried erklärte, daß viele Heimgekehrte, weil sie Geld und gebildete Kleider haben, sich nun für vornehm halten und mit prahlerischem Schimpfen auf alles Heimische den Widerspruch herausfordern. Uebrigens komme das Mißurteil über Amerika eben davon her, daß man vordem zu hoch davon gedacht habe. Amerika und Deutschland seien wie zwei Menschen, die viel aufeinander und treu zu einander halten, und bei den zu Tage gekommenen Verfehlungen sei man nun doppelt bös, weil der Freund sich anders zeigt, als man sicher und fest von ihm erwartet hatte. Schließlich aber sei die Krankheit in Amerika und die Mißstimmung in Deutschland eine Art von Kartoffelkrankheit. Die Kartoffel, die aus Amerika stamme, sei doch eine der besten Naturgaben und werde wieder gesund, drüben und hüben.

Aloys erklärte nun alsbald, daß er hier in der Bau=tischlerei arbeiten wolle, bis er Brief von daheim bekäme, vielleicht auch telegraphiere der Vater.

Still vor sich hin dachte er: ich wäre imstande und ginge gar nicht mehr heim und arbeitete hier und verdiente mit und meinem Marannele unser Brot. Dieser Gedanke war aber nur flüchtig, er lachte sich selbst darüber aus. So weit iſt es noch nicht, daß man Hab und Gut dahinter läßt und nichts weiter iſt wie der Ohlreit.

Ja, der Ohlreit!

In treuem Worthalten wollte er ſich für den Ohlreit be= mühen, es war aber auch ein kleiner Stolz dabei; er wollte ganz Nordſtetten zeigen, daß, wo niemand etwas thut, er ein= tritt, und ſie ſollen ſehen, was er vermag.

Aloys wollte nach Nordſtetten ſchreiben, aber an wen? Das Natürlichſte war, an Marannele zu ſchreiben, ſie hat ja auch für den Verkommenen Fürſprache eingelegt. Aber wie iſt an Marannele zu ſchreiben? Nein, wenn nichts draus wird, iſt es beſſer, ſie hält dich für ungetreu, als daß ſie einen Haß auf den Vater wirft...

An Hirtz ſchreiben?

Du haſt ihm nicht lebewohl geſagt.

An den jungen Buchmaier?

Der iſt zu ſtolz und richtet kein Wort an Ohlreit.

Und ſo ſchrieb er an die Adlerwirtin, und erhielt nach einigen Tagen Kunde vom entſetzlichen Ende des Verwahrloſten.

Er erzählte Waldfried den Vorgang. Dieſer ging mit keinem Worte auf das Schickſal Ohlreits ein, ſagte aber, er habe heute Brief von Vater Aloys und der Brief läge zu Hauſe.

Der Weg von der Bautiſchlerei bis zum Hauſe Waldfrieds iſt doch nicht weit, aber Aloys meinte, das Haus, das man ſtets ſah, rücke immer weiter weg, und mit pochendem Herzen geſtand er ſeine Liebe zu Marannele.

„Davon ſteht etwas in dem Briefe.“

„Im Brief von meinem Vater ſteht ſchon etwas davon? Wie iſt denn das möglich? Was ſteht denn drin?“

„Sie werden ja hören.“

Man war endlich beim Hauſe. In der unteren Stube öffnete Waldfried den Schreibtiſch und reichte Aloys den Brief dar; er las:

Neunundzwanzigſtes Kapitel.

„Hochgeehrter Herr Oberſt und lieber Freund!

Mein jüngſter Sohn Aloys wird zu Ihnen kommen und Ihnen alles von mir und den Meinigen berichten. Meine Schußwunde am Fuß iſt wohl geheilt, aber unbehilflich bin und bleibe ich. Ich hätte gern noch einmal meine Heimat

gesehen, aber ich habe mich doch auch vor den vielen Herz=
stößen fürchten müssen. Man ist eben älter und muß mit
den Lebensjahren haushalten. So habe ich meinen Sohn
geschickt, der vielleicht auch in der Heimat die rechte Frau
bekommt. Und da möchte ich, daß Sie Vaterstelle über=
nehmen. Ich weiß, Sie prüfen alles, als wär's Ihr eigner
Sohn. Er ist ein rechtschaffener Mensch und daß er auch
nicht einfältig ist, werden Sie bald heraus haben. Er ist
aber sehr scheu und gibt sich erst her, wenn man ihm viel
gute Worte gegeben hat. Ich weiß, Sie thun das schon
seinem Vater zulieb, der Ihnen im voraus dankt. Ich·habe
aber noch eine besondere Bitte. Ich habe einmal in meinem
Heimatsdorf ein Mädchen gern gehabt, es hat aber einen
anderen gern gehabt. Ich danke Gott von ganzer Seele
dafür, denn ich habe meine Mechthilde bekommen. Sie kennen
sie ja, und sie läßt Sie herzlich grüßen und auch Ihre Frau
und den Wolfgang. Meine Frau hat mich ermahnt und
ermuntert, daß ich Ihnen diesen Brief schreibe, und ich weiß,
bei Ihnen ist alles in guter Hand. Also — es ist zum
Lachen, daß ich nicht gern von meiner alten Liebe spreche. —
Ein Großvater! Aber es ist auch nicht zum Lachen; nämlich
ich habe meinem Sohn dadurch ein Schweres auferlegt. Es
hat mir seit Wochen wie ein Stein auf dem Herz gelegen,
und da hab' ich's meiner Frau berichtet; wie gesagt, mein
Sohn will sehen, ob er eine Frau von daheim mitbringen
kann. Er kann frei wählen, nur das hab' ich mir verbeten,
daß er eine Tochter von Marannele und dem Jörgli heirate.
Und jetzt sagt meine Frau — Sie wissen ja, wie hellauf sie
ist — und jetzt sagt sie: Das ist grad' wie Adam und Eva
im Paradies, just in den Apfel, der ihnen verboten ist, in
den möchten sie beißen.

Ja, also ich bitte Sie darum, wenn mein Sohn doch viel=
leicht, wer kann das wissen? eine Tochter von dem Marannele
und dem Jörgli gern bekommen hat, so soll er sich sein Herz
nicht schwer machen. Er hat leider Gottes das wehleidige Herz
von mir. Ich nehme mein Wort zurück und gebe meinen
Segen dazu."

„O lieber Gott! O guter Gott! O lieber guter Vater!"
schrie Jung Aloys auf und mächtige Thränen rannen ihm über
das Gesicht.

Aloys las die letzten Worte nochmals laut, dann las er
still weiter, sich nur manchmal wieder die Augen und die
Wangen abwischend.

Im Briefe aber hieß es:

„Lieber Herr Oberst und guter Freund! Wenn man
solche Kriegszeiten mitgemacht hat, wie wir miteinander, da
sollt' man's nicht denken, daß man noch so sein kann und
wegen so Kleinem miteinander habern. Ich schäme mich,
Friedensrichter zu sein und zu heißen, und hab' noch heimliche
Feindschaft in meiner Seele. Liebet eure Feinde! Das kann
ich nicht halten, und ich hab' noch keinen Menschen gefunden,
der es kann. Aber thuet wohl denen, die euch Böses gethan — das ist recht, das kann man, und so eigentlich meine
Feinde sind sie auch nicht und haben mir auch nichts Böses
gethan. Und wenn das Marannele mitkommen will und der
Jörgli auch, sie sollen nur kommen. Wir sind alle miteinander alt. Im Himmel droben kann man niemand mehr
ausweichen und meiden, das wollen wir auf Erden auch so
halten, die paar Jahre, die wir noch zu leben haben."

Mit zitternden Händen gab Aloys den Brief wieder zurück,
dann ging er, die Thränen hinabschluckend, ohne ein Wort hervorbringen zu können, hinaus in den Garten, dort saß er lange
und die Hände faltend sah er zum Himmel hinauf und gelobte,
es verdienen zu wollen, einen solchen Vater zu haben.

Am Abend bat er Ludwig Waldfried, ihn nach Nordstetten
zu begleiten; der Gastfreund willigte ein.

Dreißigstes Kapitel.

An der Horber Steige stiegen Waldfried und Aloys ab,
die erbeuteten Bourbakis, die rund herausgefüttert waren, zogen
den leeren Bankwagen; er war aber nicht ganz leer, denn ein
Korb mit Weinflaschen stand darauf und die weißen Hälse der
Flaschen blinzten neugierig und erwartungsvoll aus dem Stroh
heraus.

Aloys sprach ein begegnendes Mädchen an, es war des
Hirzen Mablene, die Telegraphistin. Er fragte nach Marannele
und hörte von ihrer tiefen Trauer, sie habe sich vor keinem
Menschen mehr sehen lassen; es habe im Dorfe geheißen, er sei
bereits mit des Jvos Ignazia verlobt.

Aloys erblaßte.

Er sah und hörte nicht, wie Mablene wenige Schritte hinter
ihm einem barfüßigen kleinen Mädchen den Auftrag gab, den

näheren Fußweg hinter den Bierkellern ins Dorf zu eilen und des Jörglis Marannele zu ſagen, der Aloys käme. Das Kind eilte raſch den Waldberg hinan.

Mahlene ſchloß ſich nun den beiden Männern an und Waldfried ſagte, er freue ſich, ihren Vater kennen zu lernen.

Im Weitergehen ſchloß ſich Jung Soges, der die Briefe geholt hatte, an Aloys an; er war ſehr unwirſch, denn er hatte ſeinen Spender, den Ohlreit, verloren; er wurde indes aufgeheitert, da Aloys ihm heute zum erſtenmal Geld gab, um einen guten Schoppen zu trinken.

Auf der Hochebene zeigte Aloys den Acker, wo Marannele damals leiſe geſungen, und drüben im Schießmauernfeld den, wo er mit ihr geſeſſen.

Man fuhr in luſtigem Trab das Dorf hinein.

Aloys grüßte zuvorkommend; man antwortete nur läſſig, und der Jung Landolin, der Dung aufladet, hat ihn doch gewiß geſehen und wendet ſich nicht einmal um.

Am Hauſe des Schuſter Hirtz wurde angehalten. Die beiden Männer gingen hinauf. Hirtz erhob ſich mit verdroſſener Miene von ſeinem Dreibein, er reichte indes dem Herrn Waldfried freundlich die Hand, dem Aloys aber nicht.

„Ich bin wieder da!" preßte Aloys hervor.

„Wir haben vorher gelebt und werden nachher auch leben, mag einer aus Amerika kommen oder in Amerika bleiben," entgegnete Hirtz. Nicht zu Aloys, ſondern zu Waldfried gewendet, ſagte er, man könne nicht ſo kommen und ſo herzgetreu thun und dann davonlaufen, wie ein Feuerdieb.

Mit bebenden Lippen ſuchte Aloys ſich zu entſchuldigen, aber was ihn damals in Zorn verſetzt und ihn zur ſchnellen Abreiſe bewogen hatte, konnte er doch nicht ſagen. Er erklärte, daß er gekommen ſei, um Marannele zu holen.

Hirtz lächelte ſchelmiſch und ſagte, er ſei ihr Vormund und vom Kommen und Holen könne nicht ſo gradaus die Rede ſein. Er erbot ſich indes, voraus zu Marannele zu gehen, die beiden ſollten derweil hier warten. Aber während er ſich nun in der Kammer ankleidete, ſchickte er ſchnell die Frau zu Marannele, ihr die Botſchaft zu bringen.

Die Frau eilte durch die hintere Gaſſe, ſie kam aber mit der Nachricht doch zu ſpät.

Mutter und Tochter waren im Stall, wo nächtiges Dunkel war, die Thüre und der Laden am kleinen Fenſter war verſchloſſen, denn eben hatte die ſchwarze Kuh ein Kalb geboren. Das Kälbchen lag auf friſchem Stroh, und die Kuh leckte es ab.

„Ich hab' schon Waſſer ans Feuer geſtellt, ich will der Kuh jetzt die warme Tränke bereiten," ſagte Jung Marannele; da klopfte es.

„Wer iſt da?"

Eine Kinderſtimme rief: „Des Hirten Mablene laſſe ſagen, der Aloys komme."

„O Mutter! Ich hab's immer geglaubt, hab' aber nur nicht gewagt, es zu ſagen."

„Meinetwegen! Dem wollen wir jetzt den Meiſter zeigen. Er muß Abbitte thun vor dem ganzen Dorf. Jetzt muß er mit aufgehobenen Händen auf den Knieen betteln, daß er dich kriegt; da haſt bu's dann dein Lebtag gut. Sag' nur nichts! Du weißt, mein Kopf ſitzt feſt."

Während die beiden noch ſprachen, kam Frau Hirtz und berichtete, daß Aloys in einer zweiſpännigen Kutſche angekom= men ſei und mit ihm der Herr Waldfried, ein Amerikaner, der ein großes Anweſen drüben im Murgthal habe.

Jung Marannele wurde in ihre Kammer geſchickt, um ſich anzukleiden und die beiden Frauen verſorgten die Kuh.

Ein Männerſchritt näherte ſich dem Stall. Alt Marannele ſah den Forſtwart und rief ihm zu: „Du kommſt wie gerufen. Wir brauchen jetzt einen Mann im Haus."

Sie erklärte dem Schwiegerſohn, was vorgehe, und der Forſtwart ſtopfte ſich vergnügt ſchmunzelnd eine friſche Pfeife und dachte dabei: Künftighin muß der Schwager aus Amerika guten Tabak ſchicken. Er ſetzte ſich auf die Hausbank und ſah mit Ruhe den kommenden Ereigniſſen entgegen.

Eine Nachbarin aus Ahldorf ging vorüber, und der Forſt= wart ließ ſeiner Frau ſagen, ſie ſolle ſofort hierherkommen und einen Buſch Rosmarin im Garten abbrechen und mitbringen.

„Verſchließ das Haus," rief Alt Marannele zum Fenſter hinaus. „Nimm die Schlüſſel in die Hand und laß niemand herein, bis ich's ſag'."

Einunddreißigſtes Kapitel.

Als Hirtz wohlgekleidet in die Stube zurückkam, erklärte Aloys, daß er ihn ſofort zu Marannele begleiten wolle; er habe allen Reſpekt vor dem Vormund, aber er wolle ſelber für ſich reden.

Hirtz lächelte ſchelmiſch, der Aloys hatte heute ein ganz

verändertes Behaben, dennoch sagte er: „Ja, komm nur mit. Im Garten blühen noch Rosen und Nelken. Willst du dir gleich einen Strauß an den Rock stecken, damit man weiß, daß du ein Freier bist? Verzeihen Sie, Herr Oberst, aber wir sind hier so.“

„Ich weiß, man heißt die Hiesigen die Spöttler.“

„Es heißt keine Kuh Bläß, sie hat einen weißen Fleck.“

Während Waldfried nach dem Adler fuhr, ging Aloys mit Hirz durch die hintere Gasse nach dem Hause Maranneles.

Er erschrak, da der Forstwart auf der Hausbank saß und den Schlüssel zur Hausthür in der Hand hielt. Ist der als Wache bestellt und will man ihn gar nicht mehr ins Haus lassen?

Der Forstwart stand indes auf, reichte die Willkommhand und wartete die Erlaubnis der Schwiegermutter nicht ab, sondern öffnete die Thür.

Jung Marannele sah unbemerkt aus ihrer Kammer herab, sie stand entkleidet hinter der Fensterpfoste. Sie zog ihr Sonntagsgewand an; es dauerte lange, die Haften wollten nicht schließen, die Bänder sich nicht knüpfen; als sie endlich damit zustande gekommen war, brach sie eine Nelke ab vom Blumenbrett vor dem Fenster und steckte sie in den roten Brustlatz.

Unterdes drehte Aloys die runde Kugel am Treppengeländer wie liebkosend, dann ging er hinan, er trat mit Hirz in die Stube. Niemand war da, aber ein Kranz von Epheublättern hing um das Bild seines Vaters. Er hörte Geräusch in der Kammer und rief:

„Liebe Base! Ich bin wieder da.“

„Und ich bin schon lang da,“ tönte es scharf zurück. Der Forstwart winkte ihm mit der Hand, er solle sich aus dem Weibergethue nichts machen.

„So, auch wieder hiesig?“ rief Alt Marannele eintretend. „Nicht wahr, wir sind der Gutgenug, wenn man anderswo nicht ankommen kann? Was meint Er denn? Man läßt sich an die Wand lehnen: wart ein Weilchen, ich will sehen ob ich nicht eine Vornehmere krieg'. Wenn's nicht ist, komm' ich wieder . . .“

„Mutter! Es ist nicht recht, daß Ihr so redet. Ihr zerreißet mir ja das Herz,“ entgegnete Aloys.

„Was, Herz? Glaubst du, ich geb' mein Kind einem solchen Menschen in die weite Welt hinaus? Wir haben auch unsern Stolz.“

„Aloys! Ich leid's nicht, daß sie dich so plagt,“ rief Jung

Marannele in die Stube stürmend und sich an den Hals von Aloys hängend, „du bist mein und ich bin dein. Und Mutter, jetzt saget Ihr kein Wort mehr."

Sie konnte vor Weinen nicht weiter reden und Aloys umhalste sie und jauchzte hoch auf. Endlich sagte er:

„Ich hab' schon was verdient, aber soviel nicht."

„O," rief die Mutter schelmisch, „ich hab's ja nicht ernst gemeint. Der kennt uns Nordstetter noch nicht," wendete er sich zu Hirtz und dem Forstwart.

Auch Hirtz lächelte schelmisch und that einen Brief aus der Tasche von Ignazia und las vor, wie sie Aloys hoch hielt, wie sie ihn aber nicht nehmen könne, da er ihr gestanden habe, daß er Marannele liebe.

Alle waren voll Glückseligkeit und Aloys fragte:

„Lebt dein Hund noch?"

Lautauf wurde gelacht, und Alt Marannele erzählte die bekannte Geschichte von dem Manne aus Schwandorf, der nach dreißigjähriger Abwesenheit die erste Frage an den Vater richtete:

„Vater, lebt unsere alte Katze auch noch?'

Diese Geschichte verbreitete große Lustigkeit, und der Forstwart berichtete, daß die Mutter den Hund habe erschießen lassen wollen, daß aber Marannele ihn gerettet habe, und er habe den Hund an einen Mann aus dem Badischen, der auf dem Feldberg wirte, verkauft.

Man hatte noch dem Adler geschickt. Waldfried kam; ihm voraus wurde der Korb mit weißhalsigen Flaschen getragen. Vor dem Hause spielte der krumme Klaus Yankee Doodle und die Weise vom schwarzbraunen Mädchen.

Aloys bat, seinem Vater das Wort zu geben und einiges aus dessen Brief vorzulesen.

Ludwig Waldfried willfahrte.

Bei der Stelle, wo Mutter Mechtilde das Gleichnis von der verbotenen Frucht im Paradiese anbringt, rief Hirtz:

„Das ist aber ganz echt, die erzige Tochter vom Mathes vom Berg."

„Und das könnte kein Pfarrer besser auslegen," fügte der Forstwart mit seinem Grundbaß hinzu: „Wenn nur auch meine Frau da wär', die hat auch solche Redensarten."

Alt Marannele hieß alle schweigen und bat Waldfried, weiter zu lesen.

„Trinken Sie zuerst noch, Herr Oberst und wir auch," schob indes der Forstwart ein und trank sein Glas mit Behagen und schmatzte.

Bei der Stelle, daß man im Himmel einander auch nicht ausweichen könne, weinte Alt Marannele laut und rief zu dem Bilde:

„Ja, du verdienst einen ewigen Kranz."

Jung Marannele aber faßte beide Hände des Aloys und sagte:

„Du bist ein guter Sohn. Ich will auch eine gute Tochter sein. Ich will deinem Vater die Händ' unter die Füße legen. Und mein Vater sieht jetzt gewiß vom Himmel herunter und lacht glückselig."

„Schwiegermutter! Wollet Ihr nicht auch mit uns? fragte Aloys.

„Ich bleib' daheim die paar Jahre noch, ich hab' nicht weit mehr bis da hinüber," sagte sie nach dem Kirchhof deutend, und weinte wirkliche Thränen . . . .

„Ich leid's nicht und ich leid's nicht," hörte man plötzlich eine Frauenstimme von der Straße herauf.

„Das ist deine Muhme Rufina," sagte Hirtz.

„Ich will ihr entgegen gehen," sagte Jung Marannele aufstehend.

„Nein, lieb Marannele," beschwichtigte Aloys. „Sie könnte dich beleidigen und das darf nicht sein. Da laß mich hinstehen."

„Hat recht. Das ist ein Mann!" bestätigte der Grundbaß des Forstwarts hinter Aloys drein, und er gönnte sich wieder ein volles Glas für sein gutes Wort.

Draußen aber hörte man kreischen: „Die alte Schlange hat dich verführt! Halt mich nicht! Laß mich hinein!"

Die Thüre wurde aufgerissen und die Muhme rief:

„Ich bin seine nächste Verwandte. Ich leid's nicht. Er kann heiraten, wen er will, aber keine von Nordstetten ohne meine Einwilligung."

„Beruhigen Sie sich, Frau Muhme," sagte Ludwig Waldfried. Die hohe Gestalt und die freundlich gebietende Stimme schien die zitternd Erregte zu beschwichtigen; sie starrte mit offenem Munde den Fremden an.

„Ja, Herr Oberst, beruhigen Sie die Muhme, die es gut meint," fügte Aloys bei.

„Wer ist das? Was ist das für ein Oberst? Woher ist der?" fragte die Muhme heftig.

„Herr Oberst Waldfried aus Amerika."

„Und der ist wegen deiner kommen?"

„Ja."

„Aus Amerika hierher?"

„Nicht ganz."

„Herr Oberſt! Sie ſehen aus, wie ein gerechter Mann. Wiſſen Sie alles?" fragte Rufina.

„Ja, und ich habe Vollmacht vom Vater Aloys und der Mutter Mechtilde. Liebe Frau Muhme."

„Ich bin kein' Frau, ich bin freiledig."

„Alſo liebe Muhme . . ."

„Die Muhme Rufina ſoll leben, hoch!" fiel der Forſtwart ein, und alles rief mit und wiederholte den Ruf.

Muhme Rufina lächelte und ſtieß mit dem Oberſt an und dann mit allen anderen, nur mit Alt Marannele ſtieß ſie nicht an.

Jetzt kam auch die Schweſter von Ahldorf; ſie brachte einen großen Buſch Rosmarin und umarmte die Schweſter, dann ſteckte ſie jedem einen bänderverzierten Strauß Rosmarin an den Rock; auch die Muhme mußte ſich den Schmuck gefallen laſſen.

Jung Marannele und Jung Aloys ſchrieben ſchnell einen Brief nach Amerika. Ludwig Waldfried und der Schuſter Hirtz ſchrieben dazu.

Mit Rosmarin geſchmückt gingen Jung Aloys und Jung Marannele miteinander nach dem Schießmauernfeld, dort ſaßen ſie am Feldrain und hielten einander an der Hand. Die Hopfenbolden waren aufgebrochen und dufteten voll ſüßer Würze. Ueber ihnen ſangen die Lerchen. Die beiden waren lange ſtill.

„Marannele," ſagte Aloys, „vielleicht haben wir das Glück, daß deine Brüder zu uns kommen. Es iſt noch jedem Nordstetter gut gegangen, der ſich bei meinem Vater angeſiedelt hat und verdorbene Menſchen ſind brav geworden."

„Ich kann ſchwören," erwiderte Marannele, daß das eben mein ſtiller Gedanke war, vielleicht kommen meine Brüder zu uns."

Sie legte ihren Kopf an ſeine Bruſt und ſagte: „Ich höre dein gutes Herz klopfen."

Still hielten ſich die beiden umſchlungen. Sie ſprachen vom Abſchied aus dem Dorfe und von der Ankunft in Amerika und ſie gedachten auch des armen Ohlreit, dem nicht mehr zu helfen geweſen war. Seit jenem Tage, da ſie hier zum erſtenmal beiſammen waren, hatten ſich die Beeren der Ebereſche gerötet und in flammendem Rot prangten die Wangen der beiden Liebenden.

Die Goldammer im Wipfel des Baumes ſang: J, wie iſt es jetzt ſo ſchön, ſchön . . .

Zweiunddreißigstes Kapitel.

Als es zu dämmern begann, gingen die beiden Hand in Hand durch das Dorf. Eine Weile standen sie vor dem kleinen Häuschen still, und was Aloys denkt, weiß Marannele zu sagen:

„Da hat dein Vater gewohnt. Ja, der Anfang ist klein gewesen."

Von Haus zu Haus saßen die Menschen in der Abendkühle auf der Bank und überall wurden die beiden angehalten.

„Ja, ich hab's immer gesagt, das Marannele verdient's, das macht noch ein besonderes Glück. Und du, Aloys, kannst auch froh sein, du hast die Lustigste und Bravste."

„Ich wollt', ich könnt' mit euch."

„Und es thut wohl, auch wieder einmal eine rechte Liebe zu sehen und eine lustige Hochzeit zu erleben."

So hieß es da und dort, und wie zur Verstärkung der freudigen Empfindung wurde dann von Elend und Verbrechen erzählt. Man war froh, die Erinnerung an Ohlreit durch dieses freudige Ereignis zuzudecken. Einige sagten sogar, und es schien, sie glaubten es selber:

„Ich kann drauf schwören, am ersten Abend, wie der Aloys ankommen ist, hab' ich zu meinem Mann, zu meiner Frau, zu meiner Tochter gesagt, oder doch sagen wollen: Das ist ein Mann für des Jörglis Marannele, die wären einander zu gönnen."

Als sie wieder allein waren, rief Marannele:

„O Ihr tausend Millionen Sterne am Himmel und so viel herzgute Menschen auf der Erde. Unser Glück macht alle Menschen glücklich. Man weiß gar nicht, wie viel Menschen man hat, die einem im Herzen gut sind. O wie wohl thut das, aber auch weh, daß man sie verlassen muß."

„Du kriegst andere dafür in der Neuen Welt," entgegnete Aloys. „Uebermorgen schwimmt unser Brief an die Eltern auf dem Meer. Jetzt essen sie bei uns daheim zu Mittag. Schau, ich habe hier auf der Innenseite meines Uhrendeckels den Zeitstand. Wenn es hier mittags um zwölfe ist, ist's daheim bei uns morgens um sechse."

„Du hast von deinen Eltern sagen wollen."

„Ja, ich sehe vor mir, wie der Brief geholt wird, und der Vater macht ihn ruhig auf, er zerreißt keinen Umschlag. Und was für ein Jubel wird sein!"

Es dauerte lange, bis die beiden Abschied voneinander nahmen. Als Aloys in das Wirtshaus kam, traf er Waldfried noch bei den Wirtsleuten, bei denen er sich als Freund Ivos heimisch fühlte.

„Glück und Segen," rief die Adlerwirtin Aloys entgegen. „Und weißt auch schon, daß meine Schwester Ignazia Braut geworden ist?"

„Mit wem?"

„Mit dem Bezirksförster, er ist Forstrat geworden."

„Das freut mich, das paßt."

„Und sie schreibt Gutes von dir und wünscht dir alles Gute. Ich glaub', ihr beide habt einander aufgeweckt, daß jedes seine rechte Liebe erkannt."

„Ich glaub's auch."

Waldfried nahm schon jetzt Abschied von Aloys, in der ersten Nacht als Verlobter schlafe er gewiß spät ein und wache spät auf, und er habe beschlossen, am Mittag wieder zu Hause zu sein; Aloys aber müsse jedenfalls vor der Heimkehr mit seiner Frau nochmals ins Murgthal kommen.

Aloys drückte dem Freunde, der sich so treu seiner angenommen, still die Hand; man sah ihm an, wie dankbar er war, aber sagen konnte er's nicht. —

Der erste Besuch, den das Brautpaar andern Tages machte, war beim jungen Buchmaier.

Dieser kam ihnen strahlenden Angesichtes entgegen und rief:

„Aloys, vor Wochen bist du zu einer Sterbestunde gekommen, und jetzt in dieser Stunde ist mir mein erster Sohn geboren worden. Wenn ihr einmal die Freude habt, werdet ihr dran denken, wie es mir jetzt ist. Wartet ein wenig, ich muß es meiner Frau sagen."

Er ging davon, kam aber bald wieder und sagte:

„Es ist der Bäuerin auch lieb. Also, wir bitten euch, bei unserem Sohn Gevatter zu stehen."

Aloys schien keine Antwort zu wissen, aber Marannele sagte:

„Ist uns eine große Ehre."

Und das war's auch.

Der Enkel des Buchmaier erhielt den Namen seines Großvaters Pius und dazu den Namen Aloys.

Am Sonntag, an dem das erste Aufgebot verkündet wurde, machte Aloys mit der ganzen Sippschaft — auch Hirtz und seine Tochter und die Muhme Rufina waren dabei — in dem vierspännigen, großen Stellwagen des Schwiegervaters, der wieder hergerichtet worden war, eine Ausfahrt, und das Ziel war ein hohes. Denn Aloys, der noch nie eine Burg gesehen hatte, wollte daheim dem Vater besonders von der Burg Hohen-

zollern erzählen, die er am erſten Abend im Mondenſchein ge=
ſehen hatte.

Man hielt auf dem Rückweg in dem lieblichen Imnau
an, wo getanzt wurde. Aloys konnte aber leider nicht tanzen,
das hat er auch noch vom Vater, und Marannele tanzte nun
auch nicht.

Knechte und Mägde, alte und junge, kinderreiche Familien
und junge Liebesleute kamen zu Marannele und erboten ſich,
mit ihnen auszuwandern und einſtweilen bei ihnen in Dienſt
zu treten. Marannele war klug genug zu entgegnen, ſie kenne
die Verhältniſſe nicht und miſche ſich da auch nicht ein; um
aber auch Aloys nicht zu belaſten, fügte ſie hinzu: wenn Aloys
jemand brauche, werde er ſchon ſelber Umfrage halten, man ſolle
ihn daher nicht überlaufen.

Das geſchah aber doch, und im Dorfe hieß es, der junge
Tolpatſch ſei gar nicht ſo gutmütig, im Gegenteil, er ſei hart=
herzig.

Aloys ordnete mit Hirtz alles, ſo daß Alt Marannele gut
verſorgt war. Die Geſpielen Maranneles hielten geheime Ver=
ſammlung und berieten, was ſie der Scheidenden mitgeben
ſollten. Sie lachten beim Entſchluſſe, aber — und das will
viel heißen — ſie verrieten doch nichts.

In der letzten Woche fuhr das Brautpaar, von Hirtz ge=
leitet, nach dem Murgthal, und Hirtz brachte das Schuhmaß
von Ludwig, Conny und Wolfgang mit heim. Die Leiſten für
Aloys und Marannele hatte er ſchon fertigen laſſen, denn ſo=
lang Hirtz lebte, wollten ſie in ſeinen Schuhen gehen.

Am Sonntag wurde die Hochzeit gehalten mit Muſik und
Tanz, wie lange nicht im Dorfe geweſen. Hirtz war Brautvater
und alles ſtimmte bei, als er bei der Hochzeitstafel mit klugem
Bedacht ein Wort aus einem alten Briefe des alten Aloys aus=
legte: das Nordſtetten in Amerika ſei nur ein in die Fremde
verheiratetes Kind, und hierauf ließ er Neu=Nordſtetten in
Amerika hoch leben.

Leiſe ſagte er dann zu Aloys, er möge in der Nacht ab=
reiſen, denn am Tage werde die junge Frau viel Herzbrechen
haben; da iſt der eine Acker und da iſt der andere Acker, und
auf allen wachſen ſchwere Erinnerungen.

Die Geſpielen brachten Windeln aus ſelbſtgeſponnenem
Linnen als Hochzeitsgeſchenk; es war ein volles Dutzend, genau
numeriert für zwölf Kinder.

Und was noch das beſte iſt, ein neuer Liederquell that
ſich nach langer Vertrocknung an dieſem Tage wieder auf. Es

wollte gar nicht abbrechen, wie ein Burſch nach dem anderen eine Vierzeile nach der alten Melodie hergab.

Die vielen, nicht immer wähleriſchen „G'ſätzle“ waren ſchnell wieder vergeſſen, nur eines ſangen die Neuvermählten noch, als ſie in der Nacht das Neckarthal hinabfuhren:

> „Und 's Marannele und der Aloys,
> Han's doch noch verzwungen,
> Was den Alten entgange iſt,
> Das han jetzt die Jungen.“

Berthold Auerbachs

Sämtliche

Schwarzwälder Dorfgeschichten.

Volksausgabe in zehn Bänden.

————

Zehnter Band.

Stuttgart.

Verlag der J. G. Cotta'schen Buchhandlung.

1884.

Zweite Auflage der Gesamtreihe.

(18. Auflage der Einzelbände.)

Druck von Gebrüder Kröner in Stuttgart.

Inhalt.

Nach dreißig Jahren.

Auerbach, Dorfgeschichten. X.

III.

Das Neſt an der Bahn.

Erſtes Kapitel.

Kennt ihr's noch? Ja, das iſt das Bahnwärterhäuschen von
damals, wo Jakob und Magdalena nach ſchwerem verſchuldetem
und unverſchuldetem Schickſal die erſte gemeinſame Heimſtätte
gefunden.

Wie lang das her iſt?

Jakob hat ſeine eigene Zeitrechnung und er lacht und zeigt
dabei noch alle ſeine geſunden Zähne, wenn er ſagt: „Ich habe
ſechs Monturmäntel auf meinem Poſten in Geſundheit verbraucht.“
Und das muß doch jeder wiſſen, daß die Bahnverwaltung alle
fünf Jahre einen neuen Dienſtmantel ſtellt.

Drei Jahrzehnte iſt freilich eine gute Zeit, da gedeiht und
verwelkt manches, eigentlich aber iſt hier nur von Gedeihen die
Rede, wie natürlich von Gedeihen unter Sturm und Wetter,
denn die bleiben nirgends aus, zumal hier, wo man nach Jakobs
Erfahrung „von jedem Windſtrom, der über die Welt geht, ſein
Teil bekommt,“ aber ein geſundes Menſchengemüt und ein ge-
ſunder Baum werden durch Sturm nicht geknickt, ſondern —
wenn nur erſt der Stamm widerſtandskräftig iſt — noch wurzel-
tiefer und wurzelfeſter.

Seitdem wir zuletzt hier waren, ſind tauſend und aber
tauſend Bahnzüge an dem Häuschen vorbeigeſauſt; man könnte
die Zahl genau ausfindig machen, denn ſie iſt im Hauptamt in
den Tabellen verzeichnet, aber keine Menſchenſeele könnte das un-
zählige Leben faſſen, das ſich hier hin und her bewegte; die
Söhne des Landes ſind hier vorbei in den Krieg gezogen, fremd

anzuschauende Gefangene glotzten heraus, und verwundete, aber auch jubelnde Sieger sind zurückgekehrt.

Sehen wir uns um!

Auf dem Söller haben die Nelken von damals Luftwurzeln angesetzt und wiegen sich mit ihren blühenden Ranken im leisesten Windhauch. Schon im zweiten Jahr haben sich Schwalben im Hause eingenistet und zwar im Stall, wo die Wandervögel der einsamen Kuh manches vorzwitschern, worauf sie aber nur mit Brummen und selten mit einem tiefklagenden Schrei antwortet.

Das geschmackvoll gebaute Häuschen hat mit der Zeit einen Schmuck erhalten, den kein Baumeister mit Axt und Hammer herstellen kann; die Rebe hat die Säulen und die Wände übersponnen und man hatte nur zu wehren, daß sie nicht auch die Fenster zudeckt. An der Winterseite des Hauses ist kleingehacktes Holz lotrecht aufgeschichtet, sieht fast aus wie ein Zierat und hält das Haus von außen warm, bis es von innen wärmt; zwei schöne reichtragende Nußbäume sind hoch gediehen und der Hügel, der damals von Weißtannen bestanden war, ist jetzt ein stattlicher Hopfengarten; vor dem Hause und an der Morgenseite blühen vom ersten Frühling bis zum späten Herbst hellfarbige Blumen.

Und nun erst drin im Hause, da ist volles Leben.

Es ist von einem ganzen Neste zu berichten, von den Alten und von den Jungen, solange sie im Neste sind, und erst gar als sie in die weite Welt ausflogen.

Vor allem also Jakob und Magdalena. Sie rufen einander aber nicht bei ihren Namen, sondern er ruft Mutter und sie ruft Vater. Kein Kind hat je anders gehört, und wenn Magdalena zu einem Kinde vom „Vater" spricht, so thut sie das mit einem besonderen Tone der Ehrerbietung; ihre herrschgewaltige und zufahrende Natur ist unterwürfig und mild geworden vor der stetigen stillen Gelassenheit ihres Mannes; Jakob aber weist die Kinder bei ihren Anliegen an die Mutter, er überläßt ihr gern die Bestimmung.

Magdalena hat sich weit mehr verändert als ihr Mann und man sagt, das soll einer Frau viel schwerer werden. Sie war eine tüchtige Natur, aber er war noch etwas mehr, er war eine tiefe Natur, die ihn nach langem bitteren Leid endlich zu ruhigem Gleichgewichte gelangen ließ. Was auch vorkommen mochte, er wußte alles zum Guten zu deuten. Wenn Magdalena manchmal meinte, er lasse sich von dem und jenem zu viel gefallen, und verstehe sich nicht auf seinen Vorteil, da lächelte er: „Was liegt dran? Rauch und Pfiff ist alles. Ueber eine

Weile sieht und hört man nichts mehr davon. Wir haben unser täglich Brot und wir zwei haben einander, ich begehre nichts weiter von der Welt."

Und diese weise Genügsamkeit, die nur selten in Worten herauskam — denn Jakob war noch immer wortkarg und sprach mehr mit Kopfnicken und Augenzwinkern — diese Gelassenheit ging endlich auch auf Magdalena über, und Eintracht herrschte in dem Bahnhäuschen Nummer 374.

Die beiden Eheleute sind noch frisch und munter; das Haar Magdalenas hat noch seine Jugendfarbe und das wilde Löck= chen schwebt noch immer unbändig mitten auf der Stirne, Jakob aber ist grau geworden und hat dazu noch einen grauen Voll= bart; die graubraune Uniform mit den blanken Knöpfen und dem dunkelroten Kragen steht ihm gut, zumal er sich stramm aufrecht hält. Auffallend ist ein leuchtender Glanz in seinen Augen, der damals, als er noch Knecht im Dorfe war, gar nicht an ihm bemerkt wurde. Wir werden wohl erfahren, woher diese Veränderung stammt. Von Gestalt ist er schlank verblieben, während Magdalena sich bedeutend verbreitert hat, sein Blick ist stetig, während ihre Augen noch immer unruhig flimmern. Sie hält sich noch immer sauber und schmuck, und wenn man nicht wüßte, daß sie oft wochenlang von niemand als Jakob und den Kindern gesehen wird, könnte man es fast gefallsüchtig nennen. Das ist's aber nicht; hat sie ja einmal ihrer zweiten Tochter Rikele gesagt, die verwahrlost einherging und das mit der Ein= samkeit entschuldigte: Man putzt sich nicht wegen anderer, man hält sich sauber und ordentlich wegen seiner selber. Die Art, wie sie das Halstuch, das Schürzenband knüpft, hat etwas Zier= liches, und solange die Töchter zu Haus waren, kamen sie am Sonntagmorgen immer und baten: Mutter, knüpf mir mein Halstuch, mein Band, flicht mir den Haarzopf; und sie machte das den Kindern noch schöner als sich selbst.

Ja, die Kinder! Erinnert ihr euch, wie damals, als wir Magdalena aus dem schnell eilenden Bahnzuge grüßten, sie einen Knaben auf dem Arme hielt? Schon an diesem Knaben wurde viel erlebt.

Doch, wir wollen möglichst ordnungsmäßig berichten.

Zweites Kapitel.

„Alle neun! Das wäre just das Rechte gewesen," sagte Jakob wehmütig scherzend, denn neun Kinder wurden im Bahnhäuschen Nummer 374 geboren. Allemal abends zwischen dem Güterzug und dem Pariser Eilzug meldete Jakob das Neugeborene beim Pfarrer an, und er that das immer so geschämig und atmete erst wieder leicht auf, wenn er auf der Freitreppe am Pfarrhaus seine Dienstmütze wieder aufsetzte, und seine Pfeife anzündete. Er vergaß aber auch nie, vom Bäcker Weißbrot mit heim zu nehmen für Magdalena und mürbe Mütschele für die Kinder, die ihnen das Schwesterchen oder Brüderchen mit auf die Welt gebracht. — In den Nächten hätte keine Frau für das Neugeborene besser sorgen können als Jakob. Jedesmal das jüngste Kind war sein liebstes, und bitter war nur das Aufsuchen von Gevattern; wer dazu angesprochen wurde, war zwar bereit, aber hart war's eben doch, daß man stets gefragt wurde, ob denn Mann und Frau keine Verwandten hätten. Magdalena hatte die Antwort bereit gemacht, alle Anverwandten seien nach Amerika ausgewandert. Jakob verstand sich schwer auf diese Notlüge, aber er mußte sie doch gebrauchen. Vier Kinder starben, zwei bald nach der Geburt, ein Knabe im Alter von fünf Jahren — die Mutter vergißt den lieben Konrad nie — und ein Mädchen von zwanzig Monaten; es soll aber so gescheit gewesen sein, wie sonst ein Kind von drei Jahren, und Magdalena weiß merkwürdige Aussprüche und Thaten von ihm zu erzählen, ja sie behauptet manchmal, dies Kind wäre noch das bravste und gescheiteste geworden; aber die anderen Kinder, drei Töchter und zwei Söhne, sind gut gediehen.

Magdalena hat wohl recht, die Kinder haben nicht viel Unterweisung in Worten bekommen, von ihr selber wohl manchmal, aber vom Vater nie; sie haben indes vom ersten Atemzuge an Liebe und Fleiß vor sich gesehen und nie ein böses Wort über einen Nebenmenschen gehört.

Nur einer war aus der Art geschlagen oder vielleicht hatte er etwas von der Art des Großvaters, vom lustigen Frieder. Jakob ließ den Gedanken nie zu Wort kommen, wenn er das dachte, denn er wußte, wie sich Magdalena darüber grämen würde, und Magdalena, die alle Gedanken ihres Mannes erriet, ja sogar solche, die er nicht hatte, war ihm still dankbar für seine Zurückhaltung.

Jakob hatte seine besondere Lust daran, das Kleinste, bis es laufen konnte, so oft als möglich auf dem Arm herum zu tragen, und er pfiff ihm — denn singen konnte er nicht — die alten Weisen, die er vordem als Postillon geblasen; nur an einer schönen Weise möchte er gern vorbeikommen; sie weckt gar traurige Erinnerungen, aber sie summt immer wie eine verscheuchte Wespe um ihn her, und eine Wespe wird man schließlich am besten los, wenn man sie gewähren läßt, dann sticht sie nicht und fliegt davon. So ließ also Jakob auch die Weise von jener Nacht, da er ins Verbrechen verfallen war, laut werden, und als sie wieder und wieder kam, brachte sie keinen Stachel der Erinnerung mehr mit.

Das älteste Kind, Emil — der Pate des Advokaten Heister, der den Eltern aufgeholfen hatte — war einer der besten Schüler in der eine halbe Stunde entfernten Dorfschule, und er ward Lehrer seiner Geschwister, ja sein Hauptvergnügen bestand darin, in dem einsamen Bahnhäuschen mit den kleinen Geschwistern Schule zu halten, und was noch seltsamer war, die Eltern selbst gingen bei ihm in die Schule. Jakob schämte sich, zu bekennen, daß er mit Lesen und Schreiben nicht mehr zurecht komme, aber Magdalena trat für sich und Jakob mit dem offenen Bekenntnis heraus; denn sie hoffte auch, daß ihr Mann, besser geschult, später einen höheren Dienst bekomme. Sie sagte Emil, daß vor Zeiten die Schulen nicht so gut gewesen seien wie jetzt, und kurzum, die Eltern lernten von dem ältesten Sohne wieder schreiben und lesen. Magdalena war noch etwas weiter voran als Jakob, aber sie hielt an, um in gleichem Schritt mit ihm zu bleiben.

Wenn die jüngeren Geschwister zu Bette gebracht waren, saßen die Eltern an den langen Winterabenden bei Emil im Unterricht. Emil erhielt sogar Schulgeld, jede Woche zwei Kreuzer, die er auch haushälterisch zusammensparte.

Wer aber einen wunden Finger hat, der stößt sich öfter dran; natürlich, wenn er sich an den gesunden stößt, weiß er's nicht. Und eine Wunde wollte bei Jakob nicht heilen, sie brach sogar jetzt auf.

Emil diktierte zusammenhanglose Worte, wie sie in der Fibel standen, aber für die Eltern wurden die Worte zu Erinnerungen.

Emil diktierte: Hag! Henne!

„Stehen die Worte wirklich da nebeneinander?" fragte Magdalena; sie sah ihren Mann schweratmend an, sie gedachte jenes Abends, da sie ihre Henne suchend, Jakob am Schloßhag zuerst ordentlich sprach.

„In der Schule darf man beim Diktando nicht sprechen," belehrte Emil und es ging weiter gut. Waldhorn! diktierte Emil, und „Waldhorn" sagte Jakob fröhlich.

Beim 3 aber ging's bös. Emil diktierte: Zange. Zuchthaus.
„Steht das da?" fuhr Jakob auf.

„Ja."

„Ich hab' genug," ſagte er aufſtehend, und als das Licht
gelöſcht war, ſagte er zu Magdalena:

„Ich mein', wir müßten den Kindern ſagen, was mit uns
war, bevor ſie's von anderen erfahren."

„Und ich ſag' nein. Sie verlieren den Reſpekt, zu weiter
hilft es nicht."

„Du kannſt es leichter ertragen, du biſt unſchuldig, aber
ich —"

„Du biſt unſchuldig, ja, daß du dir dein Herz abplagſt.
Du biſt braver als Tauſende. Gut Nacht, du mein lieber guter
Karl, du darfſt mir meinen Jakob nicht weiter plagen, ich leid's
nicht. Laß ihn ſchlafen. Gut Nacht."

Es war ſtill in dem kleinen Häuschen, nur draußen von
der Bahnlinie her tönte es wie Aeolsharfenton, denn der Nacht-
wind ſpielte ſeine unfaßlichen Weiſen in den ausgeſpannten
Drähten des Telegraphen.

„Du lachſt? du ſchläfſt noch nicht?" fragte Magdalena
nach geraumer Weile.

„Ja," flüſterte Jakob, „ich will dir's ſagen. Mir iſt eingefallen, in meiner Heimat war eine Frau, der hat man nach-
geſagt, ſie könne durch Anhauchen eine offene Wunde heilen.
Verſtehſt du mich?"

„Nein, was meinſt du damit?"

„Du biſt auch ſo, du kannſt's auch. Deine getreuen Worte
heilen meine geheime Wunde."

Drittes Kapitel.

Wenn man ein Vogelneſt betrachtet, ſo kann man ſich
ſchwer vorſtellen, daß da drin ſo viel Volk bis zur Flugreife
gedeihen konnte. Aehnlich iſt es, wenn man das Bahnhäuschen
Nummer 374 betrachtet. Der Baumeiſter hat es ſehr zierlich
hergeſtellt, und er kann ſtolz darauf ſein, die ganze Bahnreihe
entlang bei jedem Häuschen ein neues architektoniſches Motiv
angebracht zu haben, ſo daß die ganze Form gut in die Landſchaft ſtimmt. Aber freilich, auf den Raum im Inneren iſt
wenig Bedacht genommen. Als die Kinder kamen, war Mag-

dalena anfangs ganz verzweifelt, und es ist gut, daß der Bau=
meister ihre täglichen Verwünschungen nicht hörte; sie ärgerte
sich besonders über die bewegliche Treppe, die man von der
Stube aus nach den oberen Räumen anlegen mußte, aber
wunderlich! je mehr Kinder kamen, um so mehr schien der
Platz auszureichen, man huschte eben zusammen, wie die Vögel
im Neste. Das aber vergaß und vergab Magdalena dem Bau=
meister nie, daß er den Stall kaum für eine Ziege ausreichend
hergerichtet hatte, und man hatte doch Grasland genug, um eine
Kuh zu halten und „Heu fressen sollte der Baumeister müssen, und
dazu noch saures, weil's ihm nicht eingefallen ist, daß man doch
auch einen Platz zum Futteraufbewahren braucht.“ So schimpfte
Magdalena ins entfernte Oberbauamt hinein.

So oft sie in den Stall kam, sah sie die Kuh wie um
Verzeihung bittend an: Ich kann nichts dafür, daß du so eng
stehen mußt; ich wünsche nur, daß der Baumeister da einmal
acht Tage lang stehen und liegen müßte.

Der Stall war so eng, daß die Kuh sich nicht umdrehen
konnte, sondern immer von rückwärts aus demselben gehen mußte.

Man sagt im Sprichwort: man redet wie in eine Kuh
hinein. Das machte Magdalena zum Wahrwort, denn wenn
sie das erste Grün von den Bahnhalden heimbrachte, konnte sie
der Kuh sagen: „Ja, du hast's gut, du kriegst vom jungen
Wachstum, bevor für die Menschen was da ist. Ja, ja, laß
dir's schmecken. Ich gunn dir's. Und sei geduldig, das Luft=
loch ist offen, deine Musikanten, die Schwalben, können jeden
Tag kommen.“

Denn im Frühling wurden immer die Luftlöcher im Stall
geöffnet und da flogen die Schwalben herein, die oben am
Querbalken nisteten.

Wie gesagt, mit dem Gras von der zuständigen Bahn=
strecke konnte man eine Kuh gut ernähren. Daneben hatte man
einen Viertelmorgen Dienstfeld und einen halben Morgen Pacht
von der Eisenbahn. Magdalena wußte jedes Schnitzelchen
Aderland auszunutzen und ihm das abzugewinnen, was die
Sonne just an dieser Stelle gern zeitigte.

Jakob dagegen pflanzte Obstbäume, er verstand sogar die
Kunst, einen stämmigen Ebereschenbaum mit einer guten Birnen=
sorte zu pfropfen, und hinter dem Zaune, der als Schneeschutz
am Bergeinschnitte aufgestellt, pflanzte er Himbeeren; die wer=
den einstmals die Bretter ersetzen und obendrein gute Frucht geben.

„Du pflanzest ja,“ sagte Magdalena ihm einmal in der
ersten Zeit, „wie wenn wir ewig dableiben sollten.“

Jakob sah sie groß an und that eine große Rede, die größte vielleicht, die aus seinem Munde gekommen; er sprach sie, während er auf dem Boden kniete und gute Walderde um die Wurzel des jungen Kirschbaumes legte, und die Worte, die halb in die Erde gesprochen waren, gingen auch in ein offenes Herz; denn er sagte:

„Frau, du bist doch so gescheit —" das war ein geschickter Anfang, denn die Augen Magdalenas glänzten und sie hörte willig alles, was nun noch kommen konnte, und er fuhr fort: „wie kann nur so eine Rede aus deinem Munde kommen? Wissen wir denn, wie lang wir überhaupt da sind, ich mein' auf der Welt? Und man schafft und muß schaffen. Ich wünsch' mir weiter nichts, als daß wir unser Leben lang hier bleiben, just wie der Baum da, der auch nicht fort mag. Und wenn's doch sein muß, wenn wir an einen anderen Ort müssen, so soll, der nach uns kommt, rechtschaffene Bäume haben."

Aufschauend sagte er: „O Mutter! Da bin ich unter Gottes freiem Himmel auf Gottes grüner Erde und da muß ich denken: jetzt sitzen so viele Menschen dort im Strafhaus. Warum muß das sein, daß die Menschen schlecht sind und andere sie strafen müssen? Ich kann's oft gar nicht glauben, daß ich so frei herumlaufen darf, und besonders der Traum, der ist mein ärgster Feind, der sperrt mich ein und da ist mir's, wie wenn ich plötzlich in einen Eiskeller hinunter fiele und ich ersticke unter den Eisschollen, die über mir knarren und knirschen. Heute nacht war's wieder so, und wie ich erwache und dich sehe und den blauen Himmel, da hab' ich mir vorgenommen, ich pflanze Bäume, und ich meine, es geht weg von mir, wenn sie wachsen."

Magdalena kam lange nicht zu Wort, sie schaute wie hilfesuchend umher, und eine Goldammer auf einem Erlenbaum half endlich, denn Magdalena sagte mit heiterer Miene:

„Schau den Vogel, da kann man was lernen. Sieh, der Wind kommt von oben und da sitzt er so, daß ihm der Wind die Federn nicht aufbläst. Verstehst? So müssen wir's auch machen. Nicht immer... Verstehst?"

„Ja, ja. Ist gut."

Magdalena nickte lange still und endlich sagte sie:

„Du hast recht. Ich will mich nicht mehr versündigen, ich bin es sonst nicht wert, daß...", sie stockte und schaute innig auf Jakob, dann schloß sie: „ich verdien' es sonst nicht, daß wir so ein Daheim haben."

Viertes Kapitel.

Wer es noch nicht gemerkt hat, dem sei es hiermit gesagt: Magdalena will gern gelobt sein. Sie verdiente es aber auch. Hatte Jakob Bäume gepflanzt, so daß das fremde Haus zur bleibenden Heimat wurde, so erwachte mit Magdalena früh am Morgen Heiterkeit und Arbeitsamkeit, und sie weckte alle im Hause zu Gleichem.

Sie lobte selber aber auch gern, sie nickte den Pflanzen im Garten und Feld zu, wie wenn sie sagen wollte: Bist ein braver Kopfsalat . . . so ist's recht, ihr Erdäpfel! Nur gut wachsen.

Magdalena pflanzte alle Gemüse in ihrem Garten und die Würzkräuter holte sie immer frisch aus der Erde; sie kochte die Speisen, daß sie das Beste waren, was daraus zu bereiten war; sie selber aß sehr wenig, aber es nährte sie, wenn es den anderen schmeckte; ihre Augen gingen bei Tische unruhig hin und her, und wenn niemand was sagte, fragte sie geradezu: „Wie ist die Supp'? Wie sind die Bohnen?" Und wenn gelobt war, dann erst aß sie wie gebührlich.

Sie hielt die Kinder an, daß sie für ihre Nahrung auch ordentlich arbeiteten. Sie mußten in Acker und Garten helfen und bis hinauf zu der lange liegen bleibenden Schneebreite, das Frauenhemd genannt — das aber in der Nähe gar nicht so aussieht — mußten die Kinder Beeren, Kräuter und Pilze im Walde sammeln; diese gehören doch noch denen, die sie sammeln, der Wald aber gehörte dem großmächtigen Eichhofbauer dort oben.

Die Kinder waren willig, denn sie sahen den Fleiß der Mutter, die keine Müdigkeit und kein Ausrasten kannte.

Auf dem Dienstacker waren Kartoffeln gepflanzt, auf dem Pachtacker stand Getreide. In der Ernte spannte Magdalena sich selber ein wie ein Pferd und zog die Garben heim. Möglichst wenig verausgaben, dagegen etwas erwerben und weiterkommen, war ihr steter Bedacht und es gelang ihr. Als im zweiten Jahre Justizrat Heister mit seiner Frau zu Besuch kamen, hatte sie natürlich große Freude und auch große Lobesernte, aber sie genügte sich dessen doch nicht; sie zeigte dem Gastfreunde, wie da in der Nähe ein beträchtliches Stück Waldes abgeholzt war, und bat nun Heister, es zu bewirken, daß die abgeholzte Strecke, die just wie dazu geschaffen sei, ihnen zum Hopfenacker überlassen werde. Es wurde von der Oberbehörde gewährt und Magdalena war jedes Jahr neu glücklich mit der Hopfenernte, die auch für die Kinder ein wahres Feſt war.

„Die Leute, die von unſerem Hopfen Bier trinken, die müſſen luſtig ſein," ſagte ſie oft, denn ſie dachte gern in die Welt hinaus und in die Folgerung der Dinge. Dadurch war ſie geſprächſam, wenn auch gar nichts vorging, und wenn niemand entgegnete, ſo gab ſie ſich ſelber Red' und Antwort.

Daneben verging aber auch kaum ein Tag, an dem ſie nicht das Glück pries, daß man hier ſo ruhig und gedeihlich und vor allem ſo allein leben könnte. Jakob nickte einverſtänd= lich, aber er hatte es nicht gern; er hielt das Leben des ſtän= digen Geſcheuches gar nicht wert, und er meinte auch, es ſei nicht gut, wenn man alles beruft. Nicht daß er Aberglauben hatte. Weit entfernt! Wer an der Eiſenbahn angeſtellt iſt, wie kann der abergläubiſch ſein? Aber das iſt doch richtig, wenn man ſo viel Rühmens macht und alles vor ſich ſelber auslegt und ausdenkt, daß es auch anders ſein könnte, da macht man dem Unglück eine Thür auf. Jakob weiß Beiſpiele genug davon zu erzählen und Magdalena, die für alles einen Grund weiß, weiß auch ſolche für die Einſprache des Gegners, zumal wenn der Gegner Jakob iſt. „Du haſt auch wieder recht," ſagte ſie, „ja ſo iſt's. Wenn man allfort ſo an anderes denkt, da ſieht man nicht, was gerade vor einem auf dem Boden iſt, und man ſtolpert und fällt."

„Du haſt nicht umſonſt bei einem Advokaten gedient," ſagte Jakob, aber nicht laut, denn er gönnt ſeiner Frau gern das letzte Wort, und das ſoll, wie man ſagt, ſehr erſprießlich ſein für eine gute Ehe. Ueberdies nimmt er Magdalena gern ab, was ſie zu reden hat; zu wem ſoll ſie's denn ſonſt her= geben? Nur in einem konnte er ſeine Ungeduld kaum bemeiſtern. Es war für Magdalena wie ein ſüßer Nachſchmack, vom Hauſe Heiſters und den Gaſtereien zu erzählen: wie ſie zweimal in ihrer Küchenſchürze an die Tafel habe kommen müſſen, und die Gäſte — es waren ſiebenundzwanzig, die Männer in weißen Krawatten, die Frauen im bloßen Hals bis weit hinunter — alle haben ſie gelobt. Sie konnte dann alle Speiſen aufzählen, was ſie dran gethan und wie ſie dem Sieden und Dampfen abgewartet.

Sie iſt halt ein Weib — dachte Jakob bei ſolchen Er= innerungen, und ein Weib putzt ſich gern auf, und ſei es auch mit alten vertrockneten Ehren. Ich kann Gott danken, daß ſie nur dieſe Mucken im Kopf hat.

Magdalena hatte aber auch nicht lange zu forſchen, die

Mucken ihres Mannes kennen zu lernen, obgleich sie so wenig laut gaben wie ihr Besiter.

In den ersten Jahren bekam Jakob jedesmal beim Ueber= gang des Winters in den Frühling einen schlimmen Husten, und die Nachbarin vom Bahnhäuschen Numero 373 sagte Magdalena, es sei eine Sünde von einem Manne mit solcher Anlage, zu heiraten, und eine verlassene Frau und Kinder in die Welt hineinzusetzen, und Jakob habe noch dazu selber bekannt, er werde nicht älter als dreiunddreißig Jahre, seine Mutter sei auch so gestorben.

Magdalena ging zornig und bitter heim, aber vor dem Hause hielt sie an und sagte sich: Nein, jetzt nicht noch ärgern.

Sie machte ihrem Mann keinen Vorwurf, daß er statt zu ihr zu anderen gesprochen; sie lockte es ihm behutsam heraus, daß er ihr seine Ahnungen und Beispiele erzählte, und sie lachte nicht darüber und suchte ihn nicht zu belehren, denn sie wußte, wie leicht er verscheucht ist.

Im dritten Jahre zur Fastnachtszeit gab's auch auf unserem Bahnhäuschen eine Maskerade. Jakob war krank, aber man meldete nichts davon der Oberbehörde. Jakob war noch erst auf Widerruf angestellt und fürchtete, seinen Posten zu verlieren, wenn er schon so früh sich krank melden müsse. Hatte er ja ohnedies einen schweren Stand, da er nur auf Heisters Betrieb und nach verkürzter Probezeit in den Dienst eingerückt war. Denn auch hier fehlt bereits die Stufenleiter des Beamtentums nicht; erst nach wohlbemessener Zeit als Hilfsarbeiter und An= wärter rückt man zum festen Dienst auf.

Magdalena machte den Zaghaftigkeiten ihres Mannes rasch ein Ende, sie steckte sich in die Dienstkleider ihres Mannes, be= ging die Bahn und hielt in strammer Haltung die Fahne beim Durchgang des Zuges. Der Nachbar oben und der Nachbar unten bewahrten festes Schweigen, just nicht aus Gutmütigkeit, aber man kann ja nicht wissen, wie man auch einmal etwas zu verschweigen hat. Wenn Magdalena hochgerötet heimkam, war Jakob immer neu glücklich über die Lustigkeit und Ent= schlossenheit seiner Frau. Jakob glaubte von nichts in der Welt Böses, aber den Nordwind, den hielt er für tückisch, der hatte es gerade auf ihn abgesehen, denn er trug den Schnee von den Feldgebreiten und vom Berge herab just auf seinen Straßenübergang, und Magdalena mußte ihren Mann immer beionders versichern, daß sie dort den Schnee sauber weg= gekehrt habe.

In den ruhigen Tagen des Daheimseins ließ auch Jakob

viel von ſeinen Gedanken laut werden, die ſich in den Jahren
der Einzelhaft in ſeiner Seele angeſammelt hatten. Er konnte
es nur in Bruchſtücken dargeben, aber das verſtändnisvolle
Zuhören Magdalenas und manchmal auch ein nachhelfendes
Wort machte alles klar. Das Auge Magdalenas wurde feucht,
als er erzählte, wie ſchwer es ihm geworden, wieder ins Leben
einzutreten, und wie er erſt da geſpürt habe, daß er noch ein=
mal fröhlich ſein könne, als er vom Hauſe Heiſters hinweg zu
den Pferden des Adlerwirts in den Stall gekommen war.

„Ich möcht' nur wieder auf einem Gaul ſitzen und wieder
Waldhorn blaſen,“ ſagte er und ſeine Augen ſtrahlten, dann
erzählte er von den luſtigen Tagen, da er Poſtillon geweſen,
und die böſe Zeit, die zwiſchen damals und jetzt lag, war ver=
geſſen. Und jetzt, da er ſo vieles und nun gar dieſen Wunſch
von der Seele hatte, ſchien ſich ſeine Bruſt zu erleichtern, er
wurde ohne ärztliche Hilfe wieder ganz geſund und Magdalena
war beſonders glücklich, daß das Kind, das nach der Dienſt=
maskerade zur Welt kam, am Leben und geſund blieb, und
dieſes Kind war Albrecht, von dem noch viel zu erzählen iſt.

Jakob geſtand es nicht ein, aber es iſt doch nicht zu leug=
nen, er hatte noch ſeine beſondere Luſt an Albrecht. Emil iſt
viel begabter, das iſt keine Frage, er iſt der Erſte in der Schule,
aber Albrecht iſt ſo geſchickt und gar nie überläſtig, und dazu
hat er vom Vater das Muſiktalent geerbt, er pfeift wie eine
Schwarzamſel und wie eine Lerche, und er kann auf einem
Lindenblatt Trompetenſtückchen blaſen, daß man meint, er habe
das feinſte Inſtrument. Alle Tänze, die er auf der Kirchweih
gehört, hat er im Kopf behalten, es fehlt kein Ton, und die
Mutter hat ihn auch noch viele Liederweiſen gelehrt. Dazu
war Albrecht, der jeden Baum hinaufkletterte und mit den Haſen
um die Wette ſprang, gar nicht überläſtig; wo man ihn hin=
ſetzte, da blieb er ſicher, ſei es draußen im Freien oder drin
im Poſtenhäuschen am Ueberweg, da, wo der Feldweg über die
Bahn geht und man bei jedem Zug hüben und drüben mit
dem Schlagbaum die Bahn zu ſperren hat. Jakob nannte das
Poſtenhäuschen dort ſeine Einſiedelei, und es hatte allerdings
nur Raum für einen Menſchen, war noch ein zweiter da, mußte
man ihn auf den Schoß nehmen, und Albrecht ſaß da oft und
gern auf dem Schoß des Vaters, der ihm auch einmal erzählte,
daß er die zwei Roſenbäumchen rechts und links von der Ein=
ſiedelei am Tage nach der Geburt Albrechts gepflanzt habe.

Jakob hatte ſich keinen Vorwurf zu machen, daß er Emil
hintan ſetzte, für dieſen iſt es beſſer, er ſitzt hinter ſeinen Büchern;

er ist immer so unruhig und hat so viel zu fragen, was der
Vater leider nicht beantworten kann, denn woher soll Jakob
wissen, mit welchem Stoff man die Gläser an der Signallaterne
so gefärbt hat, daß dasselbe Licht da rot und da grün durch-
scheint. Und doppelt beschämend war es, daß der Vater, der
doch Postillon gewesen und Bahnwärter geworden, keine Antwort zu geben wußte, als Emil ihn fragte, wie man Pferde-
kraft messe.

Albrecht war fügsam und ließ sich von Emil beherrschen,
der schon von früh an gern über andere regierte.

Albrecht vollführte schon in seinem sechsten Jahre zwei
ungewöhnliche Thaten; für die eine wurde er bestraft; von der
anderen dagegen behielt er für Lebenszeit ein Denkzeichen.

Eines Tages hörte man ihn jauchzen von der Lokomotive
des Güterzuges, er hatte sich, da sie angehalten hatte, hinauf-
geschwungen und fuhr nun jubelnd am Elternhause vorbei.
Magdalena schalt über die Keckheit des Knaben, im geheimen
jedoch war sie stolz auf seinen Mut, Jakob aber sagte gar nichts,
nur als Albrecht heimkam, bestrafte er ihn tüchtig und sagte:
„Du wirst dran denken und es nicht mehr thun."

Bei der anderen That aber schrie Albrecht entsetzlich und
blutete über das ganze Gesicht.

Die Herbsthühner waren der besondere Stolz der Mutter,
sie legten noch Eier, wenn die anderen schon lange damit auf-
hörten, und eine goldgelbe Henne war die fleißigste. Albrecht
war hinter dem Hause, als ein Habicht herabstieß und die goldgelbe erfaßte; kühn stürzte sich Albrecht auf den Habicht los,
rang mit ihm und entwand ihm seinen Raub; aber der schlimme
Vogel hatte nach ihm gehackt und ihm auf der linken Stirne
eine Wunde beigebracht und ihm die Braue zerrissen. „Es thut
nichts! Es thut nichts, Mutter!" tröstete er, als sie ihm die
Wunde abwusch. Als Jakob bei der Heimkehr das Ereignis
erfuhr, sagte er: „Mutter! Jetzt hab' nur keinen Aberglauben,
als ob das was zu bedeuten hätte."

Sie lächelte, denn sie wußte, er suchte sich damit nur seinen
eigenen Aberglauben auszureden. Sie erschrak aber über Emil
und jagte ihn aus der Stube, da er gesagt hatte: „Wenn der
Albrecht einmal was thut, hat man ein Kennzeichen in seinem
Steckbrief."

Woher hat nur Emil solche Gedanken?

Emil aber war bös auf den jüngeren Bruder, weil er ihn
verraten hatte. Einem Reisenden war das rot eingebundene
Bädekersche Reisebuch entfallen. Emil hatte es versteckt und

las' heimlich darin; der jüngere Bruder aber verriet den Fund,
und Emil mußte nach ſtrenger Zurechtweiſung des Vaters das
Buch dem Bahnmeiſter bringen.

Er wurde indes bald dem Elternhauſe entfremdet, denn
auf Zureden des Pfarrers und Dorflehrers ging er täglich zum
Unterrichte nach der Erziehungsanſtalt, die eine Stunde entfernt
am jenſeitigen Bergesabhang in einem alten Kloſter eingerichtet
war. Der höhere Unterricht erweckte in ihm ſchon früh einen
gewiſſen Hochmut. Er hielt es aber kaum der Mühe wert,
daheim ſein beſſeres Wiſſen kundzugeben, und bei der Feldarbeit zu helfen, war er zu ſtolz. Man hatte keinen Pflug, und
die Aecker wurden mit dem Spaten bearbeitet. Man hatte keine
leichteren für die Kinder und es war ein Stolz, ſchon früh den
Spaten handhaben zu können. Es war zum Verwundern, daß
Albrecht ſchon im achten Jahre helfen konnte wie ein Mann.

Auch in den Ruheſtunden brachte er dem Vater viel Er-
quickliches, und ein Tag iſt unvergeſſen.

„Vater! Ich hab' die Raben gern,“ ſagte Albrecht eines
Tages.

„So? Was iſt denn da dran gern zu haben?“

„Sie ſind dem Habicht, dem Hühnerdieb, aufſäſſig. Sieh
doch, ſieh doch! Wie jetzt einer ihn rauft. Ich hab' ſchon oft
zugeſehen, wie ſie's machen.“

Jakob ſchaute auf und ſah, wie ein Rabe hoch in den Lüften
einen Habicht verfolgte, und Albrecht fuhr fort:

„Jetzt guck, der Rab' fliegt oben her und hackt: Habicht!
Fang mich, wenn du kannſt. Jetzt taucht er unter, ein paar
Schuh unter den Habicht, der kann mit ſeinen Flügeln ihm
nicht gleich nach. — Jetzt kommt er wieder und hackt, er ver-
treibt ihn. Der Habicht iſt freilich ſtärker, aber in den Lüften
hilft ihm das nichts; er hat einen krummen Schnabel und muß
ausholen zum Hacken, der Rab' hat einen geraden, der kann
immer ſtechen. Schau, der Rab' hat gewonnen, der Habicht
muß hinüber ins Thal und jetzt fliegen ſie auseinander. Gut
Nacht, Rab'!“

„Du biſt grad wie dein' Mutter, die hat auch gern ein
Aug' auf alles, was fliegt,“ ſagte Jakob, er hatte ein Gefühl,
daß dieſe ſcharfe Beobachtung dem Knaben einmal im Leben
nützlich ſein könne.

Fünftes Kapitel.

„Es ist ein Glück, daß man einem nicht ansieht, was man alles schon erlebt hat," sagte oftmals die lustige, aber auch listige Nachbarin thalab von 373 und sie that, als ob sie die Vergangenheit von Jakob und Magdalena kenne und nur bescheiden darüber schweige.

„Dem Herrn sei Dank und Preis, daß er gnädig ansieht, was in unserem innersten Herzen vorgeht," sagte die gottselige Nachbarin thalauf von 375.

Magdalena hatte Angst vor beiden, nicht eigentlich für sich, sondern für Jakob, weil sie besorgte, er möchte sich von den listigen Reden der einen und den salbungsvollen der anderen verleiten lassen, von seiner Vergangenheit zu erzählen. Sie warnte ihn und er mußte ihr heilig versprechen, sich mit keinem Laut zu verraten. Er versprach's und hielt's. Schweigen war ihm leicht, noch von der Einzelhaft her. Magdalena aber sprach gern und mit Nachdruck; sie war nicht falsch, aber sie konnte doch den Menschen zu Gefallen reden und das Gute, das sie zu sagen hatte, schön aufputzen.

Magdalena hatte aber auch noch eine geschickte Kriegsregel angewendet, denn sie heftete den beiden Nachbarinnen heimlich Unnamen an, die von unten hieß Essig und die von oben Oel.

Es steht kein Haus so einsam, es hat seine nähere oder entferntere Nachbarschaft. Und nun gar die Bahnwärterhäuschen, die stehen wie ein gekoppelter Zug, nur festgerammt; sie haben äußerlich etwas Uniformes, aber in jeder Uniform steckt doch auch ein besonderer Mensch.

Numero 374, das Haus Jakobs und Magdalenas, steht zahlenmäßig zwischen 373 unten und 375 oben. Die Männer begegnen einander täglich mehrmals beim Begehen des Bahndammes, wie Pflicht und Schuldigkeit verlangt; die Frauen aber sind meistens zu Haus, haben einander in der Entfernung aber doch im Auge. Frau 373 kann sogar von ihrem nördlichen Giebelfenster aus bis hierher sehen und sie thut das bisweilen; Frau 375 haust aber da, wo die Kurve endet, jenseits der Biegung um den Berg, sie könnte nicht hierher sehen, sie hätte aber auch keine Lust dazu, denn sie hat Tag und Nacht mit ihrem Inneren zu thun.

· Frau 373 heißt mit ihrem ehrlichen Namen Frau Süß, und da war leicht Essig draus zu machen. Ihr Mann war vordem Unteroffizier gewesen und sie Kammermädchen bei der

Frau Oberſt. Frau Süß war eigentlich keine böſe Frau, denn
kann man das bös nennen, wenn eine Frau weiß und alle Welt
wiſſen läßt, daß ſie die ſchönſte und geſchickteſte und allein Anſehen verdient, und alle anderen Frauen ſind häßlich, tölpiſch
und kaum eines Blickes wert?

Frau 375 heißt mit ihrem ehrlichen Namen Maier, aber
da man einmal Eſſig hatte, war nicht ſchwer Oel dazu zu finden,
und dieſe Frau hat auch was Oeliges. Sie iſt die Tochter des
Kanzleidieners im Konſiſtorium und befleißigt ſich einer ſalbungs-
voller Frömmigkeit, der ſogar der glaubensvolle Pfarrer des
Dorfes nicht genügt, hat aber leider ſelten Zeit, ſich bei den
Betſtünblern des Städtchens einzufinden. Ihr Mann war als
Schaffner bei der Entgleiſung eines Zuges verunglückt und hinkt
ſeitdem; er hatte ſich früher nicht viel mit der Religion zu
ſchaffen gemacht, aber jetzt iſt er mit ſeiner Frau einverſtanden,
nur fehlt ihm ihr Bekehrungseifer, er lieſt gern die Miſſions-
blätter und gibt alljährlich einen Beitrag zur Bekehrung der
Wilden und Heiden.

Frau Eſſig hatte ſehr viel Scharfblick für alle Menſchen,
nur eine Perſon war ausgenommen, und das war ſie ſelbſt.
Frau Oel dagegen hatte in Lob und Tadel für andere etwas
Kindliches, ſie geſtand gern, ſie kenne die Menſchen nicht, aber
einen kenne ſie genau und mit dem ſei ſie ſehr unzufrieden, und
das war ſie ſelbſt.

Magdalena war auf die beiden Nachbarinnen erboſt, denn
ſie hatten das Aergſte gethan, ſie hatten Magdalena verleitet,
dumm zu ſein und obendrein noch zu lügen.

Wenn nach dem Apfelbiß Mutter Eva noch einmal der
Schlange begegnet wäre, wer weiß, was ſie ihr geſagt und angethan hätte, der Verlockerin, der falſchen Freundin, die an allem
ſchuld iſt.

Als Magdalena nämlich die erſten Nachbarbeſuche machte,
konnte ſie ſich nicht enthalten, mit Frau Eſſig über die Freuden
der Hauptſtadt zu ſprechen. — Militär und Civil waren ſchon
damals nicht ſo geſchieden, daß nicht wenigſtens die Dienſtboten
beider Sphären mancherlei Beziehungen zu einander hatten. Es
ſtellte ſich heraus, daß Magdalena und Frau Eſſig mehrmals
auf demſelben Boden getanzt hatten. Als nun Magdalena gefragt wurde, warum ſie denn ihren Platz und die Hauptſtadt
verlaſſen habe, wurde ſie flammrot und wußte kein Wort zu erwidern. Frau Eſſig lächelte einverſtänblich und flüſterte, daß
die Juſtizrätin gewiß eiferſüchtig geweſen ſei, und Magdalena,
was that ſie? Sie ſchwieg dazu und ſuchte das Geſpräch auf

einen anderen Gegenstand zu lenken. Auf dem Heimwege machte
sie sich die bittersten Vorwürfe, daß sie den edlen Mann und
die gute Frau so falsch vor den Augen Fremder erscheinen ließ.
Sie beruhigte sich endlich damit, daß es den herrlichen Menschen
freilich gleichgültig sein könne, was so eine Frau da draußen
von ihnen denkt und nun gar so eine schlechte; denn schlecht ist
sie, sie hat das beste Herz verführt, zu einer Verleumdung still
zu sein.

Magdalena haßte die Frau Essig und sie haßte sie immer
mehr, weil sie sich vor ihr fürchtete und schön gegen sie thun
und sich gut Freund stellen mußte.

Die schlimme Erfahrung wollte sie zur Lehre nehmen, um
bei Frau Oel wenigstens gescheiter zu sein. Sie wurde hier
mit liebreichen Segenswünschen empfangen, die Beziehung zum
Hause des Justizrats Heister war hier schon bekannt, aber offen=
bar noch nichts von dem traurigen Ereignisse. Frau Oel lobte
Heister und dessen Frau, soweit eben Menschen Lob verdienen,
die das einzige Heil nicht kennen wollen. Wäre das anders,
so hätten sie auch nicht solches erleben müssen, wie damals an
dem Dienstmädchen. Die Amtswohnung des Vaters Kanzlei=
diener war gerade gegenüber vom Hause des Justizrats Heister,
und Frau Oel erzählte, wie entsetzlich es gewesen sei, als eines
Tages das Dienstmädchen von drüben in Begleitung eines
Polizeidieners über die Straße geführt wurde, denn es hatte
gestohlen. Frau Oel setzte hinzu, sie habe für die arme Ver=
lorene gebetet, und sie hoffe, das Gebet sei von Gott erhört
worden.

Sie erzählte das alles mit großer Ruhe und nicht ohne
Selbstzufriedenheit. Magdalena hatte Kraft genug, ihre Mienen
zu beherrschen und unbewegt dreinzuschauen. Sie blieb länger
als sie beabsichtigt hatte, um noch recht unbefangen von allerlei
anderem zu reden und sich Unterweisungen geben zu lassen über
den hierländischen Brauch.

Es war zu verwundern, daß die ersten Anläufe, die so
gefahrdrohend waren, nicht weiter führten. Wie sollte es werden,
wenn die beiden in der Hauptstadt nachforschten?

Es geschah wohl nicht, denn Magdalena wurde oben und
unten mit allen Ehren empfangen, so oft sie zu Besuch kam,
was aber so selten als möglich geschah. Sie hatte Selbst=
beherrschung genug, Jakob nichts von den Aengsten zu erzählen,
die sie ausgestanden hatte; er war ohnedies schon selbstquälerisch
genug.

In den ersten Jahren kämpften Essig und Oel um die

Herrſchaft über Magdalena. Frau Eſſig hatte mehr Zeit, ſich um andere zu kümmern, denn ſie hatte nur ein einziges Kind; Frau Del hatte daheim genug zu thun, nicht nur mit ſich und ihren religiöſen Anliegen, ſie hatte auch ein halb Dutzend Kinder.

Frau Eſſig hatte bei Albrecht, dem zweiten Sohne, Gevatter geſtanden, Frau Del war Gevatterin der älteſten Tochter, die auch Magdalena hieß, aber nur Lena gerufen wurde.

Es gelang keiner der beiden Nachbarinnen, die Herrſchaft über Magdalena zu gewinnen, oder gar ſie zur Darlegung ihres Lebens zu bringen. Frau Eſſig verſuchte es mit Selbſtbekenntniſſen, ſie klagte, daß ſie ein Leben, wie ſie es jetzt führen müſſe, nicht gehofft und nicht verdient habe, und ihr Mann lache ſie dazu noch aus, wenn ſie klage und ihn ermahne, eine höhere Stelle zu erringen.

Magdalena erwiderte leichthin, Eheleute müßten eben Geduld miteinander haben.

Frau Süß ſchien das nicht zu hören, denn ſie ſagte: „Ja, hätte mich mein Vater zum Theater gehen laſſen, ich führe jetzt im Eiſenbahnwagen erſter Klaſſe da vorüber und hätte meine Kammerjungfer bei mir.“

Für Frau Süß waren die Vorüberfahrenden Gegenſtand des Neides, und ſie ſagte, ſie meine es im Spaß, es war aber Ernſt — ſie wünſchte, daß wenigſtens im Winter einmal ein Unglück geſchehe oder doch ein Zug ſtecken bleibe, dann pflegte ſie die Verwundeten und käme aus dem Elend hier heraus.

„Haben Sie nicht auch ſchon ſolches gedacht?“ fragte ſie.

„Nein, für mich ſind die Züge eine richtig gehende Uhr.“

Dieſe einfältige Zufriedenheit verdroß Frau Süß und ſie wollte Magdalena wenigſtens neidiſch machen.

„Haben Sie ſich nicht ſchon gewundert, daß ich ‚unſere Eiſenbahn‘ ſage?“

„Ich ſag’ ja auch ſo.“

„Ja, aber ich hab’ noch ein beſonderes Recht, ſo zu ſagen.“

Sie zeigte nun ihren geheimen Schatz, ſie hatte einen Prämienanteil der Eiſenbahn und ſie klagte nur, wie ſie ſich jetzt ſchon über ihren Mann ärgere für den Fall, daß ſie das große Los gewinne; mit ihrem Manne ſei nichts anzufangen, der bleibe ein ſtockiger Feldwebel, der ſeinen ſchlechten Tabak raucht und weiter nichts von der Welt will und weiß.

Auch hierauf dankte Magdalena nicht mit Klagen über ihren Mann.

Frau Del ſagte, es ſei noch gut, wenn ein Mann einen äußeren Fehler habe, den man ſehe, aber man müſſe auch mit

inneren unfaßbaren Geduld haben. Magdalena ließ sich auch
damit nicht ködern. Sie lachte innerlich die beiden aus, diese
aber hofften doch noch eine Herrschaft, die eine wartete geduldig,
die andere wartete ungeduldig, bis einmal etwas käme, das die
Entscheidung bringt.

Sie schien endlich sich einzustellen, denn Justizrat Heister
und seine Frau kamen zu Besuch.

Sechstes Kapitel.

Die Verbindung zwischen dem eine halbe Tagereise entfernten Bahnhäuschen und dem Hause des Justizrats Heister
war in ununterbrochener Stetigkeit verblieben.

Bei all ihrer Emsigkeit für Haus und Kinder empfand
es Magdalena noch als besonderes Glück, für höhere geliebte
Menschen draußen etwas thun und bereiten zu können.

Den ersten Honig ihrer Bienen, die ersten Früchte von
den selbstgepflanzten Bäumen und die frischen Morcheln, welche
die Kinder im Wald gesammelt hatten, schickte sie an Frau
Heister. Diese Beziehung zu dem Hause Heisters war für die
Kinder noch ein besonderes Glück, nicht nur, weil Frau Heister
in klugem Bedacht allerlei Nützliches und Erfreuliches für sie
schickte; die Kinder, die so verwandtenlos aufwuchsen, hatten
höhere edle Menschen zu verehren, und das gab ihnen in der
Einsamkeit da draußen einen beglückenden Zusammenhang mit
der Welt. In der Dachkammer, wo sie schliefen, und in den
Wäldern, wo sie Beeren und Pilze sammelten, überboten sie einander in Phantasien über die Größe und Herrlichkeit der Gönner,
ja diese wären ihnen zu Märchengestalten geworden, wenn nicht
ein Kind um das andere die Mutter hätte alljährlich nach der
Stadt begleiten dürfen.

Frau Heister war seit Jahren an das Krankenlager gebannt, sie hatte immer den Vorsatz, eines der Mädchen an
Kindesstatt anzunehmen; das sollte aber erst dann ausgeführt
werden, wenn sie sich wieder frei bewegen konnte, denn sie wollte
das Kind in Heiterkeit leiten und ihm nicht das Bild fort-
dauernder Krankheit geben.

Von der feinen blassen Frau mit den langen schmalen
Händen, die eine weiße Haube mit blauen Knüpfbändern trug
und in der dämmrigen teppichbelegten Stube lag, erzählten die
Kinder einander mit Andacht und Schauer.

Frau Heister war jetzt endlich so weit hergestellt, daß sie wieder gehen konnte, und sie wurde im Bahnhäuschen Numero 374 erwartet; schon Tage vorher, bevor sie kam, trat jegliches leise auf und sprach mit gedämpfter Stimme.

Magdalena wollte den Ankommenden entgegengehen, sie gab aber Jakob recht, daß es sich besser für ihn passe, zumal da er einen Läufer, einen sogenannten Lowrie, bestellt habe, um auf der für zwei Stunden freien Bahn die Ankömmlinge bis vor das Haus zu rudern.

Magdalena hatte im Hause nirgends besonders besser zu säubern und zu ordnen, nur die Blumen begoß sie seit Tagen im Morgen- und im Abendtau, damit sie recht blühen, wenn die Freunde kommen.

Der Läuferwagen mit einem festgebundenen gepolsterten Stuhl stand nicht weit vom Bahnhaus 373, Jakob und Emil gingen landein den Ankömmlingen entgegen. Die Frau saß am Wegrain auf einem roten Shawl. Emil küßte ihr die Hände, Heister wehrte ab, da er auch ihm die Hand küssen wollte.

Auf Emil gestützt ging die Frau weiter, Heister und Jakob hinter ihnen.

Nicht weit vom Hause der Frau Essig sagte Jakob:

„Herr Justizrat, ich hab' eine Bitt'! Ich möchte was fragen."

„Nur zu. Was hast du?"

„Sind die Akten über mich noch vorhanden und könnte man die nicht endlich herausverlangen, daß man sie aus der Welt schafft?"

„Also damit plagst du dich noch? Du bist ein wunderlicher Mensch! Andere werden immer verstockter, weil sie einmal auf einen Abweg gekommen waren, und du wirst immer weichmütiger und verzagter."

„O Herr! Sie hat bei Ihnen studiert. Just dieselben Worte hat sie mir gesagt. Nehmen Sie's nicht für ungut. Sie hat einen Advokatenkopf."

„Ich wiederhole dir: kümmere dich nicht mehr um das Vergangene, du hast deine Ehrenrechte wieder, dich gehen keine Akten mehr was an."

„Akten! Er hat Akten," sagte Frau Essig, die an ihrem Dachfensterchen lauerte, still vor sich hin. „Jetzt hab' ich's, das muß ich herauskriegen," triumphierte sie.

Frau Heister war zaghaft, sich auf den Läufer zu setzen, aber als Jakob sagte: „Lieber möcht' ich mich stückweise zerreißen lassen, als Sie einer Gefahr aussetzen," ließ sie sich hinaufheben und lustig fuhren sie, von Jakob gerudert, die freie Bahn dahin.

Magdalena kam und half beim Absteigen, sie hätte, wenn es ihr erlaubt worden wäre, Frau Heister gerne getragen, und sie hätte es gekonnt, denn sie war stark und die feine Frau schwach und abgemagert.

Siebentes Kapitel.

Frau Heister war erschöpft, aber sie konnte sich doch nicht enthalten, die Nettigkeit des Hauses zu loben, und Magdalena, der das doch so wohl that, bat die Frau Rätin, sich doch nicht mit Sprechen anzustrengen, und um das zu bewirken, verließ sie schnell die Stube und kam wieder mit einem Glase kuh= warmer Milch.

Die Frau trank und sagte: „Seit Wochen hat mir nichts so gemundet. Emil!" wandte sie sich zu ihrem Mann. „Ich meine, ich würde hier bei Magdalena noch schneller wieder ge= sund als in Aegypten."

„So? Nach Aegyptenland wollen Sie? Zum König Pharao? Ja, seine sieben fetten Kühe geben keine bessere Milch als meine einzige."

Frau Heister lachte, aber leider mußte sie dadurch husten und sich ein feines Taschentuch vor den Mund halten.

„Verzeihen Sie, daß ich Sie lachen gemacht habe," bat Magdalena; Frau Heister beruhigte sie, aber mit einem so mühseligen Tone, daß Magdalena nur schwer die Thränen zurückhielt.

Jakob mußte die Gastfreunde verlassen, denn der Pariser Eilzug kam. Magdalena wendete sich an ihren Sohn Emil mit der Frage: „Du, Schulmeister! Du guckst immer in deine Landkarten. Kannst du jetzt da vor dem Herrn Justizrat er= klären, wie man nach Aegyptenland kommt und wo das liegt?"

Emil war glücklich, das ganz genau zeigen zu können. Heister sprach seine Zufriedenheit über die Kenntnisse seines Paten aus und fragte ihn, welchen Beruf er wählen wolle. Auf die Antwort, daß er Schulmeister werden wolle, bestimmte Heister sofort einen Beitrag zum Eintritt in das Seminar.

„Wo hast du denn deine älteste Tochter Lena?" fragte Frau Heister.

„Die dient schon seit zwei Jahren bei unserem Herrn
Pfarrer, sie geht dabei noch in die Schul'; aber sie ist gar nütz=
lich und unterhaltsam, die Pfarrerin kann nicht genug erzählen,
wie gute Späße sie den Kindern vormacht, und singen kann sie,
sie hat die Musikkunst von meinem Mann. Für die Lena ist
ausgesorgt, sie hat auch schon sieben Gulden auf der Sparkasse
und lernt gute Manieren."

Frau Heister bat, daß man Lena auch herrufen lasse, denn
sie hatte für alle Kinder Kleider mitgebracht und wollte sie darin
sehen. Emil war schnell zum Botengang bereit, aber ehe er die
Stube verließ, drang noch etwas in seine Seele, an dem er
lebenslang zu tragen hatte.

Jakob war zurückgekommen und hatte von seinem Rosen=
stocke am Ueberweg einen Strauß mitgebracht, den er Frau
Heister schnell darreichte, denn er mußte wieder auf seinen
Posten.

An den Blumen riechend, sagte Frau Heister zu Magdalena:

„Du hast einen braven Mann, und das beruhigt mich.
Ja, liebe Magdalena, in meiner stillen Krankenstube habe ich
mir's oft gesagt, es ist gewiß recht gut, daß du so einen Mann
und brave Kinder hast, aber wir haben doch auch noch etwas
zu bereuen und dich um Verzeihung zu bitten."

„Mich?"

„Ja, wir hätten schon in der schweren Zeit dich benach=
richtigen sollen, daß wir dich nachher wiedernehmen, und dann
hätten wir dich gleich wie du frei geworden bist, wieder ins
Haus nehmen müssen, so eine treue Seele wie du —"

Heister winkte abwehrend, aber seine Frau schien es nicht
zu bemerken, sie konnte es nicht lassen, nach Art der Frauen ein
Geschehenes aufs neue in andere Möglichkeiten zu versetzen.

Magdalena sah wirren Blickes um, und als sie Emil be=
merkte, der wie versteinert dastand, sagte sie heftig: „Was stehst
du noch da? Mach, lauf, hurtig, hol deine Schwester."

Der Knabe ging davon. Magdalena hatte eine Ahnung
davon, was er mit sich fort in der Seele trägt; sie tröstete sich
indes: er hat gewiß nicht ordentlich gehört. Sonst war sie
immer ärgerlich, wenn er nicht auf alles aufpaßte.

Magdalena mußte sich zusammennehmen, damit die gute
Frau nicht merke, welchen Fehlgriff sie gemacht durch die un=
besonnenen Worte im Angesichte des Kindes.

Magdalena eilte vor das Haus, sie wollte schnell erfahren,
ob Emil gehört habe, und ihm das Verwirrende gleich aus
der Seele nehmen. Emil war aber bereits jenseits der Bahn,

und jetzt ging er hinab in den Feldweg am Fuße des Bahn=
damms.

Frau Heister kam zu Magdalena vor das Haus und sich
umsehend sagte sie:

„Ich habe gar nicht gewußt, daß man von hier aus die
Vogesen sehen kann."

„Ja," entgegnete Magdalena, „und das ist jeden Abend
eine Pracht, wie da über den Vogesenbergen die Sonne unter=
geht. Ich habe noch jedesmal meine Freude dran."

Frau Heister, die ihren Mißgriff alsbald fühlte, beruhigte
sich, daß die ungeschickte Anrufung wohl unbeachtet geblieben.

Achtes Kapitel.

Soweit der Dampf der Lokomotive streicht, gedeiht keine
Raupe und kein Aberglaube.

Das war einer von den Sätzen, die Jakob in seiner stillen
Weisheit aufgestellt hatte. Um seine Wahrheit zu beweisen,
muß man aber sorgen, daß sich da nicht doch ein Unvorgesehenes
einnistet; darum muß man heut an einem solchen Glückstag
besonders acht geben, damit alles in Ordnung sei.

Auf der Strecke Jakobs ist noch kein Unglück geschehen.
Sechzehn Züge sausen täglich an ihm vorüber; siebentausend
Fuß sind täglich siebenmal zu begehen, und des zum Zeichen
mit dem Nachbar die numerierte Tafel zu wechseln, daneben
nicht zu vergessen, daß kein Gras einwachse, wodurch die Schwellen
anfaulen, die Bolzen anziehen und auf alles acht haben. Und
der Gang ist nicht leicht, denn die Schwellen sind nicht gleich=
mäßig gelegt, daß man von einer auf die andere schreiten könnte;
man muß immer den Schritt ändern, weshalb man so viel
Schuhwerk verbraucht.

Heute ging Jakob dahin, als ob er Flügel an den Füßen
hätte; es war ihm so leicht und frei.

„Du," sagte er zu Süß, dem Kameraden thalab, „von
heute an halte ich eine Zeitung mit euch, ich zahle meinen Teil,
aber eine freisinnige muß es sein."

„Ist recht. Hab's ja schon lang gewollt. Hat dein Besuch
dir das anempfohlen? Du hast doch bisher von den Welt=
händeln nichts wissen wollen?"

Jakob fand es nicht nötig, Antwort zu geben, er schmunzelte

nur glückselig; wenn der Nachbar mehr Verstand gehabt hätte, so hätte er sehen können, daß die wiedererlangten Ehrenrechte aus dem Antlitze Jakobs leuchteten.

Ein Gefolge, das niemand sehen konnte, geleitete heute Jakob, und er grüßte wie dankend in die Welt hinein; die Lerche hoch oben und die Vögel im Busch und Baum sangen von den wiedergekommenen Ehrenrechten und Jakob pfiff leise mit.

Ehrenrechte! Man weiß eine Sache oft erst recht zu schätzen, wenn man sie verloren und wiedererlangt hat.

Jakob sah sich bereits in der Amtsstadt in dem großen Rathaussaal bei der Wahl eines Abgeordneten: „Jakob Ketterer!" wird gerufen. „Hier!" Jakob tritt auf die Erhöhung und der Wahlkommissär fragt: „Wen wählen Sie?"

„Herrn Justizrat Heister," ruft Jakob mit fester Stimme laut vor sich hin.

„Du rufst mich?" sagte jetzt in Wirklichkeit der Mann.

Jakob erschrak und erwachte wie aus einem Traume; er hatte ja nur so vor sich hingesprochen, aber Heister fuhr fort:

„Meine Frau schläft und nun will ich mit dir gehen."

Jakob erzählte frohlockend, daß er sich eine Zeitung bestellt habe, er dürfe ja jetzt auch seine Stimme geben zu allem.

„Ich habe nichts mehr von der Welt wissen wollen," sagte er, „aber Herr Rat, mein Nachbar hat mir erzählt, daß die Prügelstrafe abgeschafft ist. O lieber Gott! Wenn das früher gewesen wäre. Aber ich spüre nichts mehr davon, und ich will von allem nichts mehr spüren," schloß er.

Um ihn von diesem Gedanken abzubringen, ließ sich Heister alle Obliegenheiten Jakobs darlegen, und als dieser die Signale der verschiedenfarbigen Gläser an der Laterne erklärt hatte, sagte er:

„Wissen Sie, was meine Frau gesagt hat? Sie macht aus allem was Besonderes. Sie hat gesagt: Das ist mit dem Lebenslicht auch so, es ist das gleiche, aber man sieht es manchmal grün, manchmal rot und manchmal wie es wirklich ist."

„Ja, du hast eine kluge und brave Frau und brave Kinder, und ich finde es ganz schön, daß mein Pate Emil Schullehrer werden will."

„O alles, alles ist recht. Ich bin wie neu auf die Welt gekommen, und Sie sollen sehen, ich bin fest und nicht mehr verzagt."

Von diesem Tage an leuchtete das Auge Jakobs in einem besonders hellen Glanze, und von diesem Tage an verdüsterte sich das Auge seines Erstgebornen.

———

Neuntes Kapitel.

Emil ging dahin und wischte sich mit der Hand über das Gesicht; es war ihm, als hätten sich unablösbare Spinnweben drauf gelegt.

„Die Mutter! Die Mutter! Meine Mutter!" sagte er oft vor sich hin, und in diesen Ausruf preßte sich der ganze Jammer der Kindesseele.

Die Mutter war also noch wo anders gewesen, als bei Heister! Wo denn? Warum hat sie nie davon gesprochen? Und was ist das mit der schweren Zeit und mit dem Frei-werden?

„Nein, ich lasse meine Mutter nicht verunehren," rief der Knabe laut, wie zu feindlichen, unsichtbaren Mächten, die ihm die Mutter kränken und entwürdigen wollten. Er nahm sich vor, die Justizrätin oder besser, die Mutter zu fragen; er ver-warf das wieder, und zum erstenmal war ein Kampf in der jungen Seele, die bisher so friedsam erwachsen war.

Zum erstenmal im Leben nahm sich der auf der Schwelle des Jünglingsalters stehende Knabe vor, über etwas zu schweigen, das er weiß und noch bestimmter wissen möchte. Das kann einen festen Charakter bilden, es kann aber auch zu Verstocktheit und Tücke führen.

Als wäre er bereits stundenweit gewandert, so ermüdet war der Knabe, und er legte sich am Bahndamm unter die Akazienhecken.

Tief drunten im Dunkel der Erde gräbt ein Wurm sich unhörbar heran zur Wurzel des Baumes, nagt und saugt, und wenn der Stamm nicht bereits stark genug, so muß er ver-kümmern.

In der Seele des Kindes wühlte ein Unnennbares, und plötzlich ging es mit Schrecken auf: nie haben Vater und Mutter von ihren Eltern gesprochen, sie haben nicht Brüder, nicht Schwestern. Das ist's! Das ist's! Gewiß haben sie Schweres erlebt und wollen nicht dran rühren.

Der Knabe weinte um die Eltern und um sich selber, er

gelobte sich aber, um so besser zu werden, damit die Eltern
Freude an ihm erleben.

Da hörte er Stimmen droben an der Bahn.

„Mich geht's nichts an und dich auch nicht," sagte Nach=
bar Süß.

„Aber unterducken müssen sie, unterthänig sein," rief die
Frau heftig. „Er hat Akten! Akten hat er! Ich hab's gehört.
Bei unserm Haus hat der Ketterer zum Justizrat gesagt, ob
man seine Akten nicht vernichten könne. Da liegt was. Das
mußt du herauskriegen."

„Fällt mir nicht ein. Sie sind beide Ehrenleute, mag ge=
wesen sein, was will."

„Ich hab's!" rief die Frau, „ich hab's. Wie kommt der
Mann dazu, die Gärtnerei so zu verstehen? Es heißt ja immer,
er sei bei der Post angestellt gewesen. Ja, so ist's, die Gärtnerei
hat er im Zuchthaus gelernt."

„Schweig still! Ein Ehrenmann ist er, und weiter will ich
nichts wissen."

Die Redenden gingen vorüber; der horchende Knabe wäre
gern aufgesprungen, um den Mann zu umarmen und die Frau
zu erwürgen.

Also vom Vater ist was? dachte er, Ehrenmann! rief er
bitter lächelnd, indem er sich aufrichtete.

Ein heißer Luftstrom zog plötzlich dahin. Von fern aus
der öden Wüste kommt er dahergezogen, wer weiß, was er auch
hier versengt.

Der Knabe eilte nach dem Dorfe, um die Schwester zu holen.

Er legte die Hand auf die Lippen und dachte in sich
hinein: Nie soll ein Wort über euch kommen von allem, was
ich gehört habe.

Als Emil mit der Schwester heimkam, mußte ihn Magdalena
doch fragen, ob ihm was fehle, er sehe so blaß aus. Emil
beruhigte die Mutter und that lustig.

Zunächst war also bestimmt, daß der Knabe in das Seminar
eintrete; er war jetzt doppelt gern dazu bereit.

Am Abend, als die Gastfreunde wieder abgereist waren,
saß Jakob mit seiner Frau wohlgemut vor dem Hause und
rauchte seine Abendpfeife in die Welt hinaus, wo drüben über
dem Rhein die Sonne in vollem Purpurglanze hinabging. Er
sprach kein Wort und war doch so fröhlich im Nachgefühl des
heute Erlebten. Denn guten Freunden das Heimwesen zeigen,
das ist doch wie wenn man selber wieder neu daherkäme, und
alles Gewohnte bekommt ein neues Ansehen.

Auch Magdalena schwieg, denn über alles Freudige hinüber fühlte sie sich beklommen wegen Emils und sie wollte Jakob nichts davon sagen.

Als es Nacht geworden, und der Vater zum Güterzug gegangen war, rief Magdalena noch ihren Sohn Emil und sagte, er solle sich zu ihr setzen. Sie wollte erforschen, ob nicht ein Funke in seine Seele gefallen wäre, der noch fortbrenne. Emil war lange still, und gegen seine Gewohnheit kramte er nun sein Wissen aus; er kannte viele Sternbilder und erklärte dieselben der Mutter.

Endlich, sich an sie schmiegend und sein Gesicht an ihrer Brust verhüllend, sagte er:

„Mutter, ich will im Seminar recht lernen; aber Mutter, ich bitt' dich, laß mich fragen: Bist du denn nicht immer bei Heisters gewesen? Und was ist denn das mit dem Freiwerden?"

„Ist recht, daß du nichts vor mir verhehlst," sagte Magdalena, sich gewaltsam fassend. Sie erzählte, daß ihr Vater verunglückt sei und während dessen habe sie um seinetwillen das Haus Heisters verlassen müssen.

Sie sprach zum erstenmal von ihrem verstorbenen Vater und bat Emil, nicht weiter danach zu forschen und zu fragen.

Der Tag war so schön gewesen und Mutter und Sohn hatten doch zuletzt noch schweres Leid zu verwinden und, was vielleicht noch schlimmer ist, anderes zu verschweigen. Emil hatte nicht gefragt, was das mit den Akten des Vaters sei, und Magdalena hatte ihrem Sohne die volle Wahrheit vorenthalten. Da klopften zwei Herzen so nahe und so bang und vermochten es nicht, einander zu befreien und das Unheil abzuwenden.

Zehntes Kapitel.

„Das Ausfliegen fängt an: wirst sehen, wie bald wir Alten allein im Nest sind," klagte Magdalena am Morgen, nachdem Emil das Elternhaus verlassen hatte.

Jakob schwieg, er hat genug an dem, was heute ist, und Magdalena hat manchmal eine gewisse Lust daran, bei gegenwärtigem Leid sich kommendes auszudenken, und es ist beinahe, als tröste sie sich damit.

Er rüstete sich, um auf den Posten zu gehen; Magdalena, die jetzt voller Unruhe war, geleitete ihn bis an den Hopfen-

garten und ſprach davon, daß Emil geſtern gar bleich aus=
geſehen habe, was er wohl jetzt treibe, und wie die Juſtizrätin
ins Aegyptenland reiſe.

„Ich kann nicht wie du,“ ſagte er endlich, „dem da und
denen dort in Gedanken nachlaufen. Laß ſie doch, ſie können
allein laufen. Hei! Da pfeift's ſchon.“

Er rannte auf ſeinen Poſten und ſchloß noch ſchnell den
Wegübergang; es war höchſte Zeit, denn ein vierſpänniger
Bauernwagen mit bändergeſchmückten Pferden und hochgetürmtem
Hausrat kam heran. Der junge Eichhofbauer hielt den Einzug
nach der Hochzeit.

Der Eichhofbauer war eigentlich der nächſte Nachbar, denn
von dort oben, wo ganz einſam das wohlgebaute Haus mit
den Scheunen ſteht, bis über die Eiſenbahn weg zum Thalbach,
gehört alles Ackerland zum Eichhof. Jakob und der Eichhof=
bauer waren einander nicht freundlich geſinnt. Da war ein
Acker dem Bahnwärter ſo geſchickt gelegen, aber der Bauer gab
ihn nicht her, weder in Pacht noch in Kauf; arme Leute ſollen
eben nicht zu einem Stück Feld kommen. Zudem hat Jakob
den jungen Bauernprinz einmal in Strafe bringen müſſen, weil
er bei ſchon geſchloſſener Barriere hinüberreiten wollte und den
Schlagbaum geöffnet hatte.

Jakob konnte noch rufen, daß man abſteigen und die
Pferde am Zügel nehmen ſolle, und es war nötig, denn die
Pferde waren nicht an das Raſſeln der Bahnwagen gewohnt
und bäumten ſich hoch auf.

Als der Zug vorüber war, öffnete Jakob den Querbalken,
ſtreichelte die Roſſe, führte das vorderſte am Zaum und half
den ſchwer geladenen Wagen glücklich über die Schienen bringen.
Er brach ſogar die über Nacht aufgeblühten Roſen von ſeinen
Bäumchen ab und überreichte ſie der aus der Fremde gekom=
menen jungen Frau, die mit ihrem Manne, dem Eichhofbauer,
abgeſtiegen war.

Dieſer grüßte Jakob leichthin, wie ſich's für einen Groß=
bauern ziemt, griff in die Taſche, wo Geld raſſelte, und wollte
Jakob ein groß Stück als Trinkgeld geben, aber Jakob hielt
beide Arme auf dem Rücken, und ſo wendete ſich der junge
Bauer an das blondköpfige, kaum zehnjährige zweitjüngſte Kind
Jakobs, das, von dem Aufzuge angelockt, raſch herbeigekommen
war. Das Mädchen ſchaute mit den großen blauen Augen nach
dem Vater und dieſer ſagte:

„Du nimmſt nichts! Sag Dank.“

Mit heller Stimme rief das Kind:

„Dank' schön. Wir nehmen nichts geschenkt. Wir sind keine Bettelleut'."

Der Wagen fuhr davon, und Jakob rief noch nach:

„Nichts für ungut! Wir wollen gute Nachbarn sein." Dann wendete er sich zu dem Kinde, streichelte ihm die Wange und fragte: „Wer hat dir das gesagt, was du dem Bauern geantwortet hast?"

Rikele erzählte mit großer Beredsamkeit, daß die Mutter gestern abend den Kindern gesagt habe: nur vom Gevatter Heister nehmen wir ein Geschenk, sonst von niemand auf der Welt.

„Wir sind keine Bettelleut'! Wir sind keine Bettelleut'!" rief das Kind wie singend und tanzte dabei.

„Du bist mir lieber als vier Roß'," sagte Jakob, nach dem Hopfengarten gewendet, wo Magdalena arbeitete.

Diese Wertung war viel, denn Jakob war zwar nicht neidisch — er gönnt jedem, was er hat — aber vier Rosse zu haben, wie die da an dem Hochzeitswagen, das ist doch erst das rechte Leben, und wer sich erinnert, daß Jakob von Kindheit an mit den Postpferden sich umgethan und zuletzt den vierspännigen Eilwagen geführt hatte, der wird es nur natürlich finden, daß der Besitz von vier Rossen eben das Höchste war, was er sich auf Erden wünschen mochte, und es ist eine wohl zu schätzende Liebeserklärung, daß er seine Frau höher wertete, als vier Rosse.

Am Mittag, als alles um den Tisch saß, wollte Magdalena nochmals Trauergedanken wegen Emils in die einzige Speise einbrocken, aber heute war Jakob sehr klug.

„Mutter," sagte er, „solche Gedanken ins Essen hinein, die sind keine guten Würzkräuter und verderben dein gutes Kochen."

Er erzählte von der Begegnung mit dem jungen Eichhofbauer und lobte Rikele, das nun auf einmal sich als Hauptperson aufspielte. Vater und Mutter sahen einander an, wie das Kind sagte:

„Ich möchte aber doch auch Großbäuerin sein."

„Warum?"

„Die Mutter hat gesagt, die Großbäuerinnen, die langen in den Schmalzhafen bis an den Ellbogen hinauf."

„Und da kannst du das Schmalzrikele heißen," rief Albrecht.

„Schmalzrikele! Schmalzrikele!' rief das kleinste Schwesterchen, und es war drauf und dran, daß es Händel und Weinen bei Tische gab, aber Jakob gebot Ruhe, und wenn er das that, wagte ein Kind nicht mehr laut zu atmen.

Nach Tiſch auf der Bank vor dem Hauſe ſagte Jakob:

„Mutter! Ich hab' gar nicht gewußt, was für ein geſcheites Kind das Rikele iſt."

„Ja, ſie ſind gottlob alle helle Köpfe."

„Von mir haben ſie's nicht. Ich will aber meinen Söhnen ſagen, ſie ſollen geſcheite Weiber nehmen."

So ſprachen die Eltern miteinander.

Wer damals geahnt hätte, was aus dem Schmalz= rikele wird?

Elftes Kapitel.

Emil war in der Fremde und Magdalena konnte nicht ruhig an ihn denken, die bittere Sorge verfolgte ſie, daß etwas über ihn gekommen, das verderblich werden könne. Jakob indes ſchaute ſo glückſelig drein und pfiff ſo luſtig auf Weg und Steg, daß ſich Magdalena wohl hütete, ihn mit ihren trüben Gedanken zu ſtören, und ſie tröſtete ſich ſchließlich, daß die Kinder ja ſo guter Art ſeien, daß ſie wohlgeraten müſſen. Jetzt zeigte ſich eine gute Wirkung von der Lobgier Magdalenas. Jakob hatte die Geſcheitheit der Kinder gelobt, und daß ſie der Mutter nach= arten; das war ein Feſtkuchen, von dem ſich lange abbrocken ließ, und es war einer von jenen feinen Kuchen, die Tag für Tag mit dem Aelterwerden immer beſſer ſchmecken.

Auch draußen in der weiten Welt wurde gut von Mag= dalena und den Ihrigen geſprochen.

Frau Heiſter redete auf der Reiſe nach Aegypten fort und fort davon, wie glücklich es ſie mache, einen Einblick in das ſchöne Heim Magdalenas gewonnen zu haben, und wie es keine Täuſchung ſei, daß Menſchen, die in Schweres verfallen waren, durch redliches Bemühen ein Leben voll Tugend und Glück ge= winnen.

„Du haſt recht gethan," ſagte ſie dann ihrem Manne, „daß du die guten Menſchen nicht durch unſern Plan beunruhigt haſt. Wir aber halten ihn feſt. Wenn ich geſund zurückkehre, ziehen wir uns auf ein mäßiges Landgut zurück, nehmen die ganze Familie zu uns, daß ſie das Gut bewirtſchaften, und wir haben ſtets ein gedeihliches Leben von Natur und Menſchen vor Augen."

Heiſter ließ ſeine Frau dies nach Belieben noch weiter ausmalen, ja er phantaſierte noch dazu, denn es machte ihn glücklich, daß die so schwer Kranke sich an diesen Ausmalungen erquickte.

Hätte Magdalena gewußt, mit welchen schimmernden Zukunftsplänen ihr Name an Orten genannt wurde, die sie nie gehört hatte, sie hätte hochbeglückt die starken arbeitsamen Hände ineinander gefaltet. Aber es ist gut, daß man nicht weiß, was in weiter Ferne und in nächster Nachbarschaft vorgeht; denn eben so betrübt hätte sie's, in welchem Ton und mit welchen Beiwörtern ihr Name im Bahnhäuschen Numero 373 hin und her geworfen wurde.

„Schrei nicht so! ich bin nicht taub," rief dort der Bahnwart Süß.

„Ich?" entgegnete die Frau höhnisch. „Ich hab' keine Feldwebelstimme, wie du. Aber freilich, gegen mich kannst du deinen Kommandierteufel loslassen, gegen die heilige Magdalena bist du sanft und so süß —"

„Sie ist nicht heilig aber brav, und macht ihren Mann glücklich —"

„Sie wird wissen warum. Aber ich krieg's heraus, sie hat was, das Gethue mit dem Justizrat ist nicht sauber —"

„Frau, bist du des Teufels?"

„Ich bin des Bahnwarts Süß; wenn der jetzt Teufel heißen und Teufel sein will, ich kann's ihm nicht wehren."

Der Mann lachte grimmig und nach einer Weile fuhr die Frau fort: „Wenn du nur hättest sehen können, wie du jetzt gelacht hast. So lacht nur ein Teufel. Und da meinen die Menschen, der Mann da sei gutmütig. Heuchelei! Feigheit!" Die Stimme versagte ihr und der Mann nahm das Wort:

„Sprich nur weiter. Hast nichts mehr?"

„Und ich sag' dir, ich krieg's heraus; ich muß wissen, was er für Akten hat, die er gern aus der Welt schaffen möchte. Unterducken müssen die da drüben, ums Gnadenbrot bitten."

„Und ich sag' dir, ich leid's nicht. Du sollst mich noch anders kennen lernen, wenn du da was aufrührst. Er ist ein Ehrenmann, ein rechtschaffener, und wenn er auch was gethan hat, ich weiß vom Militär her, wie leicht man in Strafe kommen kann — Herr Gott! mit deinem Gezänk hab' ich jetzt den Zug versäumt, da ist er; die Note, die ich jetzt bekomm', kannst du auf deine Rechnung schreiben."

Der Bahnwart Süß eilte davon, rückte noch vor dem Hause sich die Mütze zurecht und öffnete die Uniform, er fühlte, daß er fieberisch heiß war. Langsam, zur Erde schauend, beg ing er seine Bahnstrecke, bis ihn Jakob anredete:

„Du siehst ja heute gar nicht auf.“

„Ich hab' den Zug versäumt. Hat der Zugführer bei mir hüben oder drüben gestanden?“

„Nicht auf deiner Seite, er hat's gewiß nicht gesehen. Aber woher hast du versäumt?“

In Nachbar Süß kämpfte es, endlich klagte er sein Leid, was er bisher nie gethan hatte. Er fand in Jakob einen guten Tröster, der zu Friede und Verträglichkeit ermahnte. Süß staunte, wie beredsam der wortkarge Jakob war, und ihm ins Antlitz schauend, rief er: „Ich meine, du hast ganz andere Augen.“

„Kann schon sein.“ Aber Jakob konnte nicht ahnen, in welcher Weise er den Nachbar beschwichtigte, indem er hinzufügte: jeder Mensch habe sein geheimes Uebel im Körper oder in der Seele und da müsse man eben Geduld haben.

Das Angesicht des Nachbars veränderte sich, denn er dachte: die Frau hat doch recht, aber freilich eingestehen darf man's ihr nicht. Wer so redet, wie der Jakob, der muß einen argen geheimen Schaden haben. Gescheit ist die Frau eben doch.

Als Nachbar Süß heimkam, sagte er: „Frau, du hast recht,“ ihr Antlitz wurde hell glänzend, „und jetzt, weil du recht hast und gescheit bist, sei auch gut. Verfolg' die Sache nicht weiter, thu' es mir zu Gefallen.“

„Wenn du so redest, da hast du meine Hand, kein Wort mehr davon.“

Und Friede war von allen Seiten.

Zwölftes Kapitel.

In einer Seitenstraße der Hauptstadt stand Doktor Hornung an seinem Pulte und schrieb mit rascher Feder, unter ihm dröhnten und brummten die Buchdruckerpressen.

Doktor Hornung war ein hochgebauter, breitschulteriger Mann in den besten Jahren. Er hatte den Staatsdienst, in welchem ihm eine glänzende Laufbahn eröffnet schien, verlassen und sich ganz der Presse gewidmet. Er hatte sich deshalb mit seinem Vater entzweit, den wir als Regierungsrat und Freund Heisters vor Jahren kennen gelernt haben; jetzt war der Vater mit dem Titel Staatsrat Gesandter am Bundestag.

Um so beglückender war die Uebereinstimmung Hornungs

mit seiner Frau, die Rang und Ansehen leicht dahingab, weil sie den hohen Beruf erkannte, Lehrer des Volkes durch die Presse zu sein.

Das jugendlich frische Antlitz Doktor Hornungs glühte, während er schrieb, denn durch eine Gerichtsverhandlung der letzten Tage angeregt, schrieb er einen Aufsatz, worin er die Notwendigkeit einer Anstalt für jugendliche Verbrecher darlegte; er betonte aber mit besonderem Nachdrucke, daß dies eine jener Anstalten sein müsse, die nicht durch die Einrichtungen allein, sondern wesentlich durch den besonders geeigneten Charakter des Leiters das Echte und Rechte bewirken könne. Er ging sogar so weit, einen Geistlichen für ungeeignet, dagegen einen für die Humanität begeisterten Arzt für besonders berufen zu bezeichnen.

Eben als Hornung die letzten Zeilen dem Druckerjungen übergeben hatte, klopfte es an, und Justizrat Heister trat ein.

Hornung begrüßte den älteren Freund und Gesinnungs= genossen mit besonderer Herzlichkeit, und bald erzählte Heister von seinem Ausfluge nach dem Oberlande und daß die Zeitung einen neuen Leser in dem Bahnhäuschen Numero 374 ge= wonnen habe.

Die beiden Freunde bestärkten einander in der Ueberzeu= gung, daß man in einer Zeit, in der die sittlichen Mächte ver= bannt schienen und dem Erfolge allein gehuldigt wurde, nicht müde werden dürfe, das höhere Leben zu erwecken und die Sehn= sucht nach der Einheit des Vaterlandes wach zu halten.

Mitten hinein erzählte Heister, daß es seiner Frau beson= ders schwer werde, von Theodora, dem Töchterchen Hornungs, Abschied zu nehmen; daneben versprach er, von der Reise aus offene Briefe an die Zeitung zu senden.

Als Heister sich eben zum Fortgehen anschickte, sprach Hor= nung lächelnden Antlitzes seine Freude darüber aus, daß er nun wiederum wisse, wohin seine Worte drängen; es sei doch ein belebendes Gefühl ohnegleichen, so in die Lande hinaus sprechen zu können.

Dreizehntes Kapitel.

Eine Landschaft, durch welche die Eisenschienen gestreckt werden, verwandelt sich durch Ausgrabungen und Aufböschungen, und alles rings umher — die Einwohner und die Früchte des Feldes — wird in eine neue Beweglichkeit versetzt. Aehnlich ift es in einem Haufe, in das zum erftenmal eine Zeitung kommt und nun täglich fich einftellt.

Die Zeitung, die Jakob jeden Abend beim Begehen feiner Bahnftrecke von Nachbar Süß erhält, ift fchon von fünf Teil= nehmenden gelefen und fchon mehrere Tage alt. Aber was thut's? Jakob hat weder Luft noch Fähigkeit, mit drein zu reden oder gar mit zu thun in den Welthändeln, und er erfährt zeitig genug von allem. Schön aber ift's, daß alle Welt ihm be= richtet, und der Herausgeber fcheint es befonders darauf abge= fehen zu haben, Jakob zur Uebereinftimmung mit feinen An= fichten zu belehren. Jakob nickte oft: der Mann ift gescheit und brav und meint's gut.

Nirgends aber, fo weit auch die Zeitung verbreitet war, wurden die „Briefe aus Aegypten von Emil Heifter" mit folcher Andacht aufgenommen, wie im Bahnhäuschen Numero 374.

„Ich höre feine Stimme," fagte Magdalena, „und noch was, das gar nicht dafteht. Ich höre, daß es der lieben Frau gut geht, denn fo munter könnt' er fonft nicht alles hergeben."

Einmal aber entftand ein Schreck, als wenn der Bahnzug mitten durchs Haus gefahren wäre, denn Heifter fchilderte einen braunhäutigen ägyptifchen Bahnwärter und fügte hinzu: „Ich konnte dem Mann von einem braven Freunde, der fein Berufs= genoffe ift, erzählen und von dem ganzen gefegneten Hausftand."

Haft es denn nicht gelefen? Es fteht von uns in der Zei= tung, hatte Jakob auf den Lippen, als er Nachbar Süß be= gegnete; da diefer aber nichts davon fprach, fchwieg auch er. Magdalena aber legte das Zeitungsblatt zu ihrem Brautkranz.

Es war eine behagliche Abendftunde und Magdalena machte fich immer fertig, um auch dabei zu fein, wenn Albrecht die Zeitung vorlas, denn der Knabe las fehr deutlich und mit heller Stimme, und wenn auch der jungen Seele nicht alles verftändlich war, fo empfand fie doch einen Anhauch des höheren Denkens, der zum Lebensatem wurde.

„Vater! Wer find denn die Arbeiter, denen die Zeitung fo ins Gewiffen redet?" fragte Albrecht einmal, und Jakob erwiderte:

„Arbeiter? Das weißt du nicht? Arbeiter, das find alle Menfchen, die nicht faulenzen."

Anderen Tages, als wieder vorgelefen wurde, fagte Jakob, der fich inzwifchen mit Nachbar Süß befprochen hatte, zu dem Knaben:

„Ich hab' dir noch fagen wollen, Arbeiter — damit meint die Zeitung die Fabrikarbeiter. Jetzt lies."

Eine Abteilung mußte Albrecht immer überschlagen, das waren die Gerichtsverhandlungen. Er erklärte dem Knaben, daß da Dinge vorkämen, von denen er nichts zu wissen brauche, und Albrecht war folgsam genug, diese Sachen nicht heimlich zu lesen. Zu Magdalena aber sagte Jakob: „Was sind doch die Menschen so schadenfroh! Da lesen sie gewiß gern von Schelmen und armen Teufeln, die sich vergangen haben, und freuen sich, daß sie selbst brav sind und ihnen so was nicht passiert. Meinst du, daß unsere Sach' auch so in der Zeitung gestanden hat?"

„Aber Jakob! Was plagst du dich wieder?"

„Ja, du mußt mir's abnehmen. Erinnerst dich, daß vor längst in der Zeitung gestanden hat von den Leuten, die an einer Felswand gewohnt haben, die einstürzen will, und endlich ist sie eingestürzt? Grad so ist mir's, und die Frau Süß — du hast recht, sie sollte Frau Essig heißen — hat nichts Eiligeres, als mir allemal von Gerichtsverhandlungen zu erzählen, und dabei guckt sie mich so an, weißt, so blinzelig, wie ein Fuchs. Meinst du, sie weiß was?"

„Ich glaub' nicht."

„Wenn man's nur herauskriegen könnt'!"

„Das wär' leicht."

„So? Wie denn?"

„Fang' Händel mit ihr an, oder ich will's, dann kommt's heraus."

Das wollte Jakob doch nicht, und jetzt, da er sein Herz erleichtert hatte, ging er gern auf die Tröstungen Magdalenas ein und versprach abermals, sich die Sache aus dem Kopf zu schlagen.

Es war fast verwunderlich, daß Frau Essig der aufgefangenen ersten Spur nicht weiter nachging, aber sie hielt sich davon zurück, nicht bloß, weil sie es ihrem Manne versprochen hatte, wie sie ihm oft wiederholte, sondern auch in der Erwägung, daß sie, nach Offenlegung des Geheimnisses, mit der Nachbarin in Unfrieden leben müsse; denn das war sicher, Magdalena ließ sich nicht in Unterwürfigkeit gefangen halten, und unfehlbar trieb sie dieselbe zum Anschluß an Frau Oel.

Daneben hatte sie eine besondere Liebe zu Albrecht gewonnen, der ein gar schöner aufgeweckter Knabe war, und jeden Tag ihr einziges Töchterchen, Viktoria benannt, zur Schule abholte und wieder heim brachte. Der wird was Tüchtiges, und das gibt einmal ein schönes Paar, sagte sie jetzt schon vor sich selber, ja sie sagte es sogar einmal zu Jakob, der in großer

Luſtigkeit jetzt ſchon ſein Jawort gab; denn dieſer ſcherzhafte
Vorſchlag gab ihm die Sicherheit, daß die Nachbarin nichts
wiſſe, ſonſt ſpräche ſie ja auch im Scherze nicht von einer Ver=
ſchwägerung.

Sagt, was ihr wollt, es iſt doch ſo: kein Gemüt iſt ſo
arm und verboſt, daß nicht auch einmal Gutes und Freundliches
in ihm aufgeht. Seht nur die Brenneſſel an, ſie blüht auch
einmal, und im Gemüte der Frau Süß blühte es von dem
Gedanken, daß Albrecht einſtmals Mutter zu ihr ſagen werde
und daß ihr Kind glücklicher und höher geſtellt werden ſollte,
als ſie es war.

Sie brachte es dahin, daß Albrecht ihr anhing, wie einem
nächſten Angehörigen, und lächelnd ſah ſie, wie die kleine Vik=
toria den Knaben beherrſchte; er fügte ſich dem eigenſinnigen
Kinde und lachte dazu, auch wenn es ihn mißhandelte.

Vierzehntes Kapitel.

Magdalena hatte damals, als Emil das Haus verlaſſen
hatte, doch richtig vorausgeſagt. Schneller als man glaubte —
die Zeit vergeht, man weiß nicht wie — wurde das Haus leer.

Die älteſte Tochter blieb im Pfarrhauſe, Rikele, das wie
Albrecht die ſchlanke Geſtalt des Vaters hatte, im Geſichte jedoch
mehr Aehnlichkeit mit der Mutter, war über die Jahre groß
und ſtark und kam als Magd zu dem Eichhofbauer. Albrecht
erklärte, daß er Maſchinenbauer werden wolle, und er wurde
zunächſt zu einem Schloſſer im nahen Städtchen in die Lehre
gegeben.

Ein Kapital, von dem man lange nichts wiſſen wollte,
wurde dafür flüſſig gemacht. Jakob hatte noch ſein Sparbuch
von ſeinem Ueberverdienſt während ſeiner Strafzeit, er ſah es
nicht an und ließ die Zinſen all die Jahre her auflaufen; jetzt
mußte Magdalena den ſchweren Gang thun, das Geld zu er=
heben; es ging aber leicht, es wurde kein Wort von der Art
geſprochen, wie das Geld erworben war.

Emil war bereits Unterlehrer im Weinlande; er ſchrieb
ſelten und kam noch ſeltener, und wenn er kam, war's nicht
gut. Magdalena hatte immer zu beſchwichtigen und zu ver=
tuſchen; denn es zeigte ſich in allem, wovon man redete, ein
tiefer Widerſpruch zwiſchen Vater und Sohn.

Emil war verschlossen und wenn er sprach, kam lauter Grimm über die Welt heraus, wie nichtsnutzig und verkehrt alles sei, so daß Jakob einmal sagte:

„Schade! Du hättest dabei sein sollen, wie unser Herrgott die Welt geschaffen hat; du hättest sie besser gemacht."

„Das hätt' ich auch," entgegnete Emil keck.

Magdalena war immer froh, wenn Emil in gutem wieder abgereist war. Um so glückseliger war das ganze Haus jeden Samstagabend, wenn Albrecht über den Sonntag heimkam; es war, wie wenn eine neue Sonne aufginge, sobald sich das helle Gesicht Albrechts im Elternhause zeigte, und er klagte nie über die Arbeit, die doch so schwer, oder über das Essen, das doch so schmal war; denn er war schon von früh an darauf bedacht, die Eltern, die so scharf zu arbeiten hatten und die ihr Erspartes für ihn aufwendeten, nicht noch mit den Beschwernissen seiner Lehrzeit zu belasten.

Magdalena hatte ihre besondere Freude, wie gut es dem im raschen Wachstum begriffenen Jünglinge mundete, und alles, was er sprach, war so aus tiefem Herzensgrunde heraus.

Nur ein einzigmal betrübte Albrecht ohne Wissen und Willen seine Eltern und dabei that er ihnen doch zugleich wieder wohl.

Er erzählte eines Tages, daß der Vater seines Meisters gestorben sei, und fügte hinzu, das sei das Beste für den Mann und die Seinen. Der Alte hatte als Geselle bei seinem Sohn gearbeitet, und was er verdiente, vertrank er. Der Sohn war hart und fremd gegen seinen Vater, denn dieser hatte die Mutter nicht gut behandelt, die man eines Morgens tot im Bette fand.

„Mich hat der Alte," setzte Albrecht hinzu, „im Herzen gedauert. Wer weiß, ob er schuldig war, und wenn er schuldig war, ist es nicht eine Strafe, härter als sie ein Richter geben kann, vom Sohne so angesehen zu sein?"

Jakob und Magdalena schauten einander an, ohne ein Wort zu sagen, und Albrecht fuhr fort: „Ihr gebt mir gewiß recht. Wenn der Mann vielleicht schuldig war, wär's besser gewesen, er hätte seine Strafe abgebüßt, und dann ist's aus und vorbei. Und wer was Böses begangen hat, der ist doch vorher brav gewesen und kann's auch nachher wieder werden. Nicht wahr, Vater? habe ich recht oder nicht?"

„Ja, du hast recht."

Jakob stand auf und ging hinaus; er kam nicht mehr, bis Albrecht sich zu Bette gelegt hatte.

In der stillen Nacht aber sagte er zu seiner Frau:

„So gibt's doch kein Kind mehr auf der Welt, wie unser Albrecht."

Magdalena stimmte bei, aber sie konnte es nicht unterlassen, auch die anderen Kinder zu loben —

Im dritten Jahre seiner Lehrzeit kam Albrecht erst Sonntag mittags heim, denn er besuchte die neu errichtete Zeichenschule im Städtchen. Magdalena war voll Bewunderung über die Zeichnungen ihres Sohnes. „Der wird was Großes," sagte sie oft zu Jakob, worauf dieser regelmäßig erwiderte: „Wenn er nur brav bleibt."

Magdalena hatte Muttereitelkeit genug, der Nachbarin die schönen Zeichnungen Albrechts zu zeigen, und war Albrecht im Elternhause willkommen, so war er's nicht minder bei Nachbar Süß oder vielmehr dessen Frau. Der Gedanke, daß Albrecht und das Töchterchen ein Paar werden müßten, war doch nur im Scherze ausgesprochen, aber mit der Zeit festigte er sich zu einer ausgemachten Thatsache, und die Nachbarskinder waren ja so traulich miteinander. Frau Süß stachelte den Ehrgeiz des Jünglings mit verlockenden Beispielen; sie kannte die Welt und zeigte ihm, was da drin zu holen wäre. Da ist der Mann, dem jetzt die große Fabrik gehört, und der in einer schönen Kutsche fährt und seine Tochter an einen adeligen Offizier verheiratet hat; der Mann ist der Sohn eines Dorfschneiders und ist mit einem halben Gulden in der Tasche und zwei Hemden in einem roten Sacktuch an der Hand tragend, in die Stadt gekommen; er ist aber auch treu verblieben und hat seine Jugendgeliebte, die Tochter des Hirten im Dorfe heimgeholt und die Frau hat sich fein zu halten gewußt; Frau Süß hat sie in Gesellschaft beim Oberst gesehen, sie hat ein blausammetnes Kleid angehabt und Perlen um den Hals und Diamanten im Haar.

Nach solchen schimmernden Bildern fiel es Albrecht oft schwer, wieder in die rußige Werkstatt und in die enge Dachkammer beim Lehrherrn zurückzukehren, und der Lehrherr, ein stiller einfacher Mann, der nichts wußte, als vom Morgen bis zum Abend arbeiten, war zuweilen sehr unzufrieden mit der Vergeßlichkeit und Unordentlichkeit seines Lehrlings, der wie mit offenen Augen träumend umherging. Er klagte das sogar einmal Magdalena, die ins Städtchen gekommen war; es war ein böser Sonntag, als Magdalena dem heimgekehrten Sohne bittere Vorwürfe machen mußte.

Albrecht ging zur Nachbarin, der es nicht schwer ward, die Verdrossenheit Albrechts und deren Grund zu erforschen.

„Sei froh," sagte sie, ihm die Wange streichelnd, „daß du mich hast, ich bin dir wie die nächste Blutsverwandte. Schau, deine Eltern sind gute, herzgute Menschen, gewiß, aber so einen wie du, der zu Höherem bestimmt ist, den verstehen sie doch nicht recht zu beurteilen. Ich weiß mehr von der Welt. Du bist vornehm, das verstehe ich, halte dich drum nur an mich und danke Gott, daß du mich hast."

So und noch mehr redete sie in den Jüngling hinein, sie wollte ihn losreißen von den Seinen und ganz zu sich herüber ziehen; sie deutete sogar an, daß eine Zeit kommen werde, wo er sich lossagen müsse, um seiner Ehre willen.

Albrecht hörte sie geduldig an, aber auf dem Heimwege schwur er vor sich, daß er nie mehr auf die Worte dieser Frau hören wolle, ja es überfiel ihn ein Bangen, wenn er an einen Blick dachte, mit dem die Frau ihn angesehen hatte; so müssen Hexen dreinschauen.

Albrecht war nahe dran, der Mutter alles zu berichten, aber er lernte schon früh, den Kampf mit sich selber auszu= kämpfen, klug und bedacht sogar der Mutter gegenüber zu sein. Es kam keine Klage des Meisters mehr, bis Albrecht von der Lehre freigesprochen wurde.

----- -- -

Fünfzehntes Kapitel.

In denselben Tagen, da beschlossen war, daß Albrecht in einer Maschinenfabrik der Hauptstadt eine Stelle suchen solle, kam ein Brief von Heister, daß seine Frau, mit der er aus Aegypten zurückgekehrt war, schwer krank sei und nach Magda= lena verlange. Magdalena reiste mit Albrecht und dem jüng= sten Töchterchen nach der Hauptstadt. Jakob blieb allein.

Im Hause des Justizrats war Magdalena herzlich will= kommen. Die Frau schlief und man mußte warten, bis sie aufwachte. Unterdes wurde das Vorhaben Albrechts besprochen. Heister erbot sich, ihn bei einem befreundeten Fabrikanten in Arbeit zu bringen, aber Albrecht wollte diese Hilfe erst dann in Anspruch nehmen, wenn es ihm nicht allein gelingen sollte, eine Stelle zu finden.

„Ist Magdalena noch nicht da?" rief die Kranke aus der Nebenstube. Magdalena ging mit Heister hinein, das Kind hängte sich an ihren Rockschoß und trug einen Blumenstrauß.

Ein heller Glanz trat in das halberloschene Auge der Kranken, als sie Magdalena sah.

„Das ist mir lieb, daß du da bist," rief sie. „Ich danke dir, Emil. Magdalena, du darfst nicht mehr von mir, solange ich lebe. Will's Gott, ist es noch nicht zu spät," und des Kindes gewahr werdend, und den Strauß empfangend, setzte sie hinzu: „Das ist mir die liebste Blume, die du mir hättest bringen können. Ist sonst noch jemand bei dir?"

„Ja, mein Sohn Albrecht."

„Laß ihn hereinkommen."

Albrecht trat ein, und die Frau faßte mit ihrer wunderbar zarten Hand die harte, rauhe des Jünglings und sagte:

„Albrecht, laß dich nur nicht verderben in der Stadt, halt dich rein."

„Das will ich," sagte Albrecht.

Heister bat die Kinder, die Mutter mit der Frau allein zu lassen.

Als Albrecht das Haus verließ, begegnete ihm unter der Thür ein eben eintretendes rosiges blondlockiges junges Mädchen. Die beiden sahen einander an und gingen aneinander vorüber.

Drin in der Stube sagte Heister zu dem eintretenden Mädchen:

„Theodora! Nun hast du gute Hilfe. Unsere Magdalena ist angekommen, und da, das fügt sich gut, sie hat ihr jüngstes Kind mitgebracht; du willst ja das Lehrerineramen machen, da kannst du bei dem Kinde zu unterrichten anfangen."

Das Mädchen wurde als Tochter des Freundes Hornung in die Krankenstube gebracht und Frau Heister war glücklich, ihrem Liebling endlich die ihr oft gerühmte Magdalena vorzustellen.

In den Nächten und Tagen, da Magdalena und Theodora die Kranke pflegten, wurden sie innig vertraut miteinander. Magdalena hatte nur zu mäßigen, da das eben zur Jungfrau erwachsende Mädchen so verehrungsvoll gegen sie war; das war die erste Frau aus dem Volke, mit welcher Theodora in so nahe Beziehung kam, und sie sah in ihr ein verwirklichtes Ideal.

„Hat Ihnen unsere Justizrätin alles von mir erzählt?" fragte Magdalena.

„Gewiß. Alles."

„Auch von dem Bittern und Schweren?"

„Davon weiß ich nichts."

Sie kamen nicht weiter darauf zu reden, und hatte Theodora ihre Lust an der Mutter, so hing das Kind mit inniger

Liebe an dem ſchönen Mädchen, das ſo viel erzählte und ſo gut
zu ſpielen wußte.

Eines Morgens ſagte Magdalena:

„Fräulein Theodora! Jetzt nehmen Sie mein Kind mit
heim und kommen vor morgen mittag nicht wieder.“

„Warum?“

„Wenn Sie durchaus wollen, ſage ich's Ihnen.“

„Ja, bitte.“

„Sie ſollen nicht dabei ſein. Das iſt nichts für Sie in jungen
Jahren; eh noch einmal Tag wird, löſcht unſere gute Frau
Juſtizrätin aus. Ich bitte ... Nicht laut weinen ... Geht
miteinander in Gottes Namen.“

Die beiden gingen, und in derſelben Nacht verſchied Frau
Heiſter in den Armen Magdalenas.

Sechzehntes Kapitel.

Vor dem Trauerhauſe war eine große Menſchenmenge,
unter ihr Doktor Hornung, er ſtand abſeits und ging nicht in
das Haus, denn er wollte ſeinem Vater nicht begegnen, der
drin bei dem alten Freunde war.

Der Staatsrat war ein großer ſtattlicher Mann mit glattem
Antlitze und ſchneeweißen Haaren. Jeder, den er grüßte, verbeugte ſich tief; eine ehrerbietige Gruppe hatte ſich um ihn gebildet, und als er jetzt nach dem Zimmer ging, wo die Leiche
unter Blumenkränzen lag, wichen die Umſtehenden zurück, ihm
Platz zu machen. Er trat auf Magdalena zu, die in Trauer
gekleidet an der Bahre ſtand, und ſagte:

„Iſt brav, daß du gekommen biſt, ſie war eine treue
Gönnerin für dich.“

Magdalena nickte ſtill mit Thränen in den Augen, ſie ſah
den Mann verwundert an, ſie kannte ihn nicht.

Er ging auf Theodora zu und reichte ihr die Hand, indem
er ſagte:

„Du fährſt doch nicht mit auf den Kirchhof?“

„Ich wollte es.“

„Ich wünſche es nicht.“

Hinter den großen Blattpflanzen, mit denen der Sarg
umſtellt war, ertönte ein feierlicher Chorgeſang von Männerſtimmen.

„Wer ist der Mann?" konnte Magdalena die sich neben sie stellende Theodora fragen.

„Das ist mein Großvater," erhielt sie leise zur Antwort.

Der Staatsrat stellte sich an die Seite Heisters und blieb da, solange der Geistliche die Trauerrede hielt. Magdalena erzitterte, da in der Rede die Worte vorkamen: „Sie konnte mit Recht beten: ‚Vergib uns unsere Schuld, wie wir vergeben unseren Schuldigern.' Im Verein für entlassene Sträflinge hat sie Großes gewirkt. Sie glaubte an die Auferstehung der Tugend in der umnachteten Seele eines jeden Menschen, und dieser Glaube thut noch immer Wunder und spricht zu dem Gefallenen: ‚Stehe auf und wandle in Tugend.'"

Weiter hörte Magdalena nicht, sie lag auf den Knieen an der Bahre und reich flossen ihre Thränen.

Magdalena fuhr mit den Dienstboten nach dem Kirchhof.

Auf dem Kirchhof sprach Doktor Hornung ergreifende Worte; er pries die Verstorbene als Vorbild der deutschen Frau, die das Ideal ihres Mannes und seine Thätigkeit zum Aufbau eines freien großen Vaterlandes nicht durch Kleinlichkeiten störte, sondern täglich stärkte. Magdalena ging jedes Wort tief in die Seele und bei aller Ergriffenheit dachte sie: „Wenn nur mein Mann da wäre und das auch hätte hören können."

Auf dem Heimwege stieg Magdalena an der Fabrik aus, wo eben Mittag gemacht wurde und ein Strom von Arbeitern aus dem Thore kam. Sie wartete, bis sie Albrecht gewahr wurde. Er bedauerte, daß er nicht habe zum Leichenbegängnis der Frau Justizrätin kommen können; es sei eilige Arbeit da für die Weltausstellung und es sei ihm der besonders ehrenvolle Auftrag geworden, in Gemeinschaft mit dem Werkführer die Maschine zu begleiten.

Als Magdalena heimkam, hörte sie, daß Theodora da gewesen sei, um Abschied zu nehmen, denn sie verreiste am selben Tage mit ihrer Mutter. Magdalena blieb noch Wochen in der Stadt. Heister hatte sie gebeten, ihm zu helfen, den Hausstand aufzulösen; auch seine eigene Gesundheit war tief angegriffen, und der Arzt schickte ihn in ein Seebad und von da sollte er für einige Zeit einen Aufenthalt im südlichen Frankreich nehmen.

Albrecht, der während der Krankheit der Frau Heister nur auf Augenblicke hatte kommen können, stellte sich jetzt am Feierabend auf Stunden ein und die Mutter und Heister hatten Freude an dem gediegenen, in Arbeit und gutem Denken sich fortentwickelnden Jüngling.

Heister suchte einen vertrauten Begleiter für die Reise. Er

hätte gerne Albrecht mitgenommen, aber er wollte ihn nicht aus seinem Berufe reißen. Da kam Emil.

Emil hatte Albrecht einmal ein Wort gesagt, worauf ihn dieser an der Kehle faßte und ihm zuschrie: „Wärst du nicht mein Bruder, ich würde dich erwürgen."

Seitdem mieden sie einander, und Albrecht kam nur selten und verweilte nur kurz, so lange Emil da war.

Emil, der mit seinem Berufe als Dorflehrer zerfallen war, erbot sich, Heister als Sekretär und Diener zu begleiten; er hatte Verlangen, die Welt zu sehen und auch die französische Sprache so zu erlernen, daß er eine höhere Stelle in der Stadt gewinnen könne. Er zeigte sich sofort gewandt und dienstwillig. Magdalena wollte Einsprache thun, sie hatte ein unbestimmtes Gefühl, daß das nicht gut ausgehe; aber sie wagte nicht, ihrer Besorgnis Ausdruck zu geben, auch dann noch nicht, als sie wirklichen Grund dazu hatte. Denn Emil hatte gar kein Mitgefühl für ihre Trauer um den Tod der Justizrätin, ja er wälzte noch neues Herzeleid auf sie. Er klagte ständig, er sei zu gut, die Welt sei nichts nutz, die Frechen und Schlechten seien obenauf, und ein Narr sei, wer sich mit der Gutheit plage und mit dem, was man Gewissen nenne.

„Ich bin nicht gelehrt," entgegnete Magdalena, „auf solche Sachen müssen dir andere Antwort geben. So viel aber weiß ich doch, ich hab' einmal so einen Spruch gelernt, da heißt es: ‚Ich bin jung gewesen und bin alt geworden und habe noch nie gesehen, daß die Welt einem, der seine Schuldigkeit thut, etwas schuldig bleibt.' Bist du fleißig in deinem Amt? Siehst du? Du kannst nicht ja sagen. Gottlob, ganz schlecht bist du doch noch nicht. Du kannst nicht deiner Mutter ins Gesicht hinein lügen."

Emil klagte die Eltern und klagte Heister an, daß sie ihn nicht höher und etwas anderes hätten studieren lassen.

Bis ins innerste Herz hinein erschrak Magdalena, da Emil sagte, die Mutter könne stolz darauf sein, daß der alte Herr Justizrat so freundlich mit ihr sei, er selber sei auch stolz darauf. Er sagte das mit einem so frechen Blicke, und lachte dabei so höhnisch, daß die Mutter die Faust ballte. Wär's möglich, daß der Sohn das Schlechteste denke und es ihr so zu sagen wage?

Der bittere Zorn um den ungeratenen Sohn und die Scheu, ihm zu bekennen, wie sie ihn verstehe, kämpften in ihr.

„Du bist ein Nichtsnutz," sagte sie. „O! Dafür gibt's kein Wort. Du wirst schwer dafür büßen müssen und leider

Gottes deine unſchuldigen Eltern auch, wenn du nicht noch ganz anders wirſt.“

„Ich glaub' nicht, daß ein Menſch anders wird,“ entgegnete Emil, „wir Schulmeiſter wiſſen das am beſten. Die ganze Welt betrügt einander mit Erziehungsprahlereien. Ich thue nicht mehr mit.“

Magdalena mußte ihn gewähren laſſen, da er ſich bei Heiſter einſchmeichelte, ſo daß die Reiſe feſt beſtimmt ward. Sie verlangte, daß Emil zum Vater reiſe und bei ihm Abſchied nehme. Der Sohn ſchien es ungern zu thun, aber auf einen ſcharfen Blick der Mutter willfahrte er.

Siebzehntes Kapitel.

Jakob lebte unterdes daheim ſo wortlos faſt wie damals in der einſamen Zelle, denn die alte Taglöhnerin, die man zur Garten= und Hausarbeit angenommen hatte, war faſt ſtocktaub. Er nickte oft wie dankend zu der Entfernten, wenn er jetzt Kiſten und Kaſten aufſchließen mußte und gewahr wurde, wie ſauber und geordnet alles war.

Magdalena ſchickte öfters Briefe und gab Anweiſungen, was in Haus und Feld zu thun war; die Kuh und die Hühner waren immer beſonders bedacht. Auch Jakob ſchrieb, aber nur kurz. Einmal in der Nacht hatte er geſchrieben: „Ich hab's überlegt, wenn wir voneinander wegſterben müſſen, iſt's beſſer, ich ſterbe vorher, ich könnte nicht allein leben, du wäreſt auch traurig um mich, aber du könnteſt doch leben.“ Er ſchickte aber den Brief nicht ab, ſondern verbrannte ihn ſogleich am Licht.

Die Nachbarinnen kamen, um Jakob zu beſuchen. Frau Del blieb nur kurz, denn ſie fand alles wohlgeordnet; Frau Süß aber ſchrie mit der alten Taglöhnerin, daß dies und das nicht recht ſei; ſie wollte täglich kommen und nachſchauen. Jakob wollte eben dankend ablehnen, als ſie ihn durch ein mit freundlichem Lächeln vorgebrachtes böſes Wort erſchreckte.

Sie ſagte: „Es iſt ein Ehrenzeugnis für die Frau und ſtopft den Leuten die Mäuler, daß die Frau Juſtizrätin die Magdalena hat an ihr Totenlager kommen laſſen; da kann nie was von Eiferſucht geweſen ſein, und die Zutraulichkeit des Herrn Juſtizrats iſt nichts als unſchuldige Freundſchaft. Ich hab's immer geſagt und jetzt zeigt ſich's.“

Jakob hätte der Frau gern eine sehr deutliche Antwort ge=
geben, aber er steckte die beiden Fäuste in die Taschen und er
fand rasch die beste Antwort, er wendete sich um und ließ die
Frau stehen.

Sie kam nicht wieder. Aber ein anderer Besuch, von
dem er sich nicht abwenden konnte, erschreckte ihn noch mehr.
Emil kam.

„Weißt du, daß die Mutter nicht daheim ist?" sagte
Jakob bald nach der ersten Begrüßung, wie in Furcht, daß
ohne ihre Vermittelung bitterer Streit ausbrechen könnte. Emil
berichtete, daß er Heister begleite und bereits die Erlaubnis habe,
auf ein Jahr einen Stellvertreter einzusetzen.

Emil äußerte, daß er suchen wolle, in der Fremde sein
Auskommen zu finden; man lebe hier zu Lande doch auf un=
sicherem Boden und wisse nicht, was morgen auskomme — da
fühlte Jakob, daß der Sohn die Vergangenheit des Vaters kenne.
In der ersten Minute preßte es ihm das Herz zusammen, so
vor den Augen des Kindes zu stehen; er wollte alles erklären,
aber er dachte, es sei doch besser, daß er schweige, da auch der
Sohn schwieg. Jakob nahm sich nun vor, den Widerspruchs=
geist des Kindes in nichts mehr zu reizen, sondern geduldig zu
ertragen. Emil blieb nur kurz und beim Abschiede war er so
weich, daß er dem Vater um den Hals fiel und ihn weinend
bat, ihm alles zu verzeihen.

Jakob nahm sich vor, Magdalena nichts von dem zu er=
zählen, was er an Emil wahrgenommen hatte.

Achtzehntes Kapitel.

„Den großen Lehnstuhl schickt dir der Herr Justizrat zum
Ausruhen," sagte Magdalena nach ihrer Heimkehr, als ein
großer Wagen voll Hausrat, Kleider und Linnenzeug ankam.
Schmerzlich lächelnd fügte sie hinzu: „Und auf einen Wagen
geht nicht alles, was ich zu erzählen habe." Sie berichtete viel,
sie war aber bedachtsam genug, nichts von der Anspielung des
Pfarrers in der Leichenrede zu erzählen; sie hütete sich wohl,
das schlummernde Leid in Jakob zu wecken.

Sie ahnte nicht, daß auch der Vater etwas verbarg, das
nahe daran war, unwillkürlich sich kundzugeben. Denn Mag=
dalena hatte auch eine große eingerahmte Photographie —

Herrn und Frau Heiſter darſtellend — mitgebracht, ſie wurde
ſofort an die Wand gehängt über der Kommode, auf welcher
zwei gläſerne Leuchter mit unverſehrten Wachskerzen ſtanden.
Zaghaft brachte ſie eine andere Photographie herbei, die ebenfalls angebracht werden ſollte; es war das Bild Emils mit
dem ſchnell angewachſenen Vollbart, den er ſich in ſeiner kurzen
Freiheit erzogen hatte. Als Jakob das Bild ſah, ſchrak er zuſammen und ſchaute betroffen auf Magdalena.

„Alſo findeſt du es auch?" ſagte ſie, „der Herr Juſtizrat
und ich haben's im ſelben Augenblick geſagt, er ſieht ihm gleich;
das ſieht man erſt jetzt und im Bild."

Sie nannte Frieder nicht, und Jakob preßte die Lippen
zuſammen und nickte. Magdalena fuhr nach einer Weile fort:
„O du himmliſcher Vater! Es kann doch nichts Aergeres geben,
als wenn ein Kind jedesmal mit einem Stich im Herzen an
den Vater denken muß.

„In den Nächten, wo ich jetzt in der Stadt war, habe ich mir
Mühe gegeben, alles aufzuſchreiben, und ich glaube, ich habe
alles geſagt, was wir auf dem Herzen haben; es liegt bei
meinem Brautkranz, und da werden die Kinder erfahren, daß
wir unſchuldig ſind, wenn wir auch haben ſchwer büßen müſſen,
und wie wir als Eheleute geweſen ſind, das haben ſie geſehen."

Jakob nickte wieder ſtumm, er fuhr nur mit der Hand
über das Bild des Sohnes, wie wenn er ihn ſtreicheln oder
auch die Aehnlichkeit wegwiſchen wollte, dann ging er ſtill hinaus
und ſah nachdenklich auf die Schienen; die hängen mit denen
zuſammen, auf denen jetzt ſein Sohn in die Ferne zieht, wer
weiß, was aus ihm wird. Aber ein geſetztes Amt läßt nicht lange
über den wunderlichen Zuſammenhang aller Weltdinge grübeln,
das Signal ertönte, Jakob ſtand ſtramm auf ſeinem Poſten.

„Auf dem nächſten Jahrmarkt laſſen wir uns auch ab-
photographieren," ſagte Jakob mit ungewöhnlich heller Stimme,
als er heimkam, „und alle Kinder. Wer weiß, wo ſie noch
hinkommen. Und jetzt will ich dir was ſagen," fuhr er fort,
als er ſich den Teller voll herausgeſchöpft hatte und den Schöpf-
löffel Magdalena zuſchob, denn er war nicht höflich und nahm
ſich ſtets zuerſt, „ich ſag' dir: keine Stunde Kummer mehr."

„Ja, und wenn doch einmal eine grüne Latern' für uns
käm', wir ſind auch noch da."

Aus den Tagen der Entfernung, aus den Stunden des
Schmerzes heraus gewannen Jakob und Magdalena ein neues
Glück, als hätten ſie erſt jetzt einander voll und ganz errungen.

Neunzehntes Kapitel.

Die Tage vergingen in ruhiger alter Ordnung; das einzige Kind, das noch zu Hause verblieben war, Lisbeth, der Nestling, hatte es in der Lesekunst bereits so weit gebracht, die Zeitung vorlesen zu können, aber freilich, so wie Albrecht war's doch nicht, und im Sommer 1866 brauchte man eigentlich gar keine Zeitung. Da gingen die Militärzüge hin und her, Tag und Nacht mußte man auf dem Posten sein, und Nachbar Süß bedauerte, nicht mehr Soldat zu sein, er hätte auch gern einmal gegen die Preußen drein gepfeffert. Nachbar Maier dagegen war sehr erbittert über den Krieg, er sah ihn als Krieg der Katholischen und Evangelischen an, und jetzt zum erstenmal erfuhr man, daß Süß katholisch war; er hatte nur der Frau zulieb das Kind evangelisch taufen lassen.

Jakob hatte schon lange leise empfunden, daß er zwischen zweierlei Art von Hochmut eingekeilt war. Süß hatte den soldatischen, Maier den religiösen Hochmut; Jakob mußte sich von beiden Genossen belehren und auch schelten lassen. Die Truppen und ihre Führer, die auf der Bahn hin und her geschoben wurden, konnten nicht ahnen, welche wunderlichen Gespräche, die nahezu in bittere Gehässigkeiten ausarteten, hier von den Bahnwärtern geführt wurden.

Magdalena hatte im Hause Heisters von den traurigen Zuständen im Vaterlande sprechen hören und besonders war ihr im Sinne geblieben, wie Heister gegen den Regierungsrat Hornung behauptete, daß trotz alledem doch nur von Preußen, das den Napoleon besiegt hatte, die Besserung kommen müsse. Sie teilte das Jakob mit, und die beiden Genossen staunten, wenn er derartiges vorbrachte, und er mußte auch noch gute Schlagworte aus der Zeitung drein zu mischen.

Emil war nach Landesgesetz als Lehrer frei, und Albrecht hatte sich durch das Los vom Militärdienst freigespielt.

Der Krieg war schneller zu Ende, als man geglaubt hatte, auf der Bahn Jakobs wurde keine preußische Pickelhaube gesehen.

Von Emil kam bisweilen ein Brief, aber er schrieb immer in Eile, und in diesen kurzen eiligen Briefen war überdies etwas Gezwungenes, Fremdes. Das fühlten beide Eltern, und Jakob sagte: „Er mag zu thun haben, was er will, ein Mensch, der so gut in der Feder ist, kann sich eine Stunde Schlaf abbrechen und ordentlich schreiben. Aber er hat keine Liebe zu mir. Es steht ja da."

„Wo ſteht's?"

„Da, da ſchreibt er: Ich betrachte den Herrn Juſtizrat als meinen Vater. . . . Das darf man nicht, das iſt zu viel, ich leb' ja noch, ich glaub' nicht, daß ich ſchon geſtorben bin."

„Mann, wie kannſt du nur ſo reden? Das iſt nur ſo geſagt, wie die Studierten reden."

„Mag ſein, aber ich bin nicht ſtudiert und du ſollteſt mir meinen geraden Verſtand nicht verdrehen wollen."

Er ging raſch davon, aber im Fortgehen warf er noch einen grimmigen Blick auf das Bild. „Ja, du biſt der Frieder," ſagte er, aber er ſagte es nur in ſich hinein.

Als Magdalena allein war, geſtand ſie ſich, ihr Mann habe recht, und es ſei gut, daß er ſich durch keine Einrede von ſeinem geraden Verſtand abbringen laſſe; ſie ſelber fand auch die Briefe Emils ſehr unkindlich und hart, und als Jakob am Abend heimkam, ſagte ſie:

„Mit dem Emil haſt du leider Gottes recht. Aber ſieh, da iſt ein guter Brief von Albrecht."

„Lies vor!"

Sie las und beide Eltern waren glücklich über die herzgetreue Art des Sohnes. Am Schluſſe des Briefes hieß es: „Liebe Eltern, gebt acht, nächſtens fliege ich an euch vorbei."

Es klärte ſich bald auf, was damit gemeint war.

Magdalena ſchnitt Gras am Bahndamm und ſie dachte, wie ſchon das Gras auf dem Grabe der guten Frau Heiſter gewachſen, da kam ein Güterzug heran. Magdalena hatte ſich dran gewöhnt, nicht mehr nach den Zügen aufzuſchauen, aber heute riß etwas an ihr, daß ſie ſich aufrichtete und mit der Sichel in der einen und dem Grasbüſchel in der andern Hand nach dem Zuge ſchaute, und „Mutter!" rief's von der Lokomotive und vorbei ſauſte der Zug; ein dreifacher ſchriller Pfiff, der an dieſer Stelle ſonſt gar nicht gebräuchlich iſt, tönte nach. Magdalena warf Sichel und Gras weg und eilte zu ihrem Manne an den Ueberweg.

„Haſt du ihn auch geſehen?" rief ihr Jakob entgegen. „Jetzt weißt, was das zu bedeuten hat: Ich fliege an euch vorbei. Unſer Albrecht iſt Lokomotivführer."

„Und er hat mir Mutter gerufen."

Am Abend kam Albrecht, er hatte neben dem alten Führer ſeine Probefahrt gemacht und die Eltern waren glücklich mit dem Sohne, der es ſtetig immer weiter brachte. Man zeigte Albrecht die Briefe Emils und er ſagte abgewendet in gezwungenem Tone: „Er iſt halt ein Schulmeiſter und macht Redensarten."

Albrecht hatte in der Stadt und auf der Weltausstellung, wohin er mit der Maschine geschickt war, sich bereits vielfältige höhere Kenntnisse erworben, aber es kam ihm nicht in den Sinn, vor den Eltern damit zu prahlen, oder gar sie mit unverständlichen hohen Redensarten zu beschämen.

Zwanzigstes Kapitel.

Albrecht, der sonst so viel gute Ruhe mitbrachte, schien heute etwas von der Unruhe der Lokomotive an sich zu haben; er hörte kaum zu, wie die Mutter sagte, die Lokomotivführung sei doch eine gefährliche Sache, Jakob dagegen belehrte: „Gefährlich just nicht besonders, aber gar verantwortlich. Die Hauptsache ist, nicht schlafen; ich mein', nicht mit offenen Augen schlafen."

„Hörst, was dein Vater sagt?" stieß Magdalena ihren Sohn an, der unachtsam drein starrte.

„Jawohl! Jawohl!" sagte Albrecht sich aufraffend, „Ihr habt beide recht."

Er wollte nach der Station, um mit dem Nachtzuge nach der Hauptstadt zurückzufahren; dazu hatte es noch lange Zeit, aber er machte sich rasch auf den Weg.

Magdalena begleitete ihn.

„Ich geh' zu Nachbar Süß," erklärte Albrecht.

„Da begleite ich dich."

Die Mutter hatte wohl gemerkt, daß zwischen Albrecht und Viktoria etwas vorging, das ihn bestimmt hatte, so schnell nach einer Versorgung auszuschauen; sie war entschlossen, zeitig einzugreifen. Ihr Stolz, ihr Lieblingssohn, sollte Besseres haben auf der Welt. Sie war eine gute Mutter an allen Kindern, das ist keine Frage, aber so schön und, was noch mehr ist, so grundgut und, was noch mehr ist, so bedachtsam war keines ihrer Kinder. Magdalena war voll Bangen, denn wenn ein Kind eine feste Neigung hat, wie soll man dagegen wirken? Es kann sein, daß man gerade dadurch eine mißliche Sache erst recht fest macht.

Noch nie waren Mutter und Sohn so lange schweigend neben einander gegangen, wie jetzt, denn jedes wartete auf das Wort des andern. Endlich begann doch die Mutter und fragte, wie hoch der Gehalt des Sohnes sei; er nannte die Summe

und fügte halb zaghaft hinzu, daß er nun ſchon eine Frau ernähren könne.

Magdalena ſagte nur: „Du haſt Schweſtern, die älter ſind
als du, und du thuſt gewiß gern etwas für ſie, wenn ſich ein
Schid gibt, zur Ausſteuer.“

„Gewiß, Mutter! da ſoll’s nicht fehlen.“

„Auf den Emil zähl’ ich in nichts.“

„Ich auch nicht.“

„Du könnteſt deinem Vater jetzt gleich eine große Freude
machen, von dir thät er’s annehmen.“

„Saget nur, was es iſt.“

„Schau, dein Vater iſt gar oft von ſchwerem Gemüt, er
hat ſchon Schweres erlebt.“

„Was denn? Darf ich’s nicht wiſſen?“

„Wir wollen ſpäter einmal darüber reden. Du weißt, dein
Vater iſt ein Mann — von Wien bis Paris iſt da noch kein
beſſerer gefahren und wird kein beſſerer fahren, ſolang das
Eiſen hält. Ich hab’ dir nur ſagen wollen, man kann deinen
Vater mit einer Kleinigkeit glücklich machen, mit einem halben
Nichts.“

Albrecht lachte laut und die Mutter fragte: „Was lachſt?“

„Ja, Mutter, das erzähl’ ich meinem Lehrer in der Mathe-
matik: Meine Mutter iſt ſo genau und ſparſam, daß ſie noch
ein Nichts teilen kann.“

„Jetzt genug, ich will dir nur ſagen: kauf deinem Vater
ein neues Waldhorn aus deinem Geld, ſag aber nichts davon,
daß ich dich ermahnt hab’.“

Mit dieſem Plan, das ſpürte Magdalena, war der Sohn
wieder heimgezogen; die Süß mit ſamt ihrer Tochter kriegt ihn
noch nicht.

Im Hauſe des Nachbars Süß war alles wohl aufgeräumt,
die Stube und die Menſchen, beſſer als je; Albrecht war offenbar
erwartet worden. Mutter und Tochter waren überraſcht, daß
Magdalena mitkam; aber ſie thaten, als ob das ein beſonderes
Glück wäre, und Viktoria war heute ſehr zutraulich und auch
ehrerbietig gegen ſie, wie noch nie. Magdalena konnte, wenn
es darauf ankam, doch auch falſch oder wenigſtens höflich ſein.
Warum nicht? Man muß alles können. Als Frau Süß mit
ſtändigem Lachen ſagte, die neue Beamtung Albrechts ſei gewiß
nur eine Durchgangsſtation — ſie wiederholte das Wort oft,
ſie war ſtolz darauf — er käme von da aus zu Höherem, ſtimmte
Magdalena bei.

Eine Flaſche Wein war bereit gehalten; man ſtieß an, man

trank, und Frau Süß lachte hellauf, als Viktoria von ihrem
Wein verschüttete. „Das ist ein gutes Zeichen!" rief sie und
lachte nochmals.

Als man Abschied nehmen wollte, gingen Frau Süß und
Viktoria noch mit. Vor dem Hause sagte Magdalena: „Geh du
voran mit Viktoria, aber nicht zu schnell, wir kommen nach."
Sie wollte nicht, daß die beiden hinter drein gingen.

Nach einer Weile wendete sich Albrecht um und fragte:

„Mutter! Wollet Ihr nicht umkehren? Wird's Euch nicht
zu weit und zu spät?"

„Nein. Du mußt noch auf einen Sprung mit mir ins
Pfarrhaus zu deiner Schwester."

„Die Frau Maier erzählt, es sei ein Besuch im Pfarrhaus,
ein Missionär von den Menschenfressern," berichtete Frau Süß
lachend; sie lachte immer, auch jetzt, wo sie doch sehr ärgerlich
war, und auch wenn sie von Menschenfressern sprach.

Nicht weit vom Dorfe kehrten Frau Süß und Viktoria um.

Magdalena hatte ihren Zweck erreicht, sie nicht allein mit
ihrem Sohne zu lassen, und es war ein übermütiger Ton darin,
als Magdalena beim Abschied für die gute Bewirtung und gute
Begleitung dankte.

Wieder gingen Mutter und Sohn still dahin; am ersten
Hause des Dorfes hielt Albrecht an und fragte:

„Mutter, meinet Ihr, daß was zwischen mir und der
Viktoria ist?"

„Du hast mir noch nichts davon gesagt."

„Und was haltet Ihr von ihr?"

„Wenn du mich ernstlich fragst, will ich dir ernstlich ant=
worten; wenn du aber fragst und schon beschlossen hast —"

„Es ist noch nichts beschlossen."

„So rat' ich dir: nimm drei Lokomotiven und fahr davon.
Soviel Sterne als da über uns sind, so vielmal dank' ich
Gott, daß du noch frei bist und keine falschen Versprechen ge=
macht hast."

Nicht heftig und mit keinem bösen Worte, sondern ruhig
und klar setzte Magdalena ihrem Sohne auseinander, wie er
sich für sein ganzes Leben unglücklich mache, wenn er sich mit
Viktoria verbinde; sie sprach so eindringlich, daß ihr Albrecht
endlich die Hand gab und sagte: „Mutter, es ist nichts und
wird nichts. Ich bring' Euch keine Frau, die Ihr nicht auch
von Herzen gern haben könnt."

„Meinetwegen allein sollst du's nicht aufgeben, es ist deinet=
wegen. Ich weiß, es thut dir jetzt weh, aber es wird dir später

wohlthun und du haſt kein gebrochenes Wort auf deinem Gewiſſen."

Der Atem Albrechts ging raſch und ſchwer, Magdalena
nahm wieder auf.

„Ich kenn' dich. Du haſt gemeint, du hätteſt da Pflichten,
und haſt dich zwingen wollen, denen nachzukommen. Es iſt nicht
möglich, daß du da mit ganzer froher Seele dabei biſt. Drum
iſt's jetzt beſſer ſo."

Die Mutter hatte vollkommen recht Albrecht hatte ſich
mit großem Eifer Kenntniſſe zu erwerben geſucht, hatte ſich einen
höheren Lebensplan geſtellt und denſelben wegen Viktoria wieder
aufgeben wollen. Jetzt war er frei.

Mit beruhigtem Gemüte kamen Mutter und Sohn beim
Pfarrhaus an, wo mehrere Stuben hell erleuchtet waren.

⸺ · ⸺ ⸺ ·

Einundzwanzigſtes Kapitel.

Die Pfarrersleute waren noch bei Tiſche, mehrere Gäſte
waren da und es wurde laut geſprochen; aber die Pfarrerin
hatte ein feines Ohr, ſie hörte doch, daß draußen in der Küche bei
Lena Fremde waren. Sie kam heraus und that es nicht anders,
Magdalena und Albrecht mußten in die Stube und ſich noch
mit zu Tiſche ſetzen. Sie wurden allſeitig willkommen geheißen,
denn die Pfarrerin ſagte geſchickterweiſe, die Herren hätten das
Eſſen gelobt, das Lob gebühre der Frau Magdalena, die ihre
Tochter in allem unterwieſen habe.

Unverſehens wurde Magdalena der Mittelpunkt der Geſellſchaft, da die Pfarrerin hinzuſetzte: „Ja, unſere Frau Ketterer,
die kann nicht nur gut kochen, ſie kann auch Kinder erheitern
wie keine zweite. Unſer älteſter, der Student, war ein ſehr eigen-
ſinniger Knabe, und als er eines Mittags ſich zum Schlafen
niederlegen ſollte, weinte und ſchrie er, daß Lena, die damals
noch Schulkind war, ganz verzweifelte und wir uns nicht zu
helfen wußten. Da kam Frau Ketterer und ſagte: ,Ach was!
So ſchläft ein Kind nicht ein und ſo thut's ihm nicht gut. Erheitern muß man ein Kind.' Sie nahm nun Rudolph auf den
Schoß, und bald lachte er mit Thränen auf den Backen und
bald ſchlief er und lächelte noch im Schlaf."

Magdalena war doch einigermaßen verlegen über Erwähnung
dieſer Kleinigkeit, aber die gelehrten Herren fanden dieſe Methode

sehr pädagogisch. Ein fremder Mann fügte hinzu, er habe Aehn=
liches auch bei Heidenbekehrungen angewendet. Es war der
Mann, dem zu Ehren das Festmahl heute abend bereitet worden,
ein Missionär aus Ostindien, der als Gast im Pfarrhause ein=
gekehrt war, ein schlanker junger Mann, von kühnem und ent=
schlossenem Gesichtsausdruck. Er erzählte auch, wie mühselig es
ihm geworden, in fremdem Lande sein eigener Koch zu sein, und
daneben, wie seltsam die Heiden ihre Speisen bereiten. Er er=
zählte gut und alles hing an seinen Lippen.

Als er das Tischgebet gesprochen hatte, setzte er sich zu
Magdalena und Albrecht und sprach zutraulich mit ihnen. Er
fragte Albrecht, ob er nicht Lust habe, bei der Eisenbahn in
Ostindien in Dienst zu treten. Albrecht verneinte, und Magdalena
setzte hinzu: „Unsere Kinder sind nicht so für die weite Welt."

Warum sagte sie: unsere Kinder? Sie wußte es nicht;
aber es ist wie ahnungsvoll, daß manchmal solches sich unwill=
kürlich ausspricht.

Die fremden Pfarrer rüsteten sich zum Gang nach der Station,
um heim zu reisen, sie waren alle vom Wein und vom Reden
erhitzt.

Der Pfarrer und der Missionär begleiteten sie; der Missionär
sagte, er habe wichtige Briefe aufzugeben, die er gerne selber
besorge.

Der Pfarrer ging mit seinen Amtsbrüdern, wie zufällig
blieb der Missionär eine Strecke zurück mit Albrecht; er schien
an dem offenen Wesen des jungen Mannes entschiedenes Wohl=
gefallen zu haben. Einmal sagte er sogar: „Sie haben offen=
bare Aehnlichkeit mit Ihrer Schwester."

Die Schwester hatte indes der Mutter ein Stück Weges
das Geleit gegeben.

„Er ist ein recht manierlicher Mann, der Missionär," sagte
Magdalena, „und er kann auch weltlich reden. Woher ist er
denn gebürtig?"

„Ich glaub' da drunten vom Rhein her, da bei Holland."

„Hat er dir das selber gesagt?"

„Nein, heißt das ja, die Pfarrerin hat mir's gesagt, aber
er auch."

„Was sagt die Pfarrerin sonst von ihm?"

„Sonst? Nichts."

„Spricht sie nicht davon, daß es eine Glückseligkeit wäre,
Missionärsfrau zu sein?"

„Nein, Mutter, im Gegenteil, sie macht einen schaudern
davor. Ihr wisset ja, sie ist auch fromm und gläubig, sie ist

aber nicht so fürs Bekehren, wie der Herr Pfarrer; ich glaub',
der ging' heut' noch gern. Aber jetzt muß ich umkehren. Gut
Nacht, Mutter." Sie umarmte die Mutter heftig und rannte
davon. Eine Strecke entfernt rief sie noch:

„Mutter! Die Herren wollen morgen zu Euch kommen.
Gut Nacht."

Magdalena ging nachdenklich durch die stille Nacht heimwärts.

Das Kind wird doch nicht schon ans Heiraten denken und
nun gar . . .

Der Zug pfeift, jetzt treffe ich ihn noch wach, sagte Magdalena, an ihren Mann denkend. Was hat sie ihm nicht alles
zu erzählen! Daß Albrecht los ist, aber Lena vielleicht schon
angebunden.

Im Nachbarhause bei Süß war kein Licht mehr. Magdalena mußte nicht weit von Numero 373 warten, bis der Zug
vorüber war, und wie sie an der Bahn stand, meinte sie, der
Zug fahre grad auf sie los; sie war schreckhaft, sie hatte eben
heute gar so viel auf der Seele.

Zu Hause traf sie Jakob bereits schlafend, er schlief immer
schnell ein; sie mußte nun so vieles, was sie zu berichten hatte,
still tragen bis zum andern Morgen.

Zweiundzwanzigstes Kapitel.

Das Kind wird doch nicht schon ans Heiraten denken und
nun gar . . .

Ja, gestrenge Mutter im Neste, die Jungen sind ausgeflogen,
dort am Schwarzdornhag steht deine älteste Tochter, pflückt einen
Haselzweig ab und zerbeißt ihn, und wie sie jetzt den Pfiff der
Lokomotive hört, sagt sie fast laut vor sich hin: Die zieht die
Menschen fort in die weite Welt hinaus . . .

Sie sieht zu den Sternen auf und denkt daran, wie der
Missionär ihr von den wunderbaren Sternbildern geredet hat,
die man in Ostindien sehe.

Was hat er doch alles mit ihr geredet!

„Hätten Sie einen innern Trieb, für unsern heiligen Glauben
auch etwas Besonderes zu thun?"

„Wenn ich was Besonderes thun kann, von Herzen gern.
Aber ich wüßt' nicht."

Seltsam! Er sagte auf dies erste Gespräch nichts weiter.

er ging davon, wie wenn auf solche Reden keine Antwort nötig wäre.

Es muß die besondere Art der Missionäre sein, ein Gespräch so halbgar stehen zu lassen; just ungeschickt wäre das nicht, denn das stöbert das Innere des andern auf und macht ihn nachdenklich.

Bei Lena war dieser Zweck entschieden erreicht, denn sie dachte, er wird doch mein Sparkassenbuch nicht wollen? Das kann Gott nicht verlangen. Oder wär's vielleicht? ...

Das war das erste Gespräch, das beim Bügeln der Fein-wäsche im großen Hausflur geführt wurde. Das zweite Gespräch gab nicht gerade Antwort auf die stehen gebliebene Frage, aber man konnte sie doch drauf deuten, denn diesmal — es war beim Wringen der großen Wäsche im Garten — setzte er sich und fragte, ob sie gern Unterricht gebe in Handarbeiten, und als sie bejahte, schilderte er ihr, welch eine Gottseligkeit es sei, die Kinderseelen unter den Heiden einzusammeln und zu Gott zu führen.

Lena wusch ruhig weiter.

Wunderlich, daß der Mann für sie ganz allein so eine Predigt hält, oder hat das was zu bedeuten? Sie wrang einen Kissenüberzug aus, bis kein Tröpfchen mehr herauskam. Der Missionär schwieg lange still und fragte endlich, ob sie die älteste Tochter des Bahnwärters Maier kenne.

Auf bejahende Antwort fragte er wieder, was sie von ihr halte. Lena erklärte, daß sie schon als Kind ins Pfarrhaus ge-kommen sei, wenig Umgang habe, und sich nicht getraue, über Menschen zu urteilen, die sie nicht genau kenne.

„Immer brav! Das gefällt mir," sagte er wieder und ging abermals davon.

Ein drittes Gespräch war schon deutlicher. Er sagte ihr — diesmal war's in der Küche am Herde, sie hatte ihm Feuer gegeben für seine Cigarre — welch eine weise Einrichtung es sei, daß den Missionären von der Oberleitung die Ehefrauen zugewiesen werden, die den Beruf zum heiligen Werke fühlen, denn ohne diesen sei kein Segen der Gemeinschaft denkbar.

Er fügte hinzu, wie die unglücklichen Ehen davon stammen, weil man sie auf ein Gefallen, auf das, was man geheimen Zug nenne, baue, „wir aber," schloß er, „wir fragen, wie liebst du unsern Gott und Vater."

Lena antwortete nichts und legte ein frisches Scheit an das Feuer.

„Verstehen Sie mich? Hören Sie mich?" fragte der Missionär.

„Jawohl, ich höre.“

Er erklärte nun, daß es da keine ſchwärmeriſche ſogenannte gute, aber auch keine zänkiſche und böſe Ehe gebe, ſondern eben eine fromm dienende.

„Wem das recht iſt, für den mag das gut ſein,“ entgeg= nete Lena und dachte in ſich hinein: dienende Ehe! Wenn ich lebenslang dienen ſoll, bleibe ich lieber da, wo ich bin, und bleibe ledig.

So dachte Lena zurück, während ſie mit ihren ſcharfen Zähnen den Zweig zerbiß; da hörte ſie die Stimme des Miſſio= närs, der rief:

„Das iſt mir lieb, daß ich Sie treffe.“

„Ich habe meine Mutter ein Stück Weges begleitet,“ ent= gegnete Lena.

„Welch eine prächtige Frau! Und Ihr Bruder ein Herz= menſch!“

„Es freut mich, daß ſie Ihnen ſo gefallen.“

„Und Lena! Ahnen Sie nicht, welche Briefe ich abſchickte und ſelber aufgab?“

Sie ſchüttelte den Kopf, und er fuhr fort:

„Ich habe meine Oberen gebeten, mir zu erlauben, eine Frau zu wählen, die durch die Gnade des Himmels mir be= gegnete. Ich zweifle nicht, daß ich bejahende Antwort erhalte, und dann —“

Er hielt inne und erſt nach tiefem Atemholen fuhr er fort:

„Lena, willſt du mir in die weite Welt folgen? Willſt du?“

„Ich muß ja.“

„Du mußt?“

„Ja, ich kann ja nicht anders.“

Die beiden umarmten ſich und hielten ſich umſchlungen. —

Schnell aber riß ſich der junge Mann aus den Armen des Mädchens los, und nur leiſe ſagte er: „Kniee mit mir!“

Die beiden knieten auf der Erde und mit zitternder Stimme ſprach der Miſſionär: „Du Allvater! Lenke das Verlangen, das uns einander zuführt, zu deinen Gnaden. Gib uns Kraft, hei= lige uns zu deinem Dienſte und ſtehe uns bei im Leben und Sterben. Amen.“

Lena weinte ſo heftig, daß ſie ihren Kopf an ſeine Bruſt legen mußte, er aber hielt die Hände gefaltet.

Endlich richteten ſie ſich auf, und Lena ſagte:

„Ich meine, ich dürfte dir keinen Kuß mehr geben, du biſt ſo heilig.“

„Nein, ich bin auch ein ſchwacher, ſündhafter Menſch.“

„Ja, fündhaft find wir ja leider Gottes alle —" stimmte Lena bei. Sie gingen Hand in Hand einige Schritte, und das war ganz die Tochter Magdalenas, als sie stillestehend sagte: „Nicht wahr, man kann fromm und gottesfürchtig sein und doch die Schleife am Halstuch ordentlich binden? Komm, es ärgert mich schon lang, daß du dein weißes Halstuch umbindest wie einen Strick. Komm, laß mich's besser knüpfen."

Demütig und schalkhaft zugleich ordnete sie ihm das Halstuch zierlich. Er preßte die Lippen und hielt den Atem an, und wie vor sich selbst fliehend, rief er Gut Nacht und eilte davon.

Einzeln kehrten sie ins Pfarrhaus zurück, noch sollte die Verlobung geheim bleiben.

* * *

Dreiundzwanzigstes Kapitel.

„Ich hätt' dir gestern abend noch gern was erzählt." sagte Jakob andern Morgens, „die Tochter von unserm Nachbar Maier wird Braut mit dem Missionär, der im Pfarrhaus wohnt; er ist deswegen kommen."

„So? Und ich hätt' dir gestern noch gern grad das Gegenteil erzählt."

Sie berichtete vom Pfarrhause und was sie vermute, sie ging in ihrem Eifer bereits so weit, alles als sicher darzustellen.

Jakob war ein geduldiger Zuhörer, zumal wenn er Kartoffeln schälte, und heute war noch ein besonderer Tag, es gab von heute an keine Kartoffeln mehr, bis man neue austhat. Endlich sagte er:

„Das Rikele ist mir gestern begegnet und hat mir gesagt, der Eichbauer habe noch gute Kartoffeln. Was meinst, sollten wir nicht noch ein Simri kaufen oder entlehnen, bis wir neue haben?"

„Mann!" rief Magdalena — wenn sie Mann sagte, war sie immer ärgerlich — „Aber Mann, hast denn nicht gehört, was ich erzählt hab'?"

„Freilich."

„Und was meinst?"

„Das Kind ist noch zu jung, und ich glaub' auch nicht, daß ein Kind von uns zu dem heiligen Geschäft paßt."

„Die Lena ist in allem unterwiesen wie eine Pfarrerin. Und eine besonders schöne Sache ist noch dabei: der Missionär, ich hab' ihm das vornehme Wesen gleich angesehen, ist von abligem Geschlecht, vom vornehmsten. Baron von Drachenstein heißt er."

"So? Das gilt aber da nichts. Unser Heiland und die Apostel sind, soviel ich weiß, nicht von Adel gewesen. Hab' noch nie gehört, daß man vom Baron von Paulus und vom Graf von Petrus predigt."

"Aber Vater, du bist ja ein wahrer Heid', ein Ketzer; dich sollt' man zuerst belehren."

Jakob wischte sich den Mund und sah pfiffig drein, er war heute besonders gut aufgelegt; er nahm wieder auf:

"Wenn so ein Missionär von den Menschenfressern verspeist wird, ich glaub' nicht, daß ein Abliger anders schmeckt wie unsereins."

"Aber Mann, woher kommst du zu solchen Redensarten?"

"Meine Zeitung ist mein Lehrmeister, und ich sag' dir, wenn's damals Zeitungen gegeben hätt', die Apostel hätten auch Zeitungen —"

"Jetzt genug! Ich will nichts weiter hören. Halt dich bereit, wenn ich dich rufen lasse."

Jakob ging schmunzelnd davon, er ist zufrieden mit sich, er hat seiner Frau die Flausen zerstreut.

Magdalena mußte sich besinnen, was sie denn eigentlich für heute Besonderes vorhabe; ja, jetzt fiel's ihr ein, die Kleider der Frau Justizrätin müssen gesonnt werden. Sie hatte sie bisher noch nicht ans Tageslicht gebracht, weil sie den Neid der Nachbarinnen nicht erregen wollte, aber jetzt kommt der Neid doch und da geht's in einem hin.

Als sie die Kleider im Garten aufhing, besonders die schwarzseidenen und auch die von grauem Barège, sagte sie in sich hinein: die passen für eine Missionärin und für eine Baronin. Wer weiß, ob die Selige nicht geahnt hat, was kommen wird; nicht umsonst hat sie gesagt: die Kleider sind einstmals für deine Töchter.

Die Nachbarinnen bemerkten nichts, nur die Sonne sah die schönen Kleider und den großen Shawl, der auf der Wiese lag.

Die Sonne stand hoch und stieg nieder, der Missionär kam nicht und auch keine Botschaft aus dem Pfarrhause. Dafür aber kam etwas, woran man nicht mehr gedacht hatte. Der Hilfswärter brachte von der Station eine kleine Kiste. Die Frau Justizrätin ist ja tot, wer kann denn was schicken? Magdalena öffnete, und aus vielen Umhüllungen blinkte es ihr golden entgegen: ein schönes Waldhorn, und in der Mundspitze lag ein Zettel mit den Worten:

„Meinem lieben Vater zur Lustbarkeit, von seinem Sohne Albrecht."

Magdalena wartete ab, bis Jakob mit seiner Tafel bahn=aufwärts die Strecke beging, dann eilte sie in das Wartehäus=chen am Ueberweg und legte das Waldhorn mit dem Zettel auf den Stuhl; schnell versteckte sie sich im Hopfengarten, von wo sie alles übersehen und hören konnte.

Weit drüben über den Vogesen ging die Sonne hinab und vergoldete die Schienen hier, und aus dem Bahnhäuschen tönte es wunderbar, bis der Eilzug kam. Als der Zug vorüber war, eilte Jakob ins Haus:

„Das hast du mir hingelegt, du Wetterhex! Ja, es macht mich glücklich und wieder ganz jung, und ich kann noch blasen. Der Bub ist brav, er hat's behalten, daß ich ihm vor Jahren einmal das Verlangen ausgesprochen."

Magdalena nickte still. Als der Mond heraufkam, blies Jakob abermals, daß es weit hinausschallte, bis ins Dorf hin=ein, wo die Menschen verwundert fragten, woher der längst ver=klungene Waldhornklang ertöne.

Jakob mochte das ahnen, denn er sagte:

„Ja, Mutter, das kann auch bös sein. Die Menschen wer=den jetzt fragen, woher kann er denn so blasen? und da werden sie nachforschen nach dem, was vergangen ist."

„Verdirb dir deine Freude nicht," tröstete Magdalena, „sie wissen alle, daß du Postillon gewesen bist, und weiter ist's nichts."

Jakob blies abermals, und sie hörten nicht, daß zwei Menschen gekommen waren, die plötzlich vor ihnen standen.

Vierundzwanzigstes Kapitel.

„Vater, Ihr seid's, der so schön ... Mutter! Da ist ..."

Weiter konnte Lena nicht reden. Sie lag der Mutter am Hals.

Jakob war aufgestanden und stand Aug in Auge dem Fremden gegenüber, der gerade so groß war wie er selber. Er faßte die Hand des Fremden, sie war schmal und fein wie sein Antlitz.

„Grüß Gott," sagte Jakob, und mit wohlklingender, zum Herzen dringender Stimme erwiderte der Fremde: „Ja. Gottes Gruß über uns!" Er erklärte, daß er Lena zur Frau begehre; er habe bei seinen Oberen angefragt und vor einer Stunde ein

Telegramm erhalten, das die Einwilligung gab, mit dem Zusatze, daß er andern Morgens sofort nach England abreise.

Mutter und Tochter standen Hand in Hand und warteten auf das Wort des Vaters, der sich wieder gesetzt hatte.

Der Fremde wurde dringender, indem er wiederholte:

„Ich bitte um Ihre Einwilligung."

Noch immer antwortete Jakob kein Wort und der Fremde, der im Blicke Jakobs gelesen hatte, rief mit bewegter Stimme:

„Ich bitte, sagen Sie nicht nein, denn meine erwählte Braut, die mir bestimmte Frau, müßte mir gegen Ihren Willen folgen. Sie wissen ja, daß man Gott noch mehr als den Eltern nachfolgen muß."

Die Mienen Jakobs verfinsterten sich, er zog die Brauen zusammen und richtete einen scharfen Blick auf den Fremden, und dieser Blick sagte: Bist denn du schon Gott?

„Vater, ich bitte, saget doch ein Wort," fiel Lena ein. Jakob strich sich mit der ganzen Hand über das Gesicht, dann fragte er:

„Ja, Lena, hast denn überlegt, was das heißt? Fürchtest du dich nicht, so in die fremde Welt hinaus und allem nach auf ewig von deinen Eltern fort?"

„Nein," entgegnete Lena, „der himmlische Vater ist überall bei uns, und ich bin nicht in der fremden Welt, ich bin daheim bei meinem Mann."

Jakob nickte fast lächelnd: die hat im Pfarrhaus studiert, die ist geistlich, die kann reden, wie von der Kanzel.

„Gut. Also gut," sagte er. „Wie heißen Sie?"

„Drachenstein."

„Also Herr Baron von Drachenstein."

„Nicht so, ich heiße Pfarrer."

„Aber den Namen behalten Sie doch? Also Herr Baron oder Herr Pfarrer, was wird Ihre Familie sagen, wenn Sie ein Kind von ganz geringen, ich sage ganz geringen Leuten heiraten?"

„Meine Mutter, die noch lebt, und die ich benachrichtigt habe, denkt ganz so wie ich; aber ich bin nicht mehr der Sohn meiner Familie, bin kein Baron, sondern ein Knecht des Herrn."

„Gut. Das wäre also abgemacht. In Ordnung. Jetzt will ich Ihnen was sagen. Ich bin ein ehrlicher Mann ... das ist mein Stolz ... Ich will zuerst allein mit Ihnen reden, und hernach erst soll Ihr Wort gelten."

„Aber was ist denn? Ich kenn' den Vater gar nicht. Was hat er denn? So hab' ich ihn noch nie gesehen. Was ist denn?"

pispeite Lena der Mutter zu. Jakob, der dies bemerkt hatte,
wandte sich zu Magdalena:

„Mutter, thu mir die Liebe und widersprich mir jetzt mit
keinem Wort."

„Ich? O gewiß nicht!" rief Magdalena und ihr Antlitz
strahlte. „Du thust, was recht ist. Recht hast du."

„So kommen Sie mit mir," sagte Jakob und verließ mit
dem Fremden die Stube.

„Was hat der Vater? Was hat er auf dem Herzen?
Was ist denn geschehen? Ich habe nie gewußt, daß er ein Geheimnis hat und daß er so reden kann."

„Laß deinen Vater! Kein Mensch auf der Welt, außer
mir, weiß, was für ein Herzmensch, was für ein rechtschaffener
und starker Mann er ist. Lena! Wenn dein Mann die Probe
besteht, dann wirst du ganz glücklich und der Segen vom Himmel
ist auf euch und ich bin ohne Sorge um dich."

Fünfundzwanzigstes Kapitel.

Draußen auf der Bank saßen die beiden Männer. Jakob
fuchtelte mit der rechten Hand in der Luft, mit der linken faßte
er die Bank. Er schien das erste Wort nicht finden zu können.
Der Missionär begann daher:

„Ich hab's Euch an den Augen angesehen, daß Ihr schon
Schweres erlebt habt."

„So? Sieht man mir's an den Augen an?"

„Ja, aber nicht jeder, denn noch niemand hat Euch so angesehen, wie ich. Eure Augen sprechen, daß sie schon im bittersten Harm feucht geworden sind."

„Herr! Was sind Sie für ein Mensch, der das so sieht?"

Er hielt wieder an, und der Missionär bat ihn, offen alles
zu sagen, was er auf dem Herzen habe.

„Ja, ja," nahm Jakob auf, „aber sagen Sie mir zuerst:
Haben Sie sich nach mir erkundigt?"

„Nein."

„Auch bei unserm Herrn Pfarrer nicht?"

„Nein."

„Ich glaube auch nicht, daß er weiter von mir und von
der Mutter weiß. Herr! Wir ... wir haben im Zuchthaus gesessen."

„Unſchuldig?"

„Die Mutter unſchuldig, ganz unſchuldig, aber ich . . . ſchuldig."

„Das iſt ſchon brav, daß Ihr das grabaus ſagt."

„Ja, Herr! Ich wollte, der Herr Juſtizrat wär' da, aber er iſt in Frankreich und da muß ich ſelber berichten. Alſo: es war eine Nacht wie heute, da hat's angefangen, und es war eine Nacht wie heute, da hat's geendet."

Jakob preßte beide Hände zwiſchen die Kniee, beugte den Kopf und erzählte wie in den Boden hinein, wie er geſündigt und wie er gebüßt, und er ſchloß:

„Herr! Ich ſpür's noch oft, wie wenn mir Ketten an die Füße angeſchmiedet wären, die keine Feile abthun kann. Der Herr Juſtizrat hat mir geſagt, gerichtlich ſei alles ausgelöſcht, aber was ich gelitten habe, das kann ich in hundert Nächten nicht ſagen, und das kann keine andere Menſchenſeele aus= denken —"

„Doch, doch," fiel der Miſſionär dem Stöhnenden in die Rede. „Doch, ich weiß. Das wilde Heer iſt durch Eure Seele gezogen, Wölfe, Drachen, Hundehetzen, Peitſchen. Oft habt Ihr gewünſcht: wenn ich nur unter den Rädern der Lokomotive läge — und dann hat das Denken an Eure Kinder Euch am Leben erhalten —"

„Ja, ſo war's."

Der Miſſionär fuhr fort: „Ich ſehe, ich höre, wie Ihr beim Erwachen ſpracht: Warum kann man nicht aufwachen und alles iſt nicht wahr, man hat das Schreckliche nur geträumt, und oft haſt du gemeint, die Erde weicht, der Himmel ſtürzt ein, in jedem Trunk Waſſer, in jedem Biſſen Brot haſt du Bitternis verſpürt —"

„O Himmel! Haben Sie denn auch einmal ſo was be= gangen, daß Sie das alles ſo wiſſen?"

„Nein, dem Herrn ſei Dank, es ging an mir vorüber, und im Namen unſeres Gottes und unſeres Erlöſers ſage ich dir: du biſt hoch begnadigt, daß du aus der Zerknirſchung dich aufgerichtet haſt —"

Jakob war an der Bank auf die Erde geſunken und kniete. Der Miſſionär richtete ihn auf und rief:

„Komm zu mir, Bruder! Vater der mir von Gott Be= ſchiedenen! Ich danke dir, du Weltenſchöpfer, du Weltenverſöhner, daß du mich nach deinem unerforſchlichen Ratſchluſſe hierher= geführt."

Der Miſſionär umarmte Jakob und küßte ihn, dann rief er:

„Laß diesen Kuß dir ein Bürge sein, daß du die Liebe verdienst, daß du die Liebe hast von einem Diener des Herrn, und, wie ich in innerster Seele weiß, rein dastehst vor Gott dem Herrn."

Jakob faßte mit Kraft die Hand des Mannes, aber sein ganzes Wesen zitterte.

„Die Weibsleute haben lang gewartet," sagte er endlich; „komm, jetzt wollen wir ihnen die frohe Botschaft bringen."

Und es war eine frohe Botschaft. Der Missionär küßte der Mutter die Hand. Das war vielleicht doch noch ein Rest aus früherer Gewöhnung, und Magdalena rief: „Meine Hand ist noch nie geküßt worden. Lena," fügte sie dann hinzu, rasch einen heitern Ton anschlagend, „Lena, gib du ihm einen rechtschaffenen Kuß von mir auf den Mund."

Magdalena umhalste und küßte Jakob. Noch nie hatte ein Kind solche Zärtlichkeit der Eltern gesehen, und Jakob, sich aus den Armen seiner Frau losmachend, sagte schmunzelnd und feuchten Auges: „Ist gut, Mutter! Es ist noch eine Flasche Wein da, die die Frau Justizrätin das letzte Mal hier gelassen hat, ich hab' sie eingegraben, jetzt soll sie auferstehen."

Die beiden Paare stießen an und das Brautpaar war's zufrieden, daß man nicht aufstand, bis die Flasche leer war.

Jakob begleitete noch das junge Paar bis zum Dorfe und als er heimkam, saß Magdalena schlafend im Heisterschen Lehnstuhl.

Mit leisem Tritte holte er sein Waldhorn, setzte es an die Lippen und blies einen Choral. Magdalena erwachte und Jakob rief, das Waldhorn absetzend, mit heller Stimme: „Mutter! Der jüngste Tag ist da, wir sind auferstanden in Seligkeit."

Sechsundzwanzigstes Kapitel.

Zu ebener Erde in der Studierstube des Pfarrers war noch Licht, und als der Missionär und Lena die Hausthür öffneten, kam ihnen der Pfarrer mit der Lampe in der Hand entgegen.

Der Pfarrer war bis vor einer Stunde auf dem Eichhof gewesen und hatte erst bei der Heimkehr von der schnellen Verlobung gehört. Er ließ die beiden in seine Studierstube eintreten und sprach seinen Glückwunsch aus, dann sagte er, der Herr Amtsbruder solle noch bei ihm bleiben.

„Ich möcht' nur noch fragen," sagte Lena im Gehen, „wie steht's mit der jungen Eichhofbäuerin?"

„Sie ist schwer krank."

„Und das Kind?"

„Ist frisch und gesund und deine Schwester ist ein wahres Glück für das ganze Haus, sie ist aber von den Nachtwachen so abgemattet, daß deine Mutter oder eine andere gute Frau ihr Hilfe leisten muß."

Lena ging in ihre Kammer. Der Pfarrer hieß den Missionär sich zu ihm setzen und machte eine große Einleitung, wie grundbrav, wie tadellos das Leben von Lenas Eltern sei; mit stockender Stimme setzte er hinzu, daß die beiden nicht wüßten, wie er im Auftrage des Vereins für entlassene Sträflinge sie besonders im Auge habe.

Der Pfarrer fügte hinzu, daß die Kinder nichts von der Vergangenheit der Eltern wissen; der älteste Sohn sei ein unruhiger Charakter, der noch gut und schlecht werden könne, die anderen aber seien wahre Muster von Bravheit und Frische; noch könne er nicht entscheiden, ob es besser wäre, man sage ihnen, was vorgegangen, oder man lasse es in Hoffnung, daß es vielleicht verborgen bleibe, auf den Zufall ankommen.

Als der Missionär die aufrichtige Beichte Jakobs und dessen Qualen erzählte und wie er da in den tiefen Grund einer einfachen Seele geschaut, sagte der Pfarrer, er habe dem Manne solche Tiefe nicht zugetraut, obgleich der eigentümliche Glanz seiner Augen Ungewöhnliches vermuten ließ. Der Pfarrer war ein echt menschenfreundlicher, sein Amt mit heiligem Ernst pflegender Mann, aber eine leise Verdrossenheit konnte er doch nicht unterdrücken, daß ein Mann aus seiner Gemeinde und noch dazu Jakob, dessen Tochter er so viele Jahre im Hause hatte, die Heilung seiner Seele einem Fremden anvertraute. Allerdings mußte er sich wieder sagen, daß das Bekenntnis Jakobs eine einfache That der Rechtschaffenheit war.

Die beiden Geistlichen ergingen sich in der Betrachtung, wie eine völlige Wiedergeburt und Reinigung sich vollziehe. Sie besprachen das große Rätsel — das für sie freilich keines war — daß die Menschenseele nur durch den Leidenstod zum echten ewigen Leben aufersteht; sie waren darin einig, daß ein Gefallener, der sich wieder aufrichtet, um so höher steige, wie denn alle Religion sich an die Sündigen wende, und Sündige seien alle Menschen, die sich ihr Thun und Lassen ehrlich bekennen.

Im Pfarrhause und im Bahnhäuschen da draußen gab es in dieser Nacht wenig Schlaf.

Beim ersten Frühzuge standen Jakob und Magdalena am Wegübergang; es pfiff schon von ferne ungewöhnlich, und

richtig! Albrecht stand auf der Lokomotive. Der Vater war
stramm und aufrecht wie die zusammengewickelte Fahne in seiner
Hand, aber Magdalena hielt in der einen Hand dem Sohne
das hellglänzende Waldhorn entgegen und mit der andern Hand
deutete sie auf den Vater.

Als der Zug vorüber war, ging Magdalena nach dem
Pfarrhause, Jakob aber gönnte sich's, Tagwacht zu blasen, und
erst, als die Glocke vom Dorfe läutete, hielt er an, nahm die
Mütze unter den Arm und faltete die Hände zu stillem Gebete.

Siebenundzwanzigstes Kapitel.

Der Pfarrer hielt zweimal in der Woche, früh am Morgen
bevor die Leute ins Feld gingen, öffentlichen Gottesdienst.

Magdalena begegnete ihrer Tochter, als sie gerade mit dem
Gebetbuch in der Hand aus dem Pfarrhause kam.

„Grüß Gott! Ich hab's gewußt, daß Ihr kommet, Mutter,"
sagte Lena; weiter wurde kein Wort gesprochen. Die beiden
gingen still miteinander, und in der Kirche beteten sie aus
einem Gebetbuch.

Der Pfarrer überließ das Vorbeten des Vaterunsers dem
Missionär und seine Stimme klang wunderbar. Mutter und
Tochter weinten.

Nach Beendigung des Gottesdienstes eilte Lena ins Pfarrhaus, sie hatte Wasser über dem Feuer stehen; der Herr Pfarrer
will immer bald den Kaffee, und heut ist noch ein anderer da,
dem sie gern das Beste bereitet hätte.

Magdalena wurde von der Nachbarin Frau Maier begrüßt,
die selbstverständlich keinen Wochengottesdienst versäumte, und
es war kein Geringes, daß Frau Maier der Nachbarin mit auf-
richtigem Tone Glück wünschte.

„Zu was?" fragten andere Frauen, die sich herzu gesellten.
Die Verlobung Lenas mit dem Missionär wurde verkündet.

„Es soll ja ein Baron sein," rief die Bäckersfrau. Es
wurde bestätigt, und die Bäckersfrau eilte heimwärts, um die
große Nachricht ihren Kunden mitzuteilen.

Dafür kam eine andere Frau schnell atmend mit dem Gebetbuch in der Hand; es war Frau Süß.

Sie schimpfte auf die Dorfuhr, die nicht richtig mit der
Bahnuhr gestellt sei; dadurch habe sie den Morgengottesdienst
versäumt. Als sie die Kunde von der Verlobung hörte, rief sie:

„Es ist ja ein Baron, das ist eine große Ehr!"

„Davon spricht man nicht zuerst," ermahnte Frau Maier, „da und da," sie deutete auf die Kirche und auf den Friedhof, „ist davon keine Rede."

„Und ich brauch keine Rede von Ihnen," entgegnete Frau Süß heftig schreiend.

Als Magdalena zu beschwichtigen suchte, rief Frau Süß höhnisch:

„So? hat die Advokatenmagd jetzt auch schon predigen gelernt? Ich könnte der Welt auch was predigen. Wart nur!"

Magdalena entfernte sich, ohne ein Wort zu erwidern. Sie ging ins Pfarrhaus, wo sie die Pfarrersleute und den Missionär beim Frühstück traf. Sie mußte sich zu ihnen setzen.

Der Missionär sagte, er fahre nach dem Städtchen, wo der Eilzug anhält, Mutter und Braut sollten ihn begleiten. Magdalena war bereit, sie hatte vorsorglich ihr Sonntagsgewand angezogen. Der Missionär fügte hinzu, daß es ihm vielleicht nicht möglich wäre, vor seiner Abreise nach Indien nach Deutschland zurückzukehren; Lena müsse dann zur Trauung zu ihm nach England kommen. Das war freilich hart, aber die ganze Sache war ja so ungewöhnlich, daß man auch das hinnehmen mußte, wie es einmal war.

Als man eben aufstehen wollte, kam ein Bote vom Eichhof der vom Bahnhäuschen hierher gewiesen war, er meldete: der Bauer und Nickele lassen Magdalena bitten, so schnell als möglich zu der Kranken zu kommen.

„Gehen Sie," sagte die Pfarrerin, „ich begleite dann Lena. Ich könnte wohl," fügte sie hinzu, „an Ihrer Stelle auf den Eichhof gehen. Ich weiß, Herr Bräutigam, es heißt in der Bibel: es ist besser in ein Klagehaus gehen, denn in das Trinkhaus. Aber ich bin leider Gottes ungeschickt bei Kranken."

Magdalena nahm eilig Abschied.

Sie traf glücklicherweise den Knecht, der jeden Tag die Milch vom Eichhof an die Eisenbahn bringt; er war auf dem Heimweg und Magdalena trieb ihn an, rasch zu fahren.

Am Ueberweg rief sie Jakob schnell zu, was er für sie und im Hause besorgen solle.

Eine Stunde darauf fuhren in einer offenen Kutsche die beiden Pfarrer mit der Pfarrerin und Lena durch das Dorf. Alle, an denen sie vorbeifuhren, grüßten ehrerbietig, aber Lena, die neben der Pfarrerin im Vordersitze saß, schaute nicht auf, sie schämte sich des wunderbaren Glückes. Draußen vor dem Dorfe, wo man das einsame Gehöfte sah, sagte Lena zu ihrem Bräutigam:

„Dort oben ist meine Mutter und meine Schwester. Wir sind hier so froh und dort ist so Trauriges ..."

Ja, Magdalena erfuhr in zwiefacher Weise Herzbeklemmendes dort oben.

Die Kranke schlief, als sie ankam. Sie verkündete leise dem Bauer die Verlobung Lenas und er sagte:

„Wünsche Glück. Es ist doch noch Glück auf der Welt."

„Ist deine Mutter da?" rief es aus der Kammer.

„Mutter, kommet herein," sagte Rickele, aus der Kammer in die Stube tretend.

„Anton! komm auch herein!" rief die Kranke.

Magdalena und der Bauer traten ein und die Kranke sagte:

„Richtet mich auf. So! Jetzt sterb ich ruhig. Du, Anton, gib mir die Hand, und Ihr, Magdalena, gebt mir auch die Hand. Wenn ich sterbe ... weinet nicht ... es thut mir weh ... Ja, wenn ich sterb, dann heiratest du das Rickele und du hast's gut und meine Kinder auch. O meine armen Kinder!" Sie konnte vor Herzstößen nicht weiter reden.

„Bäuerin, nimm dich zusammen," konnte der Bauer hervorbringen.

„Ja, ja," rief die Kranke. „Du hast selbst einmal gesagt, mit der wird einmal ein Mann glücklich, und meine Kinder —"

Statt der Antwort wendete sich der Bauer an Magdalena und sagte:

„Seid so gut und lasset mich ein paar Minuten mit meiner Frau allein, nur ein paar Minuten."

„Ja, ich hab' nicht mehr viel," klagte die Frau, „gehet und kommet gleich wieder."

Magdalena ging in die andere Stube und der Bauer sagte zu seiner Frau:

„Plag dich nicht und mich nicht. Du kommst wieder auf."

„Nein, ich komm nicht mehr auf, und ich will's gut für dich und für meine verlassenen Kinder. O, meine Kinder!

„Rickele!" schrie die Kranke mit mächtiger Stimme, „Rickele! Komm herein. Komm hurtig! Deine Mutter auch. Kommet schnell!"

Rickele kam mit dem ältern Kind auf dem Arm und die Bäuerin, die in die Kissen zurückgesunken war, richtete sich mit aller Macht auf und sagte:

„Rickele, versprich mir, daß du meine Kinder nicht verlassen und eine gute Mutter an ihnen sein willst ..."

Statt der Antwort küßte Rickele das Kind auf ihrem Arme, und das Kind umhalste sie.

Mit verklärtem Blick ſah die Kranke auf und ſagte endlich: „Gott ſei Lob und Dank. Ich ſterbe ruhig. Anton, gib dem Rickele die Hand und redet weiter nichts.“

Magdalena ſchickte Rickele mit dem Kinde aus der Kammer. Die junge Wöchnerin verſchied in den Armen Magdalenas. Der Bauer kniete ſchluchzend am Bette.

Als er endlich ſich aufrichtete und mit Magdalena in die Stube ging, ſagte ſie:

„Bauer, merket auf, was ich Euch ſag: die Selige iſt in Ruhe geſtorben, und das iſt gut. Ihr aber ſeid frei und ledig. Ich laſſ' mein Kind keinem aufzwingen und wenn er der König wär.“

Mit kummervollem Blick und unter Schluchzen ſtotterte der Bauer: „Die Selige hat . . . es iſt ſo . . . ich kann jetzt nicht weiter reden . . .“

„Soll ich das Rickele heimſchicken und bei Euch bleiben?“ fragte Magdalena.

„Nein, es bleibt alles, wie es iſt, und ich muß es tragen. Das Wort iſt . . . Ich kann jetzt nicht viel reden . . .“

In derſelben Stunde riß ſich Lena mit ſchwerem Herzen von ihrem Bräutigam los.

Achtundzwanzigſtes Kapitel.

Am Sonntag wurde der Hilfswärter zur Vertretung ein= geſtellt, denn Jakob und Magdalena wollten in der Kirche ſein, wo Lena aufgeboten wurde.

Jakob ſammelte mit Behagen die Glückwünſche ein, die ihm am Ausgange der Kirche und dann im Wirtshauſe dar= gebracht wurden. Nur her damit! ſagten ſeine Mienen, ich kann aufladen, ſo viel es gibt, und ſchön iſt die Welt, man weiß gar nicht, wie viele gute Freunde man hat, wenn man im Glück iſt, und wie viel guter Wein im Keller auf uns wartet, wenn man Geld hat.

Des Lobes und des Weins voll ging er heim, aber feſten Schrittes, denn wie geſagt, er kann von beidem viel vertragen, und daheim ſagte er zu Lisbeth, dem jüngſten Kinde, das auch bereits erwachſen war: „Neſtling, wie alt biſt denn?“

„Bald ſechzehn.“

„Sag': erſt fünfzehn, wird grad ſo gut ſein. Weib,

Mutter," rief er und seine Mienen waren stolz von der Weisheit, die er nun darbringen werde. „Mutter! Die Krämer auf dem Jahrmarkt halten besonders drauf, wer der erste Kunde ist. Jetzt unterm Grafen geb ich keine mehr her. Was meinst, ich bin heute frei, wollen wir nicht eine Ausfahrt machen?"

„Nein. Wir müssen daheim bleiben, es kommen noch Leute zum Glückwünschen."

„Ist mir auch recht. Sieht der Lehnstuhl da nicht aus, wie wenn er die Arme ausbreiten thät? Ist recht. Ich komm schon."

Er setzte sich in den von Heister geschenkten Armstuhl, Magdalena setzte sich ans Fenster und sagte, in die weite Welt hinaus schauend: „Weißt noch? Damals hinterm Hag hast du dir gewünscht, in einen Wald von Familienverwandten hinein zu heiraten. Jetzt haben wir einen Schwiegersohn und wir selber sind ein Wald mit Ablegern und wer weiß . . ."

„Mutter! du hast Gedanken wie . . . ich weiß nicht wie ♣ . . ."

Jakob suchte nicht mehr lange nach dem Vergleich, denn er war im Reden eingeschlafen.

Nicht nur das Glück des Kindes machte Jakob so froh, er war von aller innern Beschwernis entlastet, seitdem er als ehrlicher Mann dem Missionär gebeichtet hatte, und heute war etwas vom alten lustigen Gesellen in ihm aufgewacht.

Es war aber, als ob die Last sich jetzt auf Magdalena gewälzt hätte; der Missionär war ein vornehmer Mann und ein Gelehrter und Frommer, der alles versteht, aber der Eichhofbauer, wenn er dem letzten Wunsche seiner Frau nachkommen will — und daran ist nicht zu zweifeln — da kann's bös werden.

Magdalena war beim Begräbnisse der Eichhofbäuerin gewesen; sie hatte die Tochter täglich besucht, aber von dem, was die Sterbende geäußert, hatte sie Jakob nichts mitgeteilt.

Magdalena ging nun vors Haus, um die Besuche abzufangen, damit der Vater ruhig ausschlafen könne. Sie sah, wie der Nestling mit dem Hilfswärter, der für heute eingestellt war, dort am Ueberweg scherzte. Das wäre schön, wenn die jetzt auch schon anfinge. Sie hätte Lisbeth gern gerufen, aber damit weckte sie den Vater, sie winkte heftig: komm heim! Aber das Kind sah sie nicht. Jetzt endlich kam es mit dem Eichhofbauern, der langsamen Schrittes daher wandelte.

Der Bauer wurde herzlich gegrüßt; er brachte einen Gruß vom Ridele. Jakob, der inzwischen erwacht war, schaute hemdärmelig zum Fenster heraus und rief: „Ei der Bauer! Kommet nur herein!"

Drin in der Stube gab Magdalena zuerſt ihrem Manne
den Rock zum Anziehen, dann mußte der Bauer den Ehrenplatz
im Lehnſtuhl einnehmen.   Er gab etwas unbehilflich ſeinen
Glückwunſch ab, und Jakob erteilte ihm den väterlichen Rat, ſich
ſein Leben nicht zu vergrämen, man müſſe ſich in alles finden.

Magdalena erklärte mit großer Ruhmredigkeit die Bilder
vom Juſtizrat Heiſter und und deſſen Frau und Jakob fügte
hinzu: „Da muß nun bald auch das Bild von meinem Schwieger=
ſohn dazu.“

Der Bauer ließ ſich herbei, das Glück zu preiſen, da ging
die Thüre auf und herein trat Frau Süß; ihre funkelnden Augen
ſchweiften unruhig hin und her und an der Art, wie Magdalena
erſchrak, merkte ſie, daß hier etwas vorgehe.

Ohne an das Leid des einen und die Freude der andern zu
erinnern, verkündete ſie, daß ſie vor allem hierher geeilt ſei, um
die Nachricht zu geben, daß ihr Mann endlich zum Bahnmeiſter
im Unterland ernannt worden ſei, und Viktoria ſei bereits ab=
gereiſt, um telegraphieren zu lernen. Sie ſchien ihre Luſt daran
zu haben, auch Magdalena zum Heucheln zu zwingen, denn ſie
konnte dem Bauern nicht genug darlegen, welche innige Freun=
dinnen ſie ſeien. Dazwiſchen fragte ſie ſtets Magdalena: Nicht
wahr? ſo daß dieſe bejahen mußte. Sie hatte aber auch, wie
ſie erklärte, heute ſchon ſich als Freundin bewieſen, ſie hatte den
Leuten die Mäuler geſtopft, die in Neid und Unverſtand allerlei
munkeln, daß die Heirat mit dem Miſſionär ſo ſchnell gehe und
daß er nicht wieder komme und Lena ihm nachreiſen müſſe.

„Zu was iſt das gut, daß wir das alles wiſſen müſſen?“
platzte Jakob heraus. Frau Süß erwiderte mit ſpitzigem Tone:
„Ehrenleute wie ihr dürfen alles wiſſen, und man darf auch
alles von ihnen wiſſen.“

Magdalena ſah, wie die Zornesader ihres Mannes ſchwoll,
ſie legte ihm die Hand auf die Schulter, um ihn zu mahnen,
ruhig zu bleiben, aber er wehrte ab.

„Ja wohl!“ rief er mit heiſerer Stimme; der Zorn ſchien
ihn heiſer gemacht zu haben und der verſchlafene Weingeiſt
ſchien aufzuwachen. „Ja wohl! Luſtig iſt’s. Frau Nachbarin!
Mit Ihnen will ich den Kehraus tanzen, ohne Muſik . . .“ Er
ſtreckte die Hand nach ihr aus.

Wie vom Himmel geſendet, trat da plötzlich Albrecht ein
und ſeine Erſcheinung, voll Anmut und Kraft, veränderte die
Mienen aller und lenkte einen Ausbruch bittern Streites ab.
Nur Jakob hatte noch ein Wort, das man ihm vielleicht nicht
zugetraut hätte, denn er ſagte mit ruhiger Ueberlegenheit:

„Ja, Frau Nachbarin, mir thut's im Herzen leid, daß wir Ihren Mann verlieren, der ist ein rechtlicher, herzbraver Mann und hat nichts Verstecktes und nichts Boshaftes."

Nach diesen Worten wendete er sich an seinen Sohn und schüttelte ihm tapfer die Hand.

Frau Süß wäre gern mit dem Eichhofbauer davon gegangen, um ihn auszuhorchen, der aber setzte sich nochmals und ließ sich Feuer geben für seine Pfeife. Er schien auch besonderes Wohlgefallen an Albrecht zu haben.

„Der Schlag Menschen ist gut. Das ist ein prächtiger Schwager," sagten seine Mienen, mit Worten sprach er nicht viel. Er ist der Eichhofbauer, hat so viel Aecker und Wiesen und Wald und vier Rosse im Stall, da braucht man nicht reden, die Welt weiß, wer man ist und was man zu sagen, oder eigentlich ungesagt zu bedeuten hat.

Die Eltern hatten anfangs nicht die gewohnte Freude von Albrecht, denn er sagte:

„Ehrlich gestanden, ich habe keinen Gefallen am Missionswesen."

„So? Und warum nicht?"

„Man sollte nur dahin Religion tragen, wo noch keine ist, denn im Grund sind alle Religionen gleich gut; es gibt in jeder gute und schlechte Menschen, und die Indier sollen eine ganz gute Religion haben und die Chinesen und die Japanesen sind so geschickt und in manchem noch geschickter wie wir."

Noch ehe Albrecht sich erklären konnte, fragte Magdalena:

„Seit wann bist denn du so gottlos und schimpfst auf unsere heilige Religion? In deinem Elternhaus bist du zu so was nicht angelernt worden," schloß sie mit einem Seitenblick auf den Bauern. Sie war aber nicht wenig erstaunt, als der Bauer sagte:

„Ich geb' auch keinen Kreuzer zu den Missionen. Ich bin da ganz mit dem Sohn einverstanden. Ich hab' ein Buch daheim, wo das auch drin steht und noch mehr, Payne heißt es, es ist aus dem Englischen ins Deutsche übersetzt, mein Schwager hat mir's aus Amerika überschickt. Daneben aber ist der Missionär gewiß ein Mann, der es gut meint und gewiß auch Gutes thut, und eine Ehre für die Familie ist er allweg."

Wenn der Stuhl plötzlich zu tanzen angefangen hätte, man hätte sich nicht mehr darüber gewundert, als daß der schweigsame, still seinen Weg gehende Bauer so redete.

In guter Verständigung saß man noch lange beisammen. Der Bauer besprach mit Albrecht, wie schwer es sei, heutzutage Dienstboten zu bekommen und zu behalten, und ob denn das Zudrängen zu den Fabriken nicht bald aufhöre.

Albrecht gab ausführlichen Bescheid, und der Bauer nickte wohlgefällig, als Albrecht in großen Zügen darlegte, wie ein Umschlag eintreten müsse, so daß die Leute den ruhigen und stetigen Erwerb, zumal in der Feldarbeit, wieder neu schätzen lernen.

Es kamen noch viele Glück wünschende Besuche, zuletzt auch noch die Braut, und um Frau Süß ganz sicher zu beschwichtigen, zeigte ihr Magdalena die von Frau Heister vererbten und für Lena bestimmten Kleider und eins davon, das für Viktoria paßte, wurde der lieben Nachbarin um ein Geringes überlassen.

Frau Süß war aber doch noch tückisch genug, beim Abschied zu sagen: „Ich bin froh, daß ich von dem Haus Gottverlassen wegkomme. Wenn andere zufrieden sind, so aus der Welt draußen zu sein, werden sie wissen warum."

Sie ging triumphierend davon, da sie das gesagt hatte. Der Bauer begleitete Albrecht, der zur Station mußte, eine gute Strecke Weges und Magdalena sah noch von ferne, wie sie still standen und einander beide Hände reichten; der Bauer hatte offenbar jetzt Albrecht gesagt, daß sie Schwäger würden. Und jetzt sah sie, wie beide lachten. Sie hat's richtig erraten warum, denn Albrecht hatte dem Schwager erzählt, daß vor Jahren, vom Einzuge nach der Hochzeit her, seine Schwester den Scherznamen Schmalzrickele bekommen habe.

Neunundzwanzigstes Kapitel.

Wer kann sagen, wie ein Gerücht entsteht? Vielleicht war etwas vom Gesinde auf dem Eichhof erlauscht worden, vielleicht hatte sich eine Vermutung zu einer ausgemachten Thatsache verdichtet.

So zurückhaltend sich auch der Eichhofbauer, Rickele und Magdalena verhielten, es wurde doch ruchbar, was in der Todes- stunde der Bäuerin sich ereignet hatte, und es drang auch zu Jakob in das Häuschen am Ueberweg. Er stellte deshalb seine Frau zur Rede und sie erzählte alles getreu, mit dem Hinzu- fügen, sie habe warten wollen, bis der Bauer in aller Form um Rickele anhalte.

„Ja, ja," entgegnete Jakob, „was lange Kleider hat, kann

viel besser was verstecken und verheimlichen. Jetzt will ich dir
was sagen: vergib dir und unserm Kind nichts gegen den hoch=
mütigen Eichhofbauer und . . . wenn etwas daraus wird, dem
Baron habe ich alles gesagt, jetzt dem Bauer mußt du alles
sagen; du bist dabei gewesen, wie sich die Sache eingefädelt hat,
jetzt mach' auch den Knopf. Weiter sag ich kein Wort."

Und er sagte auch weiter keines, er gab dem Bauer die
Hand, der ihm die seine jetzt immer darstreckte, er sprach aber
kein übriges Wort mit ihm und nickte nur, wenn der Bauer
ihn einlud, ihn auf dem Hofe zu besuchen; er ließ es aber
wohlweislich bleiben, der Einladung zu folgen.

Um so mehr war Magdalena auf dem Eichhof, und sie
hatte ihre besondere Freude dran, wie der Bauer von Albrecht
sprach. Er wollte auch Näheres von Emil wissen und die
Mutter mußte gestehen, daß sie dem Erstgeborenen nicht so viel
Gutes zutraue; er sei als Kind das bravste gewesen, aber nach=
her sei er "arg ausgeartet", er könne aber noch immer gut
werden.

Der Missionär hatte nicht nach den Großeltern gefragt
und nicht ob die Eltern Geschwister und Verwandte hätten, um
so eifriger fragte aber der Bauer. Magdalena erklärte, daß
sie und ihr Mann ganz allein stünden in der Welt; der Bauer
habe keine Ueberlast von Angehörigen zu befürchten.

"Deswegen frage ich nicht," entgegnete der Bauer, zum
erstenmal ärgerlich, "man will doch von den Verwandten wissen
und wie die Eltern vordem gelebt haben."

Da war's, da stand nun Magdalena vor dem schweren
Rätsel. Sie war aber gewandt genug, dem Bauer zu erklären,
daß sie und Jakob Dienstboten gewesen und Schweres durch=
zumachen gehabt hätten; das sei aber vorbei und der Justizrat
Heister sei wie ihr Vater, und wenn der käme, werde der Bauer
erst recht hören, was seine Schwiegereltern seien. Sie erging
sich in Schilderung Heisters und seiner Frau; der Bauer schien
zufrieden und sie selber war's auch. Sie hatte nichts Unehr=
liches gesagt, und wer so gescheit und aufgeklärt denken
kann, wie der Bauer damals bei Albrecht gezeigt, der wird,
wenn das Vergangene an Tag kommt, schon leicht drüber weg
kommen.

"Wie ist's denn, Mutter?" fragte Jakob, "der Bauer ist
nicht mehr so gradaus mit mir wie sonst. Hast du ihm alles
gesagt?"

"Alles noch nicht, aber die Hauptsache," beruhigte Magda=
lena, "und er ist gescheit, man sieht's ihm nicht an, und er ist

in Rickele verliebt wie ein junger Burſch und dankbar und ehrerbietig gegen ſie wie —"

„Ja, wie denn?"

„Ich weiß nicht mehr! Laß mich in Ruh. Ich hab genug
zu thun, jetzt alles für Lena zu richten."

Das war wahr und den Sonntag nach dem dritten Aufgebot kam ein Telegramm, daß Lena ſofort nach England abreiſen ſolle, denn der Miſſionär müſſe alsbald auf ſeinen Poſten.

Auf demſelben Zuge, auf dem Süß und ſeine Frau ab-
reiſten, ſtieg auch Lena ein. Der Pfarrer und die Pfarrerin
gaben ihr eine Strecke Weges das Geleite, die Eltern blieben
zurück und der Pfarrer hielt auf dem Bahnhofe eine Art
Trauungsrede und wendete ſich beſonders tröſtend an die
Eltern. Noch nie wurde auf dem Bahnhofe heftiger geweint,
als an dieſem Tage von Magdalena, und auch Jakob ſagte
ſchluchzend: „Man ſpürt's erſt, wenn ein Kind ſo davon geht,
was das heißen will, und in der Stunde der Trauung ſind
wir nicht einmal bei ihm."

Wenige Tage drauf kam ein Telegramm, daß Lena und
der Miſſionär getraut worden und ſich nach Oſtindien eingeſchifft
hätten.

Dreißigſtes Kapitel.

„Der älteſte Sohn in Frankreich und die älteſte Tochter
in Oſtindien," ſagte Jakob am Feierabend, „hat der Bub noch
nicht einmal auf den ſchon ſo lange geſchriebenen Brief von
der Verlobung ſeiner Schweſter geantwortet. Ja du," wendete
er ſich zu dem Bilde, „ein Nichtsnutz biſt du. Ein Nichtsnutz!"

Nach Art der Mutter ſuchte Magdalena den Sohn zu entſchuldigen; vielleicht ſei ein Brief verloren gegangen.

„Ja, ja," entgegnete Jakob, „ich wünſch', daß du recht
haben mögeſt, ich mein' aber, du redeſt dir nur ſelber ein, was
du ſagſt. Ein Nichtsnutz iſt der Bub. Ich ſag mir's nur ehrlich und muß es tragen."

Er hatte das rechte Wort geſagt, und wußte doch nicht,
was in Hyères vorging.

Heiſter war ſchwer krank geworden, war aber jetzt bereits
wieder geneſen und Emil hatte ihn mit einer Liebe und Sorg-
falt gepflegt, die kein leibliches Kind nachhaltiger und geduldiger
üben konnte, und dabei hatte er eine Art der Erheiterung, ein
ſcherzhaftes Zureden, daß Heiſter einmal ſagte:

„Du haſt doch viel von deiner Mutter. Du weißt gar
nicht, wie lieb mir deine Mutter war."

„Ja wohl, das weiß ich," entgegnete Emil, und Heiſter
merkte nichts von dem triumphierenden Tone, mit dem er das
ausſprach.

Er ging am Arme Emils wieder ſpazieren und wiederholt
ſagte er, er habe Luſt, ſich in der Heimat auf ein kleines Landgut zurückzuziehen, er möchte Emil gern lebenslang bei ſich behalten, aber es wäre unrecht, ihn ſeinem Berufe und einem
ſelbſtändigen Leben zu entziehen.

„Biſt du um Verlängerung deines Urlaubes eingekommen?"
fragte Heiſter dann. Emil bejahte und doch hatte er das mit
Abſicht unterlaſſen; es war ja unmöglich, in das kleinliche Lehrer-
tum, wie es ihm jetzt erſchien, wieder einzutreten.

In der Nachbarſchaft der beiden Männer lebte ein junges
Ehepaar aus Norddeutſchland; der Mann, der als Hauptmann
im Heere diente, war ſchwer krank und die feine, lebhafte junge
Frau pflegte den Rettungsloſen mit der vollen Hingebung einer
Liebenden.

Emil ſtand in freundlichem Verkehr mit dem jungen Ehepaar, und der jugendlich friſche, allzeit gefällige „Sekretär des
Juſtizrats" war den beiden zur Stütze. Daneben hatte er mit
der jungen Frau ſtändig einen Austauſch von Büchern, die
reichen Geſprächsſtoff boten, denn Emil hatte mit großer Schnelligkeit ſich das Franzöſiſche angeeignet. Heiſter ermahnte ihn oft,
ſich mit dem franzöſiſchen Schulweſen und mit wiſſenſchaftlichen
franzöſiſchen Werken bekannt zu machen. Er nahm ſelber Ein-
ſicht von den Büchern, die zwiſchen Emil und der jungen Frau
hin und her gingen. Er konnte dieſe Lektüre nur mißbilligen
und warnte die jungen Leute: Man leſe dergleichen nicht un-
geſtraft; er betrachte dieſe pikanten Romandichter in gewiſſer
Hinſicht als Verräter an ihrem eigenen Vaterlande, denn es
könne nicht wahr ſein, daß eine Nation aus einer ſo großen
Anzahl ſolcher Perſonen beſtehe; wäre das der Fall, ſo gäbe
es, abgeſehen von der Seltenheit rein ſittlicher Ehen, zuletzt
kaum mehr eine redliche Gemeindeverwaltung oder eine recht-
ſchaffene Vormundſchaft für Waiſen, überhaupt keine ſittliche
That mehr.

Die beiden jungen Leute hörten den „Pedanten" mit mit-
leidiger Nachſicht an und ſcherzten oft über ihn.

Dagegen erhielt Heiſter von dem kranken Manne die
Schriften von Fritz Reuter, und ſo ſchwer es ihm anfangs als
Süddeutſcher wurde, er las ſich in dieſelben hinein und wieder-

holte oft, er verdanke seine volle Genesung, die Erheiterung seines Gemütes den sonnigen Schriften des plattdeutschen Dichters.

Als im Frühling der Offizier starb, vererbte er ausdrück: lich diese Bücher dem Justizrat Heister. Die junge Frau war zerbrochen und verlassen, und sie gestand Heister, daß sie nach den Landesgesetzen als kinderlos auch erblos sei und sich ihren ferneren Lebensunterhalt durch Arbeit suchen müsse.

Ob sie dies auch Emil mitgeteilt, blieb zweifelhaft; er nahm ihr alle Mühseligkeiten ab, und nach ihrer Abreise war er mehrere Tage in sich gekehrt.

Heister berichtete ihm von dem grausamen Gesetze, das die junge Witwe nun der Armut übergab.

Emil erwiderte hierauf nichts, sondern sagte: „Ich war im Bagno in Toulon, ich habe in das Chaos der Verbrecher: welt hinein gesehen. Aber was ist das alles noch gegen Men: schen, die mit dem Brandmal behaftet, Kinder in die Welt hin: einsetzen und ihnen von der Geburt an ein Brandmal auf: drücken?"

Heister erzitterte und brachte endlich die Worte hervor: „Was sagst du?"

„Sie haben mich wohl verstanden," entgegnete Emil mit eisiger Kälte. „Herr Justizrat! Ich möchte einmal ganz offen mit Ihnen sprechen und den Heimlichkeiten ein Ende machen. Darf ich?"

„Sprich nur."

„Ich überlasse es Ihnen, welchen Namen ich haben soll, obgleich mir natürlich der ehrliche lieber wäre. Ich werde mit Leichtigkeit die Landwirtschaft so erlernen, daß ich Ihr Gut in der Heimat bewirtschaften kann. Ich glaube, Ihnen gezeigt zu haben, wie ich Sie treulich pflege, und mit mir wird das all: zeit Emilia thun."

„Emilia?"

„Ja, Emilia. Wir haben uns gelobt, wenn die Trauer: zeit vorüber ist, uns anzugehören. Sie werden als Vater die Einwilligung geben."

„Vater? Ich?"

„Nun denn, so muß ich's sagen. Der Mann im Bahn: häuschen heißt mein Vater, aber Sie, aber du —"

„Pfui!" konnte noch Heister rufen, dann verfiel er in einen Hustenanfall, daß es schien, er sinke sofort in den Tod; er wehrte Emil ab, der ihn in die Arme fassen wollte, aber bald konnte er sich dessen nicht mehr erwehren.

Heister erholte sich wieder, er öffnete die Augen, er sah

Emil, er schloß die Augen wieder und schien sich lange still zu fassen. Mit großer Selbstbeherrschung sagte er dann, daß die verdorbenen Bücher die Seele Emils vergiftet hätten; Emil habe sich schwer versündigt, aber es könne ihm noch verziehen werden. Heister hielt mit scharfem Bedacht die bittern Worte zurück, die ihm auf der Lippe schwebten, er fürchtete, Emil zu einer verzweifelten That zu treiben, und er wollte ihn heimbringen.

Auf der Reise nach der Heimat sprachen Heister und Emil nur selten ein Wort.

Am Morgen nach der Ankunft schickte Heister nach dem Hauptmann Hornung, dem Sohne seines Freundes. Als dieser eingetreten war, sagte er:

„Bitte, Herr Hauptmann, warten Sie hier. Ich habe mit dem jungen Manne hier nur noch ein Wort zu sprechen." Er winkte Emil, ihm zu folgen.

Er trat mit ihm in die andere Stube und sagte: „Wie schlecht du bist, das soll vorerst niemand wissen als du und ich. Ich rate dir nun, thue freiwillig, was du sonst gezwungen thun mußt."

„Was? Was denn?"

„Du hast den Lehrerdienst aufgegeben und bist nun militärpflichtig. Vielleicht kannst du als Soldat noch ein brauchbarer Mensch werden, dessen sich deine Eltern nicht zu schämen haben."

Bevor Emil erwidern konnte, öffnete Heister die Thüre und sagte:

„Herr Hauptmann, der Herr Ketterer hier war Lehrer und muß nun, da er diesen Beruf aufgegeben, Soldat werden; ich bitte Sie, auf meinen Paten ein besonderes Augenmerk zu halten. Nun sprechen Sie, Herr Ketterer."

Sie? Herr Ketterer? Emil schaute hin und her, wie wenn ihn Wahnsinn ergreifen müßte; endlich faßte er sich und erklärte, daß er seine Soldatenpflicht erfüllen wolle; sein Atem war beklommen, sein Auge funkelte und seine Zähne knirschten.

„Ihren Eltern werde ich selber mitteilen, daß Sie Soldat werden. Ich muß Ihnen nämlich sagen," wendete sich Heister zum Hauptmann, „daß Herr Emil Ketterer mein Pate ist. Er ist der Sohn des Bahnwärters Ketterer, der in nahezu dreißig Dienstjahren noch keinen Tadel seiner Vorgesetzten erhalten hat. Die Mutter des Herrn Ketterer war fast sieben Jahre bei uns in Dienst und nachdem sie gegen unsern Willen unser Haus verlassen hatte, heiratete sie zwei Jahre später, und Herr Emil ist der älteste Sohn."

Der Hauptmann nahm diese seltsame Mitteilung mit Ver-

wunderung auf, Emil wußte, warum sie so und vor diesem
Zeugen gegeben wurde; er fuhr sich mehrmals mit der Hand
nach dem Hals, wie wenn ihn die feine knochige Hand des
Justizrats da würge. Heister hatte es tief unter seiner Würde
gehalten, dem Entarteten eine Erklärung zu geben, und er hatte
den befreundeten Hauptmann vornehmlich in der Absicht zu sich
gebeten, um Emil in jeder Weise zu bannen. Jetzt wendete er
sich wieder zu Emil und sagte:

„Ich hoffe, Sie werden sich so halten, daß Sie bald eine
höhere Stelle erringen. Herr Hauptmann, er hat ein gutes
Lehrerexamen gemacht und spricht vortrefflich französisch.“

Einunddreißigstes Kapitel.

Wohl ist es dem Menschen vergönnt, sich aus eigener Kraft
empor zu ringen und sein Leben zu bilden. Wer aber die Gemeinschaft verletzte, dem muß die Gemeinschaft wieder aufhelfen.
Der Daseinsgenosse muß die Hand reichen. Es geht ein Glaube
durch die Welt, daß man aus Leben und Lehre der Reinen,
die längst dahingeschieden, sein Dasein erneuern könne, und es
ist und bleibt ein edles Erbe der gegenwärtigen Menschheit, was
erhabene Geister in sich vollendeten. Es geht ein anderer Glaube
durch die Welt, daß aus der Gemeinverbindlichkeit der Lebenden
das Reine und Echte sich vollzieht.

Ein Sendbote dieser Ueberzeugung war Heister, der durch
keine Ruchlosigkeit sich die Zuversicht der Rettung und die Pflicht
der Hilfeleistung zerstören ließ.

In dem Manne, der eben aus schwerem Leid erstanden war,
lebte frische Jugendkraft, da er von der Hauptstadt aus nach der
Station fuhr, von wo er nach dem Bahnhäuschen Numero 374 ging.

Heister traf die beiden Eheleute daheim und er wurde mit
der ganzen Innigkeit begrüßt, die in den beiden für ihn waltete.

Als nach Emil gefragt wurde, erklärte Heister, daß er
Soldat geworden.

Jakob preßte die Lippen zusammen und schüttelte lange den
Kopf, dann sagte er, das sei wohl das Beste für Emil, vielleicht
das einzige, was ihn noch zum richtigen Menschen machen könne,
denn gehorchen, ohne dabei zu mucksen, das werde ihm gut thun.

Nicht so beruhigt war Magdalena; sie ahnte, was zwischen
dem Justizrat und Emil vorgekommen sein konnte. Zornesröte

und Schamröte überflog ihr Antlitz, und sie, die den Erstgebore=
nen immer zu verteidigen gesucht, hatte jetzt nicht die gleiche
Hoffnung wie der Vater.

Dieser aber war in der eigenen Befreiung voll Vertrauens,
daß alles neu gedeihen könne, und sein Auge leuchtete wunder=
bar, als er Heister darlegte, daß er nun doppelt erlöst sei; Heister
habe ihm die Schuld vor dem weltlichen und der Missionär die
vor dem himmlischen Richter ausgelöscht.

Als er jetzt auf seinen Posten mußte, sagte er noch im
Fortgehen, Magdalena solle dem Herrn Justizrat die Sache mit
dem Eichhofbauer erzählen.

Das war es, was Magdalena gewünscht hatte, und doch
kam sie lange nicht zu Wort. Sie wollte Heister zuerst sagen,
daß sie von dem verruchten Gedanken Emils wisse, aber sie
konnte es nicht über die Lippen bringen. Endlich berichtete sie
von den Vorgängen beim Tode der Eichhofbäuerin und daß der
Bauer in den nächsten Tagen bei Jakob um Ridele freien wolle.
Sie gestand, daß sie ihrem Manne versprochen habe, dem Bauer
alles zu erzählen, es aber bis jetzt nicht vermocht hätte.

„Und da meinst du, ich soll dem Bauer alles berichten?"

Magdalena nickte und schaute zur Erde und eben als sie
sprechen wollte, brauste der Zug am Hause vorüber und das
tönte so gewaltig, daß kein anderer Laut vernehmbar war.

„Willst du mit mir zum Eichhofbauer gehen?" fragte Heister.

„Ich bitt' . . . ich mein' . . . es wär besser, der Herr Justiz=
rat geht allein."

„Glaubst du nicht, es wäre besser, man sagte dem Bauer
gar nichts?"

„Ja, das hab' ich auch gemeint, aber der Vater will und
thut's nicht anders."

„Dein Mann hat recht und ich geh."

Mit bangem Herzpochen sah Magdalena dem alten Freunde
und Wohlthäter nach, der nach dem Eichhof ging.

Zweiunddreißigstes Kapitel.

Auf dem Eichhof wurde Heister mit großer Ehrerbietung
empfangen, denn der Bauer kannte nicht nur die hervorragende
gemeinnützige Thätigkeit Heisters in allen Landesangelegenheiten;
er kannte, wie sich jetzt zeigte, ihn auch persönlich von den

Schwurgerichten her, wo Heister als Verteidiger und der Eichhofbauer als Geschworener getagt hatte.

„Ich habe Sie gleich erkannt," sagte der Bauer, „es hängt
ja drunten im Bahnhäuschen . . . Ihnen kann ich's ja sagen . . .
bei meinen zukünftigen Schwiegereltern Ihr Bild, und zur Hochzeit bitte ich mir's als Geschenk aus, daß Sie mir auch ein Bild
von Ihnen geben; es soll den Ehrenplatz in unserem Hause
haben."

Heister fragte nach Rickele, die im Felde war, und der
Bauer konnte nicht genug rühmen, wie brav und wie tüchtig
sie sei.

Einfach und grabaus sagte nun Heister, daß er von den
Eltern geschickt sei, um dem Bauer alles zu berichten, bevor er
sich entscheide. Er erzählte die ganze Vergangenheit. Der Bauer
fuhr sich mehrmals mit der breiten Hand über das Gesicht, aber
er mischte kein Wort ein. „Wenn ich das Glück hätte," schloß
Heister, „einen Sohn zu besitzen, ich würde mit freudigem Herzen
meine Zustimmung geben, daß er eine Tochter dieser vielgeprüften
rechtschaffenen Menschen heimführe."

Eben als Heister geendet hatte, trat Rickele mit den Kindern
ein; sie war hocherfreut, Heister hier zu sehen, und lehrte die
Kinder seinen Namen.

„Jetzt laß uns allein, der Bauer hat mit mir zu reden,"
sagte Heister; und als Rickele mit den Kindern gegangen war,
fuhr er fort: „Redet jetzt, offen und frei."

Der Bauer sah um und um, wie wenn die Wände ihm
zu Worte helfen müßten; endlich sagte er:

„Weiß Rickele das alles auch?"

„Nein."

„Dann weiß ich auch nichts und . . . ein Kind hat nicht
für die Eltern zu büßen. Ehrenleute sind's doch, rechte."

Heister streckte dem Bauer die Hand dar und sagte:

„Ihr gebt mir ein Glück ohnegleichen, daß Ihr meinen
Glauben an die Rechtschaffenheit bewährt."

„So gehen Sie mit mir ins Bahnhäuschen. Ich will jetzt
bei den Eltern um Rickele anhalten."

Der Bauer sagte Rickele, sie solle bald nachkommen in ihr
Elternhaus.

Die beiden Männer gingen still dahin, bis der Bauer fragte:

„Herr Justizrat, glauben Sie nicht, daß der Mann freigesprochen worden wäre, wenn wir damals schon Schwurgerichte
gehabt hätten?"

„Nein," lautete die kurze Antwort.

Der Bauer sah den sonst so leutseligen Mann von der
Seite an. Hätte der Mann nicht sagen können: Ja! Nicht-
schuldig hätte der Wahrspruch gelautet? Das wäre doch eine
Hilfe, wenn alle Schuld auf dem heimlichen Gericht läge ...
Wieder ging der Bauer lange stumm dahin, endlich begann er:

„Sie haben recht. Die Wahrheit, das ist die Hauptsache.
Sagen Sie mir nur noch: Weiß der Missionär auch alles?"

„Ja. Und er hat Jakob geküßt."

„Das thu ich just nicht. Aber was der Missionär kann,
kann ich auch."

Im Bahnhäuschen, wo eben ein Brief von Lena und dem
Schwiegersohn eingetroffen war, die glücklich ihren Bestimmungsort
erreicht hatten, wurde die Verlobung gefeiert und Heister versprach, zur Hochzeit zu kommen, die noch vor der Erntezeit gehalten werden sollte. —

Heister kam zur Hochzeit, aber zum Bedauern aller war
Albrecht verhindert; er war nach dem Oberland versetzt und sein
Dienst war streng. Dagegen war Emil gekommen und er sah
stattlich aus in der Uniform.

Auf dem Wege von der Kirche zum Wirtshaus gesellte
sich Heister zu Magdalena und sprach seine Befriedigung aus
über das kernhafte Wesen des Eichhofbauern, plötzlich brach er
ab, indem er, wie von Schreck ergriffen, sagte:

„Sieh, mit welchen aufgerissenen Augen uns Emil betrachtet."

„Komm her, Emil," rief Magdalena fast unwillkürlich;
und als der Sohn vor ihr stand, sagte sie, ihm frei ins Antlitz
schauend:

„Der Herr Justizrat und ich verzeihen dir alles Böse.
Ich hab' den Glauben, daß du noch so brav werden könntest
wie ... wie dein Vater und ... deine Mutter und unser Wohlthäter."

Emil schlug stumm die Augen nieder und wendete sich
militärisch. —

An der Hochzeitstafel brachte Heister mit kräftiger Stimme
ein Hoch aus auf das junge Ehepaar, und Magdalena sah bescheiden auf den Teller nieder, als er einfließen ließ, es sei den
Kindern zu wünschen, daß sie auch solche Eltern werden wie
Jakob und Magdalena.

Die Mutter suchte den Blick ihres Sohnes Emil, der aber
schaute nicht nach ihr.

Trotz, Mannes- und Soldatenstolz kämpften in der Seele
Emils mit einer kindlichen Regung. Er wollte vor Heister

bintreten und ihm das Bekenntnis der Reue ablegen, aber eine Stimme in ihm ſagte wieder: es iſt unmännlich, zu bereuen und gar, es zu bekennen.

Zu den beiden in ihm kämpfenden Gewalten kam bald ein drittes. Schnell nacheinander ſtürzte Emil den Hochzeitswein hinunter und bald war er lärmend und prahleriſch.

Nur einmal ließ er ſich zur Ruhe beſtimmen, als alles aufhorchte, da Heiſter dem Pfarrer erzählte, wie in Frankreich eine verkehrte Stimmung herrſche; ſelbſt freiſinnige Männer fänden es ſelbſtverſtändlich, daß Frankreich unſere Rheinlande haben müſſe, und es ſei wohl möglich, daß man vor einem Kriege ſtehe.

Dreiunddreißigſtes Kapitel.

Der Krieg war erklärt, Emil zog ins Feld, Jakob lernte ſtundenweiſe ſchlafen am Tag und in der Nacht, denn die Züge, welche die Soldaten und Geſchütze führten, folgten gedrängt auf= einander.

Bald ſchrieb auch Albrecht, daß er ſich freiwillig zum Bahn= dienſt in Frankreich gemeldet habe und dahin abgehe.

Selbſt Jakob verließ das Haus; er wurde nach der Bahn im Elſaß beordert, wo man verläſſiger Beamten bedurfte. Es war ſeit dem Tode der Frau Heiſter das erſte Mal, daß die Ehe= leute ſich auf längere Zeit trennen mußten, und Jakob lachte in ſich hinein, wie ihn Magdalena ermahnte, auf ſich achtzu= geben, da ſie nicht mehr für ihn bedacht ſein könne.

„Und gottlob, du kannſt ſchreiben und ich auch,“ tröſtete ſie. Die Briefe gingen fleißig hin und her mit der Feldpoſt.

Im Winter hieß es in einem Briefe Jakobs: „Ich habe hier einen Nebenkameraden, er iſt ein Rheinländer aus Bingen, ein luſtiger Kamerad und heißt Valentin, bei dem iſt das ganze Jahr Faſtnacht; er lacht mich auch oft aus, weil ich mir ſo vielerlei Gedanken mache und auch Heimweh nach dir habe. Ja, ich bin jetzt da in den Vogeſenbergen, wo wir daheim ſo oft am Abend die Sonne haben hinuntergehen ſehen. Ich denke um die Zeit beſonders oft an dich, aber auch ſonſt. Ich will dir nur ſagen: Feld und Wald ſind hier wie daheim, und die Menſchen reden auch ſo, wie bei uns, ſind aber nicht ſo; ſie haben gegen uns was Heimtückiſches und Aufſäſſiges, ſie halten ſich für was Beſſeres als wir, weil ſie Franzoſen geweſen ſind.

Bei all dem meine ich doch, wir sollten hierher ziehen und hier bleiben; so schwer ich auch von unserem Haus und allem weggehe, fürchte ich doch jeden Tag, es kommt einmal heraus, was über uns ergangen ist, und wir können unseren Kindern Schlimmes ersparen. Hier in der Fremde kennt uns niemand und wir wären weit weg, und wir zwei sind gottlob so miteinander, daß wir niemand brauchen."

Magdalena erwiderte, sie folge ihm, wohin er bestimme. Jakob antwortete nichts darauf und erzählte in seinem folgenden Briefe nur, welch eine Freude er gehabt, da Albrecht einen ganzen Tag bei ihm gewesen. Albrecht habe sich ausgezeichnet; er habe einmal einen Militärzug gerettet und es stehe in der Zeitung, daß er eine Auszeichnung erhalten habe. Von Emil schrieb er kein Wort, denn Albrecht hatte ihm erzählt, daß Emil Dienste versehe, die freilich nötig seien, aber keine Ehre bringen.

Jakob kam wieder heim, noch bevor der Krieg zu Ende war. Magdalena hatte recht gehabt. Jakob wußte sich allein nicht zu pflegen, er kränkelte; sie hatte aber auch des weiteren recht, daß er unter ihrer Fürsorge bald wieder gesund werde. Jakob hatte auch aus dem Elsaß ein schön Stück Geld mit heimgebracht, das er von der doppelten Löhnung erspart hatte. Magdalena wußte das Geld so anzulegen, daß man neben dem landläufigen Zins noch einen Ehrenzins erhielt, denn der Stolz des Schwiegersohns Eichbauer war sehr geschmeichelt, daß ihm als Sachverständigem die sichere Anlegung übergeben wurde.

Magdalena ließ nicht ab, bis Jakob sie deshalb lobte, und sie war endlich zufrieden, als er sagte: „Eigentlich hättest du sollen Königin sein."

Das war gut, größeres Lob verlangte sie vorerst nicht.

Und als der Krieg zu Ende war, kam Nachricht von Albrecht, er war in die Hauptstadt zurückgekehrt und war dort Werkführer in einer Maschinenfabrik.

Emil war verschollen. Man wußte nicht, ob er gefangen oder gefallen war.

Es soll kein Leben ganz und unzerstückt sein. Die Eltern mußten sich dreinfinden, daß sie nichts mehr von ihrem Erstgeborenen erfuhren, und sie betrachteten manchmal wehmütig das Bild an der Wand.

———

Vierunddreißigſtes Kapitel.

Es war im zweiten Frühling nach dem Kriege. Die Sonne
meinte es ſo gut mit dem Bahnhäuschen, ſie ſchien ſo hell und
warm, daß Magdalena alle Fenſter öffnete.

Das Herz der Mutter war heute ſo voll und ſo bewegt,
denn Albrecht hatte geſchrieben, er ſei krank geweſen, ſei aber
wieder wohlauf und wolle ſich daheim nun ganz ausheilen. Sie
rückte die Stühle und vor allem den großen Lehnſtuhl, ſie
ſtreichelte das Sopha glatt, als wollte ſie ihnen damit ſagen:
Gebt unſerem Sohn nur recht viel gute Ruhe. Sie ging in
den Garten, aber ſie arbeitete heute nichts; ſie betrachtete die
Frühblumen auf dem Boden, ſie ſah wohl Unkraut, aber ſie
jätete es nicht aus. Sie betrachtete ſinnend die Knoſpen an
den Bäumen, die nur die Stunde zu erwarten ſchienen, um
hellblühend aufzubrechen. Die Bienen flogen umher und ſam=
melten Honig und die Hummeln ſummten laut. Sie ſah auf
nach den Bergen; der Schnee war geſchmolzen, nur dort das
Frauenhemd lag noch ausgebreitet, ja ganz genau war's ſo; vom
Thale aus zeigte ſich eine Schneelage, die immer am früheſten
da iſt und am ſpäteſten verſchwindet, ganz in der Form eines
Frauenhemdes mit den kurzen Aermeln hingebreitet.

Jahr um Jahr hatte das Magdalena geſehen, heute erſchien
es ihr wie ein Wunder, wie ein Zeichen. Sie hat gewiß keinen
Aberglauben, ſie hat ja bei einem freiſinnigen Advokaten gedient,
aber ſeltſam iſt es doch, und doch vielleicht ein Anzeichen, daß
ihr das heute ſo beſonders auffällt.

Endlich machte ſich Magdalena auf den Weg nach dem
Bahnhofe. Niemand begleitete ſie, der Neſtling mußte daheim
kochen; Jakob hatte ſeinen gewohnten Dienſt und die Eichhof=
bäuerin konnte nicht von Hauſe weg, verſprach aber das zwei=
ſpännige Bernerwägelein an die Halteſtelle zu ſchicken.

Die Lerchen ſangen in den Lüften, die Finken ſchmetterten
luſtig von den Bäumen, und von fern her klang das Wald=
horn Jakobs.

„Die Männchen können luſtig ſingen, derweil die Weibchen
ſtill brüten,“ ſagte Magdalena vor ſich hin.

Auf dem Bahnhof war es ſtill. Jetzt ſauſte der Eilzug
vorüber; er hält hier nicht an, er kennt nur die großen Halte=
ſtellen. Auf der leeren Lände — Perron genannt — fing der
Stationsdiener den Briefbeutel auf, der vom Eilzug herab=
geworfen ward. Magdalena fragte den Stationsmeiſter, ob kein

Brief für sie da sei. „Nichts, als die Zeitung für Euren Mann," erhielt sie zur Antwort.

„Bis wann kommt der nächste Zug?" fragte sie wieder.

Der Stationsmeister sah sie ärgerlich an, das mußte die Frau des Bahnwärters doch wissen. „In siebenunddreißig Minuten," sagte er barsch und kramte weiter in den Briefen.

Der Nestling hatte recht gehabt, die Mutter brauchte nicht so zu eilen; aber die Mutter hatte auch recht gehabt, sie fühlte sich dem Sohne schon näher, da sie auf dem Bahnhofe war.

Die Stationsmeisterin schaute zum Fenster heraus und rief sie herauf. Magdalena erfreute sich immer der Gunst der redseligen Vorgesetzten, die wie sie selbst ihre Jugend in der Hauptstadt verbracht hatte. Heute war aber Magdalena sehr unerkenntlich, ja sie trank sogar von dem vorgesetzten Kirschengeist, ohne Dank zu sagen.

„Das Signal wird aufgezogen," sagte sie plötzlich, denn sie hörte das Quicksen der kleinen Räder an der aufgerichteten Stange, und obgleich es dann noch zwölf Minuten dauert, bis der Zug kommt, ging sie doch hinab und war hocherfreut, Rickele, die sich doch noch frei gemacht hatte, hier mit dem zweispännigen Bernerwägelein zu treffen.

„O, was für eine gute Luft ist bei uns," sagte die Mutter zu Rickele; „wir haben doch die beste Luft und das vergißt man so oft. Wirst sehen, wenn er sich keinen äußern Schaden gethan hat, er wird bald wieder bei uns gesund; wenn er sich nur nicht, da sei Gott vor, die Hand oder den Fuß abgeknackt hat; er hätte wohl schreiben können, was ihm eigentlich gefehlt hat."

„Mutter! An der Hand kann ihm nichts fehlen, er hat ja selber geschrieben."

„Ist wahr, hast recht. Die Angst und die Freude macht mich dumm. Du wirst auch einmal, wenn du große Kinder hast ... Aber horch."

Man hörte das Rollen in den Bergen, denn man hört hier den Widerhall weit früher, als man den Zug selbst einfahren hört.

„Sei nur recht ruhig, wenn er kommt," sagte Magdalena zu ihrer Tochter. Diese lächelte. Die Mutter sagt ihr, was sie eigentlich sich selber sagen wollte.

Der Zug ward sichtbar, jetzt geht er langsam, jetzt hält er an. Die Schaffner riefen die Station, Albrecht stieg aus, er sah so blaß aus in dem braunen Vollbart und war abgemagert, die Narbe auf der Stirne war so rot; er reichte der Mutter die Hand, sie umarmte ihn und rief weinend:

„Gottlob! Du haſt noch all' deine geraden Glieder!"

Albrecht begrüßte die Schweſter und dankte dem Stations=
meiſter und deſſen Frau, die ihn willkommen hießen; ſeine
Stimme war leiſe, ſein Gang unſicher, als er mit den beiden
Frauen nach dem Fuhrwerk ging.

„O Mutter," ſagte er, als er oben neben ihr ſaß, „daheim
werde ich wieder geſund. Ich kann nicht ſagen, wie ich im
Krankenhaus nach der Luft daheim gedürſtet habe."

„Alſo im Krankenhaus biſt geweſen? Warum haſt du uns
das nicht geſchrieben? Die Mutter oder ich wäre zu dir ge=
kommen."

„Streng' ihn nicht an mit Fragen," wehrte Magdalena
der Tochter ab; dann rief ſie dem Fuhrknecht zu, er ſolle vor
dem Metzgerhauſe anhalten; ſie ſtieg dort ab, kam wieder und
mit einem Tone, der ſchon an ſich etwas Sättigendes hatte,
ſagte ſie:

„Gottlob, der Metzger hat heute grad ein Kalb geſchlachtet."

„Er hat's von uns gekauft," ſchaltete die Tochter ein.

„So? Da iſt das Kalbfleiſch aus der Verwandtſchaft."

Albrecht lachte, aber er hielt gewaltſam an, das Lachen
ſchien ihm weh zu thun.

„Haſt du guten Appetit?" fragte die Mutter.

„Nicht recht."

„Gib nur acht, unſere Luft zehrt und nährt, wie man's
will. Und ich will dir Futter geben, daß du wieder ſpringſt
wie ein junges Füllen. Sei nur froh, daß du bei deinen
Eltern biſt."

Plötzlich fing Albrecht laut zu weinen an, aber von
Schluchzen unterbrochen, ſagte er ſich bezwingend: „Mutter, das
iſt noch von meiner Krankheit, daß ich ſo weichmütig bin."

„Vor mir brauchſt du dich nicht zu ſchämen. Laß du
nur dein gutes Herz machen, was es will, ich kenn' dich ja."

„O Mutter!" rief Albrecht, „nimm mich in den Arm.
So, da laß mich den Kopf hinlegen. O, am Mutterherzen! Und
die Lerchen ſingen am Himmel. Alles ... O ſo gut!"

Er ſchlief ein. Der Fuhrmann lenkte die Pferde ſtill im
Schritt.

Vom Waldhornklang erweckt ſchaute Albrecht auf und die
Mutter ſagte: „Horch, wie luſtig, da kommt der Vater, dort
ſteht er und bläſt auf ſeinem Waldhorn."

Nicht weit vom Ueberweg ſtieg man ab; Rickele fuhr heim
und Albrecht ging mit dem Vater langſam heimwärts. Die
Mutter eilte voraus.

Fünfunddreißigstes Kapitel.

Lisbeth, der Nestling, stand unter der Thür und rief:
„Willkommen, Albrecht!"

Dieser freute sich ihres stattlichen Aussehens, und es war wohl gemeint aber ungeschickt, daß Lisbeth erwiderte:
„Ja, aber du siehst gotteserbärmlich aus."

Die Mutter sah sie strafend an und fragte:
„Hast du Feuer?"

Auf die Bejahung wendete sie sich nur noch zu Albrecht und sagte:

„Da leg dich aufs Kanapee, das du geschickt hast. Ich muß den Vater immer zwingen, daß er sich drauf setzt oder gar legt. Oder willst du da im Lehnstuhl ausruhen? Schlaf jetzt ein bißle."

Albrecht setzte sich in den Sessel, und draußen am Herde standen Vater und Mutter.

„Wirst schon sehen," tröstete die Mutter den traurig Dreinschauenden, „er wird bald wieder frischauf. Was hast? Ist dir·nicht gut?"

„Hast du gesehen," entgegnete Jakob, „wie er mich so barmherzig angeschaut hat? O Mutter, der ist nicht krank, der hat nur alles erfahren, und das drückt ihm das Herz ab. An unserem getreuesten Kind geht mein Elend aus."

„Aber Mann! Was machst du wieder? Aber gut! Versprichst du mir, nie mehr einen solchen Gedanken in dir aufkommen zu lassen, wenn ich dir beweise, wie unrecht du hast, und wenn ich dir's sage, was ist?"

„Ja, das versprech ich, heilig, wie ich da die Hand ins Feuer halte."

„So sag ich dir: der Albrecht ist verliebt."

„Doch nicht in eine verheiratete Frau?"

„Mann! Was hast du wieder? Aber still! Er schläft," sagte sie, durch das Schiebfensterchen nach der Stube schauend. Sie winkte Jakob Stille zu, und dieser fragte leise:

„Wie heißt sie denn und was ist sie?"

„Ich weiß weiter nichts; aber wie er auf dem Herweg geschlafen hat, hat er so etwas gemurmelt, und da ist sein Gesicht so heiter geworden. Geh jetzt hinaus und sag' der Lisbeth im Garten, sie soll nicht singen."

Im Hause war's so still, als ob niemand drin wohne; die Fichtenscheite im Feuer knackten nicht, denn sie waren wohl

ausgetrocknet, und draußen harkte Lisbeth still das Garten-
land auf.

Den Menschen kann man befehlen, daß sie still seien; aber
horch, da gackert eine Henne! Ja so sind sie, die machen immer
viel Rühmens davon, wenn sie ein Ei legen, zankte Magdalena
lautlos und „Guten Morgen, Albrecht,“ rief sie durch das
Schiebfensterchen, da Albrecht sich aufrichtete. „Wart', ich bring
dir was.“

Behend eilte sie hinters Haus und kam dann wieder in
die Stube:

„Schau, das ist von unserer neuen goldgelben Henne, sie
stammt von der alten ab, die du vom Habicht gerettet; die hat
dir ein frisches Ei gelegt; das ist ihr Willkomm. So ein
frischgelegtes Ei ist ein wahres Heiltum, das sied' ich dir gleich
und du hast dann Vorspann, bis das rechte Mittagessen kommt.“

Neubelebt sah Albrecht der Mutter ins Angesicht und ihr
noch nach, als sie schnell wieder wegging.

Das Wasser schien auf ihr Geheiß schneller zu sieden,
nach wenigen Minuten war sie wieder da und sah still zu, wie
der Sohn aß; denn so gern sie auch spricht, sie weiß doch, es
ist nicht gut, wenn man einen zum Reden bringt, während
er ißt.

„Mutter, ich meine, es wäre mir schon ganz anders.“

„Ich glaub's, halt dich nur ruhig und iß alle Stund was.
Ich will dir's schon herrichten. Ich versteh das. Der Bruder
von der Frau Justizrätin, das war ein großer Doktor, von
dem hab ich's; ein Krankes, hat er gesagt, muß nie viel, aber
oft essen.“

Jakob, der in der Stube reden hörte, kam auch herein,
und behutsam sagte er:

„Wenn's dich nicht anstrengt, könntest du doch sagen, woher
du das Leiden hast?“

„Ich will's ein andermal näher berichten. Ich hab' einen
Kameraden gerettet, der ins Schwungrad gekommen war, und
dabei einen Stoß bekommen.“

„Genug für heute,“ fiel Magdalena dem schwer Redenden
ins Wort. „Und ich sag, du wirst bald wieder gesund. Darfst
du Wein trinken?“

„Ja wohl, in meinem Koffer ist.“

„Gib mir den Schlüssel, ich will ihn aufmachen.“

„Nein, Mutter, das muß ich selber.“

Er errötete, und Magdalena schaute Jakob bedeutsam an,
dieser aber verstand sie nicht, bis sie, als sie allein waren, sagte:

„Da haſt du's, er hat was von ſeiner Herzallerliebſten im
Koffer."

„Von einer Prinzeſſin?"

„Wenn's auch keine Prinzeſſin iſt, rechtſchaffen iſt ſie ge=
wiß; unſer Albrecht verunſchickt ſich nicht."

Sechsunddreißigſtes Kapitel.

„Albrecht!" rief die Mutter in der Frühe, „jetzt kannſt
dich drauf verlaſſen, es wird alles gut, es iſt nicht Aberglaube."

„Was denn, Mutter?"

„Horch! Dein' Stimm iſt ſchon heller. Die Schwalben
ſind heut nacht ankommen. Horch! Wie ſie im Neſt zwitſchern,
und die Kuh brummt: ja, ihr habt's gut, ihr könnt durch das
Luftloch da aus= und einfliegen. Schau, da fliegen ſie und
haben in der Luft ihren gedeckten Tiſch."

Der Tag war hell, die Nacht war mild, und als man am
andern Morgen ausſchaute, waren alle Blüten aufgebrochen,
Thal und Höhe ſtand in voller Frühlingspracht, und reicher
war die Hoffnung da draußen nicht aufgegangen, als im Herzen
der Mutter.

Albrecht ſaß mit den Eltern und der Schweſter in der
Stube, und als Jakob wegging, ſchlüpfte die gelbe Henne zur
Thüre herein. Sie durfte doch ſonſt nie in die Stube, aber
heut wagte ſie's, und ſie wurde nicht verjagt. Albrecht ſtreute
ihr Broſamen hin, ſie pickte ſie raſch auf und ſchaute ihn von
der Seite an und endlich flog ſie ihm ſogar auf den Schoß.

„Und ich ſag's und laß mich auslachen," rief Magdalena,
„kein Menſch weiß, was ſo ein Tierlein denkt. Meinſt nicht
auch, Albrecht?"

„Ja, Mutter, das iſt ſicher und gewiß."

Der Schwager Eichbauer kam und ſtellte Albrecht ſein
Fuhrwerk zu Gebote, ſo oft er es verlange. Auch der Nachbar
Maier kam, und der neue Nachbar auf Numero 373, der vordem
Hilfswärter geweſen, ja auch der Pfarrer und die Pfarrerin
ſtellten ſich zu Beſuch ein. Magdalena konnte Gott nicht genug
dafür danken, wie man jetzt ſo viele Menſchen habe und vor
dreißig Jahren ſei ſie mit Jakob ſo wildfremd daher gekommen.
Sie ſtand dabei, wie Albrecht ſo bedachtſam mit dem Pfarrer
über die gerechten und ungerechten Wünſche der Arbeiter ſprach.
Als ſie dem Pfarrer das Geleite gab, ſagte er:

„Das ist ein gediegener Mensch, noch der vorzüglichste von Euren Kindern."

Am Herde, im Stall bei der Kuh, im Garten und auf dem Hopfenacker wiederholte sich Magdalena diese Worte. Wenn Albrecht zu ihr kam und ihrem emsigen Thun zuschaute — denn noch durfte er nicht helfen — leuchteten ihre Augen und glühten ihre Wangen, so daß Albrecht sagte:

„Mutter, Ihr sehet aus wie ein junges Mädchen."

„O du!" entgegnete sie, „du bist wohl gewohnt, Frauens= leuten so schöne Redensarten zu machen."

Albrecht hätte darauf doch wohl erzählen können, aber er hielt an sich.

Da muß noch ein arges Hindernis sein, weil er nicht redet — dachte Magdalena.

Sie hielt sich mehrere Tage zurück, einstmals aber fragte sie doch:

„Bekommst du denn gar keinen Brief? Von niemand?"

„Ja, Mutter, ich erwarte einen."

Und am selben Tage kam ein Brief. Die Hand Albrechts zitterte, da er ihn erbrach; er ging allein auf die Bank vor dem Hause, um ihn zu lesen. Magdalena stand von ferne, ihr Herz erbebte, dieser Brief ist entscheidend. Jetzt richtete sich Albrecht auf und rief:

„Mutter! Alles ist gut. Mutter, jetzt muß ich mich ein wenig niederlegen. Nachher erzähl' ich Euch alles."

Siebenunddreißigstes Kapitel.

„So, Mutter, jetzt will ich Euch erzählen," sagte Albrecht am Abend.

„Soll ich den Vater dazu rufen? In zehn Minuten ist der Pariser Zug vorbei, und er hat dann Zeit."

„Nein, Mutter, ich kann Euch allein besser erzählen, und Ihr berichtet's dann dem Vater."

„Strengt's dich aber nicht an? Ich kann noch warten. Du hast so heiße Backen und so kalte Hände."

„Nein, Mutter, ich kann jetzt. So! Laßt mir Eure Hand, die wird jetzt bald eine gar feine halten, aber sie ist auch arbeitsam, es ist ihr nichts zu gering. Ja, liebe Mutter, ich bin glücklich in meinem Beruf, ich hab' freilich eine große Ver=

antwortlichkeit, und mit manchen Kameraden auch meine Not,
aber im ganzen genommen leben wir wie Brüder. Ich habe
natürlich auch schon oft dran gedacht, daß ich so stehe, um eine
Frau ernähren zu können, und habe Verlangen ein rechtes
Wesen zu lieben und von ihm geliebt zu werden."

Magdalena löste ihre Hand aus der des Sohnes, denn sie
mußte sich die Thränen abtrocknen und Albrecht fuhr, sich zu-
rücklehnend, fort:

„Ich bin Mitglied des Handwerkervereins, das ist eine
schöne Anstalt, ich will ein andermal davon erzählen. Es war
nicht lange nach meiner Rückkehr von der Wiener Weltausstellung, wo wir einen ersten Preis bekommen haben, es war
am Samstag, da sagt mir unser Buchhalter — der auch im
Verein ist und unentgeltlichen Unterricht im Buchhalten gibt —
heut abend soll's Lärm und Untereinander im Verein geben,
den die Socialisten machen wollen."

„Ja wohl, dein Vater schimpft auch oft auf sie, wenn er
seine Zeitung liest, er nennt sie die Nichtsnutze, und ich sag'
dir, gestern, die Stunde eh' du gekommen bist, hab' ich's gedacht. Ich seh' den Bienen zu und den Hummeln und da denk'
ich, die Nichtsthuer die machen den meisten Lärm."

„Nichtsthuer sind sie just nicht alle, sie haben in manchem
auch schon recht, aber wenn man Unrecht darunter mischt, da
geht das Recht auch verloren."

Die Mutter nickte zustimmend.

„Ja, Mutter, der Buchhalter und ich haben viel gute
Bücher gemeinsam gelesen, und ich hab' viel von ihm und von
den freiwilligen Lehrern gelernt. Aber ich seh', ich muß mich
zusammennehmen, sonst komme ich bis morgen früh nicht zur
Hauptsach! Also wir sind im Vereinshaus. Ich spür's, es liegt
etwas in der Luft wie ein Gewitter und es fängt auch schon
zu donnern an, wie der Vorstand für heut abend gewählt
wurde. Unser alter treuer Vorstand soll heute nicht oben sein.
Endlich bringen wir ihn doch durch. Also der erste Redner
schimpft auf alles, was Vermögen und Bildung und Ansehen
hat, und Blut saugen und in fremdem Schweiß baden ist noch
das Gelindeste, was er sagt. Ein Hallo geht los, daß man
meint, die Welt wäre verrückt. Da nimmt der Herr Doktor das
Wort, und seine Stimme, die sonst so fest, zittert, wie er sagt:
‚Es ist noch nicht lange, da haben wir der Welt bewiesen, daß
der geringste Mann alle Herrlichkeiten der Menschenseele haben
kann, in Bravheit und in allem; jetzt ist fast nötig, daß wir
euch beweisen, daß die Gebildeten auch brav sein können. Das

könnte dazu bringen, daß die beſten und umſichtigſten Männer,
die nur auf das Wohl des Volkes ſinnen, ſich von euch wen=
den und euch den Verführern überlaſſen, die euch mit falſchen
Verſprechungen ins Elend bringen. Die Lohnerhöhung kann
wohl für eine Zeit helfen, bis bald alles auch teurer iſt, dann
iſt's vorbei, nur die Steigerung der Produktion ...‘

„Aber halt, das will ich Euch ja gar nicht erzählen, Mutter!
Nur ſo viel. Der Mann ſpricht ſo, daß mir das Herz im Leibe
zittert, und da ſchreien ſie: ‚Wir brauchen keine Gelehrten, wir
ſind Arbeiter! Arbeiter!‘ Da hat mir's keine Ruh' gelaſſen, ich
bin auch hinauf auf die Rednerbühne, zum erſtenmal in meinem
Leben, aber ich war ruhig, und wißt Ihr, was ich erzählt habe?
Eine Geſchichte aus meiner Kindheit, wie ich dem Vater die
Zeitung vorgeleſen und gefragt hab', was Arbeiter iſt und ſeine
Antwort. Ich hab' noch viel geſagt und wie einfältig es iſt,
zu glauben, nur der arbeitet, der harte Hände hat. Sie haben
mich ganz ruhig angehört, nur manchmal hat's geheißen: ‚Er
hat recht,‘ und wie das Wetter hat's umgeſchlagen.

„Eine Stunde drauf ſitze ich beim Doktor am Tiſch, und
wir trinken Bier, und jedes Wort, das der Mann ſagt, iſt mir
geweſen, wie wenn ich ihn ſchon lange im Herzen gehabt hätte.
Er bittet mich, ihn andern Tages ſo gegen zwölf zu beſuchen,
ich verſprech's. Er fragt mich, ob ich verheiratet ſei, und Mutter,
wie er das ſagt, iſt mir's geweſen, wie wenn mir eine feurige
Hand ins Geſicht griffe. Ich ſag' wie der Vater: ‚Wo Ma=
ſchinen ſind, gibt's keinen Aberglauben,‘ aber es gibt doch
Dinge, die wir eben nicht wiſſen. Mutter! Jetzt kommt die
Hauptſache.“

„Ich merk' ſchon. Aber es iſt gut, daß du dich jetzt ſelber
unterbrochen haſt. Ich höre ſchon ſeit einer Weile deinen Vater
in der Stube. Soll ich ihn herrufen?“

„Ja wohl.“

Jakob kam und Magdalena erzählte ihm, was Albrecht
berichtet, und dieſer nahm wieder das Wort:

„Zu feſtgeſetzter Zeit bin ich am Hauſe des Doktor
Hornung.“

„So heißt ja mein Zeitungsmann auch,“ unterbrach
Jakob.

„Ja, Vater, das iſt derſelbe.“

„Dann iſt alles gut; wo der iſt, da iſt alles rechtſchaffen,“
ſagte Jakob. Magdalena aber preßte die Hände ineinander und
preßte ſie aufs Herz, während Albrecht fortfuhr:

„Wie ich alſo an der Thür klingle, ſagt das Dienſtmädchen,

der Herr Doktor sei nicht zu Haus. Ich will schon wieder
gehen, da sagt eine Stimme: ‚Sind Sie der Herr Ketterer?‘
Ich sag' ja; ich sehe nichts in der dunkeln Hausflur, als eine
schwarze Gestalt, aber ein helles Gesicht, wie wenn's lauter Licht
wäre, und sie sagt: ‚Der Vater hat den Auftrag gegeben, daß
Sie ihn erwarten sollen. Treten Sie hier ein.‘ Sie öffnet die
Thüre und wie das Sonnenlicht eindringt, da war's . . . ja,
wer kann das sagen? Sie sieht mich an, ich seh' sie an, und
sie tastet an der Thür, als könnte sie die Klinke nicht finden,
aber jetzt hat sie geöffnet und verschwindet hinter der Thür.
Und wie ich sie nicht mehr seh', denk' ich, die hast du schon
gesehen, oder hast du nur einmal von solch einem Wesen geträumt? Ja, Mutter, Ihr habt recht, daß Ihr lächelt, damals
als die Justizrätin so krank war, damals unter der Thüre ist
mir Theodora begegnet. Es dauert aber keine Minut', da kommt
sie wieder und sagt: ‚Ich habe heut schon Ihre Worte gelesen, da
ist die Zeitung.‘ Sie gibt mir das Blatt und ist wieder fort.
Ich will lesen, aber ich kann nicht. Da klingelt's wieder. Ein
Major tritt ein, unverkennbar ein Bruder des Doktors. Schnell
kommt aus der andern Thür das Mädchen und sagt: ‚Das ist
schön, Onkel Theodor, daß du kommst. Der Vater kann jede
Minute da sein.‘

„Der Offizier fragt mich, ob ich Soldat gewesen sei und
woher ich die Dekoration habe. Ich erzähle, wie's gekommen.
Der Offizier entschuldigt sich, daß er nicht warten könne, und
geht davon. Theodora gibt ihm das Geleite und kommt dann
wieder zu mir. Sie erzählt, daß die gestrige Versammlung die
erste gewesen sei, die der Vater seit dem Tode der Mutter besucht habe, und er sei zum erstenmal wieder lebensmutig heimgekommen. Sie fügt hinzu, daß der Vater wegen seiner Frei-
sinnigkeit mit dem Großvater und den Geschwistern zerfallen sei,
der Großvater sei nicht einmal beim Begräbnisse der Mutter
gewesen. ‚Haben Sie noch beide Eltern?‘ fragt sie mich . . .“

„Ich kenn' sie, ich kenn' sie ja,“ unterbrach Magdalena.

„Wartet noch, Mutter,“ sagte Albrecht und fuhr fort:
„Sie fragt mich, ob ich die Narbe über dem linken Aug' im
Krieg bekommen hätte. Ich erzähle die Geschichte mit dem
Habicht. Sie nennt das heldenhaft, lacht aber aus Herzensgrund, wie ich ihr sage, daß ich gar nicht wie ein Held gejammert und geweint habe. Und während wir so reden, wie
wenn wir von jeher als Nachbarskinder miteinander gelebt hätten,
kommt der Vater, der in einer Sitzung aufgehalten worden
war. Er ladet mich ein, zu Tisch zu bleiben, was ich natür-

lich gern annehme. Theodora hat mir herausgeschöpft und ein=
geschenkt ..."

Albrecht wurde in seiner Erzählung unterbrochen, denn
Lisbeth kam und sagte Jakob, es sei ein Extrazug signalisiert.
Jakob eilte davon, aber noch im Fortgehen rief er: „Laßt es
euch gut schmecken! Erzähl' du nur der Mutter weiter."

Achtunddreißigstes Kapitel.

Albrecht begann mit frischem Atem:

„Bei Tische sagt Herr Hornung, er wolle heut abend das
Konzert in unserem Verein besuchen. Wir haben nämlich einen
Gesangverein und dabei bin ich auch keiner von den letzten.
Die Tochter hat mir angesehen, daß ich gern gefragt hätte, ob
sie auch mitgeht, denn sie sagt: ,Vater! Ich weiß, die Mutter
selber würde es nur recht finden, daß wir uns am Reinsten
erheben, aber ich habe noch keinen Sinn dafür. Wenn ich in
mir schon Aufmerksamkeit für gute Musik haben könnte, ich
ginge und fragte nichts nach dem Gerede der Leute ...' Nicht
wahr, Mutter, das ist eine freie feine Seele? Sie hat's noch
weiter bewährt. Der Doktor fragt auch nach der Narbe und
da sagt sie: ,Es wird dem Herrn Ketterer zuwider sein, das
immer wieder zu erzählen. Erlauben Sie.' Und sie erzählt die
Geschichte mit dem Habicht, so herzig und so lustig, daß wir
alle lachen."

„Und du hast noch immer nicht gesagt, daß ich sie so gut
kenne? Weiß sie denn meinen Namen nicht?"

„Ihr werdet schon hören, daß sie bloß den Namen Mag=
dalena gekannt hat. Von da an bin ich jeden Sonntag zu
Tisch gewesen und die ganze Woche war mir nur wie ein
Rüsten zum Sonntag, und einmal ist auch der Herr Justizrat
da gewesen, und wie mich der so freundlich und vertraut be=
grüßt, da fragt der Doktor Hornung: ,Warum haben Sie denn
nie gesagt, daß Sie mit unserem Freunde Heister bekannt sind?'
Ich habe das rechte Wort nicht sogleich finden können, da sagt
Theodora:

„,Der Herr Ketterer hat durch niemand anders, als durch
sich selber empfohlen sein wollen.'

„Könnt Euch denken, Mutter, wie mir da alle Flammen
aus dem Gesicht schlagen. Und jetzt wird's auch offenbar, wie

sie Euch kennt, Mutter, und Euch von Herzen lieb hat, und wir beide sind auf einmal drauf gekommen, daß wir uns vor Jahren wenige Tage vor dem Tod der Justizrätin unter der Hausthüre Heisters begegnet sind. Nach Tisch kommen viele Männer, die Teilhaber der Zeitung sind, die der Herr Doktor herausgibt, sie halten Beratung im Nebenzimmer und wir zwei waren allein. Sie erzählte mir von ihrer Familie. Seit dem Tode der Mutter schreibt Theodora dem Großvater viel und sie hofft, ihn noch mit dem Vater auszusöhnen, wenn er diesen Frühling aus Italien wiederkommt. ,Und der Großvater wird Sie, Herr Ketterer, auch lieb haben,' sagt sie ... Mutter! Auch! Wie sie das gesagt hat, was ich drauf vorgebracht habe und was sie wieder, das weiß ich nicht mehr, aber bald sind wir uns um den Hals gefallen und haben uns geküßt ..."

Magdalena wischte sich große Thränen ab, Jakob trat ein und als Magdalena ihm halb weinend, halb lachend erzählt hatte, fuhr Albrecht fort:

„Wir haben ausgemacht, daß wir jetzt dem Doktor noch nichts sagen, aber ich glaub', er hat's uns angesehen; aber weil wir schweigen, hat er auch nichts gesagt. Ich bin durch die Straßen gegangen und hab's gar nicht fassen können, daß da noch Menschen gehen, die ganz anderes im Sinn haben, daß da noch andere Häuser sind als das, wo sie wohnt, und daß es noch eine Minute geben soll, wo wir nicht beisammen sind.

„Am Montagmorgen da tanzte alles mit mir herum: in meinem Herzen ist ein Hammerwerk, aber ich besinne mich und halte mich fest, und da sehe ich, wie ein Arbeiter vom Wellenrad gepackt wird, ich spring' herzu, ich stell' das Rad, aber ich krieg einen Stoß, daß sie mich für tot davontragen. Ich bin aber bald wieder zu mir gekommen.

„Am dritten Tage kommt der Doktor zu mir und bringt mir einen Brief. Theodora schreibt mir: ,Ich habe im Kriege Kranke pflegen gelernt, Vaterlandsgenossen und Fremde, und von dir sollte ich fern sein? Ich habe von meinem Vater verlangt, daß er unsere Verlobung anzeige, damit ich dich pflegen kann.' So hat sie mir geschrieben und das war die beste Medizin; ich bin schnell wieder aufgekommen und gestern bei der Abreise war der Vater und Theodora auf dem Bahnhof."

„Hast du kein Bild von ihr?" fragte Jakob.

„Ja, Vater! ich habe es heute erhalten mit einem guten Briefe. Da ist's. Er zog es aus der Brusttasche und reichte es dar.

„Ich kenne sie ja," rief Magdalena, „sie ist viel mächtiger

geworden, aber ſie ſieht noch ſo herzlieb aus. Die blauen Augen und die roten Backen, die ſieht man freilich da nicht, und ihre getreue Stimme hört man nicht. O du Seelenkind!"

Albrecht hatte erzählt und die Eltern ſaßen ſtill, die Abend= dämmerung brach herein, es ward Nacht und noch immer ſaßen die drei ſtill. Da hörte man Lisbeth vor dem Hauſe mit einem Fremden ſprechen und jetzt rief die Stimme der Frau Süß: "Ich muß zu ihm. Ich bringe Glück."

Die Thüre ging auf und Frau Süß trat ein.

Neunundbreißigſtes Kapitel.

"Das große Los! Das große Los haben wir alle," rief Frau Süß. "‚Den Albrecht will ich und keinen andern,‘ hat meine Viktoria geſagt, wie die Nachricht gekommen iſt, und jetzt bin ich da und ſage Glück und Segen und Amen."

Es war ſchwer, Frau Süß zum ordentlichen Erzählen zu bringen. Zuerſt erfuhr man, daß ſie Albrecht in der Stadt aufgeſucht habe, und endlich kam's heraus: Es iſt nicht wahr, daß das Glück immer dumm iſt, es iſt manchmal auch ganz geſcheit. Das Prioritätslos hat den großen Preis gewonnen, und jetzt kann Albrecht eine eigene Fabrik anlegen und Viktoria läßt ihm ſagen, daß ſie ihn mit offenen Armen erwarte.

"Ihr ſeid ſtarr vor Glück?" rief Frau Süß, "wir waren's auch."

"Unſer Albrecht iſt krank," konnte Magdalena endlich ſagen.

"Aber ein Wort hervorbringen kann er doch?" rief Frau Süß. "Kannſt du nicht reden, Albrecht?"

"Ich kann, und ich ſag' von Herzen Dank, Euch und der Viktoria, aber es iſt zu ſpät."

"Du wirſt ſchon wieder geſund."

"Das wohl, aber ich werde nicht mehr lebig."

"Was? Du weiſeſt uns ab?"

"Das thue ich nicht. Ich bin nur nicht mehr mein eigen."

"Darf man fragen, wem du gehörſt?"

"Fragen darf man, aber ich kann's jetzt noch nicht ſagen."

"Aber wenn ich rede, was dann?"

"Ich kann's Euch nicht wehren."

"Und ich laſſe mir's nicht wehren. Ich weiß wohl, wer eine Strafe abgebüßt hat, dem darf man ſie nicht mehr vor=

werfen. Drum sag' ich: Die beiden haben nicht im Zuchthaus
gesessen. Siehst du? Deine Mutter ringt die Hände, dein
Vater ballt die Faust, das haben sie auch im Zuchthaus gethan.
Es hat dort nichts genützt und nützt auch hier nichts."

„Frau Süß," rief Jakob zornglühend, „ich kann meine
Hände auch aufmachen und . . ."

„Ja, erwürg' mich nur, dann hast du eben einen zweiten
Mord auf deiner Seele."

Jakob wollte auf sie los, aber Albrecht stand dazwischen
und rief: „Vater! Ist das wahr? Seid Ihr . . .?"

„Ja. Aber wie es gekommen, das macht die Sache
anders."

Mit blassen Lippen sagte Albrecht: „Frau Süß, was Sie
gethan und warum Sie es gethan, Sie werden es verantworten.
Aber nun gehen Sie."

Frau Süß ging davon und die Eltern saßen stumm. Das
helle Mondlicht beleuchtete die Stube, Albrecht wehrte mit beiden
Händen gegen das Licht, als wolle er's abthun, daß man nichts
sehe; er stand auf und legte seine beiden Arme an die Wand,
stützte den Kopf drauf und ein Thränenstrom brach hervor, wie
ein tief verhaltener Quell; die hohe schlanke Gestalt des jungen
Mannes erbebte und zuckte hin und her, wie wenn eine äußere
Gewalt an ihm risse.

Jakob legte dem Sohne die Hand auf die Schulter und
sagte:

„Liebes Kind! Ich habe Schweres, Bitteres, Hartes erlebt,
aber das, das ist doch das Aergste, dich so über deinen Vater
weinen zu sehen."

Eine Sekunde war die Gestalt Albrechts ruhig, dann aber
bebte sie wieder wie von Fieberfrost geschüttelt, und Jakob
fuhr fort:

„Wenn ich dir dein Leid abnehmen könnte, ich ginge gerne
in den Tod; wenn es zu deinem Glück ist, wir wandern aus
nach Amerika, oder zur Lena nach Ostindien. Nicht wahr,
Mutter?" Mit jammervollem Blicke stimmte Magdalena bei
und Jakob fuhr fort: „Nur bitte ich dich, kränke dir dein Herz
nicht ab, das . . . das könnte ich nicht auch noch tragen."

Albrecht wendete sich um, der Mond schien voll in sein
Antlitz und glänzte in der Thräne an seiner Wimper:

„Verzeihet mir, Vater. Ich will nicht mehr an mich denken
und an nichts, was zu mir . . . ich will Euch helfen . . . Euch
tragen helfen."

Seit Albrecht nicht mehr auf dem Arm getragen wurde,

hatte ihn der Vater nie mehr geküßt, jetzt ſchloß er ihn in die
Arme und küßte ihm die Thränen von den Wangen.

„Ich habe deine Thränen getrunken, deine bittern Thränen,
mein Kind! Ich hab' das Bitterſte genoſſen, was es auf der
Welt gibt, die Thränen, die mein Sohn um mich geweint hat,"
rief Jakob. Er ſchwankte, Albrecht hielt ihn auf und ſagte mit
feſter Stimme: „Nun iſt's vorbei, alles vorbei. Vater! Es mag
geſchehen ſein, was da will, ſolang auf der ganzen Welt ein
Kind Vater ſagt, ſoll keines ſein, das ſeinen Vater mehr liebt
und hochſchätzt als ich."

Jakob ſaß auf dem Stuhl. Magdalena ſagte, Albrecht
an der Hand faſſend: „Komm, Kind! Laß den Vater hier ruhig
ſitzen. Komm mit mir. Ich will dir erzählen."

„Ich will ſelber."

„Nein. Ich thu's."

„Ja, Vater! Laſſet mich mit der Mutter."

Sie gingen und als ſie wiederkamen, ſagte Albrecht:

„Mutter! Jetzt bringet Licht und hell und frei und froh
iſt alles."

„Kind," ſagte Jakob, „du thuſt ja, wie wenn wir ein
Freudenfeſt zu feiern hätten."

„Das haben wir auch, Vater," und mit flammendem Blick
fuhr er fort: „Vater, ich weiß jetzt erſt recht, was für ein Mann
Ihr ſeid, ein Held. Ich bin ſtolz darauf, Euch Vater zu nennen."

Man ſaß geraume Weile ſtill. Albrecht bat den Vater,
daß er ſeine Pfeife anzünde, Jakob willfahrte und er und
Magdalena erzählten offen alles und als nach Mitternacht der
Mond hinabging, war Ruhe und Stille im Hauſe, als wäre
der Friede hier nie aufgeſcheucht worden.

Am Morgen, als Albrecht erwachte, ſtand der Vater vor
ihm und Albrecht ſagte: „Vater, gebt mir Eure Hand drauf,
Ihr machet Euch keine Vorwürfe mehr, nicht wegen Eurer und
nicht wegen meiner. Ich ſag' Euch, unter denen, die in Ehren
prangen, haben Tauſend und Abertauſend Aergeres verſchuldet,
wie Ihr, oder ſind nur durch Glückszufall davon abgehalten.
Und wenn auch. Ein langes rechtſchaffenes arbeitſames Leben
kann nicht durch ein Einziges zerſtört werden."

„Juſt dieſelben Worte hat mir der Miſſionär auch geſagt,"
entgegnete Jakob; „aber jetzt von meinem Kinde iſt's doch noch
ganz anders und mehr."

Wie angerufen kam jetzt eben ein Brief von Lena aus
Oſtindien. Der Brief enthielt Trauriges und Erhebendes, denn
es hieß darin:

„Ich bin Witwe und ich komme heim mit meinem Kinde. Mein Mann ist den Leiden des hiesigen Klimas erlegen. Seine Seele erhielt sich groß und erhaben bis zum Eingang in das höhere Leben. Es wäre hier noch ein Arbeitsfeld für mich, aber er stimmte auf seinem Totenbette mir bei, daß ich zu euch gehe und euch die Tage erhelle, auch durch mein Kind. Lieber Vater! Mein Mann hat noch in seiner Sterbe= stunde gesagt: ‚Sag' deinem Vater, er ist rein und ich bete noch für ihn vor Gottes Thron ... Und so komme ich zu euch und will mit euch leben und beten und arbeiten ...‘“

Es hat sich schon oft erwiesen, daß da, wo ein Erdbeben stattgefunden, eine verborgene Heilquelle hervorsprudelte. So war es auch hier. Die Eltern und der Sohn gewahrten aus der Erschütterung heraus erst frei und ganz, welch eine Fülle von Liebe und gutem Denken zwischen ihnen waltete, und sie staunten einander oft an, wie wenn sie jetzt erst zu einander kämen und wüßten, wer sie sind. Albrecht ging mit seinem Vater alle seine Wege, und wenn er sprach und wenn er schwieg, immer war's gut, und wie er jetzt nur an den Vater dachte und seiner selbst vergaß, genas und gedieh er in fast wunder= barer Schnelligkeit.

An der Einsiedelei sagte Jakob:

„Schau, da sind meine Rosen, aber wenn ich an mein Elend gedacht habe und an eures, da haben sie mir nicht mehr geduftet und waren nicht rot, sondern schwarz, schwarz. Deine Mutter hat mir immer geholfen, jetzt kann ich's bei dir ablegen. Es hat mir kein Mensch angesehen und ihr Kinder gewiß nicht, wie schwer ich getragen hab'.“

Albrecht legte die Hand auf die des Vaters, und das Auf= legen dieser kräftigen guten Hand schien ihm wohlzuthun und er fuhr lächelnd fort:

„Schau, das hat mich am meisten geplagt: warum kann man in einer schlimmen Stunde so was auf sich laden und in einer guten Stunde es nicht wieder abthun? Ich habe nichts thun können, als mein Revier in Ordnung halten, die vielen Jahre lang, und wie der Krieg kommen ist, hab' ich gedacht, jetzt kommt's, jetzt kannst du was thun, das alles Vergangene abwischt und auslöscht, und was hab' ich thun können? weiter nichts, als im Elsaß die Bahn sauber und sicher halten Tag und Nacht. Aber ich mein', das muß doch auch gelten.“

„Gewiß, Vater!“ mehr konnte Albrecht nicht hervorbringen, und es war genug.

Nachdem Albrecht einen langen Brief an die Schwester

Lena geschrieben, der sie in London treffen sollte, den er aber den Eltern nicht zeigte, kehrte er in die Hauptstadt zurück. Er traf Theodora nicht, sie war mit ihrem Großvater, dem Staatsrat a. D. verreist.

Vierzigstes Kapitel.

Der Justizrat Heister saß am Morgen in der Laube des Gartens bei der Sommerfrische im Dorfe, das nur zwei Stationen vom Bahnhäuschen 374 entfernt war, in dem Jakob und Magdalena lebten.

Das Dorf, wohlgelegen und gegen Norden geschützt, am Fuße des bewaldeten Berges, wo der helle Bach rauschte, war zu einem sogenannten Luftkurorte erhoben worden; abgemüdete Männer und Frauen, meist aus der Hauptstadt, fanden hier Erholung und gute Pflege.

Die Waldwege mit mäßiger Steigung waren schattig, unter den breiten Tannen und an Aussichtspunkten waren Ruhebänke für die älteren Leute, die junge Welt machte größere Ausflüge. Noch gestern Abend war eine Schar von Männern und Frauen ausgezogen, um auf dem mehrere Stunden entfernten Hochberge den Sonnenaufgang zu sehen.

Darum war's heute so still und leer bei der Sommerfrische.

Heister hatte sich, wie allmorgendlich, seine Zeitung am Bahnhofe geholt; jetzt an dem mit einer blauen Decke gezierten Tische sitzend, schnitt er die Zeitung auf, legte sie ungelesen neben sich und dazu Feuerzeug und die Cigarrentasche. Er schaute behaglich umher über die wogenden Kornfelder nach dem Walde und nach dem hohen Berge, auf dem ein Wartturm blinkte. Es ist kein Wölkchen am Himmel; ein echter und vollkommener Hochsommermorgen. Die jungen Leute dort oben hatten heute einen hellen Sonnenaufgang.

Der Staatsrat Hornung kam eben von seinem Morgenritte zurück und rief noch vom Pferde zu Heister:

„Emil, warte mit dem Frühstück nicht auf mich."

Heister bröckelte die Krumen den traulich herbeifliegenden Finken, die dafür um so lustiger von den Bäumen sangen, sie sind die letzten, deren Sang bald aufhören wird, nur die Wasseramsel am Bache zwitschert noch unaufhörlich aus den Weiden. Vom ersten Augenaufschlage an war der Tag für Heister eine Kette von dankbar empfangenen Gaben des Daseins; er hatte

doch, wenn er in die Vergangenheit zurückdachte, viel verloren,
da ihm ſeine Frau entriſſen wurde, aber nun, da ihm die Ge=
ſundheit wieder gegeben war, empfing er das Daſein ſelber wie
ein tägliches Geſchenk.

Er hatte nach langer Verfremdung ſich hier wieder mit
dem Freunde zuſammengefunden; die beiden Männer erkannten
es als ein Glück, daß ſie in alten Tagen noch einmal traulich
miteinander leben ſollten, und ſie hüteten ſich wohl, die Gegen=
ſätze und Widerſtreitspunkte zu betonen, denn die verſchiedenen
Grundnaturen und die verſchiedenen Lebenswege hatten ſie viele
Jahre voneinander entfremdet und noch jetzt, während Heiſter
ſich beglückt fühlte durch Errichtung und Erſtarkung des deutſchen
Reiches, betrachtete der Staatsrat jede Rechtsbefugnis des Reiches
als eine Minderung der Lebenskraft des Landes, dem er eine
Zeitlang als Miniſter vorgeſtanden hatte und als deſſen Ge=
ſandter er die Auflöſung des Rumpf=Bundestages mit erleben
mußte.

Die beiden Freunde vermieden ſorgfältig jede dahin füh=
rende Erörterung, und gerieten ſie doch in eine ſolche, ſo war
Heiſter überaus mild, nicht nur, weil er der Befriedigte war,
er fand auch eine Wahrung gegen einſeitige Verſtockung darin,
nicht ſtändig mit Gleichgeſinnten zu verkehren, ſondern auch der
noch beſtehenden Gegenſätze bewußt zu bleiben.

Heiſter nahm nun ſeine Zeitung zur Hand, in welche der
Staatsrat nie ſchaute, denn es war diejenige, die ſein Sohn,
der Vater Theodoras, herausgab. Er las ein Telegramm und
legte plötzlich die feine knöcherne Hand zitternd auf das Blatt;
in ſeinem Geſichte zuckte es ſchmerzlich. Er ſtand auf, ſetzte ſich
aber raſch wieder, ſchaute hinaus in die Landſchaft und wiſchte
ſich die Augen ab.

Der Staatsrat kam, er war ſorgſam gekleidet, er trug ſogar
beim Landaufenthalt beſtändig einen glänzenden Orden. Er
kümmerte ſich nichts darum, daß man offen darüber ſcherzte und
geheim darüber ſpottete, ja er ſagte geradezu: „Ich maskiere mich
nicht mit Beſcheidenheit, ich will, daß mir jeder Begegnende
anſehe, ich gehöre nicht zur Maſſe.“

Das ſagte auch ſein ſtolzer Gang, mit dem er jetzt daher=
kam; er trug den Kopf hoch und ſelbſtbewußt. Im Ausdruck
ſeines Geſichtes lag eine ſtrenge Härte, während Heiſter jegliches
mit faſt zärtlichem Blicke anſah.

Als die Cigarren angezündet waren, ſagte Heiſter:

„Nun kann ich dir's ſagen, es hat mich tief erſchüttert:
da ſteht's! Fritz Reuter iſt tot! Eine Seele, ſo ſtark und ſo

sein, so voll heller Lust und von innigem Ernste, hat im Thü=
ringer Lande am Fuße der Wartburg ausgehaucht."

„Ich kann die Schriften des Mannes nicht lesen, das Idiom
macht mir Unbehagen."

„Es ging mir auch so, aber als ich das überwunden hatte,
ging mir ein Quell von Innigkeit und Heiterkeit, von unver=
wüstlicher Menschenliebe, von Glauben an Güte und Treue auf,
dergleichen ich nicht weiter kenne. Und ein Bestes ist noch, er
hat mich bekehrt."

„Wozu? Wovon?"

„Zunächst von unserer Einbildung, daß wir Süddeutschen
die allein seligmachende Gemütlichkeit inne hätten. Da zeigt
sich's, der Norddeutsche ist zurückhaltender, der Süddeutsche offener,
und das erscheint als Gemütlichkeit. Dieser Mecklenburger hat
uns so unvergeßliche, goldhaltige Volksnaturen gegeben —"

„Volksnaturen!" fiel der Staatsrat unwillig ein, „euer
Grundirrtum ist eben, daß ihr glaubt, das Volk sei Natur.
Das Volk ist am wenigsten Natur, seine Leidenschaften sind nur
ungemäßigter und roher —"

„Bitte, sage unschuldiger und offener."

Der Staatsrat nickte, fuhr aber dann in gleichem heftigem
Ton fort:

„Wunderlich! Ich denke, ihr Liberalen solltet doch selber
jetzt von eurer Volksverehrung bekehrt sein. Ihr seid ja jetzt
die Befriedigten, aber das muß euch doch klar geworden sein,
die Masse, das sogenannte Volk, bringt nichts hervor; das bleibt
Hebel und Werkzeug. Was Großes geschieht, geschieht nur durch
große, gewaltige Menschen. Euer allgemeines Stimmrecht bringt
nichts hervor; Neubelebendes entsteht nur aus der einzigen
Stimme des Genius. Was ihr Volk nennt, wird beherrscht,
entweder von den lügnerischen Pfaffen des Jenseits oder von
den lügnerischen Pfaffen des Diesseits, den Herren Social=
demokraten."

„Und weder diese noch jene," erwiderte Heister mit unge=
wöhnlicher Heftigkeit, „werden die Grundnatur unseres Volkes
verderben können, so wenig das die Gewalthaber der Reaktion
vermochten. Des ist wieder Fritz Reuter ein Zeugnis. Alle
Peinigungen —"

Plötzlich brach Heister ab, er sah, wohin das Gespräch
geraten war, er suchte abzulenken und begann mit sanfter
Stimme:

„Ich wollte nur von Fritz Reuter —"

Der Staatsrat faßte seine Hand und sagte:

„Mein guter Emil! Mir fällt eben ein, es sind wohl dreißig Jahre, da haben wir in der Laube in deinem Garten ein ähnliches Thema besprochen. Erinnerst du dich?“

„Ja wohl, es war damals beim Verein für entlassene Sträflinge.“

„Ja, und ich dürfte einen Accent auf meine damaligen Aeußerungen legen. Erstlich, daß ich dir schon damals gesagt habe, die Eisenbahnen müssen dem Staate angehören, und dann habe ich dir schon damals gesagt: Mein Herz ist kein Spital, und ich will nichts von diesen Poeten, die uns die niederen Schichten aufschminken. Auch dein Fritz Reuter ist, nach allem was ich höre, ein Schönfärber des neuen Götzen, genannt Volk.“

„Wenn du unter Schönfärberei das verstehst, daß man trotz alles Wissens von der Rohheit und Dumpfheit doch aufzeigt, wie die sonnenhafte Psyche aus den niederen einfachen Charakteren aufleuchtet, dann war er auch ein Schönfärber. Es ist aber die echte Erkenntnis der Gleichheit aller Menschen, die höchsten Mächte überall zur Erscheinung und Wirkung zu bringen. Das ist unsere neue Andacht, unsere neue Religion. Und wie im plattdeutschen Dialekte homerische Schönheit gegeben ist, so steht auch fest, daß in jeglichem Gewande das Göttliche sich offenbaren kann.“

Der Staatsrat sah bewegt in das Antlitz seines Freundes, dann wendete er sich und sah mit ironischem Lächeln hinaus ins Weite, er wollte offenbar den Freund nicht stören. Nach einer Weile sagte er:

„Heute habe ich erfahren, daß du Geheimnisse vor mir hast.“

„Ich?“

„Ja du, du hast mir nicht gesagt, daß unser Pflegling von damals, der Postillon, der den fahrlässigen Totschlag abgebüßt hatte, hier in der Nähe Bahnwärter ist. Ich bin ihm heute zufällig begegnet und habe ihn erkannt.“

„Hast du ihn an sein Schicksal erinnert?“

„Natürlich.“

„Und eben das wollte ich vermeiden. Aber nun ist’s auch gut. Ich weiß, du wirst jede Bitternis abwenden, denn das sind bis auf das eine, das vergessen werden muß und vergessen ist, wahrhaft glückliche Menschen.“

„Glückliche Menschen?“ lachte der Staatsrat, „es gibt keine glücklichen Menschen. Der Unwissende ist ein redendes Tier, und der Wissende sieht nichts als Chaos. Wer uns beide so von außen sieht, wird sagen: was sind das für glückliche Menschen mit schönem Alter, mit Ehre und gutem Auskommen.

Und was iſt das Ganze! Unſer Beruf iſt jetzt Spazierengehen und Reiten, Eſſen und eine Partie Pikett nach Tiſche, und wenn wir die Summe ziehen, iſt das Leben ein Elend; das mußt du, der Kinderloſe, bekennen, wie ich, der ſiebenfache Großvater. Und daß wir vom Sterben wiſſen, nichts aber von einem jenſeitigen Leben, das iſt eine Grauſamkeit eures ſoge= nannten Weltgeiſtes. Wie jetzt die dort, ſo werden Geſchlechter auf Geſchlechter an den Tiſchen ſitzen und über Nichtigkeiten lachen, ſich in Landpartien müd' machen, um gut ſchlafen zu können, und gut ſchlafen, um ſich abzumüden; ſo werden ſie ſitzen und wandern und plaudern und liebeln und haſſen, wäh= rend wir in der Erde modern. So lang man jung iſt und Leidenſchaften hat, täuſchen uns dieſe über die Leere, Oede und Nichtigkeit dieſer von Göttlichkeit erfüllt ſein ſollenden Welt. Vogelſang und Ordensbänder, Frauenliebe und Wiſſenſchaft, das Bewußtſein vollführter Arbeit, alles iſt eitel —"

„Mein lieber Freund!" warf endlich Heiſter ein und bot dem Geheimrat, dem die Cigarre ausgegangen war, Feuer an, „warum hefteſt du deinen Blick immer auf die Schattenſeite, und nicht auch dahin, wo das goldene Licht doch ſo reich aus= geſtrömt iſt? Freilich iſt viel Elend und Mühſal im Daſein, aber des Glückes und der Freude noch mehr. Wir ſind nur für das Alltägliche nicht erkenntlich und heften unſere Gedanken an das Störende, Auffällige.

„Ich verſtehe allerdings die Miſchung des Einzellebens nicht, aber die große Harmonie des Weltlebens wird mir immer klarer, und darin iſt Sterbenmüſſen kein Elend."

Der Staatsrat ſchien das Geſpräch nicht fortſetzen zu wollen, er ſagte:

„Erlaube mir einen Einblick in eure Zeitung," und kaum hatte er hineingeſehen, als er froh ausrief: „Und das haſt du natürlich nicht geleſen? Da ſteht's ja, mein Sohn Theodor iſt Oberſt geworden."

Eine alte Frau, die in einem Handwagen geführt wurde, ließ ſich zum Staatsrat heranrollen, ſie hatte bereits auch die Zeitung geleſen und brachte mit großem Nachdruck ihren Glück= wunſch dar.

„Was dem Vater verſagt war, das wird nun dem Sohn," ſagte die alte Dame lächelnd und reichte ihre feine, wohlgepflegte Hand dar, die der Staatsrat als allzeit verbindlicher Mann von vollendeten Formen ehrerbietig küßte.

Der Staatsrat und Heiſter hatten einander in die Sommer= friſche beſtellt; ungerufen — aber wie der Staatsrat ſagte hoch=

willkommen — hatte sich auch seine Jugendfreundin, die verwitwete Präsidentin von Kastelburg, eingefunden.

Sie erzählte nun Heister, wie gut der Staatsrat damals,
als er Assessor beim Gerichtshofe ihres Mannes gewesen, in der
Uniform ausgesehen habe, als sie mit ihm in einem lebenden
Bilde stand, und wie er schmerzlich beklagt habe, nicht Soldat
geworden zu sein.

Die Dame war dem Staatsrat mit diesen wie mit anderen
Erinnerungen und Betrachtungen lästig, aber er that, als ob
er mit dem innigsten Interesse zuhöre, und sie war gewohnt,
daß alles, was sie sagte, aufmerksam beachtet wurde; sie fuhr
daher, jedes Wort mit besonderer Huld ausstattend, fort:

„Ja, ja, die jungen Leute schwärmen heute Natur. In
unserer Zeit war man aber doch heiterer. Die heutige Jugend
ist viel zu ernst, sie genießt das Leben mit finsterer Miene.
Wir haben mit Wonne getanzt. Nicht wahr, Herr Staatsrat?"

Der Staatsrat mußte entzückt bestätigen, und die Präsidentin fuhr fort:

„Die heutige Jugend berühmt sich: ich tanze nicht gern
und — tanzt doch. Wo ist da noch unbefangene Lebenslust?
Das räsonniert, das reflektiert. Sollte man's glauben: junge
Mädchen in hellen Kleidern sitzen an Sommertagen in grüner
Laube und sprechen von Religion und von Frauen- und Volks-
wohl, und unsere liebe Theodora, die doch sonst so entzückend
und frisch, führt da das große Wort, und gestern, was geschah? Ich höre die kleine Lilly von Arven von Stoffwechsel
reden, ich denke, es ist von Kleiderstoffen die Rede. Aber
denken Sie, das arme Kind hat vergangenen Winter einen
Cyklus von Vorlesungen über Chemie gehört."

Der Staatsrat lachte laut und hörte dann lächelnd zu,
wie Heister sich bemühte, die Anschauungen der alten Dame zu
berichtigen. Der gute Heister, dachte er, glaubt noch immer an
aufrichtiges Interesse und weiß nicht, daß die Menschen nur
Unterhaltung machen und die Zeit verplaudern wollen. Heisters
ernsthafte Verteidigung der geschmähten Gegenwart wurde durch
wohlgestimmten hellen Chorgesang von Männer- und Frauen-
stimmen unterbrochen.

Ein vierspänniger Bauernwagen kam langsam daher. Man
ging von den Nachbartischen den Ankommenden entgegen, die
vom Sonnenaufgange auf dem Hochberg zurückkehrten.

Als Theodora, hochgerötet mit einem frischen Kranze auf
dem Haupte und den Hut in der Hand haltend, abstieg, rief
der Staatsrat:

„Kind! Onkel Theodor ist Oberst und Regimentskomman-
deur geworden."

„Gratuliere, lieber Großvater. Ich will nur mein Gewand
etwas in Ordnung bringen. Ich komme gleich wieder."

Sie eilte in das große Haus.

Einundvierzigstes Kapitel.

Der Staatsrat hatte diesmal doch nicht die ganze Wahrheit gesagt, wenn er behauptete, daß ihm kein Glück mehr blühe,
denn sonst ward er nicht müde, zu erklären, welch eine eigen-
artige, nicht voraus zu ahnende Wonne der Verkehr mit einer
wohlgebildeten Enkeltochter wie Theodora sei; und noch mehr
als er aussprach, zeigte er's in seinem ganzen Behaben. Er
war voll Ritterlichkeit und erwies, daß er stolz auf solch eine
Enkelin war.

Nach dem Tode der Mutter Theodoras hatte doch eine Annäherung zwischen ihrem Vater und dem Großvater stattgefunden, und als erste Bestätigung war die Zustimmung gegeben,
daß Theodora den Großvater auf seiner Reise nach Paris begleite. Darum traf sie Albrecht nicht mehr, und sie schrieb ihm
nur einmal, mit der Bitte, ihr nicht zu antworten. Sie wollte
natürlich den Großvater auf ihre Verbindung mit Albrecht vorbereiten, damit nicht neuer Zerfall eintrete.

Auch aus der Sommerfrische schrieb Theodora, wieder mit
der Bitte, nicht zu antworten, denn sie sei seiner so sicher wie
ihres eigenen, ihm zugehörigen Lebens — sie fühle das Glück,
in der Landschaft zu sein, wo er als Knabe gewandelt, und
sie müsse tagtäglich das Verlangen niederkämpfen, seine Eltern
aufzusuchen; sie wolle aber warten, bis sie des Großvaters ganz
sicher sei, denn als Fremde vor die Eltern zu treten, erschiene
ihr wie ein Frevel.

So hatte Theodora geschrieben; ihre sonstige Entschlossen-
heit schien einer unerklärbaren Zaghaftigkeit gewichen. Nun hatte
heute ein Zufall sie gemahnt und ermutigt, sie hatte heute die
Schwester Albrechts kennen gelernt.

Es war ein eigentümlicher Wonneblick, mit welchem der
Großvater die nun wieder in den Garten tretende Enkelin betrachtete; die kräftige Gestalt mit den fast üppigen Formen erschien in dem hellgrauen Kleide wie eine sommerliche Blume

von milder Farbe; ohne auffällig der Mode zu widersprechen, hatte sie sich doch nicht mit den bräuchlichen Abgeschmacktheiten überladen und besonders auf dem Kopfe war nichts von den greulichen Wulsten; sie hatte freilich natürliches Haar genug, um es in zwei dicken Flechten am Hinterhaupte herabhängen zu lassen, und der ungewöhnlich mächtige, hochgewölbte Oberkopf erschien in seiner schönen Rundung. Die vollen Wangen waren sonnengebräunt, die Stirne aber schneeweiß. Aus den hellen Augen lachte nach überwundener Trauer wieder die Freude an der schönen Welt, und wer in diese Augen sah, dem ward die Welt neu schön, wie jetzt dem Großvater, der mit einer zier- lichen Aufmerksamkeit bald dies, bald jenes der Enkelin dar- reichte und sie ermahnte, zuvörderst ruhig zu frühstücken, dann erst zu erzählen.

„Ja, Großvater," sagte sie endlich, „was kann man vom Sonnenaufgang erzählen? Ich konnte nicht bei den anderen bleiben, die in diesen heiligen Minuten noch sprechen und ihr Entzücken ausrufen konnten; ich setzte mich allein an den Berges- rand, und es war mir, als sehe ich, wie die Erde wieder neu wird, und als ich mich ausgeweint hatte, weil meine Mutter jetzt in dieser Erde ruht —"

Sie hielt inne, sie konnte vor Bewegung nicht weiter reden, aber sich fassend fuhr sie fort, indem ihr Auge flammte und die geschwellten roten Lippen zitterten: „ja, der Vorsatz stieg in mir auf: nie mehr, nie soll wieder eine Kleinlichkeit mich beherrschen, all das Nichtige, Tagdienerische soll mir nichts mehr anhaben; da ist die Erde mit ihren Städten und Dörfern, mit ihren Millionen pochenden Herzen, ich will leben und ar- beiten, daß ich es wert bin, da zu sein und —" sie lachte, indem sie schloß, „ich will wert sein, daß mich die Sonne be- scheint."

„Du Sonnenkind!" sagte Heister leise vor sich hin, der Großvater rief aber in ungewöhnlich lärmendem Tone und mit schalkhafter Stimme:

„Schau, schau, greife in deinen Nacken, da hängt was." Unwillkürlich griff Theodora in den Nacken und der Großvater konnte vor Lachen kaum hervorbringen: „Ja Kind, der Schul- zopf, der Zopf der examinierten Lehrerin hängt dir nach. Kind! Was füllen sich deine Augen gleich mit Thränen? Kannst du keine Neckerei vertragen? Habe ich dich gekränkt?"

Theodora preßte die Lippen zusammen, in ihren Wimpern hingen Thränen. Plötzlich flog etwas wie ein rasches Licht über ihr Angesicht, sie faßte die Hand des Großvaters und sagte:

„Großvater! du mußt mit mir auf den Eichhof. Da haben wir eingekehrt und ein Bauernwesen getroffen, so voll, so in sich gesättigt, der Bauer und die Bäuerin kernfeste und treuherzige Menschen; die Leute werden dich von deinem Aberglauben gegen das Volk bekehren. Die Frau ist die Tochter eines Bahnwärters," bei diesem Worte zuckte es in den Mienen Theodoras, sie fuhr aber rasch fort:

„Der Bauer hält mit seinem Schwiegervater unsere Zeitung und hat auch sonst gute Bücher und ist dabei doch ein echter Bauer. Die Volksbildung ist größer und weiter gediehen, als man meint."

„So?" wehrte der wieder in seinen Stolz zurückgekehrte Staatsrat. „Ich will nichts von eurer Volksbildung, ich halte sie nicht für ein Glück, im Gegenteil, sie zerstört den festen Bestand. Das Volk muß wie die körnerfressenden Vögel Kieselsteine unter seiner Nahrung haben, feste Dogmen. Aber Kind! Das ist wieder kein Thema zwischen uns."

Ueber das helle Antlitz Theodoras zog eine Verdüsterung, aber wieder rasch gefaßt sagte sie: „Ich lasse dir keine Ruhe, bis du mit auf den Eichhof gehst."

„Gut, ich gehe noch heute mittag mit dir, wenn du nicht zu müde bist —"

„O ich bin nicht müde —"

Am Nachmittag, es war ein wolkenbedeckter Tag, der die Sonnenhitze dämpfte, ritten Großvater und Enkelin von der Sommerfrische ab. Alle Gäste schauten ihnen vergnügt nach und lobten, wie schön Theodora im dunkelblauen Kleide mit dem Männerhute und dem blauen Schleier zu Pferde saß. Die Präsidentin erzählte mit Behagen, wie sie vor Zeiten geradeso mit dem Staatsrat geritten sei.

Die offene Landstraße dahin ging's im Trab. Als man die bewaldete Bergesanhöhe hinanritt, wurde Schritt eingehalten.

Theodora hob sich im Sattel ein wenig empor und rief:

„O es ist doch herrlich! Da wanderten wir heute in der Frühe. Es ist doch ganz anders, so zu Pferde durch den schattigen Wald zu reiten."

„Ich hoffe, du heiratest nur einen Mann, der dir ein Reitpferd hält."

Theodora preßte den Knopf ihrer Reitpeitsche an die Lippen und schüttelte den Kopf.

„Wie? Hast du schon gewählt?" fragte der Großvater erstaunt.

Theodora nickte stumm und senkte die Augenlider.

Der Staatsrat wartete auf ein weiteres, da aber Theodora
ſtumm blieb und ihren Schleier vor das Geſicht legte, fragte er:

„Doch nicht den geſchwätzigen Zeitungskorreſpondenten deines
Vaters, den wir in Paris trafen? Ich muß doch bitten, daß
du —“

„Großvater! Er iſt hier im Lande.“

„Doch ein Mann von Familie?“

„Allerdings. Er hat Eltern und Geſchwiſter und wahrſchein=
lich auch Tanten und Onkel. Was ihr Ariſtokraten euch doch
herausnehmt, die vornehme Sippe allein Familie zu nennen —“

„Kind! Komme mir nicht mit euren Zeitungsphraſen.
Sprich offen, wo, was iſt er?“

„Wo? Das ſage ich heute noch nicht, auch ſeinen Namen
nicht. Nur ſo viel: Er iſt Techniker.“

„Schau, ſchau! Alſo das neueſte Ideal? Vordem waren
die Ideale Maler, Muſiker, Huſarenrittmeiſter und Schauſpieler.
Jetzt iſt die Liebe auch praktiſch. Alſo ein Techniker? Das
ſchwärmt nun heutigestags von Tunneln und Viadukten. Sag’
nur, ſeit wann haſt du entſchieden? Wie konnteſt du ſo lange
zurückhalten? Wie iſt ſein Name?“

„Großvater, ich bitte, frage nicht weiter. Es thut mir leid,
dir nicht antworten zu dürfen. Du ſollſt bald alles erfahren.
Ich ſtelle dir einen deiner beſten Freunde, der ihn von Kindheit
an kennt und liebt. Aber ich ſpreche ſchon zu viel. Jetzt ge=
nug! Wir ſind auf der Hochebene. Laß uns traben!“

Ohne weiter ein Wort zu reden, trabten ſie bis zum Eichhof.

Zweiundvierzigſtes Kapitel.

Auf dem Eichhof hatte der Staatsrat ſeine Freude an dem
gediegenen Hausſtand, vor allem aber an dem ehrenfeſten Bauer,
der dem vornehmen Herrn gegenüber ein ariſtokratiſches Be=
wußtſein erkennen ließ, was aber dem Staatsrate beſonders
wohlgefiel.

Der Bauer erzählte, daß heute wieder Elſäſſer da geweſen
ſeien, um Hopfenſtangen zu kaufen; ſie hätten in den erſten
Jahren nach dem Krieg mit uns getrutzt, jetzt aber kämen ſie
doch wieder.

In der Stube, die trotz des Sommers geheizt war, hingen
zwei eingerahmte Diplome zum Ehrenpreis vom landwirtſchaft=
lichen Verein für eine Kalbin und ein Fohlen.

„Die hat noch meine verstorbene Frau einrahmen lassen,"
erklärte der Bauer; „ich habe noch mehr, hänge sie aber nicht
mehr auf."

Rikele kam mit Speise und Trank.

„Bäuerin," sagte der Bauer, „richte alles draußen unter
der Linde an, die Herrenleute sitzen gern im Freien."

Man saß wohlgemut beisammen, der Bauer ließ den Frem=
den reden und blieb karg in Worten. Auf Befragen erklärte
er nur, daß es sich nicht mehr austrage, Eichen stehen zu lassen,
er erhalte das kleine Wäldchen unweit des Hauses nur zum
Wahrzeichen. Als man von der reichlichen und bald beginnen=
den Weizenernte sprach, kam die landläufige Klage über Dienst=
botenmangel. Und da er einmal im Klagen war, schmähte der
Bauer auch die neuen Waldgesetze, wodurch man nicht mehr
Herr über sein Eigentum sei. Der Staatsrat verteidigte das
Gesetz, er konnte das sehr sachlich, es war ja sein letztes ge=
wesen, das er vor das Abgeordnetenhaus gebracht hatte.

Durch den Feldweg herauf sah man eine Frau daher=
wandern.

„Da kommt meine Mutter," sagte die Bäuerin.

„Das ist Eure Mutter?" fragte der Staatsrat, der durch
das vorgehaltene Augenglas Magdalena erkannt hatte. Die
Bäuerin bejahte, und er betrachtete den stolzen Bauer nachdenk=
lich. Wußte der, wer seine Schwiegereltern waren?

Magdalena verschwand im Eichenwäldchen. Rikele sagte:
„Ich gehe ihr entgegen," und „Ich gehe mit," rief Theodora,
nahm ihr Reitkleid hoch auf, und ehe der Großvater Einsprache
erheben konnte, war sie den Berg hinabgerannt und verschwand
ebenfalls unter den Eichen.

„Mutter!" rief sie dort und umhalste Magdalena. Diese
konnte kein Wort hervorbringen und Theodora wendete sich zu
Rikele und sagte: „Ich bin die Braut deines Bruders."

„So schön und groß sind Sie geworden?" konnte Magda=
lena endlich hervorbringen. „Ja, der Albrecht! Aber liebes
herziges Fräulein, es sind noch böse Sachen zu überwinden."

„Ich weiß, ich weiß."

„Sie wissen?"

„Wir überwinden alles."

Theodora erklärte rasch, daß der Großvater auch da sei
und nun bald alles offenbar werden müsse. Einstweilen müsse
man noch fremd thun.

Magdalena wollte wieder umkehren, aber Theodora fand
das unthunlich, und so gingen die drei Frauen nach der Linde.

„Guten Tag, Herr Staatsrat!" sagte Magdalena.

Der Gegrüßte nickte und der Bauer fragte:

„Schwiegermutter! Ihr kennet den Herrn schon!"

„Ja wohl, von alters her, aus der Stadt, vom Hause des Herrn Justizrat Heister."

Dem Staatsrat war diese Begegnung unbehaglich, zumal der Bauer offenbar die Vergangenheit seiner Angehörigen nicht kannte. Er drängte zur Heimkehr, da es so dumpf und trübe wurde.

Bald saßen die beiden wieder zu Pferde, der Bauer begleitete die Reiter noch eine Strecke, um ihnen zu zeigen, wie sie einen bessern Weg heimreiten könnten, dort über die Eisenbahn hinweg und dann eine kurze Strecke Feldweg bis auf die Landstraße.

Als der Bauer zurückkam, sagte Magdalena: „Ihr sollet es wissen, es wird Euch auch freuen, aber Ihr saget es vorderhand nicht weiter, zu niemand. Das Fräulein da ist so viel als Braut von unserm Albrecht."

Groß war das Staunen des Bauern. Bald aber staunte auch Theodora noch ganz anders.

Am Ueberweg mußten die Reiter anhalten, denn eben sauste ein Bahnzug heran und Theodora mußte alle Kraft anwenden, um ihr Pferd im Zügel zu halten.

Die Rosenbäumchen am Bahnwärterhäuschen standen über und über in voller Blüte, so daß jeder Baum nur ein einziger Strauß schien.

Der Bahnwärter, der die Reiterin starr betrachtet hatte, war ihrem Blicke gefolgt und wollte Rosen brechen, Theodora aber lehnte ab und sagte:

„Laßt die Rosen am Stock, dann habt Ihr und alle, die da vorüberfahren, noch lange ihre Freude dran."

Der Zug sauste vorüber, Jakob öffnete den Schlag und grüßte kaum, der Staatsrat dankte verdrossen, Theodora nickte ihm nochmals freundlich zu.

„Großvater, hast du bemerkt, welche wunderbare Augen der Mann hat?"

„Ja. Wir wollen Schritt reiten. Das Gewitter scheint sich wieder zu verziehen. Ja, mein schwärmerisches Kind, da hast du deine Idylle, die gepriesene Rechtschaffenheit und Geradheit deines sogenannten Volkes. Dieser Bahnwärter ist der Vater der Eichbäuerin. Ich kenne ihn von lange."

Der Staatsrat bemerkte nicht, wie rasch der Atem Theodoras ging, und er fuhr fort:

„Möglich, ja wahrscheinlich, daß der Bauer betrogen ist und nicht weiß, wer seine Schwiegereltern sind."

„Wer sind sie denn?"

„Zuchthäusler, Sträflinge."

Das Pferd Theodoras machte einen Seitensprung, so daß sie fast aus dem Sattel fiel. Der Staatsrat sprang ihr schnell bei und als er ihr wieder die Zügel in die Hand gab, sagte er: „Was ist? Deine Hand zittert und du bist so bleich?"

Mit Anspannung aller ihrer Kraft entgegnete Theodora: der Großvater solle ihr weiter berichten, und er fuhr fort:

„Die Frau hat entschuldbare kindliche Diebeshehlerei getrieben, anders der Mann. Ich war sein Untersuchungsrichter und habe ihn weich gekriegt. Ich hätte dir gern deinen Idealismus erhalten, aber da siehst du, es ist nicht eitel Griesgram und Aristokratismus, wenn wir uns von der Krapüle fernhalten. Das sollst du auch; du magst immerhin in der Ferne schwärmen, nur darfst du mit diesen Menschen nicht mehr verkehren. Du kennst diese Frau, sie hat, ich will das nicht leugnen, gute Eigenschaften, sie war Pflegerin der Justizrätin Heister in ihrer letzten Krankheit. Heister hatte immer Anlage zur Sentimentalität und seine Frau hat das Talent noch ausgebildet."

Der Staatsrat hatte sich so in die Geschichte vertieft, daß er das ausbrechende Gewitter nicht gewahrte, das sich plötzlich in Donner und Blitz und bald in Hagelsturm entlud.

Der Großvater wollte Theodora zulieb bei einem Bauernhofe am Wege absteigen und das Ende des Gewitters abwarten; aber Theodora beteuerte, daß sie Donner und Blitz nicht schrecken, und in scharfem Trab kehrten die beiden mit einbrechender Nacht nach der Sommerfrische zurück.

Hilfreiche Genossinnen beklagten auf Treppe und Flur die Triefende und wollten ihr beistehen, aber Theodora eilte allein auf ihr Zimmer, verschloß hinter sich und riß in Hast und Verzweiflung die nassen Kleider ab.

Draußen raste der Sturm fort, er riß die Zweige der Bäume hin und her, und als Theodora ans Fenster trat, sah sie die schlanke mächtige Pappel zusammenknicken und stürzen.

Dreiundvierzigstes Kapitel.

Der Hagelsturm, der die Pappel an der Sommerfrische knickte, entwurzelte auch einen Baum nicht weit von dem Bahnhäuschen.

Jakob war mitten im Sturm heimgeeilt, der Wind tobte und heulte durch die Bäume, als rufe ein Unnennbares um Hilfe.

Jakob hatte seinen sechsten Monturmantel fest angezogen, kein Unwetter ficht ihn an. Er war nicht weit von dem Kirschbaum, den er damals mit Magdalena gepflanzt, da raste ein neuer Sturm daher und entwurzelte den Baum.

Einen Augenblick war Jakob erschrocken, dann sagte er, sich die schweren Regentropfen aus dem Gesichte wischend: „Gilt nicht! Fall du um, ich lasse mich nicht umreißen." Ohne seinen Schritt zu beschleunigen, ging er ruhig seinem Hause zu. Magdalena war noch nicht da, er wartete geduldig und schickte Lisbeth zu Bette.

Das Unwetter war vorüber, der Mond schien hell, als Magdalena kam. Sie setzte sich schwer ermüdet nieder und sagte:

„Der Sturm hat den schönen Kirschbaum niedergerissen. So viel Jahre hat der Baum so viel Stürme ausgehalten. Ja es ist wie mit dem Menschen."

„Mutter, du willst mir was anderes sagen. Ich weiß alles. Du hast sie oben beim Rikele getroffen und ich hab' die beiden auch gesehen. Jetzt, Mutter, jetzt heißt's feststehen."

Die beiden erzählten einander, was sie erlebt. Magdalena war voll Bangen, aber jetzt bewährte sich's, daß Jakob neuen festen Grund gewonnen; er sah allem, was nun noch kommen mochte, mit gelassener Ruhe entgegen, und diese Ruhe ging endlich auch auf Magdalena über. Sie erklärte erst jetzt, wie auch der Eichbauer die feste Zuversicht habe, daß alles noch zu Gutem ausgehen müsse. „Er ist uns ein großer Beistand," schloß Magdalena.

„Ist recht," entgegnete Jakob, „aber zuerst bin ich mein Beistand."

Vierundvierzigstes Kapitel.

Theodora, die hoch zu Roffe durch Wald und Feld geritten war, lief jetzt entkleidet, barfuß, wie eine Wahnwitzige
im Zimmer umher und stöhnte händeringend:

„So tief! So tief! O Wahrhaftigkeit! Biederkeit! Treuherzigkeit! Du Welt! Womit habe ich das verschuldet? Verschuldet!" Sie schaute um, wie sie das Wort aus ihrem eigenen
Munde hörte. Sie stand am Fenster, daran der Hagel prasselte,
und rief in das wilde Getön hinein: „Albrecht! Du mußtest
und wagtest. O verzeih. Was hast du zu leiden, du Armer.
Nein, nicht du. Wir. Ich mit dir. O ein einziger Tag! Heute
da die Sonne aufging . . ."

Im Gedanken an jene Stunde flammten ihre Augen und
ihr Körper fröstelte. Sie ward sich ihres verwahrlosten Zu-
standes inne und kleidete sich rasch wieder an. Der Gedanke
stieg in ihr auf, daß der Großvater nur einen grausamen
Scherz geübt habe, um sie von ihrer überschwenglichen Liebe
zu den niederen Ständen zu bekehren. So schwach auch
dieser Halt war, es trat doch eine flüchtige Beruhigung in ihr
Antlitz, da sie jetzt Licht anzündete und das Zimmer wieder
ordnete.

Der Hagel hatte aufgehört, nur noch leiser Regen rieselte
nieder und in der Ferne vergrollte der Donner. Theodora öffnete das Fenster, eine erquickende kühle Luft drang ein und sie
atmete auf, wie neu zum Leben erwacht.

Sie klingelte und ließ den Justizrat zu sich bitten, und
noch bevor er kam, suchte sie sich mit dem Gedanken vertraut
zu machen, daß der Großvater Wahrheit gesprochen, denn mit
solchen Worten zu scherzen war doch kaum möglich.

Bald trat Heister ein und sagte: „Du hast mich rufen
lassen."

„Ja. Setzen Sie sich, mir versagt noch der Atem."

„Dein Großvater ist auch sehr unwillig, weil er sich von
dir verleiten ließ, statt in einem Bauernhaus am Wege unter-
zustehen, durch das Hagelwetter zu reiten. Er läßt dir sagen,
du sollest auch sofort zu Bette gehen. Was hast du? Warum
kniest du nieder? Was ist das? Steh auf."

„Nein. Lassen Sie mich so sprechen. Sie wissen, daß ich
Albrecht liebte wie nur je . . ."

„Liebte? Und nun nicht mehr?"

„O doch, doch. Und wenn alles . . . Lieber Freund! Der

Großvater hat die Eltern Albrechts mit Worten bezeichnet, mit entsetzlichen . . ."

„Das habe ich mir gedacht."

Er hielt inne und Theodora schaute zu ihm auf mit weit aufgerissenen Augen, mit offenem Munde und ihre Arme waren krampfhaft ausgestreckt: „Und es ist wahr!" rief sie.

„Es ist wahr," bestätigte Heister. Er beugte sich hinab, um die, wie er glaubte, Niedersinkende aufzurichten, aber ohne ein Wort, ohne einen Laut war Theodora aufgestanden und Heister sagte:

„Gib mir die Hand. Du möchtest fragen, warum ich euch nicht früher von dem traurigen Geschick mitgeteilt?"

Theodora nickte mehrmals rasch mit dem Kopfe, und Thränen, die in ihren Wimpern hingen, fielen nieder auf die Hand des Freundes, der fortfuhr:

„Ich weiß zuversichtlich, daß Albrecht nichts von der Vergangenheit seiner Eltern wußte, wenigstens nicht bis zu seiner Krankheit."

Theodora entwand ihre Hand der des Freundes und ging mit raschen Schritten durch die Stube, dann stand sie wieder vor Heister still, der mit eindringlichem Tone fortfuhr:

„Du bist so jung und doch ernst und einsichtig genug, um zu begreifen, daß der Mensch ein zweites, ein reines Leben gewinnen kann aus Verirrungen und Versuchungen heraus. Reue und Buße erneuen das Herz, so daß es reiner ist als das Herz der Unschuld. Wenn ein Mensch, ohne für seinen Fall mildernde Umstände zu plaidieren, grabaus bekennt: ich that unrecht — da beginnt eine Neuschaffung seiner Natur. Liebes Kind! Ich habe in vieler Menschen Seele gesehen, aber ich kenne keine, die edler sind, als die Seele dieser, die in Strafhäusern gebüßt haben."

„Ich werde zeigen, wie ich sie ehre," rief Theodora.

„Liebes Kind! Mach' dir recht klar, es ist leicht gesagt, ich schätze hoch, die sich wieder aufgerichtet haben; aber im täglichen Verkehr sie voll erkennen lassen —"

„Das kann ich, das werde ich."

„Ich vertraue dir, und ich hoffe mitzuwirken, daß alle Widrigkeit besiegt wird. Doch jetzt schlaf ruhig und halte dich tapfer. Gute Nacht, Kind."

Theodora aber legte sich noch nicht nieder, sondern schrieb bis tief in die Nacht hinein an Albrecht und an ihren Vater, sie müßten kommen.

Fünfundvierzigstes Kapitel.

Der Morgen war hell und frisch, der Staatsrat verließ sein Zimmer nicht und Heister ließ sich bei ihm melden. Der Staatsrat schien kaum überrascht, wenigstens ließ er nichts davon merken, als er hörte, daß der Techniker Albrecht der Sohn Jakobs und Magdalenas sei. Er ließ seine Enkelin rufen, sie bekannte offen ihre Liebe und erging sich in innigen Worten über die herzgewinnende rechtschaffene Natur Albrechts.

„Und du glaubst in der That," sagte der Staatsrat, „du glaubst, daß er nichts gewußt hat von dem Leben seiner edeln Eltern? Es sei. Mag der junge Mensch unschuldig sein. Wie kannst du aber nur noch einen Augenblick an solche Familiengemeinschaft denken?"

„Großvater, es schmerzt mich tief, daß ein so hoher Geist wie du so unfrei —"

„Danke für das Süße und das Saure. Ich bin und bleibe kein Anhänger eures Liberalismus, der alle Grenzsteine verrückt. Uebrigens störe ich euch nicht mit meinem altväterischen Wesen. Ich werde diesen Ort verlassen, bevor dein Vater und der Erwählte kommt. Ich überlasse dich der Obhut unseres Freundes hier."

Der Staatsrat stand auf und mit blassen Lippen sagte er:

„Ich bitte die Braut des Herrn Ketterer, mich zu verlassen."

Theodora wendete sich und als sie die Thüre öffnete, trat Albrecht ein. Mit einem Aufschrei umarmte ihn Theodora.

Der Großvater hatte mit unsicher tastender Hand die Thürklinke erfaßt, er öffnete, da trat ihm sein Sohn, der Vater Theodoras, entgegen.

Theodora hatte sich von Albrecht losgerissen und wollte ihren Vater umarmen, aber dieser wehrte ab, indem er mit heiterer Stimme sagte:

„Hier bin ich zuerst Kind. Lieber Vater! Du siehst ja so schmerzlich, so erregt aus?"

„Sieh die dort," erwiderte der Staatsrat, „kann man da freudig und ruhig sein? Weißt du, wer der Mann da ist und seine Eltern?"

Doktor Hornung nickte bejahend und der Vater fuhr fort: „Und nun laß hören, was entscheidest du?"

Der Sohn legte begütigend die Hand auf die Schulter des Vaters, aber dieser rief:

„Du zögerst? Du hast nicht den Mut, nicht die Geradheit zu sagen: es gibt keine Verbindung zwischen meinem Hause und dem Sohn der Sträflinge?"

Albrecht stöhnte auf und der Doktor rief: „Vater! Wie magst du einen Unschuldigen so ins Gesicht hinein kränken! Das ist deiner nicht würdig."

„Würdig? Soll ich von euch lernen, was würdig ist? Von euch, die ihr alle Ehre, alle Scham mit Füßen tretet?"

„Lieber Vater! Es ist gewiß schmerzlich, von Eltern zu stammen, die eine Schuld gebüßt haben, aber es ist auch schmerzlich, dabei sein zu müssen, wie der Vater eine Sündenschuld auf sich ladet."

„Wie? Wer? Mit wem sprichst du?"

„Mit meinem großdenkenden Vater, mit einem Manne, der zu edel ist, um eine Uebereilung nicht zu bereuen."

„Bereuen? Also ich? Ach ja. Du bist ja ein Mann der Römertugend. Du hast die Tugend gehabt, in deiner Zeitung gegen deinen Vater zu schreiben. So schreib morgen: Mein Vater ist ein beschränkter Kopf, er findet es nicht schön, daß ich meine Tochter dem Abkömmling von Zuchthäuslern gebe. Starre mich nur an, du starker Römer! Euer ganzes Getriebe macht das Chaos! Ich weiß. Ich weiß, was du entgegnen willst. Ich werfe keinen Stein auf den Mann, aber weil ich keinen Stein auf ihn werfe, darum gehört er doch nicht an meinen Tisch, an mein Herz, in meine Familie."

Er sank in den Stuhl. Als sich ihm Theodora nähern wollte, rief er: „Berühre mich nicht, fort von mir! Fort! Alle!"

„Nun ist's genug, verlaßt das Zimmer," sagte der Doktor zu Albrecht und Theodora. „Geht. Geht zur Schwester auf den Eichhof. Ich bleibe hier und Sie auch, Herr Justizrat."

Nach einer Weile kam Heister auf die Hausflur zu den beiden Liebenden und sagte, der Großvater sei wieder ruhig und wolle schlafen.

Still verließen Albrecht und Theodora die Sommerfrische.

――――――

Sechsundvierzigstes Kapitel.

Hand in Hand gingen Albrecht und Theodora den Feldweg dahin, dem Walde zu.

Dort am Rande des Waldes setzten sie sich nieder. Sie hatten auf dem Wege kein Wort gesprochen und auch jetzt noch schwiegen sie, nur manchmal drückte eines dem andern fester die

Hand, wie wenn es sagen wollte: ich weiß, was du in deiner Seele sprichst.

Nun aber umfaßten sie sich und küßten einander die schweigenden brennenden Lippen und weinten.

„Und nun genug Trauer," faßte sich Theodora zuerst, „der herrliche Bibelspruch ging mir den ganzen Weg durch den Sinn. Sieh, dort überall arbeiten Sichel und Sense, und der Spruch ist unser: die mit Thränen säen, werden mit Freude ernten."

Theodora erzählte, daß sie gestern in dem Hagelsturm auf dem Wege war, und Albrecht berichtete, wie er den Brief erhalten und mit dem Vater gereist sei.

Bald aber war alles Leid vergessen und die Liebenden wanderten, als wäre das Gestern, das Heute, die letzte Stunde in fabelhafter Vergangenheit, und aller Kummer war nur ein Traum.

„Mir blutet das Herz, daß du so viel Leid durch mich auf dich nehmen mußt," sagte Albrecht aus gepreßter Brust.

„Wir bezahlen alle Trauer voraus," tröstete Theodora.

Die Mittagsglocke von der Sommerfrische läutete herauf. Jetzt gehen sie dort alle geputzt zu Tische und wie viel haben sie heut' zu reden, und doch konnten sie nicht ahnen, wie die beiden hier lebten.

Ein sanftes Säuseln zog durch die Wipfel der Tannen, keine Vogelstimme war laut. Im Wege lagen geknickte und entwurzelte Tannen, die Wandernden mußten oft Umwege machen.

Sie pflückten Erdbeeren und waren weltvergessen wie die Kinder. Albrecht fand die Stelle leicht, wo er einstmals als Knabe aus Schindeln sein kunstreiches Mühlwerk gebaut hatte. Er erzählte Theodora, wie er kaum sieben Jahre alt, keine Ruhe hatte, bis er zur Quelle des Baches hinaufkam; er wollte sehen, wie der Bach aus der Erde springt, und als er dort oben war, wo auf der Bergspitze die Waldwiese ist, da habe er die Quelle vergessen und zum erstenmal gesehen, wie wunderbar da sich die Berge ineinander schieben, wie weit das Thal und wie schön die Welt.

Sie kamen aus dem Wald, da war wieder der offene helle Tag und in der Ferne sah man den Eichhof. Sie schritten frohgemut darauf zu.

Der große Hund erkannte den Bruder der Bäuerin und leckte ihm die Hand. Es war niemand da, alle waren draußen bei der Ernte. Die Thüre war leicht zu entriegeln; die beiden saßen in der Stube und Theodora sagte: „Auch in solcher weltvergessenen Einsamkeit wäre ich glücklich mit dir allein, du Einziger."

„Und ich nicht," entgegnete Albrecht, „ich muß mit vielen Menschen sein und auf viele wirken."

„Das ist wahr, das ist besser."

Albrecht öffnete die Tischschublade, in der Brod lag, er schnitt ein Stück ab, da hörte er eine Kuh im Stalle schreien; in lustigem Tone sagte er:

„Die Kuh ruft, ich soll dir einen Topf Milch melken."

Er ging nach dem Stall, da begegnete ihm die Schwester, die eben heimgekehrt war. Sie wurde schnell unterrichtet und Albrecht fragte, wo denn der Bauer sei; der war mit dem Förster in den Wald gegangen, wo ihm der Hagelsturm mehrere Hundert Stämme umgerissen hatte, aber glücklicherweise fast lauter schlagbare.

Nikele erzählte, daß ein Brief angekommen sei, Lena werde heute aus Ostindien eintreffen.

Siebenundvierzigstes Kapitel.

In der Sommerfrische saß wie gewöhnlich die Präsidentin von Kastelburg am obern Ende des Tisches, der Platz des Staatsrats und Theodoras blieb unbesetzt. Die Präsidentin hatte sich's verbeten, daß von dem großen Ereignisse des Tages weiter gesprochen werde. Das war freilich hart, denn was konnte sonst von Interesse sein? Aber die Präsidentin war empört, wie man teils schadenfroh, teils mitleidig sich darüber ausließ, daß Theodora den Sohn eines Sträflings liebte, und man erging sich noch in allerlei Fabeln von Raub und Mord, die der Vater verübt hätte.

Sobald die Tafel zu Ende war, ließ sich die Präsidentin beim Staatsrat melden. Doktor Hornung, der eben bei seinem Vater war, ging auf die Hausflur, um die Besuchende abzuhalten, sie aber rief laut: „Mich empfängt Ihr Herr Vater, wenn er wach ist."

Der Staatsrat öffnete die Thür und sagte höflich:

„Sehr erfreut," und zu dem Sohne gewendet, fuhr er fort: „Laß mich mit der Frau Präsidentin allein."

Der Doktor ging, und die Präsidentin begann lächelnd: „Im Leben des schönen Otto hören doch die Abenteuer nicht auf."

Der alte Herr dankte verbindlich und die Präsidentin fuhr fort:

„Du erlebst nun Abenteuer an Kindern und Kindeskindern."

„Ich bitte, nicht du zu sagen, wir können doch belauscht werden."

Mit gedämpfter Stimme fuhr die Präsidentin fort: „Ich kann bei dem was ich zu sagen habe nicht anders, aber ich will leise sprechen."

„Und was bringt mir meine verehrte Freundin?"

„Vor allem bedenke, was du zerstören kannst. Du darfst stolz auf diese Enkelin sein, sie vereinigt Mut und Anmut, sie ist weich und tapfer, in ihrer Natur ist Erz und Blume gemischt."

Die Redende sah lächelnd auf und erwartete ein Lob; dem Staatsrat aber schien es peinlich, den Ruhm seiner Enkelin zu hören. Dennoch sagte er im verbindlichsten Tone:

„Es freut mich, meine Enkelin so erkannt zu sehen. Aber verehrte Freundin, ich gestatte niemand außer Ihnen ein Recht, in das drein zu reden, was ich jetzt zu thun und zu lassen habe."

„Schön! Sehr schön! Aber ich bitte dich zu bedenken, daß Egoismus und Liebe dir dein Verfahren bestimmen müssen."

Der Staatsrat stutzte. Die Frau hat es darauf abgesehen, Gegensätze zu vereinen. Die Präsidentin aber erklärte:

„Du zerstörst durch deinen Widerspruch dir ein Glück, da du dir die Freude an deiner Enkelin aus der Seele reißest, und du zerstörst ihr das volle Glück, da sie stets deines Widerspruchs gedenken muß. Kannst du das leugnen? Gibt es irgend etwas, in dem du Ersatz finden kannst für die Liebe dieser Enkelin?"

„Nein," entgegnete der Staatsrat, „aber ich kann mich nicht in diese Sphäre begeben. Kennen Sie die Geschichte dieses Mannes?"

„Vollkommen! Ich habe mir die Geschichte dieses Bahnwärters von deinem Freunde Heister erzählen lassen. Also der dumme Junge mit den Pfeilen hat da auch sein Spiel gehabt? Nun haftet seinem Vergehen nichts Gemeines mehr an. Und dann, sieh höher hinauf. Ihr findet es erhaben, wenn ein Gott eine reuige Sünderin aus den Flammen in den Himmel hebt. Ist es nicht schöner und größer, daß die Erlösung sich auf Erden vollziehe in reuigen Thaten? Und die vor Schuld bewahrt sind, verdanken es nicht immer ihrer Tugend."

„Das sagen Sie?"

„Ja. Erinnere dich einer wunderlichen Geschichte, sie ist fast ein Märchen. Der schöne, geistreiche und liebenswürdige Assessor liebte die Frau seines Gerichtsdirektors und sie ließ sich die Huldigungen gefallen, sie hatte auch ein junges heißes Herz. Und eines Abends, die beiden waren allein, wagte der junge Mann ein stürmisches Geständnis und die junge Frau hatte den

Mut zu sagen: ‚Den Tag, an dem ich meiner Liebe zu dir
nachgebe, den überlebe ich nicht; du darfst nicht fortgesetzt heucheln
und ich nicht...‘ Und da standen sie beisammen und weinten
und waren doch sonst so lustige Menschen. Du hast mich nach=
mals zu deiner Wahlschwester ernannt, und als du mir deine
junge Frau zuführtest, danktest du mir, daß du einer solchen
würdig geblieben."

Der Staatsrat sah zu Boden, er hatte sich in dieser Freundin
doch geirrt, sie gefiel sich nicht in gesprächsamen Tändeleien,
sie hatte sich mit dem Fortschritt der Jahre immer mehr veredelt.

Die Präsidentin mochte ahnen, was in dem Jugendfreunde
vorging, ein wunderbares Lächeln ging über ihr Antlitz und
verschönte dasselbe, indem sie wieder das Wort nahm:

„Dieser einfältige Knecht hat den Mann seiner Geliebten,
sei es fahrlässig, sei es mit Vorbedacht, getötet. Das ist Ver=
brechen, ist roh. Dafür haben eure Gesetzbücher Strafen. Aber
es ist kein Verbrechen und es ist sein, mit dem Gatten der Ge=
liebten spazierenfahren, reiten, jagen, Whist spielen und schöne
Dramen mit verteilten Rollen lesen und dabei —"

„Bitte liebe Freundin, ich bin angegriffen —"

„Gut, ich habe alles gesagt. Ich weiß, du wirst deine
Hochsinnigkeit bewähren. Vergeude nicht in deinen Jahren die
Liebe zu deiner Enkelin. Und nun leb wohl!"

Sie ging, auf ihren Stab gestützt, davon. Man hörte
noch durch die lange Flur, wie sie mit dem Stocke aufstieß.

Achtundvierzigstes Kapitel.

Im Bahnhäuschen war man eben von Tisch aufgestanden,
Jakob steckte sich sein Pfeife an, Lisbeth trug das Geschirr weg.
Sie kam aber bald wieder und rief: „Mutter! Vater! Die
Lena kommt mit ihrem Kind."

Magdalena eilte laut schreiend den Ankömmlingen entgegen
und Jakob ging rauchend Schritt vor Schritt. Man muß
männliche Haltung bewahren, nur nicht weibermäßig sich aus=
lassen — sprach er in sich hinein; aber er mußte sich doch ge=
waltsam aufrecht erhalten, er spürte es in den Knieen, wie ihn
die Nachricht gepackt hatte.

„Ist gut, daß wieder ein klein Kind im Haus, und wir
haben Platz," sagte er zu Lena, die ihn umarmte. „Ich will
dein Kind tragen, ich bin froh, daß wieder eins da ist, das

man noch auf den Arm nehmen kann." Er nahm das vier=
jährige Kind auf den Arm und trug es, und that was Großes,
er that dem Kinde zulieb die gut brennende Pfeife weg.

In der Stube weinten die Frauen miteinander. Jakob
setzte sich auf die Hausbank und zündete die unterbrochene Pfeife
frisch an. Es war ihm heute aber keine Ruhe gegönnt, denn
Heister kam und erzählte die Vorgänge auf der Sommerfrische.

Er war hocherfreut, Lena, die Witwe des Missionärs, zu
bewillkommnen und fragte sie, ob sie und ihr Kind mit den
Eltern zu ihm ziehen wolle. Sie verstand ihn nicht, und er
mußte ihr erklären, daß er ein Gut in der Nähe gekauft, und
daß Jakob und Magdalena es ihm bewirtschaften und ihn pflegen
wollten. Auch Lena bejahte, und es gab sogar Lachen, da Mag=
dalena sagte: „Unsere brave Kuh nehmen wir mit, die verdient's,
einmal wieder Kameradschaft zu bekommen."

Jenseits der Bahn bestieg Heister sein Fuhrwerk und fuhr
in die Sommerfrische zurück.

Der heiße Mittag lag auf der Landschaft, Jakob stand am
Ueberweg bei seinen Rosen und freute sich, daß der Sturm
ihnen nichts angethan, ja alle Knospen waren aufgebrochen.
Da kam Doktor Hornung und reichte Jakob die Hand, und
Jakob sagte:

„Diese Hand hat mir viel Gutes gethan, ich mein', ge=
schrieben, seit Jahren, tagtäglich."

So vieles auch Hornung auf der Seele hatte, diese An=
sprache ließ ihn einen Augenblick alles vergessen, und er schaute
verwundert in das Antlitz Jakobs und in seine seltsam glänzen=
den Augen. Er berichtete, daß er auf dem Wege sei, Albrecht
und Theodora vom Eichhof abzuholen, er werde bald mit ihnen
in das Bahnhäuschen kommen.

--- ---

Neunundvierzigstes Kapitel.

Der Abend brach herein, noch nie waren so viele Menschen
im Bahnhäuschen zusammen gewesen. Doktor Hornung kam
und mit ihm Theodora und Albrecht, der Eichbauer und Rikele.
Zunächst schien es, als ob alle nur da wären, um Lena zu be=
willkommnen. Niemand sprach von der Verlobungsfeier, und
man hörte sogar ruhig dem Eichbauer zu, der erzählte, daß ihm
der Sturm mehrere Hundert Bäume in seinem Walde nieder=
gerissen habe, aber glücklicherweise fast nur schlagbare.

Da ging die Thüre auf und die Präſidentin, der Staats=
rat und Heiſter traten ein.

Niemand ſchien das erſte Wort finden zu können, da be=
gann derjenige, von dem man's am wenigſten erwarten durfte.
Der Eichbauer trat auf den Staatsrat zu und ſagte:

„Herr Staatsrat! Sie ſind ein vornehmer Herr, aber wir
haben auch unſere Ehre, ſo gut wie jeder; und was auch ge=
weſen ſein mag, ein Ehrenmann iſt mein Schwiegervater, ein
rechtſchaffener.“

„Komm her, Jakob, gib mir deine Hand,“ entgegnete der
Staatsrat, „du biſt ein braver Mann und ich ſage ja.“

Ein Wonneſchauer durchrieſelte alle Angehörigen. Der
Staatsrat konnte ſich kaum aufrecht erhalten, vor all der Liebe,
die ihn umdrängte. Jakob führte ihn in den Lehnſeſſel und
Magdalena zündete die beiden Wachskerzen an, die ſeit dreißig
Jahren ungebraucht in den Glasleuchtern auf der Kommode
ſtanden; ſie beleuchteten glückliche Geſichter, alte und junge.

Inmitten des Jubels vergaß Jakob ſeinen Poſten nicht,
er hatte den Ueberweg zu ſchließen. Er war zum Nachtzuge
hinausgegangen; als er wieder kam, trug er einen Arm voll
Roſen und warf ſie Theodora in den Schoß. Dann begleitete
er mit den Seinen die neuen Verwandten und Freunde zum
Fuhrwerk, das jenſeits der Bahn wartete. Auch Albrecht ſollte
mit davon fahren.

Auf dem Wege ſagte Jakob:

„Herr Oberamtsrichter, will ſagen Herr Staatsrat! Ich
möchte noch was ſagen, was Gutes.“

„So ſprich.“

„Ich kann's nur Ihnen allein, die anderen brauchen nichts
davon zu wiſſen.“

Der Staatsrat ging mit ihm allein und Jakob ſagte:

„Herr Staatsrat! Ich verzeih' Ihnen — wie mir unſer
Herrgott verzeihen ſoll und, wie ich glaube, auch verziehen hat,
— daß Sie mir das damals haben anthun laſſen.“

Da der Staatsrat ſchwieg, fuhr er fort: „Nun habe ich
nichts mehr auf der Seele.“

Der Staatsrat hielt die Hand Jakobs, bis er in den
Wagen ſtieg. —

Jakob ſaß auf der Hausbank und blies den Fortziehenden
die luſtigſten Stücklein nach, und er blies noch lange, als ſie
ihn nicht mehr hören konnten.

Fünfzigstes Kapitel.

Jakob und Magdalena leben auf dem Gute Heisters, Lisbeth, der Nestling, hat den ehemaligen Hilfswärter geheiratet, der nun wohlbestellter Bahnwärter im Häuschen Numero 374 ist...

Es war an einem Julitage des Jahres, das wir jetzt schreiben, da kamen Jakob und Magdalena auf dem Zuge von der Hauptstadt; sie waren festlich geschmückt und schauten heiter drein, zumal Jakob war hochgeröteten Antlitzes und seine Augen flimmerten.

Die Großeltern kamen von der Taufe des Erstgeborenen Albrechts.

„Schade, daß der Staatsrat so schnell hat davon müssen," sagte Jakob, „ich hätt's ihm gegönnt, das Urenkele zu erleben; er ist ein stolzer Mann gewesen, aber kein unrechter. Schaffner! Meine Frau hat die Fahrkarten, sie ist Meister. Ich bin auch bei der Bahn angestellt gewesen. Wo hält man an zu einem Schoppen? Ich hab' so Durst!"

Magdalena mußte alle ihre Beredsamkeit und Freundlichkeit aufwenden, um Jakob zu beruhigen. Sie näherten sich dem Bahnhäuschen Numero 374, am Ueberwege stand der Schwiegersohn stramm und Jakob sagte zu seiner Frau:

„Das ist meine Ablösung."

Sie sausten an ihrem alten Heim vorüber und Jakob sagte wieder:

„Ja, ja, wenn's nicht wahr wäre, man sollt's kaum glauben, was alles da aus dem Nest aufgeflogen ist. Ich wäre nur noch gern dageblieben, bis ich wenigstens den siebenten Monturmantel gefaßt hätte. Ich glaub', ich hätt's bis zum zehnten gebracht."

Magdalena sah ihn feuchten Auges an und er fuhr lustig fort:

„Was meinst, was ein Bahnwart drüben in der andern Welt zu thun kriegt? Warum weinst?"

„Ich hab' mir eben gewünscht, daß wenn wir sterben müssen, wir beide miteinander sterben. Du sollst nicht allein bleiben, und ich auch nicht."

„Hoho! Sterben! Da halten wir noch lang nicht. Im Elsaß drüben hat's mein guter Kamerad, der Valentin aus Bingen, im Sprichwort gehabt: Mit dem Sterben wollen wir warten bis zuletzt."

Brigitta.

Zum goldenen Lamm

lautet die Umschrift auf dem weit vorragenden Wirtsschilde, und das rundliche vergoldete Lamm beugt den Kopf bescheiden, aber doch auch mit einer leisen, fast neugierigen Wendung.

Den bitterlich herben, aber auch erfrischenden Duft von gepreßten Waldkirschen atme ich, indem ich an das Wirtshaus an der Landstraße denke.

Es ist zur Zeit, wo sich der Sommer zum Herbste neigt. Auf den Thalwiesen mit Stellfallen, wo der floßbare Waldbach eilig dahinströmt, wird das Oehmd gemäht; manchmal hört man die Sense wetzen, und ein flüchtiger Sonnenblitz zuckt von der Klinge zurück.

In den Nußbäumen hinter dem Hause und weiter oben am Hügel in den zahmen Kastanien schäkern die Nußhäher und fliegen ab und zu. Die Forellen in dem bis zum Grunde klaren Bergbach schwimmen lustig hin und her und ahnen nichts davon, daß in dem angekettelten Kasten ihre Genossen eingesperrt sind.

Eine erquickende Luft von Wasser, Wiese und Feld umweht das Haus. Es wäre nur zu wünschen, daß sich etwas von solcher Luft in diese Blätter einströmen ließe.

Ja, es gibt noch verborgene ruhsame und nährsame, in altväterischer Traulichkeit gehaltene Wirtshäuser, und der behaglichsten eines ist das goldene Lamm. Das breite, einstöckige Haus hat sich von der Landstraße zur Seite gerückt, um den haltenden Fuhrwerken Platz zu lassen. Vorzeiten standen hier mehr als ein Dutzend fliegender Krippen, an denen die Frachtgäule unabgeschirrt gefüttert wurden.

Wer vom Berge kam, freute sich im Thale zu sein, und wer bergauf zog und Vorspann brauchte, nahm selber auch Vorspann an einem guten Schoppen hieländischen Gewächses, das der landsmännischen Zunge gar wohl mundet. In der Küche prasselte das Feuer und duftete es wohl damals nicht besser als heute, wo ein Tunnel durch den Berg gegraben ist. Jetzt eben braust der Bahnzug hinein, er stößt noch einen hellen Jauchzer aus, dann verschlingt ihn der Berg, und stille ist's ringsum. Nur manchmal kommt noch langsam eine Holzfuhre krachend daher oder auch ein schnelles Bernerwägelein, mit wohlhäbigen Männern und Frauen in der Landestracht besetzt; die von einem Begräbnis kommen, halten an und lassen sich den Wein heraus- bringen; die von einer Lustbarkeit kommen, fahren rasch vorüber und winken dem Lammwirte, sie hätten heute genug . . .

Die Flößer, die das Stammholz vom obern Thal und aus den Wäldern herabbringen, stellen gern ihre Ruderstangen am Hause auf, zum Zeichen, daß sie hier Rast halten; sie würdigen das reichliche Essen und den reinen Wein dieses Hauses, darum richten sie es gern so ein, daß sie hier übernachten können. In der großen Stube mit dem grünglasierten Kachelofen und der laut tickenden Schwarzwälder Uhr, da sitzen die wetterharten Riesengestalten der Flößer, die sich vorher säuberlich gemacht, bevor sie sich an den langen Tisch setzen; sie stemmen sich auf mit ihren kraftstrotzenden nackten Armen und verzehren ungeheure Stücke von fettem Fleisch und gehäufte Teller dicken Meerrettig- brei's; an Trinken fehlt es natürlich auch nicht, zwischen je zwei Mann steht eine offene Weinflasche, die mehrmals leer und wieder voll ist. Anfangs sprechen die Männer kaum ein Wort, sie essen und trinken still, fast feierlich ernst, dann aber wird's laut wie beim Anruf auf dem brausenden Wasser; nicht umsonst sagt man von einem Manne durchdringender Rede: er hat eine Stimme wie ein Flößer.

Wenn die Männer sich dann zur Ruhe begeben, um früh vor Tag wieder aufzubrechen, sagt wohl die Wirtin in ihrem begütigenden zuversichtlichen Tone: „Thut sacht, ihr Mannen! Wir haben einen wunderlichen Schriftgelehrten im Haus, der einen gar leisen Schlaf hat, und er braucht Ruhe." Dann ziehen die Gewaltigen ihre schweren hohen Wasserstiefel aus, gehen in Strümpfen geräuschlos in die Dachkammern und kommen am Morgen ebenso geräuschlos wieder herab.

Ja, die Wirtin weiß, welch ein Heiligtum und Heiltum die Stille ist; sie weiß auch, was ein nervöser Mensch bedarf, sie hat's vielfach erfahren.

Es soll aber verschwiegen bleiben, wo das Wirtshaus zum goldenen Lamm zu finden ist, denn sonst bekommt es einen Stern in den Reisebüchern, und übers Jahr verscheuchen karierte Eng- länder und rot beshawlte Engländerinnen die heimische Ruhe, und statt der schüchternen, aber sorgsam saubern Agnes bedient uns ein mit seinem Schicksal unzufriedener schwarzbefrackter Jean, und der echte Honig — man muß ja jetzt zu allem echt sagen — der von den Bienenstöcken im Krautgarten, reicht nicht mehr aus; es muß gefälschter aufgesetzt werden. Und was noch das Schlimmste wäre, es käme ein Klavier ins Haus, und die Gäste, die aufs Essen warten oder auch eben sich gesättigt haben, klimpern zu eigenem Zeitvertreib und zum Ruhevertreib der Hörer.

Nein, die Welt braucht das Haus nicht zu finden. Die Wirtsleute freuen sich, wenn Gäste kommen, sind aber nicht verzagt, wenn sie ausbleiben; denn sie sind nicht bloß Gastwirte, sie haben Aecker und Wiesen und Wald, und wer das Glück hat, im Lamm zu wohnen, dem sagt jedermann: „Da sind Sie gut aufgehoben, der Mann und die Frau haben keinen Feind landauf und landab, nur einen haben sie gehabt, und an dem hat die Frau Gutes gethan, wie man's kaum für möglich halten sollte."

Die Leute sprechen viel mehr von der Frau als von dem Mann. Sie verkehrt mit den Bauersleuten, als wäre sie noch ganz und nur ihresgleichen, und dabei hat sie sich keinen Zwang anzuthun; denn im Grunde ist sie noch das einfache Bauernkind, obgleich sie ein gut Teil Welt bis in die höchsten Kreise hinein kennen lernte und die besten Bücher besitzt, die sie mit Verständnis gelesen hat.

Dem Mann ist es lieb, daß mehr von der Frau als von ihm die Rede ist, und doch verdient er den besten Ehrenruf und hat ihn auch. Er braucht indes kein Lob von fremden Menschen, er hat an einem genug, und das kann ihm auch genug sein.

Da kommt sie aus dem Hause und steht bei einem Bauern in der Oberländer Tracht auf der Freitreppe. Sie ist groß und schlank und hat eines jener Gesichter, denen man ansieht, wie mancher Schmerz darin zuckte; nun aber wohnt Friedsamkeit darauf, und zumal die braunen Augen, die noch jugendlich hell leuchten, haben einen Ausdruck der Sicherheit und des festen Wohlwollens. Ihre Haltung ist stramm aufrecht, sie trägt sogar den Kopf etwas hoch, man sieht ihr eben das Soldatenkind an und vielleicht auch etwas von dem Selbstgefühl der Bauern= prinzessin. Sie reicht jetzt dem Manne die Hand und sagt: „Lebet wohl und kommet wieder und grüßet alle daheim, die noch an uns denken."

Sie kehrt ins Haus zurück, dafür kommt jetzt der Lamm= wirt vom Röhrbrunnen her; er ist bei guten Jahren, etwas wohlbeleibt, aber noch flink dabei. Jetzt geht er bedächtig im

kleinsten Schritt, denn er hat eine Bütte voll Wasser auf dem
Rücken und geht damit nach der Brennerei im Erdgeschoß, wo
er Kirschwasser bereitet; nur einmal schaut er flüchtig um nach
den Schweinen, die in den ausgeschütteten Trestern und Kernen
knarfeln und einander manchmal wie zum Scherz anstoßen, damit
sie aufjauchzen können.

Wenn der Lammwirt Zutrauen zu einem Gaste hat — denn
er ist nicht ohne Mißtrauen — dann holt er die roten Schächtelchen
herbei, darin fünf Ehrenmünzen sind, Auszeichnungen von verschiedenen Ausstellungen; die von Paris zeigt er zuletzt. Auf
welche er den größten Wert legt, darüber läßt er sich nicht aus,
denn er ist ein Wirt und hat in der Schweiz gelernt, es mit
allen Nationen zu halten.

Dabei ist er aber überzeugt, daß reines Kirschwasser ein
Heilmittel für alles ist; es erwärmt nicht nur, es kühlt sogar
nachträglich, behauptet er. Wenn man das gute Getränk lobt,
vergißt er nie hinzuzusetzen: „Ich hab's von meinem Vater gelernt, das zu machen; es gehört ein besonderer Schick dazu."

Er ist ehrlich stolz auf seinen Kirschwasserruhm, sonst aber
macht er sich nicht viel aus der Meinung der Welt, denn, wie
gesagt, er hat einen Menschen, der ihn hoch hält, und das ist
ihm genug und kann ihm auch genug sein.

Hören wir die Frau selber.

Erstes Kapitel.

Ja, mein Mann sagt auch, ich soll alles erzählen. Und so sei's. Bis auf die letzte Wurzel will ich ausgraben. Ich bekenne das Gute und das Schlechte, und das eine ist ebenso wahr wie das andere.

Man sagt mir nach, daß ich das schwerste Gebot geübt habe: Liebet eure Feinde — ich bin nicht so brav, wie die Menschen glauben; der eine gilt für braver, als er ist, der andere für weniger.

Mein Mann sieht gar nicht fein aus, aber wer ihn und unsere Geschichte ganz kennt, der muß sagen: Allen Respekt vor so einem Mann. Es mag Vornehmere geben, aber keinen Recht=schafferen und Besseren, und grundgescheit ist er auch, nur in einem Stück nicht; er sieht es noch jeden Tag als ein stolzes Glück an, daß ich, eine Großbauerntochter, ihn zum Mann ge=nommen, und wenn er sich besonders Gutes anthun will, heißt er mich die Prinzeß vom Schlehenhof.

Ich bin auf dem Schlehenhof geboren, aber das Haus ist mit keinem Auge mehr zu sehen, da, wo es gestanden, wachsen jetzt Waldbäume.

Da droben auf der Bahn nach dem Bodensee, dort auf der Wasserscheide, ehe es thalab geht, da sieht man mitten im dunkeln Tannenholz einen hellen Laubbaum, das ist die hohle Linde an dem eingefallenen Brunnen, das ist die einzige Spur, daß da einmal Menschen gewohnt haben.

Ich bin vor zwei Jahren noch einmal dort gewesen, aber keine zehn Rosse bringen mich mehr hin. Freilich, Gedanken sind stärker als zehn Rosse, und die bringen mich noch oft von selbst hin, im Traum und im Wachen; und da sehe ich das Haus, breit und groß mit dem dicken Strohdach und den braunen Balken, aus denen es aufgebaut ist; an der Ecke auf der Morgen=seite sind viele Fenster nebeneinander, und vom Berge herab kann man in die obere Scheune hineinfahren. Daneben sind die großen Ställe, drin die Roſſe an ihren Ketten klirren und die große Schelle von der Vorkuh und die bimmelnde Schelle von dem ſchwarzen Geißbock klingelt, und ich höre die Staare in der Linde am Brunnen zwitſchern.

Es hat geheißen, unſer Haus ſei eines der älteſten in der ganzen Gegend, eines der kälteſten iſt es ſicherlich geweſen; wir haben aber nicht viel davon geſpürt, die Stube war das ganze Jahr geheizt, und wir haben ja Holz genug: mehrere Hundert Morgen Wald, ich weiß nicht mehr wie viel, gehören zu unſerem Hof. Es war meiner Mutter Gut, der Vater war der ältere Sohn vom Oberbauer, der jüngere, der Ohm Donatus, hat das Vatergut bekommen, und mein Vater hat zu dem, was er erheiratet hat, noch ein Gut dazu erwerben wollen, und das war's eben . . . .

Am Haus war ein Baumgarten und drum herum ein paar Aecker, aber nicht viel. Wir haben da oben nur Haber und Kartoffeln gepflanzt, Heu haben wir verkauft, Brotfrucht haben wir kaufen müſſen; denn auch die paar Aecker, die wir drunten beim Dorf haben, reichen nicht aus für unſern Hausbrauch mit den vielen Dienſtleuten und Taglöhnern. Wenn einmal eine Familie weggeſtorben oder aus dem Dorf weggezogen iſt, da hat der Vater die feil gewordenen Aecker nicht gekauft; er hat geſagt, die armen Leute ſollen auch einmal zu Grund und Boden kommen. Er hat's gut mit den Menſchen gemeint, wenn er's auch nicht ſo im Wort hergegeben hat. Er iſt zufrieden geweſen bis — ja, das werde ich ſchon erzählen, wenn ich dran komme.

Damals — die ganze Geſchichte geht auf mehr als dreißig Jahre zurück — damals war vom Dorf aus eine Fahrſtraße bis an unſer Haus, jetzt iſt nur noch ein Fußweg da; der Staat hat oben in halber Höhe des Waldes einen Holzweg durchſchlagen laſſen, und der Wald zieht ſich in einem Schluß fort; ſtundenweit, ſagt man, kann jetzt ein Eichhörnchen von einem Baum zum andern ſpringen.

Einſam iſt es geweſen auf dem Schlehenhof, aber wenn man's gewöhnt iſt, braucht man keine Menſchen.

Manchmal iſt ein Metzger, ein Holzhändler oder ein Viehhändler gekommen und im Herbſt der Krautſchneider mit ſeinem Hobel, auch den Sattler haben wir ins Haus genommen: unſer Kettenhund hat nicht zu bellen aufgehört, ſolang ein fremder Menſch da war.

Am Abend hat der Vater geraucht, und die Mutter hat geſponnen; wir haben auf einem der Aecker beim Dorf immer

Hanf gepflanzt, und der ist im Haus versponnen worden. Wenn der Weber gekommen ist, um das Garn zu holen, war die Mutter immer besonders vergnügt; Nähgarn hat sie immer selber gedreht an einem Ring, der am Deckenbalten angebracht war.

Ich habe, als ich in die Schule ging, auch manchmal aus meinen Schulbüchern vorgelesen, ich hab' von jeher gern gelesen. Die Mutter hat sich auf Anempfehlung des Pfarrers auch ein= geschrieben auf eine Geschichte der Heiligen, davon ist alle Monat ein gelbumschlagenes Heft gekommen, mit vielen Bildern drin. Ich habe daraus auch vorgelesen, aber nicht gern; ich hab's selber an mir gespürt, was die unschuldigen Gottesmänner für Qualen und Marter erleiden müssen, und habe dann oft aus dem Schlaf aufgeschrieen, denn was da so grausig abgebildet war, ist leibhaftig auf mich zugekommen, daß mir angst und bang geworden ist. Da hat der Vater verboten, daß künftighin derlei in der Nacht gelesen werde, und was der Vater gesagt hat, war ein für allemal gesagt. Er hat sonst nicht viel geredet und die Mutter Meister sein lassen, besonders über uns Kinder.

Der Vater hat Alexander geheißen, man sagt aber bei uns Xander; er hat bei den Feldjägern mit den großen Bärenmützen gedient, das Regiment ist schon lang nicht mehr, aber der Vater war stolz auf seinen ehrenvollen Abschied, der an der Wand hängt in einem goldenen Rahmen.

Ja, darauf hat sich der Vater viel eingebildet, und das ist sein Unglück geworden und das unsere.

Wir sind fünf Geschwister gewesen, drei sind früh gestorben, und die Mutter hat oft gesagt — aber nur zu Fremden und wenn der Vater nicht da war — der Hof sei zu rauh; in alten Zeiten mögen's die Menschen da leichter ausgehalten haben, jetzt seien eben die Menschen nicht mehr so stark. Sie hat auch viel gehustet.

Ich bin das jüngste Kind, bin im Wohlstand aufgewachsen und auch in Frieden bis in mein dreizehntes Jahr. Friede war in unserem Hause, Lustigkeit nicht; man hat gearbeitet, gebetet, gegessen und geschlafen.

Wir hatten sechs, manchmal auch acht Rosse im Stall, und wir haben selber Fohlen gezogen. Der Schmaje, ein Vieh= händler, hat dem Vater gebracht, was nötig war, und hat mit fortgenommen, was unnötig und für uns nichts mehr nutz war.

Der Vater hat mit den Knechten geschafft wie einer von ihnen. Wir haben die Stämme in die Sägmühlen und das Brennholz auf den Markt mit unseren eigenen Rossen geführt.

Der Vater hat auch — ich glaub', der Förster Jorns, er war damals noch jung, hat ihm dazu geraten — einen Schälwald angelegt, droben auf der Hochebene, wo bis dahin Aecker waren, die aber nur wenig Frucht gebracht haben. Der Eichenschälwald hat gut Geld eingebracht, und die einzig lustige Zeit war, wenn im Frühling die Eichenschälerinnen gesungen haben. Die Bonifacia, die Frau des Wegers, war auch immer dabei, die wußte die meisten Lieder, und ich und meine ältere Schwester, wir haben auch geholfen; von da habe ich auch noch die vielen Lieder im Gedächtnis, sie gehen mir oft durch die Seele, und dann ist mir's allemal, wie wenn ich den Saft von den jungen Eichen rieche.

Sonntags sind wir in die Kirche gefahren — es ist fast eine Stunde weit — meine Schwester und ich auf dem Hintersitz, Vater und Mutter auf dem Vordersitz; unsere Schimmel mit dem schönen Geschirr waren angespannt, und stolz sind wir dahingefahren. Es ist kaum ein Wort geredet worden, man verlernt auch das Reden in der Einsamkeit.

Der Vater hat keine Kameradschaft, selten ist er in die Wirtsstube beim Engel gegangen, wo wir unsere Schimmel einstellten; wenn seine Pfeife im Stand war, war er zufrieden, und wenn ihn ein Kamerad vom Regiment ansprach, reichte er ihm seinen Tabaksbeutel hin, daß er sich auch stopfe, Cigarren hat's damals bei uns noch nicht gegeben.

Der Vater war Obmann beim Gemeindeausschuß, sie hätten ihn gern zum Bürgermeister gemacht, aber wir wohnten zu weit ab; man kann da nur einen Mann brauchen, der näher bei der Kirche, bei Rat- und Schulhaus wohnt, wo die Leute ihre Sachen leichter vorbringen können.

Wenn der Vater auf dem Rathause war, ist die Mutter mit uns zwei Mädchen zu armen Leuten gegangen, sie hat uns gern dabei gehabt, wenn sie Wohlthaten übte, und die Armen haben oft gesagt: „Ja, Kinder! Euch muß es gut gehen. Die Gutthaten von eurer Mutter müssen an euch vergolten werden."

Da hat dann die Mutter uns angesehen, in ihren Augen ist's geschwommen, sie ist gar weichherzig gewesen.

Wer hat's ahnen können, daß es uns so ergehen wird und daß ich allein übrig bleibe und es nach Schwerem wieder so gut bekomme, wie ich's jetzt habe?

Zweites Kapitel.

Das letzte Haus im Dorfe nach unserem Hofe hin war das des Wegers — so heißt man bei uns den Straßenwärter. Um das Haus herum war alles so sauber, und in dem kleinen Gärtchen waren die frühesten und die spätesten Blumen und wohlgepflegte Gemüsebeete, und drin in den kleinen Zimmern war alles wie in einer Puppenstube. Die Bonifacia hatte immer zu allem Zeit und war immer ordentlich angezogen. Freilich, sie hatte niemand mehr zu Haus, als ihren Mann; ihr einziger Sohn, der Ronymus, war Knecht bei uns. Die Bonifacia war vordem auch Magd bei uns gewesen, und sie hatte sich zu uns gehalten, wie wenn sie noch bei uns im Dienst wäre; in Freud und Leid hat man nach der Bonifacia geschickt, und sie war hurtig da.

Die Mutter ist nie an dem Häuschen des Wegers vorüber= gegangen, ohne anzukehren, sie hat große Stücke auf den Weger gehalten, der gering angesehen, aber ein grundgescheiter und ehrenhafter Mann sei. Die Bonifacia hat sich nie was schenken lassen, sie hat gesagt: „Meisterin, ich laß die Gaben, die Ihr mir geben möchtet, bei Euch stehen und hole sie einmal, wenn ich in Not bin."

Sie ist aber nie darum zu uns gekommen. Im Gegenteil.

Wie meine Schwester geheiratet hat, war die Bonifacia wieder bei uns im Hause und half alles herrichten; man konnte ihr alle Schlüssel geben, und sie wußte, wo die Sachen waren.

Meine Schwester hat jung geheiratet, viel zu jung, den Sohn vom Engelwirt im Dorf. Der Vater hat ihr eine große Aussteuer gegeben, in lauter bar Geld; ich habe das Säckchen mit beiden Händen aufgehalten, wie das Gold und Silber hinein geschüttet worden ist. Ich habe sagen hören, es bringe Glück, wenn da die Hand eines unschuldigen Kindes dabei ist.

Ich habe zur Hochzeit meiner Schwester ein neues Gewand bekommen, wie bei uns daheim die Tracht war; jetzt sieht man sie fast gar nicht mehr. Stolzer bin ich in meinem Leben nicht gewesen als damals, wie die Musik vorausging und wir hinter= drein, und die Burschen haben geschossen, daß es fort und fort von den Bergen widerhallte. Der Ohm Donatus und unsere ganze große Sippschaft war da bei einander, ich hab' aber ge= meint, alles sieht nur auf mich und meine schönen Kleider.

Meine Schwester hat geweint, man hat daraus Glück prophezeit, es ist aber auch nicht so geworden.

Beim Hochzeitsschmaus ist's lustig hergegangen. Der Trompeter von der Musikbande war auch Feldjäger gewesen, und mein Vater hat sich die Tagwacht blasen lassen und hat dazu gepfiffen, so lustig habe ich ihn noch nie gesehen. Ich meine, das war auch die letzte Lustbarkeit, denn die anderen waren keine rechten. Ich erinnere mich auch ganz gewiß, daß der Vater damals von seinem Rittmeister, dem Baron Haueisen gesprochen hat; was er von ihm erzählt hat, weiß ich nicht mehr, aber der Name war mir geblieben von damals an.

Ich ging vom Hochzeitstisch weg und stand unten an der Hausthür, und da hörte ich, wie ein Mann und eine Frau — ich kannte sie nicht — miteinander redeten. Der Mann sagte: „Das ist jetzt noch das einzige Kind vom Xander, das kriegt einmal den großen Hof, das ist die Prinzeß vom Schlehenhof und kann sich den fürnehmsten Bauernprinzen holen."

Ich bin eine Bauernprinzessin und krieg einen Bauernprinzen, das ist mir wie ein Blitz in die Seele gefahren. Ja, dort unter der Hausthüre habe ich einen großmächtigen Stolz bekommen, und als ich nun die vielen Bettler und Krüppel sah, die sich aus der ganzen Gegend um das Hochzeitshaus gesammelt haben, bin ich zu meinem Schwager gegangen und hab' ihn gebeten, er soll mir Geld geben; er hat mir's gegeben, und ich hab's unter die Armen verteilt.

Meine erste kindische Wohlthätigkeit war Stolz.

Ich bin nun auch in die Schule gegangen, der Weg von unserem Dorfe war weit, und ich war bis in mein fünfzehntes Jahr schwächlich und klein; erst im Elend bin ich so aufgeschossen. Ich bin das erste Schuljahr bei meiner Schwester geblieben, hatte aber arg Heimweh nach unserem Hof draußen. In dem Wirtshaus, wo so viele Leute aus und ein gingen, jeder sich hinsetzen durfte, wie er mag, und schreien und johlen und aufbegehren, da war mir's nicht wohl; wenn ich nur ein Pferd von unserem Hof gesehen habe, wäre ich gern drauf zu und hätte ihm gern gesagt: Du darfst doch heut abend wieder heim.

Meine Schwester ist am ersten Kind gestorben, die Agnes, die wir jetzt bei uns haben, ist das einzige Kind meiner Schwester. Sie ist Witfrau und hat auch ein schweres Schicksal gehabt, darum ist sie so verscheucht. Sie war nur ein Vierteljahr verheiratet, aber lang genug, daß ihr Mann ihr ganzes Heiratsgut verthan hat, er ist verrückt gewesen, man hat ihn jahrelang im Irrenhaus gehabt, dann ist er gestorben.

Ja, so ist das Elend in der Welt. Wenn man nur eine

einzige Familie und was drum und dran ist, heraus nimmt, da ist alles drin....

Als meine Schwester gestorben war, bin ich wieder heim genommen worden. Aber so ist der Mensch, nie zufrieden; jetzt war mir's zu einsam auf unserem Hof und der Weg in die Schule so weit. Es hat sich bald wieder gegeben.

Anfangs habe ich's freilich gar nicht begreifen können, daß da am Berg auf dem Kirchhof meine Schwester liegt, und sie kommt nicht und sagt nichts und thut nichts und kümmert sich nicht um ihr Kind und nicht um ihre einzige Schwester. Aber in der Jugend vergißt man alles bald wieder, und das ist gut. Ich war lustig und hab' auf dem Weg hin und her gesungen, wie eben ein Kind von zwölf, dreizehn Jahren.

Meine Mutter hat ihr Enkelchen, die Agnes, zu sich neh= men wollen, der Schwager hat es aber mit sich genommen, wie er sich wieder verheiratet hat in die Schweiz hinein.

Wer hätte damals daran denken können, daß ich auch einmal viele Jahre in der Schweiz leben soll.

Drittes Kapitel.

Eines Tages kam der Förster Jorns auf seinem Apfel= schimmel vor unserem Hause angeritten. Er war damals noch jung, aber schon in hohen Ehren. Der gute Mann hat auch Schweres auf sich nehmen und nachmals mit seinem Schwieger= sohn den Sohn des Bergschinders erschießen müssen. Ich werde vom Bergschinder noch zu erzählen haben.

Der alte Jorns lebt jetzt bei seinem Sohne und seiner Tochter Carla und deren Mann in dem Jagdschlosse, das man zur Forstschule eingerichtet hat. In der Wirtsstube wird oft erzählt, was für ein prächtiger allgeliebter Mann das sei. Ich vergesse es nie, wie ich ihn damals sah, und wo er hinkam, da zog Freude und Ehre mit ihm ein, so auch jetzt in unsere Stube. Der Förster saß am Tisch und sagte: „Schlehhofbauer, rufet Eure Frau, ich hab' euch beiden etwas zu sagen."

Die Mutter konnte gar nicht aufhören, von der Ehre und Freude solchen Besuches zu reden, aber der Förster sagte schmunzelnd:

„Schon gut. Aber was saget Ihr dazu, daß ich gekommen bin, Euch von Haus und Hof zu treiben? Ja, ich denke, der

gerade Weg iſt auch bei Euch der beſte. Alſo, ich habe kurzweg
die Bevollmächtigung von der Regierung, Euch Euren Hof
abzukaufen. Mit Euch braucht's keinen Unterhändler. Ihr
ſeid ein gerader Mann, mit Euch geht man gradaus. Wir
ſchätzen ab, nach Recht und Billigkeit, was der Hof wert iſt, und
zahlen bar.“

Vater und Mutter ſahen einander an, und der Vater ſagte:
„Bäuerin, was meinſt du dazu?“

Die Mutter huſtete arg, und der Förſter ſagte:

„Der Huſten gibt Antwort. Der Hof iſt zu kalt, ge=
ſchlagene fünf Monat, von Winters Anfang bis Lichtmeß,
ſcheint keine Sonne auf Euer Dach. Da können nicht Menſchen
gedeihen, da gehört Wild her.“

„Wie meinen Sie das?“ fragte der Vater.

„Einfach, wir wollen aus Eurem Hof wieder Wald machen.“

„Das wär! Das könnten wir nicht verantworten vor
denen, die vor uns da gewohnt haben.“

„Doch, doch,“ ſagte die Mutter, „wenn's einen guten Schid
gibt, warum nicht?“

„Du ſagſt das?“ rief der Vater, „und haben doch deine
Voreltern da geſeſſen, nicht die meinen. Ich für mich ſag':
Herr Förſter, Ihr Antrag in Ehren, aber wer gut ſitzt, ſoll
nicht rücken, ich rücke nicht. Wenn meine Frau will ...“

„Ich ... ich hab' ſchon oft gedacht, der Himmel iſt überall
über der Welt —“

Sie hätte wohl gern mehr geſagt, hat's aber nicht heraus=
gebracht, und der Förſter half nicht nach; er beſtand aber dar=
auf, daß jetzt nichts Bindendes abgemacht ſein ſolle, die Eltern
ſollten alles für ſich überlegen und ihm Beſcheid ſagen laſſen.

Dabei iſt's verblieben, und wie der Förſter wieder weg
geritten war, iſt der Vater in die Stube gekommen und hat
der Mutter geſagt, ſie hätte auch zäh dagegen ſein müſſen,
dann bekäme man einen höheren Preis. Wie er mich ſah,
ſchidte er mich aus der Stube.

Ich ſtand draußen vor dem Hauſe und ſah mir das Haus
und die Felder und den Wald an und mußte denken, das kann
man verkaufen und davon fortgehen. Ich verſtand das nicht.

Als ich zum Nachteſſen in die Stube kam, fragte ich, bis
wann wir unſern Hof verkaufen und wohin wir dann ziehen;
die Mutter ſagte und ſah dabei auf den Vater: „Wir ver=
kaufen gar nicht, wir bleiben da, wo unſere Voreltern gehauſt
haben und bei geſundem Leib alt geworden ſind.“

———

Viertes Kapitel.

Es war ein heller Herbsttag, drunten im Thale hatten die Bäume schon gelbe Blätter, bei uns droben wurden jetzt erst die Kirschen reif. Ich ging von der Schule heim, hatte meinen Schulsack umhängen und sang so vor mich hin. Ich weiß das Lied nicht mehr ganz, aber am Ende heißt es:

> Die Kirschen, die sind schwarz und rot,
> Ich lieb' mein' Schatz bis in den Tod.

Das singt so ein Kind und weiß nicht, was es ist.

Am Weg hatten wir einen Acker, den pflügte jetzt der Ronymus um mit unsern Schimmeln; der Pflug ging leicht, der Ronymus pfiff dabei, und wie er beim Umkehren mich sah, rief er mir zu, wenn ich noch eine Stunde warte, könne ich auf dem Wagen heimfahren; denn man kann den Pflug nicht so weit führen, man muß ihn auf den Wagen laden. Ich mochte nicht fahren und ging weiter und war so lustig, wie eben ein Kind ist. Da hörte ich hinter mir etwas, ich sah um, und da kam ein wunderschönes einspänniges Fuhrwerk daher, da war alles so fein, daß man nicht wußte, aus was das gemacht ist und doch zusammenhält.

Es war ein zweirädriger Wagen, fast wie ein Karren, aber hoch und fein, ein falbes Roß mit schwarzer Mähne und schwarzem Schwanz — die Haare fliegen nur so im Wind — war davor gespannt, und droben saß ein Mann und hatte eine Soldatenmütze auf, oder eigentlich man meinte, er stehe.

Ich stand still, der Wagen kam näher, der Mann hatte einen langen nebenausgezogenen Schnurrbart wie ein Katzenbart, und seine Augen waren grün, aber nein, das war nur eine grüne Brille.

Das Leitseil, womit er den Falben lenkte, war schneeweiß, und er hatte weiße Handschuhe an.

Ich stand still, wie wenn ich gar nicht mehr vom Fleck könnte. Wohin will der? Der Weg führt ja nur zu uns.

Das Roß, der Karren und der Mann darauf kam immer näher. Der Mann fragte mich:

„Kind! Wohin?"

Ich erschrak ins Herz hinein — wir waren auf dem einsamen Hof gar menschenscheu aufgewachsen. Er fragte mich noch einmal, und ich sagte:

„Auf den Schlehenhof."

„Biſt du da daheim?"

„Ja."

„Wem gehörſt du?"

„Dem Hofbauer."

„Wie beißt man ihn?"

„Den Xander."

Mit einem Sprung war der Mann vom Kütſchle herunter, er hatte hohe glänzende Stiefel an.

„Komm, Kind," ſagte er, „ich fahre dich nach dem Hof deines Vaters."

Ich konnte kein Wort herausbringen. Er nahm mich um den Leib und hob mich wie einen Ball auf das ſchöne Kütſchle, ſprang wieder hinauf, und hui! fort ging's wie geflogen. Mir war, wie wenn ich ins Märchenland gebracht wäre vom Prinzen, der die Gänſemagd holt und in ſein Schloß bringt von lauter Gimgold, Diamanten und Perlen.

Der Mann fragte mich, wie alt ich ſei, ich ſagte: ich geh' ins dreizehnte: „Du biſt noch klein," ſagte er, er faßte meine Hand und ſagte: „Deinen Fingern nach wirſt du aber noch groß, kannſt ſo groß werden, wie dein Vater."

Dieſe Prophezeiung — und ſie iſt wahr geworden — hat mich ſehr gefreut, denn ich bin gar nicht gern ſo klein geweſen.

Ich fragte den Mann, warum er eine grüne Brille auf habe, und als er mir erklärte, daß er ſchlimme Augen habe, erzählte ich ihm, ich hätte auch ſchlimme Augen gehabt, aber die Bötin Cordula, die man auch das Wochenblättle heißt, habe ſie mir dadurch geheilt, daß ich ein friſch gelegtes Ei, ſolang es noch warm iſt, auf die Augen legen mußte. „Das werde ich auch thun. Ich danke dir," ſagte der Mann.

Ich hatte alle Angſt verloren und mich von Herzen ge-freut, daß ich auch ſchon einen Menſchen heilen konnte und einen ſo vornehmen. Ich ſagte auch noch, daß ich mir die Augen mit Waſſer von gekochter Eichenrinde waſche.

Ja, meine Augenheilung hat ſchon früh angefangen.

Ich wurde nun ganz vertraut mit dem Mann und fragte ihn, woher er den Schnitt im Backen habe, der faſt vom Ohr bis zum Mundwinkel ging; er lachte — aber der Backen that nicht mit beim Lachen — und er ſagte: da ſei einmal eine Piſtolenkugel durchgefahren. Ich ſah mir den Mann noch ein-mal an, der ſchon einmal faſt erſchoſſen geweſen iſt.

Als wir den Berg hinauf fuhren gegen unſern Hof, mußte

ich dem Mann meine Schulhefte zeigen; er lobte mich, daß ich so schön schreiben könne, ich sagte, kopfrechnen könne ich noch besser. Er stellte mir nun Aufgaben, ich brachte sie alle heraus, und er sagte:

„Du bist ja ganz geschickt, und hübsch bist du auch."

Ja, ich war doch noch ein Kind, aber es gibt nichts Schlimmeres, als einem Kind so etwas zu sagen. Die Schlange im Paradies hat gewiß auch zu der Eva gesagt: O wie schön, wie wunderschön bist du! Sie hat freilich damals noch nicht sagen können: Du bist schöner als die und die — und das macht die Schmeichelei erst recht süß.

Fünftes Kapitel.

Wir hielten am Hof an, der Vater sah aus dem Fenster und rief:

„Ei, was kommt denn da?"

„Kennst du mich denn nicht mehr?" entgegnete der Mann.

„Ei, mein Herr Rittmeister," rief der Vater und kam heraus, brachte einen Stuhl zum Absteigen und hielt den Hut in der Hand, aber der Rittmeister lachte: „Alter Kamerad! Laß den Stuhl, ich kann noch voltigieren. Aber eh' ich absteige, muß ich dich um was bitten. Schenk mir dein Kind da. Wir haben keine Kinder, und just ein solches möcht' ich."

„Der Herr Rittmeister machen gnädigen Spaß," sagte der Vater und lachte. Er hob mich herunter und streichelte mir die Backen, was er sonst noch nie gethan hatte.

Ich stand auf dem Boden, wie wenn ich vom Himmel gefallen wäre. Also das ist der Rittmeister vom Vater, und ich bin hübsch! Ich ging ins Haus, in unsere Kammer, stieg auf die Bank und betrachtete mich im Spiegel. Ich habe mir die Backen gestreichelt, ja, ich bin hübsch, und gescheit bin ich auch und eine Bauernprinzessin dazu.

Ich hörte den Vater mit dem Rittmeister in der Stube. Ich zog mich in der Kammer schnell aus, wusch mich und rieb mich und zog meine schönen Kleider an, die von der Hoch=zeit meiner Schwester. Die Mutter kam und fragte: „Was ist das?"

„Ja, Mutter, ich muß mich doch anders anziehen vor so einem großen Herrn."

„Ob das ein großer Herr iſt, weiß ich nicht. Jedenfalls brauchen wir vor ihm nicht anders zu ſein, als wir ſind.“

Ich ging nun auch mit der Mutter in die Stube, da ſagte der Rittmeiſter:

„Xander, entweder ſagſt du auch du zu mir, oder ich ſag' Sie.“

Der Vater ſchaute vor ſich nieder, und der Mann fuhr fort:

„Alſo ich ſage Sie, und wir ſind doch gut Freund. Aber, bitte, nennen Sie mich nicht mehr Rittmeiſter; ich will nicht mehr ſo heißen. Sie kennen doch meinen Namen.“

„O gewiß!“ ſagte der Vater, „da ſehen Sie, er ſteht mir und den Meinen täglich vor Augen.“

Er zeigte ihm den an der Wand hängenden Abſchied, unter dem der Name des Rittmeiſters ſtand.

O! Wenn wir damals gewußt hätten, warum der Mann ſo beſcheiden und zuthunlich iſt.

Es hat eben ſo kommen müſſen . . .

Die Mutter fragte auch, warum er eine grüne Brille trage; er ſagte, er habe ſchlimme Augen; er ſpreche aber nicht gern davon, denn ſobald er davon rede, thäten ihm die Augen weh. Das hatte nun die Mutter mit ihrem Leiden ganz ebenſo, und der Rittmeiſter wußte ihr noch zu ſagen, wie ſie leide und das nicht merken laſſe. Die Mutter ſah den Vater an, wie wenn ſie ſagen wollte: Das iſt einmal ein Feiner, der verſteht mein Leiden beſſer als alle Doktor. Die Mutter betrachtete den Rittmeiſter wie einen, der weisſagen kann.

Der Rittmeiſter that nun doch die Brille herunter, und er hatte Augen ſo ſchön wie ein blauer Stein, auf den die Sonne ſcheint; ich kann gar nicht ſagen, wie ſchön. Er ging mit dem Vater in den Stall, und die Mutter ſagte jetzt:

„Komm, wir wollen doch unſer Sonntagsgewand anziehen, dem Manne zu Ehren.“

Der Vater ließ vom Stall herauf ſagen, er gehe mit dem Herrn Rittmeiſter in den Wald, und nun wurde gekocht und gebraten, unſere Stube friſch gekehrt und ein ſpiegelhelles Tiſchtuch aufgelegt, da war eine Jagd hineingewoben, und das war noch von der Ausſteuer der Großmutter her. Die Mutter nahm den Soldatenabſchied des Vaters von der Wand und putzte ihn friſch.

Die Männer kamen wieder, und beim Eſſen ſagte der Rittmeiſter: „Ja lieber Freund, Sie ſind einer der glücklichſten Menſchen auf der Welt. Sie haben ein volles Haus, eine brave Frau und ein geſundes Kind. Ich wollt', ich wäre ſo ein Bauer wie Sie.“

Der Vater streichelte das glatte Tischtuch und nickte vor sich hin, und die Mutter sagte: „Es ist Dankes wert, wenn man einmal wieder hört, wie gut man's eigentlich hat; man vergißt es so leicht. Freilich, es ist auch manches uneben. Auf der Welt ist alles Berg und Thal, hat mein Vater immer gesagt, der war zweiundbreißig Jahr Stabhalter, was man jetzt Bürger= meister heißt."

„Mit Verlaub, Herr Rittmeister," fragte der Vater, „sind Sie bloß gekommen, um mich zu besuchen?"

„Das ist recht, daß du..., daß Sie so grabaus fragen, und ich sage auch grabaus: Nein, nicht deswegen allein. Ich hörte, daß Sie Ihren Hof an den Staat verkaufen wollen oder auch nur den Wald. Ich bin jetzt auch Geschäftsmann, ich muß doch was zu thun haben; ich gebe immer zweihundert Gulden mehr, als der Staat bietet. Jetzt aber sage ich: Aendern Sie nichts, bleiben Sie auf Ihrem Grund und Boden, da sind Sie der echte Freiherr." Er erzählte nun, daß er mit dem Bauer vom Himbeerhof Geschäfte mache, der sei ein Spekulant, aber wo Verdienen sei, sei auch Verlieren. Sie hätten jetzt miteinander eine große Lieferung von Bahnschwellen übernommen.

„Schwellen könnte ich auch liefern," sagte der Vater, und der Rittmeister bestätigte:

„Jawohl könnten Sie das. Ihre Bäume haben Moos= bärte, die muß man rasieren. Bäuerin! Ihre Vorfahren müssen rechtschaffene und reiche Leute gewesen sein, daß sie Euch einen solchen Wald hinterlassen haben. Sie wissen gar nicht, was für ein totes Kapital in Ihrem Walde steckt."

Es wurde spät, ich mußte ins Bett, aber ich mußte noch lang denken: was ist denn das, ein totes Kapital? Ist das vielleicht ein vergrabener Schatz, den man unberufen und ohne Wort nachts um zwölf ausgraben muß, wenn der Mond scheint?

Ich hörte, wie der Rittmeister endlich aufstand, ich hörte was von einem Rappen, und zuletzt sagte die Mutter, der Herr Baron solle doch wieder kommen und seine Frau mitbringen und solle uns auch was verdienen lassen, so gut wie den Himbeer= bauer. Was er darauf gesagt, hörte ich nicht, nur das:

„Ich hab' also Euer Versprechen, Ihr verkauft nicht ohne mein Angebot. Nun lebt wohl und grüßt mir Euer schönes Töchterlein. Wie heißt es denn?"

„Brigitta," rief ich aus der Kammer. Die Männer lachten, und die Mutter schalt. Bald rollte es vor dem Hause, dann war alles still.

Sechstes Kapitel.

Am andern Tag stand ich unter dem Vordach beim Ronymus, der das Pferdegeschirr frisch schmierte; er sagte mir, der Rittmeister habe ihm einen goldenen Dukaten als Trinkgeld beim Pferdekauf gegeben, und wenn der Rittmeister noch Soldat wäre, zu dem möchte er sich freiwillig ins Regiment melden.

Als wir noch so beisammen standen, kam der Schmaje daher, das war der Jude, zu dem der Vater gutes Vertrauen hatte, der verstand alles, und der Vater ließ ihn gern was verdienen; er wußte, was der Vater brauchte, und brachte immer das Beste. Er fragte den Ronymus, was der Rittmeister für den Rappen bezahlt habe.

„Und wenn ich mehr sage, glaubst du mir's auch?"

„Du kannst nicht mehr sagen, als wahr ist," sagte der Schmaje, „du bist eine ehrliche Haut."

Der Ronymus ließ sich aber zu nichts bringen, er habe keinen Auftrag, und durch Schweigen verrede man sich nicht.

„Gescheit ist er und ein ehrlicher Dienstbote," sagte der Schmaje zu mir gewendet.

Der Vater kam herbei und fragte den Schmaje, ob er den Wechsel einkassieren wolle, den der Rittmeister da gelassen habe. Der Schmaje war bereit, gleich bar auszuzahlen, er habe Geld bei sich, und wie er den Wechsel sah, sagte er, er kaufe den andern Rappen, er brauche einen und gebe einen Karlin mehr. Der Vater schlug ein. Sie gingen miteinander in die Stube, ich ging mit. Der Schmaje sagte nun, er habe gehört, der Vater wolle den Hof verkaufen an den Staat; das Gesetz verbiete den Juden beim Güterhandel auch nur als Vermittler sich zu beteiligen; er könne aber vielleicht doch unter der Hand helfen. Freilich beim Förster Jorns sei nichts zu machen, aber vielleicht erfahre man vorher, wer das Gut abschätze, und der Staat habe ja Geld genug. Er sah den Vater dabei pfiffig an, der aber sagte nichts und deutete nichts. Nun kam die Mutter hinzu, und der Schmaje sagte, er wisse ein Gut im Breisgau, da seien, wie man im Sprichwort sagt, alle fünf W bei einander: Wasser, Wiese, Weizen, Wald und Wein, und noch ein sechstes dazu, ein großes schönes Wohnhaus, wo man keinen Nagel einzuschlagen habe, und noch ein siebentes drein, alles um den halben Wert.

„Ich verkaufe gar nicht," sagte der Vater, „ich weiß nicht, was das ist; es ist, wie wenn die Vögel übers Land geflogen wären und überall verkündet hätten, was doch nicht wahr ist."

„Was nicht wahr ist, kann wahr werden," sagte der Schmaje und sah dabei die Mutter an. Diese meinte, man könne doch einmal gelegentlich nach dem Gut im Breisgau sehen. Der Schmaje bat nur noch, dabei nichts von ihm zu sagen, denn es liege schwere Strafe drauf, wenn ein Jude dabei mitthue; er glaube aber so sicher, als wenn's verbrieft wäre, daß solche Ehren= leute, wie die vom Schlehenhof, ihn dann nicht unbelohnt lassen.

Die Mutter fragte noch, wie es denn beim Rittmeister aus= sehe, und der Schmaje erzählte: er wohnt in einem Hause, das ist ein kleines Schloß, ein Gitter rings herum wie Lanzen, die Spitzen sind vergoldet; im Hause geht man auf doppelten Teppichen, jedes Fenster ist aus einer einzigen Glasscheibe, der gewölbte Stall ist ein wahres Meerwunder, die Gäule fressen aus Krippen von weißem Marmelstein. Der Rittmeister habe seinen Stand aufgegeben — man rede da allerlei — um die Geschäfte seines verstorbenen Schwiegervaters, des reichen Bankiers in der Haupt= stadt, zu übernehmen. Die einen sagen, er habe Hunderttausende geerbt, die andern meinen, es sei gar nichts da gewesen als faule Geschäfte, die der Rittmeister jetzt wieder gut machte in Gemeinschaft mit dem ehemaligen Advokaten Schaller.

„Was? Mit dem Bergschinder läßt er sich ein?" rief der Vater, „das gefällt mir nicht."

„Mir auch nicht," sagte der Schmaje, „der Schaller ist der ärgste Judenfeind, ein wahrer Haman. Aber der Rittmeister ist Manns genug für ihn, der ist so durchtrieben wie vornehm."

Als der Schmaje auf dem Rappen davonritt, sagte der Vater:

„Ich stehe fest. Es ist jetzt auf einmal, wie wenn sich die ganze Welt um mich reiße."

Und so war's auch.

Am Samstag kam die Cordula, das Wochenblättle. Sie hatte ein Eselsfuhrwerk, und dem Esel muß es auf unserem Hof besonders gut geschmeckt haben, denn er hat immer geschrieen, daß es ist im Wald ringsum widerhallt. Die Cordula handelte mit Butter und Eiern und hatte viel mit meiner Mutter allein zu reden; sie fuhr jede Woche nach der Stadt und hat uns auch Zucker und Kaffee und Salz mitgebracht, sonst brauchten wir nichts von der Welt draußen. Sie erzählte auch, was in der Welt vorging, und jetzt berichtete sie, sie habe unterwegs im Stern=Wirtshaus eingekehrt, da sei der Rittmeister gewesen mit seiner schönen Frau, die sei daher geritten auf einem Schimmel und habe ein langes blaues Kleid an und eine Feder auf dem Hut. Man habe in der Stube vom Schlehenhof gesprochen, und da habe jedes mitgethan, den Mann und die Frau und das

Kind und alles zu loben, ſo daß die Baronin geſagt habe: die muß ich auch einmal ſehen.

An dieſem Samstag iſt auch was Neues geſchehen. Der Barbier kam, und der Vater, der ſonſt ganz glatt im Geſicht war, hat ſich einen Schnurrbart ſtehen laſſen, er hat vor ſeinem Rittmeiſter wieder Soldat ſein wollen.

Siebentes Kapitel.

Der Schnurrbart vom Vater war ſchon ſo groß, daß er ihn hat zwiſchen die Finger nehmen können, da kam eine zweiſpännige Kutſche auf unſerm Hof angefahren. Auf dem Bock ſaßen zwei Diener, die hatten weiße Handſchuhe an und weiße Glanzröcke und Kokarden am weißen Hut. Unſer Rapp war neben einem andern eingeſpannt, er ſah jetzt viel vornehmer aus und wieherte, wie er gegen den Stall kam.

In der Kutſche ſaß der Rittmeiſter und neben ihm eine Frau, ſie hatte einen Hut mit einer gebogenen Feder, und vorn lag ein toter Vogel.

Sie kam in die Stube, ich ſtand in der Ecke am Ofen und zerbiß mir faſt meine Schürze vor dem Märwunder. Sie hatte einen Schleier mit goldenen Sternchen vor dem Geſicht, den hob ſie jetzt auf, o wie ſchön war ſie! Sie zog den Mantel aus, ſie hatte ein goldbraunes Seidenkleid, ſie that den Hut ab, ſie hatte eine blaßrote Schleife im Haar, und wie ſie am Fenſter ſtand und die Sonne auf das braune Haar ſchien, da meinte man, es brennt im Feuer.

Die Mutter konnte gar nicht genug ſagen, wie ſie ſich freue, daß die Frau auch zu uns gekommen iſt. Die Rittmeiſterin — man hat aber zu ihr Frau Baronin geſagt — wiſchte ſich mit einem feinen Tuch übers Geſicht. O, wie hat das Tuch gerochen, die ganze Stube iſt voll davon geworden. Sie machte das Fenſter auf und ſagte, es ſei hier ſo eingeſperrte Luft. Sie hatte eine Stimme faſt wie die Corbula, ſo eine halbe Mannsſtimme.

Die Mutter fragte, wer der Frau den Schabernack geſpielt und ihr einen toten Vogel auf den Hut geſteckt habe. Die Frau lachte, es war kein gutes Lachen, aber ſie faßte ſich ſchnell und ſagte: „Liebe Bäuerin, das iſt jetzt Mode.“

Die Mutter zuckte die Achſeln, rief mich an und ſagte: „Gib der Frau Baronin eine ſchöne Hand.“

„Laſſen Sie, ich kann Kinder nicht leiden; kann ſein, weil ich ſelber keine habe. Liebe Schlehhofbäuerin, ich bin auch grabaus wie die Bauern; wer mir das übelnimmt, ſoll's übelnehmen, ich ſag's offen, ich kann Kinder nicht leiden."

Das ſagte die vornehme Frau in meinem Beiſein und lachte dazu, wie wenn das was Luſtiges wäre.

Von jener Minute an habe ich einen Aberwillen gegen die Frau bekommen, ja einen Groll, ich hätt' ſie vergiften können. Um ſo lieber hatte ich den Rittmeiſter, der zog den Handſchuh aus und ſtreichelte mir die Backen. O! Was für eine zarte Hand war das!

Die Mutter dachte nicht mehr dran, daß die Baronin von Kindern nichts wiſſen wolle; ſie erzählte ihr von meinen verſtorbenen Geſchwiſtern und zeigte die eingerahmten Kränze an der Wand, da waren die Namen meiner Brüder und Schweſtern ſchön eingeſchrieben und tröſtliche Bibelſprüche dazu.

Der Vater klagte dem Rittmeiſter, daß ein Gaul krank ſei, und ſie gingen miteinander in den Stall. Die Mutter führte die Baronin durchs ganze Haus und zeigte ihr alles, das viele Weißzeug und die vielen Betten, es war noch viel da von der Großmutter her und vielleicht noch von früher.

O, wie war alles ſo voll, und wo iſt das alles hingekommen...

Als nun meine Eltern und der Rittmeiſter und ſeine Frau um den ſchöngedeckten Tiſch ſaßen, fragte der Rittmeiſter:

„Nun, Leontine, nun biſt du doch bekehrt?"

„Wie ſo bekehrt?" fragte die Mutter.

„Ja, ihr lieben Freunde, ich habe meine Frau mitgenommen, damit ſie einmal echte ehrenfeſte Bauersleute kennen lernt. Sie hat bisher einen Widerwillen und Aberglauben gehabt; ſie hat immer gemeint, unter den Bauersleuten gehe es gar wüſt her. Jetzt ſieht ſie, wie ſchön es iſt auf ſo einem grundfeſten ehrenhaltigen Bauernhof. Freilich, liebe Leontine, ſo wie hier gibt's nicht viel."

„Ja, ich bin bekehrt," ſagte die Baronin und machte einen heiligen Blick, wie ein Kind, das eben von der Firmung kommt, und als ſie ihre Hand mit den feinen langen Fingern auf die Hand der Mutter legte, ſagte der Vater:

„Ja, Frau Baronin, das Bekehren iſt von beiden Seiten: auch meine Frau —"

„Du wirſt doch nicht," wehrte die Mutter ab, die Flammen ſchlugen ihr aus dem Geſicht, aber der Vater fuhr fort:

„Ja, und meine Frau hinwiederum hat gemeint, die vornehmen Leute, die ſo ſchriftdeutſch reden, meinen's nicht ehrlich."

Es war lustig, hin und her neckte man sich, und der Vater sprach aus seinem Schnurrbart heraus viel freier als je. Der Rittmeister hatte keine Brille auf, und die Mutter fragte, ob seine Augen wieder ganz gesund wären.

„O nein," sagte er, „aber meine Frau will's nicht leiden, daß ich kranke Augen habe."

Die Baronin sah ihren Mann mit einem bösen Blick an und sagte:

„Ja, die gute Bäuerin hat mir ihr schweres Leiden erzählt, und da sieh sie an, wie sie's trägt. Die Männer, die uns die Schwachen heißen, können keinen Schmerz verwinden; da sind wir Frauen viel stärker. Nimm dir ein Beispiel an dieser einfachen Bäuerin. Von heut an darfst du mir nicht mehr ächzen und krächzen. Ich will's nicht mehr hören."

Sie sagte das fast lachend, und der Rittmeister biß sich auf die Lippen.

Beim Abschied wiederholte die Baronin dankend, wie wohl es ihr bei uns gefallen habe. Sie gab dem Vater und der Mutter die Hand, mir nicht.

Als sie weggefahren waren und der Vater die seine Frau lobte, da sagte die Mutter:

„Das ist eine böse, bitterböse Frau. Sie hat keinen geraden Blick."

„Sie schielt doch nicht?"

„Nein, hat aber doch keinen geraden Blick. Wie hat sie ihren Mann vor unseren Augen abgetrumpft, und er kann doch nicht vor uns Streit haben. Die hält's für eine Schande, krank zu sein, weil sie gesund ist. Und wie ist ihr der gute Mann so unterthänig! Er hat ihr die Händ' unter die Füße gelegt. Wie sie in der Kutsche gesessen ist, hat er ihr die Füße in eine Decke gewickelt — ich hab's gesehen, sie hat goldenen Hufbeschlag an den Absätzen — und da hat er noch gefragt: ‚Ist's so recht, Schatz?' Und sie hat sich nicht einmal bedankt."

Achtes Kapitel.

Von jenem Tage an war die Herzeinigkeit zwischen meinen Eltern geschwunden, und zuerst bin ich selber schuld gewesen.

Der Rittmeister kam wieder und sagte mir einmal, er wolle mir ein Geschenk zu meiner Firmelung machen, ich solle mir was wünschen. Die Mutter verbot mir, ein Geschenk anzunehmen; der Mann sei nicht verwandt mit uns und nicht mein Gevatter, und wir seien überhaupt keine Leute, die sich was schenken lassen. Der Vater sagte aber, das sei eine Ehrensache, die vornehmsten Leute nehmen Geschenke von Fürsten, und er verstehe überhaupt besser, was sich in der Welt schicke. Ich war natürlich auf Seite des Vaters, und als der Rittmeister wegen der Schwellenlieferung wieder da war, habe ich mir eine goldene Kette gewünscht, eine feine dünne, fünfmal um den Hals gewunden. Ich habe sie bekommen, und was noch das Schönste gewesen ist, daran war ein Schloß, und darauf war mein Name Brigitta mit erhabenen Buchstaben in Gold. So etwas hat kein zweites Kind gehabt, und ich war noch stolzer darauf als auf meine schönen Kleider an der Hochzeit meiner Schwester. Ich war fast bös auf meine Mutter, weil sie sagte: „Man kann einen auch mit einer goldenen Kette erwürgen."

Und doch ist das fast wahr geworden.

Meine Mutter wurde immer mißmutiger und griesgrämiger und der Vater immer lustiger, und ich war auch gern lustig. Es war immer viel bar Geld im Haus, und bar Geld lacht, und der Vater lachte auch, wenn er Gold und Silber aufeinander häufelte. Vielleicht hat's auch die Mutter nicht erfahren, ich wenigstens weiß nicht, woher das Geld damals kam. Die Mutter wollte, er solle davon lassen, er passe nicht zum Geschäftsmann; sie meinte, man müsse dem Förster Jorns Bescheid sagen, wie versprochen worden. Der Vater meinte aber, der Staat laufe ihm nicht davon, und er verschob den Gang zu Jorns von Monat zu Monat.

Als es hieß, daß der Staat ein Hofgut weiter oben gekauft habe, sagte der Vater: „Sie müssen schon noch zu mir kommen, sie können nicht über mich hinüber, ich liege ihnen im Weg." Das hat er uns auf einer Revierkarte gezeigt, die ihm der Rittmeister einmal gebracht hatte.

Die Mutter sagte: „Es kann dir noch gehen wie dem Aussichtler." Das war nämlich ein kleines Männchen, das vordem brav und fleißig auf einer Anhöhe als Uhrgehäusmacher gelebt hatte, und seine Frau soll die schönste Frau weitum gewesen sein. Nun kamen mehrmals Leute zu ihm, die haben die Umgebung ausgemessen, auch vornehme Frauen sind gekommen, und alle haben gesagt, hierher müsse sich die Fürstin ein Schloß bauen, denn da sei die schönste Aussicht und die beste Luft im ganzen Land. Von da an war das Männchen närrisch geworden, hatte nichts mehr gearbeitet und immer auf die Leute gewartet, die ihm die schöne Aussicht abkaufen. Die Frau ist gestorben, und der Mann sah jeden darauf an, ob er nicht seine schöne Aussicht kaufe.

Als meine Mutter das von dem Aussichtler sagte, schlug der Vater mit der Faust auf den Tisch, plötzlich aber lachte er und sagte: „Da wär' ich ja schon närrisch, mich darüber zu erzürnen; ich hab' meinen gesunden Verstand und behalte ihn." Ja, er hat sich viel darauf eingebildet, daß er gescheit sei, und der Rittmeister hat es ihm noch mehr eingeredet.

Der Vater ist viel hin und her gefahren, die Mutter hat ihn auch einmal begleitet; aber einmal und nie wieder. Als sie heim kam, klagte sie, das sei ja, wie wenn die ganze Welt zu verkaufen wäre und man immer nur zu schmausen hätte. Wegen des Bergschinders, den sie auch getroffen hatte und mit dem der Vater gut Freund war, hat's arge Händel gegeben. Der Vater hat gesagt, die Mutter sei zu einfältig; er verstehe jetzt, was für ein Wohlthäter der Schaller sei, der Güter und Wälder aufkaufe und die Aecker losschlage, damit die armen Leute auch zu was kommen können.

Von da an hat die Mutter nichts mehr drein geredet.

Der Vater, der sonst monatelang nicht vom Hof weg kam, ist nun keine drei Tage nacheinander mehr daheim gewesen, da ist immer gefahren und geritten worden. Sonst sagte der Vater kein Wort über das Essen, jetzt hat's ihm daheim nicht mehr geschmeckt, und die Mutter war darüber so traurig, daß sie selber kaum mehr was über den Mund brachte.

Sonst hatten wir kaum vom Landbriefboten gewußt, jetzt kamen Boten mit Briefen und Telegrammen, täglich zweimal, auch dreimal. Anfangs bewirtete die Mutter die Boten, wie es der Brauch ist; nachher hat sie's unterlassen, die Leute kamen zu oft, da müßte man's ja haben wie in einem Wirtshaus, und der Vater hat auch gesagt, das Aufwarten sei nicht nötig.

Wenn der Vater daheim blieb, war er nicht recht daheim, er ist unruhig in der Stube hin und her gegangen, hat das Fenster auf- und zugemacht, ist vor das Haus und wieder hinein, er hat eben immer auf etwas gewartet.

Im Winter haben wir so viel Holz geschlagen wie noch nie, die Leute aus der Umgegend haben viel Geld verdient, der Aussichtler war auch dabei, man ließ ihm gern was zukommen; aber auch viel Leute aus der Fremde hatten wir bei der Arbeit, Männer aus allen Ländern, mit Weibern und Kindern, die im Sommer an der Eisenbahn gearbeitet haben. Sie haben in unsern Scheunen und Ställen gewohnt, es war viel wildes Volk, und auf unserm Hof war's wie in einem Zigeunerlager.

Ringsum krachte und polterte es immer, und auf dem Schnee wurden die Stämme zu Thal geschleppt, hundert und hundert, mit unsern eigenen Rossen; das ging vom frühen Morgen bis spät in die Nacht, und aus dem Mund des Vaters hörte man nichts als Befehlen und Rechnen.

Die Mutter fragte, freilich gar scheu, wie es denn sei, ob der Förster Jorns dazu gestimmt habe, und ob nicht bald mit ihm abgeschlossen werde.

„Ja," sagte der Vater, „jetzt braucht man die Forstleute noch nicht zu fragen; aber sie wollen ein Gesetz bei den Land= ständen machen, daß wir nicht mehr Herr über unser Eigenthum sind. Sie sollen's machen, derweil schlage ich meinen Wald, und der Staat muß nachher doch kommen und mir den gleichen Preis für den leeren Boden geben, den er mir mit samt dem Wald dafür hat geben wollen." Er erklärte des weiteren, wie später nach dem Gesetz das Holz viel teurer werde; drum schlage man's jetzt, und das Holz werde nicht altbacken, im Gegenteil immer besser.

„Nimm es geduldig auf, wenn ich einfältig frag'," ent= gegnete die Mutter, „da könnte man jetzt das Holz auch stehen lassen, es bleibt im Wert und wächst noch zu."

„So fragen viele Leute, die sich noch für viel gescheiter halten als du. Später darf man nur so viel schlagen, als eben die im grünen Rock einem zumessen. Wer dann Vorrat hat, ist oben auf."

Die Mutter war zufrieden und fragte nur noch:

„Traust du dem Rittmeister in allem?"

„So gut wie dir. Dem kann man blindlings folgen, der hat die Augen offen. Sei nur ganz ohne Sorge und laß dir von niemand was einreden."

„Du bist der Meister," sagte die Mutter, „ich red' nichts drein."

Und so hat sie's gehalten.

Im Frühling war viel Geld in unserm Hause, aber der Vater hat's nicht brach liegen lassen, er hat mit dem Rittmeister einen Wald im Bayerland gekauft, durch den die Eisenbahn kommen muß. Der Rittmeister hatte das ausgekundschaftet. Es hat geheißen, man muß nur warten.

Neuntes Kapitel.

Der Vater hat sich eine Kutsche angeschafft, die Mutter hat sich nie hineingesetzt, manchmal hat der Ronymus kutschiert, meist aber der Vater. Zuweilen hat er auch mich mitgenommen; er ist, wie es scheint, doch nicht gern allein gewesen. Als wir an dem Weger vorbeifuhren, der auf der Straße Steine klopfte, that er, als ob er die Mütze abziehen wollte, er kratzte sich aber nur hinterm Ohr und glotzte uns verwundert an.

An der Straße, hoch oben gegen den Bodensee, steht im Wald ein einsames Wirtshaus, dort trafen wir den Rittmeister, bald kam auch der Schaller. Er grüßte den Rittmeister sehr unterthänig, meinen Vater nur so leichthin, er ging in der Stube auf und ab, fuchtelte mit seiner Reitgerte und schlug sich auch manchmal damit auf seine hohen Stiefel. Er hatte ein ehrbares Ansehen, rund und behaglich, er war schon bei Jahren, aber noch hurtig; er schmatzte immer, wie wenn er einen Leckerbissen auf der Zunge hätte. Als er mich sah, sagte er zum Vater:

„Das ist also Ihr einzig Töchterle? Ich wollt', ich hätt' auch so eins. Verheiraten Sie sie nicht, bis mein Sohn wieder aus Amerika heimkommt, dann soll sie meine Tochter werden."

War das nicht ein prächtiger Mann? Ein Wohlthäter? Und auf diesen Mann hat die Mutter alle Schimpfworte geworfen! Ja, dachte ich, der Vater versteht die Menschen viel besser als die Mutter.

Der Schaller erkundigte sich beim Wirt, ob niemand nach ihm gefragt habe. „Ja, der Geldwälzer," hieß es, und man rief einen verkommenen Bauer, der immer gern schmarotzte, wo es was zu essen und zu trinken gab. Man sagte ihm nach, er habe sein Gütchen für bares Geld verkauft, für lauter harte Thaler, die hat er auf den Boden gestreut und sich darauf herumgewälzt. Daher hatte er den Namen, aber vom Geld hatte er nichts mehr.

Ich hörte nicht, was die Männer miteinander redeten, aber der Vater stand auf und sagte:

„Da bin ich der Mann. Zu der Haue kann ich den Stiel finden. Ich bin mit dem Heckenbauer weitläufig verwandt. Was da zu machen ist, mach' ich."

Als der Rittmeister den Vater lobte, lachte der Vater übers ganze Gesicht und ging davon. Ich wollte mit ihm, aber er

nahm mich nicht mit; ich mußte allein in dem einsamen Wirts=
haus warten.

Ich ging vor das Haus, saß auf der Bank und hörte die
drei Männer drin lachen und lärmen.

Ich sitze da und sehe neben mir eine große Spinne, sie
hockt mitten im Spinnweb, eine Fliege kommt daher, sie ist ge=
fangen; sie hat wohl gemeint, da sei nur Luft, da sind aber
seine Fäden. Die Fliege zappelt, kann aber nicht los; sie greift
mit den Füßen um sich und über sich, sie kommt nicht los.
Die Spinne spürt gewiß, daß sie was gefangen hat, es zittert
ja alles, und wer weiß, was sie denkt, sie wartet aber still;
die Fliege ist ruhig, die Spinne kommt auf einem Leitseil da=
her, die Fliege fängt wieder an zu zappeln, die Spinne macht
sich fort und wartet wieder und wartet, bis die Fliege sich kaum
mehr regt, dann umspinnt sie sie, saugt sich an ihr fest und
saugt sie aus.

Damals auf der Bank ist mir's auf einmal aufgegangen:
der Rittmeister oder der Bergschinder, das ist die Spinne, und
mein Vater ist die Fliege.

Als ich noch so dachte, kam mein Vater daher, und bei
ihm war der Heckenbauer und der Schmaje. Ich ging auch
mit ihnen in die Stube. Als wir hinein kamen, jagte der
Schaller den Schmaje fort und rief: „Wenn du nicht gehst,
zeig' ich dich an, du Jud darfst nicht beim Güterhandel sein."

Der Schmaje ging und murmelte etwas wie einen Fluch;
der Schaller lachte — er machte immer die Augen ganz zu, wenn
er lachte — und erklärte, das sei ein Hauptspaß, den Schmaje
könne man hin und her zwacken, wie man wolle. Die Männer
gingen mit dem Heckenbauer in eine Nebenstube, ich hörte Hände
zusammenschlagen; die Sache schien fertig. Die Männer kamen
wieder heraus, der Schaller steckte ein großes Papier in die
Brusttasche, und jetzt ward Weinkauf getrunken. Der Geldwälzer
trank am meisten.

Es war bald Nacht, unser Fuhrwerk war angespannt, und
als wir aufsteigen wollten, kam der Rittmeister und sagte dem
Vater, er habe nun teil an dem Geschäft mit dem Heckenbauer,
er wolle ihm den Gewinnteil abkaufen und bar zahlen. Der
Vater dankte und sagte, er sei der Mann, um in Gewinn und
Verlust voll mit dabei zu sein.

Wir fuhren fort, und der Vater pfiff unterwegs seine
Soldatensignale vor sich hin. Plötzlich wurden wir angehalten, der
Schmaje stand da. Er sprach ganz eindringlich in den Vater hinein
und warnte ihn vor der Räuberbande, in die er geraten sei.

„Der Schaller beſonders,“ ſagte er, „ſpottet über dich, er heißt dich nur die Geiß, die ſo mager ausſieht und doch viel Fett im Leib hat; er ſagt, er wolle dich ausſchlachten mit ſamt dem Stall. Und der Rittmeiſter — er hat ſich ausgeritt= meiſtert — der iſt grad ſo ſchlecht. Mach dich los! Das ſind Blutegel, das ſind Spinnen, die dich ausſaugen!“ —

„Ja, Spinnen,“ rief ich, und mir fiel ein, was ich heut geſehen. Der Schmaje ſagte:

„Da hörſt du's, dein Kind, dein unſchuldig Kind ſagt's auch.“

„Und verſteht grad' ſo viel wie du; ich muß doch auch dabei ſein, wenn ich betrogen werde.“

„O Xander, guter Kerl,“ rief da der Schmaje und weinte faſt dazu. „O Xander! Du biſt ein aufrichtiger Menſch, dein Vater war ein aufrichtiger Menſch, dein Bruder Donatus iſt ein aufrichtiger Menſch, ich geh' ſchon bald dreißig Jahr in eurem Haus aus und ein. Hier dein Kind auf Erden und dein Vater im Himmel ſind Zeugen, daß ich dich gewarnt hab'. Ich will keinen Stern mehr ſehen, ich will mein eigen Kind nicht mehr ſehen, wenn ich nicht die Wahrheit rede. Du willſt es mit dem Schaller aufnehmen? Weißt du, was der Schaller dir gethan hat?“

„Mir? Was?“

„Bei dem können ſieben Teufel in die Schule gehen. Er hat, um dich kirre und zahm zu machen, ſich von dir betrügen laſſen. Er hat —“

„Genug! Genug!“ unterbrach ihn der Vater, „ich betrüge nicht. Aber ſag', was muß ich dir geben? — ich biete dir hundert Gulden —, wenn du das, was du da ſagſt, vor dem Schaller und dem Rittmeiſter wiederholſt?“

„Ein Soldat und ein Advokat auf einmal? Das iſt mir zu viel,“ jammerte der Schmaje, „aber nenn' doch den Menſchen nicht mehr Rittmeiſter, er iſt mit Schimpf und Schand durch ein Ehrengericht ausgeſtoßen worden.“

Ohne dem Schmaje weiter eine Antwort zu geben, peitſchte der Vater den Gaul und fuhr davon; ich ſah noch zurück, und da ſtand der Schmaje und hob die Hände zum Himmel auf. Wir fuhren fort, der Vater pfiff nicht mehr, und ich ſagte, der Schmaje meine es doch gewiß gut. Der Vater erklärte mir, der Schmaje ſei bei all ſeinem herzlichen Gethue doch eigennützig und habgierig, er wolle ihn doch nur abſpenſtig machen, weil er keinen Vorteil bei dieſem Geſchäfte habe und ſolchen anderen nicht gönne. Der Vater ſchärfte mir ein, ich ſolle der Mutter nichts von dem Vorgefallenen erzählen. „Du biſt ſchon geſcheit

genug," sagte er, „dir will ich's anvertrauen, ich hab' auch im
Sinn, mich von den Sachen los zu machen und wieder im
alten weiter zu leben; ich muß nur noch das große Geschäft in
Bayern und zwei andere abwickeln. Sag' aber der Mutter
nichts von allem, sie ist gar ängstlich, und ganz wohl ist sie
auch nicht."

In der Nacht hat mich die Mutter geweckt und gescholten:
„Was schreist du denn immer von der Spinne? Es ist ja
keine da."

Ich mußte von der Spinne geträumt·haben.

Zehntes Kapitel.

Wenige Tage darauf kam der Rittmeister vor unserm Haus
angeritten. Sonst war immer ein Reitknecht hinter ihm drein,
heut war er allein; er erzählte in der Stube dem Vater, daß
er den Reitknecht, der vor einigen Tagen unehrerbietig gegen
den Vater gewesen, entlassen habe.

Ich ging vor das Haus, da stand der Ronymus auf einer
Leiter am Scheunenthor und nagelte einen Geier an. Er erzählte mir, daß er den Geier gestern geschossen habe, wie er
just eine Goldammer in den Krallen gehabt, sie sei aber schon
tot gewesen. Der Geier war angenagelt, und als der Ronymus auf dem Boden stand, sagte er:

„Weißt du, was ich möcht'? Den Rittmeister möcht' ich
so annageln. Das ist auch ein Geier, und dein Vater ist die
Goldammer."

Er hatte das kaum gesagt, da kam der Vater mit dem
Rittmeister daher und sagte dem Ronymus, er solle die Pferde
sätteln und für sich auch eins, er solle hinterdrein reiten.

Der Ronymus schüttelte den Kopf, und der Vater rief
voll Zorn:

„Was stehst noch da? Thu, was ich dir gesagt hab'."
Der Ronymus rührte sich nicht vom Fleck, der Vater schrie ihn
an, daß die Mutter zum Fenster heraus schaute.

„Bist du taub? Hörst du nicht, was ich dir befehle?"

„Freilich, hab's schon gehört, aber ich thu's nicht. Ihr
für Euch verlangt das nicht, und hinter dem da drein reitet der
Teufel, der ist Rittmeister von des Teufels Leibgarde."

Der Vater hob die Faust gegen Ronymus, aber der Rittmeister hielt ihm den Arm. Der Ronymus rief:

„Schlag du mich, Rittmeister, schlag mich, dann kommt vor Gericht an den Tag, wer man ist.‟

Der Rittmeister lachte und redete leise in den Vater hinein, der nun den Ronymus Knall und Fall aus dem Dienste schickte. Als er schon auf dem Pferde saß, sagte er noch:

„Wenn ich heim komm', und du bist noch da, jag' ich dich mit der Peitsche und hetze dich mit Hunden fort.‟

Der Vater trabte mit dem Rittmeister davon; es war eine Pracht, wie er zu Pferde saß.

Der Ronymus setzte sich auf den Brunnentrog, und das ist das einzige Mal im Leben, wo ich ihn hab' weinen sehen. Er wusch sich dann die Hände und die Augen, und es war fast zum Lachen, wie er zu mir sagte: „Ich wasche meine Hände in Unschuld. O Brigitta, du und deine Mutter, ihr verdient das Elend nicht, und dein Vater verdient's auch nicht. O hätt' mich der Rittmeister nur geschlagen! Ich hätt' ihn anpacken sollen, damit wir vor Gericht kommen. Ich bin zu einfältig und feig gewesen.‟

Ich frug den Ronymus, ob er die Redensarten vom Schmaje habe; er stutzte, als ich das sagte und gestand, daß er vom Schmaje, aber auch von anderen gehört habe, wer der Rittmeister sei.

Der Ronymus ging fort, meine Mutter, die nicht wohl war und nicht aus der Stube konnte, hat ihn hinauf gerufen; er ist aber nicht zu ihr gegangen, er ist geradeswegs fort und hat auf einem Schubkarren seine Kiste mit seinen Habseligkeiten fortgeführt; er hat mir keine Hand mehr gegeben und sich nicht mehr umgesehen.

Ein paar Tage drauf, mitten in der Woche, kam der Ohm Donatus. Der Vater war nicht daheim, aber die Mutter sagte, er könne jede Stunde kommen, der Ohm solle doch warten; er willigte ein und ging durch den ganzen Hof. Als er wieder in die Stube kam, sagte er: „Das sieht schlimm aus, da sind ja die Knechte Meister.‟ Die Mutter ließ das nicht gelten, sie wollte dem Vater nichts von seiner Ehre nehmen lassen. Der Ohm sagte, er sei nicht gekommen, um Unfrieden zu stiften; er wolle lieber wieder gehen, und soviel er wisse, hätten ja die Eltern Gütergemeinschaft.

„Was willst du jetzt damit, mit der Gütergemeinschaft?‟ fragte die Mutter und bekam einen Blick so traurig, wie gar nicht zu sagen, und der Frost schüttelte sie. Sie frug mich, woher auf einmal Thür und Fenster offen seien und ein so scharfer Luftzug wehe, und es war doch alles zu. Von damals an hat sich's in ihr gesetzt.

Der Ohm wollte gehen, und als er eben die Thür in der Hand hatte, kam der Vater. Er hieß den Bruder willkommen und fragte, was vorgehe, daß er mitten in der Woche daherkomme. Der Ohm sprach heftig gegen die Geschäfte und die Genossenschaft mit dem Rittmeister.

„Hat dir der Schmaje das gesagt?"

„Der auch und andere dazu. Xander, du bist nie der Pfiffigste gewesen —"

„Und weil du mein Bruder bist, nehme ich das gut auf. Just einen Vormund brauche ich nicht."

Es war nahe dran, daß es argen Streit gab.

Die Mutter — man sah, es strengte sie an — sagte zum Ohm:

„Schwager, es ist recht von dir, daß du gekommen bist. Aber weil jetzt mein Mann da ist, darf ich's sagen; er hat mir anvertraut, daß er willens ist, sich von der Handelschaft los zu machen. Und jetzt ist alles aus und Friede, und kein Streit unter Brüdern. Jetzt bleib' da, Donatus, und iß mit uns."

Der Ohm ist dageblieben, und so weit war alles gut.

Die Mutter hatte sich zu arg angestrengt, sie mußte sich niederlegen und ist nicht mehr aufgestanden. Sie hat nach der Bonifacia verlangt, und die war auch bald da. Die Mutter hatte verlangt, daß der Vater den Ronymus wieder in Dienst nehme; der Vater hatte eingewilligt, aber es war schon zu spät, der Ronymus hatte sich schon nach Ulm verdingt als Kutscher.

Der Vater war lind und gut gegen die Mutter, und sie hat ihn getröstet, soviel sie konnte.

Einmal schickte die Mutter den Vater und die Bonifacia aus der Kammer, ich mußte allein bei ihr bleiben.

„Kind," sagte sie, „ich hab' noch was auf dem Herzen. Du hast damals die goldene Kette von dem da ... von dem Rittmeister angenommen; aber laß dir nie im Leben mehr was schenken, von keinem Menschen. Und halte deinen Vater in Ehren. Er ist brav und herzgut, die Schelme haben's leicht mit ihm gehabt. Der Jorns hat's gut gemeint, er kann nichts dafür. O unser schöner Hof! Unser Wald! Lieber Gott! Ich bitt' dich nur um eins. Lieber Gott, thu' mir nur in der letzten Minute den Gedanken weg an den Rittmeister, daß ich nicht mit einem Fluch auf ihn sterben muß ..."

Die Mutter ist sanft gestorben. Wie der Vater und ich geweint haben, das kann ich nicht erzählen.

Elftes Kapitel.

Es hat ſich erwieſen, daß der Rittmeiſter in der That
ſeines Ranges verluſtig war; ich muß aber doch dabei bleiben,
ihn ſo zu nennen. Er iſt nach jenem Ritt mit dem Vater nicht
mehr auf unſern Hof gekommen, es ſcheint, er hat die Geſchichte
mit dem Ronymus als gute Gelegenheit genommen, um mit
dem Vater Streit anzufangen; es war ja nichts mehr von uns
zu holen. Wie und warum nachher der große Rechtsſtreit daraus entſtanden, das weiß ich nicht und bin nie darüber klar
geworden. Ich habe natürlich dem Vater geglaubt, daß er den
Prozeß gewinne; daran war gar kein Zweifel. Der Vater
fluchte beſtändig auf den Rittmeiſter und hatte doch nichts mehr
mit ihm zu thun, denn der Rittmeiſter hatte ſeinen Rechtshandel
an einen Fremden verkauft und war mit ſeiner Frau nach Paris
oder nach Italien gereiſt.

Ich hatte nur immer den Vater zu beruhigen, er verſtand
jetzt gar nicht mehr, warum er ſich in all das eingelaſſen; er
hatte doch Vermögen genug und nur ein einziges Kind. Er
hoffte indes beſtändig, daß alles wieder gut werde, freilich, die
Mutter war nicht mehr aufzuerwecken.

Eines Tages kam der Schmaje und ſagte dem Vater, ein
Prozeß könne doch ebenſo gut gewonnen als verloren werden;
wenn er verloren werde, dann ſtehe die Gant vor der Thür.
Jetzt ſei der Vater noch Meiſter über alles, und darum wolle
er mit ihm einen Scheinkauf machen und alle unſere bewegliche
Habe kaufen, das Weißzeug und die Betten im Haus und das
Vieh im Stall; der Kaufpreis ſolle ſtehen bleiben, und wenn
der Prozeß gewonnen werde, ſolle alles nichts gelten. Man wäre
doch ein Narr, wenn man den Gläubigern die Sache überließe.

„Du biſt betrogen worden, warum willſt du der Einfältige
ſein?“ ſchloß der Schmaje. Der Vater ſagte:

„Das wäre luſtig.“

„Das juſt nicht, und du ſollſt mir dafür geben, was du
willſt; ich thu's deinem Kinde zulieb und deiner Frau zulieb.“

„Jetzt iſt's genug,“ ſagte der Vater, ging an die Thür und
machte ſie weit auf. „Mach, daß du hinaus kommſt.“

„Ich geh' nicht,“ ſagte der Schmaje, „ich laß mich von
dir nicht hinauswerfen, dein Vater vom Himmel herunter leidet
das nicht; dein Vater war ein braver Mann, dein Bruder
Donatus iſt ein braver Mann, freilich arg hartherzig, aber doch
brav . . .“

„Und darum soll ich schlecht werden? Nein, nein. Wenn ich mein Vermögen wieder bekomme, traue ich keinem Menschen mehr, dir auch nicht, Schmaje ...“

„Meinetwegen trau' mir dann nicht, trau' mir aber jetzt. Da steht dein Kind, dein einzig Kind, willst du es dahin kommen lassen, daß — Gott behüte — dein einzig Kind vor fremder Leute Thüren steht und — und ich weiß nicht was, ich will's nicht sagen. Kind, du bist doch auch schon bei Verstand, hilf mir und hilf deinem Vater.“

„Lieber Hunger sterben als betrügen,“ hab' ich da gesagt, ich weiß nicht, woher ich das habe, aber ich hab's gesagt.

Der Schmaje ging fort und ließ die Thüre sperrangelweit offen, der Vater schloß sie. Als wir allein waren, saß der Vater lange stumm da und legte die Faust auf den Tisch, endlich sagte er:

„Der Teufel hat allerlei Boten, aber unser Herrgott auch, er schickt mir den, um mir zu sagen, du bleibst ehrlich und gewinnst deinen Prozeß.“

Es ist aber doch anders gekommen, der Prozeß wurde verloren. Unser Hof wurde bei Gericht versteigert, der Staat hat ihn gekauft, und es hieß, er wird zu Wald gemacht.

Die Gant stand vor der Thür und kam herein.

Männer vom Gericht, ganz fremde Menschen kamen auf unsern Hof und thaten, wie wenn sie da zu Hause wären und nicht wir. Vom Speicher bis in den Keller und Stall haben sie alles aufgeschrieben und an die Schränke Schlösser gelegt und große Siegel. Wir durften in die meisten Stuben gar nicht mehr hinein.

Einer von den Gantmännern sagte in der Wohnstube zum Vater: „Euren Soldaten-Abschied kann man Euch nicht nehmen, den behaltet Ihr,“ und als sie meinen Schrank aufmachten, sagten sie: „Was dein eigen ist, gehört dir. Den Anhenker da steck' in die Tasche.“ Er gab mir die goldene Kette mit meinem Namen, und ich meinte, sie brennt mir in der Hand, aber ich steckte sie doch ein.

Und wieder eines Tages waren Männer und Frauen aus der ganzen Umgegend und auch von weiterher da, auch der Schmaje war da, er kaufte fünf von unsern Rossen und sah den Vater nicht an. In der Stube stellte sich dann ein Mann hinter den Tisch, vor ihm brannte ein Licht, alles wurde hereingeschleppt, Betten und Weißzeug, und was nur niet- und nagellos ist, ward versteigert, und beim Zuschlag ward mit einem Hammer auf den Tisch geschlagen.

Die Bonifacia war heraufgekommen und wollte mich mit fortnehmen, ich ging aber nicht vom Vater weg, ich saß bei ihm auf der Ofenbank, und wir sahen allem zu. Ich fuhr mir oft mit der Hand über die Augen — es mußte doch alles nur ein Traum sein. Aber es ist wahr. Die fremden Menschen sind da, unsere Sachen gehören ihnen, sie schleppen sie mit fort und lachen dabei. Wie die Bilder mit dem Andenken an meine verstorbenen Geschwister abgehängt wurden und der Ausrufer sagte, die Bilder seien nichts wert, aber die Rahmen, da habe ich laut aufschreien müssen. Es hat niemand darauf geboten als die Bonifacia, der Ausrufer gab sie ihr, und sie sagte, daß sie mir sie aufbewahre.

Jetzt wurde der Soldaten-Abschied des Vaters von der Wand abgenommen, der Ausrufer nahm das Papier heraus und sagte: „Xander, die Schrift gehört Euch, aber der Rahmen gehört der Masse." Da stand der Vater auf, nahm das Schriftliche in die Hand, hielt es übers Licht, zündete es an und sagte: „Da steht sein Name. So sollte man den Rittmeister verbrennen." Dann ging der Vater hinaus. Ich folgte ihm, er fuhr sich mit der einen Hand immer um den Hals herum, und wie ich ihn an der andern faßte, sagte er: „Ist gut, ist recht, wir bleiben bei einander."

Wir gingen nicht mehr ins Haus hinein, bis alle Leute fort waren; die Bonifacia kam und bat uns, mit ihr zu gehen, der Vater aber sagte, er gehe zu seinem Bruder, um als Knecht bei ihm zu dienen, es sei doch sein Bruder und dort sein Elternhaus; freilich hätte der Donatus kommen müssen, ihn abzuholen, aber er dürfe nicht mehr stolz sein.

Die Bonifacia mußte heim zu ihrem Mann, ich war mit meinem Vater allein in unserm ausgeraubten Hause; daheim in der Fremde.

Zwölftes Kapitel.

Es wurde Nacht, wir nahmen uns an der Hand und gingen, ich sagte dem Vater, wir müßten jetzt stark und fest sein und nicht mehr zurückdenken und zurückschauen; er gab mir keine Antwort und drückte mir nur die Hand, dann ließ er mich los.

Von jener Minute an hab' ich's gespürt, man muß sich selber aufrecht halten, und ich glaub', ich bin dabei geblieben.

Der Hund kam uns nach, der Vater jagte ihn fort und sagte: „Hab' selber nichts mehr zu essen."

Wir gingen durch den Wald, das ist kein Wald mehr, nichts als tausend und tausend Baumstümpfe, und überall sitzen Raben drauf; man hat gar nicht gedacht, daß es bei uns so viel Raben gibt.

Die Sonne ging unter, die Raben flogen auf und krächzten.

„Er darf mir keinen Vorwurf machen," sagte der Vater. „Niemand hat ein Recht dazu als du. O, ich möcht' nicht zu ihm, lieber betteln gehen von Haus zu Haus, und du kannst sagen: das ist mein Vater, der war einmal ein stolzer reicher Bauer mit hundert und hundert Morgen Wald, und jetzt ist nichts mehr sein eigen als der Bettelstab in der Hand. O Kind, so alt bin ich geworden, so alt, fünfzig Jahre war ich alt, und da hab' ich erst gelernt, daß es grundschlechte, verlogene Menschen auf der Welt gibt."

Ich tröstete den Vater, so gut ich konnte. Der Vater sagte nur: „Ich rauche nicht mehr."

Wir gingen fürbaß, es war noch ein weiter Weg bis zum Ohm. Plötzlich erhob sich ein scharfer Wind, und der Vater rief:

„Wind, was willst du von mir? Such' dir den Rittmeister, heb' ihn vom Boden, laß ihn zappeln und dann zerreiß ihn in tausend Stücke."

Der Wind riß dem Vater den Hut vom Kopf, und er lachte: „Nimm den Kopf auch mit." Wir suchten den Hut, fanden ihn aber nicht, barhaupt ging der Vater dahin, er litt es nicht, daß ich ihm ein Tuch über den Kopf binde, er sagte, er habe dem Wind den Weg aufgemacht da herein.

Wir hörten Hunde bellen von weit entfernten Höfen. Der Vater sagte: „Sie bellen alle auf mich los. So lang noch mein Wald da war, hat man die Hunde nicht gehört."

Mir zitterte das Herz im Leib, und ich war froh, als wir endlich Licht sahen am Hause des Ohms.

Wir kamen gegen das Haus, die Hunde bellten, ein Fenster ward aufgemacht, und der Ohm fragte: „Wer ist da?"

„Ich bin's, ich will in mein Elternhaus."

„Dein Elternhaus? Es ist nichts mehr dein. Aber komm meinetwegen nur herauf."

„Komm du herunter und hol' mich."

„Da kannst du lang warten."

„Komm fort, komm fort . . ." sagte der Vater zu mir und riß mich fast um. Wir wendeten uns wieder thalab, ich wagte nicht, dem Vater drein zu reden, und er sagte auch:

„Red' nichts, kein Wort! Da drüben liegen meine Eltern — so wenig die aus dem Grabe steigen und wieder ins Haus kommen, so wenig trete ich je wieder über die Schwelle."

Wir wandern und wandern, und was kommen für Gedanken! Mir fällt jetzt ein, tief drin in dem Elend fällt mir jetzt ein, wie ich einmal die Prinzessin vom Schlehenhof geheißen, ich höre die Musik von der Hochzeit meiner Schwester und die Reitersignale, und mein einziger Wunsch war jetzt nur, daß ich einmal an dem Verderber Rache nehmen könnte.

Wir kamen endlich an unser Dorf, und da draußen saßen wir, bis es Tag ward. Wir zählten die Stunden, die es vom Turme schlug; dort lag die Mutter und die Schwester im Grab. Gottlob, daß sie das Elend nicht erlebt haben.

Da in den Häusern ruhen jetzt die Menschen, da sind so viele aufgerichtete Betten, die Bäuerinnen thun stolz damit, keine sagt: kommt herein und wärmt euch und ruhet aus. Keins denkt, daß da draußen zwei verlorene, verlassene Menschen sitzen. O, die Welt ist unbarmherzig!

Nein, es hat doch Menschen gegeben, die an uns dachten.

Der Vater sagte: „Mir ist so kalt, ich wollt', ich wäre ganz kalt."

Da rief eine Stimme: „Gottlob, daß ich euch endlich finde," es war der Weger, der auch vom Berg herabkam in seinem alten Soldatenmantel; er nahm schnell die Enzianflasche aus der Tasche und sagte:

„Vor allem trinken, hat jener Bauer gesagt, wie er sich besinnt, was er in der Stadt zu thun hat. Da, trinket, und jetzt noch einen Schluck. Hat sie wieder einmal recht gehabt, die Bonifacia, hat mir keine Ruhe gelassen, muß vor Tag zu euch da hinauf zum Donatus und sehen, wie's euch geht. Ja, ich möcht' nicht der Donatus sein ... Aber jetzt wird nichts weiter geredet, kommt mit heim."

Wir sind mit dem Weger gegangen.

Dreizehntes Kapitel.

O lieber Gott! Es gibt noch Unterschlupf auf der Welt; gute Menschen und warme Stuben.

Der Weger und die Bonifacia nahmen uns auf, wie wenn wir noch die fürnehmen Leute von früher, nur ein Ehrenbesuch wären. Die Bonifacia machte eine Morgensuppe und ließ mich dabei helfen, sie deckte den Tisch mit einem frischen Tuch, rückte dem Vater den einzigen Strohstuhl hin, der in der Stube war, holte aus dem Schränkchen einen silbernen Eßlöffel und sagte: „Das ist das Pathengeschenk, das Ihr dem Ronymus gegeben habt."

„Ich kann schon mit dem blechernen Löffel essen und muß froh sein, wenn was drin ist," antwortete der Vater und stemmte den Löffel auf den Tisch; es ist ihm hart geworden, sich eine Suppe von geringen Leuten schenken zu lassen; er zwang sich aber und aß, und in den ersten geschenkten Löffel Suppe ist eine Thräne gefallen . . .

Das war das letzte Mal, daß er geweint hat, von da an nie mehr.

Als er gegessen hatte, wollte er von seinem Bruder Donatus erzählen; der Weger meinte, er solle damit warten, aber der Vater gab nicht nach und fragte am Schluß: „Weger, was sagst du dazu?" Der Weger zuckte die Achseln und sagte: „Ja, das ist nicht recht, aber du hast deinem Bruder doch auch Schlimmes angethan; es ist für einen ehrenstolzen Bauer nichts Kleines, daß er einen Bruder hat, der sein Sach . . . glimpflich gesagt verunschickt hat."

Der Vater seufzte: „Ja, ja, ich muß mir jetzt von jedem gute Lehren geben lassen. Von dir hör' ich's geduldig, du meinst es gut."

Der Vater wollte nun gleich mit dem Weger hinaus und helfen, Steine klopfen; der Weger aber wehrte ab und sagte, der Vater solle sich noch besinnen. Wie der Vater sagte, er habe sich besonnen, er bleibe dabei, da schüttelte der Weger den Kopf:

„Thu's nicht, jetzt noch nicht, und ich hab' einen besondern Grund. Weißt, was das Aergste ist, wenn ein Mensch ins Elend geraten ist und das ist auch noch dabei?"

„Ein bös Gewissen."

„Das auch, aber da ist schon jeder für sich sein eigener ausstudierter Doktor und sein eigener Apotheker. Ich hab' was anders gemeint: Kranksein zum Elend dazu, das mein' ich. Laß dich nicht krank werden, du mußt jetzt gesund sein. Geh' ins Bett, nachher ist wieder Tag, und nachher thu', was du meinst, und wenn du's mit mir beraten willst, ich bin dabei."

Ueber das traurige Gesicht des Vaters ging's wie ein heller Sonnenblick. Er ließ sich vom Weger zu Bett bringen wie ein klein Kind, und bald kam der Weger in die Stube und sagte: „Er schläft." Er ging an sein Geschäft und nahm den Aus=

sichtler mit, der auch im Hause wohnte und immer Klarinett blasen wollte.

Ich suchte in meinen Taschen nach, richtig, es ist so, ich hatte die Kette verloren, die mir der Rittmeister geschenkt. Ich weiß sicher, ich habe sie in die Tasche gesteckt; ich habe sie verloren, wie ich dem Vater ein Tuch habe um den Kopf binden wollen. Es war gut so, ich sollte kein Andenken vom Rittmeister haben. Ich wollt', wir könnten alles Andenken an ihn verlieren.

Am Mittag wachte der Vater auf und war ganz frisch, er ließ sich vom Weger eine Kappe geben und einen schweren Hammer, ging mit ihm hinaus auf die Straße und half die Steine zerschellen. Am Abend fragte der Vater:

„Weger, sag' mir alles; was reden und denken die Leute von mir?"

„Was liegt dir dran? Und was die andern Leute reden und denken, weiß ich nicht. Sei jetzt um Gottes willen nicht wehleidig. Das Dummste ist, den Menschen seine Gebresten zeigen; sie haben keine Zeit und sind ärgerlich auf den, dem's schlecht geht, wenn nicht gar schadenfroh —"

„Aber du, was denkst du? Sag' alles, du meinst es gut, von dir hör' ich's geduldig."

„Ich weiß nicht, ob's dir was hilft. Sag' mir zuerst, wem gibst du eigentlich schuld? Dir oder andern?"

„Beides."

„Ist auch so. Natürlich schreibst du dir nur den kleineren Teil zu. Ich sag' nicht, daß du einfältig gewesen bist, im Gegenteil, zu pfiffig. Ja, mit einem Wort, der Grundteufel heißt Ungenügsamkeit. Sitzt da ein Bauer auf seinem Hofgut wie ein König und macht Geschäfte, und warum? Er hat das schöne Gut von der Frau, und er ist stolz, er möcht' aus ihm selber noch ebensoviel dazu erwerben. Er hat sich das lange nicht eingestanden, bis ein Verschmitzter kommt und es ihm sagt, und es ist, wie wenn er aus dem Schlaf aufgeweckt wär' —"

„So ist's," rief der Vater, „woher weißt du denn das alles?"

„Woher? Die Vögel an der Straße pfeifen mir's. Von damals an hat's bei dir geheißen: Raffen, Einheimsen, Vorteil gewinnen. Du hast gemeint, dich dreht niemand über den Daumen; du bist nicht dumm gewesen, nur eben nicht gescheit genug für deine Kameraden, besonders den Rittmeister."

„Dem sagst doch nichts Gutes nach?"

„Nein, mit meinem Hammer könnte ich dem die Hirnschale spalten, der hat das Aergste verdient."

„Und glaubst du nicht, daß es ihm noch so ausgehen wird?"

„Was ein Mensch für ein Schicksal kriegt und was es übermorgen für Wetter gibt, darüber läßt sich nicht reden. Ob er noch an dich denkt? Ja, wer Räuber sein kann, kümmert sich weiter nichts drum, wie der Ausgeraubte dran ist."

Der Weger war gar bedachtsam, der Vater nahm alles gut von ihm an, weil er eben auch den Grimmzorn gegen den Rittmeister hatte wie wir.

In dem kleinen Häuschen draußen vor dem Dorf haben fünf Menschen um den Tisch gesessen, und Supp und Kartoffeln und Kartoffeln und Supp gab's Tag für Tag, aber die Genügsamkeit hat alles geschmälzt und gewürzt.

Auf der Straße, wo der Vater mit der Kutsche dahin gefahren war und wo unsere acht Rosse das Holz geführt haben, da hat der Vater jetzt Steine geklopft. Die Menschen, die ins Feld gingen, blieben eine Weile stehen, manche gingen auch dem zulieb auf den Weg, um den Schlehhofbauer zu sehen; er hat sich nichts drum gekümmert.

Anfangs hat er mir freilich gestanden, er glaube nicht, daß ihn sein Bruder da lasse, und auch die andern Großbauern thäten das nicht; sie kommen gewiß und holen ihn ab und helfen ihm wieder auf. Als aber Tag für Tag verging und niemand kam, da sagte er, es sei jetzt eins; er sei nur froh, daß er noch so viel arbeiten könne, um sich dafür satt zu essen. Es ist ihm aber doch schwer geworden, sich an die Armut zu gewöhnen. Wie er zum erstenmal Holzschuhe anziehen mußte, sagte er:

„Manchmal meine ich noch, es sei alles nicht ernst, unser Herrgott macht einen Spaß mit mir. Aber unser Herrgott ist kein Spaßmacher. Im Schlaf schlag' ich den Rittmeister fast jede Nacht tot, auf allerlei Arten, und da werde ich dann vors Hochgericht geschleppt. Wenn ich aufwache, bin ich froh, daß ich doch noch Steine klopfen darf. Ich möcht' nur wissen, wie es der Rittmeister macht, daß er schlafen kann."

Unser Elend wurde immer wieder neu durch das Gedenken an den Rittmeister.

Der Vater hat sich vor keinem Wetter gescheut und sich nie darüber beklagt, nur über den Wind hat er oft gescholten. Ein Herzeleid war ihm auch allemal der Sonntag, da mußte er in die Kirche und durfte sich nicht mehr in die Gemeinderatsbank setzen; er stand eben auch bei den armen Leuten. Wie ich einmal mit ihm heimging — wir waren jetzt im Wegerhäuschen daheim — sagte er:

„Das sollt' nicht sein, daß es in der Kirche einen Ehren=
platz gibt; vor Gott sind wir alle gleich."

Ich half dem Vater auch Steine klopfen, aber nach ein
paar Tagen litt er es nicht mehr; ich dürfe ihm nicht die
Schande auferlegen, daß er sein einzig Kind nicht mehr er=
nähren könne. Ich mußte ihm gehorchen, denn er drohte mir,
wenn ich das nicht thue, gehe er ins Elsaß und werde Fabrikler.
Wenn er damit drohte, gab ich ihm in allem nach.

Vierzehntes Kapitel.

Der Aussichtler war ein wunderlicher Mann, eben ein
leichtsinniger, lustiger Musikant. Er hat für sich selber Freude
daran gehabt, Musik zu machen, und daneben Freude, daß
andere sich daran vergnügen. Hat ihm aber niemand zugehört,
war's ihm auch recht. Wenn er auf ein paar Tage zu leben
hatte — die Wegersleute haben ihn billig gehalten — war er
heidenfroh, und für weiter hinaus hat er sich keine Sorgen
gemacht.

Er war vordem auch Holzschnitzer gewesen und arbeitete
auch jetzt manchmal noch was; ich habe auch holzschnitzen von
ihm gelernt, wir haben Schafe gemacht und Kühe und Puppen,
ganz grobe Arbeit, aber sie fand Absatz und gab einen kleinen
Verdienst; der Aussichtler ist damit hausieren und auf die
Märkte gegangen, wenn es mit der Musik nichts zu ver=
dienen gab.

Die Bonifacia machte alles gar ordentlich. Ich habe so
viel verdient, daß wir uns gemeinschaftlich eine Ziege kauften
und fünf Hühner und drei Gänse hatten wir auch mit=
einander. Und sollte man's glauben? wenn die Männer
draußen arbeiteten und wir waren im Hause fertig und saßen
beieinander in der Stube, da haben wir gesungen, wie wenn
alles in der Welt lustig und in Ordnung wäre.

Der Ohm Donatus hat dem Vater einmal sagen lassen,
er wolle ihm das Ueberfahrtsgeld bezahlen, wenn er nach
Amerika auswandere. Was ihm der Vater drauf hat ant=
worten lassen, weiß ich nicht; Gutes war's gewiß nicht. Die
Vettern und Basen, die Kinder vom Donatus, sind manchmal
an dem Häuschen vorübergekommen, aber sie haben gethan, als
ob sie mich nicht kennten, und da kannte ich sie auch nicht.

So lang wir noch reich waren, war die ganze Gegend ein einziger Verwandtschaftshimmel; jetzt war es, als ob Vater und Mutter aus dem Stein gesprungen wären. Freilich, das war noch das besondere Elend, daß alle unsere Verwandten Geld bei meinem Vater verloren hatten; denn der Rittmeister und die ändern hatten ausgekundschaftet, wo ein Verwandter von uns war, und da hat man gekauft und geborgt und ist's schuldig geblieben.

Ich brachte es dahin, daß mein Vater doch wieder rauchte, mir zulieb, und wir waren vergnügt; ich mußte mir immer die Kleider länger machen, denn in den zwei Jahren beim Weger bin ich so groß gewachsen; bis dahin war ich klein.

Im Winter am Abend hat der Vater mit dem Weger Schindeln gemacht. Einmal hob er das Messer in die Höhe und sagte plötzlich:

„Das möcht' ich dem Rittmeister in die Brust stoßen und siebenmal umdrehen."

Wir sind arg erschrocken. Der Vater denkt noch so an den Rittmeister! Wir haben aber nichts weiter gesagt und der Vater auch nicht.

Eines Tages kam der Ronymus heim auf einen Tag Urlaub, er war Soldat. Mein Vater gab ihm zuerst die Hand und sagte, daß er damals recht gehabt habe, das dem Rittmeister zu sagen.

Der Ronymus war gar ehrerbietig gegen den Vater, und er sah mir's an, wie ich ihm dafür dankte; er konnte sich aber nicht genug wundern, wie ich gewachsen sei, fast höher als er. „Du bist eben des Großbauern Tochter," sagte er; das war alles.

Im zweiten Frühjahr, die Sonne hat so hell geschienen, und wir haben die Wäsche aufgehängt, da habe ich meinen Vater noch einmal von Herzen lachen sehen wie noch nie.

Unsere drei Gänse waren seit gestern entlaufen, wir wußten nicht wohin; wir hatten sie bis nach Mitternacht gesucht, aber nirgends gefunden. Jetzt auf einmal hörten wir sie vor dem Hause schnattern. Die Bonifacia rannte in die Stube, wo die Männer eben fortgehen wollten und rief: „Unsere Gänse sind da!" Ich war ihr nachgerannt und rief auch: „Unsere Gänse sind da, Gott Lob und Dank, unsere Gänse!" Die Gänse schnatterten dazu, wie wenn sie zu erzählen hätten, wo sie über Nacht gewesen seien, und in unser Rufen und in das Schnattern hinein lachte der Vater, daß ihm die Thränen die Backen herunterliefen und er sich setzen mußte. Endlich sagte er, und er konnte es kaum vor Lachen: „Jedes hat drei halbe Gänse! So ist's recht. Lustig! Man kann sich auch über drei halbe Gänse freuen!"

Das war das letzte Mal, daß der Vater lachte.

Fünfzehntes Kapitel.

Es war also Frühling, und da ist es doch immer, wie wenn man was Besonderes geschenkt bekommen hätte. Im Grund genommen hatten wir's ja gut und durften vergnügt sein.

Die Bonifacia und ich, wir gärtnerten miteinander in dem kleinen Grundstück, das zum Wegerhäuschen gehörte; es war freilich nur klein, aber wir haben den Sommer hindurch den Boden drei-, viermal umgewendet und immer Neues gepflanzt, alles, was man im Hause brauchte, und es ist uns alles gediehen. Jetzt hatte auch unsere Geiß ein Junges, und unsere Hühner legten schon wieder frisch, wir hatten Milch und Eier im Haus, und die Bonifacia bereitete dem Vater mehr und besser als ihrem Mann. Der sah aber gar nicht scheel dazu, er war mit allem zufrieden; die Bonifacia blieb ebenso, wie wenn sie noch Magd bei uns wäre.

Der Vater hatte aber immer ein finsteres Gesicht, und wenn man ihn drauf ansah, erschrak er, sagen durfte man schon gar nichts; er behauptete, er sei ja ganz ruhig und zufrieden, was man denn von ihm wolle. Er hat gegessen und getrunken und geschlafen wie sonst, aber geredet hat er fast gar nicht.

Ich hab's erst später erfahren, er ist einmal dem Ohm Donatus begegnet, und die Brüder sind aneinander vorübergegangen, ohne sich zu grüßen, wie wenn sie sich gar nicht kennten. Der Vater ist, wie er vorüber war, stehen geblieben, er hat noch einmal gewartet, daß sein Bruder ihn anrufe; der ging aber seines Weges fort.

Der Vater war nun draußen auf der Straße, eine gute Strecke vom Weger entfernt, er schlug Steine mit dem großen Hammer; da wurden alte braungeräucherte Stammhölzer vorbei geführt. Der Vater fragte, woher die seien. Er hörte, daß man gestern die Scheunen eingerissen habe und heute reiße man das Haus ein auf dem Schlehenhof.

Was über den Vater gekommen ist, wer kann das wissen? Er warf den großen Hammer mitten auf die Straße und rannte davon, nach dem Schlehenhof.

Der Aussichtler begegnete ihm im Walde und rief ihn an, aber der Vater schüttelte den Kopf und rannte davon und schrie; der Aussichtler hat nicht verstanden, was er ruft.

Der Vater kam eben an unserem Haus an, wie die Feuer= haken am Vordergiebel angelegt wurden; er sprang unter den Feuerhaken durch, faßte die Pfosten der Hausthür und schrie: „Mein Haus! Mein Hof! Mein Weib! Rittmeister…"

Die Männer warfen die Haken weg und wollten auf den Vater zu, aber es war zu spät, der Giebel stürzte ein, es krachte, dort der letzte Schrei, und die Männer schrieen auch — dann war alles still, nur noch ein Balken rollte über den andern weg. Der Vater war tot…

Ich hab's überlebt. Was kann man nicht alles überleben? Aber erzählen kann ich nicht, wie mir war, als man den Vater auf einem Holzwagen daherbrachte. Auf seinem Kopf lag ein leerer Sack, drauf war der Name des Vaters. Ich wollte den Sack wegthun, die Leute hielten mich ab und sagten, ich dürfe das nicht sehen, das Gesicht sei gar grausam entstellt. —

Der Ohm Donatus war beim Begräbnis und kam nachher zu mir in die Stube. Als er die Bilder an der Wand mit den Kränzen und die Namen meiner verstorbenen Geschwister sah, sagte er, es sei gut, daß die früher gestorben wären; dann sagte er mir, ich könne zu ihm kommen, wenn ich wolle. Ich habe ihm keine Antwort gegeben.

Ich habe alles gehört und mit offenen Augen gesehen, aber es wär mir doch, wie wenn ich halb schlafe, wie wenn ich mit dem schweren Hammer einen Schlag auf den Kopf be= kommen hätte. Ich habe gehört, wie einige leise untereinander sagten: „Die Brigitt' kann verrückt werden, sie sieht schon drein, wie eine Verrückte, sie hat noch keine Thräne geweint.

Ich hörte das und konnte nichts sagen, ich war wie lebendig eingemauert.

Die Bonifacia redete mir zu, wie eben nur so eine gute Seele kann. Auch der Pfarrer hat mir Herzliches gesagt, und wie ich mich trösten könne, daß ich ein braves Kind gewesen sei, und der Tod sei für den Vater eigentlich eine Erlösung. Ich habe auf alles nur sagen können: Ich muß warten. In mir war's, als käme etwas, ich weiß nicht was, das mir hilft, mir den Kopf kühlt und mich wieder aufweckt und mir sagt, warum ich das alles erleben muß.

Ich habe im Garten gearbeitet wie die Tage vorher, die Sonne hat hell geschienen, die Vögel haben gepfiffen, das ist für andere, mich geht das alles nichts an; mir selber war jetzt, wie wenn ich verrückt wäre, ich sehe, ich höre alles und kann's nicht glauben und will nichts davon.

Am zweiten Tag nach dem Begräbnis um Mittag war ich plötzlich so müde, daß ich mich kaum an mein Bett schleppen konnte.

Die Bonifacia zog mich aus, wie ein kleines Kind, und hob mich ins Bett, und da habe ich geschlafen, wie die Bonifacia erzählt, ohne mich zu wenden, von Mittag an bis den andern Morgen in einem Zug. Die Bonifacia war nicht von meinem Bett gewichen.

Ich bin aufgewacht, und als ich die Kleider von meinem Vater an der Wand hängen sah, da stürzten mir endlich die Thränen heraus, und die Bonifacia sagte: „Ja, weine nur. Gottlob, daß du weinen kannst, jetzt wird alles gut." Die Bonifacia trocknete mir die Thränen ab, aber sie flossen immer, als ob sie gar nicht aufhören wollten. Wie ich endlich sagte, ich hätte so argen Hunger, da war sie voll Glückseligkeit.

Ich stand auf, ich zog mich frisch an, ich aß und trank, und von damals an ist es erst recht über mich gekommen: ich muß mich selber tapfer aufrecht erhalten, ich lasse mir mein Leben nicht abkränken, wer weiß, was mir noch beschieden ist.

Ja, von jener Stunde an habe ich neuen Lebensmut bekommen und ihn nie mehr verloren, als ein einzig Mal, und das ist auch vorübergegangen.

Sechzehntes Kapitel.

Meines Bleibens war nicht mehr beim Weger.

Draußen in der Welt wartet etwas auf mich, was es ist, ich weiß es nicht, aber fort muß ich. Ich gehöre niemand mehr an und habe nichts mehr als mich allein.

Das war mein Gedanke viele Tage, und manchmal habe ich's laut vor mich hin gesagt, so daß mich die Bonifacia fragte: „Mit wem redest du?" Ich wollte fort und kam doch nicht los, es war, wie wenn man morgens aufwacht und sagt, du mußt aufstehen und doch wieder liegen bleibt. Es hat etwas kommen müssen, das mich herausreißt.

Der Wirt von dem einsamen Wirtshaus da oben, wo die Räuberbande immer zusammengekommen ist, stellte sich eines Tages ein und fragte, ob ich nicht in Dienst bei ihm treten wolle; mit einem niederträchtigen halben Lächeln und halben Trauern sagte er, seine Frau könne bald sterben, und dann könne ich Wirtin werden.

Was ich darauf gesagt habe, weiß ich nicht mehr. Als aber der Wirt wieder fort war, sagte die Bonifacia: „Du kannst aber tapfer drauf losschlagen. Das habe ich gar nicht von dir gewußt."

Jetzt ist mir's klar geworden, gegen Arme und Verlassene nehmen sich die Wohlhäbigen viel heraus und werden frech. Ich will ihnen schon zeigen, was sich drauf gehört.

Es hat mir keine Ruhe mehr gelassen, fort muß ich, und es muß sich erweisen, was mir die Welt aufzuraten gibt.

Der Abschied von dem Wegerhäuschen ist mir nicht leicht geworden. Die Bonifacia gab mir ein Stück Wegs das Geleit, und draußen auf der Straße reichte mir der Weger die Hand und sagte: „Frag' du nur ganz ohne Scheu in der Kaserne nach dem Ronymus, er kann dir in manchem beistehen." Weiter brachte er nicht heraus, wir gingen fürbaß und hörten ihn bald wieder Steine klopfen. Wir stiegen den Berg hinan, und die Bonifacia sagte: „Geh' jetzt nicht auf den Kirchhof, du mußt dich nicht unnötig abrackern, du hilfst den Toten nichts damit, und du brauchst jetzt deine Kraft. Bete still für sie, ich thu's auch."

Wir gingen eine Strecke still weiter, und oben am Wald nahm die Bonifacia meine Hand in ihre beiden Hände und brachte unter Schluchzen hervor:

„Das Unwetter von Unglück hat ausgerast, dir wird es noch gut gehen. Verlaß dich drauf und denk immer, du hast, wenn alles fehlt, noch eine Heimat bei uns. Und so lang ich lebe und mein Mann, halten wir das Grab der Deinigen in Ehren, und die Bilder von deinen verstorbenen Geschwistern bewahre ich dir auf, bis du ein eigen Haus hast, und deinen Anteil an der Geiß und an den Gänsen und Hühnern kannst du haben, wenn du willst. Behüt dich Gott und halt dich in Ehren."

Sie kehrte um, blieb stehen und rief noch einmal: „Grüß mir auch den Ronymus."

Grüß mir den Ronymus! Das war das letzte, was ich damals von der Bonifacia gehört habe, und ohne daß ich's wollte, setzten sich die Worte auf allerlei Sangweisen, und ich wollte doch gar nicht singen; es war mir nicht danach.

Ich wanderte weiter, ich ſah nichts von Wald und Feld, es ſchwamm mir vor den Augen. Auf einem Felſen ſetzte ich mich nieder, ich war ſo müde, als wenn ich ſchon ſtundenweit gegangen wäre. Ich aß das letzte Stück Brot, das mir die Bonifacia in die Taſche geſteckt hatte; ein Fink ſtellte ſich nicht weit von mir und ließ ſich von mir füttern. Wie ich nichts mehr hatte, flog er davon.

Drunten ſidert der Bach, das fließt ſo fort, Tag und Nacht, heute wie geſtern, ob einer drauf ſieht oder nicht. Da liegen Felſentrümmer, aus denen kleine Tannen herauswachſen. Meine Hand rauft kleine Mooſe ab vom Stein, und wie ich ſo die Pflänzchen vor Augen habe, muß ich dran denken, wie der Schullehrer uns geſagt hat, hundert und hundert Jahre braucht es, bis etwas am Felſen ſich anſetzt, und wieder hundert und hundert Jahre braucht's, bis da ein Samenkorn Wurzel faſſen und ein Bäumchen wachſen kann. Und die Menſchen können das ſo ſchnell niederſchlagen.

Warum laufen wir auf der Welt herum, und unſer Leben iſt eitel Müh und Sorge? Ich wünſche mir nichts, als gleich zu ſterben . . .

In jener Stunde, damals in der Einſamkeit und Ver- laſſenheit, habe ich Gott gefunden.

Ich war bis daher immer in die Kirche und zur Kom- munion gegangen, wie ſich's gehört; aber damals in der Ein- ſamkeit und Verlaſſenheit habe ich's zum erſtenmal geſpürt, ich bin doch nicht allein und verlaſſen auf der Welt, Gott iſt bei mir, er hält mich an der Hand und läßt mich nicht fallen.

Die ganze Welt war mir leicht wie ein Kinderſpiel, aber man muß mitſpielen und nicht daneben ſtehen; ich laſſe mich nicht in den Winkel ſtellen, ich bin auch dabei, ich gehöre dazu.

Ich habe hinunter geſehen auf unſer Dorf, ich wäre gern hinab und hätte gern allen Menſchen geſagt: wißt ihr's denn auch, daß wir nicht verlorene Kinder ſind? . . . Aber was ſoll das? Sie ſagen ja, ſie wiſſen's; ich hab' das früher auch ge- meint, aber jetzt erſt hab' ich's erfahren, ſo ſicher, wie daß jetzt Tag iſt, und das hat mich nicht verlaſſen und wird mich nicht verlaſſen.

Ich rede aber ſonſt nicht gern davon, das muß man ſtill bei ſich haben.

Die Müdigkeit war fort, es war mir, wie wenn ich aus- geſchlafen hätte in der Ewigkeit und gar nicht mehr zu ſchlafen und zu ruhen brauchte.

Ich ſtand auf und meinte, ich könnte fliegen. Ich hörte

die Gänse schnattern im Dorf und meinte, ich höre sie dort oben, wo die Lerche singt.

Aus dem Dachfenster beim Weger hörte ich Klarinett blasen. Der Aussichtler hatte seit dem Tode meines Vaters nicht mehr Musik gemacht. Jetzt bläst er und was? Die Weisung des Liedes:

> Die Kirschen, die sind schwarz und rot,
> Ich lieb' mein Schatz bis in den Tod.

Wie lang ist es, seit ich das gesungen und der Rittmeister mir begegnete? Das muß ein anderer Mensch gewesen sein, der das erlebt hat.

Es ist aber gut und nötig, daß man sich wieder auf die Welt und auf sich selber besinnt.

Ich wanderte über den Berg und kam auf die Landstraße. Das Wetter hatte plötzlich umgeschlagen, ein kalter Regen spritzte mir ins Gesicht, ein scharfer Wind wehte, und der Boden war so glitschig, daß man bei jedem Tritt ausglitt; aber ich wanderte fest vorwärts, ich war gesund und nicht verweichlicht, und mir war so warm, wie wenn ich warmen Wein getrunken hätte.

Wie ich so vor mich hinwanderte, hörte ich eine Holzfuhre, ich meinte, ich höre das zum erstenmal, wie es auf der Straße kracht und knackst und Steine zermürbt und der Radschuh quickst.

Ich blieb stehen, der Wagen kam näher, der Fuhrmann war der Sepper mit seiner roten Weste und seinem roten Gesicht; die Gäule am Wagen waren die unseren gewesen, die aufgeladenen braunen Stämme waren von unserem Hause. Der Sepper sagte mir, daß er sie nach der Stadt fahre, die Drechsler und Holzschnitzer haben solches Holz besonders gern, es gibt keines mehr von solchem Alter. Der Sepper hieß mich mit meinem Bündel in der Hand aufsteigen. Auf den Balken von unserem Haus fuhr ich bis zur Stadt.

Der Sepper redete wenig, und das war mir recht, nur einmal sagte er: „Der Hof ist einmal Wald gewesen und wird wieder Wald."

Drüben vor der Brücke hatte der Sepper abzuladen. Ich stieg ab und ging in die Stadt. Da gingen die Menschen hin und her, jeder wußte wohin, ich nicht. Männer und Frauen kamen aus den Fabriken. Manche lachten, sahen aber nicht lustig aus. Ich hatte meinen Vater abgehalten — ein alter Großbauer und ein Fabrikler, das geht nicht — aber ich werde mich doch, wenn alles fehlt, dazu verstehen müssen; es soll aber das Aeußerste sein.

Ich ging ins Münster, da war ich daheim wie jeder andere, das gehört niemand, und da konnte mich niemand hinausweisen.

Ich habe lange da still gekniet und gesessen, ich hatte kein Gebetbuch bei mir, ich brauchte es nicht, ich hatte alles aus mir.

Ich kam aus der Kirche, ich war so aus der Welt draußen, daß es mir wunderlich vorkam, wie da die Weiber auf dem Wochenmarkt sitzen und feilbieten, was eben zu verkaufen ist.

Ein schwerer Wagen mit Kornsäcken kam vom Kaufhaus herüber. Wer ist der Mann, der neben dem Fuhrwerk hergeht? Ja, er ist's, es ist mein Schwager, der Mann meiner verstorbenen Schwester. Ich rief ihn, er stand still und sah sich um, ich winkte ihm und sprang über Körbe weg, daß die Weiber hinter mir drein schalten, und jetzt stand ich bei ihm, und er gab mir die Hand.

Siebzehntes Kapitel.

„Ich hätte dir hundertmal begegnen können, ich hätte dich nie erkannt, du bist so ganz anders, so groß und so ... Neue Augen hast aber doch nicht bekommen, und ich meine, du hättest nie solche Augen gehabt.“

So sagte der Schwager und konnte sich von seinem Erstaunen gar nicht erholen. Er wollte mir Zeugen aus dem Kaufhaus holen, daß er durch Hofbauern aus der Nachbarschaft mir habe Bescheid sagen lassen, ich solle zu ihm kommen, wenn ich nichts anders wohin wüßte. Ich brauchte keine Zeugen, ich glaubte ihm aufs Wort, er war immer ein guter rechter Mensch gewesen; für das, was nachher geschehen ist, kann er nichts, er hat's gut gemeint.

Ich fragte nun natürlich zuerst nach meiner Schwester Kind, der Agnes. Der Schwager mußte mir's angesehen haben, wie wohl mir's that, daß ich noch ein Eigenes habe. Er sagte:

„Erzähl' mir gar nichts weiter, ich weiß alles. Schlag ein, geh mit mir. Meine Frau — du wirst schon selber sehen, sie ist herzgut — die hat gleich gesagt, wie wir das Unglück gehört haben: Du solltest deine Schwägerin jetzt zu uns ins Haus nehmen. — Du gehst also mit?“

„Ja!“

O, wie herrlich war das! Schon jetzt hatte ich die Frau lieb, und ich muß sagen, sie hat's verdient.

Im Wirtshaus, wo ich mit meinem Schwager aß, sagte er:

„Brigitta, ich habe auch ein Stück Geld an deinem Vater verloren, dich geht's nichts an; er ist bei alledem ein recht-schaffener Mann gewesen und hat für sein Zutrauen zu dem Schurken büßen müssen. Wo ist der jetzt? Du weißt es nicht? Ist auch gut, wir brauchen ihn nicht. Jetzt sei lustig! Es wird dir bei uns gefallen, und der Agnes ist eine Mutter ge-storben, jetzt hat sie zwei."

Ich bin mit dem Schwager gereist, und unterwegs hat's viel Spaß gegeben, denn die Leute haben mich für seine Frau gehalten, darum hat er mich immer gleich Schwägerin! an-gerufen. Ich sagte ihm aber, daß er in seinem Hause mich nicht so nennen dürfe; ich wollte bei ihm dienen wie ein ehr-licher Dienstbote, und mein Trinkgeld sollte sein, daß ich bei meiner Schwester Kind sein dürfte.

Schon unterwegs habe ich gesehen, daß der Schwager in der Schweiz ein ganz anderer Mensch geworden, so aufgeweckt und geschickt, wie er mir früher gar nicht geschienen hat.

Wir sind über den Bodensee gefahren, die Schweizer Berge sind in der Nähe doch noch ganz anders, wie von daheim aus gesehen, aber damals hab' ich nicht besonders drauf geachtet. Wenn man solches in der Seele hat wie ich, ist's eins, wo man ist.

Damals hat's da noch keine Eisenbahn gegeben, am Landungsplatz bei Rorschach wartete das Fuhrwerk des Schwagers auf uns. Wir sind durch das schöne Gelände gefahren, und der Schwager war ein stolzer Schweizer geworden und stolz auf das schöne Land.

Wir kamen in Rheinfelden an, und die Frau sagte beim Willkomm:

„Du siehst deinem Vater gleich im Gesicht und in der Postur, nur hast du andere Augen" — immer haben's die Leute mit meinen Augen gehabt — „dein Vater war uns lieb und wert, er hat schwer dafür büßen müssen, daß er sich für einen Geschäftsmann gehalten hat und war doch keiner. Aber ein rechter braver Mann war er."

O! Da bin ich daheim, da soll mir keine Arbeit zu viel sein, wo so von meinem Vater geredet wird. Ich hätte der Frau die Hände küssen mögen. Sonst hat sie nicht viel Worte gemacht, das ist so Schweizer Art, aber aufrichtig und gut ist sie geblieben, einen Tag wie den andern.

Als die Agnes aus der Schule heim kam, sagte die Frau zu ihr: „Gib eine Patschhand, das ist deine Muhme."

Das Kind ist aber nicht zu mir gegangen, die Frau wollte böse darüber werden, ich sagte ihr aber leise:

„Nimm das dem Kinde ja nicht übel. Was hat so ein Kind davon, wenn man ihm sagt, das da ist deine Muhme, hab' sie lieb? Es wird schon werden, wenn ich ihm Liebe erweise."

Wie ich das sagte, gab mir die Frau nochmals die Hand und sagte:

„Ja, ist so. Das Kind wird schon merken, daß du bluts= verwandt bist; Blut wird nicht zu Wasser."

Die Frau und ich, wir sind die besten Freundinnen ge= worden von der ersten Stunde an.

Der Schwager hatte wieder ein Wirtshaus. Es gibt nichts Besseres für einen Wirt, als eigene Leute im Hause, da wird nichts veruntreut; ich sah, daß ich hier von Nutzen war. Wie ich's vorgedacht hatte, ist's auch mit meiner Schwester Kind, der Agnes, geworden; sie hat mich lieb bekommen, und die anderen Kinder waren eifersüchtig, wenn sie manchmal sagte, ich sei ihre Muhme allein. Ich war ruhig und zufrieden, die Stiefmutter war ganz brav, aber ein Kind kann nicht Liebe genug haben.

Zwei Jahre bin ich bei meinem Schwager gewesen in Friede und Ehre. Besonders freundlich gegen mich war der Sträußles= oberst. Das war ein ehemaliger päpstlicher Soldat, der fast das ganze Jahr einen frischen Blumenstrauß im Knopfloch hatte und unten dran ein kleines Gläschen mit Wasser drin, um die Blumen frisch zu erhalten.

Der Sträußlesoberst hat mich immer besonders gelobt, und eines Tages sagte er mir heimlich, ich könne mein Glück machen; ein reicher Fruchthändler in Rorschach, mit dem der Schwager in Gemeinschaft Geschäfte macht, habe ein Auge auf mich. Ich hatte den Mann schon oft gesehen und gesprochen, er war ein ehrbarer Mann, noch gut bei Jahren, er war freundlich gegen mich, aber ich kümmerte mich nichts drum. Es sind gar viele freundlich gegen mich gewesen, aber es hat sich keiner was herausnehmen dürfen; ich mußte mir freilich — dafür diene ich im Wirtshaus — ins Gesicht hinein sagen lassen, ich sei hübsch; die Leute vergnügen sich eben damit, einem Mädchen Schmeicheleien zu sagen. Daß mir aber keiner zu nahe kommen durfte, das wußten alle.

Eines Tages war der Sträußlesoberst da und auch der Fruchthändler, sie waren sonntagsmäßig angezogen und sprachen heimlich mit meinem Schwager. Der Fruchthändler kam dann

graben Weges zu mir und sagte: an der Art, wie ich gegen
die Agnes sei, sehe er, daß ich eine gute Stiefmutter sein könne;
er sei Witwer und habe zwei Kinder.

Es ist mir nicht leicht geworden, dem guten Mann Nein zu
sagen; er hörte mich ruhig an und fragte nur — er hat
seelensgut dabei ausgesehen — ob ich mir's nicht noch überlegen wolle; ich mußte sagen, ich hätte mir's überlegt. Er gab
mir die Hand, redete weiter kein Wort und ging davon.

Ich glaube nicht, daß es Stolz gewesen ist, ich habe nur
eben gespürt, daß ich nicht einwilligen kann.

Von jenem Tage war der Schwager, ich kann nicht sagen
ungut, aber auch eben nicht mehr gut gegen mich; er sagte
mir, ich hätte mein Glück verscherzt, und ich hätte nach dem,
was in meiner Familie vorgegangen, froh sein dürfen, in solch
ein Ehrenhaus zu kommen. Das hat mir weh gethan.

Bald drauf wurde ein Tausch mit einem Waadtländer gemacht, die Agnes wurde zum Französischlernen nach dem Waadt-
land gegeben, und wir bekamen ein Kind von dort. Ich bin
gar nicht drum gefragt worden. Der Abschied von der Agnes
brach mir ein Stück Herz ab, und von da an war meines
Bleibens nicht mehr im Haus.

Zwei und ein halbes Jahr bin ich bei meinem Schwager
gewesen, dann nahm ich einen Dienst an, droben in Heiden,
im Wirtshaus zum Freihof; ich habe das Beihaus zur Be-
wirtschaftung überkommen und habe alles unter mir gehabt.

Beim Abschied war der Schwager wieder ganz gut und
seine Frau noch besonders. Sie war sich immer gleich geblieben;
ich glaube, sie hat nichts davon gewußt, daß mir aus Leben
und Sterben meines Vaters ein Vorwurf gemacht worden ist.

Achtzehntes Kapitel.

Ich war jetzt eigentlich zum erstenmal Magd, denn beim
Schwager hatte ich wohl auch gedient, aber ich war doch die
Schwägerin.

Nichts ist ärger, als wenn Dienstboten einander zu unter-
jochen suchen; davon war aber hier oben nichts zu merken.
Die Wirtin — sie war eine Oberstwitwe — war überall vorn
dran in der Arbeit und ihre Tochter auch; Vornehmheit gab's
da nicht, und die Dienstleute untereinander wollten keins über

das andere regieren, daß es ihm den Hubel mache. Kann ſein,
daß das gute Schweizer Art iſt, denn hier zu Lande bei meinen
Dienſtboten hab' ich's ſchwer gehabt, es auch dahin zu bringen.

Alſo ich war Dienſtbote und war's gern. Mir war da
oben ſo leicht und frei, wie wenn ich als Gaſt zur Sommer-
friſche wäre, und die Arbeit — es hat viel gegeben — thue
ich gern. Treppauf und treppab habe ich geſungen, wie wenn
ich ein Glück zu erwarten hätte, das morgen, ja in der nächſten
Stunde kommt.

Ich hatte viele Gäſte, einzelne und ganze Familien; es
hieß aber, das rechte Leben komme erſt, wenn der große Berliner
Doktor kommt. Eine Schar von Augenkranken zog ihm voraus,
ſiedelte ſich bei uns an, im Dorf und weitum in der Gegend,
und wartete auf ihn.

Er iſt gekommen, und als ich ihn zum erſtenmal ſah, da
hab' ich's geſpürt, das war das Frohe, das Glück, das mir vor-
geſchwebt hatte.

Ich ſtellte ihm einen Blumenſtrauß in ſein Zimmer, ich
hätte ihm gern Blumen geſtreut, wo er geht.

Und ſo wie in der erſten Minute, ſo iſt's geblieben. Er
hat gewiß auch geſpürt, wie ich zu ihm denke.

Ich brachte ihm Waſſer. Ich hätte ihm gern die Füße
gewaſchen, die ihn tragen.

„Wie heißen Sie?" fragte er mich; o, was hatte er für
eine Stimme!

„Brigitta," ſagte ich, „aber man ruft mich nur Gitta, und
ich bitte, ſagen Sie du."

„Biſt du eine Verwandte des Hauſes?"

„Nein, ich bin aus dem Schwarzwald."

„Haſt du noch Eltern?"

„Nein."

„Haſt du Geſchwiſter?"

„Nein."

Ich mußte ihn nur anſehen, wie er ſo fragte, ich meinte,
er müſſe alles wiſſen, dem ſei nichts verborgen auf der Welt.

Der Doktor hatte einen Blick, ſo heilig traurig und dabei
doch ſo auferwecklich, ich kann's nicht ſagen. Wo er hinkam,
war ſchon eine Heilung damit, daß er da war, und mit ſeiner
Stimme hat er die Schmerzen geſtillt; die Wildeſten und Un-
geduldigſten ſind vor ihm lind und ſanft geworden.

Von allen Seiten kamen Wallfahrer, anders als da drüben
in Einſiedeln. Es kamen Männer und Frauen und Kinder,
arm und reich, ihm war alles gleich.

Er war doch zu uns da herauf gekommen, um sich aus=
zuruhen, aber die Menschen ließen solch einem Mann keine
Ruhe. Wenn er spazieren ging, habe ich Gott gedankt, daß
er doch jetzt einmal für sich selber sein und verschnaufen darf;
aber auf Weg und Steg haben sie ihm aufgelauert und sind
ihm nachgelaufen, und er ist nie unwillig geworden.

Und solch ein Mann hat auch sterben müssen!

Droben in meiner Stube hängt sein Bild mit seiner Unter=
schrift. Ja, was will aber so ein Bild heißen? Den Blick
und nun gar den Ton der Stimme kann man nicht aufs
Papier bringen.

Damals aber lebte er noch frisch und thätig und hatte noch
kein weißes Haar im Bart.

Unter denen, die auf den großen Doktor warteten, war
auch eine Engländerin aus Indien mit einem wunderschönen
Kinde, es hieß Seridja, das hatte goldrote Haare und ein Gesicht
wie Milch und Blut, war aber ein wahrer Teufel, der seine
Freude daran hat, die Menschen zu plagen.

Das Kind war blind, und wer ihm nahe gekommen ist,
den hat es mißhandelt; die Mutter hat es geplagt wie eine
Magd und die Magd wie einen Hund.

Die Magd, eine braune Indierin, war die frühere Amme
des Kindes, sie ist Babu gerufen worden, und das Kind hatte
kein gutes Wort weder zu ihrer Mutter noch zu ihrer Amme.

Der Doktor untersuchte nun zuerst die Seridja, und sie
hat geschrieen und um sich geschlagen wie ein Besessener; es
war das einzige, das nicht ruhig geworden ist unter seiner Hand
und vor seiner Stimme. Er hat die Mutter mit dem Kind
fortgeschickt und hat gesagt, vor einem Jahr sei da nichts zu
machen.

Sonst hat er viele große Heilungen zuweg gebracht. Ich
habe mir von den Geheilten erzählen lassen und habe mit ihnen
Gott gedankt und den Mann gesegnet.

Ich war so froh, wie wenn ich in meinem ganzen Leben
kein Leid erlebt hätte, und doch ist's wieder gekommen, aber
gottlob nur wie eine eben fortziehende Wetterwolke.

Ich stand eines Tages vor dem Haus, ordnete Wäsche und
sang leise vor mich hin. Der Himmel war so blau, die Luft
so frisch und gut, man lebt doch da hoch oben auf den Bergen
frei und leicht wie ein Vogel; es war so eine Minute oder
länger, in der man gar nicht mehr weiß, was man ist und wo
man ist. Da weckte mich etwas. Ich hörte die Stimme des
Doktors drunten am Haupthaus. Ich ging ans Geländer, da

ſtand der Doktor an einem bepackten Wagen und ſagte: „Haben
Sie Geduld, Herr Baron, es läßt ſich jetzt noch nichts beſtimmen
oder verſuchen."

Im Wagen ſaß ein Mann und eine Frau, und wer
war's? Der Rittmeiſter und ſeine Frau. Ich mußte mich am
Geländer halten.

Der Poſtillon bläſt, der Wagen fährt davon, ganz nahe
an mir vorbei, ich habe mich nicht geirrt, es iſt richtig, es war
der Rittmeiſter und ſeine Frau, und noch ein ſchöner junger
Mann ſaß bei ihnen.

Ich mußte mich beſinnen, wo ich war; mit mir ging alles
herum. Ich zählte meine Wäſche nach, aber ich konnte nicht
mehr ordentlich zählen, ich war ganz verwirrt.

Lieber Gott! Thu mir nur das nicht an, daß du mir den
Mann noch einmal vor Augen ſchickſt.

So habe ich vor mich hin gedacht, und jetzt hörte ich die
Stimme der Bonifacia; ich meinte, es wäre nicht wahr, aber
es iſt wahr. Die Bonifacia war da, mit dem Weger, der ein
Aug' verbunden hat; es war ihm ein Steinſplitter ins Aug'
gefahren, und er litt arge Schmerzen. Ich ſagte ihm, daß,
wenn Einer auf der Welt ihm helfen könne, das der große
Doktor ſei.

Bonifacia erzählte, das meine der Ronymus auch. Der
Ronymus habe als Soldat ausgedient und ſei jetzt Hausknecht
in Baſel; dort ſei der große Doktor über Nacht geweſen, und
da habe der Ronymus Geld heimgeſchickt, damit der Vater
hierher reiſe.

„Er iſt gar ein gutes Kind," ſagte die Bonifacia, „und
wie wird er ſich erſt freuen, daß wir dich hier getroffen
haben."

Wie wir drei uns miteinander gefreut haben, das brauche
ich nicht zu erzählen. Es erleichterte mir das Herz, daß ich
meine Nächſten ſo bei mir hatte, denen ich berichten konnte,
daß ich den Rittmeiſter geſehen, aber glücklicherweiſe nur einen
Augenblick.

„Und ich bring' dir ein Andenken vom Rittmeiſter," ſagte
der Weger, „da ſieh, dein Anhenker mit deinem Namen.
Kinder, die Beeren im Wald geſucht haben, haben das gefunden. Ich hab's mitgenommen, um es dir zu deinem
Schwager zu bringen."

Da hielt ich nun den Anhenker wieder in der Hand, und
als ich darauf ſah, wachte jene Nacht wieder auf, da ich mit
dem Vater durch den Wald wanderte zum Ohm. Warum

kam alles wieder, warum nicht auf ewig vergangen und vergessen?

Es war aber jetzt nicht Zeit, solchen Gedanken nachzuspüren.

Neunzehntes Kapitel.

Ich ging zum Doktor und berichtete ihm, daß mein bester Freund aus der Heimat da sei und Heilung bei ihm suche. Der Doktor erklärte sich sofort bereit und sagte:

„Ich traue dir den Mut und die Ruhe zu, bei Operationen zu helfen. Willst du dabei sein?"

Ich sagte ja und holte den Weger herbei. Der Doktor untersuchte ihn, der Weger hat nicht gemuckst, und ich habe zum erstenmal hinter ein Aug' gesehen. Der Doktor sagte, die Operation sei nicht leicht, aber er habe Hoffnung; der Weger solle sich bis morgen ausruhen, dann werde er ihn vornehmen, Punkt elf Uhr.

Wir fehlten natürlich keine Sekunde. Ein junger Doktor war auch da als Assistent. Von den Vorbereitungen will ich nichts erzählen, der Weger war geduldig und fügsam, und die Bonifacia kniete in einer Ecke auf dem Boden und betete. Ich bekam Anweisungen, wie ich das und das reichen sollte. Der Weger sagte, es sei nicht nötig, daß man ihn an den Stuhl binde, er werde von selber still halten; aber er ließ es auch ruhig geschehen, daß man ihn doch band.

Der Doktor war ganz ruhig, dem Assistenten sah ich's aber an, daß es schlimm steht.

Der Doktor schnitt, dann mußte ich ihm schnell ein anderes Instrument reichen, und jetzt rief er:

„Ich hab' den Splitter!" Der Weger wollte aufspringen, er schrie: „Ich sehe!" Wir hielten ihn aber, er mußte das Auge schließen, und ich half den Verband anlegen. Wie strahlte jetzt das Gesicht des Doktors! Ich mußte die Bonifacia aus dem Zimmer führen, denn sie weinte so laut. Ich kam wieder ins Zimmer, und der Doktor reichte mir in einem Papier den kleinen Steinsplitter und sagte dabei:

„Bewahre das zum Andenken an deine erste Hilfe bei Operationen. Ich hoffe, du bleibst dabei, du hast eine feste sichere Hand."

Ich habe an mich halten müssen, daß ich nicht aufjauchzte, ich, ich darf helfen — Kranke heilen.

Die Bonifacia hat mich, daß ich ihr den Splitter ſchenke, der Ronymus müſſe ihn in Gold faſſen laſſen zu einem Anhenker. Ich gab ihr den Splitter, und ich glaubte, der Doktor wird das recht finden.

Im Haus und im Dorf war eine einzige große Freude bei allen Leidenden über die ſo wunderbare Heilung des Weger. Die Bonifacia erzählte es jedem, der es hören wollte.

Der Weger blieb noch drei Tage bei uns. Der Doktor lehrte mich Verband anlegen und abnehmen, und als er ſagte, ich mache es recht — wenn unſer Herrgott vom Himmel herab gekommen wäre und mich gelobt hätte, ich hätte nicht glückſeliger ſein können.

Der Weger und die Bonifacia mußten dem Doktor erzählt haben, wo ich her ſei, denn er ſagte mir: „Habe mir's denken können, daß du aus einem rechten Hauſe und von rechtſchaffenen Eltern abſtammſt.“

O lieber Gott! Was kann's jetzt noch mehr auf der Welt geben?

Der Abſchied von dem Weger und der Bonifacia iſt mir nahe gegangen, hat mir aber doch auch wohlgethan. Es gibt nichts Beſſeres auf der Welt, als Menſchen nachzuſchauen, denen man Gutes hat erweiſen können. Da gehen ſie hin und tragen gutes Gedenken an dich mit fort.

Ich habe auch bald fort müſſen.

Nach der Heilung des Weger war ich bei jeder Operation und hielt alles gut bereit.

Eines Tages kam aus Zürich ein Schüler des Doktors, half bei Operationen und machte ſelber auch ſolche zur Zufriedenheit ſeines Meiſters, der ihn gar lieb hatte.

Da ſagte der Doktor einmal in meinem Beiſein:

„Lieber Kollega! Die Brigitta iſt ein guter Aſſiſtent, ihre Handreichungen ſind auf die Linie hin zu berechnen. Sie ſollten ſie in Ihre Anſtalt nehmen.“

Der Züricher Profeſſor fragte, ob ich zu ihm wolle; ich nahm es an, aber erſt zum Herbſt, wenn wir keine Gäſte mehr hatten. Und ſo bin ich im Herbſt fort von Heyden und zu dem Profeſſor nach Zürich.

Zwanzigstes Kapitel.

Die Art, wie mich der Professor seiner Frau und den Dienstleuten vorstellte, zeigte, was er von mir hielt. Er hat mir alles anvertraut, und ich habe sein Vertrauen nicht getäuscht, bis auf das einzige Mal . . .

Eine besondere Freude war mir, daß der Hund im Hause — ich werde noch viel von ihm zu erzählen haben, er heißt Rack — sich gleich von der ersten Minute an so zu mir hielt.

Das habe ich bald gesehen, solch eine Anstalt ist was ganz anderes als ein Wirtshaus.

Anfangs war mir's, wie wenn ich verzaubert wäre in ein unterirdisches Schloß, wie man in Märchen liest. Da sind so viel Menschen und wie gebannt, sie können sich nicht das Kleinste selber thun; da sind so viel dunkle Kammern, und man meint, die ganze Welt sei krank.

Ich habe mich aber doch bald drein gefunden, und die Kranken haben mich gern gehabt.

Wenn ich morgens zum Fenster hinaus schaue, vor mir liegt der See, stehen die Alpen, so weit und so groß, und die kleine Kugel, das Auge, kann das alles aufnehmen, Berge und Thäler, die doch millionenmal größer sind — da habe ich erst recht verstanden, wenn die Kranken geloben, nie mehr über etwas zu klagen, wenn sie nur erst wieder gesunde Augen haben.

Jeden Morgen habe ich Gott gedankt, daß ich meine gesunden Glieder habe und meine guten Augen, mit denen ich anderen beistehen kann.

Ich darf sagen, ich bin nie ungeduldig oder gar bös geworden, außer dem einzigen Mal, von dem ich schon noch erzählen muß; die Kranken haben es wohl gefühlt, wie ich zu ihnen bin, nicht alle gleich, jeder eben nach seinem Verstand, und manche haben mir mehr geleistet als ich ihnen.

Ja, alle Menschenklassen, alle Stände, alle Lebensalter sind durch unser Haus gegangen; in einer solchen Anstalt, bei der Operation und nachher in der Heilung, da zeigt sich, was der Mensch inwendig ist, da kann man weder sich selber noch anderen was vormachen.

Von den Religionen muß ich gleich sagen: es ist da kein Unterschied, wie die Kranken Gott anrufen; der Charakter und die Gemütsart, die einer hat, ist die Hauptsache.

Es gibt Menschen, denen zu dienen ist eine Freude; dafür muß man wieder anderen dienen, die entsetzlich sind, immer bös, immer giftig. Man muß nur keinen Aerger merken lassen, und zuletzt hat man auch keinen mehr.

Ich habe in den nahezu sieben Jahren Katholiken und Protestanten und Juden und auch ganz Ungläubige gepflegt, fürstliche Personen, die unter seidenen Decken schlafen und Hände haben so fein wie Eierhäutchen, und dann Wildheuer, die ihr Leben lang nicht gewußt haben, was ein Bett ist. In der Dankbarkeit, wie die Menschen nach der Heilung sind und bleiben, da lernt man sie erst recht kennen, und ich muß sagen, da sind die Juden besonders gut; der Professor sagt's auch, ein Jude vergißt nicht leicht, was man ihm Gutes gethan hat. Freilich arg wehleidig sind die Juden und haben gern Mitleid mit sich selber, aber, wie gesagt, sie sind auch besonders dankbar.

Wir hatten einmal zu gleicher Zeit drei Geistliche im Haus, einen katholischen, einen lutherischen und einen jüdischen. Unser Herrgott hat's anhören müssen, wie sie so verschieden zu ihm beten. Die christlichen Geistlichen sind geheilt worden, der jüdische nicht. Als ihm das endlich gesagt werden mußte, rief er: „Gelobt sei Gott, der mich so viele Jahre hat sehen lassen; ich weiß unsere Bibel auswendig und kann ohne Augen darin lesen." Aber er dankte herzlich für die viele Geduld und Liebe, die wir ihm erwiesen. Zu dem Professor sagte er: „Sie haben es gut gemeint, aber Gott hat gemeint, anders ist gut für mich; er wird wissen, warum."

Wir hatten auch eine Fürstin im Haus, ich glaube aus dem Thüringischen, eine mächtig große Gestalt; mit keinem Laut klagte sie je, nicht bei der Operation und nicht nachher, es ist ihr nur ein Auge gerettet worden. Wenn ich ihr etwas leistete, und sie streichelte dann mit ihrer zarten Hand meine Wange oder auch meine Hand und sagte mir ein Wort, das war so fein und gutherzig, wie nicht zu sagen. Von Stolz kein Gedanke. Wir hatten einen starblinden Hirten im Haus, der verirrte sich einmal auf dem Gang, kam in das Zimmer der Fürstin; sie führte ihn an der Hand in seine Stube. Der Alte hatte dann dem Professor gesagt: „Sie müssen mir's in mein Gesangbuch schreiben, daß eine Fürstin mich an der Hand geführt und mich lieber Mann geheißen hat."

Ueber der Fürstin wohnte eine alte Bäuerin, die erzählte, wie sie eines Tages ihr Enkelchen hatte fallen lassen, sie nahm es wieder auf, das Kind schrie entsetzlich, die Tochter kam herein, die Großmutter hatte das Kind verkehrt auf dem Arm. Die Leute lachten darüber, daß so eine alte Frau sich noch wolle heilen lassen.

Ich bin doch auch ein Bauernkind — aber ich muß sagen, wenn ich die Vornehmen betrachtete und dagegen manche Bauers= leute, sind mir diese manchmal nur wie halbe Menschen vor= gekommen; so ungeschlacht, so geizig und mißtrauisch waren sie und wußten gar nichts mit sich anzufangen.

Da hatten wir aber eine gute Seele in der Anstalt, die mich immer in allem zurecht wies.

Wenn ich von der feinen guten Pfälzer=Doktorin zu er= zählen anfange, weiß ich nicht, wo ich aufhören soll. Sie hat nur ein geringes Augenlicht, aber sich so geübt, daß sie fast gar keiner Hilfe bedarf. Nur vorlesen mußte ich ihr, so oft ich Zeit hatte, und das war meine Schule; sie hat mir alles er= klärt, sie versteht alles, und in ihrer Stube und in ihrem Herzen ist immer alles schön aufgeräumt. Eigentlich war sie kein Krankes mehr und wollte das Haus verlassen, um einem andern den Platz nicht zu versperren; aber der Professor und seine Frau ließen sie nicht fort; sie war eine Hilfe, wie wenn sie Arzt und Geistlicher und Hausordnerin zugleich wäre. Ja, sie war ein wahrer Segen für das Haus.

Wer sich nicht mehr zu helfen wußte, wendete sich an die Doktorin, da schlüpfte man unter wie bei einer Gluckhenne, und sie hat eine Stimme — es ist nicht recht, wenn ich sage wie eine Gluckhenne, und doch hat sie etwas davon — ich meine, so sorglich, so warm, so behütend, so mütterlich lockend.

Wie jedes seine besondere Medizin braucht, so auch seinen besonderen Mutzuspruch. Sie hat jedem geduldig seine Klagen abgenommen, und das thut schon gut, und ein einziges tröst= liches Wort hilft auf.

Nicht die Schmerzen sind es oft, die die Kranken so arg plagen, die Langeweile plagt sie noch viel mehr.

Da waren kranke junge Mädchen, die wußten gar nicht, was sie mit sich anfangen sollten, und verfielen auf allerlei; diese lehrte nun die Doktorin verschiedene Handarbeiten und überhaupt sich vorbereiten und üben für den unglücklichen Fall, damit sie dann für sich selber und für andere was nutz sind und nicht hilflos sich selber und anderen zur Last.

Blind sein ist gewiß hart, aber noch härter ist die Furcht, blind zu werden. Die Doktorin hat viele gestärkt, sich ins Un= abänderliche zu finden.

Vergiß nicht, Kind, sagte sie oft, die Liebe stammt aus der Geduld, wie es im Evangelium heißt. Der Augenkranke muß viel fragen, weil er nicht sehen kann, und da laß nie Ungeduld über dich kommen, der du nicht weißt, was Augenfinsternis ist,

was es heißt, den Fuß nicht mehr heben, ſondern immer ſchlei-
chen und mit Händen und Füßen taſten müſſen, den Biſſen nicht
ſehen, den man zum Munde führt, keine Blume, keine Helligkeit,
kein Menſchenantlitz. Hab' Geduld, und du findeſt Liebe in dir
und in anderen.

Einundzwanzigſtes Kapitel.

Ich muß aber noch von einigen andern erzählen, nicht von
allen, das wäre zu viel, aber einiger muß ich noch gedenken,
vor dem letzten, was eingetroffen iſt. —

Wir hatten eine Frau im Hauſe, auch eine Baronin von
Haueiſen, ſie war Geſchwiſterkind vom Rittmeiſter; ich habe ihr
aber nicht geſagt, daß ich den kenne, ſie kann nichts dafür, daß
er ihr Vetter iſt, und ſie war auch ganz anders, ſanft wie ein
Engel. Ich habe ihr einmal einen Brief ihres Vetters aus
Italien vorleſen müſſen. Ich hab' es nicht gern gethan, aber
auf der Stelle, wo ich bin, darf man nicht nach Gernthun
fragen. Der Brief des Rittmeiſters war ſo ordentlich, ſo herzlich, wie wenn er von einem rechtſchaffenen Mann wäre. Der
Rittmeiſter ließ ſich's wohl ſein und dachte nicht daran, wie es
denen geht, die er ausgeraubt hat.

Die Baronin wollte mir eine Antwort an ihren Vetter
diktieren, ich machte mich aber davon los. Ich konnte nicht
Liebes und Gutes an den Mann ſchreiben.

Die Baronin Haueiſen war eine feine grundgute Frau, es
ſind eben in einer Familie nicht alle gleich. Sie ſagte einmal:

„Ich muß es als eine Fügung Gottes erkennen, daß er
mich hat ſo krank werden laſſen; ich habe erſt dadurch erfahren,
wie viel Liebe und gute Pflege es auf der Welt gibt.“

Sie iſt geheilt entlaſſen worden und hat uns rührend
gedankt.

Ja, Schöneres gibt's nicht, und Beſſeres kommt nicht aus
dem Herzen, als in der Stunde, da Kranke geheilt davongehen.
Manche haben's nicht ſagen können und haben mir dann von
daheim geſchrieben.

Es iſt aber nicht immer alles ſchön und gut geweſen bei
uns. Viele Kranke, beſonders die durch den Trunk ſo geworden
ſind, waren gar wüſt, und einmal iſt uns einer am dritten Tag
verrückt geworden. Das war ein Auswanderungsagent, der viele
Menſchen in Länder verführt hatte, wo ſie bald ſtarben. Er

muß sie Spatzenköpfe geheißen haben, denn das Wort hat er immer gerufen, bis man ihn in der Zwangsjacke fortbrachte.

Ich hatte schon lange nicht mehr an den Rittmeister gedacht. Jetzt, als der Mann in Reue über sein Sündengeschäft wahnsinnig wurde, jetzt habe ich an den Rittmeister denken müssen.

Muß der nicht auch so enden? —

Ich muß aber meine Gedanken noch einmal zurückwenden.

Am meisten Geduld hat man natürlich mit Kindern haben müssen. Da brachten uns Eltern ein Kind und sagten, es sei so bös, daß es nicht ruhig werde, bis man es schlage. Ich redete mit dem Kind, und es versprach mir, sich bei der Operation und besonders nachher ruhig zu halten, und es hielt Wort, und ich war ganz glücklich, wie alles so gut ging.

Das Kind hatte einen Charakter, so stark wie ein Mann, und dabei so folgsam und gewissenhaft; es durfte nicht sprechen und sich nicht bewegen, und es hat sich verhalten, wie wenn es stumm und unbeweglich wäre. Es ist ein tüchtiges Mädchen geworden und ist jetzt Telegraphistin auf dem Bahnhof in Zürich. Ich will nur noch von der Seridja und dem sternkundigen Professor erzählen. Das gehört zu dem letzten, was nachher über mich gekommen ist, und von wem? Vom Rittmeister.

Zweiundzwanzigstes Kapitel.

Eines Tages sagte mir unser Professor, ich müsse auf einige Zeit die Anstalt verlassen, die Engländerin aus Indien, die ich schon in Heiden gesehen habe, sei mit ihrem Kinde angekommen; das Kind sei falsch operiert worden und sei noch böser als je. Die Operation werde nicht im Hause, sondern im Hotel Bauer am See gemacht; auch die Heilungszeit müsse dort abgewartet werden.

Ich ging nicht gern fort aus dem Hause, ich konnte mir gar nicht denken, daß ich je von da weg solle; aber die Pfälzer-Doktorin hatte recht, ich bin eben ein Soldat, der auf den Posten hinaus geschickt wird, und abgelöst werde ich auch wieder.

Ich siedelte also hinunter in den Gasthof, und wer stand unter dem Hofthor und hatte seine große grüne Schürze an? Der Ronymus. Er zwinkerte mir nur mit den Augen, sonst gab er kein Zeichen, daß er mich kennt.

Die Engländerin wohnte hoch oben, ich war ſchon ange=
kündigt. Der Ronymus ſchob einen andern Hausknecht weg,
nahm meinen Koffer auf die Schulter, trug ihn in den Lupf —
ſie heißen ihn auch Lift — mit dem man hinauf fährt, und
ſagte:

„Steigen Sie nur hier ein.“

Ich folgte ihm, er ſtieg auch ein, die Maſchine gurgelte,
es ging in die Höhe; in der kleinen Stube, die aufſtieg, brannte
ein Licht, wie bei Nacht. Mir war, als ob ich verhext wäre.

„Haſt du mich gleich erkannt?“ fragte der Ronymus und
fuhr ſich dabei mit der Hand über die Augen.

„Ja.“

„Wir wollen aber vor den Leuten nicht merken laſſen, daß
wir uns kennen. O lieber Gott! O guter Gott! Was machſt
du alles . . .“

Weiter iſt nichts geredet worden. Wir waren ſchnell oben
im dritten Stock, die Maſchine hielt an, der Ronymus nahm
meinen Koffer wieder auf die Schulter und trug ihn in mein
Zimmer.

Jetzt wiſchte er ſich mit einem Tuch den Schweiß aus dem
Geſicht; er hörte aber gar nicht auf und wiſchte immerfort, er
trocknete wohl noch anderes ab und ſtand da und atmete ſchwer.

„Ich trag' ſonſt das Siebenfache von dem da leicht,“ ſagte
er endlich, „ich hab' ja bei dir daheim einen Malterſack Hafer
ſelber aufgeladen und auf die obere Bühne getragen wie eine
Feder. Sag', haſt du gewußt, daß ich hier bin?“

„Nein.“

„Aber ich wußte, daß du hier biſt; ich hab' es meinen
Eltern geſchrieben. Ich weiß es ſchon lang, aber ich hab' dich
nicht in Ungelegenheit bringen wollen. Soll ich ſagen, daß ich
Knecht bei deinem Vater geweſen bin? Ich habe gefürchtet, ich
verrat mich, will ſagen, ich verrate dich —“

Der gute Menſch konnte nicht weiter, und mir fuhr es
wie ein Blitz durch alle Glieder: der Ronymus hat dich gern.
Nein, die treue Seele ſoll nicht unglücklich durch mich werden.

Ich glaub', daß doch auch noch vom Großbauernſtolz in
mir war, und ich war auch jetzt ſeiner gewöhnt. Ich ſagte:

„Ich bin gern in der Anſtalt, und ich bleib' da mein
Leben lang.“

„Ja, ja,“ ſagte er, „ich will dir auch nur noch ſagen,
ich weiß, was du an meiner Mutter und an meinem Vater
gethan haſt. Deine Schuhe, die laſſe ich nicht von meinem
Unterknecht putzen, die putz ich dir jeden Tag ſelber; ich möcht'

dir die Händ' unter die Füß' legen. Sieh mich nicht so ver=
wundert an. Sei froh, du hast einen Menschen um dich ...
Still! Es kommt jemand .. Befehlen Sie sonst noch was?"
schloß er plötzlich mit ganz anderm Ton, der Schelm.

Unser Professor kam, und der Ronymus ging davon.
Der Professor mußte mir doch was angesehen haben, denn er
sagte:

„Gitta, du siehst so betroffen aus. Ist dir's denn so
schwer, aus der Anstalt fortzugehen? Sei nur ruhig, es wird
dir schon gefallen, und du hast hier viel mehr freie Zeit. Ich
möchte dich aber heute nicht zum Assistenten haben. Laß einmal
deinen Puls fühlen. Ja, du hast etwas Fieber."

Ich 'hab's auch gehabt. Nicht wegen des Ronymus, den
bring' ich schon zurecht, das fehlt nicht; aber jetzt kommt das
alte Leben wieder auf mich nieder, und ich habe fast ganz ver=
gessen, woher ich komme und was überhaupt gewesen ist.

Aber jung sein ist eine schöne Sache, und eine gute Pflicht
dabei, noch mehr. Ich bin ein Soldat, der auf den Posten
geschickt ist, das fällt mir jetzt wieder ein, und da heißt es,
wach sein und sich um nichts nebenaus kümmern.

Unser Professor erklärte mir nun, ich hätte die besonders
schwere Aufgabe, das rothaarige Kind ruhig zu machen; das
sei ein kleiner Teufel, den wir wohl chloroformieren, aber in
dieser Aufregung nicht heilen könnten.

„Du kennst ja die Seridja noch von Heiden her."

Der Professor führte mich nun zu dem Kinde und sagte:

„Hier, Seridja, hier hab' ich dir eine gute Freundin ge=
bracht."

Wie ich dem Kinde nahe kam, schrie es, als ob es am
Spieß stecke, und wie ich mich niederbeugte, wollte es mich
an den Haaren zerren und schlug mir mit beiden Fäusten ins
Gesicht.

„Gelt, Kind, du hast mich nicht schlagen wollen?" sag'
ich, „gelt, du hast arge Schmerzen, die dich so bös machen?
Du hast deine Schmerzen schlagen wollen."

Wie ich das sage, schreit das Kind:

„Geh fort, geh fort. Ich will dich nicht. Nein, bleib
da, bleib jetzt. Wie heißt du denn?"

„Gitta!"

„Gitta! Gitta! Gitta! Das ist lustig. Komm, gib mir
die Hand, ich thu' dir nichts; ja, meine Schmerzen sind bös,
so bös."

Ich gab ihm die Hand, und es streichelte sie.

Die Mutter und der Professor sahen einander an, und was sie dachten, denke ich auch: das Kind ist bezwungen, das kriege ich in die Hand.

Dreiundzwanzigstes Kapitel.

Der Professor ging fort, und auf der Flur sagte er, es sei gescheit von mir gewesen, daß ich so zu dem Kinde geredet habe. Es war aber gar nicht gescheit von mir, es war mein voller Ernst, und wenn's das nicht gewesen wäre, hätte es auch nichts genützt.

Das Kind ist nicht gleich vom ersten Tage an zahm geworden, aber wenn ich gesagt habe, ich gehe fort, da hat es mich um Verzeihung gebeten und mir alles schenken wollen.

Ich darf sagen, ich hab' mit der Seridja Geduld gehabt, wie man mehr nicht haben kann; ich hab' auch der Mutter geholfen, die gar nicht mehr mit ihrem Kinde hatte auskommen können. Lieber Gott! Das ist ein lebenslustiges übermütiges Geschöpf, das möcht' gern springen und hüpfen und muß nun so daliegen, kann mit nichts spielen, hat nie was Ordentliches gesehen und kann sich an nichts erinnern und weiß nicht, ob es in Rom, in Konstantinopel oder in Zürich ist. Das Kind ist in den dreizehn Jahren seines Lebens in allen Ländern gewesen, kennt alle Sprachen, weiß, wie man Hund in allen Sprachen sagt, weiß aber kaum mehr, wie ein Hund aussieht. Das ist ein bitteres Elend.

Die Mutter hatte es jetzt besser; stundenlang und auch halbe Tage durfte sie von dem Kinde fort und sich wieder auffrischen; sie war ganz herabgekommen gewesen.

Als der Professor wiederkam, sagte ich ihm, daß man dem Kinde unsern braven Hund, den Rack, geben müsse. Er fragte mich, ob das Kind selber den Wunsch nach einem Hunde geäußert habe; ich sagte, daß es nur mein Gedanke sei, das Kind müsse etwas Lebendiges zum Spielen haben. Der Professor brachte nun unsern Rack. Das gute Thier blinzelte mit zu mit seinen so herzgetreuen, grundehrlichen Augen, wie wenn es mir sagen wollte: ich weiß auch, daß das arme Kind blind ist, und wir zwei lassen uns von ihm zerren oder liebkosen, wie es eben mag.

Seridja war auch ganz glückselig mit dem Rack, ich habe ihr sagen müssen, wie der Hund aussieht; es war ein schöner schwarzer Hühnerhund mit langen Ohren, weißer Schnauze, weißem Bleß und weißen Füßen. Das Kind hat Stunden mit Rack plaudern können, und das hat die Mutter noch viel erleichtert.

Ich mußte neben Seridja schlafen und ihr erzählen, bis sie einschlief. Ich habe dem Kinde alle Geschichten erzählt, die ich wußte; auch Stücke aus meinem Leben. Wie ich von unseren verlorenen Gänsen erzählte, die wieder gekommen sind und schnattern und plaudern und basen, da hat das Kind mit mir den Gänsen nachgeahmt, und ich hab' ihm das noch oft und oft vormachen müssen.

Von unserm reichen Leben habe ich nichts erzählt, aber davon, daß ich auch Steine geklopft habe an der Straße, und da rief das Kind: „Mutter, die Gitta hat noch ärgere Proben bestehen müssen, als die Prinzessin im Märchen; die hat doch nur Gänse gehütet und Beeren gesammelt im Wald, aber Steine hat sie nicht geklopft. Gitta! du wirst noch viel mehr als Königin!"

Wir lachten über das Kind, und gescheit, wie es war und stark in Fragen, wollte es wissen, ob die Steine sich leichter bei Regen oder bei Sonnenschein zerspalten; alles wollte es wissen.

Ich erzählte auch, daß dem Weger ein Steinsplitter ins Auge geflogen sei — o weh! das Kind schreit wie besessen, es spürt den Steinsplitter in seinen Augen und schreit wie toll: „thu mir ihn heraus! heraus!"

Jetzt war auf viele Tage wieder alles verdorben; die Mutter zankte mich, weil ich dem Kinde solcherlei erzählt habe, und ich machte mir auch Vorwürfe. Ich habe aber nichts mehr zu erzählen gewußt, und das Kind wollte sich nicht aus Büchern vorlesen lassen. Ich habe mir also viele Geschichten auswendig gelernt.

Etwas anderes wachte auch wieder bei mir auf. Ich wußte ja von den Eichenschälerinnen und von der Bonifacia viele Lieder. Ich sang also dem Kinde vor, und es lernte alle Lieder schnell; es hatte eine schöne Stimme, und wir sangen miteinander, es ging wie zusammengepaßt.

Heiter sein, das ist besonders gut für die Heilung.

Der Professor hatte alles Vertrauen für das Gelingen der Operation, aber das Kind mußte ruhig und geduldig sein lernen für die Zeit der Heilung, sonst war alles vergebens, ja noch schlimmer als vorher.

Ich war manchmal bös auf die Mutter; solch eine feine

vornehme Frau hätte bei alledem das Kind nicht ſollen ſo ver-
wildern und unbändig werden laſſen. Das Kind war ein
wahrer Thrann; vom frühen Morgen bis in die ſpäte Nacht
hat man ohne Unterlaß ihm immer etwas erzählen oder mit
ihm treiben müſſen. Ich habe oft nicht mehr gewußt, wo aus
noch ein.

Nun hat ſich aber etwas Gutes gefunden. Ich bat das
Kind, mich Engliſch zu lehren. Das hat ihm wohlgefallen. Ich
habe Tag für Tag ſo und ſo viel Worte und Redensarten
lernen müſſen, und das Kind war ganz glücklich, Schulmeiſter
zu ſpielen. Ich habe geläufig engliſch ſprechen können, jetzt
freilich hab' ich's wieder verlernt.

Vierundzwanzigſtes Kapitel.

Wie es mit dem Ronymus war?

Ganz gut, er hat eine brave, bedächtige Art, er hat viel
von ſeinem Vater. Er erzählte mir, daß er etwas voran bringe,
und daß er hoffe, noch weiter zu kommen. Das Soldatenleben
hatte einen ganz neuen Menſchen aus ihm gemacht; er erzählte
mir, daß die Schweizer gern Deutſche zu Dienſtboten haben,
beſonders gern gediente Soldaten. Er plagte mich nicht mit
Liebesſachen, mit keinem Wort, und ich habe gemeint, ich hätte
mir etwas eingebildet und unnötige Sorgen gemacht. Er war
ehrerbietig gegen mich, nur wollte er ſich nicht drein finden,
daß ich, die Prinzeß vom Schlehenhof, dienen müſſe, und noch
dazu als Krankenwärterin.

Vor der Engländerin hatten wir kein Hehl daraus, daß
wir uns von Kindheit an kennen, und der Ronymus muß ihr
einmal geſagt haben, daß ich von vornehmer Herkunft ſei. Die
Engländerin hat, ſo oft es Gelegenheit gegeben hat, ſich gern
mit dem Ronymus unterhalten, er iſt ſo gradaus und luſtig
dabei; er iſt gar froh, daß er tagtäglich ſein kleines Vermögen
wachſen ſieht; er hat auch ſchon zwei Aecker und eine Wieſe
daheim gekauft. Der Ronymus war eben anders als ich, er
dachte gern zurück an die Vergangenheit und freute ſich, daß
es jetzt beſſer geht; ich dagegen mochte von der Vergangenheit
nichts wiſſen.

Der Ronymus iſt noch heute ſo, er erinnert ſich bei jeder
Gelegenheit an die frühere Armutei und iſt immer dankbar für
alles, was eben jetzt iſt.

Eines Tages, als ich dem Ronymus über die Engländerin klagte, daß sie immer wieder verderbe, was ich an dem Kinde gut mache, sagte er:

„Wie kannst du dich nur über diese Frau ärgern? Die ist ja einfältig, dumm wie Bohnenstroh.“

Ich sah das jetzt auch; man kann mit den feinsten Kleidern und dem größten Reichtum doch dumm sein. Mir wurde jetzt alles viel klarer, und ich ärgerte mich nicht mehr über die Frau, sie war eben dumm und hatte keine Einsicht.

Wie gesagt, mit Liebessachen hat mich der Ronymus verschont, nur einmal sagte er:

„Was meinst, was zwei so gute Augen wert sind?“

„O du Schmeichler!“

„Was Schmeichler! Ich meine ja gar nicht dich, ich red’ von meinen eigenen Augen. Die Kranken können dir sagen, was gute Augen wert sind. Es ist nur gut, daß sie sie nicht kaufen können, sonst müßten wir blind herumlaufen. O! Und wenn gute Augen erst Einen gut ansehen . . . Hui! Da klingelt’s wieder!“

„Ja, mach’, daß du fort kommst.“

Der Ronymus ging davon.

Ich hatte etwas in der Stadt zu besorgen gehabt, ich kehrte in den Gasthof zurück, ich fuhr mit dem Lupf in die Höhe, ich blieb stehen; auf der Bank saß eine verschleierte Frau und ein verschleierter Mann, ich sah sie kaum in dem wenig erleuchteten Raum. Ich hörte aber, wie die Frau sagte:

„Wenn du krank sein willst, so sei auch recht krank, geh’ in ein Hospital, aber ich, ich bin keine Krankenwärterin.“

Der Mann seufzte und sagte nichts.

Die beiden stiegen im ersten Stock aus, ich fuhr weiter in die Höhe, aber ich wurde es nicht los; mir war, wie wenn ich die Stimme der Frau schon einmal gehört hätte. Kann das nicht der Rittmeister und seine Frau gewesen sein? Ich schalt mich aus über meine einfältige Ahnung.

Andern Tages bat ich den Ronymus, er solle sich doch im Comptoir erkundigen, ob nicht der Rittmeister und seine Frau im Gasthof gewesen seien.

„Das brauche ich nicht mehr zu erkundigen. Einer von unseren Omnibuskutschern war der Jockey bei ihm, den er ins Unglück gebracht hat; der hat ihn gleich erkannt. Ja, sie sind’s gewesen, sind aber schon wieder fort. Er hat deinen Professor beraten, er hat gealtert und sie auch, aber er färbt sich den Bart, und sie färbt sich die Backen. Im ganzen Haus hat

alles davon geredet, wie die beiden miteinander zanken; ſie
iſt allein an die Tafel gegangen, ſchön gepußt, und wie man
ihm das Eſſen gebracht hat, hat ſie ſich auf den Balkon geſetzt,
ſie will nicht ſehen, wie er ißt. Ich hab' ihnen die Koffer ge=
packt. Er hat noch einen Schein und hat ſich die Augenlider
mit der Hand hoch gehalten und mich betrachtet, wie wenn er
ſagen wollte: Dich habe ich ſchon geſehen, weiß nur nicht, wo
ich dich hinthun ſoll .. Ja, aber ich weiß, wo ich ihn hinthun
möcht', den Waldmörder, den Menſchenmörder, den Räuber.
Wenn ich einmal in den Himmel komm', ins Paradies, da be=
ding' ich mir bei unſerm Herrgott aus: er muß mir jeden Tag
ein paar Stunden Urlaub geben, daß ich in die Höue hinunter
darf, um den Rittmeiſter zu zwacken. Der ſoll ſpüren, was ich
kann; das ſoll meine beſte Seligkeit ſein."

„Du biſt bös. Ich will nicht mehr an den Rittmeiſter
denken. Wenn man böſe Gedanken auf einen Menſchen hat,
verdirbt man ſich ſelber damit."

„Ja, ja, ſoll ſo ſein, iſt auch nicht nötig. Der Mann iſt
ſchon geſtraft genug, er hat eine böſe Frau, da iſt er mit allem
verſorgt."

Fünfundzwanzigſtes Kapitel.

Ich hatte jetzt anderes zu thun und zu denken, da durfte
kein Gedanke nebenaus gehen, da mußte man mit Leib und
Seele dabei ſein.

Wir konnten Seribja chloroformiren, und die Operation
ging leicht und regelrecht. Als ſie wieder aufwachte, bat ich
ſie, nicht zu reden und ſich nicht zu rühren; ſie ſagte nichts
als — Rack!

Der Hund hatte verſtanden, er ging ans Bett, legte ſeinen
Kopf auf den Rand der Matraße, und das Kind legte ſeine
Hand auf den Kopf, und ſo waren die beiden ſtundenlang ruhig
und lautlos. Ich hatte nur zu thun, um die Mutter zu be=
ruhigen, die darüber ganz außer ſich war und Angſt hatte und
das Kind zum Reden bringen wollte.

Es iſt ein Glück, wenn man von jemand weiß, es iſt
dumm, da hat man die rechte Geduld; das kann ja nicht
anders.

Es iſt das beſte, wenn der erſte Verband recht lang liegen
bleiben kann; ich ſagte das dem Kind, ich ſah, wie es die Zähne

zuſammenbiß und ſtill den Hund zerrte, ſie blieben aber beide ruhig und lautlos.

Ich ſitze bei dem Kinde in der Dunkelſtube, hier iſt Nacht, draußen iſt Tag, wir ſehen nichts davon; draußen iſt wohl Lärm und Getriebe, ich höre nichts als den Atem des Kindes und den des Hundes, er ſeufzt manchmal tief.

Alles iſt gut geworden. Als das Kind wieder zum erſtenmal reden durfte, ſagte es:

„Ich habe in Gedanken mit dir Steine geklopft, und da ſind Feuerfunken heraus, und die haben geſungen, ſo ſchön, ſo ſanft, aber keine Lieder, nur ſchön geklungen hat's."

Das Kind war wie verwandelt und hat mir geholfen, die Mutter zu beruhigen, die es immer küſſen und umarmen wollte. Sie weinte vor Freude, und ich hatte die größte Angſt, daß ſie das Kind auch weinen macht; aber es hielt ſich tapfer.

Wir gewöhnten das Kind allmählich aus Licht, und mir ſind die Thränen in die Augen gekommen, wie das Kind ſagte:

„Ich ſeh' dich, Mutter, ich ſeh' dich, Gitta, und ich ſeh' dich, Rack."

Wir durften zum erſtenmal miteinander ausgehen an den See. Es war ein bedeckter Tag, keine Sonne am Himmel, Seridja küßte mir die Hand, dann ſagte ſie:

„Schau, wie ſich der Rack freut, der möchte gewiß auch gern jagen, wie er ſich freut, daß ich ſehen kann. O die Bäume und das Waſſer und die Menſchen und die Häuſer und die Schiffe . . ."

Ich habe Seridja natürlich gedämpft, ſo viel als möglich. Sie war auch ſtill, nach einer Weile rief ſie aber wieder:

„O! So weit! So weit! Wie iſt die Welt ſo weit und der Himmel ſo hoch! Ich meine aber, ich kann ihn anfaſſen."

Alle Leute, die uns begegneten, ſahen uns an, wie wenn ſie auch wüßten, daß das ein Blindes geweſen iſt; ſie blieben ſtehen und betrachteten das Kind. Ja, ein ſchöneres Menſchen-kind hat man nicht ſehen können; es hatte goldrotes Lockenhaar und das ganze Geſicht wie das ſchönſte Gemälde, und erſt die Augen! Die waren ſo veilchenblau und glänzten, und das ganze Geſicht war wie lauter Licht, wie wenn da überall Hellig-keit davon ausſtrahlte.

Jetzt ging aber bei Seridja das Fragen erſt recht an. Als wir zum erſtenmal auf die Landſtraße kamen, wies ſie auf die zerkleinerten Steine, hob einen auf und wollte wiſſen, in welche Form man ſie zerſchlagen muß — man kriegt viereckig nicht heraus — und welches die tauglichſten Steine ſeien.

Das Fragen machte mich ganz wirr.

Ich hatte gemeint, ich dürfe jetzt wieder heim, aber der Profeſſor ſagte mir, die Mutter könne wieder alles verderben, ich müſſe alſo noch bleiben und achthaben.

Wir ſind auch manchmal auf dem See umhergefahren, den ich ſeit Jahren von da oben geſehen hatte; auch ſind wir einmal auf den Rigi und da oben über Nacht geblieben. Die vielen Menſchen waren glücklich über den Sonnenaufgang, natürlich am meiſten die Seridja. Ich für mich muß ſagen, es war ſchön, juſt etwas Beſonderes aber nicht.

Ich bin mit Rack wieder in die Anſtalt zurück. Der Hund hat ſeine Freude, daß er wieder heim darf, laut gegeben; ich bin ſtill und langſam den Berg hinangegangen.

Ja, wegen des Rack ſind die Mutter und Seridja mir bös geworden und arg undankbar.

Seridja hatte den Hund behalten wollen, und ich war voreilig, ich hätte den Profeſſor ſollen zuerſt reden laſſen; nun aber ſagte ich, daß der Hund eine Wohlthat für alle Kranke ſei und ihn nicht ein einzelnes behalten dürfe. Der Profeſſor ſtimmte mir bei, aber die ſchönen Augen der Seridja konnten auch gar bös blicken, giftig und ingrimmig. Sie hatte eben noch nie erfahren, daß man ihr auch was verſagen könne, und es war eine ganz andere Stimme, wie ſie beim Abſchied zu mir ſagte:

„Du kannſt gehen mitſamt dem Hund. Fort, fort mit euch . . .“

Die Mutter und Seridja verließen auch bald den Gaſthof und wohnten beſcheiden in einem Landhaus am See. Sie warteten auf den Vater, der aus Indien kommen ſollte, ſie warteten ſeit langem vergebens, und auch die Geldſendung blieb aus.

Nun ward Ronymus der Annehmer von der Mutter und Tochter und ſtand ihnen in allem bei, er hat freilich auch Vorteil davon gehabt.

Eines Tages kam er zu mir und ſagte: „Jetzt komme ich auf den Gaul. Die Engländerin hat mir einen Schmuck gegeben, den ich im Pfandhaus verſetzen ſolle. Ich gehe auch hin und frage, was er wert ſei, er iſt viel wert, ſo iſt keiner in der ganzen Schweiz. Das Pfandhaus borgt nur das Drittel vom Wert auf das Pfand. Ich denke, das kannſt du auch, und wenn das Unterpfand nicht eingelöſt wird, haſt du den dreifachen Wert und hohe Zinſen in jedem Fall.“

Ich muß geſtehen, ich hatte Wohlgefallen an Ronymus,

er war mehr, als ich gemeint habe; aber ich wollte von dem Geldverdienen nichts mehr wissen, ich habe genug davon erleiden müssen.

Ich muß auch gestehen, es kränkte mich doch noch, daß die Mutter und die Seribja so undankbar gegen mich waren. Sie kannten mich nicht mehr, sie brauchten mich ja nicht mehr. Von der Mutter verdroß es mich weniger, sie war dumm, und ich habe noch keinen gescheiten Menschen kennen gelernt, der undankbar war; aber die Seribja! Ich mußte es verwinden, aber weh that's.

Der Vater ist aus Indien gekommen, ist mit Frau und Tochter abgereist, bei mir haben sie keinen Abschied genommen.

Der Ronymus kam und berichtete mir, welch ein Glück er gemacht habe; der Engländer habe ihm alles bar bezahlt und noch ein gut Stück Geld dazu gegeben.

„Eigentlich," sagte er und sah mich dabei so seltsam an, „eigentlich müßte ich dir die Hälfte abgeben, denn daß ich mit der Engländerin so gut bekannt geworden bin, verdanke ich dir. Aber ich meine, wir lassen die beiden Hälften bei einander und haben sie zusammen."

Ich verstand wohl, was er meinte, aber ich sagte nichts drauf.

Ich klagte der Doktorin mein Leid über den Undank. Sie nahm mir alles geduldig ab und sagte endlich:

„Du vergißt immer wieder, daß es böse Menschen gibt. Laß dich dadurch ja nicht verleiten, gegen andere hartherzig zu sein. Was können diese dafür, daß sie darunter leiden sollen? Und wenn man's recht betrachtet, braucht man keinen Lohn und keinen Dank. Wir thun unseren Nebenmenschen das Gute, weil es gut ist, und da ist Lohn genug in dem Glück, Gutes thun zu dürfen. Es gibt Menschen, an denen auch Leid und Elend nichts bessert, und doch ist das die heilige Lehre, daß aus Leiden Seligkeit stammt."

Die Doktorin mußte mir's angesehen haben, daß ich denke: Woher hat's nur die Frau, daß sie so über die Welt weg redet, als ob sie gar nicht mit thäte, und sie thut doch rechtschaffen mit?

Das mußte mir die Doktorin angesehen haben, und sie sagte:

„Gitta! Ich gehe bald fort, ich weiß nicht, ob ich dich je im Leben wieder sehe. Ich wünsche den Tod nicht, aber ich erwarte ihn ruhig. Ich muß dir doch noch meine Geschichte erzählen. Sie ist dir vielleicht auch gut."

Die Doktorin erzählte. Ich meine, ich höre ſie jetzt noch ſprechen, und könnte ihr Wort für Wort nacherzählen:

Sechsundzwanzigſtes Kapitel.

„Wenn du es noch nicht weißt, ſollſt du es von heute an wiſſen; ich war eine Jüdin und bin Chriſtin geworden; ich wurde zugleich mit meinem Manne getauft, bald nach unſerer Hochzeit. Mein Mann war ungläubig, ihm waren alle Religions= formen gleichgültig. Solange die Juden nicht die gleichen Rechte wie die Chriſten hatten, wäre er nie Chriſt geworden, denn er fand es verwerflich, durch Uebertritt zu einer andern Religion einen Gewinn zu erringen. Nun aber ſchwand durch neue Geſetze jeder bürgerliche Unterſchied zwiſchen den Religionen. Wir ließen uns in der proteſtantiſchen Kirche taufen. Mein Mann blieb ungläubig, ich für mich habe eine inbrünſtige Liebe zu Jeſus Chriſtus, der durch Leben und Lehre ſo hoch ſteht, wie keiner außer ihm.

Freilich, was viele Geiſtliche aus ihm machen, das macht ihn unkenntlich. Er würde viele ſeiner Bekenner aus dem Tempel jagen, wenn er ſähe, wie ſie die Nichtchriſten und vor allem die Juden anſehen. Wenn die Apoſtel heute noch lebten, müßten ſie ſich getaufte Juden nennen oder vielmehr ſchelten laſſen, denn die Menſchen chriſtlicher Abſtammung ſagen das mit einem gewiſſen Hochmut.

Mein Mann war ein gut beſchäftigter Arzt, voll Eifer für ſeinen Beruf und immer einer der erſten, wenn für die Ge= meinde und das ganze Land etwas zu thun war.

Da kam die Revolution vom Jahre 1848 und dann das Jahr drauf die proviſoriſche Regierung in unſerem Lande. Mein Mann wurde in dieſelbe berufen. Sie wurde nieder= geworfen, mein Mann wurde ins Gefängnis gebracht, der ſtandrechtliche Tod drohte ihm. Ich in meinem damaligen Zuſtande litt unſäglich. Das Kind war tot, und da man für mein Leben fürchtete, durfte mein Mann mich auf meinem Krankenlager beſuchen. Zwei Soldaten mit Ober= und Unter= gewehr traten mit ihm in mein Zimmer. Ich will nicht er= zählen, was wir litten; wir hielten uns ſtark. Wir ſahen uns zum letztenmal. Ich wurde wieder geſund, ſoweit das Geſund= heit iſt; mein Mann ſtarb im Gefängnis, ich erfuhr es erſt nach Wochen, als ich aus dem Fieber erwachte.

Mein Mann ist auf dem protestantischen Kirchhof der Festung begraben. Ich mußte meines Brustleidens wegen in die südliche Schweiz.

Ich könnte dir tagelang erzählen. Man hat daran gearbeitet, mir die Seele zu verbittern; es ist nicht gelungen, sowenig es gelungen ist, meinen Vorfahren durch bald zwei jahrtausendelange Qualen das Gemüt zu verderben und sie zu entmenschen.

Nur eins will ich erzählen. Ich lebte in einer Pension, in der fast nur Deutsche waren. Es war ein schönes geselliges Zusammenleben, bis ein Geistlicher aus — ich will den Ort nicht nennen, die anderen Bewohner sollen damit nicht gekränkt werden — also ein Geistlicher kam, der auch krank war.

Man sah mir wohl die geborene Jüdin an, ich hatte kohlschwarzes Haar, und nun begann ein Zischeln und Heimlichreden, das mich aber wenig kümmerte.

Der Geistliche fühlte sich stark genug, sein Amt auch hier zu üben, und er predigte, sich auf Bibeltexte berufend, in den bittersten Worten gegen die Juden.

Alles sah auf mich, und sie mögen's mir angesehen haben, daß ich dieser Anwendung des Textes widersprach. Der Geistliche hatte ein Zorneswort des Apostels, das noch mitten im Kampfe um die neue Lehre ausgestoßen war, auf die Gegenwart angewendet. Er verstand nicht, die Hoheit Jesu Christi zu fassen und jene erhabene Heilsbotschaft, daß alle Menschen Kinder Gottes sind.

Ich kam in den Gesellschaftssaal, alles zog sich von mir zurück; ich sah, daß ich in Acht und Bann gethan war. Ich verließ das Haus und zog in ein anderes.

Ich hätte ja leicht sagen können, ich bin getauft, aber ich schämte mich dessen, daß sich Menschen nach dem Heiland nennen und so zu handeln vermögen.

Ein Edelmann aus Pommern, er war auch Rittmeister, war der einzige, der sich meiner annahm.

Er hatte bisher keinen Menschen jüdischer Abstammung und jüdischen Glaubens gekannt, aber er hielt es für Pflicht, sich der von Lieblosigkeit und Härte Verfolgten anzunehmen. Da ich seinen biedern, menschenfreundlichen Sinn erkannte, sagte ich ihm, daß ich Christin sei. Er war ein strenggläubiger Christ, aber von jenem Tage an zerfiel er mit dem Glauben. Ich darf sagen, daß es mir gelungen ist, ihn in der reinen Gotteserkenntnis fest zu halten.

Ich gestehe aber auch, in mir lochte Zorn und Haß. Ich

habe mit dieſen böſen Geiſtern gerungen, bis ich mir ſagte:
Nein, das ſollen die Böſen nicht bewirken, daß ſie mir das
Herz vergiften. Nein, ich thue denen, die ſich lügneriſch Chriſten,
Bekenner der Religion der Liebe nennen, ſo viel Gutes, als ich
kann. Das freilich kann ich nicht, die Feinde lieben kann ich
nicht, und ich kenne niemand, der es vermag; ja ich glaube,
das Wort iſt nicht ſo gemeint, ſondern es gilt nur, was dann
geſagt iſt; Gutes thun kann ich und muß ich auch denen, die
mich kränkten.

Nun aber geh, Gitta, die Erzählung hat mich doch angegriffen . . ."

So redete die Doktorin. Sie ſtarrte oft drein, wie wenn
ſie zu einem Unſichtbaren redete, und wenn ich ſie anſah, lag
auf ihrem Geſichte ein Glanz von Wehmut und erhabener Ueberwindung der Welt.

Ich habe damals nicht vom Fleck fort gekonnt, ich hätte
der Dulderin gern die Kniee geküßt, aber ſie konnte ſo was
nicht leiden.

Ich fragte ſie, was aus dem Rittmeiſter aus Pommern
geworden, und ſie ſagte, daß er bald geſtorben ſei, ſie habe
ihn gepflegt bis zu ſeinem letzten Atemzug.

Ich wollte nun gehen, die Doktorin aber ſagte:

„Nein, bleib jetzt, es iſt beſſer, wenn jetzt jemand bei
mir iſt."

Wir haben noch lang ſtumm bei einander geſeſſen.

Ich bin bei der Doktorin geblieben, bis ſie eingeſchlafen iſt.

Wenige Tage darauf begleitete ich ſie an die Bahn, der
Profeſſor und ſeine Frau waren auch da. Ich traf den Ronymus,
und er ſagte mir:

„Das Geld reicht jetzt bald aus. Ich treibe das Geſchäft
hier nicht mehr lang. Der Schmaje ſucht uns ein ſchickliches
Wirtshaus mit Aeckern und Wieſen und auch ein Stück Wald
dazu. Da haben wir dann alles."

„Wer wir?"

Der Ronymus ſah zu Boden und atmete ſchwer, dann
ſagte er:

„Ha, mein Vater und ich. Leider Gottes hat's meine
Mutter nicht mehr erlebt —"

Er hielt inne, er merkte, wie mich's angriff, daß ich das
jetzt ſo erfuhr, dann ſagte er:

„Sie iſt leicht geſtorben, und noch in der letzten Stunde
hat ſie an dich gedacht, aber ich kann dir's jetzt nicht ſagen."

Ich ging heim in unsere Anstalt, mir war der Weg den Berg hinan so schwer wie noch nie; es kann wohl sein, daß ich im voraus gespürt habe, was jetzt erst kommt.

Also die Bonifacia, die treue Seele tot! Wie lebt der Weger, und wie sieht es nun aus dort in dem Häuschen? Wie ich das so denke, sehe ich die Blätter vom Baume fallen, und jener Herbsttag, an dem ich zum erstenmal dem Rittmeister begegnete, geht mir in der Erinnerung auf.

Warum kommt das immer wieder? . . .

Wir hatten diesen Winter wieder das ganze Haus voll, und mir fehlte die gute Doktorin. Oft und oft habe ich gemeint, ich müsse zu ihr gehen und mir Rats bei ihr erholen, ich wußte mir nicht mehr allein zu helfen.

Endlich sagte ich mir: Halt! Das darf nicht sein. Du mußt so vielen Menschen beistehen, du darfst nicht selber hilfsbedürftig sein.

Ich habe meine Pflichten wieder aufgenommen, wie wenn ich jetzt erst anfinge. Es war mir eine wahre Lust, und es war mir leicht, treppauf treppab von einem zum andern zu gehen und jedem etwas zu leisten.

Im Zimmer der Doktorin wohnte jetzt eine feine, aber schwächliche Frau, die sich die Augen ausgeweint hatte um den Tod ihres Mannes.

Unser Professor meinte, es sei ihr schwerlich zu helfen, und er ließ es zu, daß sie fast den ganzen Tag Klavier spielte, obschon sie sehr schwächlich war. Ihr Mann war ein berühmter Musiker, sie war seine Schülerin und ist mit ihm entflohen, er ist bald gestorben; sie spielte nun alle Stücke zu seiner Erinnerung.

Wir hatten auch einen berühmten Professor der Sternkunde, der sich in seinem Beruf das Augenlicht verdorben hatte. Er war in meiner besondern Obhut, und unser Professor sagte, er werde geheilt; er war ein gar lieber geduldiger alter Herr, er bekam viel Besuch von überall her, lauter feine Männer und Frauen, und alle dankten mir für meine gute Pflege.

O lieber Gott! Es gibt so viele gute Menschen auf der Welt, warum hat gerade so ein grundschlechter zu meinen Eltern auf den Hof kommen und uns verderben müssen?

Der Sternkundige ist geheilt entlassen worden. Man freut sich doch, wenn die Kranken uns geheilt verlassen, aber der Abschied von so guten feinen Menschen thut doch weh.

Das Zimmer des Sternkundigen wurde neu hergerichtet, und noch ein zweites ward dazu genommen; es hieß, wir bekämen einen vornehmen und anspruchsvollen Kranken, und ich war zu seinem besonderen Dienst bestimmt.

Warum war mir jetzt so bang?

Was mich wie eine schlimme Ahnung gepeinigt hatte, ist wirklich geworden. Der Rittmeister ist gekommen.

Siebenundzwanzigstes Kapitel.

Am Mittag fährt ein Wagen vor. Ich schaue aus dem Fenster, ein großer stattlicher Mann wird aus dem Wagen gehoben. Ich meine, ich muß aus dem Fenster stürzen, ich meine, ich muß rückwärts fallen. O lieber Gott! Das ist ja der Rittmeister! Und den soll ich pflegen und warten? Den? Nein, das thue ich nicht, ich bleib' nicht im Hause, mit dem Mann bleib' ich nicht unter einem Dach.

Er wird heraufgeführt, er trappst in der Nebenstube, ich höre seine Stimme, ich habe mich nicht geirrt, er ist's.

Unser Professor öffnete die Zwischenthür und sagte zu mir: „Komm herein."

Ich weiß nicht, woher ich die Kraft hatte, ins andere Zimmer zu gehen. Da saß der Rittmeister mit verbundenen Augen im Lehnstuhl und hatte die Hände ineinander gefaltet. Der Professor sagte:

„Das ist dein neuer Pflegling. Ich weiß, du bist geduldig, sei es ganz besonders mit diesem Herrn."

Ich konnte nicht einmal ein Ja vorbringen, es schnürte mir die Kehle zu. Der Rittmeister frug:

„Wie heißen Sie?"

Ich brachte meinen Namen nicht heraus, und der Professor sagte:

„Sie wird Gitta gerufen. Warum bist du so starr? Du bist doch sonst —"

Der Rittmeister unterbrach ihn und fragte:

„Ist sie alt oder jung?"

„Jung."

„Wo steht sie?"

Ich konnte nicht von der Stelle. Der Professor sagte zu mir:

„Was bist du plötzlich so kindisch?"

Kindisch sagte er — ich meinte, ich müsse aufschreien und

sagen: ich bin das Kind von dem, der durch diesen Mann zu Grunde gerichtet und in den Tod gejagt wurde.

Ich brachte aber kein Wort heraus, und der Rittmeister sagte:

„Tritt näher! Komm her!"

Es klang befehlerisch, er that den Handschuh ab, streckte die Hand aus, und der Professor führte mich am Arm zu ihm hin.

Ich mußte dem Räuber, dem Mörder die Hand geben. Er sagte:

„Warum zitterst du? Hast nichts von mir zu fürchten, bin ein armer, verlassener, blinder Mann."

Dabei schluchzte er, daß es ihm Herzstöße gab. Ich hatte kein Mitleid mit ihm, mir ballten sich beide Hände, ich hätte ihn gern noch mit beiden Fäusten auf die Brust gestoßen und ihm dabei zugerufen: Du Räuber an meinem Vater! Du Mörder meines Vaters!

Unser Professor redete dem Rittmeister zu, er müsse stark und mannhaft sein, er dürfe nicht weinen, das verzögere die ohnedies so schwierige Operation um Tage, vielleicht um Wochen.

Der neue Assistent kam herzu, er war erst seit kurzem bei uns, er war Militärarzt in Deutschland gewesen. Die beiden Aerzte schickten mich fort, sie nahmen nun nochmals eine Unter=suchung vor.

Da stand ich nun draußen auf dem Flur, und wieder kam mir der Gedanke, ich bleibe keine Stunde mehr im Hause; ich kann nicht. Unserm Professor sage ich, warum ich fort muß, und er soll den schändlichen Menschen nicht heilen, der soll keinen Baum mehr sehen, keine Blume, kein Menschen=gesicht; blind soll man ihn in die Grube einscharren bei leben=digem Leibe . . .

Unser Professor kam heraus und sagte mir:

„Dein neuer Patient ist das gerade Gegenteil von dem Sternkundigen, der lauter Gutherzigkeit war; dieser ist voll Bosheit und Giftigkeit auf die Welt, weil das Leiden über ihn gekommen. Ja, Kind, wir dürfen nicht fragen, ob einer gut oder schlecht; wir wissen nur, er ist krank, und wir müssen helfen, so viel wir können. Ist dein neuer Patient bösartig, so muß er gerade um so mehr gutartig behandelt werden; ich habe das Vertrauen zu dir, daß du das kannst."

Er ging mit dem Assistenten die Treppe hinab, und ich hörte noch, wie der Assistent sagte: „Nennen Sie dem Manne

meinen Namen nicht. Ich kenne ihn von früher, ich ſtand bei
ſeiner Schwadron."

„So? Da müſſen Sie mir von ihm erzählen. Er war
offenbar ein gewaltthätiger Menſch, ich habe das auch an mir
erfahren. Ich habe ihn eigentlich nicht ins Haus aufnehmen
wollen und habe es nun doch gethan."

Er nannte auf lateiniſch eine Krankheit.

Die Schritte der beiden Männer verhallten, ich ſtand am
Treppengeländer und mußte mich dran feſthalten, ſo ſchwindelte
mir. Jetzt aber kam über mich, was die Doktorin geſagt hat:
„Man kann ſich nicht zwingen, ſeinen Feind zu lieben, aber
man kann ſich zwingen, ihm zu helfen und ihm Gutes zu thun.

Das muß ich, das kann ich, das will ich.

Achtundzwanzigſtes Kapitel.

Ich ging in die Stube, der Rittmeiſter ſtand am Fenſter,
er wendete ſich um und fragte:

„Biſt du's, Schaller?"

Mir zitterte das Herz. Alſo der Schaller kommt auch?
Der wird mich erkennen. Ich ſagte, daß ich es ſei und er
erwiderte barſch:

„Geh! Nein, bleib. Sag', was ſieht man hier vom
Fenſter aus?"

Ich ſagte, daß an dieſem Fenſter eine hohe Tanne ſtehe,
da ſehe man nicht viel, aber vom andern Fenſter überſchaue
man den See und die Alpen.

„Du haſt eine ſonderbare Stimme," ſagte er, „biſt du
eine Schweizerin?"

Er wartete nicht, bis ich antwortete, und fragte wieder:
„Woher kommt die Muſik, die man jetzt hört?"

„Vom Dampfſchiff auf dem See. Der Wind trägt manchmal den Klang hier herauf."

„So? Die Welt iſt luſtig. Sie fahren mit Muſik auf
dem See. Nun geh! Nur noch eins. Betrüg' mich nicht.
Ich merke alles. Nun geh!"

Ich ging ins Nebenzimmer und war froh, daß ich mich
ſetzen konnte.

Muß ich nicht dem Profeſſor ſagen, was der Rittmeiſter
uns daheim angethan hat? Nein, ich trag's beſſer ſtill . . .

aber dem Ronymus muß ich doch sagen, was mir auferlegt ist? Nein, dem auch nicht. Ich will alles allein ...

Der Rittmeister im Nebenzimmer pfiff, er pfiff wunderschön, ganze Musikstücke.

Die Thür ging auf, der Rack kam herein.

„Ist nicht ein Hund bei dir?" rief der Rittmeister, er hatte ein wunderbar scharfes Gehör. Ich bejahte und befahl dem Rack, daß er zu dem Herrn gehe; er folgte mir zum erstenmal nicht grabaus, ich mußte ihm streng befehlen.

Der Rittmeister betastete den Hund und sagte, das sei keine reine Rasse, der Hund stamme von Schäfer- und Hühnerhund ab. Rack sah mich an, wie wenn er jedes Wort verstanden hätte; er war gegen alle Menschen gut, nur gegen den Rittmeister nicht. Wer weiß, woran so ein Hund merkt, daß das kein braver Mann ist.

Alle Kranken hatten eine Freude dran, wenn ich ihnen ein Hauptstück vom Rack erzählte. Ich sagte zum Rittmeister: „Das ist ein kluges Tier. In einer bestimmten Ecke steht eine Gießkanne. Wenn der Rack Durst hat, nimmt er den Henkel ins Maul und trägt die Gießkanne herbei, daß man ihm Wasser eingieße, das er mit seiner langen Zunge ausleckt, und dann trägt er die Kanne wieder an ihren Platz."

Der Rack schüttelte den Kopf, während ich das erzählte: diesem Manne solltest du die Geschichte nicht erzählen. — Und er hatte recht. Denn der Rittmeister sagte: „Solche Geschichten gehen mich nichts an."

Ich wußte sonst immer den Leuten allerlei zu erzählen, jetzt aber wußte ich nichts mehr.

Ich mußte nun den Rittmeister an der Hand führen und ihm sagen, wo alles in dem großen Zimmer stehe, die Tische, die Stühle und das Bett.

„Ist kein Spiegel im Zimmer?" fragte er. Ich sagte nein, und er lachte.

„Freilich, man sieht sich ja selber nicht. Erlaube, ich will mit der Hand erkennen, wie du aussiehst."

Er fuhr mir mit der Hand übers Gesicht, ich gab ihm mit der Faust einen Stoß, der wahrscheinlich ärger als nötig, und er sagte:

„Gut, soll nicht mehr geschehen. Ist noch Tag oder schon Nacht?"

Ich sagte, daß eben die Sonne untergehe, und er rief wieder in seinem befehlerischen Tone: „Geh!" Er war gewohnt, die Menschen hin und her zu schieben, als wären sie Stühle.

Ich stand im andern Zimmer am Fenster und sah hinaus, da war Himmel und Erde und Wasser wie lauter rotes Gold. Ich wendete mich zurück, ich wußte nicht, warum.

Da hing an der Wand das Bild von dem großen Doktor von Berlin, und ich mußte denken: O du! vielleicht hast du auch einmal einen Feind von dir, gewiß hast du auch schlechte Menschen geheilt. Du hast nichts gewollt als helfen. Ich kann nicht, was du kannst, aber was ich vermag, das will ich thun.

Wie ich das so dachte, war mir's, als ob er mir zulächelte.

Ja, es war doch wunderbar. Andern Tages sagte mir unser Professor, er habe die Nachricht bekommen, daß gestern abend bei Sonnenuntergang der große Doktor von Berlin gestorben sei. Und in derselben Stunde hatte ich an ihn gedacht, und er mußte in seiner Sterbestunde gefühlt haben, wie vielen Menschen er die Sonne wiedergegeben.

Neunundzwanzigstes Kapitel.

Tags darauf war der Rittmeister anders geworden und ich auch.

Als ich beim Erwachen dran dachte, wen ich zu pflegen habe, meinte ich wieder, ich könne es nicht und dürfe es nicht; ich könnte auch keine treue Pflegerin eines Menschen sein, den ich in Grund und Boden hinein verfluche. Ich habe bisher meine Pflicht gethan, jetzt müßte ich ungetreu an meiner Pflicht werden. Das muß ich dem Professor sagen. Und wieder dachte ich, was geht's dich an, wer der Kranke ist? Und er ist ja gestraft; er kann nicht mehr nach seinen Gelüsten leben, er muß sich fügen und hat keinen Willen mehr; man muß doch Erbarmen mit ihm haben, und er ist ja doppelt elend, blind mit einem bösen Gewissen.

Der Rittmeister rief mich und fragte, ob schon Tag sei, und dann sagte er, er sei gestern gewiß bös und heftig gewesen; man solle ihm das nicht verübeln, er leide bittere Schmerzen und dazu solche, die man mit keinen noch so feinen Instrumenten heilen könne.

„Ich war mit sehenden Augen blind," schloß er.

Eben als er das gesagt hatte, begann die Klavierspielerin über ihm, und mit heftiger Stimme rief er:

„Das dulde ich nicht, das darf nicht sein."

Ich mußte den Professor rufen. Dieser erklärte dem Rittmeister, er solle es versuchen, sich an dem schönen Klavierspiel zu erfreuen, statt sich zu ärgern; wenn das in zwei Tagen nicht der Fall sei, werde man ihm andere Zimmer anweisen.

„Warum mir? Warum nicht dem Klavierklimpernden?"

„Ich muß bitten, etwas ruhiger mit mir zu reden," sagte der Professor. „Sie müssen Selbstbeherrschung und Fügsamkeit lernen; durch Ihre Heftigkeiten verschlimmern Sie Ihren Zustand und stören die Pflege und Heilung."

Ganz gebändigt und zahm fragte nun der Rittmeister, wer es denn sei, der da oben Klavier spiele. Unser Professor erzählte von der Frau, die in Gram um ihren verlorenen Mann erblindet sei und bald ihre letzte Lebenskraft aufgezehrt haben werde.

„Ist das auch wahr, was Sie mir da erzählen?"

Scharf entgegnete der Professor:

„Herr Baron, ich verlange, daß Sie keine derartige Redensart mehr gegen mich gebrauchen. Sie sind kein Kind, und ich bin kein Märchenerzähler."

Der Rittmeister hat's gespürt, mit dem darf man nicht spaßen. Ich muß sagen, ich hatte den Professor noch nie gegen einen Kranken so scharf gesehen; unser Professor mußte mehr von ihm wissen, als ich meinte, jedenfalls wollte er ihn bändigen.

Wieder ganz sanft brachte der Rittmeister vor: „Verzeihen Sie einem Schwergekränkten, will sagen einem Schwerkranken. Also solche Liebe gibt es wirklich in der Welt? Ich will's glauben, ich muß Ihnen ja glauben."

Als der Professor weggegangen war und die Frau weiter spielte, pfiff der Rittmeister zu der Musik über ihm.

Plötzlich rief er mich und sagte, ich solle hinaufgehen zu der Frau und anfragen, ob er nicht zu ihr kommen und in ihrem Zimmer zuhören dürfe; er könne auch vierhändig mit ihr spielen.

Ich sagte, daß man nicht von einem zum andern ohne Wissen des Herrn Professors Botschaft bringen dürfe. Da schrie er wieder:

„Verdammt! Sind denn die Kranken hier Strafgefangene?"

Ich dachte: Du verdienst, Strafgefangener zu sein, in Ketten und Banden. Mein ganzer Haß war wieder da. Ich pflegte ihn aber doch wie jeden andern. Etwas in mir sagte mir freilich, daß ich heuchle. Gehe ich nicht selber dabei zu

Grunde, wenn ich das ſo weiter treibe? Ich ſchämte mich vor
jedem guten Wort, das ich ſagen mußte, ich kam mir beſtändig
wie unſauber vor, wie ungewaſchen. Ich hatte keinen rechten
Schlaf mehr, ich war unzufrieden mit allem und mir ſelber
zur Laſt.

Eines Tages kam der Hausmeiſter und brachte einen Brief,
der Rittmeiſter fragte, wer hier den Kranken vorleſe; der Haus⸗
meiſter ſagte, er ſei Vertrauensperſon.

„Gut, leſen Sie mir zuerſt die Unterſchrift.“

„Bergſchinder. Ein eigentümlicher Name!“

„Es gibt auch ſolch einen Kerl nicht zum zweitenmal auf
der Welt. Leſen Sie den Brief und bleib du nur, Gitta, ich
habe kein Geheimnis mehr.“

In dem Briefe ſtand vieles, was wir nicht verſtanden.
Der Schaller ſchrieb, daß ſich noch nicht beſtimmen laſſe, wann
er komme, und zuletzt hieß es ungefähr:

„Sei froh, daß du den Drachen los biſt. Dir ſind die
Augen verbunden, aber du wirſt nicht hingerichtet, ſondern her⸗
gerichtet zu neuem luſtigen Leben.“

Der Rittmeiſter lachte gezwungen, dann fragte er mich,
ob ich gut leſen könne; ich bejahte, und nun beſtimmte er, daß
ich ihm fernerhin die Briefe vorleſen ſolle, er habe Vertrauen
zu mir.

Ich habe ihm auch Bücher vorleſen müſſen, und bei
Schurkenſtreichen, wo ich voll Abſcheu war, hat er oft drein
gerufen:

„Das iſt prächtig! Das ſind findige Kameraden!“

Ich habe ihm auch eine Geſchichte von der Blutrache vor⸗
geleſen, und er fand es ganz in Ordnung, was da geſchieht.

Nur einmal ſprach er ſich über die Frau aus, die ihn
verlaſſen hatte.

Das kam ſo.

Die Fürſtin gab zu ihrem Abſchied in unſerer Anſtalt ein
Konzert oder einen Feſtſchmaus, ich weiß nicht, wie ich es heißen
ſoll; es war eben wunderſchön.

Die Fürſtin hat gar herrlich auf der Harfe geſpielt, und
in Dankbarkeit, weil ſie doch ſo weit geheilt war, wollte ſie allen
Kranken, die aus dem Zimmer durften, im großen Saal vor⸗
ſpielen. Unſer Profeſſor ließ mich zur Fürſtin rufen. Die
ganze Sache war nicht ohne Gefahr, denn die feine Muſik
konnte die Menſchen ſo angreifen, daß ſie weinten und ſich
damit Schaden anthaten. Es wurde daher ſtrenge Auswahl
getroffen.

Glückseliger sind noch selten Menschen durch die Musik
gewesen. Da saßen Männer und Frauen, alte und junge, sie
sahen einander nicht, aber sie hörten alle die Klänge, die so
sanft zu Herzen dringen. Ein Wildheuer, der sein Lebtag so
was nicht geahnt, rief plötzlich bei einer leisen Weise:

„Ich bin im Himmel! So müssen's die Engel im Himmel
machen!"

Außer dieser kleinen Störung war alles gut abgelaufen.

Der Rittmeister war auch eingeladen, aber er lehnte heftig
ab und sagte:

„Ich will keinen Harfenton mehr hören, sie" — er meinte
damit seine Frau — „hat ja auch Harfe gespielt."

Dreißigstes Kapitel.

Der Assistent, der, wie gesagt, auch Soldat war, hat mir
die Geschichte des Rittmeisters erzählt. Ich muß ihn Rittmeister
nennen, obgleich er's nicht mehr war.

Wie jeder Soldat sauber und in Ordnung daher kommen
muß, so ist's auch im ganzen; die Offiziere dulden keinen unter
sich, der einen Schmutzflecken auf seiner Ehre hat, das gehört
zu ihrem Ehrenstand.

Der Rittmeister hat das schönste und stolzeste Mädchen
geheiratet, er hatte in allem der Vornehmste sein wollen, und
es hieß doch, daß sie ihn nicht gern habe, warum, wußte man
nicht, vielleicht konnte sie überhaupt niemand gern haben. Er
hat aber gemeint, wenn er recht viel Aufwand mache und ihr
alles gewähre, was sie nur mag, dann kriege sie ihn gern.
Und so hat er seine Ehre und sein Gewissen dran gegeben und
zuletzt Gut und Blut von anderen geraubt, damit seine Frau
ihn gern habe. Aber Liebe läßt sich nicht kaufen, und ein
Mann, der sie so erwerben will, verdient keine.

Der Assistent hatte noch Mitleid mit dem Rittmeister, ich
nicht, ich hatte keins. Wenn die Frau ihn nicht mochte, sollte
er sie nicht nehmen oder sie laufen lassen; da könnte man noch
Respekt haben, aber so?

Was zuerst vorgefallen ist, wußte der Assistent nicht. Der
Rittmeister hat die schönsten Pferde gehalten — er und seine
Frau sind oft ausgeritten, und die Leute sind auf der Straße
stehen geblieben und haben ihnen nachgeschaut — er hat viel

mit ſeinen Pferden hin und her gehandelt und auch hoch ge=
ſpielt. Kann ſein, daß dabei oder im Dienſt was vorgefallen
iſt, man weiß es eben nicht; aber eines Tages hat der Ritt=
meiſter ſeinen Abſchied gefordert und hat ihn bekommen.

Der Rittmeiſter hat Pferde laufen laſſen auf Wettrennen,
ich weiß nicht wo überall; er hat groß Geld eingenommen.

Aber einmal iſt es an den Tag gekommen. Die Offiziere
hatten ſchon lang nicht gern, daß er ſich ſo vorn dran machte;
Rittmeiſter hin und Rittmeiſter her, hieß es immer, und die
Frau fuhr nicht anders als vierſpännig und kutſchierte ſelber.

Sie haben ihm alſo aufgepaßt und endlich haben ſie ihn
gepackt.

Der Jockey auf einem berühmten Pferd, auf das große
Wetten geſetzt waren, fiel kurz vor dem Ziel vom Pferd, und
da iſt's an den Tag gekommen. Der Jockey geſtand, daß der
Rittmeiſter ihn beſtochen habe, und da iſt Gericht gehalten
worden; der Rittmeiſter wurde mit Schimpf und Schande aus=
geſtoßen und durfte ſich nicht mehr Rittmeiſter heißen, er
mußte noch froh ſein, daß er nicht vor das öffentliche Ge=
richt kam.

Hätte man ihm das nicht geſchenkt, ſo wäre mein Vater
nicht ins Elend gekommen. Darum alſo hat er damals dem
Vater geſagt, er ſolle ihn nicht Rittmeiſter, ſondern nur bei
ſeinem Namen, Herr von Haueiſen, nennen.

Der Ronymus hat damals, als ihn der Vater aus dem
Dienſt jagte, von der Sache gewußt, aber noch nicht alles, und
damals hat der Rittmeiſter Streit angefangen, damit er den
Vater in den böſen Geſchäften und im Unglück ſitzen laſſen kann.

Es iſt wahr, der Mann iſt hart geſtraft, die Frau hat ihn
verlaſſen, und er iſt am Erblinden, aber er verdient noch mehr,
tauſendmal mehr.

Ich hab's anders erfahren, als die Pfälzer Doktorin.

Es ſteht freilich geſchrieben: Liebet eure Feinde! Aber das
kann man nicht; ſag' mir keiner, daß man das kann, der Spruch
muß nicht ſo gemeint ſein. Gutes thun dem Feinde, das kann
man; aber es ſoll mir niemand ſagen, daß das leicht ſei.
Wenn der Feind bettelarm iſt, ihm Geld geben und forthelfen,
das kannſt du; du gibſt von deinem Eigentum her und bleibſt
für dich, was du biſt. Aber ſtündlich wachen, Geduld haben
und ſanft zureden und tröſten — ich weiß, was das iſt, und
wer das nicht ſelber probiert hat, weiß es nicht und darf nicht
mitreden.

Ja, noch ärger iſt's gekommen, denn das iſt doch das

Aergste, wenn einem das entleidet wird, womit man bis daher
so glücklich war und es für eine Aufgabe von Gott gehalten
hat und froh war, sie erfüllen zu können. Mich plagen die
Gedanken: Warum muß gerade ich die Krankenpflegerin sein?
Warum ist gerade mir das auferlegt? Ich hab's genug. Ich
will auch draußen sein, wo es lustig hergeht.

Ja, ich hab's gespürt, daß ich untreu werde, und habe,
wie man sagt, mein Herz in beide Hände nehmen müssen, um
wieder zu mir zu kommen und um nicht gegen den Verderber
von meinem Vater und von mir loszufahren. Ich habe aber
doch nun dem Professor sagen wollen, ich könne den Mann
nicht pflegen.

Ich stand schon vor der Thür des Professors, da hielt ich
still und sagte mir: Nein, ich weiß selber, was ich will und
was ich muß, und ich will's beweisen.

Ich kehrte um und that meine Pflicht.

Und ich habe meine Pflicht gethan, wie wenn das ein
Mensch wäre, von dem ich weiter nichts weiß, als daß er
krank ist.

Ich hatte mir aber doch zu viel zugemutet.

***

Einunddreißigstes Kapitel.

Ich habe meine Schuldigkeit gethan bis zum Ende, nein,
nur bis einen Schritt vor dem Ende.

Es wird mir schwer, aber ich muß alles erzählen . . .

Der Rittmeister wollte von unserm Professor wissen, ob
die Heilung sicher sei, er fragte gar viel, der Professor aber sagte:

„Fragen Sie nichts weiter. Was ich Ihnen zu sagen
habe, werde ich schon von selber vorbringen; und Sie sind ja
ein Mann —"

„Und ein Soldat, der der Gefahr ins Auge schaut. Ich
bin stark. Versprechen Sie mir, daß Sie mich nicht chlorofor=
mieren."

„Das thue ich nicht. Ich wiederhole Ihnen: die Operation
ist in meiner Hand, die mögliche Heilung in der Ihrigen. So
lange Sie so heftig und aufgeregt sind, operiere ich Sie nicht.
Sie müssen vorher lernen ruhig und geduldig sein, um es nachher
üben zu können. Also zeigen Sie Ihren Mut durch Geduld
und Fügsamkeit."

Ich hatte den Professor noch mit keinem Kranken so scharf reden hören, wie mit dem Rittmeister. Er hat gewußt, warum.

Eines Tages wurde ich auf den Hausflur hinaus gerufen, und wer stand da und zitterte am ganzen Leib und konnte lang kein Wort herausbringen? Der Ronymus.

·Endlich sagte er:

„Ich hab's erfahren, der Rittmeister ist hier in eurer An= stalt. Der Diener, der ihn hierher begleitet hat, ist Lohndiener bei uns geworden. O, unser Herrgott weiß, wohin er den Schlag zu führen hat. Der Rittmeister ist schlecht, aber es hat noch ein Schlechteres da sein müssen, um ihm den Lohn zu geben. Die Frau, die hat Gott geschickt, er kann auch Teufel schicken; sie hat ihn verlassen, hat viel Geld mitgenommen und ist mit einem andern davon. Und was noch das Lustigste ist, er denkt noch immer an sie und möcht' sie wieder haben. Ich will dir's nur sagen: wenn der Rittmeister wieder herauskommt, will ich ihm zeigen, wer ich bin."

„Womit?"

„Herausgeben muß er, was er deinem Vater geraubt hat, und du, die Prinzeß vom Schlehenhof, sollst nicht Dienst= bote sein."

„Laß das mit der Prinzeß. Laß dir im Ernst sagen: wenn der Rittmeister auch alles herausgäbe, kann er meinen Vater wieder lebendig machen?"

„Nein, das kann er nicht. Aber das Geld —"

„Dazu kann man ihn nicht zwingen."

„Mag sein, aber du gibst mir Bescheid, wenn er fortgeht, und dann soll er spüren, was die da vermögen."

Er ballte beide Fäuste, aber er lächelte, als ich sie ihm auflöste und ihm das Versprechen abnahm, sich weiter nicht mehr um den Rittmeister zu kümmern.

„Hast du ihn schon gesehen?" fragte er mich; ich sagte schnell, ich hätte Eile. Ich konnte nun doch dem Ronymus nicht sagen, daß gerade mir auferlegt war, den Elenden zu pflegen.

Als ich wieder allein war, hatte ich das Gefühl, wie wenn jemand die Hand über mich hielte; ich bin geborgen und ge= schützt, ich habe einen Menschen am Ort, den ich anrufen kann, wie einen leiblichen Bruder.

Ich hatte doch hier manche, die mir gut waren, aber so ein getreuer Mensch aus der Jugend, das ist doch noch anders, da steckt die Liebe drin von allem, was daheim. Daß ich den Ronymus schon damals gern gehabt habe, wie eine Frau den

Mann, das kann ich nicht sagen. Ich sehe wohl, wie es in
ihm ist, aber in mir ist das nicht. Wenn der Rittmeister
wieder fort ist, dann hab' ich das Schwerste überstanden,
alles andere wird mir leicht werden, und mein Leben lang bleib'
ich hier.

Der Ronymus, die gute Seele, wird sich auch drein finden.
Es ist hart, aber es muß sein ...

Zweiunddreißigstes Kapitel.

Es war am Samstag vor jenem Sonntag, der Professor
hatte früh morgens über Land gemußt und konnte erst spät
abends zurückkehren, da erhielt ich einen Besuch von meinem
Schwager aus Rheinfelden. Er sagte, daß er Geschäfte hier
gehabt und doch nicht umhin gekonnt habe, mich aufzusuchen,
obgleich ich seit Jahren mich weder der Agnes noch viel weniger
seiner und seiner Angehörigen erinnert hätte. Ich mußte mein
Unrecht eingestehen, ich begriff selber nicht, daß ich, in ständiger
Anspannung für die Kranken, alles andere übersehen hatte.

„Drum spanne jetzt aus," sagte der Schwager, „du siehst
übel aus, ganz anders, als ich gemeint hab'. Du strengst dich
zu arg an. Komm jetzt auf ein paar Wochen zu uns und ruh
dich aus und laß dir's wohl sein. Du bist uns lieb und wert,
und der Agnes bist du es auch schuldig, daß du nach ihr siehst;
du bist die einzige Schwester von ihrer Mutter selig."

Was war das? Das war ja eine Handreichung wie vom
Himmel herunter, die mich von dem Elend losmacht.

„Besinn dich nicht lang," drängte der Schwager, „in dem
Hause hier ist's ja, wie wenn die Sonne nicht schiene. Ich
weiß nicht, wie du es hier aushältst. Jedenfalls wirst du in
ein paar Wochen bei uns wieder rote Backen kriegen. Sprich
mit deinem Professor, er muß dir Urlaub geben. Oder soll ich
an deiner Statt mit ihm reden?"

Ich mußte erklären, daß der Professor abwesend sei und
erst spät abends heimkehre.

„Dann bleib' ich hier über Nacht," sagte der Schwager,
„und morgen ist ja ohnedies Sonntag, und da reisen wir wieder
miteinander, weißt, wie damals, wo du auch aus aller Be-
trübnis heraus wieder heiter geworden bist. Das ganze Städtchen
und die ganze Gegend wird sich freuen, wenn du kommst. Es

ist noch oft von dir die Rede. Droben in Heiden ist es nicht
mehr wie zu deiner Zeit und der von dem berühmten Doktor.
Ich hab's in der Zeitung gelesen, er ist gestorben. Der Fruchthändler von Rorschach ist auch gestorben. Sei froh, daß du
ihn nicht geheiratet hast, du wärst jetzt Witwe mit einem Haufen
Kinder. Aber der Sträußlesoberst lebt noch, er kommt zu uns
und fragt oft nach dir. O! Wie wird sich alles mit dir
freuen, und besonders die Agnes, und meine andern Kinder
denken auch an dich und singen die Lieder, die sie von dir gelernt haben."

Helle Freude, Freiheit und Sonnenglanz ging vor mir
auf, als der Schwager so redete, und es fügte sich ja so schön:
derweil ich draußen war, konnte der Rittmeister unsere Anstalt
verlassen, und er brauchte nicht zu wissen, wer ihn gepflegt
hatte; es bangte mir ja ohnedies vor der Stunde, wenn er mich
sehen und mir danken wird. Nein, er soll mich nicht sehen, mir
nicht danken.

Ich saß still aufatmend, da sprach der Schwager weiter,
man rühme meine Geschicklichkeit, und daß ich eigentlich Assistent
sei und meinen bestimmten Anteil an dem Lohn für die Heilungen
habe. Ich mußte das verneinen.

„Aber ein gut Stück Geld hast du doch zurückgelegt?"
fragte der Schwager. Ich hatte kein Hehl, ihm die Summe
zu nennen, und daß der Professor mir dieselbe in der Sparkasse angelegt habe.

Der Schwager fand mein Besitztum weit unter seiner Er-
wartung und fügte noch hinzu, daß die Sparkasse viel zu niedere
Zinsen gebe. Leichthin erzählte er dann, daß er einen Anbau
an seinem Haus machen wolle, er ziehe nicht gern Geld aus
dem Geschäft, weil er es da besser umtreibe; wenn ich ihm aber
mein Erübrigtes übergeben wolle, so werde er dafür eine
Hypothek aufs Haus eintragen lassen und mir doppelte Zinsen
geben.

Ich erklärte, daß ich von Geldgeschäften nichts wissen wolle;
ich hätte in meiner Jugend genug davon zu leiden gehabt.

„Ja so," nahm der Schwager auf, „du meinst vielleicht
gar, ich rechne dir auf, was ich an deinem Vater verloren habe?
Fällt mir nicht ein. Was kannst du dafür? Da hättest du
viel zu thun, wenn du alles wieder glatt machen wolltest. Das
geht dich nichts an. Und dein Vater selber hat ja auch nichts
davon gehabt, der Schurke von Rittmeister hat ihn ja ausgeraubt."

Da war's wieder! Der da drin liegt und den ich pflege,

hat meinen Vater nicht nur ausgeraubt, er hat ihn auch ver=
leitet, daß er andere in Verlust brachte.

„Jetzt siehst du plötzlich wieder so traurig aus," nahm der
Schwager auf, „thut mir leid, daß ich von Geldsachen mit dir
geredet habe. Laß es ungesagt sein. Da hast du meine Hand
drauf, daß ich nichts mehr davon erwähne. Laß dein Geld auf
der Sparkasse. Du hast recht. Aber jetzt lasse ich nicht nach,
du mußt mit mir heim, sonst meinst du, ich wäre wegen des
Geldes gekommen. Ich kann haben, wo ich will. Und du
sollst sehen, daß du uns lieb und wert bist, wie eine Schwester."

Er hat mir aus gutem Herzen zugeredet, aber es war
vorbei, ich gehe nicht mit; die Geldsache hat mir plötzlich alles
wie mit Asche zugedeckt; ich will nichts von der Welt draußen,
ich bleibe hier auf meinem Posten, mag kommen, was da will.

Ich bat den Schwager, mir die Agnes zu schicken, ich wolle
die Reisekosten bezahlen. Er erwiderte, daß er sie einmal ge=
legentlich mitbringen werde, und stand auf. Ich sagte ihm,
daß der Ronymus hier bei Baur am See wäre, er solle ihn
besuchen. Der Schwager entgegnete, daß er dem Sohne des
Weger zulieb nicht drei Schritte gehe. Ich habe mich zurück=
gehalten, den Hochmut zu widerlegen. Und so war der Abschied
weit weniger herzlich, als der Willkomm gewesen, obgleich der
Schwager noch bei der letzten Handreichung wiederholte, ich möge
bald zu Besuch kommen.

Als er fort war, fiel mir erst ein, daß ich der Agnes hätte
was schicken sollen; ich hätte ihr den Anhenker vom Rittmeister
schicken können. Aber nein, sie sollte kein Andenken tragen
von dem Verderber ihres Großvaters.

Ich hörte die Lokomotive pfeifen von dem Zuge, mit dem
der Schwager heimwärts fuhr. Wie gut wär's, wenn ich auch
dort mit fortgezogen würde. Es hat so kommen müssen, wie
es gekommen ist . . .

In der Nacht vor der Operation des Rittmeisters starb
die Frau, die sich die Augen ausgeweint hatte.

Der Rittmeister schlief fest, geräuschlos war der Professor
mit dem Assistenten die Treppe herabgekommen; im Hause war
alles still.

Dreiunddreißigstes Kapitel.

Die Vorbereitungen zur Operation beängstigen die Kranken eigentlich noch schwerer als die Operation selbst.

Der Rittmeister hatte verlangt, daß man ihm den Tag nenne, und der Professor hatte ihm willfahrt. Als der Rittmeister früh erwachte, rief er mich und fragte:

„Ist schon Tag?"

„Es dämmert."

„Also heute entscheidet sich's, ob ich je noch einen Tag sehe oder ob ewig Nacht."

Er verlangte zu essen, und als ich ihm sagte, daß er vorher nichts essen dürfe, lachte er laut auf. „Also Fasten muß man auch lernen!" Dann lag er lange still, und endlich sagte er vor sich hin: „Ich habe ein ruhiges Gewissen ... Was seufzest du?" schrie er plötzlich auf. Ich hatte es unterdrückt, ihm zuzurufen: Du Räuber und Mörder! Wie kannst du von ruhigem Gewissen reden?

Der Rittmeister wurde hinabgeführt, er ließ alles mit sich geschehen ohne einen Laut. Unser Professor hat ihn chloroformiert, und wie ich ihn so leblos daliegen sah, griff es mich doch an; jetzt aber durfte man an nichts anderes denken, ich mußte alles in die Hand geben und aus der Hand nehmen.

„Wann fangen Sie an?" fragte der Rittmeister mit schwacher Stimme.

„Es ist geschehen, und jetzt nur ruhig, volle Ruhe," sagte ihm der Professor.

„Ist Gitta da? Gib mir die Hand, Gitta," sagte der Rittmeister mit wunderbar sanfter Stimme. Ich gab ihm die Hand und kann sagen, ich habe ihm von ganzem Herzen volle Heilung gewünscht. Aller Haß und aller Zorn war mir aus der Seele genommen. Ja, er soll sehend werden und wieder gut machen. Freilich, meinen Vater kann er nicht mehr zum Leben bringen. Aber daran darf ich jetzt nicht denken.

Als der Rittmeister wieder in sein Zimmer zurückgebracht war, fragte er: „Warum spielt die da oben nicht?"

Der Professor winkte mir zu und sagte, es dürfe jetzt nicht gespielt werden; man werde heute das Klavier fortschaffen.

Der Professor ging rasch davon. Der Rittmeister verlangte nach Rack. Das gute Tier hat's gewußt, daß man bald nach ihm verlangt; heut zum erstenmal ist er ungeheißen zum Rittmeister gegangen und hat den Kopf hingelegt, damit der Kranke seine Hand drauflege.

Der Rittmeister schlief bald ein, Rack zog sich leise zurück und legte sich vor mir nieder, er that, als ob er schlafe, aber oftmals blinzelte er zu mir auf. Immer wieder mußte ich denken, wie ist es denn möglich, daß der Hund so alles weiß? Rack aber schüttelte den Kopf, wie wenn er sagen wollte: Besinn dich nicht, du bringst es doch nicht heraus, so wenig als ich die Worte herausbringe, die ich dir sagen möchte. Wenn der Hund aber in diesem Augenblick zu reden angefangen hätte, ich hätte mich gar nicht darüber gewundert, und wie ich ihn jetzt bei den Ohren faßte und streichelte, da verzog er die Lefzen, wie wenn er lachen möchte und bedauerte, daß er das doch nicht könne.

Der Rittmeister wachte auf und frug: „Wie lang ist's, daß ich operiert bin?"

Ich sagte ihm, daß er nur eine gute Stunde geschlafen. Der Rittmeister sprach nun mit großer Erkenntlichkeit davon, wie geschickt und leicht der Professor alles gemacht habe. Ich konnte ihm dagegen von dem großen Doktor von Berlin reden, von dem er's gelernt hatte.

Ich in meiner Einfältigkeit erzählte weiter von dem großen Doktor und schüttete mein ganzes Herz aus. Mitten drin spürte ich's, daß es nicht wohlgethan war, diesem Mann das zu erzählen; aber ich habe doch fortgeredet, als wenn es sein müßte. — Dazwischen habe ich auch gedacht: wenn er hört, was es für heilige Menschen gibt, wird er sich in seiner Seele umwenden und einen andern Weg gehen.

Er sagte mir kein Wort darauf, und ich fragte, ob er nun nicht essen wolle; er bejahte. Ich klingelte danach, und eben als die Magd das Essen brachte, wurde über uns gerückt und gepoltert.

„Was ist?" frug der Rittmeister, „was ist? Wird das Dach über mir abgebrochen? wird das Haus eingerissen?"

Die Magd sagte: „Es ist weiter nichts, man bringt die Leiche der Frau fort, die sich die Augen ausgeweint hatte."

Ich stand in Verzweiflung, daß die alberne Person das heraus sagte und noch hinzufügte:

„Essen Sie nur jetzt."

„Fort! Fort!" schrie der Rittmeister und schleuderte das Geschirr auf den Boden, daß alles zusammenbrach, dann wendete er sich um. Das durfte er ja nicht, er durfte sich ja nicht bewegen.

Ich schickte nach dem Professor, er kam und sagte, es habe in diesem Fall nichts zu bedeuten.. Ich mußte nicht, was das heißen sollte.

Gegen Abend erwachte der Rittmeister wieder und verlangte zu essen, ich gab es ihm, und er sagte:

„Es ist doch nicht wahr. Nein, es gibt keine Liebe..."

Vierunddreißigstes Kapitel.

Es ist immer gut, wenn der erste Verband lang liegen bleiben kann; diesmal aber hat er bald abgenommen werden müssen, und als der Professor das that, sagte er mir, ich könne es künftighin schon allein. Er sagte mir das ganz anders als sonst.

Ich wußte nicht, ob ich recht sah, unser Professor hatte eine ganz andere Miene wie sonst; es schien, er hatte auch kein rechtes Herz zum Rittmeister und mußte sich gegen ihn Zwang anthun.

Eines Tages, als ich eben einen frischen Verband angelegt hatte, brachte der Hausmeister den Schaller, und mit ihm kam auch ein abgehauster Bezirksförster.

In den Jahren, seit ich den Bergschinder gesehen, hatte er stark gealtert und war wohlbeleibt geworden, aber sein glattrasiertes Gesicht sah noch immer aus, wie wenn da lauter Menschenfreundlichkeit daheim wäre; er schmatzte auch noch immer wie damals, wie wenn er Zuckerle im Munde hätte.

Der Rittmeister rief dem Bezirksförster zu: „Gehen Sie weg! Sie riechen nach Wein."

„Der Herr Rittmeister mag den Wein nicht riechen, weil er jetzt keinen trinken darf," lachte der Schaller, setzte sich in einen großen Stuhl, knöpfte sich die Weste über seinem dicken Bauch auf und sagte:

„Nun, edler Ritter, bin ich nicht ein prächtiger Kerl? halt' ich nicht Wort? he? Wie?"

Er hängte bei allem ein He, Wie an, daß man ihm antworten mußte. Der Rittmeister bat den Schaller, er möge den Professor ausforschen, wie es stehe, denn ihm selber sage er nichts.

Schaller ermahnte den Kameraden zur Geduld und hatte Worte wie ein Priester; dabei winkte er dem Bezirksförster zu, damit er auch aufpasse, wie er den Rittmeister zum Narren habe.

Plötzlich unterbrach sich der Schaller und fragte, wer ich sei. Der Rittmeister sagte, er frage nie nach Herkunft und

Lebensverhältnissen der Dienstboten, sonst müsse man im Notfall sich auch um sie kümmern.

„Vornehm! Vornehm!“ rief der Schaller, „wir können noch immer von den Vornehmen lernen.“ Als er jetzt auf mich zuging und mich musterte, hätte ich ihm gern die Augen ausgekratzt; aber ich hielt still.

Nun erzählte der Schaller von Gewinn und Verlust und anhängigen Rechtsstreitigkeiten; dann kamen Geschichten, die ich nicht verstand, aber sie lachten miteinander so unbändig, daß ich herzutreten und sagen mußte, der Kranke dürfe nicht so heftig lachen, das sei sehr schädlich, sie müßten ruhiger sein.

Wer weiß, ob die Raubgesellen nicht doch etwas davon gespürt haben, wer ich bin; die beiden Fremden sahen mich so verwundert an, und der Rittmeister sagte:

„Gut, wir wollen ruhiger sein. Ja, Schaller, sei ruhig. In diesem Haus muß man kuschen lernen. Bleib da, Gitta, wir wollen ruhiger sein.“

Und weiter sprachen sie miteinander. Ich sah hinaus in den Himmel und mußte denken: Lieber Gott, du mußt wissen, warum du deine Sonne auch über diese Menschen scheinen lässest, und du mußt wissen, warum du ihnen Verstand gegeben hast, daß sie ihre Nebenmenschen ausrauben können.

Ich hörte kaum mehr hin und mir schauderte, wie wenn ich in der Hölle dabei sein müßte, wenn die Schurken einander ihre schlechten Streiche erzählen.

Ich hörte vom Aussichtler reden, ich erfuhr seine Geschichte jetzt genauer.

Der Mann, der damals Uhrgehäuse machte, lebte glückselig auf der einsamen Höhe mit seiner wunderschönen Frau. Der Schaller hatte der Frau nachgestellt. Der Mann kam dazu, wie der Schaller die Frau umarmen wollte, und Mann und Frau haben dem Schaller eine tüchtige Tracht Prügel gegeben. Was that aber der Schaller? Er hat gesagt, er wolle den Mann schon härter strafen, als alle Gerichte können. Er hat Männer und Frauen geschickt — auch der Rittmeister hat sich dazu hergegeben — die haben dem Mann vorgeredet, sein Haus habe die schönste Lage im ganzen Land, die herrlichste Aussicht und die beste Luft; da müsse man ein Schloß herbauen. Der einfältige Mensch hat das geglaubt und ist davon ganz närrisch geworden, und die Frau ist im Elend gestorben.

Ich mußte wieder zum Himmel hinauf sehen: warum kommt keine feurige Rute vom Himmel herunter und peitscht diese Menschen?

Ich wollte nichts mehr hören. Aber still! Jetzt reden sie von meinem Vater.

Ich wußte doch, daß sie ihn zu Grunde gerichtet haben, aber wie, das erfuhr ich erst jetzt.

Sie haben ihn zuerst mit seinem Soldatenstolz eingefangen, und dann haben sie ihm eingeredet, er sei einer der gescheitesten Menschen, ein Schlaukopf, und eben das, daß er so gradaus thäte, wie wenn er ganz einfältig wäre, das sei das Klügste. Nun haben sie ihn einen namhaften Gewinn machen lassen, dann ein gut Stück davon verlieren, dann ein noch größeres gewinnen, und da haben sie ihn fest gehabt.

Ach, was soll ich das alles erzählen? Ich weiß es selber kaum mehr.

Nur das noch.

Es war so, wie der Schmaje damals gesagt hatte; der Schaller hat sich vom Vater übervorteilen lassen, und das hat ihn gefangen.

Daß sie meinen Vater zu Grunde gerichtet haben, ist hart, daß sie ihn aber auch zur Betrügerei gebracht haben, das ist noch das Härteste. Und der Rittmeister lachte noch über diese Kriegslist.

Jetzt sagte der Bezirksförster:

„Es soll ja noch ein Kind von dem Xander da sein. Weiß man nicht, was aus ihm geworden?"

Der Schaller sagte, er habe gehört, das Mädchen sei zu seinem Schwager nach der Schweiz und solle bildschön geworden sein.

„Wenn ich wieder gesund bin, suche ich sie auf," sagte der Rittmeister.

„Hast recht," sagte der Schaller, „bist ja so zu sagen wieder lebig. Geld geben kannst du ihr freilich nicht, aber deine Lebensrente ist noch immer gut ..."

Sie lachten wieder, ich weiß nicht, worüber, und ich begreife heute noch nicht, wie ich mich ruhig gehalten habe.

Die Männer gehen fort. Jetzt ist's genug, ich kann nicht weiter. Ich war fest entschlossen, ich bleibe keine Minute mehr beim Rittmeister, ich gehe zum Professor und sage ihm alles. Wie ich vor die Thüre komme, liegt der Rack auf der Schwelle, das hat er noch nie gethan, er ist immer zu mir herein gekommen; aber das Tier hat wohl geahnt, was für Schurken da sind, und will nicht hereinkommen. Wie ich still halte und das so denke, ruft der Rittmeister jammervoll mit aller Macht nach mir. Ich kann nicht anders, ich gehe hinein.

Fünfunddreißigstes Kapitel.

Der Rittmeister steht aufrecht mitten in der Stube und schreit:

„Gitta! Gitta! Wo bist du?"

„Da bin ich."

„Es sticht wie tausend Nadeln. Mach schnell, lockere mir den Verband."

Er setzt sich, ich stehe vor ihm, ich kann kein Wort hervorbringen, es würgt mich am Hals, aber ich lockere den Verband, und er sagt:

„Wenn ich gesund bin, kriegst du ein großes Geschenk von mir."

„Ich nehme nichts, von Ihnen gewiß nicht."

„Von mir nicht? Warum nicht? Von mir nicht?"

„Meine Mutter im Himmel hat recht gehabt, man kann einen mit einer goldenen Kette erwürgen."

„Was redest du? Was soll das heißen?"

„Ich will dir's sagen. Ich bin die Tochter des Xander."

Ich halte den Verband in der Hand, er schreit und schlägt auf mich los, ich schreie, und der Hund stürzt auf den Rittmeister los. Ich reiße ihm den Verband ab: „Da sieh mich, mich zuerst."

Er schreit: „Blind! blind! Xander!" Und stürzt auf den Boden.

Ich lasse ihn liegen und renne davon. Wohin, ich weiß es nicht. Ich höre noch hinter mir schreien: „Xander! Xander!"

Ich renne die Treppen hinab und verberge mich zuerst im Holzschuppen.

Wohin will ich? Ich weiß es nicht. Blind! blind! Xander! Xander! ruft's aus allen Steinen in der Wand.

Was ist geschehen? Was hab' ich gethan? Ich habe Rache genommen, ich habe den Feind geblendet. Ich liege auf den Knieen, und mir ist, als wäre ich in eine tiefe Schlucht geschleudert, und unter mir gurgeln die Wasser, und die Felsen über mir fangen an zu rollen.

Ich höre Rennen und Rufen im Hause.

Ja, es ist vorbei. Ausgelöscht alle die Gutthaten der vielen Jahre, ich habe Aergeres gethan als eine Mordthat, ich darf nicht mehr leben.

Ich kenne den Ausweg vom Holzschuppen auf die Straße, ich reiße die Thür auf und renne hinaus.

Da drunten ist der See. In den See mit dir, du Mörderin, du mehr als Mörderin!

Ich renne die Straße hinab. An der elektrischen Uhr halte ich an und verschnaufe. Es ist fünf Uhr, meine letzte Stunde.

Wie ich so fort renne, hält mich ein Mann auf und sagt:

„Freut mich, daß ich dich wieder sehe, Gitta. Aber was siehst du so verloren drein? Was ist dir? Kann ich dir mit etwas helfen?"

Es ist der sternkundige Professor, er hält mich am Arm fest. Ich will mich losreißen, er aber sagt:

„Kind, gutes Kind" — o wie mich das packt! — „gutes Kind, denk', ich wäre dein Vater."

„Mein Vater! Mein Vater! Ich habe Rache für ihn genommen."

„Was redest du?"

„Lassen Sie mich los."

„Kind, ich bin alt. Laß mich nicht auf der Straße mit dir ringen. Schau, die Leute sehen auf uns."

„Was gehen mich die Leute an?"

„Du thust mir weh, ich bin nicht stark genug."

„Ich will Ihnen nicht wehthun. Leben Sie wohl."

Ich reiße mich los und renne davon, erst drunten in der Ebene halte ich still. Da gehen jetzt am Sonntag so viel Menschen, Männer und Frauen, und lustwandeln, ich will ihnen ihre Freude nicht zerstören; wenn ich hier ins Wasser springe, wird man mich wieder herausziehen, nein, dort am Schänzeli, dort springe ich übers Geländer, wenn das Schiff abgeht, und die Wellen sollen mich gleich begraben.

Auf dem leeren Krahnen beim Winkelriedhaus sitzen Knaben und drehen sich lustig im Kreise; da draußen glänzen die weißen Häuser und die grünen Weinberge, helle Segel schwimmen auf dem See, Lustfahrende lassen sich hin und her treiben. Ich sehe das alles und denke doch ganz anderes, bin an einem ganz anderen Ort. Ich bin dort im ausgehauenen Wald in jener Nacht mit meinem Vater. Wir sitzen vor dem Dorfe, bis es Tag wird, und frieren . . .

Damals habe ich mir gewünscht, Rache zu nehmen, jetzt hab' ich sie genommen, jetzt ist's genug, aus, vorbei mit dem Leben —

Ich komme auf die Brücke zum Schänzeli, da ruft mir der Ronymus entgegen:

„Das ist schön, daß du auch einmal frei bist. Ich muß

nur noch ans Schiff. Sei so gut und halte mir meine Hand=
tasche, es sind große Wertsachen drin. Ich komme gleich
wieder."

Fort ist er, und ich habe die Tasche in der Hand. Ich
stehe da und sehe, wie das Schiff abstößt, drauf sind so viel
Menschen in Sonntagskleidern, und lustige Musik spielt. Sind
dort auch Menschen, die das gethan haben, was du? Fort mit
dir, du Augentöterin! Die Wellen klatschen ans Ufer, warum
springe ich nicht in die Wellen? Was geht mich die Tasche
mit den Wertsachen an? Was geht mich die ganze Welt an?
Wem gehört das Gold und Silber und die Wälder und Felder
und Häuser auf der Welt? Sie sollen sich drum streiten, wenn
ich tot bin . . .

Ich sehe den Ronymus kommen, und jetzt fährt mir's wie
ein Blitz in die Seele. Sterben — das ist nichts. Nein, du
hast gewollt, er soll wieder gut machen, der Schlechte, — und
du? Du willst davon? Nein, zurück mußt du und büßen und
gut machen mußt du . . .

Ich werfe dem Ronymus die Tasche hin und renne zurück
in die Anstalt, ich muß durch die vielen Menschen, die mir
entgegen kommen, wie wenn ich mich durch die Wellen im See
durcharbeiten müßte.

Sechsunddreißigstes Kapitel.

Als ich ins Haus eintrat, sprang Rack an mir herauf
und war voll Freude, daß ich wieder da. Dann legte er sich
demütig nieder, wie wenn er damit anzeigen wollte, daß er
wisse, er sei auch mit schuld.

Ich ließ mich bei dem Professor melden, er ließ mir sagen,
ich solle im Operationszimmer warten. Ich mußte da lange
still bleiben; ich betrachtete die großen Buchstaben an der Wand
und auch die zwei Worte, die da stehen, sie heißen: Geduld,
Hoffnung. Das wird den Operierten vorgehalten, ob sie es
lesen können. Ich las die Worte, ich sah die Buchstaben.
Was läßt sich aus diesen Buchstaben alles zusammensetzen!
Aber das, was ich zu sagen hatte, war noch nie damit zu=
sammengesetzt.

Endlich klingelte der Professor, daß ich zu ihm eintrete.
Er saß am Schreibtisch und schrieb. Ohne mich anzusehen,
sagte er:

„Setz dich.“

Er ſchrieb weiter. Endlich wendete er ſich und ſagte:

„Ich hab's gewußt, daß du wieder kommſt, und habe dich nicht ſuchen laſſen. Wir dürfen kein Aufſehen machen, die Ehre des Hauſes verlangt das.“

Ich brachte endlich die Worte heraus:

„Ja, ich habe nicht nur an dem Manne, ich habe an Ihrem ganzen Hauſe gefrevelt. Darf ich nun fragen, wie es dem Herrn Rittmeiſter geht?“

Der Profeſſor that die Brille ab, hauchte ſie an, putzte ſie, ſetzte ſie wieder auf und ſagte mit einer Stimme, die mir ganz fremd war:

„Ja wohl, du darfſt fragen. Er hat ſtark geblutet, iſt aber ſo ziemlich wohlauf.“

„Und er iſt blind?“

„Ja.“

„Und bleibt es?“

„Ja.“

Mir war, ich könnte nicht mehr atmen, nicht mehr die Augen aufmachen. Ich faßte mich und erzählte, wie alles geſchehen. Der Profeſſor blieb wieder lange ſtill. Ohne mich anzuſehen, ſagte er endlich:

„Es war unrecht von dir, daß du mir nicht ſchon lange geſagt haſt, was der Rittmeiſter an euch gethan. Aber pflichtvergeſſen, grauſam bleibt doch, was du thun wollteſt. Nun, ich habe das Vertrauen zu dir, daß du meinem Befehl gehorchſt.“

„Alles, alles. Was ſoll ich thun?“

„Zunächſt gar nichts. Du gehſt in dein Zimmer, verläſſeſt es nicht, bis ich dich rufe. Ich verlaſſe mich auf dich, daß du ohne mein Wiſſen nichts unternimmſt. Geh auf dein Zimmer, ſchließe ab und öffne niemand als mir. Oder beſſer, ich ſchließe dich ein. Gib mir die Hand, daß du dich ruhig verhältſt.“

Ich gab ihm die Hand, und ſeine ſonſt ſo ruhige, feſte Hand zitterte.

Er geleitete mich an mein Zimmer und ſchloß hinter mir ab.

Da ſaß ich nun, gefangen. Ich öffnete, ich weiß nicht warum, meine Truhe. Da war mein Erſpartes, meine Kleider, und da lag der Anhenker.

O Mutter! Mutter! Wie haſt du es geahnt!

Ich ſaß lange auf meiner Truhe, ich war in Gedanken bei den Toten, draußen aus dem Leben.

Es erleichterte mir das Herz, daß ich endlich weinen konnte.

Von der Stadt herauf läuteten die Abendglocken, jetzt kehren die Menschen heim vom sonntäglichen Lustwandeln und freuen sich auf die Ruhe der Nacht und auf die Arbeit am Morgen, und ich, was wird aus mir? Komme ich vor Gericht, und muß ich jahrelang büßen?

Ein Gefangener wendet die Worte, die ihm gesagt wurden, hundertmal herum. Der Professor hat deutlich gesagt, er wolle kein Aufsehen machen, die Ehre des Hauses verlange das — er wird mich nicht dem Gericht überliefern; was aber wird mit mir geschehen? Wie werde ich gestraft? Ich will es geduldig hinnehmen und büßen. —

Warum aber hat der Professor gesagt: „Was du thun wolltest? Wolltest?" Hab' ich's denn nicht gethan? Träume ich denn nur, daß ich's gethan, und hat er dann nicht gesagt, er ist auf immer blind?

Es kratzte an meiner Thür, der gute Rack wollte zu mir, er konnte nicht herein, und er winselte jammervoll.

Ja, ich soll mich lebenslang an keinem Menschen und an keinem Tier mehr freuen.

Was wird die Pfälzer Doktorin sagen, wenn sie's hört? Und der Ronymus? Ach, der gute Ronymus, die treue Seele, ihm kränkt's das Herz ab, daß ich so geworden, niemand auf der Welt hat mich so lieb wie er. Und jetzt, mitten in meinem Elend, ist mir's aufgegangen, daß ich ihn auch lieb habe, von Herzen lieb; jetzt mußte ich weinen, um ihn und um mich. Ich habe ihm abgewehrt, daß er dem Rittmeister etwas anthue, und jetzt hab' ich's selber gethan und so entsetzlich. Ich habe laut aufschreien müssen vor Jammer.

Ich habe jede Viertelstunde schlagen hören von den Türmen drunten in der Stadt, und einmal machte ich das Fenster auf und meinte, ich müßte mich hinausstürzen, aber ich habe dem Professor versprochen, daß ich nichts thue, ohne es ihm zu sagen; gewiß hat er gemeint, daß ich mich nicht selbst ums Leben bringe.

Und da drunten liegt der Rittmeister und kommt nicht mehr aus der Nacht heraus. Plötzlich wird mir, wie wenn's Tag würde. Ja, so ist's, so muß es werden.

Ich nehme mir vor, daß ich den Rittmeister nie verlasse, so lang er lebt; ich pflege ihn, als wäre er mein Vater, und ich will Gott danken, wenn mir nichts weiter auferlegt wird.

Ich mache das Fenster auf.

Eine Sternschnuppe fliegt am Himmel, wie wenn mir ein

Zeichen gegeben wäre, daß mein Opfer angenommen iſt. Gott
ſei Lob und Dank, ich kann noch Gutes thun...

Ich lege mich nieder, ich ſpüre entſetzlichen Hunger, aber
im Zimmer iſt nichts als Waſſer, ich trinke und muß denken,
wie ich mich töten wollte. Nein, nein, ich lebe noch und will
noch leben und Gutes thun.

Ich bin eingeſchlafen und wache erſt auf, wie es an mein
Zimmer klopft.

Siebenunddreißigſtes Kapitel.

Der Profeſſor war da und ſagte: „Ich weiß, du haſt eine
bittere Nacht verlebt; du haſt in einer einzigen Nacht ſieben
Jahre Gefängnis durchgemacht. Du haſt's verdient. Nun aber
kann ich dir den Troſt ſagen: du haſt den Rittmeiſter nicht
geblendet."

„Was ſagen Sie? So iſt er alſo geſund und ſehend?"

„Laß mich ruhig ausreden. Ich hatte ſchon vorher wenig
Hoffnung, habe indes doch noch an eine Möglichkeit der Heilung
geglaubt, aber alsbald nach der Operation war es entſchieden.
Alſo richte dich auf. Bei mir bleiben kannſt du, wie du ſelber
einſehen wirſt, fortan nicht mehr. Aber du ſollſt nicht verſtoßen
werden. Du bleibſt, bis etwas für dich ausfindig gemacht iſt.
Ich ſchreibe an die Doktorin, vielleicht weiß ſie Rat, oder ſie
nimmt dich ſelber zu ſich."

O! Wenn ein Verdammtes in der himmliſchen Seligkeit
aufwacht, es kann nicht glücklicher ſein als ich.

Ich ſagte aber gleich dem Profeſſor, daß ich mir vorgenommen, den Rittmeiſter nie zu verlaſſen und bei ihm zu
bleiben, wenn er mich haben will. Ich war doch ſchuldig, ich
hab's doch thun wollen.

Der Profeſſor ſah mich verwundert und mit heiterm Blick
an, ſchwieg aber lange, wie das in ſeiner Gewohnheit war.
Dann ermahnte er mich, ich ſolle nichts übereilen; er könne
mein Vorhaben überhaupt nicht billigen, und es ſei auch zu
bedenken, ob der Rittmeiſter ſich in ſeiner Wut nicht einmal an
mir vergreife.

Das hatte ich noch nicht überlegt, aber ich meinte doch,
daß da keine Gefahr ſei; ein Blinder iſt ſchwach, und ich bin
ſtark, ich will ihn aber durch Sanftmut beſiegen. Ich fragte,
ob der Rittmeiſter wiſſe, daß nicht ich es war, die ihn in Blind-

heit gestoßen, und der Professor erzählte, daß der Rittmeister
ihn einen Pfuscher genannt und noch viel Aergeres gescholt=
ten habe.

Ich verlangte, daß ich zum Rittmeister gehen dürfe. Ich
bat, mich allein zu ihm zu lassen; der Professor willfahrte mir
aber nicht.

Wir traten beim Rittmeister ein.

Er saß vorgebeugt im großen Lehnstuhl und hatte seine
Hand auf den Kopf des Rack gelegt. Er rührte sich nicht, da
er uns eintreten hörte. Als der Professor sagte: „Gitta ist
da und will Sie um Verzeihung bitten," stieß er den Hund
weg, richtete sich auf und sagte: „So? Und das soll alles sein?
Ich erwarte ein Telegramm meines Freundes Schaller, ein
Advokat soll euch zeigen, was mir gebührt und euch. Nun,
Gitta, freust du dich deiner Rache?"

Noch ehe ich antworten konnte, wiederholte der Professor,
daß meine That pflichtvergessen, daß aber auch ohnedies das
Augenlicht nicht zu retten war. Der Rittmeister murmelte Un=
verständliches vor sich hin, dann rief er: „Pfui! Ich bin gefangen
in der Herberge der Heuchler und Schelme. Ich bin über eure
Gaunerei noch nicht klar. Hat sie die Binde abreißen müssen,
damit Ihre Pfuscherei nicht an den Tag kommt; oder bekennen
Sie sich als Pfuscher, um die Geliebte des großen Doktors von
Berlin rein zu waschen?"

Mir schauderte, wie wenn einer aus der untersten Hölle
herauf spräche. So verdreht und verunreinigt dieser Elende
alles? O wie traurig! Der Mann ist so elend und so giftig.

Ich faßte mich und sagte ihm, ich lasse mich durch böse
Reden nicht abbringen, ich bekenne mich schuldig, ich habe ihn
im Zorn blenden wollen, und dafür wolle ich in Demut büßen
und dienen und ihn lebenslang nicht verlassen.

„Das willst du? Komm her, gib mir die Hand! Komm
näher!" rief der Rittmeister. Ich gab ihm die Hand, und er
drückte sie, daß ich meinte, er zermalmt sie. „Ich habe dein
Versprechen. Sie sind Zeuge, Sie, Sie da! Herr Professor,"
knirschte er. Ich riß meine Hand los und sagte:

„Sie haben mir wehe gethan, das muß das letzte Mal
sein. Ich sage Ihnen, ich halte mein Versprechen. Aber merken
Sie sich, ich bin stärker als Sie. Und wenn Sie noch ein
einzigmal, sei es, wie es sei, mich mißhandeln wollen, dann
verlasse ich Sie zur Stunde. Das ist meine Bedingung."

Es war still in der Stube, da wurde ein Brief gebracht.
Der Rittmeister verlangte, daß ich lese, und in dem Briefe hieß

es, Schaller sei am Schlagfluß gestorben mit dem Champagner=
glas in der Hand, das er eben geleert hatte.

Der Rittmeister biß die Lippen zusammen und gab keinen
Laut von sich. Als der Professor gehen wollte, rief er:

„Bleiben Sie, Herr Professor. Ich verlange eines, dann
verzichte ich auf alles.“

„Und was verlangen Sie?“

„Geben Sie mir Gift. Wozu soll ich noch leben?“

„Ich habe erwartet, daß Sie das von mir verlangen
werden, aber Sie konnten sich auch im voraus sagen, daß ich
Ihnen nicht willfahre. Ihr Herren wollt, daß wir anderen das
Leben als Pflicht ansehen, für euch aber soll es nur Genuß
sein, lustiger Trank, wo nicht, so zerschmettert ihr das Gefäß.
Sie wollen nicht mehr leben, aber Sie müssen, und Sie werden
noch dankbar werden.“

„Werde ich? Gut. Ich werde Ihre edeln Worte beherzigen,“
nickte der Rittmeister halb zustimmend, halb verdrossen.

Der Professor ging, ich blieb beim Rittmeister; er rief
mich zu sich und sagte, in seinem Koffer liege eine geladene
doppelläufige Pistole, ich solle sie ihm geben, er müsse sich er=
schießen, er könne nicht leben; er verlangte meinen Gehorsam
als einzige und letzte Sühne für meine That. Mir stand das
Herz still, aber ich faßte mich und sagte: „Wer bürgt mir dafür,
daß Sie sich selber und nicht mich erschießen?“

„Sieh da, du bist ja klug! Aber leg' mir die Pistole auf
den Tisch und geh aus dem Zimmer.“

Ich wiederholte, daß ich ihm nicht willfahre. Er erklärte
mir sehr eindringlich, daß ich mir zu viel zugemutet habe;
es sei nicht möglich, daß ich ihn pflege, ich müsse ihn immer
verfluchen.

„Und wenn du auch gut gegen mich wärst, wozu soll ich
noch leben?“

Da gab mir der Himmel das rechte Wort: „Sie müssen
noch leben, damit ich Gutes an Ihnen thun kann.“

Das hat ihn auch gepackt, es zuckte in seinen Mienen, und
er zitterte am ganzen Leibe.

„Du Gutes an mir? Ich will's glauben. Ich soll also
noch erleben, daß Gutes an mir gethan wird?“

Er legte sich nieder, und bald schlief er fest.

Achtundbreißigstes Kapitel.

Ich saß in der Nebenstube, da wurde mir gemeldet, ein Mann aus meiner Heimat lasse sich nicht abweisen, er müsse mich sprechen. Wer kann das sein?

Ich eilte auf die Hausflur, da stand der Weger, der Vater vom Ronymus.

„Kennst mich noch?" schmunzelte er, „nicht wahr, ich sehe ganz anders aus? Der Ronymus hat mich so hergerichtet, er hat mich herbestellt, hat mir das neue Gewand machen lassen. Aber komm in die Stube, ich hab' dir was zu sagen, was Gutes."

Drin in der Stube konnte sich der Weger nicht genug verwundern, wie ich so anders geworden, und das eine Mal sagte er, ich sehe ganz meinem Vater gleich, das andere Mal ganz meiner Mutter. Endlich kam er zu dem Beschluß, die Gestalt habe ich vom Vater und das Gesicht von der Mutter; nur die Stirn, die Nase und den Mund habe ich vom Vater. Ich mußte lachen und war ganz verwundert, daß ich noch lachen konnte.

Ich bat ihn, leise zu reden, denn ich habe einen Kranken in der Nähe, der jetzt schlafe.

„Ja, ist recht, daß du mich auf die Hauptsache bringst. Mit dem Krankenwärtern muß es ein Ende haben. Wir lassen dich nicht länger dabei, du, des Schlehhofbauern Tochter! Nein, das darf nicht länger sein. Wenn sie nur das auch noch erlebt hätte. Sie hat dich so gern gehabt, wie wenn sie dich unter dem Herzen getragen hätte. Laß mich nur weinen, das schadet nichts. Ich will, man soll mir auch einmal nachweinen. Ja, daß ich's nicht vergesse, noch vor ihrem Tod hat sie mir's auf die Seel' gebunden, daß ich dir das Geld einhändige von deiner halben Geiß und von deinen drei halben Gänsen. Ich hab's bei mir. Und von deinen Hühnern ist Nachzucht da, die bringe ich mit zu euch in das Lamm-Wirtshaus."

Ich verstand nicht, was das alles sein sollte, und es war schwer, den guten Weger zurecht zu bringen. Wie ich also fragte, was denn das mit dem Lamm-Wirtshaus sei, rief er:

„So? Das weißt du noch nicht? Du mußt es doch kennen, das große Einkehr-Wirtshaus drüben im Thal? Der Schmaje hat das ausgekundschaftet, es war sein letztes Geschäft. Und es sind Aecker und Wiesen dabei und auch ein Stück Weinberg und ein Stück Wald, alles, alles, und der volle Hausrat ist

auch da, man braucht gar nichts anzuſchaffen; da werdet ihr
ſchön und gut miteinander leben.   So? Alſo der Ronymus
hat dir noch nichts davon geſagt, daß er das Lamm gekauft
hat und daß ihr da miteinander wirten werdet? Aber ich bin
auch dabei, ich gehe mit. Ich kann ſchon noch ſo viel arbeiten,
daß ich mein Brot verdiene, und ein Eigenes in einem Wirtshaus kann auf alles achtgeben, daß nichts verſchleudert und
nichts veruntreut wird.   Die Dienſtboten ſind heutigestags
auch nichts mehr nutz, aber ich will den eurigen ſchon aufpaſſen."

Der Weger ſah das Bild von dem großen Doktor an der
Wand und rief ihn an wie einen Heiligen:

„Du Augenretter! Du wirſt auch deine Freude dran haben,
wenn du uns bei einander ſiehſt. Brigitta, dem Bilde da geben
wir den beſten Platz im Haus, und die Kinder ſollen den Mann
auch kennen lernen."

Ich ließ den guten Mann ſo weiter reden, und war mir's
vorher, wie wenn der Rittmeiſter aus der Hölle heraus ſpräche,
ſo war es jetzt, wie wenn der Weger vom Himmel herunter
redete.   So kam's über mich.   Der gute Mann meinte, es
könnte alles noch gut gehen. Aber es war zu ſpät, es war
vorbei.

Ich fragte nach Ronymus, und der Weger lachte:

„Ja der, der iſt ganz närriſch, heißt das, er iſt ſonſt ganz
geſcheit, das zeigt ſich ja, er hat gut geſpart, aber er iſt närriſch
verliebt in dich; es iſt ſo bei uns in der Art, ich hab's mit
meiner Bonifacia auch ſo gehabt.   O lieber Gott, warum hat
ſie das nicht erlebt, daß ſie eure Kinder in Schlaf ſingen kann?
Du weißt ja, ſie hat ſo gut ſingen können, aber ſie ſingt vom
Himmel herunter."

Der Weger weinte, daß er kein Wort mehr vorbringen
konnte; ich ſagte:

„Ja, Weger!"

„Sag' nicht Weger, ſag' Schwäher."

„Weiß der Ronymus das vom Rittmeiſter?"

„Gewiß. Geſchieht dem Kerl ganz recht, daß er blind iſt."

Aus der Nebenſtube rief der Rittmeiſter:

„Wer iſt da? wer ſagt, daß mir recht geſchieht?"

Ich bat den Weger, daß er jetzt gehe und mir zum Abend
den Ronymus ſchicke.   Ich ging zum Rittmeiſter.   Ich mußte
ihm erzählen, wer da war, und er ſagte leiſe:

„Jeder Straßenknecht iſt jetzt über mir."

Neunundbreißigstes Kapitel.

Am Abend kam der Ronymus, er legte beide Hände auf die Brust und konnte nicht reden; ich nahm ihn an der Hand, führte ihn in meine Stube und sagte:

„Ronymus, du hast mich gern,•und ich sag' dir's gradaus, ich habe dich auch gern, aber —"

„Was aber? Jetzt ist alles gut, weiter braucht's nichts."

„Nein, Ronymus. Ich hab' noch eine schwere Last auf mir."

„Ich kann dich tragen, und wenn du noch sieben Centner auf dir hättest," und er hob mich auf und trug mich auf dem Arm herum, wie ein kleines Kind. Ich mußte ihn bitten, mich herunter zu lassen; er that's, und ich sagte:

„Ronymus, ich hab' das heilige Gelübde gethan, ich muß büßen. Der Rittmeister ist blind, auf immer, nicht durch mich, das ist eine Gnade vom Himmel, aber ich ... ich habe ihn blenden wollen, und dafür muß ich büßen."

„Das ist zu fein geschliffen," wehrte der Ronymus ab, „denk', wenn jeder büßen müßte für das, was er hat thun wollen, da wäre die ganze Welt ein Zuchthaus, und es wäre niemand da, der den Posten versehen könnte; unser Herrgott müßt' selber Zuchthausdirektor sein. Ich kann's nicht glauben; aber sei's drum, daß du den Rittmeister hast blenden wollen. Jetzt ist's doch einmal nicht, du bist nicht schuld, warum willst du nicht den Vorteil davon haben, daß er ohnedies blind war?"

„Ich hab's ihm versprochen."

„Halt! Das Versprechen gilt jetzt nicht. Ein Dienstbote, der heiratet, das steht im Gesetz, ist frei. Ich rede mit dem Mann, er muß dich gutwillig freigeben, oder wir zwingen ihn mit dem Gesetz."

„Und wenn er mich auch frei gibt, glaub' mir, ich könnte mir's mein Lebtag nicht verzeihen, daß ich ihn verlassen habe; ich könnte keine Stunde mehr lustig sein, nicht für mich, nicht für dich."

„Das geht nicht, du mußt lustig sein."

„Ronymus! Ich hab' dem Rittmeister heilig versprochen, daß ich nicht von ihm gehe, so lang mir noch ein Aug' offen steht."

„Dann sollen deine Augen noch siebenundsiebzig Jahre und noch ein paar Krautherbste dazu offen stehen. Ja, so sei es denn. Wir nehmen den Kerl zu uns und füttern ihn, bis er tot ist."

„Nein, Ronymus, so nicht, du mußt es gern thun."

„Zum Gernthun kann man sich nicht zwingen. Aber dir

zulieb kann ich drein willigen. Dich muß ich haben, dich nehme ich, und wenn ich sieben Teufel als Zugab' bekomme. Und wenn ich's recht überlege, so geht's ganz gut; wir haben ja ein Wirtshaus mit elf Zimmern und fünf Dachkammern, und der Rittmeister muß noch einen guten Stumpen Geld haben von seiner Räuberzeit her, und wenn ich's recht überleg', so bringen Gutthaten nichts Böses. O du! Du machst noch einen gutmütigen Kerl aus mir. Jetzt warum lachst? warum weinst?"

Ich hab's nicht sagen können, und der Ronymus faßte mir beide Hände und sah mich an und sagte. es käme ihm doch wie ein Traum vor, daß die Prinzeß vom Schlehenhof ihn heiraten wolle, aber es müsse wahr sein, und zum Zeichen, daß es wahr sei, solle ich ihm einen Kuß geben.

Ich bat ihn nun, mit mir zum Rittmeister zu gehen und alles in Ordnung zu bringen. Er sagte:

„Ja, ja, es ist schon so mit mir. Wie ich noch ein kleiner Bub war, da hat der böse Hund von deinem Ohm Donatus mir die Hosen zerrissen. Wochenlang habe ich einen geschickten Stein in der Tasche getragen, um ihn dem Hund an den Kopf zu werfen; aber wie ich's hätte thun können, habe ich den Stein aus der Tasche gethan und dem Hunde nichts. So geht mir's jetzt auch mit dem Rittmeister. Aber komm, ich will's schon recht machen."

Hand in Hand gingen wir zum Rittmeister.

„Herr Rittmeister! Ich komme mit meinem Bräutigam," sagte ich.

„Was? Du? Wer? Mit wem?" Er ließ mich nicht weiter zu Wort kommen und fluchte auf die ganze Welt; ein Blinder werde betrogen, und heilige Schwüre gelten nichts. Er streckte die Arme aus und schrie, wenn er mich nur erwürgen könnte; eine einzige Frau für alle.

„Hören Sie uns doch ruhig und geduldig an," sagte der Ronymus.

„Wer spricht da? Wer ist das?"

„Ich, der Ronymus!"

„Wer ist der Ronymus?"

„Ich bin Knecht gewesen auf dem Schlehenhof beim Xander. Ich habe damals den Herrn Rittmeister beleidigt. Verzeihen Sie mir. Es soll nicht gesagt sein. Ich habe einen Haß auf den Herrn Rittmeister gehabt, ich habe keinen mehr. Ich bitte, haben Sie auch keinen mehr. Wir wollen Sie in Ehren halten. Lassen Sie mich ausreden. Ich bin Soldat gewesen. Aber das habe ich jetzt nicht sagen wollen. Wir haben ein Wirtshaus gekauft, und da sollen Sie bei uns bleiben und gute Tage haben, und meine Frau und ich und was noch nachkommt, soll Ihnen zu Diensten sein, wie wenn Sie der Großvater wären. Und meinen Vater, den Weger, haben wir auch bei uns. Sie sollen sehen, will sagen, Sie sollen's spüren, wie wir zu Ihnen sind, Tag und Nacht, und es wird Ihnen bei uns gut schmecken; meine Mutter selig hat hundertmal gesagt, so kann niemand kochen, wie die Brigitta. Herr! Herr! Lassen Sie jetzt alles gut sein, ich kann nicht viel reden."

Die Stimme versagte ihm, dicke Tropfen standen ihm auf der Stirn, und wie er sich jetzt die Stirn abwischte, hätte ich ihm gern die Hände geküßt. Ich konnte aber nichts als weinen. Der Ronymus faßte meine Hand und sagte:

„Du sollst nicht weinen, du sollst fröhlich sein."

Der Rittmeister redete lange kein Wort.

Endlich sagte er:

„Wie heißest Du?"

„Hab's ja gesagt, Ronymus."

„Ronymus. Du glaubst, ich hätte viel Geld, und das erbet ihr dann?"

„Ja, wir nehmen's schon, und ich mein', wir dürfen auch."

„So? Du glaubst, ich sei euch was schuldig, weil der Xander zu Grunde gegangen ist? Sag' ehrlich, glaubst du das?"

„Ja."

Wieder war der Rittmeister lange still. Er bewegte die Finger beider Hände rasch in der Luft und sagte dann:

„Komm her, Ronymus, komm näher. Du scheinst mir eine ehrliche Haut. Ich könnte mir's besonders gut bei euch machen, wenn ich reich thäte; aber ich will nicht. Ich will dir ehrlich sagen, ich besitze nichts mehr. Glaubst du das?"

„Nein, ich glaub's nicht."

„Es ist aber so. Wollt Ihr mich nun doch ins Haus nehmen und bei Euch behalten und ebenso gern?"

„Ebenso gern?" antwortete der Ronymus. „Nein. Aber unser Wort halten wir; die Brigitta sagt, sie sei es Ihnen schuldig, und ich als ihr Mann bezahle die Schulden meiner Frau."

„Nun ist's gut, ich vertraue dir. Ich bin ausgeraubt, ich habe nichts als eine gute Jahresrente, so lang ich lebe. Ja, ich gehe mit Euch. Gitta, mit diesem Manne wirst du glücklich. Gitta, gib ihm meine Pistolen. Ronymus, es sind Kugeln darin; du warst Soldat, du verstehst sie herauszuziehen. Nun aber ist's genug."

Ich sah, daß der Rittmeister rote Backen hatte, die Narbe

von der Schußwunde im Backen war ziegelrot, das durfte nicht
sein, er bekommt wieder Fieber; ich sagte ihm also, er solle
ruhig sein, es sei alles in Ordnung. Dann ging ich mit dem
Ronymus aus der Stube.

In meinem Zimmer aber habe ich den Ronymus um den
Hals genommen, und lieber hat noch nie eine Frau auf der
Welt ihren Mann umarmt, als ich den meinen. Und gibt es
einen beſſeren, ehrbareren Mann auf der Welt?

Er nahm etwas aus der Taſche und ſagte:

„Das hat dir meine Mutter ſelig vermacht; das iſt deine
Trau, in dieſem Anhenker iſt der Steinſplitter, der in meines
Vaters Auge war, und auf ihrem Totenbett hat meine Mutter
ihn dir vermacht, ſie hat's prophezeit, daß du meine Frau wirſt.“

Als er endlich fortging, ſagte er:

„O du! Ich . . . ich krieg' des Schlehhofbauern Tochter,
ich, ich krieg' die Prinzeß vom Schlehenhof!“

Ja, noch heutigestags ſpricht der Ronymus von meinem
Vater und beſonders von meiner Mutter, wie wenn das Fürſten
geweſen wären, und wenn er beſonders luſtig iſt, heißt er mich —
aber nur im geheimen — die Prinzeß vom Schlehenhof. —

In der Nacht habe ich einen Brief an die Frau Doktorin
geſchrieben nach Montreux. Ich hatte einen Menſchen auf der
Welt, dem ich alles ſagen konnte und ſagen mußte. Ich habe
geſchrieben, bis mir die Augen übergingen und Tropfen auf
das Papier fielen.

———————

Vierzigſtes Kapitel.

Der Abſchied von der Anſtalt, von unſerem herrlichen Profeſſor, von den Kranken und auch vom Rack iſt mir ſchwer geworden. Wenn ein Tier weinen könnte, der gute Rack hätte
geweint; als ich die Kiſten packte, war in ſeinem Auge zu leſen,
daß er wiſſe, wir nehmen Abſchied auf ewig.

Die Doktorin war zu uns zurückgekehrt, ſie hatte große
Freude an Ronymus, und mit dem Weger ward ſie, wie wenn
ſie von Jugend an miteinander aufgewachſen wären.

Sie machte mir noch eine beſondere Freude, indem ſie
meine Nichte Agnes zu meiner Hochzeit kommen ließ.

Die Doktorin auf der einen und der ſternkundige Profeſſor
auf der andern Seite ſind mit mir zum Traualtar gegangen;
mir war's, wie wenn es meine Eltern wären . . .

Der Weger und der Rittmeister sind mit uns ins Wirts= haus eingezogen.

Der Weger war sonst gut gegen alle Menschen, das heißt, er hat nicht viel nach ihnen umgesehen, aber er hat niemand was zu leid gethan und hatte auch gegen niemand was in der Seele. Nur den Rittmeister haßte er bis in den Tod hinein; er wollte anfangs nicht mit uns gehen, wenn wir den Rittmeister mitnehmen.

Ronymus wußte sich gar nicht zu helfen, aber mir ist's geglückt, ihn wenigstens zur Ruhe zu bringen. Ich hielt ihm vor, wie es ihm damals war, als er in der Furcht, das Auge zu verlieren, nach Heiden gekommen; er solle seine Dankbarkeit damit beweisen, daß er geduldig sei gegen den Blinden.

„Wenn du mich daran erinnerst, muß ich dir folgen," hat der Weger gesagt.

Er hat aber nie dem Rittmeister nur den geringsten Ge= fallen gethan, und er war auch eifersüchtig, daß wir und unsere Kinder den Mann so dienstwillig und ehrerbietig behandeln. Oft hat er vor sich hin gebrummt:

„Der Mensch hat sein Lebtag kein paar Sohlen zerrissen, die er mit redlicher Arbeit verdient hat. Er hat Hände, so weich wie Eierhäutchen. Wenn eins von uns blind geworden wäre, hätte der es ins Haus genommen?"

Es war eine harte Sache, den Weger immer wieder ge= duldig zu machen. Er hatte auch Angst, unsere Kinder werden zu vornehm, und hat ihnen deßhalb oft gesagt: „Euer Groß= vater war Straßenknecht, und euer Vater war Hausknecht."

Die guten Wege, die von unserem Haus über den Berg in die Felder und in den Wald führen, die hat der Schwäher hergerichtet, ganz allein. Im Haus hat er auf alles achtge= geben, und die Art, so gutes Kirschwasser zu brennen, die hat der Ronymus von seinem Vater überkommen.

Bevor ich noch das letzte erzähle, muß ich von Seridja berichten. Ich hatte sie fast vergessen; wenn ich mich aber ihrer erinnerte, gab es mir einen Stich ins Herz. Undank thut immer aufs neue weh. Nun erhielt ich nach Jahren einen Brief aus Indien, der zuerst nach Zürich gegangen war, und Seridja schrieb mir, daß sie in der schweren Stunde, da sie einen Sohn gebar, daran denken mußte, wie sie mir unrecht gethan; sie bat mich um Verzeihung und schickte mir ein schönes Andenken.

Der Rittmeister hat sich bald gut drein gefunden in das Leben bei uns. Er war säuberlich, wie sonst nie ein Blinder, er hat beim Essen nichts verschüttet und war immer angezogen,

wie wenn er zur Parade müßte; man hätte glauben sollen, er
hätte jedes Stäubchen auf seinem Rock gerochen. Aus Essen
und Trinken hat er sich nicht viel gemacht, aber seine besondere
Freude hat er an seinen Wohlgerüchen gehabt; er hat sich mit
wohlriechenden Wassern besprizt und auch immer Pflanzen auf
seinem Zimmer gepflegt, sie sind ihm wohlgediehen. Stunden=
lang saß er drunten am Bach bei der Mühle, wo das Wehr
rauscht; dieses Rauschen scheint ihm wohlgethan zu haben.

Gegen die Kinder war der Rittmeister gut, und er war
auch ein Glück für sie. Es kann für Kinder nichts geben, was
sie besser macht, als wenn sie Tag für Tag einem Hilflosen
Dienste leisten können; das macht sie willfährig und geweckt,
um Gutthaten zu thun, und das ist die beste Schule und die
beste Nahrung für ein junges Gemüt.

Der Weger und der Rittmeister sind bald nacheinander
gestorben, ohne daß sie eigentlich krank waren.

Eines Tages kam der Weger heim und sagte zum Ro=
nymus:

„Ich hab' Hammer und Schaufel und Harke droben am
Wald liegen lassen, es ist mir gar nicht gut; ich will mich
niederlegen. Bring mir einen Schluck Kirschwasser."

Er ging in seine Kammer, und bald darauf, wie der Ro=
nymus nachkam, fand er seinen Vater tot.

Er muß leicht gestorben sein.

Wir gaben uns alle Mühe, daß der Rittmeister nichts vom
Tod und Begräbnis des Schwähers merke, aber er hat es doch
gemerkt und ist mit zum Leichenbegängnis gegangen, von der
Agnes geführt. Das war sein letzter Ausgang.

„Dein Vater hat Wege gemacht, daß andere drauf laufen
können," hat er bei der Heimkehr zum Ronymus gesagt.
Weiter kein Wort, überhaupt hat er von da an wenig mehr
gesprochen.

Sonst hatte er die Kinder viel um sich, jetzt hat er immer
nur mich um sich haben wollen.

„Du bist noch einmal Tochter geworden, jetzt ist das auch
vorbei," sagte er eines Tages, „zu mir, zu mir nicht . . ."

Ich habe wohl verstanden, was er meinte, aber ich konnte
nicht lügen, ich konnte ihm nicht sagen, daß ich ihn lieb habe:
es war nicht.

Eines Tages kam ein Brief aus Paris, ich mußte ihn vor=
lesen; der Brief war von seiner Frau, und es standen gar ent=
setzliche Worte darin.

Der Rittmeister war lang still, dann sagte er:

„Zünd' ein Licht an! Verbrenne den Brief. Verbrennen . . ."

Ich willfahrte ihm. Ich mußte daran denken, wie mein Vater seinen Namen verbrannte.

„Gib mir die Asche in die Hand," sagte der Rittmeister. „So. Vorbei. Das thut sie mir, der ich nur Gutes gethan, alles geopfert, alles. Ich war an die Unrechte gekommen. Du . . . dir . . . An dir hab' ich nur Böses gethan, und du, du hast Liebe zu mir. Sag', hast du Liebe? Du schweigst? Ist recht, ist ehrlich . . . Du hast mir Gutes gethan . . . Gutes . . ."

Er murmelte noch Worte, die ich nicht verstand. Mir ward angst und bang, ich rief den Ronymus, er kam; der Rittmeister atmete schwer, ich sank in die Kniee, und der Ronymus drückte ihm die Augen zu, die toten Augen.

Der Rittmeister ist neben meinem Schwäher, dem Weger, begraben . . . .

So, nun bin ich fertig.

Ich weiß nicht, ob jemand anders von sich sagen kann, er habe den Spruch erfüllt: „Liebet eure Feinde" — ich von mir kann's nicht sagen.

———

im Wirtsschilde war in der Frühe bereits mit einem weiß schimmernden Dufte überhaucht, als Brigitta in ruhig gesammelten Morgenstunden ihre Geschichte erzählt hatte.

Der Herbst nahte sich dem Winter. Auf den Grabkreuzen des Wegers und des Rittmeisters lag dicker Reif. Der Röhrbrunnen am Hause wurde in Stroh eingewickelt, auf der Hausflur hingen die gelben Maiskolben, und in den Gastzimmern waren Aepfel aufgehäuft, die das ganze Haus durchdufteten. Die große Wirtsstube war wohl durchwärmt.

Als ich Abschied nahm, gab mir Brigitta das Geleit bis auf die Freitreppe; sie verläßt das Haus fast nie, Ronymus aber ging mit bis zum Bahnhofe. Als ich ihm berichtete, daß Brigitta mir alles genau erzählt habe, sah er mich mit strahlenden Augen an und sagte: „Habe ich nun nicht recht, daß ich sie die Prinzeß vom Schlehenhof heiße?"

Eben als der Schaffner „Fertig" rief, legte mir Ronymus noch einen Krug Kirschwasser neben den Sitz und sagte: „Das ist von meinem ältesten, aus unserem ersten hiesigen Jahre."

Der Bahnzug brauste am Wirtshaus zum goldenen Lamm vorbei, von der Freitreppe grüßte Brigitta.